SONDERHEFT 39

SOZIALE INTEGRATION

KÖLNER ZEITSCHRIFT FÜR SOZIOLOGIE
UND SOZIALPSYCHOLOGIE

SONDERHEFTE
Begründet durch *René König*

Herausgegeben von
Jürgen Friedrichs, Karl Ulrich Mayer und *Wolfgang Schluchter*

SOZIALE INTEGRATION

HERAUSGEGEBEN VON
JÜRGEN FRIEDRICHS UND
WOLFGANG JAGODZINSKI

WESTDEUTSCHER VERLAG

Kölner Zeitschrift für Soziologie und Sozialpsychologie

Begründet als „Kölner Zeitschrift für Soziologie" durch *Leopold von Wiese* (1948–1954)
Fortgeführt als „Kölner Zeitschrift für Soziologie und Sozialpsychologie" durch *René König* (1955–1985)
Herausgeber: Prof. Dr. *Jürgen Friedrichs,* Universität zu Köln, Prof. Dr. *Karl Ulrich Mayer,* Max-Planck-Institut für Bildungsforschung Berlin, und Prof. Dr. *Wolfgang Schluchter,* Universität Heidelberg
Beirat: Prof. Dr. *Marlis Buchmann,* ETH Zürich; Prof. Dr. *Hartmut Esser,* Universität Mannheim; Prof. Dr. *Siegwart Lindenberg,* Universität Groningen; Prof. Dr. *Michael Schmid,* Universität der Bundeswehr, München; Prof. Dr. *Fritz Sack,* Universität Hamburg; Prof. Dr. *Wolfgang Streeck,* Max-Planck-Institut für Gesellschaftsforschung, Köln; Prof. Dr. *Gisela Trommsdorff,* Universität Konstanz

Redaktionssekretär: Dr. *Heine von Alemann,* Forschungsinstitut für Soziologie der Universität zu Köln

Zuschriften werden erbeten an: Redaktion der Kölner Zeitschrift für Soziologie und Sozialpsychologie, Forschungsinstitut für Soziologie, Lindenburger Allee 15, D-50931 Köln. Telefon: (0221) 470-2518; Fax: (0221) 470-2974; E-Mail: kzfss@uni-koeln.de; Internet: http://www.uni-koeln.de/kzfss/

Die KZfSS wird u.a. in den folgenden Informationsdiensten erfasst: *Social Science Citation Index* und *Current Contents* des Institute for Scientific Information; *sociological abstracts; psychol-ogical abstracts; Bulletin signalétique; prd,* Publizistikwissenschaftlicher Referatedienst; *SRM,* social research methodology abstracts; *SOLIS,* Sozialwissenschaftliches Literaturinformationssystem; Literaturdatenbank *PSYNDEX;* Referatedienst *Psychologischer Index* u.a.m.

Westdeutscher Verlag GmbH, Abraham-Lincoln-Straße 40, 65189 Wiesbaden,
Postfach 15 46, D-65173 Wiesbaden   www.westdeutschervlg.de

Geschäftsführer: Dr. Hans-Dieter Haenel
Verlagsleitung: Dr. Heinz Weinheimer
Gesamtleitung Produktion: Reinhard van den Hövel
Gesamtleitung Vertrieb: Heinz Detering

Leserservice: Tatjana Hellwig; Telefon: (06 11) 78 78-151, Telefax: (06 11) 78 78-423
E-Mail: wv.service@bertelsmann.de

Abonnentenverwaltung: Ulla Müller; Telefon: (0 52 41) 80 19 65, Telefax (0 52 41) 80 60 380

Marketing: Ronald Schmidt-Serrière; Telefon: (06 11) 78 78-280, Telefax: (06 11) 78 78-439;
E-Mail: Ronald.Schmidt-Serriere@bertelsmann.de

Anzeigenleitung: Thomas Werner; Telefon: (06 11) 78 78-138,
Telefax: (06 11) 78 78-430; E-Mail: Thomas.Werner@bertelsmann.de

Anzeigendisposition: Alexa Michopoulos, M.A.; Telefon: (06 11) 78 78-149, Telefax: (06 11) 78 78-443
E-Mail: Alexa.Michopoulos@bertelsmann.de
Es gilt die Anzeigenpreisliste vom 1. Januar 1998.

Produktion/Layout: Christine Huth; Telefon: (06 11) 78 78-176, Telefax: (06 11) 78 78-468

Bezugsmöglichkeiten: Jährlich 4 Hefte. Jahresabonnement 2000: DM 189,–/öS 1380,–/sFr 168,–, Studentenabonnement gegen Studienbescheinigung DM 120,–/öS 876,–/sFr 106,–, Einzelheft DM 50,–/öS 365,–/sFr 46,50 (Versandkosten Inland DM 12,–/öS 88,–/sFr 11,50). Die angegebenen Bezugspreise enthalten die Mehrwertsteuer. Alle Preise und Versandkosten unterliegen der Preisbindung.
Die Bezugsgebühren enthalten die gültige Mehrwertsteuer. Abbestellungen müssen spätestens 3 Monate vor Ende des Kalenderjahres schriftlich erfolgen. Jährlich kann ein Sonderheft erscheinen, das nach Umfang berechnet und den Abonnenten des laufenden Jahrgangs mit einem Nachlass von 25 % des jeweiligen Ladenpreises geliefert wird. Bei Nichtgefallen kann das Sonderheft innerhalb einer Frist von 3 Wochen zurückgegeben werden.

© 1999 Westdeutscher Verlag GmbH, Opladen/Wiesbaden

Der Westdeutsche Verlag ist ein Unternehmen der Fachverlagsgruppe BertelsmannSpringer.

Die Zeitschrift und alle in ihr enthaltenen einzelnen Beiträge und Abbildungen sind urheberrechtlich geschützt. Jede Verwertung außerhalb der engen Grenzen des Urheberrechtsgesetzes ist ohne Zustimmung des Verlags unzulässig und strafbar. Das gilt insbesondere für Vervielfältigungen, Übersetzungen, Mikroverfilmungen und die Einspeicherung und Verarbeitung in elektronischen Systemen.

Satz: ITS Text und Satz GmbH, Herford
Druck und Verarbeitung: Lengericher Handelsdruckerei, Lengerich

Gedruckt auf säurefreiem und chlorfrei gebleichtem Papier.
Printed in Germany

ISBN 3-531-13460-4

INHALTSÜBERSICHT

Einleitung

Jürgen Friedrichs und Wolfgang Jagodzinski
Theorien sozialer Integration 9

I. Integration als soziales und theoretisches Problem

Uwe Schimank
Funktionale Differenzierung und Systemintegration der modernen Gesellschaft   47

Volker H. Schmidt
Integration durch Moral? 66

Michael Baurmann
Durkheims individualistische Theorie der sozialen Arbeitsteilung   85

Gebhard Kirchgässner
Soziale Integration rationaler Egoisten? Zur Erklärung sozialer Integration auf der Basis des ökonomischen Handlungsmodells   115

Helmut Dubiel
Integration durch Konflikt?   132

II. Die Funktion von Institutionen

Dieter Fuchs
Soziale Integration und politische Institutionen in modernen Gesellschaften .   147

Reinhard Zintl
Institutionen und gesellschaftliche Integration   179

Oscar W. Gabriel
Integration durch Institutionenvertrauen? Struktur und Entwicklung des Verhältnisses der Bevölkerung zum Parteienstaat und zum Rechtsstaat im vereinigten Deutschland   199

III. Legitimation, Moralität und Religiosität

Werner Raub
Vertrauen in dauerhaften Zweierbeziehungen: Soziale Integration durch aufgeklärtes Eigeninteresse 239

Jürgen Friedrichs
Die Deligitimierung sozialer Normen 269

Gertrud Nunner-Winkler
Moralische Integration 293

Christof Wolf
Religiöse Pluralisierung in der Bundesrepublik Deutschland 320

IV. Recht, Gesetz und Integration

Joachim Burmeister
Das Dilemma des freiheitlich verfassten Staates. Die Abhängigkeit der Integrationskraft des Rechts von einem vorrechtlich-ethischen Grundkonsens 353

Thomas Würtenberger
Die Akzeptanz von Gesetzen 380

Hubert Rottleuthner
Recht und soziale Integration 398

Die Autorinnen und Autoren 416
English Summaries 419

Einleitung

THEORIEN SOZIALER INTEGRATION

Jürgen Friedrichs und Wolfgang Jagodzinski

Zusammenfassung: Obwohl das Thema soziale Integration seit geraumer Zeit Konjunktur hat, fehlt bislang eine überzeugende Explikation des Integrationsbegriffs. Im zweiten Abschnitt werden verschiedene Bedeutungen oder Verwendungsweisen gegenübergestellt, wobei zwischen relationalen und absoluten Integrationsbegriffen unterschieden wird. Absolute Begriffe unterstellen eine positive Beziehung zwischen der Systemintegration einerseits und dem Bestand, der Stabilität oder dem Funktionieren eines Systems andererseits, wobei die Begriffe präzise bestimmt werden müssten. Geht man von einer empirischen Beziehung aus, so muss außerdem eine positive Wirkung der Systemintegration auf Bestand, Stabilität oder Funktionserfüllung nachgewiesen werden. Beide Aufgaben sind noch nicht befriedigend gelöst worden. Makrotheoretiker spezifizieren, wie am Beispiel Durkheims im dritten Abschnitt gezeigt wird, verschiedene Makrobedingungen, die für die Systemintegration hinreichend sein sollen, es aber schon deshalb nicht sind, weil die zugrunde liegenden Mikroprozesse weitgehend ausgeblendet werden. Umgekehrt definieren Mikrotheorien, wie an Rational Choice-Theorien (RC-Theorien) gezeigt wird, ein bestimmtes Verhalten als integrativ oder kooperativ, ohne es in seinen systemischen Konsequenzen zu analysieren. Erst neuerdings findet die integrative Funktion intermediärer Organisationen und Institutionen stärkere Beachtung. Die Diskussion um den gesellschaftlichen Grundkonsens wird meist unter der Voraussetzung geführt, dass ein solcher für den Fortbestand einer Gesellschaft unabdingbar ist. Die Frage ist aber, ob ein Grundkonsens, an dessen Herstellung alle gesellschaftlichen Ebenen beteiligt sein müssten, in differenzierten Gesellschaften möglich ist. Im fünften Abschnitt wird diskutiert, welche Rolle Religion und Recht dabei zufallen könnte. Einerseits scheint die Hoffnung, durch die für Hochreligionen typische Sakralisierung von Normen einen Konsens zu erreichen, unwiederbringlich dahin. Andererseits wird der Beitrag, den das Recht zur gesellschaftlichen Anerkennung moralischer Regeln leistet, unterschätzt. Dies ist vorerst nicht mehr als eine begründete Vermutung. Wir erörtern sie, zusammen mit anderen offenen Fragen, im abschließenden Teil des Beitrags.

I. Problem

Das Thema „soziale Integration" ist fraglos eines der grundsätzlichen Probleme der Soziologie, aber auch der politischen Wissenschaft und der Philosophie. Seit Hobbes geht es um die Notwendigkeit, den Einzelnen vor den negativen Externalitäten des Handelns anderer Mitglieder der Gesellschaft zu schützen. Zu diesem Zweck treten sie ihre Macht an den Staat und damit an andere Mitglieder der Gesellschaft ab. Im Kern ist damit das fundamentale Problem der Integration gestellt: Individuen delegieren Macht an das Kollektiv (Gewaltmonopol des Staates), das wiederum sorgt für die Ahndung eines Normenbruchs und dessen Bestrafung. Offenkundig sind hier Mikro- und Makroperspektive verknüpft.

Wenngleich sich die Soziologie immer mit dem Problem der Integration beschäftigt hat, so ist doch insbesondere seit den 80er Jahren eine breite – und verwirrende – Diskussion über die Frage der Integration „moderner" Gesellschaften entstanden. Mit einer zunehmenden Differenzierung der Gesellschaft stellt sich die Frage, ob die unterschiedlichen gesellschaftlichen Gruppen noch in der Lage sind, einen Konsens über die Normen zu erreichen, seien es wenig formelle oder – am anderen Ende des Kontinuums – gesatzte Normen, d.h. Gesetze. Dieses generelle Problem wird durch die Frage nach der Integration von ethnischen Minoritäten noch überlagert und kompliziert. Schließlich wird in mehreren Sammelbänden das Thema behandelt, was die Gesellschaft zusammenhält bzw. auseinander treibt (Heitmeyer 1997; Teufel 1997), in anderen Sammelbänden werden die moralischen Grundlagen der Gesellschaft untersucht (Edelstein und Nunner-Winkler 1996a; Garz, Oser und Althof 1999). Damit mag man zu der Folgerung gelangen, ein Teil der Soziologen, z.B. Klages (1977, 1984), sei besorgt über ein geringeres oder schwindendes Ausmaß der Integration der Gesellschaft, da die Diagnosen meist wertend und eher pessimistisch sind. (Vgl. dazu die kritischen ausführlichen Diskussionen in den Beiträgen von Fuchs und Nunner-Winkler, in diesem Band.)

Diese Diskussion zur sozialen Integration oder Desintegration hat im Wesentlichen vier Stränge: 1. Die These einer zunehmenden funktionalen und die einer zunehmenden sozialen Differenzierung; 2. die mit letzterer verbundene These einer steigenden Individualisierung, die Beck und Beck-Gernsheim (1994: 33) zu der Frage führte: „Sind moderne Gesellschaften überhaupt noch integrierbar?"; 3. die These eines Werteverfalls oder einer Normenerosion (vgl. dazu Frommel und Gessner 1996; speziell Morlock 1996); 4. die im Rahmen der Rational Choice-Theorie geführte Diskussion, ob und unter welchen Bedingungen rationale bzw. egoistische Akteure in der Lage sind zu kooperieren. Anzuführen sind ferner die staatsrechtliche und rechtsphilosophische Diskussion darüber, ob das Recht Normen setzen könne oder sie voraussetze; schließlich die philosophische Literatur zu den moralischen Grundlagen einer Gesellschaft, z.B. Rawls (1979) sowie die zur Moraltheorie von Kohlberg (Garz, Oser und Althof 1999). Bis auf die philosophische Diskussion sind in dem vorliegenden Band alle erwähnten Stränge oder Richtungen vertreten.

Uns geht es im Folgenden nicht um eine generelle Diskussion dieser Thesen, sondern darum, eine wichtige Konsequenz dieser Thesen zu untersuchen. Wenn in der Tat solche Prozesse der Individualisierung eingetreten sind, wenn zudem die gesellschaftliche Differenzierung in Subkulturen sich ständig erhöht – dann ergibt sich zwingend die Frage, ob soziale Normen noch für alle Mitglieder der Gesellschaft gelten oder ob es zu einer gesellschaftlichen Desintegration kommt.

Wir behandeln zuerst das Konzept der Integration, gehen dabei auf das Mehr-Ebenen-Problem und die Indikatoren ein. Sodann behandeln wir einen klassischen makrosoziologischen Ansatz: die Theorie von Durkheim. Im folgenden Teil stellen wir individualistische Zugänge dar, darunter die Rational Choice-Theorie. Danach erörtern wir die Beziehungen von Religion und Recht zur Integration. Der abschließende Teil enthält Folgerungen und einige offene Fragen.

II. Konzepte und Indikatoren der Integration

Wie die meisten Grundbegriffe geisteswissenschaftlicher Disziplinen, ist auch der Begriff der Integration vage und unbestimmt. Das macht ihn einerseits für ein assoziatives Denken interessant, es macht ihn andererseits für eine auf Präzision und Klarheit bedachte Wissenschaft fragwürdig, zumindest aber explikationsbedürftig. Der Begriff hat fast immer einen Bezug zu einem System oder Kollektiv, wobei man zwei Hauptverwendungsweisen unterscheiden kann (vgl. auch Rottleuthner, in diesem Band). Zum einen spricht man davon, dass ein Element, ein Subsystem oder ein Teil in ein System, ein Kollektiv oder ein größeres Ganzes integriert ist, es wird also eine Relation zwischen dem Teil und dem Ganzen behauptet. Zum andern schreibt man einem System selbst eine mehr oder minder hohe Integration zu, verwendet den Begriff also absolut, wobei man nochmals zwischen klassifikatorischen, ordinalen und metrischen Integrationsbegriffen unterscheiden kann. Die Lage wird dadurch kompliziert, dass Systeme auf unterschiedlichen Ebenen angesiedelt sein können, als Kleingruppen auf der Mikroebene, als Verbände, Vereine und Assoziationen auf der Mesoebene und als Gesellschaften auf der Makroebene. Außerdem geht es bei relationalen Integrationsbegriffen oft weniger um die Frage, ob ein einzelnes Element in das System integriert ist, als vielmehr darum, ob ein Subsystem oder ein Kollektiv in das System eingebunden ist. Konfusion kann also daraus resultieren, dass man zwischen
- relationalen und absoluten Integrationsbegriffen,
- Elementen, Subsystemen und Systemen,
- Mikro-, Meso- und Makroebene,
- Personen und Rollen, sowie zwischen
- Institutionen und Funktionen

nicht ausreichend differenziert. Wir wollen von diesen Problemen vorläufig abstrahieren und eine hypothetische Gesellschaft ohne intermediäre Institutionen betrachten, die nur aus einer begrenzten Zahl von Mitgliedern besteht. Sie sei auch noch nicht in einem so starken Maße funktional differenziert, dass wir zwischen Personen und Rollen unterscheiden müssten. Das System ist die Gesellschaft, die aus einer Menge von Elementen (Personen) und einer Menge von Relationen (Kontakte, Tausch- oder Freundschaftsbeziehungen) besteht. Wir wollen hier von elementaren Systemen sprechen und skizzieren zunächst für diese mögliche Integrationsbegriffe.

1. Relationale Integrationsbegriffe in elementaren Systemen

Innere Zustände als Kriterium. Betrachtet man zunächst die relationalen Integrationsbegriffe, so geht es in der Sozialpsychologie häufig um die Frage, unter welchen Bedingungen sich ein Individuum mit einer Gruppe identifiziert, unter welchen Bedingungen ein Wir-Gefühl entsteht und Ähnliches mehr. In der Politikwissenschaft wird bisweilen darauf abgestellt, ob die geltende Herrschaftsordnung als legitim erachtet wird. Die Akzeptanz der Herrschaftsordnung könnte Vorbedingung dafür sein, dass sich eine Person mit dem System identifiziert. Die Integration im zweiten Sinne wäre dann eine Vorbedingung für eine Integration im Sinne der Identifikation.

In Mehrpersonensystemen oder Gruppen kann man die Integration auch davon abhängig machen, dass die fragliche Person die kollektiven Ziele oder Werte teilt – Ziele, die entweder so allgemein gefasst sein können wie „das Wohl des Ganzen" oder so spezifisch wie der Bau einer Umgehungsstraße. In dieser Klasse von Definitionen wird die Integration der Person in das System letztlich von „*inneren Zuständen*" dieser Person abhängig gemacht, von Gefühlen, die sie gegenüber dem System hegt, von dessen Bewertung oder von einer Identifikation mit den Systemzielen. Integriert ist, wer ein positives Verhältnis zum jeweiligen System oder/und seinen Zielen hat.

Auch wenn diese „inneren Zustände" letztlich nur aus dem Verhalten einer Person erschlossen werden können, empfiehlt es sich, diese Definitionsversuche von solchen zu unterscheiden, die Integration ausschließlich auf der Basis von *beobachtbarem Verhalten* definieren. Bei n-Personensystemen (n > 2) kann man zunächst auf die in der Netzwerkanalyse gebräuchlichen Begriffe zurückgreifen, die Integration einer Person also etwa auf ihre Zentralität im Netzwerk zurückführen, die ihrerseits in Abhängigkeit von der Zahl der Freundschaftsbeziehungen oder der Kontakte definiert werden kann.

„Äußeres" Verhalten als Kriterium. In der Rational Choice-Theorie (vgl. Abschnitt IV) wird Kooperation häufig mit Integration gleichgesetzt, was im Prinzip schon in Zweipersonenkonstellationen möglich ist. Eine Person ist umso stärker integriert, je mehr sie mit anderen kooperiert (vgl. dazu insbesondere Kirchgässner und Raub, in diesem Band). Bilaterale Kooperation kann man als Zusammenwirken zum beiderseitigen Vorteil deuten. Dass beide Seiten Vorteile haben, unterscheidet Kooperation von Ausbeutung. Man kann den Vorgang vielfach auch so deuten, dass zwei oder mehrere Personen zur Produktion eines Gutes beitragen, etwa zu einem kollektiven Gut oder zur Gründung einer Institution (vgl. dazu Kirchgässner, in diesem Band).

Ausgehend von diesem Kooperationsbegriff könnte man abgestufte Formen der Integration definieren. Eine Person verhält sich desintegrativ, wenn sie die Erstellung solcher Güter aktiv verhindert, sie verhält sich indifferent, wenn sie nichts beiträgt, aber auch nichts verhindert (Trittbrettfahren), sie verhält sich schwach integrativ, wenn sie aus Eigeninteresse einen Beitrag erbringt, und sie ist stark integriert, wenn sie altruistisch handelt, also für die Gruppe oder das System ein Opfer erbringt.

(Subjektiv) zielgerichtetes Verhalten als Kriterium. Kooperation, wie wir sie eben definiert haben, wird eher am äußeren Verhalten abgelesen als an den inneren Motiven oder Einstellungen. Man kann für eine echte Integration selbstverständlich auch beides fordern, ein *spezifisches „äußeres Verhalten"* gepaart mit einer bestimmten „inneren Einstellung": Die Person muss „objektiv" mit anderen kooperieren und sie muss dies in der Absicht tun, ein gemeinsames Ziel zu erreichen, wenn sie in ein System oder eine Gruppe integriert ist. Durkheim hat diese Form der Motivation auch in modernen Gesellschaften für unerlässlich gehalten: Der Einzelne muss nicht nur arbeitsteilig zum Funktionieren des Ganzen beitragen, er muss dies auch in dem Bewusstsein tun, dem Ganzen zu dienen. Man blendet damit freilich all jene Verwendungsweisen aus, die in der Integration einen latenten Vorgang sehen, der sich gewissermaßen hinter dem Rücken der Akteure vollzieht. Malinowskis Unterscheidung zwischen latenten und manifesten Funktionen zielt ebenso in diese Richtung wie das Konzept der „invisible hand" in liberalen Wirtschafts- und Staatstheorien.

Es bleibt festzuhalten, dass man bei Definitionen der Integration in ein System entweder auf das äußere Verhalten oder auf die innere Einstellung oder auf eine Kombination von inneren Zuständen und äußerem Handeln abstellen kann. Da eine große Zahl von Kombinationen möglich erscheint, lässt sich eine Vielzahl neuer Integrationsbegriffe erzeugen. Bezeichnet jede derartige Kombination als einen *Integrationsmodus*, so zeichnen sich moderne Gesellschaften zum einen dadurch aus, dass sie verschiedene Integrationsmodi miteinander verbinden, zum andern auch dadurch, dass Einzelhandlungen zu Handlungsketten oder größeren Interaktionszusammenhängen koordiniert werden. Dort, wo diese Koordination durch den Markt erfolgt, kann man auf eine „Gemeinwohlorientierung" oder auf gemeinsame Ziele der Akteure weitgehend verzichten. In das Marktgeschehen ist eine einzelne Person eingebunden, wenn sie nach den Spielregeln des Marktes agiert. Dies ist nicht wenig, wie das umfangreiche Kartell- und Wettbewerbsrecht oder das Verbraucherschutzrecht zeigen. Wie Baurmann (1996) überzeugend nachgewiesen hat, beruht auch der Markt auf vorgängigen moralischen Regeln. Es ist jedoch nicht erforderlich, dass etwa Käufer und Verkäufer ihren Vertrag in dem Bewusstsein abwickeln, ein gemeinsames Ziel zu verfolgen oder dadurch gar zum Gelingen des „Projekts Gesellschaft" beizutragen. Allerdings mag dort, wo mehrere Handlungen durch einen Plan koordiniert werden, das Wissen um die gemeinsamen Ziele von größerer Bedeutung sein, nicht nur bei der Planung selbst, sondern auch im Planvollzug. Der einzelne Beitrag erlangt ein höheres Gewicht, weil er sich wie ein Mosaikstein in ein größeres Ganzes einfügt und als solcher zunächst unverzichtbar ist. Dies verleiht ihm einen höheren Sinn, es macht den Beteiligten auch bewusst, welcher Schaden dem System oder der Gruppe entsteht, wenn die von ihnen erwarteten Handlungen ausbleiben. Dies könnte so verstanden werden, als ob der Plan als Koordinationsmechanismus und die Verpflichtung auf gemeinsame Ziele stets die bessere Form der Integration seien, doch belehrt uns der Zusammenbruch des Kommunismus eines Besseren. Gesellschaften müssen offenbar eine optimale Mischung von Markt und Plan bzw. von gemeinsamer und individueller Zielverfolgung finden, wobei niemand genau sagen kann, wo dieses Optimum liegt.

Verhalten, das bestimmte objektive oder latente Funktionen erfüllt, als Kriterium. Die vorstehenden Überlegungen lassen bereits erkennen, dass Integration sehr häufig mit Blick auf objektive oder latente Ziele oder Funktionen eines Systems definiert wird. Eine Person ist in ein System integriert, wenn sie zum Erhalt des Systems oder zur Erfüllung der Systemfunktionen beiträgt. Einerseits scheinen diese Begriffsbestimmungen dem relativ nahe zu kommen, was man im Alltag unter Integration versteht. Es kommt ja eigentlich nicht allein auf das Zusammenwirken oder auf die Ziele von Personen an, sondern auch darauf, ob sie objektiv ein stabiles System bilden. Andererseits sind gerade diese Definitionen unter methodologischen Gesichtspunkten äußerst problematisch, weil es sich fast immer um verkappte Tatsachenbehauptungen handelt, die aber nicht überprüfbar sind. Ein Beispiel mag dies verdeutlichen. Nehmen wir an, Müller habe in einem Sportverein ein Ehrenamt übernommen und er habe dies aus der inneren Verpflichtung heraus getan, der Gemeinschaft einen Dienst zu erweisen. Müller wäre dann im Sinne sehr vieler der oben erwähnten Begriffe integriert. Er verhält sich objektiv solidarisch, er fühlt sich subjektiv dem Gemeinwohl verpflichtet. Man könnte Müller nun aber auch deshalb als integriert ansehen, weil er eine Aufgabe übernommen hat, die objektiv für den Bestand eines Gemeinwesens unerlässlich ist. Ein Gemeinwesen, so könnte die Überlegung sein, kann sich auf Dauer ohne die freiwillige und unentgeltliche Übernahme von Tätigkeiten nicht erhalten. (Zu dem Problem des Ehrenamtes vgl. die Beiträge in Kistler, Noll und Priller 1999.)

Dieses wäre nun der Versuch, die Integration einer Person an dem Beitrag abzulesen, den sie für den Erhalt oder die Stabilität des Gemeinwesens erbringt. Ob und in welchem Maße ehrenamtliche Tätigkeiten aber tatsächlich diesen Effekt haben, wissen wir nicht. Man kann darüber momentan nur spekulieren. Zunächst einmal kann offensichtlich nicht jede Art von freiwilliger Tätigkeit systemerhaltend sein, z.B. nicht die Mitwirkung in einer terroristischen Vereinigung oder die völlig inkompetente Wahrnehmung des Amtes. Systemerhaltend wirkt diese Tätigkeit, wenn überhaupt, nur unter einer Vielzahl von Rahmenbedingungen, die spezifiziert werden müssten. Sodann könnte man vermuten, dass die freiwillige Übernahme von Ehrenämtern dann keine Effekte mehr hat, wenn sich zu wenige oder zu viele Personen auf diese Weise betätigen. Kurzum, die Behauptung, Müller sei in diesem Sinne integriert oder wirke integrierend, hat eher metaphysischen als empirischen Charakter. Wenn man den latent empirischen Charakter derartiger Aussagen meist übersieht, so vielleicht auch deshalb, weil sie in hohem Maße normativ besetzt sind. (Wir kommen auf dieses Problem bei der Systemintegration nochmals zurück.)

Von den qualitativen zu den quantitativen Integrationsbegriffen. Aus den bisherigen Überlegungen ergibt sich bereits, dass man von qualitativen Integrationsbegriffen („x ist in das System S integriert") häufig zu ordinalen oder quantitativen Begriffen übergehen kann. Das Wir-Gefühl kann mehr oder minder stark ausgeprägt sein, die Person kann eine mehr oder weniger zentrale Position in dem Netzwerk einnehmen usw. Wenn Klassen von Interaktionen zu größeren Interaktionszusammenhängen koordiniert werden, dann könnte eine Person in das System umso stärker integriert sein, je mehr sie in derartige Interaktionszusammenhänge eingebettet ist. Dabei wäre die Zahl der diese Person involvierenden Interaktionszusammenhänge zu ermitteln. Man mag dabei nur solche Interaktionszusammenhänge berücksichtigen, die tatsächlich oder vermeintlich zur Systemstabilität beitragen bzw. zur Erfüllung einer klar definierten Funktion des Systems.

2. Absolute Integrationsbegriffe für elementare Systeme

Gehen wir zu den absoluten Integrationsbegriffen über, so kann man metrische Begriffe dadurch gewinnen, dass man die individuellen Merkmale addiert oder anderen mathematischen Operationen unterzieht. In diesem Sinne könnte man festlegen, dass ein System umso stärker integriert sei, je größer der Anteil derer ist, die sich mit dem System identifizieren, die kollektiven Ziele oder Werte teilen etc. Würden in diesem Fall die Eigenschaften der Systemelemente (Personen) die Grundlage der Berechnung bilden, so könnte man natürlich ebenso gut die Relationen zählen, die in einem System existieren. Als Interaktionsdichte ließe sich das Verhältnis der tatsächlich realisierten Kontakte im Netzwerk zu den maximal möglichen Kontakten definieren. Die Integration eines Systems wäre dann umso höher, je größer die Kontaktdichte ist. Anstelle der Kontaktrelationen könnte man auch Freundschaftsbeziehungen als maßgeblich ansehen.

In Diskussionen um die Zivilreligion oder um den Werteverfall gewinnt man oft den Eindruck, dass Integration nicht als eine graduell abgestufte Eigenschaft verstanden wird, sondern als ein dichotomer Zustand: ein System ist entweder integriert oder es löst sich auf (vgl. den Beitrag von Friedrichs, in diesem Band). Integration wird dann nur dort erreicht, wo *alle* Gesellschaftsmitglieder die Werte und die religiösen Grundüberzeugungen teilen (vgl. dazu den Beitrag von Wolf, in diesem Band). Eine Zivilreligion kann dementsprechend nur solange Grundlage gesellschaftlicher Integration sein, wie alle daran glauben. Rousseau zog daraus die ebenso nahe liegende wie radikale Konsequenz, dass alle Ungläubigen aus der Gesellschaft auszuschließen seien. Da dies den Toleranzmaßstäben moderner Gesellschaften widerspricht, wird oft umgekehrt geschlossen, dass eine Zivilreligion gesellschaftliche Integration nicht mehr leisten könne.

Luhmann (1997: 601ff.) kritisiert solche am Gedanken der Einheit orientierten Integrationsbegriffe als „alteuropäische Denkweise" und versteht unter Integration „die Reduktion der Freiheitsgrade von Teilsystemen, die diese den Außengrenzen des Gesellschaftssystems und der damit abgegrenzten internen Umwelt dieses Systems verdanken" (ebd.: 603). Die Integration steigt dann also gewissermaßen mit der Zahl der Handlungsrestriktionen, die den Subsystemen durch ihre gesellschaftsinterne und -externe Umwelt auferlegt werden. Geht man von einem solchen Begriffsverständnis aus, so integrieren Konflikte und Kooperation gleichermaßen. Im einen Fall erfolgt die Restriktion im Wesentlichen durch die Androhung von negativen Sanktionen, im anderen Fall durch positive Belohnungen. Der Vorteil dieser Begriffsbestimmung ist ihre Wertneutralität: Integration ist nicht länger etwas Positives, für die Gesellschaft Unentbehrliches. Umgekehrt bedroht Desintegration das System nicht, weil sich keinerlei Feststellungen darüber treffen lassen, von welchem Punkt an ein weiterer Zuwachs an Freiheitsgraden die Systemstabilität gefährdet. Erst wenn sich ein System auflöst, findet eine Integration nicht mehr statt, dann aber allein aus begrifflichen Gründen, weil es keine Teilsysteme mehr geben kann.

Der Nachteil dieses Integrationsbegriffs ist jedoch, dass man die mit diesem Begriff assoziierten Fragestellungen aus dem Blick verliert. Es kann dann nicht mehr darum gehen, unter welchen Bedingungen der Wertepluralismus die gesellschaftliche Einheit bedroht, es kann allenfalls darum gehen, wie sich die Integration zweier Teilsysteme auf die Integration anderer Teilsysteme auswirkt. Auch diese Frage nimmt in Luhmanns Gedankengebäude höchst komplexe Formen an, weil autopoetische Subsysteme sich wechselseitig nicht kausal beeinflussen können. Wenn der Staat also die Mehrwertsteuer um fünf Prozent erhöht, so wird durch diese – im Sinne Luhmanns – integrative Maßnahme die Wirtschaft zwar tangiert, aber nicht in dem Sinne, dass die Erhöhung kausal einen Effekt auf die Preiskalkulation der Unternehmen und indirekt auf die Preise und das Kaufverhalten der Konsumenten hat.

Systemintegration hat in vielen soziologischen Diskursen noch eine andere Konnotation: alle Teile tragen zum Erhalt und zum Funktionieren des Systems bei. Stabilität und (objektives) Funktionieren des Systems werden damit zu den maßgeblichen Kriterien der Systemintegration. Erfolgt die Systemdefinition unabhängig vom Wertekonsens oder von der Identifikation mit dem System, dann wird es zu einer empirischen Frage, ob Konsens und Identifikation zur Systemintegration unerlässlich sind oder nicht. Warum sollte der Fortbestand eines Systems auch davon abhängig sein, ob alle den Grundwerten zustimmen oder nicht! Nur wenn man zum System oder zur Gesellschaft ausschließlich solche Personen zählt, die in den Grundwerten übereinstimmen oder sich mit dem System identifizieren, werden diese Merkmale zur notwendigen Bedingung, dann allerdings zu begriffsnotwendigen bzw. zu analytischen Merkmalen.

Man kann an dieser Stelle nur nachdrücklich das wiederholen, was bereits im Zusammenhang mit den relativen Integrationsbegriffen erwähnt wurde: Wenn Stabilität und Funktionserfüllung die maßgeblichen Kriterien sind, dann werden andere Kriterien wie die Dichte der Kontaktnetze oder das Ausmaß der Kooperation in ihrer Bedeutung relativiert. Genauer wird es zu einer empirischen Frage, wie viel an Konsens und Kooperation zur maximalen Integration bzw. zur optimalen Funktionserfüllung erforderlich sind. So ist nach liberalistischen Vorstellungen ein Minimalkonsens über die Rahmenbedingungen ausreichend, weil die gesellschaftliche Wohlfahrt ansonsten durch Konkurrenz am besten gefördert wird. Betrachtet man also im Sinne von Adam Smith oder des Liberalismus solche Gesellschaften als integriert, die das größtmögliche Glück für die größtmögliche Zahl ihrer Mitglieder ermöglichen, dann wirken Konflikte integrierend – nicht nur für die jeweiligen Konfliktparteien, sondern sogar für das übergeordnete System. Konflikte erhöhen das Innovationspotential und die Anpassungsfähigkeit des Systems und verbessern damit auf mittlere Sicht den System-Output.

Leider sind in den Gesellschaftswissenschaften weder die Systeme präzise abgegrenzt, noch sind es deren Ziele oder Funktionen. So haben einzelne Forscher höchst unterschiedliche Vorstellungen davon, was die Ziele des politischen Systems sind: Muss es für jeden Bürger das soziale Minimum oder den umfassenden Sozialstaat garantieren? Muss es nur für gleiche Startbedingungen oder für eine Gleichverteilung der Einkommen sorgen? Um die Antwort nicht der subjektiven Beliebigkeit zu überantworten, könnte man fordern, dass die Funktionen durch das politische System so zu erfüllen seien, dass der für die Systemstabilität notwendige Konsens nicht verloren geht. Aber wie viel Konsens ist erforderlich? Muss der Gesetzgeber dann umverteilen, wenn einige wenige mit der Einkommensverteilung unzufrieden sind, oder erst dann, wenn mehr als ein Drittel unzufrieden ist, oder müssen es mehr als 50 Prozent sein?

Unbefriedigend ist nicht in erster Linie, dass der Integrationsbegriff unterschiedlich definiert werden kann, unbefriedigend ist zunächst, dass man häufig über die eine Form der Integration spricht und mindestens eine zweite Form der Integration meint. Es kommt hinzu, dass bei allen an der Systemstabilität orientierten Integrationsbegriffen die Bedingungen unklar sind, unter denen das System stabil ist oder normal funktioniert. Wenn das Konkurrenzdenken zunimmt, dann bedeutet das vielleicht Desintegration im Sinne eines Integrationsbegriffs, der auf der Basis von Altruismus und Kooperation definiert wird. Ob damit auch der Fortbestand der Gesellschaft bedroht ist, wird dann zu einer empirischen Frage, der man mit Argumenten wie „Ein Minimum an Altruismus und Kooperation braucht jede Gesellschaft" auszuweichen sucht. Tatsächlich kann derzeit niemand beantworten, wo das für die Gesellschaft unerlässliche Minimum liegt.

Das ließe sich im Prinzip ändern. Man müsste erstens das den Überlegungen zu Grunde gelegte System klar abgrenzen. Man müsste weiter das (oder die) Ziel(e) definieren, das/die dieses System erfüllen muss, gleichgültig ob es nun Stabilität, Wirtschaftswachstum, Aufrechterhaltung der inneren Sicherheit oder anders heißt. Ferner müssen Hypothesen darüber formuliert werden, durch welche Größen die Zielerreichung beeinflusst werden kann. Beispielsweise mag es für den System-Output wichtig sein, in welchem Ausmaß sich Personen mit einem System identifizieren, sodass die Integration in diesem Sinne eine wichtige Voraussetzung für die Zielerreichung wäre. Es ist aber auch denkbar, dass interne Konkurrenz einen viel größeren Effekt auf den Output hat. Die Identifikation mit dem

System oder die Bereitschaft zur Konkurrenz werden ihrerseits von vielen Faktoren abhängig sein, sodass man selbst für einfache Systeme sehr schnell komplexe Modelle benötigt. Zudem wirkt der System-Output in aller Regel auf die Inputgrößen zurück, sodass man fast immer mit Feedback-Prozessen konfrontiert ist. Erst in solchen Modellen könnte man entscheiden, von welchen Faktoren einzelne Formen der Integration abhängig sind und wie sie sich auf die Funktionserfüllung der Systeme auswirken.

Es fehlt also nicht nur an präzisen Definitionen verschiedener Integrationsbegriffe, es fehlt vor allem an Wirkungsmodellen, welche die Integration mit der Stabilität und dem Funktionieren von Systemen in Verbindung bringen. Diese Beziehung scheint für alle Integrationsbegriffe essentiell, denn Desintegration wird immer mit der Auflösung eines größeren Ganzen assoziiert. So lange solche Interdependenzen nicht modelliert und empirisch abgesichert sind, muss man sich notgedrungen mit mehr oder minder globalen Vermutungen behelfen. Die allgemeinste These ist dabei, dass Gleichheit integriert und Unterschiede desintegrieren. Sie hat eher den Status eines *heuristischen Prinzips,* das konkretisiert und relativiert werden muss. Eine Konkretisierung erfolgt etwa dann, wenn ein Wertekonsens, eine allgemeine Identifikation mit dem System oder eine gleichförmige Befolgung von Normen als unerlässlich für die Systemintegration angesehen wird, oder auch dann, wenn man die Individualisierung oder die Pluralisierung von Wertvorstellungen als desintegrierend einstuft (vgl. dazu auch Abschnitt IV.)

Die Soziologie hat sich seit Durkheim um eine Relativierung des heuristischen Prinzips bemüht, indem sie der Frage nachgegangen ist, unter welchen Bedingungen Unterschiede oder Gegensätze der Integration förderlich sind. Der Begriff der organischen Solidarität signalisiert bereits, dass die aus der Arbeitsteilung resultierenden Unterschiede nicht notwendig desintegrierend wirken müssen. Die funktionale Schichtungstheorie versucht zu belegen, dass eine unterschiedliche Ausstattung mit Belohnungen für eine Gesellschaft überlebensnotwendig ist. Auch wenn gegenüber dieser Theorie methodologische Vorbehalte anzumelden sind, wird man doch einräumen müssen, dass Ungleichheiten Anreize zu größeren Leistungen schaffen können. Ebenso wichtig ist die Erkenntnis, dass eine unterschiedliche Ausstattung mit Gütern oder Fähigkeiten der Anlass vielfältiger Kooperationsbeziehungen sein kann. Es geht bei solchen Überlegungen letztlich darum, die Reichweite des heuristischen Prinzips einzuschränken.

Man kommt allerdings nicht um die Feststellung herum, dass alle Versuche, die Einschränkungen in einem generellen Satz zusammenzufassen, eher als Leerformeln zu bezeichnen sind. Das gilt für die Behauptung, zur Integration müsse ein Konsens in den Grundwerten vorhanden sein, ebenso wie für die Formel, in Gesellschaften müsse eine Mischung aus Konsens und Dissens oder aus Egoismus und Solidarität bestehen.

3. Integration in komplexen gesellschaftlichen Systemen: Das Mehrebenenproblem

Kann Integration schon in einfachen Systemen auf vielfältige Weise definiert werden, so potenziert sich die Zahl der Möglichkeiten mit wachsender Systemkomplexität. Wir wollen uns hier darauf beschränken, das damit verbundene Mehrebenenproblem etwas genauer zu behandeln. Üblicherweise unterscheidet man drei Ebenen, auf der Systeme angesiedelt sein können: die Mikro-, die Meso- und die Makroebene. Dies ist eine starke Vereinfachung, weil man innerhalb moderner Gesellschaften mehrere Mesoebenen unterscheiden müsste und weil sich außerdem oberhalb der nationalen Ebene längst mehrere supranationale Ebenen bis hin zur Weltgesellschaft ausdifferenziert haben. Die Zuordnung zu den einzelnen Ebenen wird zudem nach unterschiedlichen Kriterien vorgenommen. Hat man Hoheitsträger im Auge, so lassen sich nach der Gebietshoheit Gemeinden der ersten Mesoebene, die Bundesländer der zweiten und die Bundesrepublik der Makroebene zuordnen. Bei gesellschaftlichen Gruppen und Vereinen ist das Kriterium eher, ob sie allgemeine oder spezielle Interessen verfolgen und ob sich ihre Mitglieder aus kleineren oder größeren gesellschaftlichen Gruppen rekrutieren. Man könnte auch danach zu unterscheiden suchen, ob Organisationen spezielle oder allgemeine Funktionen erfüllen. Das gilt ebenso für gesellschaftliche Institutionen und deren Leistung für die Integration der Gesellschaft, wie der Beitrag von Zintl (in diesem Band) zeigt.

Tabelle 1 enthält zur Illustration die Zuordnung einiger Organisationen, Subsysteme oder Gruppen zu den drei Grundebenen. (Für eine andere Klassifikation vgl. den Beitrag von Dubiel, in diesem Band.) Wie man unschwer erkennt, liegen der Zuordnung uneinheitliche Kriterien zu Grunde.

Weil jetzt einzelne Personen nicht nur dem Gesamtsystem, sondern auch verschiedenen Teilsystemen, die zudem auf verschiedenen Ebenen angesiedelt sind, zugeordnet werden, stellt sich die Frage, wie sich die Integration in die Teilsysteme zur Integration in das Gesamtsystem verhält. Eine naheliegende Vermutung ist, dass eine Teilsystemintegration der (Gesamt-)Systemintegration schädlich ist, weil die Mitglieder ein und desselben Teilsystems einander im Hinblick auf Werte, Normen etc. ähnlich sind, sich aber gerade dadurch von den Mitgliedern anderer Teilsysteme unterscheiden. Die Integration in ein Teilsystem ginge also zu Lasten der Integration in das Gesamtsystem. Es ist dies nichts anderes als die Anwendung des oben erwähnten heuristischen Prinzips, ergänzt um die Annahme, dass in den Teilsystemen Homogenität und zwischen ihnen Heterogenität herrscht.

Illustrationen für solche Vermutungen gibt es viele. Wenn Subkulturen die gesellschaftliche Integration und nationale Egoismen die europäische Integration gefährden, so steht dahinter oft die Befürchtung, die Integration in die jeweiligen Teilsysteme (Subkultur, nationale Gesellschaft) werde zu Lasten der Integration in das Gesamtsystem (Gesellschaft, Europa) betrieben. Von einer ähnlichen Annahme geht man bei Erklärung des „Sündenbock-Phänomens" aus: Die Führer von Gruppe A versuchen, durch Diskriminierung der Randgruppe R die Binnenintegration zu erhöhen; sind sie erfolgreich, so steigt die Integration in A, gleichzeitig sinkt aber die Integration von A und R in das Gesamtsystem. Auch Kriege sollen ähnlich wirken. Sie erhöhen den Zusammenhalt in den feindlichen Lagern, aber schwächen den Zusammenhalt der Staatengemeinschaft.

Eine gewisse Plausibilität hat die Vermutung zunächst überall dort, wo Gruppen oder Organisationen konfligierende Ziele verfolgen. Bayern hat andere Interessen als der Bund, Deutschland andere als Europa, die Arbeitgeber andere als die Arbeitnehmer, die Bank X andere als die Bank Y, Protestanten andere als Katholiken, Banken andere als Politiker etc. Allein die Tatsache, dass die andere Organisation ihre Ziele auf Kosten der eigenen verfolgt, trennt. Oft versuchen Organisationen darüber hinaus, den Konkurrenten schlecht zu machen, ihm unlautere Absichten zu unterstellen und zu diskriminieren. Solche Strategien erhöhen vielleicht die Binnenintegration in den Gruppen, sie schwächen aber gleichzeitig den Zusammenhalt zwischen ihnen. Wer also das harmonische Zusammenwirken aller Gruppen als unerlässlich für den Zusammenhalt einer Gesellschaft erachtet, wird diese Art der Integration als bedrohlich empfinden.

Weil andererseits konfligierende Ziele fast immer und überall dingfest gemacht werden können, besteht Anlass, an der Reichweite des heuristischen Prinzips zu zweifeln. Es wird in drei Richtungen zu relativieren sein. Erstens dürfte es nicht immer möglich und ratsam sein, die Binnenintegration durch Diffamierung potentieller Gegner und Konkurrenten zu erhöhen. Toleranz, Menschenrechte, wie auch die Tatsache, dass man in anderen Kontexten auf diesen „Gegner" angewiesen sein kann, stehen einer solchen Strategie entgegen.

Sodann wird man zweitens bezweifeln müssen, dass konfligierende Zielsetzungen immer und überall zur Dissoziation der Teilsysteme führen. Konkurrenten auf dem Markt sind einander vielleicht ähnlicher als Anbieter und Konsumenten, sodass sozialpsychologische Mechanismen eher Anziehung als Abstoßung bewirken könnten. In der Tat ist in der Bevölkerung nicht selten die Überzeugung verbreitet, dass alle Banken oder gar alle Kapitalisten „unter einer Decke stecken", also tatsächlich in hohem Maße integriert sind. Auch sind multiple Identifikationen verbreiteter, als man vielleicht annehmen möchte. Viele Menschen identifizieren sich sowohl mit der Gemeinde, wie mit dem Bundesland, wie mit dem Staat wie vielleicht auch mit Europa. Der Bayer mag sich mit dem Bund trotz der Tatsache identifizieren, dass er sich auch als Bayer fühlt.

Die potentiellen Konflikte zwischen Teilsystemen werden durch vielfältige Mechanismen konterkariert. Multiple Mitgliedschaften in Organisationen sind ein Beispiel dafür. Insbesondere Peter M. Blau (1978: 221) hat argumentiert, in einer auf der Makroebene differenzierten Gesellschaft würde durch die multiplen Mitgliedschaften der Einzelnen in unterschiedlichen Gruppen und durch deren Interaktionen eine soziale Integration entstehen. Diesen Sachverhalt belegen auch die empirischen Analysen interkonfessioneller Kontakte von Wolf (in diesem Band).

Drittens müssen Konflikte zwischen den Teilsystemen die Stabilität des Gesamtsystems nicht gefährden. Auf die Auffassung liberaler Theorien, wonach zumindest die friedliche Konfliktaustragung in Form des Wettbewerbs der Integration förderlich ist, wurde bereits hingewiesen. Weitergehend nehmen Dahrendorf (1969) und Dubiel (in diesem Band) an, dass sogar gewaltsame Konflikte integrieren können. Auch hier stellt sich also wieder das Problem, dass Differenzen zwischen den Subsystemen auch integrierend wirken können, weil sie Anreize zu Kooperation und Wettbewerb schaffen können, weil sie damit den Output des Gesamtsystems verbessern, was wiederum der Identifikation mit dem System und dem Konsens zugute kommen mag.

4. Indikatoren für Integration

Die vorstehenden Überlegungen schränken die Aussagekraft von Indikatoren ein, die häufig zur Messung von Integration herangezogen werden. Einige davon sind illustrativ in der rechten Spalte von *Tabelle 1* aufgelistet. Vorab ist festzustellen, dass einzelne Indikatoren auf verschiedene Ebenen und Organisationen angewendet werden können. So kann die unbezahlte Tätigkeit in Vereinen und Organisationen entweder gesellschaftsweit erhoben werden, um dann als Maß für die in einer Gesellschaft verbreitete Solidarität, den Altru-

Tabelle 1: Ebenen und Indikatoren der Integration

Ebene	Beispiele	Indikatoren für Integration bzw. Desintegration
Makroebene	Gesellschaft	
	– Subsysteme wie Politik, Wirtschaft oder Recht (Zentral-)Staatliche Organe	– Bürgerkriege, gewaltsame politische Konflikte, Revolutionen – Konventionelle politische Partizipation – Unkonventionelle politische Partizipation – Zahl und Stärke extremistischer Parteien – Zersplitterung des Parteiensystems – Selbstmordrate – Kriminalität – Scheidungsrate – Gleiche Einkommensverteilung – Nationale Identifikation – Nationalstolz, Patriotismus – Mehrfache Mitgliedschaft in Vereinen – Volunteering – Spendenbereitschaft, Auswanderungsquote, „Gesetzesflut"
Mesoebene	Vereine und Verbände	
	– Gemeinden – Gewerkschaften und Arbeitgeberverbände – Kirchen – Sportvereine – Unternehmen – Gerichte, Gefängnisse	– Lokale Identität – Mitgliedschaft – Volunteering – Spendenbereitschaft – Identifikation mit dem Unternehmen – Überlastung
Mikroebene	Individuen, Kleingruppen	
	– Freundschafts- oder Kontaktnetzwerke – Familie	– Zahl der Freunde bzw. Kontaktpersonen – Hilfeleistung, Unterstützung – Kinderzahl, Haushaltsgröße – Gruppenidentifikation – Auswanderung

ismus oder das soziale Engagement zu dienen, sie könnte aber auch pro Verein die Bereitschaft zur freiwilligen Mitarbeit erfassen und sie könnte schließlich als Individualmerkmal das soziale Engagement einer jeden Person indizieren.

Viele der Makroindikatoren decken zwei Integrationsaspekte ab, einen mehr oder minder tief greifenden gesellschaftlichen Dissens und die Nichterfüllung oder Schlechterfüllung gesellschaftlicher Funktionen. Dass beides nicht notwendig desintegrierend wirkt, wurde bereits erwähnt. Selbst einem Bürgerkrieg kann ein systemstabilisierendes Element innewohnen, wenn und so weit er verkrustete überholte Strukturen, z.B. eine Militärdiktatur, beseitigt. Aber er bedroht die innere Sicherheit eines Systems (Systemfunktion) und bringt einen unversöhnlichen Konflikt zwischen den Kombattanten zum Ausdruck. Die Revolution fällt offensichtlich in die gleiche Rubrik. Die Zahl und Stärke extremistischer Parteien indiziert ebenfalls eine Kluft zwischen Systemanhängern und Systemgegnern, wobei dieser

Konflikt aber als unüberbrückbar angesehen wird, der Grundkonsens also in Frage gestellt ist. Der unterschiedliche Umgang mit dem politischen Extremismus – kommunistische Parteien etwa hat man in einigen Ländern verboten, in anderen toleriert oder sogar als Koalitionspartner akzeptiert – zeigt ebenfalls an, wie variabel der Begriff „unerlässlicher Grundkonsens" gedeutet wird.

Während sich diese Indikatoren auf das politische System im engeren Sinne beziehen, weisen hohe Kriminalitätsraten auf ein Versagen der Staatsorgane, gepaart mit einem Dissens über gesellschaftliche Normen und Werte, hin. Auch Kriminalität kann aber die Gesellschaft integrieren, weil die staatliche Sanktion den Zusammenhalt unter den Normkonformen stärkt und zugleich die der Sanktionsnorm zu Grunde liegenden Werte ins allgemeine Bewusstsein hebt. Da zudem die Mittel, die in die Verbrechensbekämpfung fließen, an anderer Stelle fehlen und dort Unzufriedenheit und Protest auslösen können, müsste das Ziel für die staatlichen Organe nicht die vollständige Beseitigung des Verbrechens, sondern eine optimale Kriminalitätsrate sein, deren Höhe leider völlig unbestimmt ist. Durch vollständige Ausschaltung des Verbrechens – das hat schon Durkheim gesehen – würde wahrscheinlich nicht die optimale gesellschaftliche Integration erreicht.

Besonders problematisch sind jene Indikatoren, welche die Integration an der Erfüllung oder Nichterfüllung einzelner Funktionen ablesen wollen, unabhängig davon, ob sie tatsächlich einen gesellschaftlichen Dissens widerspiegeln. Das gilt etwa für die Frage der Einkommensverteilung. Wachsende Einkommensungleichheit kann mit wachsender Unzufriedenheit, abnehmender Identifikation und zunehmendem Dissens verbunden sein, muss es aber nicht. Man wird daher solche Indikatoren mit noch größerer Zurückhaltung verwenden.

Eine weitere Gruppe von Indikatoren deckt solche Aktivitäten ab, die man als Ausdruck von Altruismus, Solidarität oder Gemeinsinn bezeichnen würde. Dazu rechnet die politische Partizipation ebenso wie die Spendenbereitschaft, die freiwillige Hilfeleistung, die Übernahme von Ehrenämtern etc. Wo man dagegen die Zahl der Kontakte oder der Freundschaftsbeziehungen erhebt, steht dahinter der Gedanke, dass die Systemintegration eine Funktion der (nicht feindlichen) Interaktionen in einer Gesellschaft ist.

Wenn und soweit aus den Makroindikatoren auf Orientierungen und andere „innere" Befindlichkeiten geschlossen wird – auf heterogene Wertvorstellungen oder fehlenden Gemeinsinn etwa – so stellt sich das zusätzliche Problem, ob ein solches Verhalten allein aus den Handlungsrestriktionen oder den Opportunitäten erklärt werden kann. Wer viel hat, kann leichter spenden als jemand, der wenig hat. Wenn also die Spendenbereitschaft in der einen Gesellschaft höher ist als in der anderen, so muss das nicht unbedingt Folge eines größeren Altruismus sein. Dieses Problem tritt auch und gerade bei den letzten beiden Verhaltensindikatoren auf, den Scheidungs- und Selbstmordraten. Scheidungen können durch gesetzliche Regelungen erleichtert und erschwert werden, sie können von der Gemeinschaft moralisch verurteilt oder toleriert werden. Zunehmende Scheidungsraten sagen daher relativ wenig über einen wachsenden Egoismus in der Gesellschaft aus.

III. Die makrosoziologische Perspektive: Soziale Differenzierung und Integration

Unsere bisherigen Überlegungen haben eine große Palette von Systemintegrationsbegriffen zutage gefördert, angefangen von gemeinsamen Wertvorstellungen, einer weit verbreiteten Identifikation mit dem System über die Kontaktdichte bis hin zur Gleichsetzung von Integration mit spezifischen, tatsächlich oder vermeintlich notwendigen Bedingungen für die Aufrechterhaltung des Systems. Wo die explizite Bezugnahme auf die Systemerhaltung fehlt, da wird sie, so haben wir argumentiert, implizit unterstellt. Wer also aus steigenden Kriminalitätsraten auf eine zunehmende Desintegration schließt, der nimmt implizit oder explizit an, dass dies in irgendeiner Weise für die Gesellschaft bedrohlich ist. Wir gehen davon aus, dass gerade in den theoretischen Arbeiten zur Integration verschiedene der vorbenannten Integrationsbegriffe einfließen und wollen dies exemplarisch an dem klassischen Werk von Durkheim zur Arbeitsteilung skizzieren.

1. Arbeitsteilung und Kollektivbewusstsein: Emile Durkheim

Anomie wird seit Durkheim als „Zustand der Normenlosigkeit" bezeichnet. Derart definiert, ist das Problem, wie es zu einem solchen Zustand kommen kann, nahezu untrennbar von der Frage, wie die soziale Integration einer Gesellschaft entsteht und wie sie aufrechterhalten werden kann. Wenngleich auch der Beitrag von Baurmann (in diesem Band) ausführlich auf die Position Durkheims eingeht, wollen wir zwei zentrale Elemente seiner Argumentation hier behandeln, weil sie bis heute bedeutsam sind: 1. Arbeitsteilung als „Mechanismus" der Integration, 2. Bedingungen, unter denen das Kollektivbewusstsein gestört wird und die Integration nicht gefährdet ist.

a) Arbeitsteilung und Integration. Die grundlegende Annahme Durkheims lautet: Mit steigender physischer Dichte von Personen, z.B. in Städten, stiegen auch die Interaktionen zwischen ihnen; unterstützt durch eine zunehmende Kommunikationstechnik würde dann die soziale Differenzierung zunehmen und auf Grund dieser auch die Arbeitsteilung (Durkheim 1992: 402). Mit der steigenden Arbeitsteilung entsteht nun das Problem, in welcher Form ein sozialer Zusammenhalt erreicht werden kann. Durkheim sieht durchaus, dass die Individuen widerstrebende Interessen verfolgen können, versucht aber dennoch zu begründen, wie unter den Bedingungen einer solchen „organischen Solidarität" auch eine gemeinsame Moral sowohl vorhanden sein, als auch befolgt werden könne.

Nach Durkheim sind die Individuen durch die Arbeitsteilung verbunden und deshalb aufeinander angewiesen. Daraus kann Kooperation entstehen, die Durkheim aber für sich allein als nicht integrierend ansehen würde. Vielmehr geht er davon aus, „daß die Arbeitsteilung, wenn das wirklich ihre Funktion ist, einen moralischen Charakter haben muß, denn die Bedürfnisse nach Ordnung, Harmonie und sozialer Solidarität gelten gemeinhin als moralische" (1992: 110). Die Arbeitsteilung hat also insofern moralische Qualität, als sie unser Bedürfnis nach Ordnung, Harmonie und Solidarität befriedigt. Diese Bedürfnisse sind ein erstes wichtiges Element in seiner Theorie der Integration. Das zweite wichtige Moment ist das Kollektivbewusstsein, von dem es heißt: „Es ist unmöglich, daß die Verletzung der grundlegendsten Kollektivgefühle geduldet würde, ohne daß die

Gesellschaft desintegrierte. Vielmehr muß sie mit Hilfe jener besonders energischen Reaktion bekämpft werden, die den moralischen Regeln eigen ist" (1992: 467). Dieses Kollektivbewusstsein ist ein Bewusstsein gemeinsamer Werte und zumeist „ein Erbe der vorhergegangenen Generationen" (1992: 352).

Durkheim bemerkt hier allerdings, dass mit der Ausbreitung des gemeinsamen Bewusstseins auch dessen Kraft geringer wird. Man kann dies so interpretieren, dass mit steigender Mitgliederzahl die gesellschaftliche Differenzierung steigt. Dann kommt es dazu, dass Glaubensartikel diskutiert und ihre Daseinsberechtigung in Frage gestellt werden, dann aber „verlieren [sie] dabei einen Teil ihrer Kraft ... weil das Kollektivbewußtsein rationaler geworden ist, wird es also auch weniger imperativ, und das ist ein Grund mehr, warum es die freie Entfaltung der individuellen Abweichungen weniger behindert" (1992: 352). Demnach, so lässt sich schließen, kommt der zweiten moralischen Regel, die aus der Arbeitsteilung folgt, eine größere Bedeutung zu. *Den moralischen Charakter der Arbeitsteilung begründet Durkheim auch aus dem Pflichtgedanken*: „Die Pflichten des Individuums sich selbst gegenüber sind in Wirklichkeit Pflichten gegenüber der Gesellschaft. Sie entsprechen bestimmten Kollektivgefühlen, die es nicht mehr verletzen darf, gleichviel, ob der Verletzte oder der Verletzer ein und dieselbe Person sind oder zwei verschiedene Wesen" (1992: 470). Der Einzelne muss sich des moralischen Wertes der Arbeitsteilung bewusst sein, sonst würde sein Handeln nicht begrenzt: „Er würde um sich und über sich nicht mehr jenen heilsamen Druck der Gesellschaft spüren, der seinen Egoismus mäßigt und aus ihm ein moralisches Wesen macht. Eben hierin besteht der moralische Wert der Arbeitsteilung. Durch sie wird sich der Mensch seiner Abhängigkeit gegenüber der Gesellschaft bewußt; ihr entstammen die Kräfte, die ihn zurückweisen und in Schranken halten. Mit einem Wort: dadurch, daß die Arbeitsteilung zur Hauptquelle der sozialen Solidarität wird, wird sie gleichzeitig zur Basis der moralischen Ordnung" (1992: 471).

Aus der gegenseitigen Abhängigkeit wird demzufolge eine moralische Qualität, eine individuelle Verpflichtung auf das Kollektiv. Zusätzlich wird der Zusammenhalt über Verträge und eine individuelle Vertragssolidarität gesichert (1992: 115, 440, 450).

b) Bedingungen der Integration. Wie die vorangegangene Darstellung zeigt, lassen sich aus den Texten von Durkheim unterschiedliche Bedingungen für soziale Integration – und damit auch Desintegration – explizieren. Uns erscheint es sinnvoll, vier solcher Formen zu unterscheiden; sie entsprechen vier Bedingungen, unter denen die Integration beeinträchtigt wird: 1. Schwächung des Kollektivbewusstseins, 2. Pervertierungen der Arbeitsteilung, 3. soziale Ungleichheit und 4. mangelnde Akzeptanz der sozialen Ungleichheit.

Kollektivbewusstsein. Eine Ursache dafür, dass das Kollektivbewusstsein geringer wird, ist die oben erwähnte rationale Diskussion der Werte. Durkheim nimmt demzufolge an, wenn die im Kollektivbewusstsein verankerten Werte einer rationalen Diskussion unterworfen würden, verlören sie – und damit das Kollektivbewusstsein – auch an Bedeutung für das individuelle Handeln. Man kann dies entweder so interpretieren, dass die transzendentale oder traditionale Legitimation nicht mehr nachvollzogen werden können – weder der Verweis auf Gott noch der auf das Erbe vorangegangener Generationen verfängt. Man kann dies aber auch so verstehen, dass ein Konsens in rationalen Diskursen häufig nicht mehr auf der Ebene konkreter Normen und Verpflichtungen zu erreichen ist, sondern nur noch auf der Ebene abstrakter Prinzipien, die eine geringe Verbindlichkeit für das Handeln haben.

Durkheims Begriff des Kollektivbewusstseins enthält auch die gemeinsamen Werte einer Gesellschaft. Es wird aber durch Diskussionen über die Daseinsberechtigung einzelner Werte geschwächt: „Da zum anderen das Kollektivbewußtsein sich abschwächt, können die Reibungen, die auf diese Weise entstehen, auch nicht mehr vollständig neutralisiert werden. Die gemeinsamen Gefühle haben nicht mehr die gleiche Kraft, um das Individuum weiterhin an die Gruppe zu binden; subversive Tendenzen, die kein entsprechendes Gegengewicht finden, treten leichter zu Tage. Indem die soziale Organisation immer mehr ihren transzendenten Charakter verliert, der sie über die menschlichen Interessen stellte, hat sie gerade zu dem Zeitpunkt nicht mehr die gleiche Widerstandskraft, zu dem sie immer mehr angegriffen wird" (1992: 449).

Arbeitsteilung. Es wird so eine Harmonie zwischen den Fähigkeiten eines Individuums und dessen Position innerhalb einer arbeitsteiligen Gesellschaft hergestellt: „Ganz anders verhält es sich, wenn sie [die Arbeitsteilung, J.F. und W.J.] dank rein innerer Spontaneität entsteht, wenn nichts die Initiative der Individuen stört. Unter dieser Bedingung muß sich in der Tat die Harmonie zwischen den individuellen Naturen und den sozialen Funktionen zwangsläufig herstellen, zumindestens im Durchschnitt der Fälle. ... Die Verteilung der Arbeit ergibt sich somit aus der Sachnotwendigkeit dieser differenzierten Fähigkeiten, denn es gibt keinen Grund, daß sie sich anders vollzieht. So realisiert sich die Harmonie zwischen der Konstitution eines jeden Individuums und seinem Rang von selbst. Man wird sagen, daß das nicht immer genügt, um die Menschen zufriedenzustellen, da es Menschen gibt, deren Wünsche ihre Fähigkeiten übersteigen. Das ist wahr; aber das sind Ausnahmen und, so könnte man sagen, krankhafte Fälle. Normalerweise hat der Mensch das Glück, seine Natur zu erfüllen; seine Bedürfnisse stehen in angemessener Beziehung zu seinen Mitteln" (1992: 445; vgl. S. 452). Diesem Argument traut Durkheim aber selbst nicht, denn wenig später führt er aus: „Die Arbeit teilt sich nur dann spontan, wenn die Gesellschaft so beschaffen ist, daß die sozialen Ungleichheiten die natürlichen Ungleichheiten genau ausdrücken" (1992: 446).

Soziale Ungleichheit. Die Ungleichheit ist das dritte wichtige Element in der Theorie der Integration. Wenn es der Gesellschaft nicht gelingt, die natürlichen Ungleichheiten mit den sozialen zur Deckung zu bringen, so ist der Bestand der Gesellschaft bedroht. Die Durchsetzung radikaler Gleichheit wäre kein geeignetes Mittel zur Integration, weil dazu eine zu strenge Disziplin erforderlich ist. Notwendig ist allerdings eine moralische Disziplin, um die „von der Natur weniger gut Bedachten dahin zu bringen, daß sie die schlechtere Lage akzeptieren" (Durkheim 1973: 286), – und diese Art von Disziplin muss von den Menschen anerkannt werden, nicht nur aus Gewohnheit oder durch Zwangsmaßnahmen. Es muss also nicht nur eine weitgehende Kongruenz von natürlicher und sozialer Ungleichheit bestehen, sondern diese muss auch gesellschaftlich akzeptiert sein. Damit ist eine vierte Bedingung der Integration genannt.

Durkheim schränkt demnach seine grundsätzliche Annahme, mit der moralischen Arbeitsteilung sei eine gesellschaftliche Integration verbunden, ein. (Diesen Punkt behandelt ausführlich der Beitrag von Baurmann, in diesem Band.) Die Hinweise auf die Ausnahmen und auf eine ungerechte Verteilung sozialer Funktionen, die nicht mehr den natürlichen

Talenten entsprechen, deuten bereits auf die möglichen Konflikte zwischen Individuum und Gesellschaft hin. Seine Annahme, der Rang des Einzelnen entspräche seinen Fähigkeiten und es gäbe nur wenige Menschen, deren Wünsche ihre Fähigkeiten übersteigen, ist empirisch zweifelhaft und steht auch im Widerspruch zu dem, was Durkheim an anderen Stellen sagt. Eher dürfte gegenwärtig zutreffen, dass die Anreize zu sozialem Aufstieg auf Grund gestiegener Bildungschancen zu Wünschen geführt haben, denen kein angemessenes Angebot an entsprechenden Berufen gegenübersteht. Damit wäre nicht unbedingt die Kongruenz von natürlichen und sozialen Ungleichheiten, wohl aber deren Akzeptanz, in Frage gestellt und folglich die gesellschaftliche Integration gefährdet.

Die Lösung dieses nachgerade zwangsläufigen Konflikts nimmt Durkheim mit Hilfe einer normativen Forderung vor: „Darum ist es in den organisierten Gesellschaften unbedingt nötig, daß die Arbeitsteilung sich immer mehr jenem oben definierten Ideal der Spontaneität nähert" (1992: 449). Spontaneität setzt aber voraus, dass die Menschen gleichen Zugang zu Positionen haben, eine „Gleichheit der äußeren Bedingungen des Kampfes" (1992: 448), – also reglementiert wird, „wann die verschiedenen Stellungen den Einzelnen jeweils offenstehen" (1973: 285). (Dies entspricht dem dritten der oben explizierten Integrations-Begriffe.) Die Gleichheit bezieht sich bei Durkheim demnach auf die Bedingungen, unter denen Positionen entsprechend den natürlichen Talenten der Einzelnen erworben werden können. Solche Bedingungen sind, wie wir wissen, nicht durch freien Wettbewerb herzustellen. Es sind vielmehr umfangreiche staatliche Regelungen erforderlich, man denke an das Kartellrecht in der Wirtschaft oder an Schulgeldfreiheit und das Bafög als Kompensation für ein mangelndes Einkommen der Eltern im Bildungsbereich.

Anomie ist ein weiterer wichtiger Baustein in Durkheims Ansatz. In seiner „Arbeitsteilung" versteht er hierunter pervertierte Formen der Arbeitsteilung, etwa dadurch, dass Arbeitsteilung zur Routine erstarrt ist und der Einzelne nicht mehr das Ziel seiner Arbeit kennt. Er ist ein Rädchen und wird hierdurch erniedrigt (1992: 440). Anomie entsteht auch, wenn die Arbeitsteilung erzwungen, die Zuweisung von Positionen also reglementiert ist (1992: 444 ff.). Die dritte Ursache sieht Durkheim in der relativen Deprivation. Anomie tritt auch dann auf, wenn der Einzelne bei insgesamt steigenden verfügbaren Mitteln nicht mehr einen gerechten Anteil erhält (1973: 288; vgl. S. 287). In individualistischen Theorien wäre diese relative Deprivation strikt von der Frage zu trennen, ob die Einkommensverteilung (im Großen und Ganzen) als gerecht angesehen wird. Aus der Makroperspektive dagegen läuft beides auf das Gleiche hinaus.

Ausgelöst werden anomische Reaktionen letztlich durch makro-ökonomische Prozesse. In der konkreten historischen Situation hätten der wirtschaftliche Fortschritt zu einer Schwächung der Religion geführt. Auch die Regierung hat an steuernder Kraft verloren, sie „ist von einer Regelinstanz des wirtschaftlichen Lebens zu dessen Instrument und Diener geworden" (1973: 291). Die wirtschaftliche Tätigkeit hat zu einer „Entfesselung der Begierde" geführt und deshalb sind „Krise und Anomie zum Dauerzustand und sozusagen normal geworden" (1973: 292). Die Bedürfnisse der Einzelnen werden entgrenzt: „Die Folge ist, daß, je weniger man hat, umso weniger man versucht ist, den Bogen seiner Wünsche zu überspannen. Wir gewöhnen uns an die Ohnmacht, während sie uns zur gleichen Zeit zur Mäßigung zwingt ... Reichtum dagegen gibt uns infolge der Möglichkeiten, die er uns verschafft, die Illusion, daß letztlich alles doch erreichbar ist, indem sie den Widerstand, den die Dinge uns entgegensetzen, verringert. Je weniger man sich eingeengt fühlt, umso verhaßter wird doch die Einengung" (1973: 290).

Diese (pessimistische) Sicht ungezügelter Bedürfnisse wird nochmals deutlich in folgendem Zitat, das auch eine Definition des Begriffes „Anomie" enthält: „Wenn die öffentliche Meinung keine Orientierung mehr gibt, werden die Appetite keine Schranke mehr kennen. Zudem befinden sie sich sowieso in Folge der gesteigerten allgemeinen Aktivität in einem gereizten Zustand. Wegen des steigenden Wohlstandes steigen auch die Bedürfnisse. Sie werden angestachelt durch die reichere Beute, die ihnen vorgehalten wird, und die althergebrachten Regeln verlieren ihre Autorität, weil man ihrer überdrüssig ist. Der Zustand der gestörten Ordnung oder *Anomie* wird also noch dadurch verschärft, daß die Leidenschaften zu einem Zeitpunkt, wo sie einer stärkeren Disziplin bedürfen, weniger diszipliniert sind!" (1973: 289; kursiv im Original).

Während Durkheim in der 1893 erschienenen „Arbeitsteilung" die Lösung des Konfliktes noch in der Arbeitsteilung und deren moralischer Kraft sieht, verlegt er sie in seiner 1897 erschienenen Arbeit über den Selbstmord in Verbände und Berufsgruppen. Anomie geht auf das Fehlen von Kollektivkräften in der Gesellschaft zurück, die das gesellschaftliche Leben zu regeln hätten (1973: 454). Verbände sind nun das Regulativ gegen Unordnung und wachsende Begehrlichkeit, sie regeln die Bedürfnisniveaus, sie sind es auch, die den gerechten Anteil jeder Berufsgruppe bestimmen (1973: 285, 455f.).

c) Folgerungen. Für Durkheim könnte also die Systemintegration auch in modernen Gesellschaften gelingen, wenn die Arbeitsteilung moralisch und spontan wäre. Dann würde sie nicht nur eine Kongruenz zwischen natürlicher und sozialer Ungleichheit erzeugen, sie würde die Unterprivilegierten auch dazu bringen, ihre Situation als fair und gerecht zu akzeptieren. Die Gefahr einer Entgrenzung der Bedürfnisse bestünde unter dieser Voraussetzung nur eingeschränkt. Wir haben damit ein sehr einfaches Modell skizziert, in dem sich der Zustand der Systemintegration genau benennen lässt: eine integrierte Gesellschaft zeichnet sich durch 1. (hohe) spontane und moralische Arbeitsteilung, 2. Kongruenz von natürlicher und sozialer Ungleichheit, 3. hohe Akzeptanz der sozialen Ungleichheiten und 4. geringe Anomie aus. Diese Bedingungen werden zumindest rudimentär durch Kausalbeziehungen in dem Sinne verbunden, dass die moralische und spontane Arbeitsteilung alle anderen Bedingungen herbeiführen kann. Eine gewisse Unabhängigkeit wird der Akzeptanz sozialer Ungleichheiten schon in den frühen Schriften insofern zugeschrieben, als eine Entgrenzung der Begierden und Bedürfnisse für möglich gehalten wird. Die Akzeptanz der eigenen Position im Gefüge sozialer Ungleichheiten erlangt damit einen unabhängigen Einfluss auf die Anomie: nur solange relative Deprivation nicht entsteht, kann Anomie vermieden werden. Ein 5. starkes Kollektivbewusstsein wäre nach der älteren Version der Theorie nicht erforderlich.

In den späteren Fassungen vermag Durkheim nicht mehr daran zu glauben, dass eine spontane und moralische Arbeitsteilung institutionalisiert werden kann. Dementsprechend fordert er jetzt ein ausgeprägteres Kollektivbewusstsein, das in den Berufsverbänden und -gruppen verankert werden soll. (Man kann hier an Standesorganisationen wie die der Mediziner oder Journalisten denken.) Diese Überlegungen führt er jedoch nicht aus; es ist zudem keine überzeugende Lösung des von ihm behandelten Integrationsproblems. Ferner: Technisch gesprochen findet damit eine Verlagerung von der Makro- auf die Mesoebene statt, wodurch sich Durkheim eine Vielzahl von Folgeproblemen einhandelt, muss er jetzt doch die Integrationsprozesse über verschiedene Ebenen hinweg analysisieren. Welche Mechanismen sollen etwa innerhalb der Berufsgruppen für eine Begrenzung der Bedürfnisse sorgen, wenn die Arbeitsteilung dieses nicht leisten kann? Warum sollten mit anderen Worten die Prozesse, die auf der Systemebene das Kollektivbewusstsein schwächen, nicht auch auf der Ebene einzelner Berufe wirksam sein? Was vor allem schützt die Gesellschaft vor der desintegrierenden Kraft der Gruppenegoismen, wo wir doch wissen, dass kleine Gruppen ihre Interessen besser organisieren und durchsetzen können als große?

Dies sind einige der theorieimmanenten Probleme, zu denen sich aber noch allgemeinere Fragen gesellen. So hat Durkheim das Problem der Kooperation unter dem Aspekt der moralischen Arbeitsteilung nur sehr rudimentär behandelt. Wie immer man den Begriff der Systemintegration im Einzelnen definiert, man wird kaum um die Feststellung herumkommen, dass keine arbeitsteilige Gesellschaft dem Ideal einer moralischen Arbeitsteilung auch nur nahe kommt. Entweder ist keine dieser Gesellschaften integriert oder man legt die Bedingungen anders fest. Wenn man zumindest einige der westlichen Gesellschaften als leidlich integriert bezeichnen will, dann wird man sehr viel niedrigere Anforderungen stellen müssen. Man wird dann anerkennen müssen, dass arbeitsteilige Kooperation
- bisweilen nicht vom wechselseitigen Vertrauen getragen ist, obwohl ein solches der Transaktion förderlich ist,
- selten Bedürfnisse der Solidarität befriedigt oder in dem Bewusstsein erfolgt, damit einen Dienst an der Gesellschaft zu leisten.

Dennoch können auch diese Formen der Kooperation integrieren, sie gefährden zumindest nicht die Integration des Systems. Hier haben Rational Choice-Theorien wichtige neue Erkenntnisse zu Tage gefördert, auf die im nächsten Abschnitt eingegangen wird.

Diskussionswürdig scheint auch die von Durkheim vertretene These der progressiven Deprivation, der zufolge das Wirtschaftswachstum desintegrierend wirkt, weil die Erwartungen rascher steigen als die Befriedigungskapazitäten des Systems. Zunächst einmal handelt es sich um eine von vielen Varianten der Deprivationstheorien, die allesamt auf der Mikroebene kaum bestätigt worden sind. Selbst wenn man aber diese Art von Deprivation einmal unterstellt, ist damit noch nicht gesagt, dass sie sich in Protest, Gewalt, Krieg oder anderen destabilisierenden Handlungen entladen könnte. Was die oder der Einzelne tut, hängt ganz entscheidend von den zur Verfügung stehenden Optionen ab.

IV. Die mikrosoziologische Perspektive: Individualisierung und Rational Choice-Theorie

Eng mit der Differenzierungs-Diagnose ist die These einer steigenden Individualisierung verbunden. Die Individualisierungs-These enthält Annahmen, die sich sowohl auf die Makro- als auch die Mikro-Ebene richten, oft sind sogar beide Ebenen vermengt. Auf der Makroebene sind es u.a. Annahmen über die sinkende Bedeutung traditionaler Institutionen wie Klasse, Nachbarschaft, Familie für das Handeln der Individuen (Beck 1986). Ebenso wird auf der Makroebene eine Pluralisierung von Werten und Normen diagnostiziert, die ihrerseits auf die Pluralisierung gesellschaftlicher Gruppen oder der Lebensstile, also eine soziale Differenzierung zurückgeführt wird. Letztere bezeichnen Zapf et al. (1987:

18) als „Zunahme von Gruppen-, Milieu- und situationsspezifischen Ordnungsmustern zur Organisation von Lebenslage, Ressourcen und Lebensplanung".

Uns interessieren hier weniger diese makrosoziologischen Annahmen, sondern die mikrosoziologischen, die vermuteten Folgen für das Handeln der Individuen. Die beiden wichtigsten sind, dass die Veränderungen den Handlungsspielraum der Individuen aller sozialer Gruppen erhöht haben, zugleich aber die Individuen durch eine höhere individuelle Entscheidungsverantwortung belasten. So führen Zapf et al. (1987: 138) aus: „Sowohl zunehmende Individualisierung als auch steigende Sicherheitsbedürfnisse sind tiefliegende Trends der Modernisierung, die über rein hedonistische Idiosynkrasien der Bürger hinaus reichen. In modernen Gesellschaften erzeugen die steigenden Anforderungen an Bildung und Ausbildung, Mobilität und Umstellungsbereitschaft einen hohen *Individualisierungsdruck:* die Menschen müssen heute durchschnittlich mehr Entscheidungen treffen, mehr Informationen verarbeiten und mehr Wandel bewältigen als zu früheren Zeiten, ob sie dies wollen oder nicht. In diesem Sinn ist Individualisierung notwendige Kompetenz für Modernität. Zugleich aber verlieren frühere soziale Sicherheiten in Familie und Gemeinde, Berufswelt und Kultur an Beständigkeit und Verlässlichkeit. Dadurch entsteht ein steigender *Sicherheitsbedürfnisdruck,* der sich sowohl an staatliche und andere öffentliche Einrichtungen als auch an die veränderten Familienformen und Freundeskreise richtet. In diesem Sinn ist Sicherheit eine institutionelle Voraussetzung von Modernität" (Hervorhebungen im Original).

Die Integration, die durch Externalisierung von Kosten an den Staat entsteht, ist demnach nur formaler Art: ein Anspruch, sie erzeugt aber keine Bindung der Mitglieder untereinander. Das Vertrauen in die staatlichen Institutionen selbst ist von der wahrgenommenen Leistungsfähigkeit der Institutionen abhängig, wie Gabriel in seinem Beitrag (in diesem Band) auf Grund empirischer Analysen zeigt.

Die Individualisierungsthese unterstellt zunächst eine Zunahme der individuellen Entscheidungsmöglichkeiten und Handlungsalternativen (Beck 1986; Beck-Gernsheim 1996). Diagnostiziert werden eine „Individualisierung" und ein „Verlust aus traditionalen Sicherheiten" (Beck 1986: 206); traditionelle Normen hätten eine geringere Bedeutung für die Handlung der Individuen. Auch andere Autoren behaupten, es gäbe eine Zunahme der „Handlungsspielräume" (Weymann 1989b) oder „Optionserweiterung" (Offe 1986), mithin eine größere „Handlungsautonomie" der Individuen (Hahn 1995: 23). Ob eine gegebene Option von einem Individuum auch übernommen und ob sie „gelebt" wird, hängt davon ab, ob sie wahrgenommen wird, ob sie seinen Handlungszielen dienlich ist und ob es Barrieren gibt, die ein Individuum darin hindern, sie umzusetzen. Ferner enthält die Individualisierungsthese die Annahme, die Individuen suchten neue Bindungen und akzeptierten deshalb „neue" Normen (Beck 1986: 119, 211; vgl. Friedrichs 1998: 42f.).

Die These einer zunehmenden Individualisierung, ungeachtet der Vielzahl möglicher Individualisierungsbegriffe (vgl. dazu Jagodzinski und Klein 1998), enthält die Aussage, die Individuen hätten mehr Entscheidungen zu treffen, weshalb nicht nur ihre Freiheit, sondern auch ihre Belastung oder Entscheidungsverantwortung größer geworden sei. Dieser doppelte Sachverhalt ist der Kern der Individualisierungsthese (vgl. ausführlich: Friedrichs 1998). In dieser Diagnose sind sich so unterschiedliche Autoren wie Beck, Zapf et al., Weymann und Nunner-Winkler einig. So schreibt Nunner-Winkler (1996: 21): „Der Geltungsschwund einzelner Normen oder Normenkomplexe ist beschreibbar als Verschiebung bestimmter Normen aus der Klasse kulturspezifischer positiver Pflichten in den Bereich von Konventionen oder den persönlichen Bereich" und: „Modernisierung ist gekennzeichnet durch eine Umklassifikation von Handlungsentscheidungen, die vordem durch tradierte kulturspezifische Normierung reguliert waren als Fragen der persönlichen Entscheidungsfreiheit".

Sind damit Bedingungen gegeben, die die Annahme von Weymann (1989: 1) rechtfertigen: „die Hoffnung auf konsensuelle Herstellung gesellschaftlicher Ordnung ohne Zwang und Hierarchie kollidiert mit der Beobachtung von Legitimitätsverlusten, Anomie, Regel- und Orientierungslosigkeit"? Die Antworten, die Beck und Nunner-Winkler hierzu geben, sind sehr unterschiedlich. Beck und Beck-Gernsheim (1996: 35) finden keine rechte Antwort auf die eigene Frage: „Integration wird also nur dann möglich, wenn man nicht versucht, den Aufbruch der Individuen zurückzudrängen – sondern wenn man, im Gegenteil, bewusst daran anknüpft und aus den drängenden Zukunftsfragen neue, politisch offene Bindungs- und Bündnisformen zu schmieden versucht: *projektive Integration*". Ferner: „Nachtraditionale Gesellschaften können nur im Experiment ihrer Selbstdeutung, Selbstbeobachtung, Selbstöffnung, Selbstfindung, ja, Selbsterfindung integrierbar werden" (Beck und Beck-Gernsheim 1996: 36).

Während Beck in der Offenheit einer Selbstdeutung, einem vage bestimmten Prozess der Reflexion den Ausweg findet, greift Nunner-Winkler (1996: 23) auf grundlegende moralische Prinzipien zurück. Die Diagnose einer Erosion missdeute Wandel als Verfall, „da sie den persönlichen Bereich nur als Raum normfreier Willkür begreift und nicht sieht, dass dieser Freiraum stets normativ basiert ist: dass seine bloße Konstitution der Realisierung basaler moralischer Prinzipien (Toleranz, Achtung vor der Person, Authentizität der Lebensführung) geschuldet ist, die sich aus der Umstellung im Rechtfertigungsmodus der Moral vom Verweis auf Autoritäten auf Vernunft ergeben".

1. Individuum und soziale Integration: Eine Reformulierung mit Hilfe der Rational Choice-Theorie (RCT)

Wenngleich die angeführten Positionen sehr unterschiedlich sind, so stimmen sie doch zunächst darin überein, einen mikrosoziologischen Ansatz zu haben. Darüber hinaus lassen sich die mikrosoziologischen Annahmen der Individualisierungs-These als Entscheidungsprobleme von Individuen formulieren: Sinkende Restriktionen und gestiegene Optionen führen auf die Frage, wie moralisches Handeln auf individueller Ebene begründet werden kann. Wenn z.B. Nunner-Winkler (1996: 23f.) die „überprüfbare Schädigungsgefahr als Kriterium der moralischen Urteilsbildung" einführt, so ähnelt das stark der Argumentation von Vertretern der RCT, speziell den von Coleman dargestellten negativen Externalitäten, zu deren Kontrolle es der Normen bedarf.

Es scheint so, als wäre es angesichts der Diagnosen der gegenwärtigen Gesellschaft gerechtfertigt oder gar notwendig, das Problem der sozialen Integration der Gesellschaft auf der Mikro-Ebene anzugehen. Wir tun dies im Folgenden, dabei stützen wir uns auf die Rational Choice-Theorie. Auf Grund ihrer Allgemeinheit und interdisziplinären Anwendung erscheint sie am ehesten geeignet, die unterschiedlichen mikrosoziologischen Annahmen in ihrem Rahmen zu explizieren und zusammenzufügen.

Die RCT geht von Individuen mit begrenzter Rationalität aus, weil sie weder alle in einer gegebenen Situation vorhandenen Handlungsalternativen noch alle Konsequenzen ihres Handelns wahrnehmen (können). Die Such- oder Informationskosten für weitere Alternativen und Konsequenzen wären höher als der zu erwartende (Grenz-)Nutzen der Information. Insofern wählen Individuen nicht immer die „beste" Handlungsalternative, sondern eine befriedigende (satisfycing). Diese von Simon (1955) vorgeschlagene Lockerung des ursprünglichen Handlungsmodells des homo oeconomicus, der ja perfekte Informationen und Nutzenmaximierung unterstellte, hat auch theoretische Folgen für die individualistische Konstruktion von Moral.

Die RCT behauptet weder eine ständige Selbstbeobachtung der Gesellschaft oder der Individuen, noch unterstellt sie „basale, moralische Prinzipien". Vielmehr nimmt sie an, Individuen wollten sich vor Schaden (Kosten) bewahren, zugleich aber auch ihren subjektiv wahrgenommenen Nutzen in einer gegebenen Situation maximieren – wobei es sich tatsächlich nur um ein Optimieren handelt, wenn man die Modifikation von Simon akzeptiert.

Man kann nun die Kooperation und die Entstehung regelhaften Verhaltens als eine entscheidende Voraussetzung für gesellschaftliche Integration ansehen. Nach der RCT ist eine entscheidende Bedingung für das Entstehen derartiger sozialer Normen nicht allein die Interaktion von mindestens zwei Personen, sondern vor allem die wiederholte Interaktion. Bei einmaligen Interaktionen, wie im Falle des klassischen Gefangenendilemmas (PD), führen die individuellen Nutzenschätzungen stets zu suboptimalen Handlungsergebnissen für beide. Wiederholt sich jedoch die Situation, so lässt sich dieses Problem lösen: Wie Ullmann-Margalit (1977) gezeigt hat, sind soziale Normen erforderlich, um zu optimalen Lösungen zu gelangen. Der entscheidende Punkt ist also, dass ein Spiel mehrfach gespielt wird, und dass das Ende offen oder unbekannt ist: Die Beteiligten wissen nicht, wie oft das Spiel wiederholt wird. Diese Bedingungen liegen beispielsweise in einer Partnerschaft oder den Interaktionen in einer Organisation vor. Bei wiederholten Spielen, so die erste Antwort auf das Integrationsproblem, müssen PD-Situationen durch externe Normen geregelt werden und das PD ist zugleich der Anlass für solche Regelungen.

Wiederholte Spielsituationen sind auch der Ausgangspunkt der nunmehr klassischen Studie von Axelrod (1984). Für die Spieler stellt sich in jeder Runde die Frage, ob sie konform handeln oder defektieren sollen. Wie sich in einem Turnier A der besten Spielstrategien zeigte, war die Tit-For-Tat-Strategie die erfolgreichste: Wenn A defektiert, handelt B ebenso, handelt A jedoch konform, so tut dies B ebenfalls. Der zweite Spieler richtet demnach seine Reaktion nach der Handlungsweise des ersten Spielers. Obgleich beide Spieler im Wettbewerb stehen, ergibt sich unter dieser Bedingung eine von beiden Spielern akzeptierte Norm, eine Kooperation rationaler Egoisten. Allerdings wissen die Spieler nicht, wann das Spiel endet, was verhindert, dass der letzte Zug Defektion ist. Eine wichtige Bedingung der Kooperation ist demnach der „Schatten der Zukunft", d.h. ein wiederholtes Spiel ohne Kenntnis der letzten Runde. Das Kollektiv hat dann eine Stabilität erreicht, wenn es sich mit seiner Strategie auch gegen Eindringlinge mit anderen Strategien wehren kann. Die Stabilität wird durch gegenseitiges Vertrauen und die Kosten von negativen Sanktionen erreicht, wie Raub (in diesem Band) am Beispiel von Zweierbeziehungen darstellt.

Normen entstehen aus der wiederholten Interaktion. Diese Situation wird sowohl von Ullmann-Margalit (1977), Coleman (1990) als auch Kliemt (1993) durch eine Verallgemeinerung des Gefangenendilemmas modelliert (bei Ullmann-Margalit im Zwei-, bei Coleman im Drei-Personen-Dilemma). Die Autoren gelangen zu dem Schluss, dass unter dieser Bedingung Normen entstehen; sie verhindern die ansonsten suboptimalen Lösungen des Dilemmas. Ullmann-Margalit spricht von „PD-Normen", die das Verhalten der beiden Spieler/Akteure regeln; die mit den Normen verbundenen Sanktionen müssen aber extern gesichert werden. Kliemt hingegen sieht die Lösung in einer gegenseitigen Verpflichtung, einem Vertrag (Kliemt 1993: 290). Nur dann würden die natürlichen Präferenzen von moralischen dominiert. Es handelt sich nach Kliemt um eine Selbstbindung der Individuen – eine Form, die auch Elster (1987) am Beispiel des Odysseus ausführlich entwickelt. Diese Selbstbindung bedarf der moralischen oder der rechtlichen Normen – sie tritt nicht automatisch ein – mithin sind externe Sanktionen erforderlich (Kliemt 1993: 295). Die Individuen wählen unter bestimmten Bedingungen moralische Präferenzen, indem sie sich auf den Standpunkt einer von ihnen akzeptierten Moral stellen (Kliemt 1993: 292). (Ähnlich argumentieren auch Hegselmann, Raub und Voss 1986.) Kliemt hält die moralische Norm für effektiver als die rechtliche, weil die interne Sanktionsinstanz, quasi im Individuum, ständig präsent ist, die Entdeckungswahrscheinlichkeit mithin gleich 1 ist und die Verletzung der Norm dem Individuum (u.a. emotionale) Kosten verursacht. Wenngleich die internalisierte Norm effektiver ist, wird man doch davon ausgehen müssen, dass die Internalisierung abnimmt, wenn die externen Sanktionen nicht mehr vorhanden sind (vgl. Hechter 1987: 39f.).

Die RCT ist demzufolge wohl geeignet, das Entstehen von Normen zu erklären: Rationale Akteure kooperieren aus Eigeninteresse (Axelrod 1984; Taylor 1987; Voss 1982; vgl. auch die Beiträge von Raub und Zintl, in diesem Band). Die Reziprozität des Handelns, orientiert an einer Norm oder einem Vertrag (der ja seinerseits der Norm, ihn einzuhalten, bedarf) tritt jedoch nur ein, wenn die Individuen sich binden. Um das wiederum zu garantieren, bedarf es externer Instanzen, die auch als Sanktionsinstanz fungieren. Bei Coleman (1990) sind dies die von den negativen Externalitäten betroffenen Personen. Ähnlich argumentiert Hechter (1990: 27), um zu erklären, wie Institutionen, z.B. die Hanse, entstehen: „Linked by their common interest in consuming some joint good, these individuals ... want to be assured that their investment will yield a positive return. This assurance can only be provided if it is expected that free riding can be deterred. Hence, in order to consume these joint goods, individuals must create their own controls." Normen bzw. Institutionen entstehen hier nicht unmittelbar aus den negativen Externalitäten, sondern aus individuellen Vorteilen bei der Erstellung eines gemeinsamen Gutes. Damit tritt aber das von Olson (1968) behandelte Problem auf, wie diese Beiträge in großen Gruppen erbracht werden können – außer durch Zwang – was eingehend in dem Beitrag von Kirchgässner (in diesem Band) erörtert wird.

Eine Kooperation rationaler Egoisten erfordert Vertrauen (Coleman 1990: Kap. 5; Junge 1998; vgl. die Beiträge von Nunner-Winkler und Raub, in diesem Band). In der Kooperation weniger Personen oder Parteien mag diese gelingen, wie die Erweiterungen des Gefangenendilemmas zeigen. Entspricht aber die alltägliche Situation diesen Bedingungen? Definiert man nämlich Vertrauen mit Nunner-Winkler (in diesem Band) als „wechselseitige Unterstellung von Gesetzestreue", so wird deutlich, wie berechtigt diese Frage ist. Die Unterstellung lässt sich ja in begrenztem Maße von Einzelnen überprüfen: Sei es primär durch ihre Wahrnehmung, in welchem Maße andere Mitglieder der Gesellschaft die Gesetze einhalten, sei es sekundär durch Berichte in den Massenmedien. Insofern kann das Vertrauen erschüttert werden. Dabei wollen wir noch den günstigen Fall annehmen, das wahre Ausmaß der Abweichung werde nicht bekannt – es bestünde eine „Präventivwirkung des Nichtwissens", wie Popitz (1968) sie analysiert hat. Diese Abweichung ist im Sinn der RCT ein Trittbrettfahren; die Zahl der „free rider" lässt sich nur durch negative Sanktionen verringern.

Ungeachtet der Vorteile der RCT zur Erklärung von Normen und der Normenbefolgung weist sie unseres Erachtens vier Schwächen auf:

a) Viele Autoren konzentrieren sich auf die Individualebene, vernachlässigen aber die anderen Ebenen komplett. Auch wenn man sich neuerdings verstärkt mit der Analyse von Institutionen beschäftigt (vgl. dazu Zintl, in diesem Band), ist es bis hin zu einer Analyse des Integrationsproblems in komplexen Systemen noch ein weiter Schritt.

b) Es ist nicht hinreichend spezifiziert, wie aus den „spontanen Ordnungen" auch dauerhafte werden. Die meisten Normen können ja nur – und insoweit herrscht Übereinstimmung –, durch externe Sanktionen aufrecht erhalten werden. (Vgl. dazu das Schaubild 1 in dem Beitrag von Fuchs, in diesem Band.) Wie die Norm, so stellen auch Sanktionen ein Kollektivgut dar, das durch die Beiträge aller erstellt werden muss (vgl. Weede 1992: 34f.). Wie lassen sich diese Beiträge in großen Gruppen sichern? Wie kann eine Norm über die Zeit und eine Klasse von Situationen hinweg gesichert werden?

c) Die Individuen können nicht ständig zu Produzenten von Moral werden, ebensowenig können Normen ständig neu ausgehandelt werden. Was sie daran hindert, sind die Transaktionskosten und die damit verbundenen Zeitkosten für die Entscheidung. Das kann sich ändern, wenn die Individuen beobachten, dass andere die Normen nicht einhalten, u.a. weil die Entdeckungs- und/oder die Sanktionswahrscheinlichkeit geringer geworden ist. Unter dieser Bedingung werden Aushandlungsprozesse erforderlich.

d) Was die Autoren zu wenig berücksichtigen, ist, dass die Individuen ja nicht moralisch von Null an beginnen. Vielmehr haben sie eine Sozialisation durchlaufen, verfügen also über Kenntnisse von Normen. Dies stellt Nunner-Winkler (in diesem Band) am Beispiel von Kindern dar. Davon zu trennen ist die Frage, ob sie sich an die Normen halten. Das „normenlose Individuum" ist jedenfalls eine Fiktion. Greifen die Individuen nicht auf bereits im Kollektiv vorhandene Normen zurück, auf Vorstellungen des „Richtigen", z.B. wenn es darum geht, Verträge einzuhalten?

V. Die Verknüpfung von Makro- und Mikroebene: Religion und Recht

In der Diskussion über die Integration von Gesellschaften wird immer wieder auf zwei Subsysteme verwiesen, denen man eine besondere Bedeutung zuweist: Religion und Recht. Die gemeinsame Religion enthält einen Konsens der Mitglieder einer Gesellschaft über grundlegende Werte und Normen, z.B. im Christentum in Form der Zehn Gebote. Die Religion ist zudem nicht nur eine sanktionierende Institution, sondern auch eine im Individuum durch Sozialisation verankerte Instanz. Das wird z.B. in den klassischen Arbeiten von Durkheim zum Selbstmord oder von Weber zur protestantischen Ethik deutlich.

Einer bestimmten Religion anzugehören heißt, den Werte- und Normen-Konsens einer Gruppe zu teilen und im Alltag zu befolgen. Eine Konsequenz dieser Annahmen ist, dass ein Verlust an Religiosität auch zu einer geringeren gesellschaftlichen Integration führt – eine Position, die von zahlreichen Autoren vertreten wird.

Eine ähnliche Aufgabe wird dem Recht zugeschrieben, das zum Teil selbst aus religiösen Grundsätzen hergeleitet sein kann. Die Rechtsordnung einer Gesellschaft oder die Rechtsordnung, die sich eine Gesellschaft gibt, ist für die Mitglieder verbindlich. Sie enthält, ebenso wir jede Religion, Sanktionen für abweichendes Verhalten (aber im Gegensatz zur Religion keine für konformes Verhalten). Kann demnach eine Rechtsordnung als Grundlage der Integration einer Gesellschaft bestimmt werden? Ist die Rechtsordnung auf einen vorgängigen moralischen Konsens oder eine transzendentale, religiöse Rückbindung angewiesen? Oder schwindet die normative Kraft von Bräuchen und gemeinsamen religiösen Vorstellungen im Prozess gesellschaftlicher Differenzierung, und es fällt (allein) dem Recht die Aufgabe zu, für die normative Integration der Gesellschaft zu sorgen?

Religion wie Recht beziehen sich sowohl auf die Makro- wie auch die Mikroebene. Deshalb erörtern wir die Beiträge beider Subsysteme für die Integration im Folgenden. Weil wir diese beiden für zentral für das Problem der Integration halten, gehen wir nicht auf andere Subsysteme, wie Wirtschaft und Politik, ein. Letztere behandeln die Beiträge von Dubiel, Fuchs und Gabriel in diesem Band.

1. Religion

So einig man sich in der Feststellung ist, dass Religion in modernen Gesellschaften nicht integriert, so uneinig ist man sich in der Ursachendiagnose. Dabei geht man unausgesprochen von der Prämisse aus, dass Religion irgendwann einmal integriert hat, dies aber heute nicht mehr leiste. Dabei geraten Anhänger solcher Thesen sofort in Schwierigkeiten, wenn man sie nach dem Zeitpunkt fragt, zu dem Religion integriert haben soll. War es am Ende des Zweiten Weltkriegs, war es zu Beginn des 15. Jahrhunderts (diesen Zeitpunkt schlägt Bruce 1996 vor) oder noch früher? Welchen Zeitraum man auch nennt, man wird bei genauerem Hinschauen zumeist feststellen, dass in der Gesellschaft ein tiefgreifender Dissens gerade auch in religiösen Fragen bestand und der Konsens – so weit er hergestellt war – durch gewaltsamen Ausschluss oder gewaltsame Unterdrückung der Dissidenten erreicht wurde.

Die historische Gesellschaft, die mit der Gegenwart kontrastiert wird, ist also eher Fiktion als Realität. Verwandeln wir daher auch die Ausgangsfrage in ein hypothetisches Problem, ob nämlich Religion in Gegenwartsgesellschaften noch integrieren könnte. Darauf würde Burmeister (in diesem Band) mit einem grundsätzlichen „Ja" antworten, vorausgesetzt, die Kirchen unterließen es, ihre Autorität beständig durch moralisch inakzeptables Verhalten zu untergraben. Soziologen sehen darin – und das entspricht nun ganz der von Burmeister kritisierten sozialwissenschaftlichen Sichtweise – ein strukturelles Problem. Ein moralischer Konsens, so argumentieren viele Soziologen mit Wilson (1993), sei in funktional differenzierten Gesellschaften unwiederbringlich dahin; er sei allenfalls noch im Hinblick auf prozedurale Regeln zu erzielen, nicht aber im Hinblick auf inhaltliche Normen. Der Staat passt sich, wie das Beispiel Aids eindrücklich lehrt, diesen Tendenzen an.

Man schreibt dem Bürger nicht mehr vor, sich des Geschlechtsverkehrs mit wechselnden Partnern zu enthalten, sondern gibt nur noch Empfehlungen, wie man sich vor den missliebigen Folgen schützen kann. Wenn die Kirchen dem Staat nicht in die „moralische Enthaltsamkeit" folgen, werden sie zur Zufluchtsstätte moralischer Fundamentalisten (ähnlich Luhmann 1991). Das führt Anhänger solcher Thesen oft zu der weitergehenden Überlegung, ob man Religion und Moral nicht wieder stärker voneinander entkoppeln solle, weil sich erst in den monotheistischen Hochreligionen diese enge Allianz von Moral und Religion herausgebildet habe.

Aber selbst wenn sie nicht in dieser Weise zwischen Moral und Religion differenzieren, gelangen viele Sozialwissenschaftler zu einem ähnlichen Resultat, wie die Diskussion um die Zivilreligion gezeigt hat (vgl. Kleger und Müller 1986). Sie wird in aller Regel unter dem Blickwinkel geführt, ob sich der moderne Staat zu seiner Legitimation einer Zivilreligion bedient, sich ihrer noch bedienen kann oder soll. Dabei versteht man unter Zivilreligion höchst Unterschiedliches, angefangen von dem kleinsten gemeinsamen Nenner der in einer Gesellschaft verbreiteten Religionen über eine aufgeklärte, christlich geprägte Staatsphilosophie (Lübbe 1986) bis hin zum Konsens über Grundwerte (Luhmann 1986). (Vgl. hierzu auch den Beitrag von Wolf, in diesem Band.)

Eine Zivilreligion aber kann nur wirksam sein, wenn sich die Herrschenden zur Legitimation ihrer Entscheidungen auf diese berufen und wenn die Bevölkerung diese Art der Legitimation akzeptiert (Legitimationsglaube). Nun mag es durchaus richtig sein, dass der amerikanische Präsident zu verschiedenen Gelegenheiten religiöse Symbole (im engeren Sinne) benutzt, die zumindest in den verschiedenen Weltreligionen vorkommen. Ebenso richtig ist aber auch, dass es noch keinem Sozialwissenschaftler gelungen ist, einen mit diesem Legitimationsanspruch korrespondierenden Legitimationsglauben nachzuweisen, weder in dem Sinne, dass die religiöse Legitimation der konkreten Entscheidung uneingeschränkt akzeptiert wird, noch in dem Sinne, dass bestimmte religiöse Dogmen oder Vorstellungsbilder in der Bevölkerung von allen geteilt werden. Beispielsweise gelangt Wuthnow (1988), der die früheren Analysen von Bellah ein Stück weit fortführt, zu dem Ergebnis, dass es in Amerika mindestens zwei zivilreligiöse Strömungen gibt, eine mehr fundamentalistische, die in Amerika das auserwählte Volk Gottes sieht, und eine mehr liberale, die humanitäre Werte und Frieden auf ihre Fahnen schreibt.

Die Existenz einer bestimmten Zivilreligion in der Bevölkerung ist bislang nicht nachgewiesen worden. Wir wollen hier nicht darüber spekulieren, wie vage und unverbindlich der zivilreligiöse Glaube gefasst sein müsste, damit er allgemeine Zustimmung finden könnte. So viel scheint aber sicher: Je näher dieser an die Glaubensvorstellungen einer bestimmten Religionsgemeinschaft heranrückt, desto weniger Bürger werden ihn teilen. Schon der Glaube an Gott ist in unserem Land bei einem größeren Bevölkerungsteil nicht mehr vorhanden. Eine enge Liaison zwischen Staat und Religion ist allein aus diesem Grunde nicht im Interesse des Staates, sie ist auch nicht, wie u.a. das Dritte Reich und das Spanien Francos gezeigt haben, im Interesse der Kirchen. Dies schließt nicht aus, dass sich Politiker vor Gott verantwortlich fühlen und dies auch öffentlich bekunden. Sie sollten es nur nicht in der Hoffnung tun, allein dadurch die Zustimmung aller Bürger/innen zu gewinnen. Möglich bleibt freilich eine Strategie, die nach Perry (1997) verfassungsrechtlich und moralisch vertretbar ist, nämlich zur Begründung einer politischen Entscheidung sowohl religiöse als auch moralische Gründe anzuführen. Ob diese Strategie der Konsensbildung förderlich ist, dürfte von Fall zu Fall anders zu entscheiden sein.

Somit stellt sich die Frage, ob denn wenigstens eine Zivilreligion möglich bleibt, die sich auf die Fixierung der Grundwerte beschränkt. Sie hätte mit einer Religion im engeren Sinne allenfalls dann etwas zu tun, wenn man die Grundwerte sakralisiert, sie etwa in den Status von unverbrüchlich, ewig geltenden Werten erhebt. Wer an den moralischen Konsens nicht mehr zu glauben vermag, der sollte eigentlich auch eine solche Zivilreligion für unmöglich halten. So gesehen überrascht es etwas, dass Luhmann (1986) in seinem Aufsatz zur Zivilreligion dieser zentralen Frage keine Aufmerksamkeit mehr schenkt, sondern sich statt dessen mit zwei Nebenaspekten beschäftigt. Zum einen mit dem Problem, dass in einer funktional differenzierten Gesellschaft, die sich in Subsysteme zergliedert, keine Instanz für die gesamtgesellschaftliche Legitimation mehr zuständig sei. Insbesondere seien Politik und Religion zu Subsystemen geworden, die Legitimation zwar in ihrem spezifischen Funktionsbereich noch mobilisieren können, nicht aber auf der gesamtgesellschaftlichen Ebene. Zum andern bemängelt Luhmann die Unverbindlichkeit und Vagheit der Grundwerte, aus denen sich nicht unmittelbar bestimmte politische Programme ableiten lassen.

2. Recht

Kaum ein anderes Subsystem löst bei dem Begriff „Integration" so viele zwiespältige Gefühle aus wie gerade das Recht. Auf der einen Seite ist die Verdrängung der Moral durch das Recht zu begrüßen, weil damit die Willkür moralischer Verurteilung durch ein rationales Verfahren ersetzt wird. Namentlich die auf dem römischen Recht fußenden Rechtssysteme haben die Leitidee okzidentaler Rationalisierung – die Voraussehbarkeit und Berechenbarkeit menschlichen Handelns – als normatives Prinzip konsequent umzusetzen versucht. Es wird konkretisiert im Strafrecht als Grundsatz „Nulla poena sine lege" oder im öffentlichen Recht als Grundsatz der Gesetzmäßigkeit. Eine rationale Legitimation ist ohne Recht nicht denkbar. Vergleicht man die Ahndung moralischer Normenverstöße mit der rechtlichen Sanktion, so bietet die erstgenannte kaum Verfahrensgarantien. Die moralische Ächtung erfolgt nicht durch eine unparteiliche Instanz, sondern durch die selbst ernannten Wächter der Moral, die nicht selten der Scheinheiligkeit und der Projektion verdächtigt werden. Kein Anspruch auf anwaltliche Vertretung, kein Grundsatz rechtlichen Gehörs und kein Beweisrecht sichert den moralisch Geächteten davor, zu Unrecht moralisch verurteilt zu werden. Das moralische Urteil ist – wie jeder deutsche Gymnasiast aus dem „Faust" weiß –, von erbarmungsloser Härte und oft ungerecht. Das rechtsstaatliche Verfahren bietet eine bessere Aussicht auf eine faire Entscheidung, die vom Verurteilten oder Unterlegenen dann auch hingenommen wird. So gesehen, trägt es auch mehr zur gesellschaftlichen Integration bei, wenn man denn darunter versteht, dass staatliche Entscheidungen akzeptiert und hingenommen werden. Konsequenterweise müsste man alles daran setzen, die Moral so weit als möglich durch das Recht zu ersetzen.

Es gibt aber mehrere Gründe, warum Juristen diesen Schluss nicht ziehen. Zunächst einmal haben die rechtsstaatlichen Garantien ihren Preis. Da sind nicht nur die Kosten des gerichtlichen Verfahrens, da sind ganz generell die Kosten der Rechtsüberwachung, mag sie nun zum Zwecke der Prävention erfolgen oder zum Zwecke der Verfolgung von bereits begangenem Unrecht. Würden alle Normen aus moralischen Gründen befolgt, so wäre eine solche Überwachung entbehrlich, weil allein das Gewissen eine Befolgung garantiert – so jedenfalls hofft man. „Internalisierte" moralische Normen verursachen nach dieser Lesart weniger Kosten als Rechtsnormen, deren Einhaltung durch Prävention und Sanktion sichergestellt werden muss. Eine funktionierende Moral soll aber nicht nur die Normenüberwachung von außen nach innen verlagern, sie soll den Einzelnen auch kompromissbereiter machen, weil er durch Solidarität und Gemeinsinn gehindert wird, wegen jeder Lappalie die Gerichte und den Gesetzgeber zu bemühen.

Wenn *in unserer unpersönlichen, anonymen Gesellschaft* die informelle soziale Kontrolle nicht mehr ausreicht, wird man den Gesetzgeber dazu aufrufen, verbindliche Regelungen, also legale Normen, zu schaffen. Dieser als „Verrechtlichung" bezeichnete Sachverhalt wird auch als die Hilflosigkeit der Mitglieder einer Gesellschaft interpretiert, die nicht mehr in der Lage sind, durch informelle Normen oder private Regelungen Konflikte zu lösen. Sie rufen stattdessen den Gesetzgeber an, der ihre Konflikte durch legale Normen dauerhaft lösen soll. Damit entsteht aber zugleich das, was von einigen Autoren als „Gesetzesflut" bezeichnet wird.

Sieht man es andererseits aus ideologiekritischer Perspektive, so wird in solchen Überlegungen die Gesellschaft dadurch moralisch integriert, dass der Bürger die staatlichen Normen widerspruchslos akzeptiert – ein Problem, das Würtenberger (in diesem Band) diskutiert. Der Bürger hat die Normen so weit verinnerlicht, dass es idealiter (also bei den moralisch richtigen und gerechten Normen) keiner Sanktion und keines Kontrollapparats mehr bedarf. Aber warum müssen es ausgerechnet moralische Normen sein, warum können nicht Rechtsnormen in gleicher Weise verinnerlicht werden? Religiöse Menschen glauben, dass uns allein das von Gott eingegebene Gewissen in moralischen Fragen leiten kann. Nur dort, wo rechtliche und moralische Normen kongruent sind, also gleiche Gebote und Verbote enthalten, erkennt das Gewissen dann auch das rechtlich Gebotene. Wenn – wie Juristen es häufig ausdrücken – vom Recht nur das „ethische Minimum" gefordert wird, dann wird eben dieses vom Gewissen erkannt. So fordert Burmeister (in diesem Band), Normen sollten von den Bürgern nicht „unterstützt", sondern als „richtig" anerkannt werden. Sozialwissenschaftler würden demgegenüber vermuten, dass die unterschiedliche Internalisierung von Rechts- und Moralnormen, so sie denn nachweisbar ist, gesellschaftliche Gründe haben muss. Moralische Normen mögen so vage gefasst sein, dass man darüber leichter Einigkeit erzielen kann, sie mögen auch universelle oder zumindest einzelne Kulturkreise übergreifende Gültigkeit beanspruchen. Das Kernproblem scheint hier weniger in der moralischen Fundierung des Rechts zu liegen als vielmehr darin, dass einzelne Normen nicht in ausreichendem Maße verinnerlicht werden. Und was das gestiegene Rechtsschutzbedürfnis und die vermeintliche Prozessflut anbelangt, so könnte man dem durch Veränderung der Anreize Einhalt gebieten.

Mehr Gewicht haben andere Gründe, die gegen die gesellschaftliche Integration durch das Recht vorgebracht werden. So garantiert die Vereinbarkeit mit höherrangigem, gesetztem Recht weder, dass ein Gesetz gerecht ist, noch dass es die Zustimmung aller oder zumindest die eines großen Teils der Gesellschaftsmitglieder findet. Für den Richter oder Gesetzgeber stellt sich damit die Frage, an welchen Maßstäben er sich in solchen Fällen orientieren soll (vgl. dazu den Beitrag von Würtenberger, in diesem Band). Dies ist ein normatives Problem, wobei nach dem Missbrauch, der im Dritten Reich mit dem Begriff des „gesunden Volksempfindens" betrieben worden ist, wohl kaum jemand die Auffassung vertritt, dass man sich am Willen der jeweiligen Bevölkerungsmehrheit zu orientieren habe. Weil und so weit man sich in solchen Fällen auf ein „überpositives Naturrecht" oder auf die Prinzipien einer allgemeinen Moral beruft, greift man auf „außerrechtliche Maßstäbe" zurück, oder zumindest auf Maßstäbe, die nicht in gleichem Umfang justiziabel sind wie das gesetzte Recht. Dies mag dann zu dem Eindruck führen, dass solche Entscheidungen aus dem Recht allein nicht zu begründen sind. So zutreffend das ist, so richtig ist doch auch, dass in solchen Fällen die Moral keine letzte Sicherheit bieten kann, weil es sich um ein typisches Letztbegründungsproblem im Sinne des „Münchhausen-Trilemmas" handelt. In diesem Sinne kann das Begründungsproblem weder rechtsimmanent noch unter Rekurs auf die Moral gelöst werden.

Unter dem Gesichtspunkt der Integration handelt es sich ausschließlich um ein empirisches Problem, geht es doch um die Frage, ob Gesetz und Recht zum gesellschaftlichen Konsens beitragen können oder nicht. Dass die rationale Legitimation, die Berufung auf eine lange Zeit gültige Verfassung etwa, sich in Einzelfällen positiv auf den Legitimitätsglauben auswirken kann, scheint plausibel. In Einzelfällen, etwa wenn der Richter einen Konflikt zwischen gesetztem und überpositivem Recht sieht, kann der Konsens bedroht sein, insbesondere dann, wenn der Richter um der Gerechtigkeit willen eine Entscheidung trifft, die dem Mehrheitswillen in der Bevölkerung widerspricht. Dies kann kurzfristig der Konsensbildung in der Bevölkerung abträglich sein, der langfristigen Integration aber dienlich, weil es sichtbar dokumentiert, dass sich der Richter nicht opportunistisch verhalten hat.

Die Forderung, eine Gesellschaft durch legale Normen zu integrieren, impliziert, etwas erreichen zu wollen, das eigentlich die Voraussetzung der Forderung ist: einen weitgehenden Konsens der Mitglieder der Gesellschaft. Diesem Widerspruch kann sich eine Theorie der Integration der Gesellschaft durch legale Normen nicht entziehen. Andererseits: Wollte sich der Gesetzgeber abhängig machen von der Zustimmung der Mitglieder der Gesellschaft, so müssten sie sich ständig vergewissern, ob die legalen Normen noch von den Mitgliedern der Gesellschaft akzeptiert werden. Es entsteht das Problem der Delegitimierung von Normen, das in dem Beitrag von Friedrichs (in diesem Band) behandelt wird. Er müsste, denkt man diese Position zu Ende, durch Meinungsumfragen ermitteln lassen, ob die Verhaltenserwartung noch gerechtfertigt sei und akzeptiert wird und ob ferner die Höhe der Sanktion, die bei einem Brechen der Norm vorgesehen ist, noch von den Mitgliedern der Gesellschaft als angemessenen angesehen wird. Eine solche Position ist zweifellos nicht haltbar. Ein praktisches Beispiel: Hätte der Gesetzgeber in den 50er, 60er, 70er und 80er-Jahren sich nach den Meinungsumfragen gerichtet, so wäre in der Bundesrepublik die Todesstrafe, zumindest für spezifische Fälle, von der Mehrheit der Bevölkerung akzeptiert worden und er hätte diese äußerste negative Sanktion für bestimmte Delikte im Strafgesetzbuch aufnehmen müssen. Das jedoch hat die Legislative nicht getan.

Gesetze werden nicht immer den Mehrheitswillen in der Bevölkerung widerspiegeln, aber sie dürfen sich auch nicht allzu weit von ihm entfernen, soll die Wirksamkeit gesetzgeberischer Maßnahmen gewahrt bleiben. In Demokratien gibt es zahlreiche Mechanismen, die diese Balance und deshalb auch den Einfluss verschiedener Bevölkerungsgruppen auf den Gesetzgebungsprozess sicherstellen sollen. Schon die Wahl der Abgeordneten bietet eine gewisse Gewähr, dass die Pluralität der Interessen und damit auch die unterschiedliche Akzeptanz einzelner legaler Normen in der Gesellschaft im Parlament repräsentiert ist. Von daher ist gesichert, dass Gesetze, die nur noch eine geringe Akzeptanz finden, auch novelliert werden. Die Pluralität in der Akzeptanz einzelner Normen spiegelt sich demnach in einem demokratischen Gemeinwesen auch in der Zusammensetzung der Mitglieder des Parlaments und damit auch der Legislative. Parlamentarische Mehrheiten sind auch legislative Mehrheiten und werden demnach auch entsprechende Novellierungen einzelner Gesetze vornehmen, so z.B. des Bodenrechtes, des Umweltrechtes oder einzelner Bereiche des Strafrechtes.

VI. Folgerungen und offene Fragen

Unsere Überlegungen zu Theorien der sozialen Integration führen zu einer Reihe von Folgerungen und Fragen, die wir abschließend in vier Punkten zusammenfassen.

1. Methodologische Probleme. Zunächst hat sich gezeigt, dass der Integrationsbegriff vieldeutig ist. Er kann auf unterschiedliche Weise präzisiert werden, was auch die Beiträge in diesem Band belegen. Hier wird man zunächst danach fragen müssen, ob der Begriff in irgendeiner Weise auf die Erhaltung, das Funktionieren oder die Stabilität eines Systems bezogen wird oder nicht. Wo das nicht der Fall ist – und insbesondere bei relationalen Integrationsbegriffen kann man auf einen solchen Bezug verzichten –, da reicht es vermutlich aus, sich auf eine der vielen Verwendungsweisen festzulegen.

Wesentlich komplizierter ist die Sachlage dort, wo dieser Systembezug essentiell ist, wo also Desintegration gleichgesetzt wird mit der Krise, der Auflösung, dem Verfall oder dem Zusammenbrechen der Gesellschaft oder des Systems. Qualitative Integrationsbegriffe müssten in diesem Falle die Gesamtheit der Bedingungen nennen, von denen der Fortbestand eines Systems abhängig ist. Quantitative Integrationsbegriffe müssten all jene Variablen spezifizieren, die mit dem Auflösungsgrad oder Stabilitätsgrad eines Systems in einem Wirkungszusammenhang stehen. Erst dann ließe sich sagen, ob und gegebenenfalls welchen Effekt beispielsweise ein abnehmender Konsens oder eine zunehmende Unzufriedenheit auf diese abhängigen Variablen hat. Solange man dies nicht tut, bringen Worte wie „Desintegration" oder „abnehmende Integration" nicht mehr und nicht weniger als die *Vermutung* des jeweiligen Sprechers zum Ausdruck, dass diese Prozesse für das System oder die Gesellschaft bedrohlich seien.

2. Das Problem des Wertkonsens. Unabhängig davon aber, ob ein Wertekonsens für den Fortbestand einer Gesellschaft notwendig ist oder nicht, ist die Frage bedeutsam, ob ein solcher tatsächlich besteht oder nicht. Die Antwort ist schwierig zu geben, weshalb sich auch weder die Autoren des Bandes noch die Herausgeber einig sind.

a) Die eine Seite argumentiert, mit wachsender funktionaler Differenzierung gehe der gesellschaftliche Konsens unwiederbringlich verloren. So machen die eingangs angeführten Diagnosen der Desintegration die Differenzierung zu der wesentlichen Bedingung normativer Krisen. Unterstellen wir, die These einer hohen Differenzierung wäre zutreffend, dann hätten wir es mit einer Vielzahl von Subsystemen oder, in einer anderen Theorietradition, Subkulturen, zu tun. Diese wiederum – und das ist die entscheidende Annahme – verfügen über unterschiedliche Werte und Normen. Die Vielzahl der Normen wiederum führt zu einer mangelnden Integration der Gesellschaft. Dabei wird angenommen, es gäbe über alle Subkulturen hinweg nur einen geringen bzw. immer geringer werdenden Konsens über gemeinsame Werte und Normen. Ferner wird angenommen, die subjektive Wahrnehmung dieses Sachverhaltes hindere die Individuen daran, die Verletzung von Normen zu sanktionieren, weil ja gilt „anything goes".

b) Gewiss lässt sich mit Umfragen überzeugend belegen, wie groß die Pluralität der Einstellung zu moralischen Problemen ist. Aber man fragt bevorzugt moralisch komplizierte Themen ab, bei denen entweder gar kein Konsens zu erzielen ist, oder nur dann, wenn man die zur Diskussion gestellten Sachverhalte mehrfach differenziert. Ein Beispiel mag dies belegen. Fragt man Personen ohne weitere Differenzierungen nach der Zulässigkeit der Abtreibung, so ermittelt man einen relativ großen Dissens. Fragt man hingegen präzise nach einzelnen Indikationen, so ändert sich das Bild. Kaum jemand ist der Ansicht, dass die Abtreibung auch dann verboten sein sollte, wenn das Leben der Mutter in Gefahr ist. Ein ähnlich hoher Konsens lässt sich erwarten, wenn man danach fragen würde, ob die vorsätzliche Tötung eines Menschen ohne Rechtfertigungsgrund verboten ist.

Es gibt also möglicherweise einen Kanon von Werten und Normen, den nahezu alle Mitglieder einer Gesellschaft teilen, vielleicht sogar eine „universalistische Minimalmoral", wie Nunner-Winkler (in diesem Band) es bezeichnet. Die Schwierigkeit wird sein, den Kanon der zugehörigen Werte bzw. Normen zu ermitteln. Man mag versuchen, aus dem Dekalog, den Menschenrechten oder anderen Quellen solche Normen und Werte zu extrahieren, wie Edelstein und Nunner-Winkler (1986b: 14) zeigen. Vielleicht muss man auch zu allgemeinen Prinzipien Zuflucht nehmen, weil eine Verständigung über moralische Normen nicht möglich ist. Wie dem auch sei, dass der Konsens in allen moralischen Fragen schwindet, ist bislang eine unbewiesene Behauptung.

3. Verfahren der Konsens-Findung. Auch die Behauptung, dass die Herstellung eines Konsenses in moralischen Fragen immer schwieriger werde, scheint nicht hinreichend belegt. Sicherlich ist in unserer Gesellschaft keine Instanz autorisiert, in allen moralischen Fragen verbindliche Entscheidungen zu treffen. Die Juristen trennen strikt zwischen Recht und Moral und beschränken ihre Zuständigkeit auf das Gebiet des Rechts. Auch andere Institutionen sind für die Entscheidungen über Gut und Böse nicht in letzter Instanz zuständig, weder das Erziehungssystem noch die Politik. Die Moral wird, wie die Religion, der Verantwortlichkeit des Einzelnen überlassen, sie zieht sich in die Privatsphäre zurück. Gewiss werden auch auf öffentlichen Foren noch moralische Fragen diskutiert, doch ohne alle Verbindlichkeit für die Beteiligten.

Die Unmöglichkeit eines gesellschaftlichen Konsenses würde daraus aber nur dann folgen, wenn es in Fragen von Werten und Moral immer einer letzten Instanz bedürfte. Nun kann man deren Notwendigkeit mit dem Argument zu verteidigen suchen, dass es in Fragen von Ethik und Moral keine Letztbegründungen gäbe und dass eine autoritative Entscheidung deshalb notwendig sei. Aber das Problem der Letztbegründungen existiert in den empirischen Wissenschaften ebenso, und dort kommt man ganz gut ohne autoritative Entscheidungen zurecht. Ohne sie eingehend begründen zu können, stellen wir die These auf, dass die Chancen einer Konsensfindung in moralischen Fragen in modernen Gesellschaften mindestens so groß sind wie in traditionalen.

Dazu trägt vor allem bei, dass sich unser Wissen über prozedurale Regeln erheblich vergrößert hat (u.a. Habermas 1983; Rawls 1979). Solche Regeln werden häufig unter dem Aspekt betrachtet, dass eine bloß prozedurale Moral die substantielle Moral faktisch entbehrlich macht (Wilson 1985; vgl. auch Luhmann 1969). Mit Recht hat allerdings Döbert (1986: 106) betont, um die Verfahrensregeln zu begründen und Verfahren zu interpretieren sei wiederum eine Moral erforderlich. Man kann und sollte sie aber auch unter dem Gesichtspunkt würdigen, dass sie die Konsensfindung bei inhaltlichen moralischen Fragen erleichtern. Ähnliches gilt für den Wertrelativismus. Der Verlust absoluter moralischer Maßstäbe in der Bevölkerung wäre vielleicht bedrohlich, wenn davon die oben erwähnte Kern- oder Minimalmoral betroffen wäre. Oft geht es aber um ein ganz anderes Problem, dass nämlich auch moralische Normen situationsangepasst interpretiert werden müssen. Juristen pflegen deshalb Normen mit Rechtfertigungs- und Schuldminderungsgründen zu versehen. Wenn die Bereitschaft in der Bevölkerung zu einer in diesem Sinne situationsangepassten Interpretation moralischer Normen steigt, so kann auch das die Chance eines moralischen Konsenses erhöhen.

Auch aus einer weniger grundsätzlichen Perspektive erscheinen Verfahren sinnvoll. Beispiele hierfür sind die juristischen Verfahren des Täter-Opfer-Ausgleichs oder der Mediation. Angeleitet von einer juristisch und sozialpsychologisch geschulten Person werden die beiden Parteien, z.B. im Falle eines arbeitsrechtlichen Konflikts, zusammengebracht, um zu entscheiden, ob die Versetzung der Angestellten in eine andere Abteilung gerechtfertigt war. Durch die Mediation wird ein Prozess vermieden; die Mediation ist zudem in der Regel preiswerter und erspart Zeit. Entscheidend aber ist, dass die Lösung des Konfliktes – im Gegensatz zum Richterspruch – von *beiden* Parteien stärker akzeptiert und als gerechter angesehen wird. In dem Verfahren werden also Normen ausgehandelt. Erneut jedoch gilt, dass auch diese Verfahren sich an allgemeineren Normen der Gerechtigkeit – als Teil der Moral – orientieren.

4. Die De-Institutionalisierung von Moral. Weder trifft es zu, dass die Konsensfähigkeit in moralischen Fragen abzunehmen droht, noch verliert Moral in modernen Gesellschaften ihre institutionelle Stütze. Nach Luhmann (u.a. 1997) schotten sich gesellschaftliche Subsysteme gegeneinander ab, weshalb Schimank (in diesem Band) ausführt, bei Luhmann ließe sich „gesellschaftliche Integration als noch nicht eingetretene Desintegration" interpretieren. Verbindungen zwischen den Subsystemen bleiben möglich, mag man sie nun als strukturelle Kopplungen (Schimank, in diesem Band) oder als eine empirisch zu beobachtende Interpenetration (Nunner-Winkler, in diesem Band) bezeichnen. Die Ausdifferenzierung sozialer Systeme ist ignorant gegenüber dem Problem der Moral, da ihr auch kein eigenes Subsystem entspricht bzw. zugewiesen wird. Dieses Problem der Integration wird in den Beiträgen von Schimank und Schmidt (in diesem Band) ausführlich diskutiert.

Es ist jedoch zweifelhaft, ob institutionelle Sicherungen fehlen (vgl. den Beitrag von Zintl, in diesem Band). Zunächst kann man auf die vielen Ethikkommissionen verweisen, die in den letzten Jahrzehnten entstanden sind. Hier werden neue organisatorische Einheiten geschaffen, die für die Entscheidung in moralischen Fragen zuständig sind. Sodann entscheiden Richter selbstverständlich implizit über moralische Normen mit, nämlich überall dort, wo es um jenes ethische Minimum geht, das in die Gesetze Eingang gefunden hat. Sie sprechen selbstverständlich kein moralisches Urteil, aber eine Verurteilung etwa wegen Totschlags stützt indirekt auch die moralische Norm, dass man nicht töten soll. Dass sich der Richter nach Möglichkeit einer moralischen Beurteilung enthalten soll, ändert nichts an diesem Tatbestand. *Seine Entscheidung verteidigt auch die moralische Norm.*

Der Eindruck einer vom Recht völlig unabhängigen Moral dürfte vor allem aus zwei Gründen entstehen. Zum einen pflegt sich die Justiz auf die Moral oder ein überpositives Naturrecht dann zu berufen, wenn innerhalb des positiven Rechts Begründungsprobleme entstehen, weil das gesetzte Recht lückenhaft ist oder der als gerecht empfundenen Lösung widerspricht. Für diese überpositiven Normen gilt selbstverständlich aus logischen Gründen, dass ihre Geltung von dem gesetzten Recht unabhängig ist bzw. als davon unabhängig unterstellt werden muss. Daneben entsteht der Eindruck einer vom Recht unabhängigen Moral dann, wenn sich einzelne Gruppen moralisch über ein Urteil empören.

Die Moral entzieht sich also einer Kontrolle durch die Gerichte, aber sie wird doch durch das Recht solange gestützt, als sich das Recht nicht allzu weit vom moralischen Konsens entfernt, als es tatsächlich jenes ethische Minimum in sich trägt, von dem Juristen immer ausgehen. In Anbetracht der weitgehenden Formalisierung und Rationalisierung des Rechts lässt sich in Fortführung dieses Gedankens vermuten, dass durch die Rechtsprechung in modernen Gesellschaften möglicherweise eine kohärentere Minimalmoral erzeugt wird als das in vergangenen Gesellschaften jemals der Fall war. Die aus der Privatisierungsthese abgeleitete Instabilität und Inkohärenz moralischer Normen würde dann für das durch die Gerichte mittelbar kontrollierte ethische Minimum nicht gelten.

Das Recht kann Werte und moralische Normen zwar stützen, es kann ihren Bestand aber nicht garantieren. Diese Autorität, verbindliche Entscheidungen in moralischen Fragen zu treffen, kommt auch der Religion nicht mehr zu, da deren ursprünglich transzendente Normen einer rationalen Diskussion unterworfen werden – die Glaubensinhalte in Frage gestellt werden, wie Durkheim schreibt. Sie bedürfen einer neuen, säkularen Begründung. Nicht genug damit: Sie müssen, wie alle Normen, auch immer wieder legitimiert werden als ein unabdingbares Erfordernis der jeweiligen Gesellschaftsverfassung. Es ist dieses Erfordernis nach Begründung, das ein Hauptproblem der Integration darstellt: Normen sind notwendig, zugleich aber wählbar. Dies kann sowohl Unsicherheit wie auch einen Begründungsdruck bei den Individuen erzeugen. Daraus könnte eine für die Gesellschaft höchst kostspielige „Dynamik des Zweifels und des kritischen Dauervorbehalts" resultieren, wie Dubiel (in diesem Band) es nennt.

Literatur

Axelrod, Robert, 1984: The Evolution of Cooperation. New York: Basic Books.
Baurmann, Michael, 1996: Der Markt der Tugend. Recht und Moral in der liberalen Gesellschaft. Tübingen: Mohr.
Beck, Ulrich, 1986: Risikogesellschaft. Auf dem Weg in eine andere Moderne. Frankfurt a.M.: Suhrkamp.
Beck, Ulrich, und Elisabeth Beck-Gernsheim, 1996: Individualisierung in modernen Gesellschaften – Perspektiven und Kontroversen einer subjektorientierten Soziologie. S. 10–39 in: *Dies.* (Hg.): Riskante Freiheiten. Frankfurt a.M.: Suhrkamp.

Bellah, Robert N., 1986: Zivilreligion in Amerika. S. 19–41 in: *Heinz Kleger* und *Alois Müller* (Hg.): Religion des Bürgers. Zivilreligion in Amerika und Europa. München: Kaiser.
Blasi, Augusto, 1986: Psychologische oder philosophische Definition von Moral. Schädliche Einflüsse der Philosophie auf die Moralpsychologie. S. 55–85 in: *Wolfgang Edelstein* und *Gertrud Nunner-Winkler* (Hg.): Zur Bestimmung der Moral. Frankfurt a.M.: Suhrkamp.
Blau, Peter M., 1978: Parameter sozialer Strukturen. S. 203–233 in: *Ders.:* Theorien sozialer Strukturen. Opladen: Westdeutscher Verlag.
Bruce, Steve, 1996: Religion in the Modern World. Oxford: University Press 1996.
Buchanan, James M., 1984: Die Grenzen der Freiheit. Tübingen: Mohr.
Coleman, James S., 1990: Foundations of Social Theory. Cambridge, MA/London: Belknap Press.
Dahrendorf, Ralf, 1969: Zu einer Theorie des Konflikts. S. 108–123 in: *Wolfgang Zapf* (Hg.): Theorien des sozialen Wandels. Köln/Berlin: Kiepenheuer und Witsch.
Döbert, Rainer, 1986: Wider die Vernachlässigung des „Inhalts" in den Moraltheorien von Kohlberg und Habermas. Implikationen für die Relativismus/Universalismus-Kontroverse. S. 86–125 in: *Wolfgang Edelstein* und *Gertrud Nunner-Winkler* (Hg.): Zur Bestimmung der Moral. Frankfurt a.M.: Suhrkamp.
Durkheim, Emile, 1992 (1893): Über soziale Arbeitsteilung. Studie über die Organisation höherer Gesellschaften. Frankfurt a.M.: Suhrkamp.
Durkheim, Emile, 1973 (1897): Der Selbstmord. Neuwied/Berlin: Luchterhand.
Edelstein, Wolfgang, und *Gertrud Nunner-Winkler* (Hg.), 1986a: Zur Bestimmung der Moral. Frankfurt a.M.: Suhrkamp.
Edelstein, Wolfgang, und *Gertrud Nunner-Winkler*, 1986b: Einleitung. S. 7–21 in: *Dies.* (Hg.): Zur Bestimmung der Moral. Frankfurt a.M.: Suhrkamp.
Elster, Jon, 1987: Subversion der Rationalität. Frankfurt a.M./New York: Campus.
Friedrichs, Jürgen, 1998: Die Individualisierungs-These. Eine Explikation im Rahmen der Rational-Choice-Theorie. S. 33–47 in: *Jürgen Friedrichs* (Hg.): Die Individualisierungs-These. Opladen: Leske + Budrich.
Frommel, Monika, und *Volkmar Gessner* (Hg.), 1996: Normenerosion. Baden-Baden: Nomos.
Garz, Detlef, Fritz Oser und *Wolfgang Althof* (Hg.), 1999: Moralisches Urteil und Handeln. Frankfurt a.M.: Suhrkamp.
Gert, Bernhard, 1983: Die moralischen Regeln. Frankfurt a.M.: Suhrkamp.
Habermas, Jürgen, 1983: Moralbewußtsein und kommunikatives Handeln. Frankfurt a.M.: Suhrkamp.
Hahn, Kornelia, 1995: Soziale Kontrolle und Individualisierung. Zur Theorie moderner Ordnungsbildung. Opladen: Leske + Budrich.
Hechter, Michael, 1987: Principles of Group Solidarity. Berkeley: University of California Press.
Hechter, Michael, 1990: The Emergence of Cooperative Social Institutions. S. 13–33 in: *Michael Hechter, Karl-Dieter Opp* und *Reinhard Wippler* (Hg.): Social Institutions. Their Emergence, Maintenance, and Effects. Berlin/New York: de Gruyter.
Hegselmann, Rainer, Werner Raub und *Thomas Voss*, 1986: Zur Entstehung der Moral aus natürlichen Neigungen. Eine spieltheoretische Spekulation, Analyse und Kritik 8: 150–177.
Heitmeyer, Wilhelm (Hg.), 1997a: Was treibt die Gesellschaft auseinander? Frankfurt a.M.: Suhrkamp.
Heitmeyer, Wilhelm (Hg.), 1997b: Was hält die Gesellschaft zusammen? Frankfurt a.M.: Suhrkamp.
Junge, Kay, 1998: Vertrauen und die Grundlage der Sozialtheorie. S. 26–63 in: *Hans-Peter Müller* und *Michael Schmid* (Hg.): Norm, Herrschaft und Vertrauen. Beiträge zu James S. Colemans Grundlagen der Sozialtheorie. Opladen: Westdeutscher Verlag.
Kistler, Ernst, Heinz-Herbert Noll und *Eckhard Priller* (Hg.), 1999: Perspektiven gesellschaftlichen Zusammenhalts. Empirische Befunde, Praxiserfahrungen, Meßkonzepte. Berlin: sigma.
Klages, Helmut, 1977: Wohlfahrtsstaat als Stabilitätsrisiko. S. 192–207 in: *Horst Baier* (Hg.): Freiheit und Sachzwang: Beiträge zu Ehren Helmut Schelskys. Opladen: Westdeutscher Verlag.
Klages, Helmut, 1984: Wohlstandsgesellschaft und Anomie. S. 6–30 in: *Hans Haferkamp* (Hg.): Wohlfahrtsstaat und soziale Probleme. Opladen: Westdeutscher Verlag.
Kleger, Heinz, und *Alois Müller* (Hg.), 1986: Religion des Bürgers. Zivilreligion in Amerika und Europa. München: Kaiser.

Klein, Markus, und *Wolfgang Jagodzinski*, 1998: Individualisierungskonzepte aus individualistischer Perspektive. Ein erster Versuch, in das Dickicht der Individualisierungskonzepte einzudringen. S. 13–31 in: *Jürgen Friedrichs* (Hg.): Die Individualisierungs-These. Opladen: Leske + Budrich.
Kliemt, Hartmut, 1993: Ökonomische Analyse der Moral. S. 281–310 in: *Bernd-Thomas Ramb* und *Manfred Tietzel* (Hg.): Ökonomische Verhaltenstheorie. München: Vahlen.
Lübbe, Hermann, 1986: Staat und Zivilreligion. S. 195–220 in: *Heinz Kleger* und *Alois Müller* (Hg.): Religion des Bürgers. Zivilreligion in Amerika und Europa. München: Kaiser.
Luhmann, Niklas, 1969: Legitimation durch Verfahren. Neuwied/Berlin: Luchterhand. Neudruck 1983: Frankfurt a.M.: Suhrkamp.
Luhmann, Niklas, 1986: Grundwerte der Zivilreligion. S. 175–194 in: *Heinz Kleger* und *Alois Müller* (Hg.): Religion des Bürgers. Zivilreligion in Amerika und Europa. München: Kaiser.
Luhmann, Niklas, 1991: Religion und Gesellschaft, Sociologia Internationalis 29, 133–139.
Luhmann, Niklas, 1997: Die Gesellschaft der Gesellschaft. 2 Bde. Frankfurt a.M.: Suhrkamp.
Nunner-Winkler, Gertrud, 1996: Normenerosion. S. 15–31 in: *Monika Frommel* und *Volkmar Gessner* (Hg.): Normenerosion. Baden-Baden: Nomos.
Offe, Claus, 1986: Die Utopie der Null-Option. S. 97–117 in: *Johannes Berger* (Hg.): Die Moderne – Kontinuitäten und Zäsuren. Göttingen: Schwartz (Sonderband 4 der Zeitschrift „Soziale Welt").
Olson, Mancur, 1968: Die Logik kollektiven Handelns. Tübingen: Mohr.
Perry, Michael J., 1996: Religion in Politics: Constitutional and Moral Perspectives. Oxford: Oxford University Press.
Popitz, Heinrich, 1968: Über die Präventivwirkung des Nichtwissens. Dunkelziffer, Norm und Strafe. Tübingen: Mohr. (Recht und Staat, Heft 350)
Putnam, Robert D., 1995: Bowling Alone: America's Declining Social Capital, Journal of Democracy 6: 65–78.
Rawls, John, 1979: Eine Theorie der Gerechtigkeit. Frankfurt a.M.: Suhrkamp.
Simon, Herbert A., 1955: A Behavioral Model of Rational Choice, Quarterly Journal of Economics 69: 99–118.
Taylor, Michael, 1987: The Possibility of Cooperation. Cambridge/New York: Cambridge University Press.
Teufel, Erwin (Hg.), 1977: Was hält die moderne Gesellschaft zusammen? Frankfurt a.M.: Suhrkamp.
Ullmann-Margalit, Edna, 1977: The Emergence of Norms. Oxford: Clarendon Press.
Voss, Thomas, 1982: Rational Actors and Social Institutions. The Case of Organic Emergence of Norms. S. 76–100 in: *Werner Raub* (Hg.): Theoretical Models and Empirical Analyses. Contributions to the Explanation of Individual Actions and Collective Phenomena. Utrecht: ESP.
Weber, Max, 1956: Wirtschaft und Gesellschaft. 2 Bde. Köln: Kiepenheuer und Witsch.
Weede, Erich, 1992: Mensch und Gesellschaft. Tübingen: Mohr.
Weymann, Ansgar (Hg.), 1989a: Handlungsspielräume. Stuttgart: Enke.
Weymann, Ansgar, 1989b: Handlungsspielräume im Lebensverlauf. S. 1–39 in: *Ders.* (Hg.): Handlungsspielräume. Stuttgart: Enke.
Wilson, Bryan R., 1993: If Religion Declines Will the Social Order Survive?, Onze Alma Mater 48: 85–96.
Wilson, Bryan R., 1985: Morality in the Evolution of the Modern Social System, British Journal of Sociology 36: 315–332.
Wuthnow, Robert, 1988: The Restructuring of American Religion. Princeton, NJ: Princeton University Press.
Zapf, Wolfgang, et al., 1987: Individualisierung und Sicherheit. Untersuchungen zur Lebensqualität in der Bundesrepublik Deutschland. München: Beck.

I.
Integration als soziales und theoretisches Problem

FUNKTIONALE DIFFERENZIERUNG UND SYSTEMINTEGRATION DER MODERNEN GESELLSCHAFT

Uwe Schimank

Zusammenfassung: Systemtheoretisch-funktionalistische Perspektiven der gesellschaftlichen Differenzierung thematisieren insbesondere die Systemintegration der modernen Gesellschaft, d.h. die Integration der einzelnen Teilsysteme in den gesamtgesellschaftlichen Reproduktionszusammenhang. Dabei lassen sich zwei Vorstellungen gesellschaftlicher Differenzierung mit einem entsprechend unterschiedlichen Integrationsverständnis unterscheiden: das vor allem von Talcott Parsons repräsentierte Dekompositions- und das vor allem von Niklas Luhmann repräsentierte Emergenzparadigma. Beide Vorstellungen rücken teilweise andere systemintegrative Mechanismen ins Blickfeld, gelangen aber zum gleichen Schluss, dass die Systemintegration der heutigen Gesellschaft insgesamt gesichert erscheint. Luhmann stellt hingegen Gefährdungen der Sozialintegration und der ökologischen Integration der modernen Gesellschaft als wichtigere Integrationsprobleme heraus.

Die Theorien gesellschaftlicher Differenzierung sind seit dem letzten Jahrhundert eine der zentralen soziologischen Perspektiven für Probleme gesellschaftlicher Integration und werden es aller Voraussicht nach auch weiterhin bleiben. Im Rahmen dieser Theorieperspektive wird eine Stellungnahme zur Integrationsfrage geradezu erwartet: „Wer über Differenzierung spricht, darf über Integration nicht schweigen."[1] Integration kann dabei gemäß einer geläufigen Unterscheidung zweierlei meinen: die Sozialintegration der einzelnen Gesellschaftsmitglieder oder die Systemintegration der einzelnen gesellschaftlichen Teilsysteme in die Gesellschaft (vgl. Lockwood 1969; Mouzelis 1974, 1997). Ich werde mich hier auf die *gesellschaftliche Systemintegration* konzentrieren, weil sie den Aufmerksamkeitsschwerpunkt der funktionalistisch-systemtheoretischen Herangehensweisen an gesellschaftliche Differenzierung darstellt und von anderen gesellschaftstheoretischen Perspektiven kaum behandelt wird,[2] und dazu die Beiträge von Talcott Parsons und Niklas Luhmann in den Mittelpunkt stellen. Sie haben wichtige Ausgangsbedingungen und zentrale Mechanismen der Systemintegration der modernen Gesellschaft aufgedeckt; und dies wurde durch die akteurtheoretische Auseinandersetzung mit beiden Theoretikern von Seiten der amerikanischen „Neofunktionalisten" und einiger deutscher Differenzierungstheoretiker fortgeführt.

Lässt man diese Debatten Revue passieren, gelangt man bezüglich der gesellschaftlichen Systemintegration zu einer insgesamt beruhigenden Einschätzung. Diese Hauptbotschaft der bisherigen differenzierungstheoretischen Überlegungen werde ich in zwei Schritten darstellen. Im ersten gehe ich auf die sehr unterschiedlichen allgemeinen Differenzierungs-

---

[1] Diese Formulierung entnehme ich einem unveröffentlichten Vortragsmanuskript von Nina Degele.
[2] Überdies stehen Fragen der Sozialintegration in vielen anderen Beiträgen dieses Sonderheftes im Vordergrund.

und Integrationsverständnisse ein, die den Perspektiven von Parsons und Luhmann zugrunde liegen; und im zweiten diskutiere ich die jeweils in Betracht gezogenen Integrationsmechanismen. Beunruhigender stellen sich hingegen vor diesem Hintergrund, was ich im abschließenden dritten Schritt nur noch kurz anreißen kann, zwei andere Arten von gesellschaftlichen Integrationsproblemen dar, auf die im Rahmen der funktionalistisch-systemtheoretischen Perspektive insbesondere Luhmann mittlerweile gestoßen ist: sozialintegrative Probleme der Exklusion bestimmter Bevölkerungsgruppen aus den gesellschaftlichen Teilsystemen und Probleme der ökologischen Integration der modernen Gesellschaft in ihre natürliche Umwelt.

I. Teilsystemische Differenzierung und Systemintegration: Zwei Sichtweisen

Gesellschaftliche Differenzierung ist vor allem funktionale Differenzierung auf der teilsystemischen Ebene.[3] Bei jedem solchen Differenzierungsvorgang geht es darum, dass Trennlinien durch zuvor Ungetrenntes gezogen werden: Sinngrenzen, die wie politische Grenzen Hoheitsgebiete etablieren. Wenn sich beispielsweise hinsichtlich der autoritativen Weltauslegung die Rolle des Priesters und die des Forschers voneinander separieren und damit auch ein wichtiger Schritt der Ausdifferenzierung des Wissenschafts- und des Religionssystems der modernen Gesellschaft vollzogen wird, bedeutet das in der Sachdimension, dass zwei Perspektiven auf die Welt auseinander gezogen werden, die zuvor als ungeschiedenes Gemenge vereint waren. Religiöse Dogmen und wissenschaftliche Wahrheiten werden gleichsam auf verschiedene Gleise gesetzt; und ob sie fortan fallweise aneinander gekuppelt werden können, wird kontingent. Dahinter stehen in der Sozialdimension reflexive Interessen am Ausbau der eigenen Autonomie und am Domänenmonopol (vgl. Schimank 1992: 261–268). Forscher wollen sich nicht länger kirchlichen Verdikten unterwerfen, Priester nicht länger der bohrenden Skepsis des wissenschaftlichen Zweifels ausgesetzt sein. Beide wollen ihr jeweiliges Publikum – die scientific community bzw. die Gläubigen – mit den je eigenen Mitteln überzeugen, ohne sich um Einwände, die auf einer anderen Ebene liegen, weiter kümmern zu müssen. In Hartmann Tyrells prägnanter Formulierung: Es geht, sachlich wie sozial, um die Etablierung „legitimer Indifferenz" (Tyrell 1978: 183f.).

Wenn aber erst einmal Trennungen und wechselseitige Gleichgültigkeit füreinander institutionalisiert sind, wird die Gefahr dauerhafter Zerrissenheit schnell heraufbeschworen. Differenzierung = Desintegration: Dieses Differenzierungsrisiko beherrschte lange Zeit die Aufmerksamkeit der Mitglieder und nicht weniger soziologischer Beobachter der modernen Gesellschaft. Was ist, wenn Glaubenssätze und wissenschaftliche Wahrheiten konfrontativ aufeinander prallen oder – nicht weniger schlimm! – im stummen Vorwurf nebeneinander stehen? Darüber wurden rasch alle Vorteile fortschreitender teilsystemischer Differenzierung vergessen: die enorme Leistungssteigerung im doppelten Sinne von Effizienz- und Effektivitätsgewinnen. Man denke z.B. nur an die ungeheuren Errungenschaften des modernen Wirtschaftens, wie sie sich in der Menge, Qualität, Diversifikation sowie den drastisch

---

3 Die Differenzierung auf der Rollen- und Organisationsebene bleibt hier ausgeblendet, außer wenn sich darin teilsystemische Differenzierung ausdrückt.

gesunkenen Preisen der allermeisten Waren ausdrücken! Derartige Vorteile bildeten Hintergrunderwartungen, die für selbstverständlich genommen werden; und gerade vor dieser Kulisse beherrschten die Nachteile umso dominanter die Szene: Inflation, konjunkturelle Krisen, Abhängigkeit der Staatsfinanzen vom Wirtschaftswachstum, Bankrotte, Arbeitslosigkeit, Verelendung, entfremdete Arbeit, kriegerischer Imperialismus oder Umweltprobleme. Viele dieser Übel lassen sich in der Tat als Folgewirkungen einer zu weit getriebenen Ausdifferenzierung des Wirtschaftssystems begreifen, also einer *Verselbständigung* im Sinne von interventionsresistenter Umweltinadäquanz (vgl. Rosewitz und Schimank 1988). Entsprechendes ließe sich über problematische Tendenzen in anderen gesellschaftlichen Teilsysteme sagen – von den Massenmedien zum Gesundheitswesen, von der Kunst zur Wissenschaft.

Teilsystemische Verselbständigungsneigungen gibt es unzweifelhaft, auch wenn ihr Ausmaß erheblich variiert (vgl. Rosewitz und Schimank 1988: 305–314). Die entscheidende Frage ist allerdings, ob die Teilsysteme, diesen Neigungen folgend, gesellschaftlich aus dem Ruder laufen oder nicht. Dies ist die Frage nach der Möglichkeit und den Mechanismen gesellschaftlicher Systemintegration. Sie ist der Schwerpunkt einer funktionalistisch-systemtheoretischen Betrachtung der Integration der funktional differenzierten modernen Gesellschaft. Hieran wird einerseits bereits deutlich, dass diese Theorieperspektive analytisch einseitig die negative Seite funktionaler Differenzierung akzentuiert, nämlich lediglich auf das von dieser aufgeworfene Problem fokussiert. Andererseits heißt das aber gerade nicht, dass die funktionalistisch-systemtheoretische Betrachtung die eben erwähnten pessimistischen Dramatisierungen der Integrationsfrage mitmacht. Fortschreitende funktionale Differenzierung wird nicht von vornherein als fatale Dysfunktion im Sinne einer unaufhaltsamen gesellschaftlichen Desintegration gedeutet, sondern als ein Vorgang, der *Systemintegration als funktionales Erfordernis* mit sich bringt. Und dieses funktionale Erfordernis stürzt die moderne Gesellschaft keineswegs in eine Dauerkrise, sondern wird vielfältig kleingearbeitet und in der Regel ohne größere Friktionen erfüllt.

Zwei Hauptlinien dieser Betrachtungsweise gesellschaftlicher Systemintegration lassen sich unterscheiden, die mit den systemtheoretischen Perspektiven von Parsons auf der einen, Luhmann auf der anderen Seite verbunden sind. Entsprechend ihren andersartigen Grundverständnissen gesellschaftlicher Differenzierung formulieren beide Perspektiven unterschiedliche Einschätzungen dessen, was Systemintegration der modernen Gesellschaft heißt, und identifizieren dementsprechend teilweise andere Integrationsmechanismen.

Für Parsons und sein Umfeld, das von frühen Mitstreitern wie Neil Smelser und Shmuel Eisenstadt bis zu den heutigen „Neofunktionalisten" um Jeffrey Alexander und Paul Colomy reicht, ist Differenzierung ein Vorgang der *Dekomposition*.[4] Es geht dabei in dieser Sichtweise stets um eine mehr oder weniger säuberliche Zerlegung von etwas ursprünglich Kompakterem in spezialisiertere Einheiten. Gesellschaftliche Differenzierung wird nach dem Muster der Arbeitsteilung auf der Rollen- und Organisationsebene gedacht. Unübersehbar schwingen dabei Konnotationen einer absichtsvoll und „von oben" in Szene gesetzten *Differenzierungspolitik* mit.

Auf der Ebene gesellschaftlicher Teilsysteme kann eine solche Vorstellung freilich nur

---

4 Zum differenzierungstheoretischen Dekompositionsparadigma, das auf Herbert Spencer und Emile Durkheim zurückgeht, siehe Mayntz (1988: 14f.) und Tyrell (1998: 125, 129–134).

noch unter Zugrundelegung eines deduktiven analytischen Realismus, wie er in Parsons' AGIL-Schema zum Ausdruck kommt, plausibel werden. Dann lässt sich Gesellschaft als ein System denken, das sich – in statischer Betrachtung – in genau vier Teilsysteme (Wirtschaft, Politik, gesellschaftliche Gemeinschaft und Treuhandsystem) gliedert, von denen jedes eines der vier grundlegenden Funktionserfordernisse gesellschaftlicher Reproduktion erfüllt; und man kann weiterhin annehmen, dass diese funktionale Differenzierung des theoretischen Bezugsrahmens den soziologisch vorweggenommenen Fluchtpunkt der Realdynamik gesellschaftlicher Differenzierung bildet, die somit in der Tat eine in beliebige Tiefe weiter voranschreitende Zerlegung von Einheiten in Unter-, dieser in Unteruntereinheiten usw. darstellt (vgl. Parsons und Smelser 1956; Parsons 1971: 20–29; Schimank 1996: 88–102). Der „Weltgeist" als Differenzierungspolitiker: Auf diese zugegeben bissige Formel lässt sich Parsons' Verständnis des Prozesses durchaus bringen.

Denkt man Differenzierung auf diese Weise, ist es nur konsequent, ein *positives Integrationsverständnis* damit zu verknüpfen. Integration macht demzufolge Differenzierung zum Positivsummenspiel. Die Vorteile der Spezialisierung der Untereinheiten werden realisiert, ohne dafür nennenswerte Nachteile in Kauf nehmen zu müssen. Mehr noch: Zu den Vorteilen der Spezialisierung gehört auch eine wechselseitige Förderung der Untereinheiten. Die vorherige Einheit wird also zwar einerseits aufgelöst, bleibt aber andererseits im harmonisch aufeinander abgestimmten Zusammenspiel der Untereinheiten erhalten und wird sogar auf ein höheres Niveau getragen. Die Operationen der entstandenen spezialisierten Untereinheiten werden also dauerhaft so miteinander koordiniert, dass sie in der Regel reibungslos koexistieren und dort, wo ein Zusammenwirken stattfindet, in wechselseitiger Unterstützung ineinander greifen.[5] Man kann sich dies etwa an der Differenzierung von Erziehungs- und Familiensystem hinsichtlich der Sozialisationsfunktion klar machen (vgl. Dreeben 1968). Dass Lehrer und Eltern nach der Etablierung von Schulen und Schulpflicht jeweils spezialisierte Sozialisationsaufgaben wahrnehmen, ermöglicht zum einen, dass beide ihren Part besser spielen können als zuvor die Eltern alleine. Zum anderen sind Erziehungs- und Familiensystem aber nur in dem Maße miteinander integriert, wie Lehrer auf der einen, Eltern auf der anderen Seite einander mit ihren Sozialisationseffekten nicht nur nicht ins Gehege kommen, sondern die familiale Sozialisation auf die Schule vorbereitet und die schulische Sozialisation flankiert, so wie umgekehrt diese auch das Zusammenleben in der Familie fördert.

Luhmann begreift demgegenüber gesellschaftliche Differenzierung als *Emergenz*.[6] Teilsystemische Differenzierung ist Ausdifferenzierung.[7] Es geht auf der Ebene der Teilsysteme

---

5 Richard Münch nimmt dieses Integrationsverständnis entscheidend zurück, wenn er Integration als „highest degree of fulfillment of the individual function without the subsystems breaking apart ..." begreift (vgl. Münch 1994: 59). Dies kommt – sicherlich gegen Münchs Absicht – vielmehr dem im weiteren angesprochenen Integrationsverständnis Luhmanns nahe.
6 Auch zu diesem Verständnis siehe die historischen Erkundungen von Tyrell (1998: 126, 138–145), der insbesondere Wilhelm Dilthey und Max Weber anführt. Zum Folgenden siehe ansonsten Luhmann (1986a; 1986b; 1997: 707–776) und meinen Überblick in Schimank (1996: 150–161).
7 Bereits die Schwierigkeiten, für „Ausdifferenzierung" eine englische Umschreibung zu finden, dokumentieren die Fremdartigkeit dieser Perspektive für die an Parsons geschulte funktionalistische und „neofunktionalistische" Differenzierungstheorie – siehe dazu die von nicht allzu großem Verständnis zeugende „Translator's Note" in Luhmann (1990: 416f.), die über die tief greifenden Differenzen zu Parsons eher hinwegtäuscht.

der modernen Gesellschaft nicht um die Zerlegung eines kompakteren Ganzen in spezialisierte Teile, sondern um die Herausbildung von „globalen Zugriffsweisen" auf die Welt: „Die Unterscheidung von Wissenschaftler und Bäcker entspricht eben nicht der Unterscheidung von Bäcker und Schuster" (Türk 1995: 173). Teilsystemische funktionale Differenzierung und berufliche Arbeitsteilung als Rollendifferenzierung stellen sich geradezu als zwei voneinander unabhängige Dimensionen gesellschaftlicher Strukturen und Prozesse dar.

Die Ausdifferenzierung der Teilsysteme erfolgt für Luhmann als *evolutionäre* Kultivierung, Vereinseitigung und schließlich Verabsolutierung von Weltsichten, bis diese sich in Form jeweils hochgradig spezialisierter, selbstreferentiell angelegter binärer Codes etabliert haben – etwa Zahlen/Nichtzahlen als „distinction directrice" (Luhmann 1986b) des Wirtschaftssystems oder Recht/Unrecht als Pendant beim Rechtssystem. Diese „von unten" und gegeneinander profilierten, also nicht wie bei einer Arbeitsteilung möglichst harmonisch aufeinander abgestimmten Leitdifferenzen konstituieren deshalb keine überschneidungsfreie Segmente der sozialen Wirklichkeit, sondern eine *polykontexturale* Gesellschaft. Jedes soziale Ereignis in der modernen Gesellschaft – einschließlich vorgestellter möglicher Ereignisse – hat eine Mehrzahl gesellschaftlich relevanter sinnhafter Bedeutungen, je nachdem im Kontext welcher teilsystemischen Leitdifferenz es betrachtet wird. Ein Zugunglück beispielsweise lässt sich nicht der alleinigen Zuständigkeit eines bestimmten Teilsystems zuordnen, um so gleichsam unsichtbar, nämlich bedeutungslos – im doppelten Sinne des Wortes – für die übrigen Teilsysteme zu bleiben. Sondern das Zugunglück stellt sich als rechtliches, wirtschaftliches, politisches, massenmediales, wissenschaftlich-technisches, medizinisches, gegebenenfalls auch militärisches, pädagogisches oder künstlerisches Geschehen dar – und jedes Mal ganz anders! Die gesellschaftliche Wirklichkeit ist damit nicht eine einzige, sondern so oft und so oft anders vorhanden, wie es divergierende teilsystemische Perspektiven auf sie gibt. Das Zugunglück passiert als Kommunikationsgegenstand – und nur so wird es für Luhmann jenseits physikalisch-chemischer und biologischer Vorgänge gesellschaftlich relevant – nicht einmal, sondern eben sechs- bis zehnmal. Man kann Luhmanns Sicht allen Ernstes so auf den Punkt bringen, dass funktionale Differenzierung die Gesellschaft vervielfacht. Die Gesellschaft aus der Sicht der Wirtschaft ist eine völlig andere als die(-selbe?!) Gesellschaft aus der Sicht der Politik oder aus der Sicht des Gesundheitssystems usw.

Dies meint mehr als eine verquaste Umschreibung für Multi-Perspektivität. Natürlich hat es immer schon unterschiedliche Perspektiven auf denselben gesellschaftlichen Tatbestand gegeben. Aber für Luhmann besteht ein unüberbrückbarer *genereller Orientierungsdissens* zwischen den Teilsystemen der modernen Gesellschaft. Jedes Teilsystem stellt einen in sich geschlossenen Operationszusammenhang dar, der auf nichts außerhalb hinweist. Die juristische, die wirtschaftliche oder die politische Kommunikation über das Zugunglück reden im wahrsten Sinne des Wortes aneinander vorbei, weil sie stets nur mit sich selbst reden.

Teilsystemische Differenzierung kann, so besehen, auch gar nicht mehr hinsichtlich ihrer Vorteilhaftigkeit für die Gesellschaft beurteilt werden. Denn woher sollte ein Maßstab kommen, der nicht teilsystemrelativ wäre?[8] Luhmann sieht die Differenzierung der mo-

---

8 Aus der Perspektive der jeweiligen Teilsysteme selbst erscheint die eigene Ausdifferenzierung

dernen Gesellschaft denn auch eher als Wagnis mit durchaus offenem Ausgang: Welche Ausdifferenzierungen hat die Gesellschaft – zumindest bislang! – ausgehalten?

Spätestens hier wird Luhmanns Zugriff auf die Integrationsfrage erkennbar. Wenn funktionale Differenzierung die Gesellschaft als Kommunikationszusammenhang gleichsam explodieren lässt, weil Teilkommunikationszusammenhänge sich jeweils selbst als ein geschlossenes Ganzes nehmen, ist gesellschaftliche Einheit dahin. Dies wäre bereits dann so, wenn die Teilsysteme friedlich miteinander koexistieren würden, weil sie einander weder benötigten noch ins Gehege kämen. Selbstreferentielle Geschlossenheit heißt für Luhmann aber – entgegen den Einschätzungen oberflächlicher Kritiker – nicht Autarkie. Gerade wegen der Fixierung auf eine hochgradig selektive Leitdifferenz kann ein Teilsystem vieles, was es zur eigenen Reproduktion braucht, nicht selbst erzeugen, sondern bleibt auf entsprechende Leistungen anderer Teilsysteme existentiell angewiesen – die Wissenschaft z.B. auf Geld aus Wirtschaft und Politik oder auf Basisqualifikationen ihres Personals, die das Erziehungssystem bereitstellt. Zugleich produziert jedes Teilsystem in seiner codegeprägten Monomanie[9] auch immer wieder negative Externalitäten für andere Teilsysteme – die Wissenschaft erschüttert etwa religiöse Überzeugungen oder schafft gesundheitliche Risiken. Die moderne Gesellschaft stellt so für Luhmann ein Ensemble von Teilsystemen dar, die nicht länger ein einheitliches Ganzes bilden, aber gleichwohl durch vielfältige wechselseitige Abhängigkeiten nolens volens zusammengeschweißt sind. Entsprechend den zwei Arten wechselseitiger Abhängigkeiten kann gesellschaftliche Desintegration hierbei zwei Formen annehmen: eklatante Leistungsverweigerung eines Teilsystems gegenüber einem anderen und Überlastung eines Teilsystems durch negative Externalitäten eines anderen.

Es ist nach all dem nur folgerichtig, dass Luhmann ein im Vergleich zu Parsons radikal abgespecktes, nur noch *negatives Integrationsverständnis* zugrundelegt: gesellschaftliche Integration als noch nicht eingetretene Desintegration, ein In-Schach-halten ständig wirkender machtvoller Desintegrationstendenzen. Erreichbar – so Luhmann – ist in der Regel nicht mehr als die „Vermeidung des Umstands, daß die Operationen eines Teilsystems in einem anderen Teilsystem zu unlösbaren Problemen führen" (Luhmann 1977: 242). Intersystemische Leistungsverweigerung und negative Externalitäten sind sozusagen als chronische Schwächen in der Selbstreferentialität der binären Codes angelegt; und die moderne Gesellschaft muss zufrieden sein, wenn dafür gesorgt ist, dass beides nirgends allzu lange zu weit getrieben wird.

Es dürfte deutlich geworden sein, dass Luhmanns Differenzierungs- und Integrationsverständnis im Vergleich zu dem von Parsons das weitaus realistischere, insbesondere mehr Raum für Spannungen und Konflikte offen lassende ist. Man kann die moderne Gesellschaft nicht nach dem Muster einer „von oben" geplanten und geleiteten Organisation begreifen. Auch wenn dies nur als Fiktion eines „analytischen Realismus" benutzt wird, versperrt man sich damit gerade die zentralen Einsichten in die Beschaffenheit der modernen Gesellschaft.

---

durchaus als Gewinn, nämlich als große Options- und Autonomiesteigerung. Die Wissenschaft z.B. weiß natürlich sehr wohl, was sie am selbstreferentiellen Wahrheitscode hat. Aber was das der Gesellschaft insgesamt bringt: Diese Frage lässt sich nicht mehr stellen.
9 Tyrells „legitime Indifferenz" erscheint dann geradezu als Euphemismus.

II. Entwarnungen: Mechanismen intersystemischer Abstimmung

Wendet man sich nun den Mechanismen gesellschaftlicher Systemintegration im Sinne einer intersystemischen Abstimmung zu, die von Parsons und Luhmann und in der kritischen Auseinandersetzung mit beiden Theorieperspektiven diskutiert werden, stellt man fest, dass entsprechend dem unterschiedlichen Differenzierungs- und Integrationsverständnis teils Anderes ausgemacht, teils Dasselbe anders gedeutet und gewichtet wird. Im Einzelnen ergibt eine Zusammenschau die folgenden drei Gruppen von Integrationsmechanismen: verschiedene Arten von intersystemischen Strukturen, ein teilsystemübergreifender Wertekonsens und politische Gesellschaftssteuerung. Sowohl bei Parsons als auch bei Luhmann stehen intersystemische Strukturen im Mittelpunkt der Aufmerksamkeit. Für Parsons reichen diese aber nicht aus, um gesellschaftliche Systemintegration zu gewährleisten; sie müssen vielmehr durch einen teilsystemübergreifenden Wertekonsens gerahmt werden – eine These, die die „Neofunktionalisten" abschwächen und die Luhmann als gänzlich abwegig erklärt. Er selbst geht davon aus, dass die intersystemischen Strukturen für die Systemintegration genügen; die Auseinandersetzung mit ihm hat sich vor allem darum gedreht, inwieweit politische Gesellschaftssteuerung hinzukommen muss und kann.

1. *Intersystemische Strukturen*, die zur gesellschaftlichen Systemintegration beitragen, sind bei Parsons vor allem die „*double interchanges*" zwischen den vier Teilsystemen des AGIL-Schemas. Jedes der vier analytisch unterschiedenen gesellschaftlichen Teilsysteme unterhält zu den jeweils anderen drei Teilsystemen institutionalisierte Beziehungen des wechselseitigen Leistungsaustauschs (vgl. Parsons und Smelser 1956: 51–85; Schimank 1996: 105–112). Zum Beispiel der „double interchange" zwischen Wirtschaft und Treuhandsystem: Die Haushalte bieten den Firmen Arbeitskraft an und erhalten dafür Löhne, die dann die Haushalte zum Kauf von Waren bei den Firmen benutzen. In diesem wechselseitigen Leistungsaustausch von Arbeitskraft gegen Löhne und Löhnen gegen Waren wird Geld als symbolisch generalisiertes Kommunikationsmedium eingesetzt, das beiden Teilsystemen Freiheitsgrade des Kontakts zum je anderen Teilsystem verschafft. Eine Firma muss nicht genau jene Waren produzieren, die in den Haushalten ihrer Arbeitskräfte verlangt werden, muss sich also diesbezüglich nicht um die Lebensstile im Treuhandsystem kümmern; umgekehrt müssen die Arbeitskräfte nicht bei ihrer Firma einkaufen, also deren Produktions- und Investitionskalküle nicht zum Maßstab der eigenen Bedürfnisse machen. Geld als Medium des „double interchange" lässt somit zunächst einmal die Vorteile funktionaler Differenzierung im Sinne „legitimer Indifferenz" zur Geltung kommen. Zugleich wirkt es aber auch integrativ, indem es sowohl Haushalte als auch Firmen auf die Erhaltung der eigenen Zahlungsfähigkeit hinweist, die wiederum bei den Firmen daran gebunden ist, unter den Haushalten Abnehmer für die eigenen Produkte zu finden, und die Haushalte darauf ausrichtet, sich um die Reproduktion der Arbeitskraft der Familienmitglieder zu bemühen. Der geldvermittelte „double interchange" sorgt also dafür, dass das Treuhandsystem in seinem Operieren sowohl „legitime Indifferenz" kultivieren kann als auch den Belangen des Wirtschaftssystems Rechnung trägt, und umgekehrt.

Entsprechendes ließe sich für alle „double interchanges" zwischen den gesellschaftlichen Teilsystemen aufzeigen. Parsons behauptet natürlich nicht, dass jeder „double interchange" jederzeit in dieser Weise, also immer auch integrativ, funktioniert. Es kann und wird immer wieder Störungen geben, die aber behebbar sind; und die Institutionalisierung der

„double interchanges" über das jeweilige symbolisch generalisierte Kommunikationsmedium entfaltet eine normative Kraft in Richtung der intersystemischen Abstimmungserfordernisse. Zusammengenommen leisten die „double interchanges" damit für Parsons einen entscheidenden Beitrag zur gesellschaftlichen Systemintegration.

Luhmanns Pendant zu den „double interchanges" sind die *strukturellen Kopplungen* zwischen den gesellschaftlichen Teilsystemen (vgl. Teubner 1989: 78–80, 99f.; Schimank 1996: 191–196; Luhmann 1997: 776–778). In vier wichtigen Hinsichten unterscheidet sich Luhmanns Konzept allerdings von dem von Parsons. Erstens sind Luhmanns strukturelle Kopplungen nicht deduktiv-analytisch konstruiert, sondern werden induktiv empirisch entdeckt. Es sind kontingente Produkte teilsystemischer Ko-Evolution – z.B. die Steuerfinanzierung der Politik als strukturelle Kopplung mit der Wirtschaft oder die teilweise Finanzierung bestimmter Felder der Hochschulforschung durch Unternehmen. Um den Integrationseffekt an letzterem Beispiel zu illustrieren: Die wissenschaftliche Forschung merkt, dass bestimmte Forschungsthemen besondere Chancen für Wahrheitskommunikationen erzeugen, weil diese Themen mehr Ressourcen aus der Wirtschaft anziehen; und das wiederum geht darauf zurück, dass die wirtschaftliche Zahlungskommunikation bemerkt, dass Investitionen in verwissenschaftlichte Produktionstechnologien die Zahlungsfähigkeit stärker steigern als andere Investitionsmöglichkeiten. Im Ergebnis läuft dieses Dirigieren der Wahrheitskommunikationen durch wirtschaftliche Anwendungsinteressen auf Themenkonjunkturen in der Wissenschaft, Produkt- und Branchenkonjunkturen in der Wirtschaft hinaus.

Unter dem Integrationsgesichtspunkt ist entscheidend, dass beide Teilsysteme über diesen Finanzierungsmodus der Forschung in eine „Dauersynchronisation"[10] hineingleiten. Er sorgt also – ob das nun von irgendwem so beabsichtigt worden ist oder nicht – dafür, dass die beiden Kommunikationszusammenhänge, wiewohl selbstreferentiell geschlossen, einander gegenseitig „mit Irritationen versorgen" (Kneer 1998: 66, Hervorh. weggel.), die auf eine gewisse beiderseitige und nicht bloß episodische Berücksichtigung von Belangen des jeweils anderen Teilsystems hinauslaufen. Dadurch, dass die moderne Gesellschaft ein dichtes Netz derartiger struktureller Kopplungen zwischen ihren Teilsystemen aufweist, wird für Luhmann gesellschaftliche Systemintegration hauptsächlich gewährleistet.[11] Gegenüber Parsons ist dabei freilich – dies die zweite Differenz – nochmals zu betonen, dass eine Systemintegration über strukturelle Kopplungen niemals so weit geht, dass sich ein Teilsystem Gesichtspunkte eines anderen als integralen Bestandteil des eigenen Wollens gleichsam einverleibt. Letzteres behauptet bekanntlich – hierin ein authentischer Weiterdenker von Parsons' Perspektive – Richard Münch mit seinem Konzept der „Interpenetration" (vgl. Münch 1980, 1991: 172–176, 309–335). Für Luhmann hingegen bleibt die durch den jeweiligen teilsystemischen Code geprägte Leitdifferenz stets unangefochten im Zentrum. Um das Beispiel leicht karikiert fortzuführen: Die von industriellen Forschungsaufträgen abhängigen Professoren stöhnen ohne Unterlass über die borniertten – was

---

10 Ich greife eine Formulierung von Georg Kneer auf, die dieser allerdings – mir nicht verständlich – gerade dafür benutzt, zu erläutern, was strukturelle Kopplung nicht sei (vgl. Kneer 1998: 65f.).
11 Wobei man vermerken sollte, dass er sich nirgends systematisch den intersystemischen strukturellen Kopplungen zuwendet. Hier liegt bislang ein gravierendes theoretisches und empirisches Defizit von Luhmanns systemtheoretischer Perspektive auf gesellschaftliche Differenzierung.

heißt: an theoretischen Innovationen desinteressierten – Unternehmen, die einzig praktikable und nicht zu teure technische Problemlösungen wollen; und umgekehrt klagen die Unternehmen andauernd darüber, dass die Professoren ständig Fluchtwege zurück in den Elfenbeinturm suchen. Intersystemische Abstimmung findet sozusagen, überspitzt formuliert, vom permanenten Widerwillen der Beteiligten begleitet statt, als notwendiges Übel und nicht als freudige oder zumindest pflichtbewusste Unterstützung der Counterparts im anderen Teilsystem.

Der dritte Unterschied zwischen Parsons und Luhmann besteht darin, dass letzterer als Grundlage struktureller Kopplungen nicht nur wechselseitige Leistungsbezüge zwischen Teilsystemen in den Blick nimmt. Strukturelle Kopplungen können auch in Gestalt von Restriktionen eines Teilsystems durch „Sachzwänge", die einem anderen entstammen, systemintegrativ wirken. „Sachzwänge", etwa rechtliche Behinderungen wissenschaftlicher Forschung, sind zwar stets soziale Konstrukte und damit prinzipiell beseitigbar. Doch die Komplexität eines immer weiter ausufernden Hintergrunds von Ursachenverkettungen, die den betreffenden „Sachzwang" hervorgebracht haben und aufrechterhalten, entmutigt jeglichen Änderungswillen zumeist schnell. Das gilt vor allem, wenn der Sachzwang sich als Finanzknappheit äußert (vgl. Luhmann 1983: 37–39, 46f.). Die Auskunft, dass „kein Geld" dafür da sei, unterbindet sicherlich immer wieder auch teilsystemische Tendenzen, die sich gesellschaftlich desintegrativ ausgewirkt hätten – etwa ein Gesundheitssystem, das sonst in voller Ausschöpfung seiner technischen Möglichkeiten die Überalterung der Gesellschaft mit hochgradig problematischen Folgen für Wirtschaft und Politik weiter vorantriebe. Eine systemintegrative Wirkung geht von „Sachzwängen" allerdings stets nur zufällig aus; ebenso gut können sie umgekehrt wirken.

Weiterhin können strukturelle Kopplungen als interorganisatorische Verhandlungsnetzwerke gezielt installiert werden, um intersystemische Abstimmungen herbeizuführen. Dazu hat die akteurtheoretische Auseinandersetzung mit Luhmann, insbesondere auch aus der Politikwissenschaft, viele theoretische und empirische Einsichten beigesteuert (vgl. Mayntz 1993). So trafen etwa im Deutschen Bildungsrat und weiteren Institutionen über eine Reihe von Jahren Repräsentanten des Erziehungs- und des Wirtschaftssystems zusammen, um die sich ändernden Qualifikationsanforderungen beruflicher Arbeit in die Ausrichtung von schulischer und hochschulischer Erziehung einfließen zu lassen und so dieser Facette gesellschaftlicher Systemintegration Genüge zu tun.[12] Im Rahmen solcher Netzwerke kann sich wohl auch am ehesten entfalten, was Luhmann als „Reflexion" bezeichnet: eine Selbstbeobachtung des Teilsystems im Hinblick auf die sich über gesellschaftliche Effektverkettungen einstellenden Rückwirkungen des eigenen Operierens auf es selbst (vgl. Luhmann 1984: 640, 642). So könnte das Erziehungssystem erkennen, dass die Funktionstüchtigkeit des Wirtschaftssystems u.a. davon abhängt, dass Schule und Hochschule sich stärker an

---

12 Siehe zu diesem Beispiel die systemtheoretische Interpretation von Eichmann (1989), weiterhin jetzt auch allgemein Luhmann (1997: 843). Die Einwände von Kneer (1998: 71–79) gegen eine interorganisatorische Abstimmung zwischen gesellschaftlichen Teilsystemen sind nicht stichhaltig. Wenn die involvierten Organisationen verpflichtungsfähige Verbände sind, können sie für größere Segmente ihres Teilsystems sprechen; und selbst wenn es sich nur um einzelne Leistungsorganisationen handelt, etwa ein Unternehmen und eine Hochschule, die obligatorische Betriebspraktika als Teil bestimmter Studienfächer vereinbaren, ist dies immerhin ein begrenzter Beitrag zur Integration beider Teilsysteme.

dessen Nutzenkriterien orientieren, und dass dies wiederum auch für die Erziehung bedeutsam ist, weil deren Versorgung mit finanziellen Ressourcen vom staatlichen Steueraufkommen und dieses vom Wirtschaftswachstum abhängt. Entsprechend entgegenkommend – bei aller Selbstreferentialität! – könnten die Repräsentanten des Erziehungssystems dann in den intersystemischen Verhandlungsnetzwerken auftreten.

Viertens schließlich betont Luhmann sehr viel stärker als Parsons die Ambivalenz intersystemischer Strukturen und der dadurch erzeugten systemintegrativen Wirkungen. Luhmann behauptet sogar, die moderne Gesellschaft sei „überintegriert und dadurch gefährdet" (Luhmann 1997: 618). Die Vielzahl struktureller Kopplungen zwischen den Teilsystemen bringe immer auch das Risiko mit sich, dass zwei oder mehr Teilsysteme einander wechselseitig ko-evolutionär ruinieren können. So könnte sich z.B. eine zu stark von Geldern aus der Industrie abhängige wissenschaftliche Forschung in kurzfristigen Anwendungsbezügen verzetteln, die sich mittelfristig für beide Teilsysteme als Desaster herausstellen könnten. Integrationsmechanismen können also auch übers Ziel hinausschießen und sich dann als dysfunktional für die gesellschaftliche Reproduktionsfähigkeit erweisen.

Luhmanns Sicht systemintegrativer intersystemischer Strukturen ist somit in mehrfacher Hinsicht offener als die von Parsons. Luhmann lässt sich empirisch mehr überraschen, stellt geringere Ansprüche an Systemintegration und hat auch einen Blick für mögliche Dysfunktionen zu starker Integration. Parsons' Überlegungen haben allerdings den Vorzug, die intersystemischen Strukturen zumindest in der Dimension der wechselseitigen Leistungsbezüge systematischer und stärker auf eine umfassende Übersicht abzielend zu mustern, als dies von Luhmann betrieben wird. Mehr noch: Für Parsons ist die gesellschaftliche Systemintegration ein zentrales Thema der Theoriekonstruktion, was im Rahmen des Dekompositionsparadigmas nur konsequent ist. Die Einheit des Zerlegten muss gewährleistet sein, damit gesellschaftliche Ordnung aufrechterhalten bleibt. Luhmann interessiert sich hingegen nur noch wenig für den Zusammenhang des polykontextural zersplitterten gesellschaftlichen Ganzen. Dieses Desinteresse an Integration ist zwar keineswegs eine zwingende Konsequenz aus der Emergenzvorstellung gesellschaftlicher Differenzierung. Man könnte ganz im Gegenteil ebenso gut nur umso besorgter um die gesellschaftliche Systemintegration sein. Faktisch interessiert Luhmann aber viel stärker die Autonomie der verschiedenen Teilsysteme. Legt man das Emergenzparadigma zugrunde, heißt das, dass man bei Luhmann selbst nicht sonderlich viel zur gesellschaftlichen Systemintegration erfährt, sondern dessen theoretische Überlegungen weitertreiben muss.

2. Die „double interchanges" reichen für Parsons nicht aus, um gesellschaftliche Systemintegration zu sichern. Sie werden vielmehr durch einen kulturell fundierten, *teilsystemübergreifenden Wertekonsens* überhöht, der der eigensinnigen Entfaltung je teilsystemspezifischer Orientierungen gleichsam äußere Grenzen zieht (vgl. Parsons 1971: 12–19, 23f.; Parsons und Platt 1973: 8–32). Sozialstrukturell ist der Wertekonsens im Treuhandsystem verankert. Dieses steht an der Spitze einer „cybernetic hierarchy of control", die die vier gesellschaftlichen Teilsysteme übergreift. Dabei ist die Wirtschaft für Parsons dasjenige Teilsystem, das am stärksten zur Vervielfachung des gesellschaftlich Möglichen beisteuert, damit aber eben auch die größte desintegrative Potenz besitzt. Das Treuhandsystem hingegen trägt am meisten zur Ordnung dieses Möglichkeitsfeldes bei, besitzt also die letztentscheidende integrative Kraft. Es bezieht sie aus seiner Nähe zum kulturellen System. Das Treuhandsystem mobilisiert teilsystemungebundene kulturelle Wertorientierungen, die

einen Rahmen dessen abstecken, was gesellschaftlich als erstrebenswert und moralisch rechtfertigbar erscheint – und innerhalb dieses Rahmens müssen sich die anderen Teilsysteme bewegen.

Ursprünglich war die Religion, im Okzident also der christliche Glaube, der zentrale Ursprung dieser rahmensetzenden Wertorientierungen. Inzwischen hat immer stärker eine *„civil religion"*, wie sie sich u.a. in den Grundwerten ausdrückt, die religiösen Überzeugungen ersetzt (vgl. Bellah 1975; Bellah et al. 1995). Diese Verschiebung der Quellen der gesamtgesellschaftlichen Werteordnung geht mit einer Generalisierung dieser Werte einher, die ein Korrelat fortschreitender funktionaler Differenzierung ist. Gerade um ihre systemintegrative Funktion erfüllen zu können, müssen die betreffenden Werte sich von zu engen ursprünglichen Bindungen an einzelne Teilsysteme lösen und zu Prinzipien werden, die zum einen jeden einzelnen teilsystemspezifischen Handlungsgesichtspunkt in seiner Geltung relativieren und einschränken und zum anderen die Vielfalt der Gesichtspunkte aus verschiedenen Teilsystemen ins Gespräch und in Einklang miteinander bringen können. So setzt für Parsons etwa ein Wert wie „Menschenwürde" nicht nur wirtschaftlichem Profitstreben oder wissenschaftlicher Neugier je für sich genommen oder dem gleichgerichteten Zusammenwirken beider Grenzen, sondern kann auch eine semantische Plattform zur Abstimmung beider Handlungslogiken bieten.

Wiederum wäre es falsch, Parsons so zu verstehen, als ginge er fraglos davon aus, dass diese systemintegrative kulturelle Rahmung der teilsystemischen Orientierungen stets funktioniere. Dass Religion bzw. „civil religion" zeitweise an integrativer Kraft verlieren kann, würde er nicht bestreiten. Aber er würde darauf hinweisen, dass dann Gegenbewegungen wie etwa der Kommunitarismus entstehen müssen, soll die Gesellschaft nicht gänzlich auseinander fallen. Dass so etwas tatsächlich geschieht, würde er wiederum wohl nicht für zwangsläufig halten; doch er wäre diesbezüglich sicherlich recht optimistisch. Wenn man so will, tragen Kommunitaristen wie Amitai Etzioni in dieser Hinsicht Parsons' theoretische Überzeugungen in ihren praktischen Anliegen und Forderungen weiter (vgl. Etzioni 1997).

Die „Neofunktionalisten" haben hingegen in ihrer Auseinandersetzung mit Parsons dessen Einstufung teilsystemübergreifender kultureller Wertorientierungen stark relativiert. So spricht etwa Paul Colomy sehr deutlich von „abstruse references to value generalization" (Colomy 1990: 486). Die „Neofunktionalisten" sehen im gesellschaftlichen Wertehimmel insbesondere viel zu viele Spannungen und Widersprüche, um von dorther nennenswerte systemintegrative Wirkungen zu erwarten. Noch schroffer ablehnend hat Luhmann stets auf Parsons' These einer letztlich durch Werte kulturell integrierten modernen Gesellschaft reagiert. Kultur im Sinne gepflegter Semantik zerfällt für Luhmann größtenteils entlang der Teilsystemgrenzen (vgl. Luhmann 1980: 9–71); und Werte sind damit zumeist teilsystemrelativ und können daher keine systemintegrative Kraft entfalten, sondern widersprechen einander gerade – ganz so, wie es bereits Max Weber mit seiner plastischen Formel vom „Polytheismus" der „Wertsphären" in der modernen Gesellschaft behauptet hatte (vgl. Weber 1919: 27f.). Die wenigen Werte hingegen, die teilsystemübergreifenden Charakter haben, sind – eben deshalb! – jenseits eines unverbindlichen Pauschalkonsenses, den sie zu mobilisieren vermögen, kraftlos, sobald es um spezifischere intersystemische Abstimmungen geht (vgl. Luhmann 1997: 340–344). Man denke etwa an den Wert der Gleichheit, der zwar beispielsweise als Chancengleichheit der Geschlechter noch mit weit verbreiteter Zustimmung rechnen kann, aber aus sich heraus keinerlei Einigkeit zu stiften vermag, sondern ganz im Gegenteil unentscheidbare Wertkonflikte heraufbeschwört, sobald es um konkretere Maßnahmen der Frauenförderung z.B. als entsprechende Abstimmung von Familie und Wirtschaftssystem geht.

Nach meinem Eindruck wird diese Auseinandersetzung über teilsystemübergreifende Werte und deren systemintegrative Funktion zu prinzipiell geführt – verleitet durch die Allgemeinheit von Parsons' These. Man sollte nicht abstrakt und generell zu entscheiden versuchen, ob Werte teilsystemübergreifende integrative Kraft besitzen, sondern empirisch fundiert danach fragen, bei welchen Werten sich dafür zumindest Anhaltspunkte finden lassen. Man müsste dann auch auf Mechanismen achten, die solch einen Wertkonsens aufbauen und damit in teilsystemisches Operieren eingreifen können. Möglicherweise ist hierzu u.a. eine durch Massenmedien mobilisierte Öffentlichkeit genauer in den Blick zu nehmen (vgl. Alexander 1990; Gerhards 1994). Man dürfte hierbei schließlich auch auf historische und nationale Varianzen stoßen. Vielleicht sind ja die Vereinigten Staaten aufgrund eines breiteren und tieferen religiösen Bewusstseins der Bevölkerung ein Land, wo bestimmte Werte tatsächlich teilsystemübergreifend verankert sind und teilsystembändigende Wirkungen entfalten – während in Deutschland nicht zuletzt durch die Erfahrungen des Nationalsozialismus ein größerer Wertskeptizismus vorherrscht? Vielleicht lassen sich ja auch Phasen in der Geschichte eines Landes unterscheiden, in denen der Wertkonsens und dessen systemintegrative Kraft mal stärker und mal schwächer gewesen sind.

3. Ebenso dezidiert wie die Vorstellung eines teilsystemübergreifenden Wertkonsensus lehnt Luhmann die Einschätzung ab, dass *politische Gesellschaftssteuerung* zur intersystemischen Abstimmung beiträgt oder gar erforderlich ist (vgl. Luhmann 1988: 324–349, 1989, 1991; Kneer 1998; Lange 1998). Denn für ihn ist politische Gesellschaftssteuerung erstens ein Ding der Unmöglichkeit, versteht man darunter die gezielte Intervention in andere Teilsysteme. Wenn sowohl die Politik als auch die anderen, zu steuernden Teilsysteme selbstreferentiell geschlossene Kommunikationszusammenhänge sind, ist das, was als politische Gesellschaftssteuerung deklariert wird, nichts als eine entsprechend angelegte Selbstbeobachtung der Politik. Die Politik begreift sich als gesellschaftliche Steuerungsinstanz – aber das ist, so könnte man sagen, lediglich ihre eigene Lebenslüge und damit ein selbstgeschaffenes Problem, weil die Politik so allermeistens zu registrieren hat, dass ihre entsprechend deklarierten Bemühungen scheitern. Zwar hat ihr selbstreferentielles Operieren aufgrund struktureller Kopplungen z.B. mit der Wissenschaft dort durchaus Außenwirkungen; aber diese sind für beide Seiten erratisch: für die Wissenschaft, weil sie aus dem binären Code der Politik hervorgehen und nicht dem der Wissenschaft entsprechen, und für die Politik, weil die strukturellen Kopplungen aus den politischen Kommunikationen so verformte Effekte hervorbringen, dass diese in den Kommunikationszusammenhang der Wissenschaft passen, aber dann nicht länger als Realisierung der ursprünglichen politischen Gestaltungsabsichten gelten können.

Doch selbst wenn Luhmann politische Gesellschaftssteuerung als möglich erschiene, wäre sie für ihn zweitens unnötig und womöglich gar schädlich. Er behauptet lapidar: „Fürs Überleben genügt Evolution" (Luhmann 1984: 645). „Überleben", also eine dauerhafte Reproduktionsfähigkeit der modernen Gesellschaft, schließt, neben anderem, hinreichende Systemintegration ein. Die Komplexität dieser über strukturelle Kopplungen ineinander verschlungenen teilsystemischen Reproduktionsvorgänge lässt es Luhmann nicht unplausibel erscheinen, dass jedes Bemühen eines gezielten Eingriffes sich unrettbar in einer „Logik des Mißlingens" (Dörner 1989) verstrickt.

Diese Sicht der Dinge ist sowohl unter den theoretischen Anhängern Luhmanns als auch in der akteurtheoretischen Auseinandersetzung mit ihm nicht unwidersprochen geblieben. Gunther Teubner und Helmut Willke halten als systemtheoretische Betrachter gesellschaftlicher Differenzierung gegen Luhmann daran fest, dass politische Gesellschaftssteuerung nicht nur eine Selbsttäuschung politischer Kommunikation ist, sondern tatsächlich passiert – allerdings lediglich als „*Kontextsteuerung*", die nicht direkt in die Teilsysteme hineinwirkt, sondern sich auf eine „Formung der Intersystembeziehungen" (Willke 1987: 6) beschränkt (vgl. Willke 1983; Teubner und Willke 1984; Ulrich 1994: 163–189). Bei genauerem Hinsehen entpuppt sich dies als politische Induzierung und Moderation von bereits oben angesprochenen interorganisatorischen Verhandlungsnetzwerken zwischen gesellschaftlichen Teilsystemen. Solche in der Tat gesellschaftlich systemintegrativ wirkenden Vernetzungen entstehen eben nicht in jedem Falle aus der Initiative von Repräsentanten der betreffenden Teilsysteme selbst; und auch Einigungen auf bestimmte Abstimmungen des Operierens der betreffenden Teilsysteme sind nicht immer zwanglos möglich. Was das politische System also beitragen kann, sind prozedurale und motivationale „Betriebsmittel" der intersystemischen Vernetzungen: Verfahrensformen, Anreize zur Teilnahme und Einigung, und nicht zuletzt auch der Wink mit der „Rute im Fenster" (Mayntz und Scharpf 1995: 29), also glaubhaft in Aussicht gestellte Bestrafungen für Nicht-Teilnahme und Nicht-Einigung.

Bereits „Kontextsteuerung" vollzieht sich auf der Organisationsebene, macht sich also den Tatbestand zunutze, dass die moderne Gesellschaft eine „Organisationsgesellschaft" (vgl. Schimank 1997) ist. Das Gleiche gilt für solche politischen Steuerungsmaßnahmen, die auf die Leistungsorganisationen bestimmter Teilsysteme, z.B. Schulen oder Forschungseinrichtungen, zugreifen, um die gesellschaftliche Systemintegration zu erhalten oder zu erhöhen (vgl. Schimank 1991). Dieser Zugriff erfolgt also nicht direkt auf die selbstreferentiell geschlossene teilsystemische Kommunikation, sondern indirekt auf Organisationsstrukturen, die diese Kommunikation rahmen. Politische Gesellschaftssteuerung kann in anderen Teilsystemen Organisationen schaffen oder auflösen, sie mehr oder weniger großzügig alimentieren, sie durch Mitwirkung in ihren Entscheidungsgremien hinsichtlich der Aufgabenstellung und Ziele beeinflussen sowie durch rechtliche Vorgaben regulieren; und all das kann durchaus im Voraus berechenbare, also gezielte Effekte auf die weitere Dynamik der teilsystemischen Autopoiesis haben, also etwa Wachstum bzw. Schrumpfung auslösen oder Themenschwerpunkte lancieren. Die Autopoiesis wird kanalisiert – und mehr ist in vielen Fällen für gesellschaftliche Systemintegration nicht erforderlich.[13]

Auch für politische Gesellschaftssteuerung gilt trotz einer umfangreichen empirischen Erforschung durch die Politikwissenschaft, dass der Zusammenhang mit gesellschaftlicher Systemintegration empirisch und vor allem theoretisch noch ziemlich unterbelichtet ist. Es handelt sich ja um einen intentionalen systemintegrativen Mechanismus. Die politischen

---

13 Teils vermag politische Gesellschaftssteuerung hierfür ihre hierarchischen Kompetenzen, also legitime Macht einsetzen. Wenn dies nicht geht, müssen Steuerungsadressaten auf ihre reflexiven Interessen an Domänenwahrung, -ausbau und -dominanz sowie an eigener Autonomie und Kontrolle anderer angesprochen werden (vgl. Schimank 1992).

Steuerungsakteure mögen zwar mit ihren Maßnahmen jeweils auch noch oder sogar vorrangig bestimmte Eigeninteressen verfolgen: von der Wiederwahl über „blame avoidance" (Weaver 1986) bis zur Budgetmaximierung. Aber zugleich hegen sie Vorstellungen darüber, welche funktionalen Erfordernisse die Gesellschaft aufweist, wie diese miteinander zusammenhängen und erfüllt werden können, und was diesbezüglich politisch machbar ist oder angestoßen werden kann.[14] Wie derartiges Sach- und Kausalwissen gewonnen wird, beschaffen und sozial verteilt ist und in Steuerungshandeln eingeht, wie es sich bewährt und – siehe z.B. den wirtschaftspolitischen Keynesianismus – an Überzeugungskraft verliert und irgendwann später womöglich wiedergewinnt: Das sind zentrale Fragen, die zu diesem systemintegrativen Mechanismus noch größtenteils zu klären sind.

Damit ist der hauptsächliche Beitrag der funktionalistisch-systemtheoretischen Betrachtung gesellschaftlicher Differenzierung zur Integrationsfrage dargestellt. Diese Betrachtung konzentriert sich auf die gesellschaftliche Systemintegration und identifiziert drei Arten von integrativen Mechanismen: intersystemische Strukturen, teilsystemübergreifende kulturelle Wertorientierungen und politische Gesellschaftssteuerung. Zu dem von Parsons propagierten Verständnis von Differenzierung als Dekomposition und einem positiven, auf harmonisches und wechselseitig förderndes Zusammenwirken der Teilsysteme setzenden Integrationsverständnis passt, dass letztlich kulturelle Werte die gesellschaftliche Systemintegration sichern. Kultur überwölbt gleichsam eine sich immer weiter differenzierende Gesellschaft, die diesen kulturellen Rahmen gerade nicht sprengt. Versteht man Differenzierung hingegen mit Luhmann als Emergenz, wird Kultur teilsystemrelativ und fällt damit als Integrationsmechanismus weitgehend aus. Integration kann nur noch negativ, als Vermeidung von Desintegration, aus der horizontalen Abstimmung zwischen den Teilsystemen hervorgehen – wobei allerdings, anders als Luhmann dies sieht, dem politischen System und dessen Steuerungsbemühungen eine besondere integrationsfördernde Rolle zukommt.

III. Warnungen: Sozialintegration und ökologische Integration

Wie eingangs schon erwähnt, machen die systemintegrativen Erfordernisse nur einen Teil des Integrationsbedarfs der modernen Gesellschaft aus. Traditionell werden daneben Erfordernisse der Sozialintegration als „Anomie", „Entfremdung", „Motivationskrisen", „Identitätsprobleme", „Devianz" und „Exklusion" angesprochen. Spätestens seit den siebziger Jahren ist man überdies immer nachdrücklicher auf eine weitere Dimension gesellschaftlicher Integration aufmerksam geworden: die ökologische Integration der Gesellschaft in ihre natürliche Umwelt – Stichwort „sustainability" (vgl. Berger 1994). Die moderne Gesellschaft muss somit zusammengefasst so beschaffen sein, dass weder sich verselbständigende Teilsysteme noch orientierungslose Individuen noch eine zerstörte Natur die gesellschaftliche Reproduktionsfähigkeit entscheidend schwächen.

Alle drei Integrationsdimensionen werden bislang weitgehend unabhängig voneinander diskutiert – wie ich es hier in meiner Darstellung der funktionalistisch-systemtheoretischen Überlegungen zur gesellschaftlichen Systemintegration auch getan habe. Zweifellos besitzt jede der Integrationsdimensionen in diesem Sinne ein analytisches Eigenrecht. Unbestreit-

---

14 Georg Vobruba spricht vom „Funktionalismus als Akteurswissen" (vgl. Vobruba 1992).

bar ist es aber auch von Interesse, möglichen Zusammenhängen zwischen Systemintegration, Sozialintegration und ökologischer Integration nachzuspüren. Genau diese Fährte hat Luhmann in den letzten Jahren aufgenommen und ist dabei zu folgendem, bedenklich stimmendem Schluss gelangt: Die funktionale Differenzierung der modernen Gesellschaft schafft und bewältigt nicht nur, wie dargestellt, das Erfordernis der Systemintegration; diese Differenzierungsform lässt zugleich Probleme der Sozialintegration und der ökologischen Integration links liegen und verschärft diese vielleicht sogar.

In der *sozialintegrativen* Dimension lassen sich, an Ralf Dahrendorfs Verständnis individueller „Lebenschancen" in der Gesellschaft als Verknüpfung von „Optionen" und „Ligaturen" angelehnt (vgl. Dahrendorf 1979), zwei mögliche Integrationsdefizite aufweisen, die mit funktionaler Differenzierung zusammenhängen. Das eine ergibt sich daraus, dass die Freisetzung der Person aus einer festen Schichtungsordnung ebenso zu einer Optionssteigerung bei der individuellen Lebensführung beigetragen hat wie das Wachstum, die Spezialisierung und die Diversifikation der teilsystemischen Leistungsproduktionen. Als Kehrseite dessen hat jedoch ein Verlust an „Ligaturen", also identitätsstiftenden Bindungen stattgefunden, auf den soziologische Zeitdiagnosen seit langem hinweisen (vgl. Berger et al. 1973). In Luhmanns Sicht stellt sich hier freilich zunächst kein Problem. „Ligaturen" werden ihm zufolge durch Ansprüche ersetzt, die die Person an die Teilsysteme adressiert (vgl. Luhmann 1984: 362–367, 1987). Das beschwört dann jedoch die Gefahr von *„Anspruchsinflationen"* herauf (vgl. Luhmann 1983). Ein sozialintegratives Problem wird also um den Preis gelöst, systemintegrative Probleme heraufzubeschwören. Ob die Mechanismen der Systemintegration den sozialintegrativen Anspruchsdruck unter allen Umständen verkraften können, ist eine offene Frage.[15]

Das andere mögliche sozialintegrative Problem stellen dauerhaft ungleiche Ausstattungen der Personen mit Optionen dar. Zwar schafft funktionale Differenzierung keine *sozialen Ungleichheiten*, verschärft sie auch nicht unbedingt, beseitigt sie aber eben auch nicht als Stachel von Unzufriedenheit, aus dem dann unter bestimmten Bedingungen individuelle Devianz oder kollektive Rebellion entstehen können. Der soziale Vergleich mit anderen, die über mehr Optionen der Lebensführung verfügen, kann ebenfalls „Anspruchsspiralen" in Gang halten, die dann durch Steigerungen der teilsystemischen Leistungsproduktionen beantwortet werden, um Verteilungskonflikte in Positivsummenspiele zu transformieren (vgl. Schimank 1998). Ob das aber immer so weitergehen kann oder ob nicht insbesondere einige Teilsysteme wie die Wirtschaft dabei die ökologische Integration der Gesellschaft gefährden, ist zumindest mit Blick auf die Zukunft eine weitere ungewisse Frage. Man denke nur an den raschen Verbrauch nicht erneuerbarer Energien und die Steigerung des Lebensstandards in den Zentren der Weltgesellschaft!

Eine besondere Zuspitzung gewinnt die Ungleichheit dann, wenn sie – was Luhmann wiederholt angesprochen hat – zur kumulativen *Exklusion* von Personen aus immer mehr gesellschaftlichen Teilsystemen führt. Solchen Personen werden gleichsam ganze Optionspaletten gestrichen. So etwas vollzieht sich beispielsweise nach dem, natürlich stark simplifizierten Muster: keine Arbeit – drastische Konsumeinschränkung – schlechtere Ge-

---

15 Franz-Xaver Kaufmann weist allerdings, auf wohlfahrtsstaatliche Anspruchsbefriedigung bezogen, darauf hin: „empirische Untersuchungen zeigen ein insgesamt realistisches und ‚bescheidenes' Verhältnis der breiten Bevölkerungsschichten zum Sozialstaat" (Kaufmann 1997: 62).

sundheitsleistungen – beschränkter Zugang zu Massenmedien und rechtlichen Klagemöglichkeiten – ungünstigere Bildungschancen der Kinder – größere Wahrscheinlichkeit, dass auch die Kinder nur unsichere oder gar keine Beschäftigung finden usw. Man muss hierfür gar nicht, wie Luhmann, brasilianische Favelas vor Augen haben (vgl. Luhmann 1994, 1997: 618–634); das von Pierre Bourdieu und seinen Mitarbeitern geschilderte „Elend der Welt" in heruntergekommenen Vorstädten krisengeschüttelter französischer Industrieregionen illustriert, dass massenhafte Exklusion, die sich dann auch intergenerationell reproduziert, in den höchstentwickelten Ländern der Weltgesellschaft ebenfalls stattfindet (vgl. Bourdieu et al. 1998). Die funktionale Differenzierung der Gesellschaft bringt dies zwar nicht hervor, tut aber sozusagen auch nichts dagegen – es sei denn, es entstünde ein neues gesellschaftliches Teilsystem, das sich der Exklusionskorrektur zuwandte. In dieser Richtung eines Teilsystems im Werden ließen sich möglicherweise die beiden – institutionell bislang separierten und beide größtenteils in der Politik verorteten – Komplexe von Sozialarbeit und Entwicklungshilfe deuten (vgl. Baecker 1994; Fuchs und Schneider 1995; Luhmann 1997: 633f.).

Zur *ökologischen Integration* schließlich ist anzumerken, dass Luhmann sich diesem Thema schon vor geraumer Zeit zugewandt und dazu herausgearbeitet hat, dass die Erfordernisse der natürlichen Umwelt in den Beobachtungsrastern aller gesellschaftlichen Teilsysteme systematisch übergangen werden (vgl. Luhmann 1986a). Am eklatantesten ist hierfür natürlich der schon erwähnte Tatbestand, dass sozialintegrative Probleme auf Kosten der Ökologie klein gehalten werden. Gäbe es nicht die „Angstkommunikation" der neuen sozialen Bewegungen, wüssten wir außerhalb einiger isolierter Expertenzirkel gar nichts über ökologische Probleme. Mehr als Panik, die zwischen hilflosem Aktionismus und resignativer Lähmung oszilliert, erzeugen die sozialen Bewegungen nach Luhmanns Eindruck nicht, so dass er keinerlei funktionstüchtigen Mechanismus zur Erhaltung bzw. Wiederherstellung der ökologischen Integration der modernen Gesellschaft auszumachen vermag. Dagegen ließe sich anführen, dass vielleicht auch für diese Thematik ein Teilsystem im Werden begriffen ist, dessen Keimzellen bislang noch höchst verstreut sind – von Bürgerinitiativen und -aktionen über Greenpeace und die sich ausbildenden politisch-wissenschaftlich-wirtschaftlichen interorganisatorischen Netzwerke. Gerade Luhmanns induktive und auf Emergenzen achtende Betrachtung gesellschaftlicher Differenzierungsvorgänge sollte diese Möglichkeiten nicht übersehen.

Auch wenn diese Überlegungen zum Zusammenhang der drei gesellschaftlichen Integrationsdimensionen hier nur angerissen werden konnten und selbst bei genauerer Darlegung hochgradig spekulativ blieben, deuten sie doch zumindest folgendes Paradox an. Eine zunächst vorrangig auf die gesellschaftliche Systemintegration fixierte funktionalistisch-systemtheoretische Betrachtung gelangt zu dem Schluss, dass die moderne Gesellschaft diese Integrationsdimension im Großen und Ganzen „im Griff" hat; und dieser Schluss hat zur Folge, dass diese Theorieperspektive nunmehr die zunächst außer Acht gelassenen anderen beiden Integrationsdimensionen verstärkt in den Blick nimmt und dort die eigentlichen Gefährdungspotentiale der modernen Gesellschaft auszumachen beginnt. Diese Verschiebung der kognitiven Aufmerksamkeit hat theoriepolitische Konsequenzen. Den Themenkomplex der gesellschaftlichen Systemintegration dominiert die systemtheoretisch-funktionalistische Perspektive eindeutig; er wird ihr von keiner anderen gesellschaftstheoretischen Perspektive streitig gemacht. Wenn nun die systemtheoretisch-funktionalistische

Perspektive selbst darauf hinweist, dass die brennenden Integrationsprobleme der modernen Gesellschaft außerhalb ihrer ureigenen kognitiven Domäne liegen, kann sie diesbezüglich entweder abdanken, also Sozialintegration und ökologische Integration anderen Theorieperspektiven überlassen. Oder die systemtheoretisch-funktionalistische Perspektive muss sich in eine verschärfte Konkurrenz mit Perspektiven begeben, die diese beiden Integrationsdimensionen bislang thematisieren – von Theorien sozialer Ungleichheit und konflikttheoretischen Analysen gesellschaftlicher Entwicklung bis hin zur Betrachtung neuer sozialer Bewegungen und risikosoziologischen Untersuchungen. Letzterer Weg wird offenbar eingeschlagen; und man darf gespannt sein, ob und wie auch hier Konkurrenz das Geschäft beleben wird.

Literatur

Alexander, Jeffrey C., 1990: The Mass News in Systemic, Historical and Comparative Perspective. S. 323–366 in: *Jeffrey C. Alexander* und *Paul Colomy* (Hg.): Differentiation Theory and Social Change. Comparative and Historical Perspectives. New York: Columbia University Press.
Baecker, Dirk, 1994: Soziale Hilfe als Funktionssystem der Gesellschaft, Zeitschrift für Soziologie 23: 93–110.
Bellah, Robert N., 1975: The Broken Covenant. American Civil Religion in Times of Trial. New York: Seabury Press.
Bellah, Robert N., et al., 1987: Gewohnheiten des Herzens. Individualismus und Gemeinsinn in der amerikanischen Gesellschaft. Köln: Bund.
Berger, Peter L., et al., 1973: The Homeless Mind. Harmondsworth: Penguin.
Berger, Johannes, 1994: The Economy and the Environment. S. 766–797 in: *Neil J. Smelser* und *Richard Swedberg* (Hg.): The Handbook of Economic Sociology. Princeton, NY: Princeton University Press.
Bourdieu, Pierre, et al., 1998: Das Elend der Welt. Konstanz: Universitätsverlag Konstanz (orig. 1993).
Colomy, Paul, 1990: Divisions and Progress in Differentiation Theory. S. 465–495 in: *Jeffrey C. Alexander* und *Paul Colomy* (Hg.): Differentiation Theory and Social Change. Comparative and Historical Perspectives. New York: Columbia University Press.
Dahrendorf, Ralf, 1979: Lebenschancen. Anläufe zur politischen und sozialen Theorie. Frankfurt a.M.: Suhrkamp.
Dörner, Klaus, 1989: Die Logik des Mißlingens. Strategisches Denken in komplexen Situationen. Reinbek: Rowohlt.
Dreeben, Robert, 1980: Was wir in der Schule lernen. Frankfurt a.M.: Suhrkamp (zuerst 1968).
Eichmann, Rainer, 1989: Diskurs gesellschaftlicher Teilsysteme. Zur Abstimmung von Bildungs- und Beschäftigungssystem. Wiesbaden: DUV.
Etzioni, Amitai, 1997: Die Verantwortungsgesellschaft. Frankfurt a.M.: Campus.
Fuchs, Peter, und *Dietrich Schneider,* 1995: Das Hauptmann-von-Köpenick-Syndrom. Überlegungen zur Zukunft funktionaler Differenzierung, Soziale Systeme 1: 203–224.
Gerhards, Jürgen, 1994: Politische Öffentlichkeit. Ein system- und akteurtheoretischer Bestimmungsversuch. S. 77–105 in: *Friedhelm Neidhardt* (Hg.): Öffentlichkeit, öffentliche Meinung, soziale Bewegung. Sonderheft 34 der KZfSS. Opladen: Westdeutscher Verlag.
Kaufmann, Franz-Xaver, 1997: Herausforderungen des Sozialstaats. Frankfurt a.M.: Suhrkamp.
Kneer, Georg, 1998: Von Kommandohöhen zu Maulwurfshügeln. Ein Beitrag zur Diskussion politischer Steuerung aus systemtheoretischer Sicht, Sociologia Internationalis 36: 61–85.
Lange, Stefan, 1999: Die Problematik politischer Steuerung in der Systemtheorie Niklas Luhmanns. S. 13–159 in: *Stefan Lange* und *Dietmar Braun,* Gesellschaftliche Differenzierung und politische Steuerung. FernUniversität Hagen: Studienbrief 03701.

Lockwood, David, 1969: Soziale Integration und Systemintegration. S. 124–137 in: *Wolfgang Zapf* (Hg.): Theorien sozialen Wandels. Köln/Berlin: Kiepenheuer & Witsch (zuerst 1964).
Luhmann, Niklas, 1977: Funktion der Religion. Frankfurt a.M.: Suhrkamp.
Luhmann, Niklas, 1980: Gesellschaftsstruktur und Semantik 1. Frankfurt a.M.: Suhrkamp.
Luhmann, Niklas, 1983: Anspruchsinflation im Krankheitssystem. Eine Stellungnahme aus gesellschaftstheoretischer Sicht. S. 28–49 in: *Philipp Herder-Dorneich* und *Alexander Schuller* (Hg.): Die Anspruchsspirale. Stuttgart: Kohlhammer.
Luhmann, Niklas, 1984: Soziale Systeme. Grundriß einer allgemeinen Theorie. Frankfurt a.M.: Suhrkamp.
Luhmann, Niklas, 1986a: „Distinctions Directrices". Über Codierung von Semantiken und Systemen. S. 145–161 in: *Friedhelm Neidhardt* und *Rainer Lepsius* (Hg.): Kultur und Gesellschaft. Sonderheft 27 der KZfSS. Opladen: Westdeutscher Verlag.
Luhmann, Niklas, 1986b: Ökologische Kommunikation. Kann die moderne Gesellschaft sich auf ökologische Gefährdungen einstellen? Opladen: Westdeutscher Verlag.
Luhmann, Niklas, 1990: The Paradox of System Differentiation and the Evolution of Society. S. 409–440 in: *Jeffrey C. Alexander* und *Paul Colomy* (Hg.): Differentiation Theory and Social Change. Comparative and Historical Perspectives. New York: Columbia University Press.
Luhmann, Niklas, 1995: Inklusion und Exklusion. S. 234–267 in: *Niklas Luhmann:* Soziologische Aufklärung 6. Opladen: Westdeutscher Verlag.
Luhmann, Niklas, 1997: Die Gesellschaft der Gesellschaft. Frankfurt a.M.: Suhrkamp.
Mayntz, Renate, 1988: Funktionelle Teilsysteme in der Theorie sozialer Differenzierung. S. 11–44 in: *Renate Mayntz* et al.: Differenzierung und Verselbständigung. Zur Entwicklung gesellschaftlicher Teilsysteme. Frankfurt a.M./New York: Campus.
Mayntz, Renate, 1993: Policy-Netzwerke und die Logik von Verhandlungssystemen. S. 39–55 in: *Adrienne Héritier* (Hg.): Policy Analyse. Kritik und Neubewertung. Opladen: Westdeutscher Verlag.
Mayntz, Renate, und *Fritz W. Scharpf*, 1995: Steuerung und Selbstorganisation in staatsnahen Sektoren. S. 9–38 in: *Renate Mayntz* und *Fritz W. Scharpf* (Hg.): Gesellschaftliche Selbstregelung und politische Steuerung. Frankfurt a.M.: Campus.
Mouzelis, Nicos, 1974: Social and Systems Integration, British Journal of Sociology 25: 395–409.
Mouzelis, Nicos, 1997: Social and System Integration – Lockwood, Habermas, Giddens, Sociology 31: 111–119.
Münch, Richard, 1980: Über Parsons zu Weber: Von der Theorie der Rationalisierung zur Theorie der Interpenetration, Zeitschrift für Soziologie 9: 18–53.
Münch, Richard, 1991: Dialektik der Kommunikationsgesellschaft. Frankfurt a.M.: Suhrkamp.
Münch, Richard, 1994: Sociological Theory. Vol. 2: From the 1920s to the 1960s. Chicago, IL.: Nelson-Hall.
Parsons, Talcott, 1972: Das System moderner Gesellschaften. München: Juventa.
Parsons, Talcott, und *Gerald M. Platt*, 1973: The American University. Cambridge, MA: Harvard University Press.
Parsons, Talcott, und *Neil J. Smelser*, 1956: Economy and Society. London: Routledge.
Rosewitz, Bernd, und *Uwe Schimank*, 1988: Verselbständigung und politische Steuerbarkeit gesellschaftlicher Teilsysteme. S. 295–329 in: *Renate Mayntz* et al.: Differenzierung und Verselbständigung. Zur Entwicklung gesellschaftlicher Teilsysteme. Frankfurt a.M./New York: Campus.
Schimank, Uwe, 1991: Politische Steuerung in der Organisationsgesellschaft – am Beispiel der Forschungspolitik. S. 505–516 in: *Wolfgang Zapf* (Hg.): Die Modernisierung moderner Gesellschaften. Verhandlungen des 25. Deutschen Soziologentages in Frankfurt am Main 1990. Frankfurt a.M.: Campus.
Schimank, Uwe, 1992: Spezifische Interessenkonsense trotz generellem Orientierungsdissens: Ein Integrationsmechanismus polyzentrischer Gesellschaften. S. 236–275 in: *Hans-Joachim Giegel* (Hg.): Kommunikation und Konsens in modernen Gesellschaften. Frankfurt a.M.: Suhrkamp.
Schimank, Uwe, 1996: Theorien gesellschaftlicher Differenzierung. Opladen: Leske + Budrich.
Schimank, Uwe, 1997: Organisationsgesellschaft. S. 35–62 in: Hagener Materialien zur Soziologie 2/97.

Schimank, Uwe, 1998: Funktionale Differenzierung und soziale Ungleichheit.: Die zwei Gesellschaftstheorien und ihre konflikttheoretische Verknüpfung. S. 61–88 in: *Hans-Joachim Giegel* (Hg.): Konflikt in modernen Gesellschaften. Frankfurt a.M.: Suhrkamp.
Teubner, Gunther, 1989: Recht als autopoietisches System. Frankfurt a.M.: Suhrkamp.
Türk, Klaus, 1995: Organisation und gesellschaftliche Differenzierung. S. 155–216 in: *Klaus Türk:* „Die Organisation der Welt": Herrschaft durch Organisation in der modernen Gesellschaft. Opladen: Westdeutscher Verlag.
Tyrell, Hartmann, 1978: Anfragen an die Theorie gesellschaftlicher Differenzierung, Zeitschrift für Soziologie 7: 175–193.
Tyrell, Hartmann, 1998: Zur Diversität der Differenzierungstheorie. Soziologiehistorische Anmerkungen, Soziale Systeme 1: 119–149.
Vobruba, Georg, 1992: Funktionalismus als Akteurswissen. S. 215–232 in: *Heidrun Abromeit* und *Ulrich Juergens* (Hg.): Die politische Logik wirtschaftlichen Handelns. Berlin: Sigma.
Weaver, R. Kent, 1986: The Politics of Blame Avoidance, Journal of Public Policy 6: 371–398.
Weber, Max, 1967: Wissenschaft als Beruf. Berlin: Duncker & Humblot.

INTEGRATION DURCH MORAL?

Volker H. Schmidt

Zusammenfassung: Der Aufsatz verfolgt ein doppeltes Argumentationsziel. Erstens soll gezeigt werden, dass und warum der Moral auch in den unter Sachgesichtspunkten ausdifferenzierten Teilsystemen der modernen Gesellschaft noch eine wichtige Rolle zukommt. Empirisch geschieht das an einem Beispiel aus der Medizin, analytisch unter Zuhilfenahme von insbesondere der Luhmannschen Theorie entlehnten Mitteln. Dass ausgerechnet Luhmann für solche Zwecke bemüht wird, mag vordergründig paradox erscheinen, erschließt sich aber stimmig aus der Offenlegung gewisser Paradoxien bzw. Widersprüche in dessen eigener Theorie. Zweitens wird argumentiert, dass der Integration von Teilsystemen manchmal besser gedient zu sein scheint, wenn das Wirken der Moral invisibilisiert und stattdessen auf Standards der Sachgerechtigkeit rekurriert wird, die zwar der Sache nach völlig uninstruktiv sind, aber vermeintlich klare Lösungen bieten, wo von der Moral nur Unbehagen ausgehen würde. Als Aufklärungswissenschaft kann die Soziologie sich an solcherart Realitätsverklärung nicht beteiligen. Aber indem sie die stabilitätsverbürgenden Alltagsmythen zerstört, wirkt sie selbst potentiell desintegrativ. Das ist das Paradox ihrer eigenen Operationsweise: Sie erkennt die Gefahr, kann diese aber, bleibt sie sich selbst treu, nicht entschärfen, sondern droht sie eher sogar noch zu verschärfen.

I. Einleitung

Zu den unerschütterlichsten Gewissheiten der soziologischen Theoriebildung gehört seit Durkheim die Annahme, dass das soziale Band, das, was die Gesellschaft im Innersten zusammenhält, durch Moral geknüpft ist. Verflüchtigt sich die Moral, die wichtige Bestimmungsgründe „sozialverträglichen" Handelns liefert und nicht ohne Funktionsverlust durch anderes ersetzt werden kann, so gefährdet das die soziale Integration.

Wie so viele Gewissheiten hat auch diese dem kritischen Blick Niklas Luhmanns nicht standgehalten. Unnachgiebig erklärt er, dass die moderne Gesellschaft über Moral nicht mehr integriert werden könne, weil sie dafür viel zu komplex gebaut sei. Seine Diskussion des Moralproblems indiziert aber, dass er darunter – wie auch unter der der Moral zugeschriebenen Integrationswirkung – nicht genau dasselbe versteht wie diejenigen, die selbst nach der (vermeintlichen) Entmoralisierung vieler gesellschaftlicher Funktionsbereiche noch an einer zentralen Rolle für die Moral festhalten wollen. Das kann hier nicht näher ausgeführt werden. Stattdessen geht es um etwas anderes. Zunächst soll gezeigt werden, dass auch in den unter Sachgesichtspunkten ausdifferenzierten Teilsystemen der modernen Gesellschaft (zumindest theoretisch) noch Moralbedarfe bestehen. Eine etwas eingehendere Auseinandersetzung mit der Luhmannschen Theorie ergibt, dass gerade diese Theorie sich dafür besonders gut eignet, weil sich mit ihrer Hilfe eine Reihe von Moral- und Gerechtigkeitsproblemen offen legen lassen, die dem differenzierungstheoretisch unbelehrten Blick leicht verschlossen bleiben. Freilich lässt die Theorie sich für solche Zwecke auch erst nutzen, nachdem gewisse Aporien ihres Systembegriffs ausgeräumt sind, die bis weit ins Lager ihrer Anhänger hinein für anhaltende Verwirrung sorgen. Das ist das Thema des zweiten Abschnitts. Dabei wird sich erweisen, dass zumindest die Organisationen, in denen die Logiken der als solche ja sinnvoll nur im Sinne spezifischer Orientierungsreferenzen konzipierbaren Teilsysteme praktisch wirksam werden, nie alle ihre Operationen ausschließlich an den jeweils für sie maßgeblichen Sachrationalitäten ausrichten können. Denn in Verfolgung ihrer „eigentlichen" Bezugsprobleme sehen sie sich immer wieder mit zwar bloß abgeleiteten, aber gleichwohl drängenden Folgeproblemen konfrontiert, die zum Teil genuin ethisch-moralischer Natur sind und mithin *angemessen* nur nach Maßgabe moralischer Gesichtspunkte zu lösen wären.

Es stellt sich dann aber die Frage, woher die betreffenden Moralnormen kommen sollen bzw. wer eigentlich kraft welcher Kompetenzen darüber befinden könnte, welche Moral die „richtige" Antwort auf welche Art von Problemen bereithielte. Und da das niemand weiß, während gleichzeitig den Sachrationalitäten ein über die Maßen großes Problemlösungspotential zugetraut wird, bietet es sich an, sich einerseits freizügig bei der Alltagsmoral zu bedienen, aber andererseits genau das zu verschleiern, indem auch das, was mit sachlich-technischen Mitteln nicht mehr zu begründen ist, in Begriffen der Sachgerechtigkeit rationalisiert wird. Wie das funktioniert und was dabei herauskommen kann, wird im dritten Abschnitt an einem Beispiel aus der Medizin illustriert. Den Abschluss bilden dann einige allgemeinere, das zuvor Entwickelte auf andere Bereiche übertragende Bemerkungen und Folgerungen.

II. Funktionale Teilsysteme und Moral

Niklas Luhmann zählte bekanntlich zu den prononciertesten Kritikern einer als Begründungstheorie der Moral sich verstehenden Ethik. Ein solches Unternehmen hielt er nicht nur für gänzlich überflüssig, weil es, wie er süffisant bemerkt, der Moral „an guten Gründen nun wirklich nicht fehlt" (Luhmann 1989: 371), sondern auch für völlig aussichtslos, weil es sich zwangsläufig in der Paradoxie verfangen müsse, moralische Urteile mit diskursiven Mitteln absichern zu wollen, die zum Widerspruch geradezu herausfordern und damit die Vergeblichkeit der eigenen Bemühungen ständig vor Augen führen. Stattdessen schlägt er der Ethik vor, sich mit der Residualfunktion einer Reflexionstheorie der Moral zu begnügen, deren wichtigste Aufgabe es wäre, vor den Gefahren des Moralisierens zu warnen und im Übrigen darüber zu wachen, dass die Moral aus allem herausgehalten bleibt, was jenseits der Grenzen des Anwendungsbereichs liegt, der ihr in modernen, funktional differenzierten Gesellschaften noch zukommt.

Nach Luhmanns eigener Vorstellung müssten diese Grenzen wohl relativ eng gezogen sein. Denn eines der konstitutiven Merkmale solcher Gesellschaften ist es ja gerade, dass eine beständig wachsende Anzahl von Wirklichkeitsbereichen aus übergreifenden Normenhorizonten herausgelöst und dann zu separaten Teilsystemen ausdifferenziert wird, die sich nur an jeweils für sie selbst geltenden Spezialnormen orientieren. Diese Spezialnormen ergeben sich ihrerseits aus den besonderen Bezugsproblemen der einzelnen Teilsysteme sowie aus den darauf zugeschnittenen binären Codes dieser Systeme, denen alle ihre Operationen unterstellt sind. Innerhalb solcher Systeme gibt es für eine Allgemeinverbindlichkeit beanspruchende Moral keinen Platz mehr; als Kriterien der Güte und des Erfolgs ihrer Problembearbeitung kommen ausschließlich Sachgesichtspunkte in Betracht. Und da die Moral als „gesellschaftsweit zirkulierende Kommunikationsweise" (Luhmann 1989: 434) kein eigenständiges Subsystem ausbilden kann,[1] muss sie sich zwangsläufig in jene Randzonen des gesellschaftlichen Verkehrs zurückziehen, die von der Teilsystembildung unerfasst bleiben. Die Luft wird sozusagen dünn für die Moral.

Nun betont Luhmann selbst, dass daraus keineswegs geschlossen werden könne, „daß es auf Moral in der Gesellschaft nicht mehr" ankäme. Binäre Codierung der Programme von Funktionssystemen bedeute zunächst einmal nur, dass Wirklichkeitsbereiche entstehen, die sich intern gegen Moral abschotten und auf Eigenrationalität umschalten. Um das zu ermöglichen, müssten die Systemcodes strikt technisiert und, für sich genommen, von jedweder moralischen Beurteilung freigehalten, d.h. „auf einer Ebene höherer Amoralität fixiert" werden. Etwas konkreter gefasst bedeutet das, dass es etwa im Wissenschaftssystem ausschließlich auf den Wahrheitsgehalt von Wissensangeboten und Forschungsbefunden ankommt, nicht jedoch auf ihre moralische Qualität – und vor allem, *dass das auch akzeptiert* und nicht seinerseits mit moralisierender Kritik überzogen wird. Dasselbe gilt analog für in die Zuständigkeit anderer gesellschaftlicher Teilsysteme fallende Operationen, z.B. ins Rechtssystem, das systematisch nur über deren Rechtmäßigkeit oder Unrechtmäßigkeit befinden kann. Und so weiter für alle weiteren Teilsysteme. Nur wenn das zugestanden wird, so Luhmann, können die Systeme ihre jeweilige Funktion für die Gesellschaft adäquat erfüllen. Dann würden aber auch sofort wieder „Einsatzpunkte von Moral" erkennbar – positiv im Sinne eines Codeschutzes, der die Systeme bei der Zurückweisung sachfremder Anliegen stützt, negativ im Sinne eines Störfaktors, weil Moral immer „auch unkontrolliert" eindringe (Luhmann 1997: 751f.).

Eine konstruktive Rolle billigt Luhmann der Moral also auch hier nur insoweit zu, wie sie sich für systemische Zwecke instrumentalisieren lässt; im Zweifel sogar gegen sich selbst, d.h. als reflexiv gewendetes Argument für Selbstbeschränkung, um Risiken abzuwehren, die von ihrem „unkontrollierten Eindringen" ausgehen könn(t)en.[2] Solch kompromissloser, auf die Spitze getriebener Antimoralismus mag, vordergründig betrachtet, einen gewissen Reiz haben. Er lässt sich aber nicht durchhalten, und zwar deshalb nicht, weil er mit zentralen Prämissen von Luhmanns eigener Theorie kollidiert. Denn so wie der Systembegriff dieser Theorie angelegt ist, dringt in deren Teilsysteme überhaupt nichts

---

1 Luhmanns Erklärung für den Umstand, dass es kein gesellschaftliches Teilsystem für Moral gibt, ist unbefriedigend, weil, was er dafür anführt (dass die Moral gesellschaftsweit zirkuliert und der Moralcode auf alle gesellschaftlichen Phänomene angewendet werden kann), ebenso für andere „Kommunikationsweisen" gilt, z.B. für wissenschaftliche oder wirtschaftliche „Kommunikation". Ein Hinweis auf die Richtung, in der nach einer vielversprechenderen Erklärung zu suchen wäre, erfolgt unter Fußnote 9.

2 Sind die Codes der Systeme erst einmal erfolgreich entmoralisiert, so Luhmann, dann „kann man Moral im Funktionssystem nach dessen Bedingungen wieder zulassen". Als einzigen Fall, für den er sich einen sinnvollen Rückgriff auf Moral vorstellen kann, nennt Luhmann allerdings Situationen, in denen die Funktionscodes selber unterlaufen, „auf ‚unsichtbare' Weise sabotiert werden". Und von einer „zivilisierten" Ethik, der er neben der erwähnten Warnfunktion noch die Aufgabe zuweist, in genau diesem Sinne „sinnvolle Anwendungsbereiche von Moral zu spezifizieren", erwartet er im Übrigen, dass sie primär für „Positionen und Institutionen sorgen" möge, „mit denen man sich den Zumutungen der Moral entziehen kann" (Luhmann 1989: 431f., 436).

ein, sind diese gegen unerwünschte Interferenzen *per definitionem* zuverlässig abgedichtet. Oder genauer: Sie sind das jedenfalls bei jenem Verständnis, das Luhmann seiner Begriffsverwendung überwiegend, aber nicht durchgehend zugrunde legt. Zu erreichen ist dieser Effekt nämlich nur um den Preis einer weit gehenden Belanglosigkeit der Theorie, weshalb Luhmann gewissermaßen unter der Hand einen zweiten Systembegriff einführt, der diesen in die Nähe des Organisationsbegriffs rückt. Damit verschafft er der Theorie zwar wieder größeren Realitätsgehalt. Konsequenterweise wären dann aber auch noch eine Reihe von weiteren Revisionen vorzunehmen, zu denen nicht zuletzt eine Erhöhung des Stellenwerts der Moral gehörte; andernfalls bliebe nur die Flucht in den Selbstwiderspruch. Das bedarf einer näheren Erläuterung.

Zunächst zum Systembegriff. In der vor einigen Jahren vorgelegten Rechtstheorie heißt es dazu, unter System sei immer ein „Zusammenhang von faktisch vollzogenen Operationen" zu verstehen (Luhmann 1993: 40f.). Sie erzeugen das System, grenzen das, was als System identifiziert wird, von seiner Umwelt ab und unterscheiden es damit von allem Systemfremden. Die basalen Elemente solcher Operationen sind Kommunikationen, nicht Handlungen, denn Handlungen, so Luhmann an anderer Stelle (1997: 608), weisen „typisch mehrfache Systemzugehörigkeiten" auf, und dies „allein schon deshalb, weil ... eine Handlung sich, nach Motiven und Wirkungen, an mehreren Funktionssystemen beteiligen kann". Welchem System eine gegebene Kommunikation jeweils einzuordnen ist, bestimmt sich dann nach ihrer Sinngebung, und die bezieht sie wiederum von ihrer Codereferenz. Mit anderen Worten: Zum System gehört alle Kommunikation, die sich des betreffenden Codes bedient bzw. daran ausgerichtet ist. Aber auch *nur sie* – sonst nichts. In genau diesem Sinne bezeichnet Luhmann Funktionssysteme als „operativ geschlossen". Sie verdanken ihre Existenz dem schieren Vollzug codeorientierter Kommunikation, und zu ihrer laufenden Reproduktion benötigen sie nichts als „das Netzwerk eigener Operationen" (1993: 44).

Operative Geschlossenheit hat allerdings noch eine zweite, ebenfalls bereits angeklungene Bedeutung, nämlich die des Ausschlusses sämtlicher systemfremder Bezüge. So gehört z.B. die „Bitte um eine Zigarette", die ein Wissenschaftler im Rahmen „forschungsfördernder Kommunikation" an einen anderen Wissenschaftler „aus Anlaß von kollegialer Bekanntschaft" richtet, nicht ins Wissenschaftssystem (Luhmann 1990: 481). Denn eine solche Bitte lässt sich nicht sinnvoll unter den Wahrheitscode bringen. Wohl kann man hinterher fragen, ob sie tatsächlich erfolgt ist – oder tatsächlich während der Dienstzeit der beiden Wissenschaftler oder tatsächlich in den Räumen des Forschungsinstituts, dem sie angehören usw. Und diese Fragen sind dann auch wieder wahrheitsfähig. Aber mit der Bitte selbst verbindet sich kein Wahrheitsanspruch. Wer sie dennoch auf ihre Wahrheitsfähigkeit hin prüft, demonstriert damit nur, dass er ihren Sinn missverstanden hat. Umgekehrt leistet er mit ihrer Erfüllung auch keinen Beitrag zur Wissenschaft, selbst wenn die Produktivität des nikotinsüchtigen Kollegen dadurch nachhaltig gesteigert wird.

Das ist unmittelbar einsichtig und lässt sich so beliebig für alle Teilsysteme durchspielen. Das Ergebnis ist immer dasselbe: Was nicht zum System gehört, gehört nicht zum System. Auch die Moral macht da keine Ausnahme. Wenn beispielsweise im Gerichtssaal protestiert, die Anwendung des Rechtscodes auf den verhandelten Fall „rejiziert" oder geltendes Recht als „ungerecht" kritisiert wird, dann mag man das für recht und billig halten – ins Rechtssystem gehört es nicht. Dorthin gehört, sagt Luhmann, nur „eine Kommunikation, die eine Zuordnung der Werte ‚Recht' und ‚Unrecht' behauptet" (1993: 67). Und eine Kommunikation, die bestreitet, dass diese Zuordnung selbst statthaft ist, tut das nicht. Sie wird dadurch noch nicht gleich unrechtmäßig. Sie stellt sich aber außerhalb des Rechtssystems, kann nur noch dessen Umwelt zugerechnet werden. Und das gilt durchgehend. Folglich kann in die Systeme auch nichts eindringen, was darin systematisch keinen Platz hätte. Entweder eine Kommunikation ist Systemkommunikation oder nicht. Etwas Drittes gibt es *für die Systeme* nicht (so in anderem Zusammenhang auch Bendel 1993).

Andererseits lässt sich natürlich nicht leugnen, dass in der gesellschaftlichen Praxis ständig Dinge vermischt werden, die nichts miteinander zu tun haben, Fragen in Kontexten aufgeworfen werden, wo sie „nicht hingehören", Zielvorgaben und Anliegen gleichzeitig beachtet werden (müssen), die ganz unterschiedlichen Sinnzusammenhängen entstammen usw. – kurz, dass es überall dort, wo praktisch gehandelt wird, fast durchgehend zur Überlappung multipler Orientierungsreferenzen kommt.[3] Aber wo findet dann diese Praxis statt? Ist sie in der Theorie der Systemdifferenzierung überhaupt vorgesehen? Da diese Theorie sich als Gesellschaftstheorie versteht, wird sie sie kaum ausschließen wollen. Denn sie findet ja real statt, ist laufender Vollzug von Gesellschaft. Und da sie sie in den Funktionssystemen selbst nicht unterbringen kann, bleibt ihr nur eine Möglichkeit: Sie muss sie in die Umwelt der Systeme verbannen.

Das wäre an sich sicher gar nicht tragisch, wirft jedoch ein anderes Problem auf. Die Konsequenz einer so konzipierten Systemtheorie ist nämlich, dass das überwältigende Gros des real ablaufenden gesellschaftlichen Geschehens aus deren Funktionssystemen herausfällt. Aber wie steht es dann um das Fassungsvermögen dieser Theorie? Was lässt sich mit ihrer Hilfe sehen, das ohne sie unbeachtet, unverstanden bliebe? Und was folgt daraus für die praktische und theoretische Bedeutung ihrer Systeme? In welchem Sinne sind diese überhaupt „reale" Systeme und nicht bloß eingebildete Realität?[4] Luhmanns Antwort auf die letztgenannte Frage ist ebenso einfach wie lapidar: Die Realität der Systeme ergibt sich aus dem Vollzug ihrer Operationen. Systeme werden immer dann „real", wenn „Beobachter" Wirklichkeit unter dem Blickwinkel einer Codereferenz „beobachten", und in dem Maße, wie sie das tun, „sind alle beobachtenden Systeme reale Systeme" (1990: 78). Das provoziert jedoch nur die Anschlussfrage, wie solcherart Systeme auf Dauer gestellt, über den situativen Vollzug von Einzeloperationen hinaus verstetigt werden können und nicht einfach mit dem Abschluss dieser Operationen wieder aus der Welt verschwinden. Und: wie sie mehr als momentane Signifikanz, echte soziale Prägekraft erlangen können.

Dazu braucht es Organisationen. Sie sind der Ort, an dem systemische Kommunikation verdichtet und die Präsenz der Funktionssysteme, die sie organisieren, gleichsam physisch sichtbar gemacht wird.[5] Sie bilden, etwa als Schulen, Krankenhäuser, Unternehmen oder staatliche Behörden, die „organisatorische Infrastruktur" der Systeme (Luhmann 1997:

---

3 So ist wohl auch der Einwand Knorr-Cetinas (1992) zu verstehen, die Differenzierungstheorie sei unterkomplex, weil sie von einer Reinheit systemischer Handlungsvollzüge ausgehe, der die empirisch beobachtbare gesellschaftliche Praxis in keinem Wirklichkeitsbereich auch nur annäherungsweise entspreche.
4 Vgl. z.B. Schimank (1996: 243f.), wo Teilsysteme als Akteurfiktionen konzeptualisiert werden (die freilich dennoch Realitätsgehalt besitzen, weil sie orientierungswirksam sind).
5 Im Falle des Rechtssystems z.B. „in Personen, Häusern, Akten und Adressen" (Luhmann 1993: 146).

811) und statten diese mit externer Kommunikationsfähigkeit, d.h. mit praktischer Gestaltungsmacht aus. Zwar kann, wie Luhmann selbst betont, „keine Organisation im Bereich eines Funktionssystems" alle seine Operationen „an sich ziehen und als eigene durchführen" (1997: 841). Aber als Referenzorganisationen der Systeme übernehmen sie den jeweiligen Funktionsprimat und damit auch den entsprechenden binären Code für die eigenen Operationen. Und nur dadurch, dass sie das tun, werden sie ihrerseits als Organisationen dieses Typs erkennbar, werden sie *zu* Organisationen des Erziehungssystems, des Gesundheitssystems, des Wirtschaftssystems, des politischen Systems.

In Organisationen gewinnen Funktionssysteme also eine mehr als virtuelle, allein in kognitiven Bezügen sich manifestierende Realität. Und diese Realität ist derart wirkungsmächtig, dass sie wiederholt Anlass gegeben hat, moderne Gesellschaften selbst als Organisationsgesellschaften zu konzeptualisieren. Zugleich verleitet ihre Durchschlagskraft jedoch zu einem Sprachgebrauch, der auch den Teilsystemen organisationsähnliche Eigenschaften zuschreibt. Nur unter dieser Prämisse macht es z.B. Sinn, von einer „Teilsystemzugehörigkeit" von Akteuren zu sprechen, wie das etwa Uwe Schimank (1996: 243) tut. Davon grenzt Luhmann sich ausdrücklich ab.[6] Gleichwohl ist auch er nicht frei von einer Begriffsverwendung, die ihm die berechtigte Kritik eingetragen hat, sie erwecke, „möglicherweise contre cœur", den Eindruck einer „ontologischen Realitätskonzeption" mit rigide gegeneinander abgegrenzten Wirklichkeitsbereichen (Reese-Schäfer 1997: 597; Hervorhebung weggel.). Wie das?

Ein Anhaltspunkt dafür ist, dass Luhmann, nicht zuletzt in Buchtiteln, mehrfach Begriffe zur Designation von Funktionssystemen wählt, die umgangssprachlich weithin mit „System" assoziiert werden, aber etwas ganz anderes meinen, als was er unter System versteht – also etwa „die Wirtschaft" (1988), „die Wissenschaft" (1990) oder „das Recht" (1993). Begriffe wie diese markieren eine Wirklichkeit eigener Art, die sich weder den Luhmannschen Funktionssystemen im vorstehend skizzierten Sinn noch deren jeweiligen Referenzorganisationen (Unternehmen, Universitäten, Gerichten usw.) einordnen lässt, sondern auf einer begrifflich schwer fassbaren, intermediären Ebene anzusiedeln ist. Gewirtschaftet wird z.B., um das nur an einem Fall zu illustrieren, zweifellos überwiegend in „der Wirtschaft". Aber nicht nur dort.[7] Sondern auch in Familien, in Wohlfahrtsverbänden, in Parteien, in Stiftungen, beim Militär usw. Immer wenn irgendwo nach Wirtschaftlichkeitskalkülen entschieden wird, ist das Vollzug des Wirtschaftssystems. Dessen Code ist, genauso wie der der übrigen Teilsysteme, universell applikabel, unterliegt a priori keinerlei Anwendungsbeschränkungen. Der bloße Umstand jedoch, dass selbst Einrichtungen an sich ganz wirtschaftsferner Art einen Teil ihrer Operationen dem Wirtschaftscode unter-

---

6 „Wenn die Gesellschaft ... zu funktionaler Differenzierung übergeht", kann sie „die Menschen ... nicht mehr auf ihre Teilsysteme aufteilen". Dasselbe gilt für die bei Schimank durchgehend angetroffene Rede von „Gesellschaftsmitgliedern", die durch die Luhmannsche Theorie ebenfalls nicht gedeckt ist, geht diese doch ausdrücklich davon aus, dass man aufgrund der Unmöglichkeit der Zuordnung der Menschen zu singulären Funktionssystemen „nicht mehr behaupten kann, die Gesellschaft bestehe aus Menschen" (Luhmann 1997: 744). Natürlich setzt das einen allen sprachlichen Konventionen zuwiderlaufenden Gesellschaftsbegriff voraus. Aber wenn man sich im Rahmen dieser Theorie bewegt, ist es nur konsequent (und allein darum geht es hier).
7 Das betont Luhmann für andere Funktionen ausdrücklich selbst: „Erziehung gibt es immer auch außerhalb von Schulen und Hochschulen. Medizinische Behandlung findet nicht nur in Krankenhäusern statt", heißt es z.B. in der Gesellschaftstheorie (1997: 841).

stellen, macht diese noch lange nicht zu Einrichtungen „der Wirtschaft". Umgekehrt gehören dagegen sehr wohl Organisationen zu „der Wirtschaft", die, wie etwa der Bundesverband der Arbeitgeberverbände oder der Deutsche Industrie- und Handelstag, zwar überwiegend politische Funktionen wahrnehmen, aber (wenn auch nicht mit wirtschaftlichen Mitteln) zentrale Anliegen „der Wirtschaft" vertreten.[8]

Man sieht: Es gibt in der Gesellschaft wichtige, relativ klar gegeneinander abgrenzbare Kernbereiche institutioneller Ordnung, die mehr sind als die Summe der Einzelorganisationen im Geltungsbereich eines Systemcodes, aber weniger umfassen als das, was innerhalb von dessen Reichweite liegt. Mit den Funktionssystemen teilen sie die Tendenz zur Monopolisierung ihrer Zuständigkeiten, mit den Organisationen im Bereich der Systeme eine Eigenschaft, die Renate Mayntz (1988) treffend als „Gebildecharakter" bezeichnet hat.[9] Auch deshalb entziehen sie sich einer schlichten Gleichsetzung mit diesen Systemen; „das Recht" ist eben nicht dasselbe wie das Rechtssystem, „die Wirtschaft" nicht dasselbe wie das Wirtschaftssystem. Indem Luhmann sie dennoch stillschweigend seiner Systembegrifflichkeit subsumiert, setzt er sich zwangsläufig dem Ontologisierungsverdacht aus.

Er gewinnt dafür den Realitätsaspekt. Auf einmal können ganze Institutionenkomplexe den Funktionssystemen zugeschlagen werden, die unbestreitbar real sind, aber für die eine Theorie, deren Systeme aus nichts als selbstbezüglichen Kommunikationszusammenhängen bestehen, keinen rechten Platz hat. Und auf einmal bekommen Aussagen einen Sinn, die allesamt die Existenz von organisationsartigen Gebilden und (darin) handelnden Akteuren voraussetzen, die aber bei Verwendung eines rein kommunikationstheoretisch gefassten Systembegriffs sinnlos wären – z.B. Aussagen über „interface"-Beziehungen zwischen den Funktionssystemen oder über Interdependenz- und Interpenetrationsverhältnisse. Zwischen Systemen im letztgenannten Sinn gibt es nicht einmal Berührungspunkte, geschweige denn irgendwelche Abhängigkeiten. Sie benötigen einander bestenfalls ex negativo, d.h. zur Kennzeichnung dessen, was sie selbst *nicht* sind. Aber es gibt natürlich Abhängigkeiten zwischen „der Politik" und „der Wirtschaft" oder zwischen „dem Recht" und „der Wissenschaft", die alle darauf angewiesen sind, dass die je anderen Sektoren die von ihnen erwarteten Leistungen auch tatsächlich erbringen. Das sind die Abhängigkeiten, die Luhmann meint, aber nur auf den Begriff bringen kann, wenn er „ontologisiert".[10] Dasselbe

---

8 Ähnlich argumentiert z.B. Mayntz (1988: 31) bezogen auf die Deutsche Forschungsgemeinschaft, die, wiewohl sie selbst keine Forschung treibt, selbstverständlich zum Wissenschaftssystem zu rechnen sei. Luhmannianer müssten dagegen Einspruch erheben und argumentieren, wohin die Deutsche Forschungsgemeinschaft gehört, wäre immer nur situativ zu entscheiden, d.h. danach, woran ihre „Operationen" jeweils gerade orientiert sind. Da aber, wie erwähnt, *keine* Organisation sämtliche Operationen an lediglich *einer* Coderefenz ausrichtet, müssten sie dann konsequenterweise auf *jede* Zuordnung von Organisationen zu bestimmten Funktionssystemen verzichten; die auch bei Luhmann wiederholt anklingende Rede von Organisationen *der* (oder *in den*) System(en) (vgl. z.B. Luhmann 1981: 36) machte dann schlechterdings keinen Sinn mehr. Die ausnahmslose Zurechnung aller Organisationen zur Umwelt der Funktionssysteme erscheint jedoch hochgradig kontraintuitiv und ist daher auch nicht ohne Widerspruch geblieben (vgl. z.B. Berger 1992 für den Fall von Wirtschaftsorganisationen).

9 Von hier aus wird dann auch erkennbar, warum die Moral kein eigenes Subsystem ausbilden kann: Sie ist nämlich nicht organisationsfähig in dem Sinne, dass es eine Zentralinstanz gäbe, die autoritativ und alleinzuständig darüber befinden könnte, was unter welchen Umständen aus welchen Gründen als gut oder schlecht zu gelten hätte bzw. richtigerweise zu tun wäre.

10 Bereits Tyrell (1978) weist auf Unstimmigkeiten in der Rede von den Leistungen hin, welche

gilt für Interpenetration. Was soll man sich darunter eigentlich vorstellen? Dass ein Funktionscode in die Domäne eines anderen eindringt und dort womöglich Unheil stiftet? Wohl kaum. Wenn Richter korrupt sind und sich weniger am geltenden Recht als an etwaigen „Zuwendungen" orientieren, dann fällt ihre Rechtsprechung ja nicht mehr ins Rechtssystem; sie disponiert nicht in der Weise über Recht und Unrecht, wie das in den Programmen des Rechtssystems vorgesehen ist. Also kann sie dem System auch nichts anhaben. „Das Prinzip der operativen Geschlossenheit ... gilt ausnahmslos", sagt Luhmann (1993: 95). Was nicht dazugehört, gehört nicht dazu. Anders liegt der Fall dagegen, wenn neben Rechts*kommunikationen* auch noch die *Einrichtungen und Repräsentanten des Rechtswesens*, in denen die inkriminierte Rechtspraxis stattfindet, ins Rechtssystem einbezogen werden. Dass ein *so* gefasstes Rechtssystem durch Rechtsfremdes sabotiert werden kann, versteht sich von selbst. Nur hat man es dann mit einer ganz anderen Art von System(realität) zu tun.

Generalisiert man diesen Punkt, werden sogar Ansatzpunkte für Luhmanns Moralkritik erkennbar. Die Grenzen von Organisationen sind, im Unterschied zu denen von Systemcodes, sehr durchlässig, bieten der Organisationsumwelt zahlreiche Flanken, die leicht zum Einfallstor für „Nichtdazugehöriges" werden können. Nach innen sind das die Mitglieder, ohne die keine Organisation auskommt. Zwar kann man diese über die Mitgliedschaftsrolle darauf verpflichten, sich nach den Organisationsprogrammen zu richten, aber dass sie darüber hinaus auch noch andere Motive und Orientierungen einbringen, lässt sich nicht verhindern.[11] Und nach außen unterliegen Organisationen stets allerlei Anpassungszwängen, die sachlich ohne jeden Bezug zu den eigenen Zielen sein mögen, aber deren Nichtbeachtung bestandsgefährdend sein kann. Über beide Kanäle kann unter anderem auch Moral einfließen – mal kontrolliert und planmäßig, mal unkontrolliert. Und wo sie nichts zur Sache tut oder sachgerechten Lösungen gar im Wege steht, kann man das dann kritisieren.

Will Luhmann kritisieren, muss er sich also auf die Organisationsebene begeben. Damit handelt er sich indes eine andere Schwierigkeit ein, nämlich einen höchst mehrdeutigen Systembegriff, dessen (dann mindestens) zwei Semantiken miteinander unverträglich sind.[12] Für eine Theorie sozialer Systeme ist das keine Kleinigkeit. Aber das sind Probleme dieser Theorie. Für die hier verfolgte Fragestellung interessiert daran nur, dass die Organisationsebene nicht nur Ansatzpunkte für Moral*kritik* liefert, sondern zugleich *positive*

---

die (im Luhmannschen Sinne verstandenen) Teilsysteme angeblich füreinander erbringen sollen. Türk (1995) geht noch einen Schritt weiter und behauptet, dass man von Leistungserbringung prinzipiell nur mit Bezug auf Organisationen reden könne. Indirekte Bestätigung findet diese Sicht selbst in den Arbeiten treuester Luhmann-Schüler, wie z.B. in Analysen Stichwehs zur Ausdifferenzierung des Wissenschaftssystems, wo praktisch sämtliche für den Leistungsaustausch zwischen dem Wissenschafts- und anderen Teilsystemen angeführten Beispiele tatsächlich Austauschbeziehungen zwischen Organisationen unterschiedlichen Typs beschreiben, die dann umstandslos den jeweiligen Teilsystemen zugerechnet werden (vgl. Stichweh 1988: 67ff.).
11 Das ist im Übrigen ein gängiger Topos der Organisationsforschung.
12 Etwas verkürzt könnte man sagen, dass Luhmanns Systembegriff in der ersten Verwendungsweise für spezifische Handlungs*rationalitäten*, in der zweiten dagegen für besondere Handlungs*sphären* steht. Zwischen diesen beiden „System"-Ebenen besteht natürlich ein Zusammenhang derart, dass die verschiedenen Teilrationalitäten den betreffenden Handlungsbereichen die Orientierungsmaßstäbe liefern. Insofern sind beide Begriffe durchaus aufeinander bezogen. Sie beschreiben gleichwohl unterschiedliche Wirklichkeitsaspekte, die es auseinander zu halten gilt.

„Einsatzpunkte von Moral" erkennen lässt, die Luhmann selbst zwar so nicht vorgesehen hat, die sich aber gerade mit differenzierungstheoretischen Mitteln gut aufzeigen lassen. Ein Beispiel aus der Medizin mag das verdeutlichen.

III. Das Problem der Verteilung knapper Gesundheitsgüter

Das zentrale Bezugsproblem der Medizin besteht in der Heilung oder Linderung von krankheitsbedingtem Leid. Alles medizinische Handeln ist letztlich diesem Ziel verpflichtet, und von ihm leitet sich auch die besondere medizinische Rationalität her. Sie hat ohne Zweifel großen Anteil an der enormen Leistungsfähigkeit der modernen Medizin. Sie hat jedoch, wie jede Teilrationalität, auch ihre Grenzen. Eine solche Grenze wird durch Fälle markiert, in denen Kranke von bestimmten Behandlungen ausgeschlossen werden müssen, obwohl sie davon vorhersehbar profitieren würden, weil die vorhandenen Ressourcen nicht ausreichen, um den gesamten Bedarf zu decken. Es muss also selektiert werden. Dabei kann es für die Betroffenen um viel gehen; im ungünstigsten Fall buchstäblich um Leben und Tod. Entsprechend handelt es sich um ein Problem von großer Brisanz. Aber wenn es auch unbestreitbar in „der Medizin" anfällt, ein medizinisches Problem ist es nicht. Medizinisch lässt sich immer nur sagen, wem mit welcher Therapie bestmöglich zu helfen wäre. Keine Antwort ist dagegen von der Medizin auf die Frage zu erwarten, wessen Leiden *nicht* zu mindern oder wessen Wohl zurückzustellen ist, wenn das Wohl einiger nur auf Kosten anderer gefördert werden kann. Wer behandelt werden kann, der *soll* aus medizinischer Sicht auch behandelt werden. Denn *medizinische* Gründe, etwas medizinisch Sinnvolles *nicht* zu tun, gibt es nicht.[13]

Es gibt aber außermedizinische Zwänge, die es unmöglich machen, der medizinischen Logik stets in vollem Umfang Genüge zu tun.[14] Dann tritt neben das *therapeutische* Problem einer angesichts der Besonderheiten der einzelnen Kranken *patienten*gerechten Behandlungswahl auch noch das *moralische* Problem einer *verteilungs*gerechten Empfängerauswahl für Behandlungen, die knappheitsbedingt nicht allen gewährt werden können. Wie jedes Problem lässt sich auch dieses Problem nur mit Mitteln lösen, die auf seine spezifische – in diesem Fall: moralische – Qualität zugeschnitten sind. Nicht einmal die ärztliche Standesethik gibt dafür etwas her. Deren auf die hippokratische Tradition zurückgehende Verpflichtung des ärztlichen Handelns auf das Wohl der je aktuellen Patienten mag unverzichtbare Leitlinien für die Interaktion mit schon in Behandlung Befindlichen geben – wem eine solche überhaupt zuteil werden soll, wenn sie einigen vorenthalten werden muss, erfährt man von ihr nicht. Den Fall, dass des einen Behandlung notwendig die Nichtbehandlung anderer impliziert, hat sie schlicht nicht vorgesehen.[15]

---

13 Eine ähnliche Formulierung findet sich bei Luhmann selbst in einem medizinsoziologischen Aufsatz. Dort heißt es, es gebe keine medizinischen Gründe, „eine Heilung oder eine Verlängerung des Lebens, die möglich ist, nicht zu versuchen" (Luhmann 1983: 170).
14 Im Hintergrund steht hier natürlich die Rationierungsproblematik, deren Existenz zwar hierzulande bis vor kurzem beharrlich geleugnet wurde, sich aber immer schwieriger leugnen lässt, so dass man sie neuerdings zumindest zögerlich aufzugreifen beginnt – mit ca. 20-jährigem Rückstand auf die einschlägigen Diskussionen im angelsächsischen Sprachraum. Vgl. dazu ausführlicher Schmidt (1999); ferner Feuerstein und Kuhlmann (1998) sowie Nagel und Fuchs (1998).
15 Das räumen neuerdings auch einzelne Vertreter der Medizin selbst ein (vgl. z.B. Land 1994).

Er kommt aber in der medizinischen Wirklichkeit tagtäglich vor: in der Transplantationsmedizin, wo der Mangel an Spenderorganen laufend „tragic choices" (Calabresi und Bobbitt 1978) erzwingt; in der Intensivmedizin, wo trotz des enormen finanziellen Aufwands, der für sie betrieben wird,[16] aufgrund extrem hoher Bettenbelegungsquoten immer wieder Notfallpatienten abgewiesen werden müssen; in der Herzchirurgie, wo es mangels ausreichender Spezialkliniken und/oder infolge festgelegter jährlicher Operationszahlen zu oft monatelangen Wartezeiten kommt, die viele Patienten nicht überleben; und in etlichen weiteren, weniger die öffentliche Aufmerksamkeit erregenden Bereichen. Und je mehr aufgrund des medizinischen Fortschritts technisch möglich wird, umso mehr gewinnt er bei (insbesondere) ökonomisch bedingten Grenzen,[17] dessen Früchte allgemein zugänglich zu machen, an praktischer Bedeutung (dazu näher Schmidt 1996a).

Trotz der genannten Einschränkungen behandelt die medizinische Profession auch dieses Problem zuallererst als Sachproblem, das entsprechend vorrangig nach Sach- (also medizinischen) Gesichtspunkten zu lösen ist. Vordergründig macht das auch Sinn. Denn wie wenn nicht nach medizinischen Grundsätzen wollte man darüber befinden, wer wie zu behandeln ist oder nicht? Dies ist die Ebene unmittelbarer Arzt-Patienten-Kontakte, und aus der sind sachfremde, schon gar politische oder moralische Erwägungen,[18] soweit sie nicht dem Interessenschutz der betroffenen Patienten selbst dienen, nach landläufiger Meinung tunlichst herauszuhalten.

Aber das ist ein Trugschluss. Die Selektionskraft medizinischer Kriterien reicht immer nur so weit, wie es um die Bestimmung der Behandlungs*fähigkeit* von Kranken, ihre *Eignung* für die fragliche Therapie geht. Erst wenn sich im Anschluss daran herausstellt, dass der so ermittelte Behandlungsbedarf mit den vorhandenen Ressourcen nicht gedeckt werden kann, wird eine Selektion überhaupt erforderlich. Dabei kann man sich jedoch nicht an dieselben Kriterien halten, die zuvor ergeben hatten, dass diejenigen, unter denen nun zu selektieren ist, allesamt behandelt werden müssten. Und andere Kriterien *hat* die Medizin nicht. Will sie das Problem nicht aus der Hand geben, muss sie also wohl oder übel Anleihen bei anderen Referenzsystemen machen, die Gründe liefern können, wo ihre eigene Begründungskraft versagt.

Sie tut das auch; allerdings in einer Form, die das weitgehend undurchsichtig macht, nämlich auf dem Weg der Inkorporierung fachfremder Bezugsnormen, die, indem sie in die Sprache der Medizin übersetzt, an deren Leitwerte assimiliert und dadurch scheinbar ihrer außermedizinischen Qualität entkleidet werden. Ein Beispiel ist der Erfolgsbegriff. Dass eine Behandlung an gewisse Erfolgsbedingungen geknüpft wird, lässt sich leicht einsichtig machen. Aber was heißt das? Im Allgemeinen bemisst sich der Erfolg in der Medizin an der Kosten-Nutzen-Bilanz *für einen gegebenen Patienten*. Da jeder größere Eingriff mit Risiken verbunden ist, gilt die betreffende Maßnahme nur dann als indiziert,

---

16 In den USA wird Zussman (1992) zufolge ein Prozent (!) des gesamten Bruttosozialprodukts für die Bereitstellung von intensivmedizinischen Behandlungskapazitäten verwendet.
17 Die Transplantationsmedizin bildet hier insofern eine Ausnahme, als die Knappheit der Spenderorgane andere Hintergründe hat und auch durch noch so großzügige Ausstattung mit finanziellen Mitteln nicht gänzlich behoben werden kann.
18 Dass nichtmedizinische Erwägungen bei der Bestimmung des dem Gesundheitssystem insgesamt zur Verfügung gestellten Mittelvolumens eine maßgebliche Rolle spielen (müssen), anerkennt im Allgemeinen auch die Ärzteschaft.

wenn zu erwarten ist, dass ihr wahrscheinlicher Nutzen die damit verbundenen Gefahren und Belastungen übersteigt. Kann das als hinreichend gesichert gelten, steht ihr nach diesem Verständnis nichts im Wege. Anders dagegen die Situation, wenn statt der *individuellen* Prognose für jeden einzelnen Patienten dessen *relative* Prognose im Vergleich zu anderen, konkurrierenden Aspiranten zum Erfolgsmaßstab avanciert. Dann lässt sich der Nutzen (schein)exakt beziffern (z.B. als Zahl der gewonnenen Lebensjahre) und fällt er für unterschiedliche Patienten(gruppen) unterschiedlich aus. Und dann hat man auch eine Handhabe für die Festlegung von Prioritäten unter denen, die ausnahmslos geeignet wären.

Nur kann man das dann nicht mehr medizinisch begründen. Der *medizinische* Sinn einer Behandlung besteht darin, das unter gegebenen Umständen Bestmögliche für einen Kranken zu tun. Und der Wert des für diesen Kranken Bestmöglichen wird nicht dadurch gemindert, dass jemand anders womöglich „noch mehr" davon hätte. Wer interpersonale Nutzenvergleiche anstellt, zielt damit ersichtlich auf das Kollektivwohl einer ganzen Patienten*population*, lässt sich also von der *utilitaristischen* Maxime leiten, knappe Güter seien so einzusetzen, dass sie ein Höchstmaß an Aggregatnutzen stiften. Da der Utilitarismus eine Verteilungslehre ist und es sich bei dem zu lösenden Problem um ein Verteilungsproblem handelt, spricht insoweit auch nichts dagegen. Rekurrierte man offen auf ihn, handelte man sich indes ein anderes Problem ein. Denn obwohl der Utilitarismus zu den einflussreichsten Verteilungslehren zählt, die in der Moraltheorie vertreten werden, steht er nicht konkurrenzlos da. Andere, etwa die Norm der Chancengleichheit ins Zentrum stellende Konzeptionen werden mit guten Gründen gegen den Utilitarismus ins Feld geführt, und keine der am Streit um die „richtige" Lehre beteiligten Seiten hat es bislang vermocht, ihn definitiv für sich zu entscheiden. Was aber könnte dann eine (primär) utilitaristische Ausrichtung des Verteilungsgeschehens rechtfertigen? Wie immer die Antwort lauten mag, dass man sie in der Medizin *nicht* finden wird, ist jedenfalls klar. Mit anderen Worten: Sobald man sich auf die wahre Natur des Problems einlässt, begibt man sich auf ein Terrain, für das die Ärzteschaft keine (Allein-)Zuständigkeit reklamieren kann, weil sie für die dann zu klärenden *moralischen* Fragen keine besondere Expertise besitzt, wie sie ihr in *fachlichen* Fragen selbstverständlich zugestanden wird.

Es drohen also Autonomieverluste und Einmischung von außen, und die sind unerwünscht. Sie lassen sich aber auch leicht abwehren. Man muss nur die Semantik des Medizinischen in einer Weise dehnen, die eine Berufung auf „Medizin" auch dann noch zulässt, wenn in Wirklichkeit ganz andere Überlegungen im Spiel sind. Dafür ist der Erfolgsbegriff nützlich. Er bedarf in jedem Fall der Auslegung, und wie er jeweils auszulegen ist, ist Urteilssache. Das eröffnet Spielräume für ärztliches Ermessen, und der „Trick" besteht dann, verkürzt gesagt, darin, eine *individualisierte* Begründung für Behandlungsverweigerungen zu geben, deren tatsächliches Motiv ist, dass die Betreffenden zu einer *Gruppe* gehören, der unter Knappheitsbedingungen nur verminderte Behandlungs*würdigkeit* attestiert wird: Man sagt einem Kranken, dass man nichts mehr für ihn tun könne, weil sein Gesundheitszustand zu schlecht sei. Aber das ist nur eine „barmherzige Lüge" (Gäfgen 1985), die verschleiert, dass, wenn Rationierungen schon unerlässlich sind, lieber anderen der Vorzug gegeben wird. In der *Summe aller Fälle* ist das unleugbar; dafür sprechen die vorhandenen Daten eine zu deutliche Sprache. Im *Einzelfall* lässt es sich aber nur schwer nachweisen, weil kaum jemand mit Gewissheit sagen kann (und falls doch: will), welche ärztliche Entscheidung nicht mehr medizinisch gedeckt ist. Im Zweifel findet sich fast immer eine passende Rationalisierung.

Eine Gruppe, die das besonders trifft, sind die Alten oder Älteren. Der prominenteste Fall ist sicher die Vergabe von Dialyseplätzen im Nationalen Gesundheitsdienst Großbritanniens, wo Nierenkranke jenseits von etwa 60 Jahren als kontraindiziert von der Behandlung ausgeschlossen werden, obwohl es dafür „echte" Kontraindikationen nachweislich schon lange nicht mehr gibt; dieselben Patientengruppen, die man dort abweist, werden andernorts vorbehaltlos und erfolgreich dialysiert (Aaron und Schwartz 1984; Halper 1989).[19] Ähnliches gilt in vielen Ländern für die Transplantationsmedizin, wo ebenfalls in großem Stil altersrationiert wird; in Deutschland z.B. mit dem Effekt, dass im Nierenbereich von den über 55-jährigen, die mehr als zwei Drittel aller Dialysepatienten stellen, nur wenig mehr als 10 Prozent auf einer Warteliste zur Transplantation stehen, obwohl nach medizinischer Schätzung mindestens drei Viertel der Dialysepatienten dafür in Frage kämen. Natürlich ist das nicht *allein* auf gezielte Altersselektionen zurückzuführen, weil mit wachsendem Alter unbestritten vermehrt Begleiterkrankungen und sonstige Komplikationen auftreten, die eine Transplantation erschweren; außerdem gibt es (allerdings in allen Altersgruppen) auch Selbstselektionen von Transplantationsunwilligen. Aber genauso unbestreitbar ist, dass hier die *eigentliche* Ursache für die extreme Unterrepräsentanz dieser Gruppe liegt. Da den ca. 40.000 Dialysepatienten, die es bereits 1995 gab, nur etwas mehr als 2.000 jährlich durchgeführte Transplantationen gegenüberstehen, führt am Ausschluss der meisten Betroffenen ohnedies kein Weg vorbei. Nähme man jedoch alle Älteren, bei denen dies medizinisch möglich wäre, in die Wartelisten auf, müsste deren Anteil auch unter den Transplantierten deutlich ansteigen[20] – zu Lasten der Jüngeren, für die dann weniger Organe verfügbar wären. Das soll vermieden werden. Und deshalb fließt, wie manche Transplantationsärzte unumwunden einräumen, auch in die Eligibilitätsbedingungen schon „ein gewisses Selektionsprinzip" ein, welches bewirkt, dass weitaus weniger Ältere zugelassen werden, „als wir es medizinisch könnten".[21]

Es sind im Wesentlichen drei Motive, die hinter der Bevorzugung der Jüngeren stehen. Erstens haben diese generell eine höhere Lebenserwartung, so dass die Vergabe derselben Ressource an einen Jüngeren durchschnittlich größeren *medizinischen Nettonutzen*[22] verspricht. In der Dialyse geht diese Rechnung nicht ganz auf, weil sie eine Dauerbehandlung

---

19 Solche vorgeschobenen bzw. erfundenen Kontraindikationen sind ein gutes Beispiel für die erwähnten barmherzigen Lügen; „barmherzig" übrigens, wie die folgende, bei Halper (1989: 134) zitierte Bemerkung eines Nephrologen deutlich macht, auch den sie Aussprechenden selbst gegenüber: "Some of us have to tell lies to older patients, partly to make the patients more comfortable and partly to make ourselves more comfortable."
20 Aus Gründen, deren ausführliche Erörterung hier zu weit führen würde, die aber mit den Verfahren der Empfängerauswahl unter den registrierten Transplantationsanwärtern zusammenhängen. Dazu und zum Folgenden näher Schmidt (1996b), wo sich auch Belege für die weiteren zur Transplantationsmedizin gemachten Ausführungen finden.
21 Das Zitat stammt vom Direktor eines deutschen Transplantationszentrums, der sich im Rahmen der in der vorstehenden Fußnote angeführten Untersuchung äußerte.
22 Im Sinne des zweiten der genannten Erfolgsbegriffe, dem die Effizienznorm und damit eine letztlich utilitaristische Prämisse zugrunde liegt, gilt Effizienz doch als *der* Leitwert des Utilitarismus schlechthin. Vgl. dazu Birnbacher (1989), wo der Utilitarismus treffend als „formale Ethik der Effizienz" charakterisiert wird.

ist und frei werdende Plätze durch Nachrücker besetzt werden können, das knappe Gut also, wenn für früher sterbende Patienten verwendet, nicht „verschwendet" ist. In der Transplantationsmedizin dagegen, wo eine Wiederverwendung einmal verpflanzter Organe nicht möglich ist, nimmt die Chance, dass diese ihre virtuell bis zu 20-jährige Funktionsdauer auch tatsächlich erreichen, mit wachsendem Alter der Empfänger naturgemäß ab. Zweitens verspricht eine Vorzugsbehandlung Jüngerer, die oft noch aktiv im Erwerbsleben stehen (oder nach erfolgreicher Behandlung in dasselbe zurückkehren können), mehr soziale Verantwortung tragen (z.B. als Eltern) usw., größeren *gesellschaftlichen Nutzen* (gemessen in Beiträgen zum Gemeinwohl). Gleichzeitig gehen vom Behandlungsausschluss Älterer finanzielle Einspareffekte aus; teils weil viele teure Krankheiten typische Alterskrankheiten sind, teils weil das neben den Gesundheitsetats auch noch weitere soziale Sicherungssysteme entlastet, die dann geringere Transferzahlungen leisten müssen. Und drittens schließlich kommen Überlegungen zur *intergenerationellen Gerechtigkeit* ins Spiel: Die einen haben ihr Leben noch vor sich, die anderen hatten bereits Gelegenheit, ihre wichtigsten Lebensziele zu realisieren; die einen haben möglicherweise noch kaum, die anderen dagegen wahrscheinlich schon einiges an Gesundheitsleistungen verbraucht, so dass es auch insoweit fairer wäre, vorrangig die Jungen zu bedienen.[23]

Es bedarf kaum der Erwähnung, dass die genannten Motive unterschiedliche Grade an Opportunität besitzen. Überlegungen des zweiten Typs etwa wären in der Bundesrepublik öffentlich schwer vermittelbar[24] und sind selbst in England relativ verpönt, obwohl sie dort wohl mit größerer Abnahmebereitschaft rechnen dürften. In der Praxis schlagen gleichwohl alle mit einem gewissen (wenn auch unterschiedlichen und im Einzelnen schwer messbaren) Gewicht durch. Es wird also durchaus moralisiert. Und es trifft auch keineswegs nur die Älteren, sondern eine ganze Reihe von sozialen Kategorien, die stets zu den ersten Verlierern zählen, wenn rationiert wird: Angehörige sozialer Unterschichten und Minderheiten, straffällig Gewordene, Arbeitslose und verschiedene weitere „social undesirables" (Scarce Medical Resources 1969; vgl. auch Kjellstrand 1988 sowie Stone 1989). Bei Alkoholikern in der Lebertransplantation kommt neben ihrem sowieso schlechten Leumund noch ein zugeschriebenes Selbstverschulden hinzu (dem gegenüber erwartete negative Einflüsse auf das Behandlungsergebnis eher nachrangig scheinen, weil sie gut transplantabel sind; vgl. Hesse et al. 1995), das in der Herzchirurgie wiederholt auch Rauchern zur Last gelegt und zum Verhängnis wird (*Observer*, 20.08.1993; Stapenhorst 1993/94). Umgekehrt kommt es freilich ebenso vor, dass spezielle gesellschaftliche „Verdienste" honoriert oder präsumtive Unentbehrlichkeiten berücksichtigt werden; so etwa, wenn Müttern eine besondere Dringlichkeit bescheinigt und aufgrund dessen eine Vorzugsbehandlung gewährt wird.

Die Dringlichkeit, um die es dabei geht, ist natürlich eine soziale und keine medizinische Dringlichkeit. Aber auch das lässt sich „invisibilisieren" (Luhmann), wenn man das Verständnis von Medizin nur weit genug fasst. So begründet ein Nierentransplanteur das entsprechende Vorgehen damit, dass „wir mit der Transplantation ja nicht nur die Patienten

---

23 So, sehr verkürzt, die entsprechenden Argumentationen bei Callahan (1987) und Daniels (1988).
24 Sie befinden sich zudem, worauf Verfassungsrechtler wiederholt hinweisen, auch in Konflikt mit wichtigen Rechtsgrundsätzen (vgl. z.B. Taupitz 1998). Das gilt freilich auch für viele weitere (hier keineswegs erschöpfend behandelte) sozialmoralische Erwägungen, die in solchen Situationen Berücksichtigung finden.

behandeln, sondern wir behandeln ja die Familiensituation mit der [dadurch; V.S.] wiedergewonnenen Unabhängigkeit und Selbständigkeit der Mutter auch mit" (Schmidt 1996b: 125).[25] Statt, gemäß dem *üblichen* Selbstverständnis der Profession, jeden Kranken ohne Ansehen der Person und allein im Hinblick auf seine ihn (und nur ihn) betreffenden Gesundheitsprobleme zu behandeln, wird das Behandlungsgeschehen entindividualisiert, auf ganze soziale Einheiten, auf das umfassendere Beziehungsgeflecht ausgedehnt, in das die einzelnen Patienten als Personen konstitutiv eingebettet und von dem sie selbst ein (mehr oder weniger wichtiger) Bestandteil sind: Kommunitarismus in der Medizin. Und da dem Begriff der Dringlichkeit als solchem nicht anzusehen ist, wie er verwendet wird, kann man nicht nur das eine sagen und das andere meinen, sondern gerade darüber auch sich selbst sehr gut hinwegtäuschen, solange auf spezifizierende Adjektive verzichtet wird.[26]

Wie sie sich auch präsentieren mögen, den Ausschlag geben letztlich fast immer moralische Erwägungen. Das ist auch gar nicht anders zu erwarten, weil nur Erwägungen dieser Art Anhaltspunkte dafür liefern können, wer, wie der amerikanische Ethiker James Childress (1970) zugespitzt formuliert, „leben soll, wenn nicht alle leben können". Andererseits bietet auch die Moral(theorie) keine eindeutigen und schon gar keine befriedigenden Antworten, die es auf solche Fragen wohl überhaupt nicht gibt. In dieser Lage gehen vom Verweis auf „objektive" Sachkriterien, welche die betreffenden Entscheidungen als quasi-automatische Folge der Anwendung evidenter Zweckmäßigkeitsregeln erscheinen lassen und die folglich den Verantwortlichen selbst nicht zur Disposition stehen, erhebliche soziale Beruhigungseffekte aus – auf alle im weitesten Sinne Beteiligten bzw. Betroffenen: auf die Ärzte, denen es ermöglicht, gleichzeitig das Heft in der Hand zu behalten *und* einen Gutteil ihrer Verantwortung auf außerhalb der eigenen Kontrolle liegende Determinanten (um nicht zu sagen: Determinismen) abzuschieben; auf die Politik und die breitere gesellschaftliche Öffentlichkeit, die das Problem zwar angeht, sich aber im Wege einer Art Selbstentmündigung die für eigene substantielle Stellungnahmen erforderliche Sachkompetenz absprechen können, solange der Mythos seiner medizinischen Natur hält;[27]

---

25 Unabhängigkeit heißt hier: von der Dialyse als der zwar möglichen, aber im Allgemeinen klar suboptimalen und mit vielen Einschränkungen verbundenen Alternativtherapie.

26 Man beachte die Parallelen zum Erfolgsbegriff, in den sich, wie gesehen, gleichfalls verschiedene moralische Intuitionen einschmuggeln lassen. In seinem Fall kommt noch hinzu, dass eine daran ausgerichtete Medizin oft auch interessenrationalen Kalkülen entgegenkommt, weil viele medizinische Einrichtungen angesichts des enormen Ressourcenverbrauchs im Gesundheitswesen unter wachsenden Druck geraten, den Nachweis einer effektiven und effizienten Verwendung dieser Ressourcen zu führen; zuweilen mit kuriosen Folgen: So gelang es Ende der sechziger Jahre einem Krankenhaus in Los Angeles, die Erfolgsquote seiner Intensivstation binnen kurzem von 20 auf 80 Prozent zu steigern, indem die meisten wirklich dringlichen Fälle abgewiesen und stattdessen überwiegend Patienten aufgenommen wurden, die auch ohne intensivmedizinische Behandlung relativ gute Überlebensaussichten hatten (vgl. Scarce Medical Resources 1969).

27 Nach dem Muster: Wie gut, dass wir davon nicht genug verstehen; eine Haltung, die sich übrigens verbreitet auch in Patientenkreisen findet (vgl. z.B. Kracht und Trapp 1998). Aber Fachwissen bzw. Sachkenntnis ist hier gar nicht gefordert. Das wusste anfangs der sechziger Jahre bereits Belding Scribner, ein in Seattle tätiger Nephrologe, der eine Dialysetechnik entwickelt hatte, die Kranken mit chronischem Nierenversagen erstmals ein dauerhaftes Weiterleben ermöglichte. Auf seine Initiative hin wurden die Patienten für die zunächst extrem knappen Behandlungskapazitäten jahrelang durch ein aus medizinischen Laien zusammengesetztes Bürgerkomitee bestimmt, um die Ärzte aus dem Auswahlgeschehen herauszuhalten; teils weil er meinte,

und auf die Patienten, die in existenzieller Not ihren (Nicht-)Behandlern auch dann noch vertrauen können, wenn diese sich in die Rolle von Rationierungsagenten gedrängt sehen, die ihrem Versorgungsauftrag, so sehr sie das wünschen mögen, gar nicht (voll) gerecht werden können, weil sie einigen *wissentlich* suboptimale Behandlungen zukommen lassen oder die einzig Erfolg versprechende Behandlung vorenthalten müssen, d.h. notgedrungen wiederholt Vertrauensbruch üben.

Am ausgeprägtesten scheint diese Neigung zur Realitätsverleugnung in der Transplantationsmedizin. Dort gibt es in manchen Bereichen und Zentren ausgeklügelte Matchingsysteme, die Merkmale von Organspendern und -empfängern so aufeinander abzustimmen suchen, dass für jedes verfügbar werdende Organ am Ende nur *ein* optimal passender Patient übrig bleibt. Selbstverständlich werden diese Systeme rein medizinisch rationalisiert; das einschlägige, an ein breiteres Publikum gerichtete Schrifttum wird nicht müde zu betonen, dass die Organvergabe sich „ausschließlich" an „objektiven medizinischen Gegebenheiten" orientiere, die „wissenschaftlich" begründet (Eismann et al. 1993; Dreikorn 1994) und deren Beachtung überdies medizinisch zwingend sei, weil andernfalls der angestrebte Transplantationserfolg gefährdet wäre; insbesondere durch die gefürchtete Immunabwehr der Empfängerorganismen. Keine dieser Behauptungen ist richtig. Weder werden nur medizinische Faktoren beachtet, noch lassen sich die Faktoren, die damit gemeint sind, vom vorhandenen medizinischen Wissen herleiten (das hochgradig unsicher ist und bestenfalls zeigt, dass man sich darauf in den entscheidenden Aspekten gerade *nicht* verlassen kann), noch ist die Vergabe irgendwie medizinisch festgelegt; im Gegenteil, es gibt für praktisch jedes Organ eine Vielzahl potentieller Nutznießer. Und obwohl das in Transplantationskreisen bekannt ist, wird an der obigen Darstellung beharrlich festgehalten. Wer sich die enorme Last der zu treffenden Entscheidungen[28] vergegenwärtigt, versteht auch rasch, warum: Gibt es nämlich wirklich nur jeweils einen passenden Empfänger, dann enthält man, wenn man ihm das Organ zuweist, auch niemand anderem etwas vor, an dem er vernünftigerweise interessiert sein könnte. Man muss sich also keine quälenden Fragen nach dem Warum der vorgenommenen Zuteilung stellen, weil es dann so aussieht, als gäbe es im Grunde gar nichts zu verteilen. Sondern nur ein Suchverfahren einzurichten, das darauf abzielt, den schon vorher und unabhängig vom Willen und Denken der Ärzte feststehenden „Richtigen" zu *finden*. Dafür braucht es eine geeignete Technologie, aber keine Moral. Es scheint sogar, als werde der Moral mit einem solchen System noch am ehesten gedient, weil es wert- und interessenneutral ist und willkürfrei operiert.

Aber man täusche sich nicht; hier liegt nur der Keim für den nächsten Mythos.[29] Der Glaube an ihn hilft auch den möglichen Empfängern oder Nicht-Empfängern lebenswichtiger Organe: beim (oft monate- oder sogar jahrelangen) Warten auf den erlösenden Anruf aus der Klinik, das sich so leichter aushalten lässt, weil es in der (irrigen) Gewissheit erfolgt, dass es, solange er ausbleibt, ohnehin kein passendes Organ für sie

---

andernfalls drohe ihnen ein Dauerkonflikt mit ihrem ärztlichen Handlungsauftrag, teils weil das Problem seiner Auffassung nach keine speziellen medizinischen Kenntnisse erfordere, sondern nur nach Maßgabe von Wertentscheidungen zu lösen war, und das konnten andere, nicht direkt Involvierte mindestens genauso gut, wenn nicht gar besser (vgl. Scribner 1964).

28 Manchen Ärzten bereiten sie laut Selbstbekunden regelrechte „Angstträume" (so Wellmer in Nagel und Fuchs 1993: 300).

29 Auch das ließe sich leicht belegen, worauf hier aber verzichtet wird, weil es bereits an anderer Stelle geschehen ist (vgl. dazu wiederum Schmidt 1996b).

gibt; bei der mentalen Vorbereitung auf die bevorstehende schwere Operation, weil man nun (keineswegs immer realistisch) darauf setzen kann, mit dem erhaltenen Organ wirklich bestmöglich versorgt zu werden; bei der psychisch nicht immer leicht fallenden Verarbeitung des Umstands, dass ausgerechnet man selbst zu den wenigen Glücklichen zählt, die eins der kostbaren Organe bekommen, weil man sich nun sagen (d.h. einreden) kann, dass mit dem empfangenen Organ ohnehin niemandem sonst geholfen gewesen wäre; und, wenn sich abzeichnet, dass man wohl nicht bedient werden wird, beim Arrangieren mit dem dann bevorstehenden Los, was leichter fällt, wenn es (vermeintlich) einer Art von höherer Gewalt (und nicht kontingenten Entscheidungen) zuzuschreiben ist.

Und die Politik? Der erspart es die nähere Befassung mit einem Problem, das eigentlich in ihre Zuständigkeit fiele, bei dem es aber für sie vorhersehbar nichts zu gewinnen gibt, weil jede Lösung sich begründeter Kritik aussetzt. Zwar hat der Gesetzgeber mit dem 1997 in Kraft getretenen Transplantationsgesetz sogar erstmals dezidiert zu solchen Fragen Stellung genommen, dafür allerdings eine Form gewählt, mit der er indirekt sogleich seine eigene Unzuständigkeit erklärt: Spenderorgane, so heißt es in dem entsprechenden Paragraphen, sind nach Regeln zu vergeben, „die dem Stand der Erkenntnisse der medizinischen Wissenschaft entsprechen, insbesondere nach Erfolgsaussicht und Dringlichkeit" (Transplantationsgesetz § 12, Abs. 3). Dass der Stand der bemühten Erkenntnisse dafür nichts hergibt und was alles unter die Begriffe von Erfolg und Dringlichkeit subsumierbar ist, war den verantwortlichen Referenten im federführenden Bundesgesundheitsministerium seinerzeit natürlich bewusst. Aber davon haben sie sich nicht beirren lassen.

Betrachtet man die in diesem Abschnitt gemachten Ausführungen im Überblick, so zeigt sich, dass es offenbar starke motivationale Antriebe gibt, den moralischen Kern des Problems mit Macht zu verdrängen, indem man ihn konsequent medikalisiert. Für die Ärzte, in deren Händen das Entscheidungsgeschehen liegt, bedeutet das zunächst eine enorme Entlastung. Sie können dann zugleich Agenten sein und sich als bloße Sachwalter einer überpersönlichen, hoch legitimierten Autorität – objektiven Fachwissens – begreifen, die selbst in schwierigsten Konfliktfällen noch zielgenau Anleitung gibt; können sich auf sicherem Boden wähnen, wo sich ein Abgrund der Unsicherheit auftäte, machten sie sich bewusst, was sie wirklich tun; und: können im entscheidenden Moment ihren ganz persönlichen moralischen Überzeugungen folgen, ohne dafür geradestehen zu müssen. Und da es niemanden drängt, ihnen die Entscheidung abzunehmen, wünscht man insgeheim auch im Publikum, dass das Geheimnis gewahrt bleiben möge; wer wüsste schon zu sagen, welche Moral die Leerstelle besetzen könnte, die sich auftäte, wenn die Medizin sich zurückzöge? Deren fast schon rituelle Beschwörung indiziert, dass das gar nicht so leicht fällt und – angesichts latent stets präsenter Zweifel – fortgesetzter Rekonfirmationsarbeit bedarf. Aber es funktioniert; am Ende glauben selbst die Erfinder des Mythos an dessen Wahrheit.[30] Da dieser dem System sowohl inneren Zusammenhalt verleiht als auch äußere Akzeptanz sichert, mit durchaus heilsamer Wirkung. Die Moral, auf die man nicht verzichten kann, wird demgegenüber nicht ganz zu Unrecht als unkalkulierbarer Unruheherd

---

30 Eine 1981 vom angesehenen „Royal College of Physicians" durchgeführte Befragung unter englischen Ärzten ergab, dass deren Mehrzahl glaubte, in Großbritannien sei bis zum damaligen Zeitpunkt keinem Kranken aus anderen als rein medizinischen Gründen eine Behandlung verwehrt worden. Dabei war die Praxis der Altersrationierung von Dialyseplätzen schon seinerzeit zumindest in Ärztekreisen bekannt (vgl. Halper 1989: 75).

gesehen, weil sie, sobald man sich ihr stellt, allerlei Fragen aufwirft, auf die allseits akzeptierte Antworten nur schwer vorstellbar sind. Das droht das gesamte System zu entlegitimieren und zu destabilisieren. Aber warum sich das Leben schwer machen, wenn man es mit einigen barmherzigen Lügen so viel leichter haben kann?

IV. Schlussbemerkungen

Das über die Medizin Gesagte lässt sich ohne größere Schwierigkeiten auf weitere Handlungsfelder übertragen, in denen sich gleichfalls Verteilungsprobleme stellen: z.B. Probleme der Verteilung knapper Arbeits- und Bildungsgüter, günstigen Wohnraums und anderer begehrter Dinge mehr.[31] Da jede Entscheidung, die eine Weichenstellung für die Lebenschancen der Betroffenen bedeutet, Gerechtigkeitsfragen aufwirft, liegen solche Probleme hier wie dort außerhalb der Reichweite der lokalen Rationalitäten gesellschaftlicher Teilsysteme. Gleichwohl gibt es auch hier – wie offenbar allgemein – eine Art sozialer Prämie auf die Rechtfertigung gerade der am stärksten legitimationsempfindlichen Entscheidungen in technischen Begriffen, in Begriffen von Sachgerechtigkeit (wenn nicht gar -zwängen), weil die Semantik der Sachlichkeit und der sachlichen Angemessenheit sowohl größere Klarheit signalisiert als auch gewisse Respektabilitäts- und Vertrauensvorschüsse gegenüber der viel „weicher" und unsicherer scheinenden Sprache der Moral genießt.

Soziologisch steht man damit vor dem folgenden Paradox: Einerseits sieht man, dass die Moral, von der die Soziologen sagen, sie diene der sozialen Integration, in vielen Fällen augenscheinlich desintegrierend wirken würde, obwohl die Sachgesichtspunkte, auf die stattdessen abgehoben wird, sachlich eigentlich fehl am Platze sind. Andererseits kann die Soziologie ihrer Aufklärungsfunktion nur gerecht werden, wenn sie genau das offen legt und damit zumindest im Organisationsbereich vieler gesellschaftlicher Teilsysteme selbst potentiell destabilisierend, desintegrativ wirkt – zumal sie aus eigener Kraft nichts Neues an die Stelle jener Orientierungsquellen setzen kann, die sie, wenn sie das tut, unbarmherzig zerstört: Die Moral, von der sie aufzeigt, dass sie an die Stelle der Sachrationalitäten treten müsste, kann sie als positive Disziplin ja selbst nicht bereitstellen. Und sie kann auch keinen Erfolg für den Fall versprechen, dass auf irgendeine Moral umgestellt würde. Eine zweite Paradoxie scheint zu sein, dass ihr beim Aufweis der postulierten Moralbedarfe ausgerechnet eine Theorie zu Hilfe kommt, die sich erklärtermaßen gegen die Moral wendet und die nach verbreiteter Lesart vor allem für die Entmoralisierung der Gesellschaft bzw. ihrer Teilsysteme steht. Diese Paradoxie lässt sich freilich leichter und vor allem schadloser auflösen. Man muss dazu nur auseinander halten, was Luhmann allzu oft vermengt: die beiden Systembegriffe seiner Theorie. Dann zeigt sich, dass wirklich entmoralisiert nur die Kommunikationscodes der Systeme sein können, nicht jedoch die Operationen ihrer Organisationen, die in Teilbereichen eigentlich zwingend auf Moral angewiesen wären. Auch dann ließe sich der unter Protagonisten dieser Theorie verbreitete Antimoralismus vielleicht noch halten, wenn man ihn funktionalistisch begründete, d.h. in der Einstellung eines wohlwollenden Paternalismus, welcher der beobachteten Gesell-

---

31 Die ersten beiden der genannten Felder werden ausführlich behandelt in Elster (1995) sowie Schmidt und Hartmann (1997); das Letztere bei Winter und Winter von Gregory (1983).

schaft vorenthält, wodurch er diese überfordert sehen mag. Nur wäre das keine Aufklärung mehr. Sondern eher eine Art von Verklärung oder auch Sinnstiftung, die im Namen der Sachlichkeit gegen die Moral moralisiert und damit objektivistische Scheinlösungen bietet (zumindest: absegnet), von denen man (soziologisch) wissen könnte, dass sie keine sind. Und dass die dahinter sich verbergende operative Alltagsmoral sich dann nicht einmal ausweisen muss, obwohl sie sozial höchst folgenreich und obwohl eher unwahrscheinlich ist, dass sie in dieser Form einer kritischen Prüfung, fände sie denn statt, standhielte. Dagegen hilft nur Aufklärung. Indem sie erst das Wirken und dann die Kontingenz der Alltagsmoral aufzeigt, kann sie den Boden für eine rationale und nüchterne Diskussion darüber bereiten, wie eine modernen Verhältnissen angemessene Verteilungsmoral auszusehen hätte. Was das Ergebnis solcher Diskussion wäre, lässt sich ex ante kaum sagen; bequem wäre es aber, genauso wie die Diskussion selbst, sicherlich nicht.

Literatur

Aaron, Henry J., und *William B. Schwartz,* 1984: The Painful Prescription: Rationing Hospital Care. Washington, D.C.: Brookings Institution.
Bendel, Klaus, 1993: Funktionale Differenzierung und gesellschaftliche Rationalität. Zu Niklas Luhmanns Konzeption des Verhältnisses von Selbstreferenz und Koordination in modernen Gesellschaften, Zeitschrift für Soziologie 22: 261–278.
Berger, Johannes, 1992: Der Konsensbedarf der Wirtschaft. S. 151–196 in: *Hans-Joachim Giegel* (Hg.): Kommunikation und Konsens in modernen Gesellschaften. Frankfurt a.M.: Suhrkamp.
Birnbacher, Dieter, 1989: Neue Entwicklungen des Utilitarismus. S. 16–36 in: *Bernd Biervert* und *Martin Held* (Hg.): Ethische Grundlagen der ökonomischen Theorie. Eigentum, Verträge, Institutionen. Fankfurt a.M.: Campus.
Calabresi, Guido, und *Philip Bobbitt,* 1978: Tragic Choices. New York: Norton.
Callahan, Daniel, 1987: Setting Limits: Medical Goals in an Aging Society. New York: Simon and Schuster.
Childress, James, 1970: Who Shall Live When Not All Can Live?, Soundings 53: 339–355.
Daniels, Norman, 1988: Am I My Parents' Keeper? An Essay on Justice Between the Young and Old. Oxford: Oxford University Press.
Dreikorn, Kurt, 1994: Leben mit der neuen Niere. Ein Ratgeber für Patienten vor und nach Transplantation. Lengerich: Pabst.
Eismann, Rose, Jürgen Konert und *Jörg Schabel,* 1993: Nierentransplantation. Ein Ratgeber für Patienten und Angehörige. Leipzig: Barth.
Elster, Jon (Hg.), 1995: Local Justice in America. New York: Russell Sage.
Feuerstein, Günter, und *Ellen Kuhlmann* (Hg.), 1998: Rationierung im Gesundheitswesen. Wiesbaden: Ullstein Medical.
Gäfgen, Gérard, 1985: Die ethische Problematik von Allokationsentscheidungen – am Beispiel des Ressourceneinsatzes im Gesundheitswesen. S. 249–274 in: *Georges Enderle* (Hg.): Ethik und Wirtschaftswissenschaft. Berlin: Duncker & Humblodt.
Halper, Thomas, 1989: The Misfortunes of Others: End-Stage Renal Disease in the United Kingdom. Cambridge: Cambridge University Press.
Hesse, U.J., R. Troisi, P. Pattyn, J. Decruyenare, M. Praet, J. Versieck, E. Montier, F. Berrevoet und *B. de Hemptine,* 1995: Erfahrungen und Resultate der Lebertransplantation bei erweitertem Indikationsbereich (Alter > 55 Jahre, alkoholische Leberzirrhose, hepatuzelluläres Karzinom), Transplantationsmedizin 7: 47–52.
Kjellstrand, Carl, 1988: Age, Sex and Race Inequality in Renal Transplantation, Archives of Internal Medicine 148: 1305–1309.
Knorr-Cetina, Karin, 1992: Zur Unterkomplexität der Differenzierungstheorie. Empirische Anfragen an die Systemtheorie, Zeitschrift für Soziologie 21: 406–419.

Kracht, Monika, und *Burkhard Trapp,* 1997: Allokationsprobleme aus der Sicht der Patienten. S. 39–47 in: *Rolf Lachmann* und *Norbert Meuter* (Hg.): Zur Gerechtigkeit der Organverteilung. Ein Problem der Transplantationsmedizin aus interdisziplinärer Sicht. Stuttgart: G. Fischer.

Land, Walter, 1994: Das Dilemma der Allokation von Spenderorganen. S. 61–92 in: *Franz W. Albert, Walter Land* und *E. Zwierlein* (Hg.): Transplantationsmedizin und Ethik. Auf dem Weg zu einem gesellschaftlichen Konsens. Lengerich: Pabst.

Luhmann, Niklas, 1981: Ausdifferenzierung des Rechts. Frankfurt a.M.: Suhrkamp.

Luhmann, Niklas, 1983: Medizin und Gesellschaftstheorie, Medizin, Mensch, Gesellschaft 8: 168–175.

Luhmann, Niklas, 1988: Die Wirtschaft der Gesellschaft. Frankfurt a.M.: Suhrkamp.

Luhmann, Niklas, 1989: Gesellschaftsstruktur und Semantik. Studien zur Wissenssoziologie der modernen Gesellschaft. Band 3, Frankfurt a.M.: Suhrkamp.

Luhmann, Niklas, 1990: Die Wissenschaft der Gesellschaft. Frankfurt a.M.: Suhrkamp.

Luhmann, Niklas, 1993: Das Recht der Gesellschaft. Frankfurt a.M.: Suhrkamp.

Luhmann, Niklas, 1997: Die Gesellschaft der Gesellschaft. Frankfurt a.M.: Suhrkamp.

Mayntz, Renate, 1988: Funktionelle Teilsysteme in der Theorie sozialer Differenzierung. S. 11–44 in: *Renate Mayntz, Bernd Rosewitz, Uwe Schimank* und *Rudolf Stichweh* (Hg.): Differenzierung und Verselbständigung. Zur Entwicklung gesellschaftlicher Teilsysteme. Frankfurt a.M.: Campus.

Nagel, Eckard, und *Christoph Fuchs* (Hg.), 1993: Soziale Gerechtigkeit im Gesundheitswesen. Ökonomische, ethische, rechtliche Fragen am Beispiel der Transplantationsmedizin. Berlin: Springer.

Nagel, Eckard, und *Christoph Fuchs* (Hg.), 1998: Rationalisierung und Rationierung im deutschen Gesundheitswesen. Stuttgart: Thieme.

Reese-Schäfer, Walter, 1997: Grenzgötter der Moral. Der neuere europäisch-amerikanische Diskurs zur politischen Ethik. Frankfurt a.M.: Suhrkamp.

Scarce Medical Resources, 1969: Columbia Law Review 9: 620–692.

Schimank, Uwe, 1996: Theorien gesellschaftlicher Differenzierung. Opladen: Leske + Budrich.

Schmidt, Volker H., 1996a: Veralltäglichung der Triage, Zeitschrift für Soziologie 25: 419–437.

Schmidt, Volker H., 1996b: Politik der Organverteilung. Eine Untersuchung über Empfängerauswahl in der Transplantationsmedizin. Baden-Baden: Nomos.

Schmidt, Volker H., 1999: Rationierung in der Medizin – Schwierige Fragen, ungewisse Antworten, Arbeit und Sozialpolitik 53: 42–46.

Schmidt, Volker H., und *Brigitte K. Hartmann,* 1997: Lokale Gerechtigkeit in Deutschland. Studien zur Verteilung knapper Bildungs-, Arbeits- und Gesundheitsgüter. Opladen: Westdeutscher Verlag.

Scribner, Belding H., 1964: Ethical Problems of Using Artificial Organs to Sustain Human Life, Transactions of the American Society for Artificial Internal Organs 10: 209–212.

Stapenhorst, Kurt, 1993/94: Bedenkenswertes zur Herzverpflanzung. Die Transplantationsmedizin im Widerstreit der Meinungen, Scheidewege 23: 320–338.

Stichweh, Rudolf, 1988: Differenzierung des Wissenschaftssystems. S. 45–115 in: *Renate Mayntz, Bernd Rosewitz, Uwe Schimank* und *Rudolf Stichweh* (Hg.): Differenzierung und Verselbständigung. Zur Entwicklung gesellschaftlicher Teilsysteme. Frankfurt a.M.: Campus.

Stone, Deborah A., 1989: At Risk in the Welfare State, Social Research 56: 591–633.

Taupitz, Jochen, 1998: Gesundheitsversorgung bei Ressourcenknappheit – Rechtliche Aspekte. S. 86–108 in: *Eckard Nagel* und *Christoph Fuchs* (Hg.): Rationalisierung und Rationierung im deutschen Gesundheitswesen. Stuttgart: Thieme.

Türk, Klaus, 1995: Organisation und gesellschaftliche Differenzierung. S. 155–216 in: *Klaus Türk:* „Die Organisation der Welt". Herrschaft durch Organisation in der modernen Gesellschaft. Opladen: Westdeutscher Verlag.

Tyrell, Hartmann, 1978: Anfragen an die Theorie der gesellschaftlichen Differenzierung, Zeitschrift für Soziologie 7: 175–193.

Winter, Gerd, und *Witha Winter von Gregory,* 1983: Die Zuteilung von Sozialwohnungen. Düsseldorf: Werner-Verlag.

Zussman, Robert, 1992: Intensive Care. Medical Ethics and the Medical Profession. Chicago: University of Chicago Press.

DURKHEIMS INDIVIDUALISTISCHE THEORIE DER SOZIALEN ARBEITSTEILUNG

Michael Baurmann

Zusammenfassung: In Durkheims Frühwerk *Über soziale Arbeitsteilung* lässt sich der Ansatz zu einer individualistischen Theorie von Moral und sozialer Solidarität erkennen, die sich grundlegend von den Theorien unterscheidet, die Durkheim in seinen späteren Werken entwickeln sollte. In der *Arbeitsteilung* versucht Durkheim, die Entstehung von moralischen Normen und der Motivation zu einem solidarischen Handeln aus der Natur der sozialen Beziehungen zu erklären, die Individuen in arbeitsteiligen Gesellschaften eingehen. Dabei zeigt sich Durkheim nicht nur als ‚versteckter' methodologischer Individualist. Er erweist sich auch als ein Vertreter der optimistischen Sichtweise, die der modernen Gesellschaft zutraut, aus eigener Kraft die für ihren Bestand notwendige Moral und Solidarität sicherzustellen. Durkheims spätere anti-individualistische Wende hat so auch die Folge, dass er sich in die Reihe derjenigen eingliedert, die mit der modernen Gesellschaft eher eine moralische Krise als einen moralischen Aufbruch verbinden. In dem Aufsatz wird Durkheims individualistischer Ansatz in der *Arbeitsteilung* rekonstruiert und der Frage nachgegangen, ob dieser Ansatz vielleicht tragfähiger war, als Durkheim selber im Nachhinein glaubte.

I. Die Fragestellung

Ich möchte zeigen, dass Emile Durkheim im Jahre 1893 in seinem Frühwerk *Über soziale Arbeitsteilung* (Durkheim 1992; im Folgenden kurz: *Arbeitsteilung*; zitiert als „A") einen Ansatz zur Erklärung sozialer Solidarität entwickelt, den man nicht nur als ‚individualistisch' bezeichnen kann, sondern der mit seiner Fragestellung auch bruchlos in der Kontinuität der individualistischen Tradition von Sozialtheoretikern wie David Hume und Adam Smith steht – obwohl dieser Zusammenhang Durkheim selber zweifellos nicht bewusst war. Durkheim hat sich von dem individualistischen Ansatz der *Arbeitsteilung* in der Folge völlig abgewendet. Die entscheidenden Argumente, die aus seiner späteren Sicht gegen diesen Ansatz sprechen, hat er in der neuen Einleitung der *Arbeitsteilung* in der Neuauflage 1902 und natürlich auch in seinen anderen Schriften immer wieder formuliert. Es erscheint mir lohnend, den ‚versteckten' Individualismus des frühen Durkheim zu rekonstruieren sowie seine eigenen Argumente gegen diesen Ansatz zu erörtern. Enthalten sie Gesichtspunkte, die eine grundlegende Skepsis gegenüber individualistischen Ansätzen rechtfertigen, oder war vielleicht der individualistische Ansatz Durkheims in der *Arbeitsteilung* tragfähiger und vielversprechender als er selber im Nachhinein glaubte?[1]

---

1 Es soll demnach die durch Parsons weit verbreitete Lesart in Frage gestellt werden, nach der es sich bei dem theoretischen Ansatz in der *Arbeitsteilung* nur um eine vorübergehende „Konfusion" im Denken des frühen Durkheim gehandelt hat, die ihn zeitweise daran ge-

Man könnte freilich einwenden, dass Durkheims Ansatz in der Arbeitsteilung schon deshalb nicht als ‚individualistisch' bezeichnet werden könne, weil die grundlegende Fragestellung dieses Werks nicht individualistisch sei. Es handelt sich um die Frage, wie Moral als eine Kraft wirksam werden könne, die „den Menschen zwingt, mit dem anderen zu rechnen, seine Bewegungen durch etwas anderes zu regulieren als durch die Triebe seines Egoismus" (A: 468). Diese Frage ist für Durkheim entscheidend, weil er der unumstößlichen Ansicht ist, dass erst durch die Existenz einer solchen Moral soziale Solidarität entstehen kann, die aus dem Menschen „einen integrierten Teil eines Ganzen" (A: 468) macht: „Denn wo das Interesse allein regiert", könne es nur „zu vorübergehenden Annäherungen und zu flüchtigen Verbindungen" (A: 260) zwischen den Menschen kommen. Nun ist es aber eine (auch von Durkheim) verbreitete Einschätzung, dass in der individualistischen Tradition die Bedeutung von Moral und Solidarität für das Zusammenleben der Menschen generell geleugnet oder zumindest stark heruntergespielt werde. In dieser Tradition gehe es vielmehr um den Nachweis, dass Gesellschaften und stabile soziale Beziehungen auch ohne moralische Motive allein auf einem egoistischen und selbstinteressierten Handeln beruhen könnten. Ja, dass Moral vielleicht nicht nur überflüssig, sondern im Sinne von Mandevilles Satire sogar gefährlich sei. Die Frage nach der Moral als einer Kraft, die „den Menschen zwingt, seine Bewegungen durch etwas anderes zu regulieren als durch die Triebe seines Egoismus" werde deshalb in dieser Tradition nicht gestellt.

Diese Ansicht ist falsch oder zumindest doch stark verzerrend.[2] Zwar ist es zutreffend, dass etwa Hume und Smith Mechanismen für möglich gehalten und analysiert haben, durch die Kooperation und sozialer Austausch auch zwischen (mehr oder weniger) egoistisch motivierten Akteuren zustande kommt. Aber sie haben *erstens* kein Menschenbild vertreten, wonach der Mensch von Natur aus auf ein egoistisches Handeln festgelegt ist. Im Gegenteil: sowohl Hume als auch Smith sind der Auffassung, dass der Mensch von Natur aus mit der Anlage zu einem altruistischen und moralischen Handeln ausgestattet ist. *Zweitens* sehen sie in einem moralisch motivierten Handeln der Menschen einen außerordentlich wichtigen Faktor für den gesellschaftlichen Zusammenhalt. Ein gewisses Maß an morali-

---

hindert habe, die zentrale Rolle kollektiver Kräfte klar zu erkennen (vgl. Parsons 1968: 320ff., 337f.). Nur in dieser Lesart lässt sich die *Arbeitsteilung* so einseitig interpretieren, dass man als ihre „große und bleibende Leistung" ausgerechnet das Konzept „kultureller Integration" bzw. des „Kollektivbewußtseins" einschätzt (Tyrell 1985: 193). Durkheims Absicht in der *Arbeitsteilung* ist es dagegen gerade, neben einer „kulturellen Integration" durch ein gemeinsames Kollektivbewusstsein eine weitere und eigenständige Form sozialer Integration nachzuweisen und zu analysieren. Ich bin nicht der Ansicht, dass Durkheims Ansatz bei diesem Vorhaben mit einem „unausräumbaren Widerspruch" (Schmid 1989: 631) belastet und von vornherein als „soziologisch unglaubwürdig und unhaltbar" erkennbar ist, so dass seine „Entkräftung kaum Mühe macht" (Tyrell 1985: 220). Man muss dann allerdings der Versuchung widerstehen, die sicherlich häufig klärungsbedürftigen Überlegungen Durkheims vorschnell aus der Sicht seiner späteren Auffassungen zu interpretieren (wie etwa Rüschemeyer 1985: 175, der behauptet, Durkheim gehe es in der *Arbeitsteilung* um die „Priorität der sozialen Realität"). Im Gegenteil muss man bestrebt sein, aus diesen Überlegungen einen eigenständig konturierten Ansatz herauszupräparieren – wobei aber ohne weiteres zugestanden sei, dass *beide* Möglichkeiten angesichts der notorischen Auslegungsbedürftigkeit der Vorlage zu vertreten sind (zum Bruch zwischen der *Arbeitsteilung* und dem späteren Werk Durkheims vgl. auch Lukes 1972: 166, 178).

2 Eine brillante Richtigstellung findet sich bei Hirschman (1987).

scher Orientierung haben beide für eine stabile und geordnete Gesellschaft für unverzichtbar gehalten. *Drittens* ist es für sie deshalb auch keine nebensächliche, sondern eine Fragestellung von zentraler Bedeutung, was „den Menschen zwingt, seine Bewegungen durch etwas anderes zu regulieren als durch die Triebe seines Egoismus" (vgl. etwa Hume 1978: 47ff., 83ff., 195ff., 1984: 94ff., 215ff.; Smith 1994: 1ff., 122ff., 166ff.).

Mit dieser Fragestellung hat Durkheim also keineswegs eine in der individualistischen Tradition für irrelevant gehaltene Problematik aufgegriffen – auch wenn dieser Aspekt der individualistischen Theoriegeschichte nicht nur von den Gegnern eines individualistischen Ansatzes regelmäßig übergangen wird. Wir werden im Folgenden darüber hinaus sehen, dass nicht nur die Fragestellung, sondern auch die Methode Durkheims, mit der er diese Fragestellung in der *Arbeitsteilung* behandelt, als integraler Teil einer individualistischen Sichtweise verstanden werden kann.

II. Arbeitsteilung als Ursache für Solidarität

Die drei zentralen Annahmen in der *Arbeitsteilung* werden von Durkheim klar formuliert:

1. Bestand und sozialer Zusammenhalt einer Gesellschaft sind abhängig von einem nicht-egoistischen, solidarischen Handeln ihrer Mitglieder: Das Wohl anderer Individuen sowie das Wohl des Kollektivs müssen für den Einzelnen wirksame moralische Handlungsmotive sein, damit „aus einer Masse von Individuen ein kohärentes Aggregat" wird (A: 468). Es ist die feste Überzeugung von Durkheim, dass die Menschen nicht zusammenleben können, „ohne sich zu verstehen, und folglich nicht, ohne sich gegenseitig Opfer zu bringen, ohne sich wechselseitig stark und dauerhaft zu binden" (A: 285).
2. In einer nicht-arbeitsteiligen, „segmentären" Gesellschaft ist die Ursache für – „mechanische" – Solidarität die „Ähnlichkeit" der Mitglieder einer Gesellschaft, die in einem von allen geteilten „Kollektivbewusstsein" ihren Ausdruck findet. Ein solches Bewusstsein, gemäß den Merkmalen eines „Kollektivtyps" gemeinsam einer bestimmten Gruppe anzugehören, stellt „Kollektivgefühle" und eine altruistische Orientierung sicher: „Denn Menschen, die sich ähnlich sind, können nicht zusammenleben, ohne daß nicht jeder für seinesgleichen eine Sympathie empfindet, die sich jeder Handlung widersetzt, die ihnen Leiden zufügen könnte" (A: 221).
3. In einer arbeitsteiligen Gesellschaft wird diese Quelle der Solidarität zunehmend ausgetrocknet. Die Gemeinsamkeiten mit den anderen Mitgliedern einer Gesellschaft und damit auch eine darauf beruhende Verbundenheit nehmen ab. An die Stelle der „Assoziation" Gleichartiger tritt die „Kooperation" Verschiedenartiger. Und da dies „völlig verschiedene Dinge" sind (A: 338), müssen nun andere Faktoren als ihre Ähnlichkeit für die Solidarität unter den Mitgliedern einer arbeitsteiligen Gesellschaft verantwortlich sein. Die grundlegende These von Durkheim ist, dass die Ursache für die Zerstörung der alten Form der Solidarität, nämlich die zunehmende Arbeitsteilung, auch die Ursache für eine neue Form der Solidarität, der „organischen" Solidarität ist. Die Arbeitsteilung selbst produziert in einem spontanen Prozess die Moral, die eine arbeitsteilige Gesellschaft benötigt.

Ich werde mich in den folgenden Ausführungen auf die dritte Annahme Durkheims konzentrieren. Die erste Annahme setze ich als Prämisse seiner Überlegungen voraus und werde sie hier ebenso wenig wie die zweite Annahme diskutieren.

Durkheims grundlegende Frage, was „den Menschen zwingt, seine Bewegungen durch etwas anderes zu regulieren als durch die Triebe seines Egoismus", kann also gemäß seiner dritten Annahme durch eine soziologische Analyse der Arbeitsteilung und ihrer Konsequenzen beantwortet werden. In dem Versuch, die Arbeitsteilung selbst als diejenige „moralische Kraft" nachzuweisen, die das für den Bestand einer Gesellschaft notwendige Maß an Solidarität quasi durch eine ‚unsichtbare Hand' hervorbringt, erweist sich Durkheim nun nicht nur als ‚geheimer' Individualist. Er zeigt sich darin auch als ein Vertreter der optimistischen Sichtweise, die in der modernen Gesellschaft keine moraldestruktiven Tendenzen am Werk sieht, sondern ihr im Gegenteil einen ‚endogenen' Mechanismus zutraut, durch den sie ein moralisches und solidarisches Handeln unter ihren Mitgliedern sicherstellen kann – und zwar gerade auf der Grundlage der für sie typischen Formen sozialer Beziehungen. Durkheim formuliert damit nicht nur eine Alternative zu den in diesem Punkt weitaus pessimistischeren Diagnosen von Zeitgenossen wie Ferdinand Tönnies oder Max Weber. Er bietet damit auch einen Gegenentwurf zu heutigen, kommunitaristisch inspirierten Sichtweisen der modernen Gesellschaft, die ganz im Gegensatz zu dem Durkheim der *Arbeitsteilung* die Auffassung vertreten, dass diese Gesellschaft selber unfähig zur eigenständigen Erzeugung von Moral sei und deshalb auf ein ‚moralisches Erbe' oder eine externe ‚Zufuhr' an Moral angewiesen sei.

Durkheims eigene Abwendung von seinem Ansatz in der *Arbeitsteilung* führt dann in seinem späteren Werk nicht nur dazu, dass er jede individualistische Methode für soziologische Erklärungen ablehnt. Er gibt damit auch den Versuch auf, Moral und soziale Solidarität in der modernen Gesellschaft aus der Arbeitsteilung zu erklären. Damit reiht er sich dann aber auch in die lange Liste derjenigen ein, die dieser Gesellschaft eher eine moralische Krise als einen Aufbruch in eine neue Moral zutrauen.

Wenn man Durkheims Erklärung, wie aus Arbeitsteilung Solidarität entsteht, rekonstruieren möchte, dann kann man nicht auf eine in sich geschlossene und systematisch entwickelte Theorie hoffen. Man muss vielmehr die in der *Arbeitsteilung* verstreuten Bruchstücke einer solchen Erklärung sammeln und selber zusammensetzen. Die Suche wird allerdings erleichtert, wenn man berücksichtigt, dass soziale Solidarität für Durkheim grundsätzlich zwei Fundamente hat: zum einen beruht sie auf *Emotionen* und *Affekten*; zum anderen auf *Normen* und *Pflichten*. Beide Fundamente der Solidarität werden nach Durkheim durch die Arbeitsteilung gelegt. Betrachten wir zunächst die emotionalen und affektuellen Grundlagen der Solidarität.

III. Altruismus als Fundament der Solidarität

Ein solidarisches Handeln ist in einer Gesellschaft nach Durkheim nur dann zu erwarten, wenn sich die Menschen „lieben" und „aneinander und an ein und derselben Gesellschaft hängen, an der sie teilhaben" (A: 173). Für Durkheim hat deshalb der Altruismus nicht den Zweck, „eine Art gefälliger Verzierung unseres sozialen Lebens zu werden. Er wird vielmehr immer dessen Grundlage bleiben" (A: 285). Eine emotionale Bindung zwischen den Individuen ist nach Durkheim selbst bei dem „ganz äußerlichen Band" einer bloß „negativen" Solidarität unverzichtbar, bei der es nicht um die „Bereitstellung von Diensten", sondern nur um das „Vermeiden von Schaden" im Sinne der Anerkennung und Respektierung der Rechte anderer geht (A: 170). Umso mehr gilt diese Notwendigkeit einer gefühlsmäßigen Basis für eine „positive" Solidarität, die aktive Handlungen zu Gunsten anderer oder der Gemeinschaft verlangt.

Welche Ursachen kann dieses für die Solidarität in einer Gesellschaft notwendige emotionale Fundament an Altruismus und Mitgefühl hervorbringen? Bei nicht-arbeitsteiligen, segmentären Gesellschaften erscheint der kausale Zusammenhang für Durkheim klar. Denn, wie schon gezeigt wurde, können nach seiner Auffassung Menschen, die sich ähnlich sind, nicht zusammenleben, ohne dass sich zwischen ihnen Gefühle der Sympathie und der Liebe einstellen. Ähnlichkeit steht jedoch in arbeitsteiligen Gesellschaften als Ressource der Moral immer weniger zur Verfügung. Emotionale Bindungen entstehen allerdings nach Durkheim nicht nur bei Ähnlichkeiten zwischen Menschen: „das gegenteilige Phänomen ist nicht weniger häufig. Es kommt sehr oft vor, daß wir uns zu Personen, die uns nicht ähnlich sind, hingezogen fühlen, gerade weil sie uns nicht ähnlich sind." Beide Formen der Sympathie würden „in der Natur existieren". Freilich „genügen nicht beliebige Unähnlichkeiten, um diese Wirkung hervorzurufen" (A: 101): „Nur Unterschiede einer bestimmten Art fühlen sich demnach zueinander hingezogen, nämlich diejenigen, die sich gegenseitig ergänzen, statt sich einander zu widersetzen und auszuschließen" (A: 102). Durkheim nennt als Beispiel Freundeskreise, in denen unterschiedliche Charaktere ihnen gemäße Rollen ausfüllten und so zu einem „unverfälschten Austausch an Diensten" (A: 102) beitrügen.

Aus diesen Beobachtungen und der Voraussetzung, dass es typisch für eine arbeitsteilige Gesellschaft ist, Unähnliches, nämlich Individuen mit verschiedenartigen Eigenschaften, Fähigkeiten und Tätigkeiten, in eine dauerhafte Verbindung der wechselseitigen Ergänzung zu bringen, leitet Durkheim seine entscheidende Generalisierung ab: „Diese Überlegungen haben uns dazu geführt, die Arbeitsteilung unter einem neuen Gesichtspunkt zu betrachten. In diesem Fall sind die ökonomischen Dienste, die sie leisten kann, verglichen mit der moralischen Wirkung, die sie hervorruft, gering, und ihre wahre Funktion besteht darin, zwischen zwei oder mehreren Personen ein Gefühl der Solidarität herzustellen" (A: 102).

Fassen wir diese Annahmen zu einer ersten These zusammen:

These 1: Arbeitsteilung innerhalb einer Gruppe führt zu einer emotionalen Bindung zwischen den Mitgliedern dieser Gruppe.

Wie kann aber diese Wirkung der Arbeitsteilung auf die Gefühle der beteiligten Personen näherhin erklärt werden? Der Hinweis auf die Freundeskreise reicht nicht aus. Die sozialen Beziehungen der Menschen in einer arbeitsteiligen Gesellschaft lassen sich nicht nach dem Vorbild der intimen persönlichen Beziehungen zwischen Freunden verstehen. Ein Blick auf Durkheims Erklärungsversuch macht zunächst den individualistischen Charakter seines Ansatzes deutlich. Durkheim untersucht nämlich die spezifischen sozialen Beziehungen, die zwischen einzelnen Individuen als Folge der Arbeitsteilung entstehen, und er versucht, die emotionalen Konsequenzen dieser Beziehungen für die beteiligten Individuen deutlich zu machen.

Eine Art von sozialer Beziehung zwischen Individuen, die sich aus einer Arbeitsteilung in einer Gruppe ergeben kann, ist der *Austausch von Arbeitsprodukten*. Das ist in der Tat der exemplarische Ausgangspunkt von Durkheims Überlegungen. Er betrachtet zunächst den einfachsten Fall von zwei Individuen, die einen regelmäßigen Austausch ihrer Produkte vornehmen.³ Einer rein ökonomischen oder auf eigennützige Interessen verweisenden Sichtweise einer solchen Tauschbeziehung wirft Durkheim vor, dass sie verkenne, was ein Austausch darüber hinaus als soziale Beziehung „beinhaltet und was sich aus ihm ergibt". Nach Durkheim beruht ein Austausch auf der fundamentalen und folgenreichen Voraussetzung, „daß zwei Wesen wechselseitig voneinander abhängen, weil sie beide unvollständig sind; er macht diese wechselseitige Abhängigkeit nur äußerlich sichtbar. Er ist also nur der oberflächliche Ausdruck eines inneren und profunderen Zustandes. Weil dieser Zustand aber konstant ist, ruft er einen ganzen Mechanismus von Bildern hervor, der mit einer Beständigkeit funktioniert, die der Austausch gar nicht hat. Das Bild dessen, der uns vervollständigt, verbindet sich untrennbar mit unserem eigenen, nicht nur, weil beide oftmals miteinander assoziiert werden, sondern vor allem, weil es dessen natürliche Ergänzung ist: Es wird also in einem derartigen Ausmaß zum integrierten und beständigen Teil unseres Bewußtseins, daß wir es nicht mehr übergehen können und alles versuchen, um seine Wirkung zu steigern. Darum lieben wir die Gesellschaft dessen, den es darstellt. ... Wir leiden auf der anderen Seite angesichts aller Umstände, die, wie die Abwesenheit oder der Tod, dazu führen können, seine Wiederkehr zu verhindern oder seine Lebhaftigkeit zu vermindern" (A: 108f.).

Die soziale Beziehung, die aufgrund von Arbeitsteilung und Tausch zwischen zwei Individuen zustande kommen kann, hat demnach zwei Ebenen: zum einen die (möglicherweise nur punktuellen) Kontakte während der einzelnen Tauschakte; zum anderen die beständige wechselseitige Abhängigkeit der Beteiligten. Dieser Abhängigkeitszustand ist die für das emotionale Verhältnis zwischen den Tauschenden ausschlaggebende Ebene der Beziehung. Durkheims etwas opake Ausführungen sollen den psychologischen Mechanismus umschreiben, durch den aus einem solchen Abhängigkeitszustand „Sympathiegefühle" zwischen den Individuen erwachsen. Demzufolge empfinden sie ihre wechselseitige Abhängigkeit im Sinne eines persönlichen Ergänzungsverhältnisses. Die andere Person werde mit der eigenen Person „assoziiert", ihr „Bild" verbinde sich mit dem Selbstbild. Die Entstehung einer emotionalen Bindung wird von Durkheim also als Ergebnis einer mentalen Verknüpfung von Vorstellungen erklärt: Da der andere als „natürliche" Ergänzung der eigenen Person regelmäßig präsent ist, wird er quasi zwangsläufig zum Objekt einer positiven affektuellen Besetzung. Die Austauschhandlungen sind dabei nur das Medium, durch die eine faktisch bestehende Abhängigkeit zwischen den beteiligten Individuen erkennbar wird und auf einer persönlichen Ebene nachempfunden werden kann. So erst wird es möglich, dass „Solidarität ... sich nicht nur in den kurzen Augenblicken aus(wirkt), in denen sie Gefälligkeiten tauschen, sondern weit darüber hinaus" (A: 108).

Wir können Durkheims Überlegungen als eine erste Erklärungshypothese formulieren. Sie führt die emotionale Bindung zwischen den Mitgliedern einer arbeitsteiligen Gruppe auf die wechselseitige Abhängigkeit der Beteiligten zurück. Die Qualifizierung ‚direkt' soll dabei anzeigen, dass es sich um Beziehungen handelt, bei denen die Beteiligten in einem persönlichen Kontakt zueinander stehen:

---

3 Die Annahme Schmids (1989: 633ff.), dass Durkheim bei seiner Analyse der Arbeitsteilung vor allem an die „gemeinschaftliche Herstellung von Kollektivgütern" (635) gedacht habe, lässt sich durch den Text schwerlich stützen. So spricht Durkheim ausdrücklich von den nur „kurzen Augenblicken", in denen die beteiligten Individuen „Gefälligkeiten tauschen" (A: 108). Dabei hat er ganz offenbar die Situation des Markttausches vor Augen.

Erklärung 1: *Direkte soziale Beziehungen zwischen Individuen, die auf einer wechselseitigen Abhängigkeit beruhen, führen zu einer emotionalen Bindung zwischen diesen Individuen.*[4]

Leider hat Durkheim nach dieser ersten Erklärungsskizze seinen Ansatz nicht systematisch weiter ausgebaut, sondern seine Erörterungen zu den Ursachen organischer Solidarität erst einmal abgebrochen. Er belässt es dabei, die Frage zu stellen, „ob die Arbeitsteilung nicht dieselbe Rolle auch in ausgedehnteren Gruppen spielt und ob sie in den zeitgenössischen Gesellschaften, in denen sie die uns bekannte Entwicklung genommen hat, nicht die Funktion hätte, den sozialen Körper zu integrieren und seine Einheit zu sichern" (A: 109).

Das ist in der Tat die entscheidende Frage, denn Durkheim hat mit seinem ersten Erklärungsschritt *allenfalls* eine plausible Erklärung für die Entstehung einer emotionalen Bindung zwischen Individuen gegeben, die aufgrund von Arbeitsteilung in einer direkten Austauschbeziehung stehen. Ob und inwieweit man berechtigt ist, die Erkenntnisse, die man über solche Beziehungen gewonnen zu haben glaubt, auf „ausgedehntere Gruppen" zu übertragen, ist vollkommen offen. Das Ziel Durkheims ist eine Erklärung für eine emotionale und solidaritätsstiftende Bindung zwischen *allen* Mitgliedern einer arbeitsteiligen Gesellschaft. In „ausgedehnteren Gruppen" können aber, auch wenn in ihnen Arbeitsteilung existiert, keine *direkten* sozialen Beziehungen zwischen allen ihren Mitgliedern bestehen. Anstatt nun seine Überlegungen mit einer Analyse dieser offenkundigen Schwierigkeit fortzusetzen, suggeriert Durkheim einfach, dass eine direkte Übertragung seiner Erklärung auch auf Großgruppen möglich ist: „Es ist eine sehr legitime Annahme, daß die gerade beobachteten Tatsachen sich hier in noch größerem Ausmaß wiederholen" (A: 109).

Diese Annahme ist zwar zutreffend. Die „beobachteten Tatsachen", nämlich die in persönlichen Beziehungen fühlbaren Abhängigkeiten zwischen Individuen und ihre emotionalen Konsequenzen, werden sich in Großgesellschaften tatsächlich „in noch größerem Ausmaß wiederholen". Sie können jedoch auch dann ein gefühlsmäßiges Band immer nur zwischen denjenigen Mitgliedern einer Gesellschaft knüpfen, die tatsächlich in direkten Beziehungen miteinander stehen. Was Durkheim aber als Grundlage einer umfassenden sozialen Solidarität zu erklären trachtet, ist eine emotionale Bindung zwischen *allen* Mitgliedern einer Gesellschaft. Dazu kann aber eine bloße Wiederholung der „gerade beobachteten Tatsachen" nichts oder nur wenig beitragen.

Beginnen wir also unsere eigene Suche danach, ob sich in der *Arbeitsteilung* verstreute Elemente einer weitergehenden Erklärung finden lassen. Zunächst einmal lässt sich von der relativ banalen Feststellung ausgehen, dass sich aus der Arbeitsteilung in einer Gruppe direkte soziale Beziehungen zwischen ihren Mitgliedern nicht nur in Form von Austauschhandlungen entwickeln können. Arbeitsteilung kann auch zu einer organisierten Form der Kooperation, zu einer planmäßigen Zusammenarbeit in der Verwirklichung gemeinsamer Ziele führen. Durkheim erwähnt diese Variante einer auf Arbeitsteilung be-

---

[4] Diese Hypothese wurde praktisch unverändert von Homans übernommen (vgl. Homans 1972: 153ff., 1978: 123ff.). Der individualistische Charakter von Durkheims Erklärungsansatz wird auch durch diese Affinität unterstrichen.

ruhenden Kooperation auch selber, ohne sich allerdings die Mühe zu machen, sie von marktvermittelten Austauschbeziehungen systematisch abzugrenzen.[5]

So stellt er etwa fest: „Zusammenarbeiten heißt in der Tat, sich an einer gemeinsamen Aufgabe beteiligen" (A: 176). Durkheim verwendet die Begriffe der „Zusammenarbeit" und der „gemeinsamen Aufgabe" im Folgenden dann aber so weit, dass sowohl der Austausch zwischen Käufer und Verkäufer als auch das organisierte Zusammenwirken der Arbeiter in einer Fabrik unter diese Begriffe fällt. Die Beziehungen, die zwischen den Arbeitern einer Fabrik, und die Beziehungen, die zwischen Käufern und Verkäufern bestehen, sind aber von unterschiedlicher Natur. Während Arbeiter kollektiv handeln, um ein gemeinsames Produkt herzustellen, geht es bei marktförmigen Austauschhandlungen um individuelle Handlungen und um Güter, die von den am Tausch Beteiligten nicht in einem integrierten Arbeitsprozess, sondern separat produziert wurden. Insofern kann man mit Durkheim sagen, dass der Tausch nur das „oberflächliche" und „äußerlich sichtbare" Zeichen einer bestehenden Abhängigkeit ist. In dieser Weise lässt sich eine planmäßige Kooperation nicht beschreiben. Die wechselseitige Abhängigkeit der Beteiligten in einem gemeinsamen Produktionsprozess drückt sich in *ihren* sozialen Kontakten nicht nur „oberflächlich" aus. In ihrer persönlichen Zusammenarbeit ist ihre wechselseitige Abhängigkeit vielmehr unmittelbar präsent und muss nicht erst „äußerlich sichtbar" gemacht werden.

Aus dieser Differenzierung folgt allerdings nicht, dass Durkheims *These 1* und ihre Erklärung auf den Fall eines arbeitsteilig organisierten Zusammenarbeitens *nicht* anwendbar wären. Im Gegenteil: Durkheims Überlegungen, die er exemplarisch anhand von Tauschbeziehungen angestellt hat, lassen sich auf den Fall organisierter Zusammenarbeit sogar sehr plausibel übertragen. *Wenn* es zutrifft, dass ein Bewusstsein wechselseitiger Abhängigkeit bei einem regelmäßigen Tausch arbeitsteilig hergestellter Güter zu einer emotionalen Bindung an den Tauschpartner führt, *dann* muss sich eine solche emotionale Bindung zwischen den Beteiligten auch als Folge einer organisierten arbeitsteiligen Zusammenarbeit entwickeln. Alle Faktoren, die nach Durkheim im Falle des Tauschs eine emotional fundierte Solidarität zwischen den beteiligten Individuen fördern, sind im Falle des organisierten Zusammenwirkens ebenso und stärker vorhanden: Die wechselseitige Abhängigkeit der Individuen ist in einer Organisationsstruktur institutionalisiert und in einem kollektiven Handlungsziel verkörpert; die persönlichen Beziehungen, die sich in diesem Kontext ergeben, beschränken sich in der Regel nicht nur auf punktuelle Kontakte, sondern werden

---

5 Durkheims Versäumnis, die unterschiedlichen Varianten einer arbeitsteiligen Kooperation deutlich zu trennen, wird ihm häufig und zu Recht vorgehalten; z.B. Corning (1982: 366), Schmid (1989: 631, 639f.), Müller (1992: 30f.), Müller und Schmid (1992: 513f.). Fast ebenso häufig wird ihm vorgeworfen (z.B. Corning 1982: 366; Joas 1992: 92; Schmid 1993: 496), dass seine Theorie schon deshalb unplausibel sei, weil eine moderne arbeitsteilige Gesellschaft nicht durch eine konfliktfreie Kooperation, sondern durch eine konkurrenzbestimmte „antagonistische Kooperation" zwischen ihren Mitgliedern gekennzeichnet sei. Konkurrenz wäre aber kein geeigneter Nährboden für gegenseitiges Wohlwollen und Solidarität. Dieser Einwand verkennt, dass gerade eine gelingende „antagonistische Kooperation", d.h. eine Kooperation, bei der vorhandene Anreize zu einem nicht-kooperativen Verhalten *überwunden* werden, als Quelle emotionaler Bindungen prima facie *besonders* plausibel erscheint – wobei dann solche Bindungen ihrerseits wiederum zur Stabilisierung der Kooperation gegenüber Anreizen zur Defektion beitragen können (zur ausführlichen Analyse des Begriffs der „antagonistischen Kooperation" vgl. Kliemt 1986).

dauerhaft und mehr oder weniger intensiv sein: „Die Arbeitsteilung setzt voraus, daß der Arbeiter, statt sich ausschließlich mit seiner Aufgabe zu beschäftigen, seine Mitarbeiter nicht aus den Augen verliert, auf sie einwirkt und von ihnen beeinflußt wird" (A: 442). Die Voraussetzungen für das Entstehen einer emotionalen Bindung zwischen den Beteiligten sind also – aus dem Blickwinkel von Durkheims Erklärungsansatz – im Rahmen des kollektiven Handelns in einer organisierten arbeitsteiligen Kooperation ceteris paribus sogar besser als im Rahmen eines individuellen Handelns in marktförmigen Tauschbeziehungen. *Erklärung 1* lässt sich deshalb sowohl auf solche Tauschbeziehungen als auch auf Formen der arbeitsteiligen Zusammenarbeit anwenden.

Einen Erfolg versprechenden Ansatzpunkt, um den Gedankengang Durkheims mit einiger Plausibilität auch auf „ausgedehntere Gruppen" übertragen zu können, haben wir damit freilich noch nicht gefunden. Denn auch im Fall einer planmäßigen arbeitsteiligen Zusammenarbeit bezieht sich die Erklärung auf die *persönlichen* Beziehungen, die sich als Folge der Zusammenarbeit zwischen bestimmten Individuen entwickeln. Gefühle der Solidarität können auf dieser Grundlage nur zwischen den Mitgliedern von Gruppen mit einer überschaubaren Größe entstehen. Das Ziel von Durkheim muss es aber sein – wie schon betont –, die Existenz einer die Gesamtgesellschaft umfassenden sozialen Solidarität aus der Arbeitsteilung zu erklären. Die emotionale Bereitschaft zur Solidarität darf bei einem Individuum nicht nur auf jene relativ kleine Gruppe von Mitmenschen beschränkt sein, mit denen es in Austausch- oder Kooperationsbeziehungen direkte persönliche Kontakte unterhält.

Sucht man in der *Arbeitsteilung* nach Hinweisen, wie man die emotionale Basis einer solchen ‚generalisierten' Form der sozialen Solidarität erklären könnte, fällt das Ergebnis mager aus. Eine solche Erklärung muss ja plausibel machen, wie aus der Arbeitsteilung Gefühle der Solidarität auch zwischen Menschen entstehen können, die niemals in einer direkten Austausch- oder Kooperationsbeziehung miteinander stehen, ja, die vielleicht niemals von der persönlichen Existenz des anderen erfahren oder die sogar in ein offenes Konkurrenzverhältnis zueinander geraten.

Durkheims einziges Argument dafür, dass auch ein solcher generalisierter Altruismus dennoch aus der Arbeitsteilung entstehen wird, besteht aber nur in einer schlichten Verallgemeinerung seines Gedankens, dass Abhängigkeit emotionale Bindungen erzeugt. Demnach würde das Bewusstsein einer wechselseitigen Abhängigkeit sich nicht nur im Rahmen persönlicher Beziehungen in positive Gefühle dem jeweiligen Interaktionspartner gegenüber umsetzen, sondern auch im Rahmen anonymer und unpersönlicher und insoweit ‚indirekter' Beziehungen zu den anderen Mitgliedern einer arbeitsteiligen Gruppe. Durch die Arbeitsteilung werde sich der Einzelne nicht nur seiner Abhängigkeit von denjenigen Individuen bewusst, mit denen er in direktem Kontakt steht, sondern auch seiner Abhängigkeit von der gesamten Gruppe, deren Mitglied er ist. Und in der Tat: In einer arbeitsteiligen Gesellschaft ist man insgesamt davon abhängig, dass andere Personen ihre Funktionen erfüllen, auch diejenigen, mit denen man nicht in einem persönlichen Kontakt steht. Die Folge ist nach Durkheim ein entsprechender Umfang auch der altruistischen Gefühle: „Weil sich das Individuum nicht selbst genügt, erhält es von der Gesellschaft alles, was es benötigt, und für ebendiese Gesellschaft setzt es sich ein. So bildet sich ein starkes Gefühl der Abhängigkeit, in der es sich befindet: Es gewöhnt sich daran, seinen

Wert richtig einzuschätzen, d.h. sich als ein Teil eines Ganzen zu betrachten, als Organ eines Organismus" (A: 285).

Diese kursorischen Ausführungen Durkheims zielen also auf eine erhebliche Ausweitung seiner Erklärung, wie solidarische Gefühle aus der Arbeitsteilung entstehen. Während die erste Erklärung die emotionalen Bindungen zwischen Individuen auf die aus ihrer wechselseitigen Abhängigkeit sich ergebenden persönlichen Beziehungen zurückführt, sollen nunmehr für eine solche emotionale Bindung zwischen Individuen auch indirekte Beziehungen ausreichend sein: ‚soziale Netzwerke', in denen ihre wechselseitigen Abhängigkeiten in einer persönlich nur ausschnittweise zurechenbaren und insgesamt nur sehr vermittelten Weise manifestiert sind.

Wir gelangen demnach zu der folgenden Erklärungshypothese:

Erklärung 2: *Indirekte soziale Beziehungen zwischen Individuen, die auf einer wechselseitigen Abhängigkeit beruhen, führen zu einer emotionalen Bindung zwischen diesen Individuen.*

Durkheim schweigt sich über den psychologischen Mechanismus, der in diesem Fall für die Entstehung von Altruismus verantwortlich sein soll, weitgehend aus. Offenbar soll schon allein das Bewusstsein von einem solchen Abhängigkeitsverhältnis und einem ihm entsprechenden Netzwerk indirekter Beziehungen dafür sorgen, dass die entsprechenden Emotionen und Sympathiegefühle entstehen. Auch erörtert Durkheim nicht den Zusammenhang zwischen seiner ersten und zweiten Erklärung. Im Lichte der zweiten Erklärung könnte die erste Erklärung als mehr oder weniger überflüssig erscheinen, denn eine direkte persönliche Beziehung zwischen Individuen ist gemäß der zweiten Erklärung für die Entstehung von Solidaritätsgefühlen nicht mehr ausschlaggebend.

Man sollte *Erklärung 2* trotzdem nicht vorschnell jede Plausibilität absprechen. So sind die Anforderungen an die Opferbereitschaft des Einzelnen, die Durkheim mit dem Begriff der Solidarität verbindet, differenziert zu sehen. Der Altruismus, den Durkheim in einer arbeitsteiligen Gesellschaft erwartet, erscheint in mancherlei Hinsicht durchaus als begrenzt: „Die Rolle der Solidarität besteht nicht darin, die Konkurrenz zu unterdrücken, sondern diese zu mäßigen" (A: 434). Mit anderen Worten: Im Verhältnis zu denjenigen Personen, mit denen man nicht zur Verwirklichung gemeinsamer Ziele zusammenarbeitet oder mit denen man nicht in einer regelmäßigen Austauschbeziehung steht, ist der gesellschaftserhaltenden Solidarität im Wesentlichen schon dann Genüge getan, wenn man sich nicht gegenseitig den Schädel einschlägt. Die Alternative ist eben offener Kampf und die mörderische Auseinandersetzung um angesichts von Bevölkerungswachstum und -dichte immer knapper werdende Ressourcen. Die Arbeitsteilung und ‚ihre' Moral ist unter diesem Gesichtspunkt eher eine ‚Minimalmoral', deren Wert vor allem im Vergleich mit dem Übel eines unreglementierten Überlebenskampfes erkennbar wird. In diesem Vergleich erhält eine friedliche Konkurrenz eine durchaus moralische Qualität: „Die Arbeitsteilung ist also ein Ergebnis des Lebenskampfes, aber in einer gemilderten Form. Dank der Arbeitsteilung brauchen sich die Rivalen nicht gegenseitig zu beseitigen, sie können im Gegenteil nebeneinander existieren" (A: 330).

Allerdings erachtet Durkheim den friedlichen Charakter der Konkurrenz allein als nicht ausreichend. In seiner Analyse der „anormalen" Formen der Arbeitsteilung betont Durkheim, dass eine notwendige Voraussetzung für die solidaritätsfördernde Wirkung der

Arbeitsteilung darin besteht, dass die Bürger die gesellschaftlichen Verhältnisse als im Großen und Ganzen *gerecht* empfinden (A: 443ff.). Mit Max Weber könnte man sagen: Damit Solidarität entsteht, muss ein Legitimitätsglauben vorhanden sein. Das würde bedeuten, dass nicht jede Art von Konkurrenz und konkurrentem Verhalten als akzeptabel betrachtet wird. Es ginge dann nicht nur um die bloße Friedlichkeit des Lebenskampfes, sondern auch darum, dass er in gerechten Bahnen verläuft. Sind diese Voraussetzungen erfüllt, werden die Gefühle gegenüber einem Konkurrenten nicht nur dadurch bestimmt sein, dass man im Wettbewerb miteinander steht, sondern auch dadurch, dass dieser Wettbewerb in einer fairen Weise stattfindet. Nimmt man hinzu, dass jeder der Beteiligten sich nach Durkheim darüber bewusst sein muss, dass auch Konkurrenten ihren notwendigen Beitrag zu einer arbeitsteiligen Gesellschaft leisten, von deren Funktionieren alle abhängig sind, dann erscheint es nicht als von vornherein abwegig, dass man auch dem Konkurrenten in einem solchen System fairen Wettbewerbs eine gewisse Sympathie und Solidarität entgegenbringen kann.

IV. Normen und Pflichten als Fundamente der Solidarität

Neben den moralischen Gefühlen ruht die Solidarität einer arbeitsteiligen Gesellschaft nach Durkheim auf einer zweiten unverzichtbaren Säule: auf Regeln und Normen, die den Mitgliedern der Gesellschaft vorschreiben, *wie* sie sich im Sinne sozialer Solidarität verhalten sollen. Überall, wo man eine solidarische arbeitsteilige Gesellschaft beobachtet, sei es so, dass man „gleichzeitig eine genügend entwickelte Reglementierung antrifft, die die wechselseitigen Beziehungen der Funktionen bestimmt" (A: 433f.).

Ging es bei der Erklärung für die Herkunft moralischer Gefühle eher um den motivationalen Aspekt solidarischen Handelns, steht jetzt die Frage im Vordergrund, welchen *Inhalt* ein solidarisches Handeln haben soll. Und auch hier ist für Durkheim klar, dass es sich um *neue* Inhalte handeln muss, wenn man es mit einer arbeitsteiligen Gesellschaft im Vergleich zu einer segmentären Gesellschaft zu tun hat. Während es im Hinblick auf die emotionalen Grundlagen der Solidarität um die Entstehung von altruistischen Gefühlen gegenüber Personen geht, mit denen man ohne Arbeitsteilung gar keine sozialen Kontakte hätte, geht es im Hinblick auf die Inhalte der Solidarität um die Reglementierung von sozialen Beziehungen, die in einer nicht-arbeitsteiligen Gesellschaft vollständig unbekannt sind: „Damit die organische Solidarität existieren kann, genügt es nicht, daß es ein System von aufeinander angewiesenen Organen gibt, die auf allgemeine Weise ihre Solidarität empfinden, sondern dazu muß auch vorweg die Art und Weise bestimmt sein, wie sie zusammenwirken müssen" (A: 434).

Es ist häufig darauf hingewiesen worden, dass Durkheim bei der Erklärung für die Entstehung der Regeln und Normen solidarischen Verhaltens noch viel weniger systematisch vorgeht als bei der Erklärung für die Entstehung solidarischer Gefühle. Tatsächlich findet sich ein Erklärungsansatz in der *Arbeitsteilung* erst gegen Ende des Buches, in Kapiteln, in denen Durkheim die anormalen Formen der Arbeitsteilung erörtert. Das heißt aber nicht, dass Durkheim nicht bereits zuvor ausführlich und in vielen Wendungen immer wieder auf die wichtige Bedeutung von moralischen (und rechtlichen) Regeln und Normen auch und gerade für eine arbeitsteilige Gesellschaft hingewiesen hätte.

So wendet sich Durkheim in dem berühmten siebten Kapitel der *Arbeitsteilung* gegen die Ansicht, dass alle Regelungen und Normierungen in einer arbeitsteiligen Gesellschaft aus den Verträgen hervorgehen könnten, die Privatrechtssubjekte miteinander schließen. Zum einen, sagt Durkheim, existieren nichtvertragliche Beziehungen, etwa in der Familie, deren Regeln und Normen aus anderen Quellen stammen müssen. Zum anderen gelte: „nicht alles ist vertraglich beim Vertrag". Der Vertrag sei „überall" einer Regelung unterworfen, „die das Werk der Gesellschaft ist und nicht das der Einzelperson, und diese Reglementierung wird immer umfangreicher und immer komplizierter" (A: 267f.).

Zur Untermauerung dieser Auffassung verweist Durkheim unter anderem auf die unvermeidbare Unvollständigkeit jeden Vertrages. Bei Vertragsabschluss könnten wir nicht „die Vielfalt der möglichen Umstände voraussehen, durch die uns unser Vertrag führt, noch einfach vorausrechnen, welches in jedem Fall die Rechte und die Pflichten eines jeden einzelnen sein werden" (A: 270). Die Vertragspartner stünden andererseits vor dem Problem, dass die Bedingungen ihrer Zusammenarbeit „für die Dauer ihrer Beziehungen" festgelegt sein müssten: „Die Pflichten und Rechte eines jeden einzelnen müssen definiert sein, nicht nur angesichts der bei Vertragsschluß bestehenden Situation, sondern im Hinblick auf die Umstände, die späterhin eintreten und sie verändern können. Andernfalls gäbe es jeden Augenblick Konflikte und neuerliche Schwierigkeiten" (A: 269).

Zu Recht betont Durkheim, dass die Interessenharmonie, die bei Vertragsschluss besteht, keineswegs garantiert, dass diese Harmonie auch während der Abwicklung des Vertrages gleich bleibend vorausgesetzt werden kann (A: 260, 434). Gäbe es dann keine Regeln und Normen, auf die man bei Bedarf zurückgreifen könne, müsse man sich bei neu auftretenden Problemen auf dem Wege des Kompromisses um ein neues „Gleichgewicht" der Interessen bemühen, „das man nur nach mehr oder weniger mühsamen Versuchen finden kann". Ein solches Suchen könne man aber nicht „immer wieder aufnehmen noch jedesmal dieses Gleichgewicht unter Inkaufnahme neuerlicher Kosten wiederherstellen". Durkheim resümiert: „Wenn wir also nur unter den Bedingungen vertraglich gebunden wären, wie sie tatsächlich ausgehandelt worden sind, ergäbe sich daraus aus all den angeführten Gründen nur eine höchst gebrechliche Solidarität" (A: 270).[6]

Diese Lücke auszufüllen sei zum einen die Funktion des Vertragsrechts. Seine Regelungen legen uns Verpflichtungen auf, die nicht das Werk der Vertragspartner, sondern der Gesellschaft sind. Diese Regelungen stellen nach Durkheim keine bloß nützlichen Ergänzungen privater Abmachungen dar. Sie seien deren „Grundnorm" und die Basis unserer Vertragsbeziehungen. Regeln und Normen dieser Art sind aber nicht nur Inhalt des Rechts. Sie sind auch Bestandteil der „Sitten": „In der Art, wie wir unsere Verträge

---

6 Die Erkenntnis, dass die unvermeidbare Unvollständigkeit von Verträgen dem Vertrauen in die moralische Integrität des Vertragspartners bei marktlichen Transaktionen eine wichtige Rolle zuweist, ist mittlerweile auch in der Ökonomie Allgemeingut (stellvertretend für viele: Arrow 1985: 140). Es ist deshalb bemerkenswert, dass ausgerechnet ein Soziologe, nämlich Niklas Luhmann, Durkheim den Vorwurf macht, dass bei ihm „die Effekte des *Geldmechanismus*, Moral in der Interaktion zu neutralisieren, außer acht bleiben" (Luhmann 1992: 35). Dieses Argument geht an dem entscheidenden Punkt vorbei: Denn aus der Tatsache, dass bei der Festlegung des Marktwertes von Gütern moralische Bewertungen keine Rolle spielen, folgt ja keineswegs, dass bei vertraglichen Beziehungen insgesamt moralische Orientierungen der Beteiligten irrelevant sind. Für eine informierte und informative soziologische Untersuchung ökonomischer Transaktionen vgl. Granovetter (1985).

schließen und ausführen, müssen wir uns Regeln beugen, die zwar weder direkt noch indirekt durch eine Gesetzesnorm sanktioniert sind, die aber gleichwohl nicht weniger verpflichtend sind" (A: 272). Es reiche nicht, dass „die öffentliche Autorität darüber wacht, daß die Vertragspflichten eingehalten werden; dies muß darüber hinaus, wenigstens im großen Durchschnitt der Fälle, spontan geschehen. Wenn die Verträge nur unter Gewalt oder aus Furcht vor der Gewalt gehalten werden, wäre die Vertragssolidarität auf einzigartige Weise prekär" (A: 451).

Wie entstehen aber nun diese Regeln und Normen sozialer Solidarität, und wie erhalten sie ihren verpflichtenden Charakter? Generell gilt für sie dasselbe wie für die moralischen Gefühle: „Im normalen Zustand ergeben sich diese Regeln ... von selbst aus der Arbeitsteilung; sie sind nur eine Art Verlängerung derselben" (A: 434). Es sei auch in diesem Fall die Arbeitsteilung selber, die unter den Menschen „ein ganzes System von Rechten und Pflichten (erzeugt), das sie untereinander dauerhaft bindet" (A: 477). So, wie die Arbeitsteilung die Gefühle entstehen lässt, die sie für ihre stabile Existenz benötigt, so produziert sie auch aus eigener Kraft die Normen und Pflichten, ohne die ihre Funktionen nicht harmonisch koordiniert werden könnten. Es lässt sich demnach eine weitere These formulieren:

These 2: Arbeitsteilung innerhalb einer Gruppe führt zu verpflichtenden Normen für die Mitglieder dieser Gruppe.[7]

Der Erklärungsansatz, den Durkheim für die Untermauerung dieser These formuliert, folgt wiederum einem rein individualistischen Gedankengang. Der Mechanismus der Entstehung von Normen und Pflichten wird von ihm als Habitualisierungsprozess in der Verlaufsgeschichte individueller Beziehungen dargestellt, wie sie sich aus der Arbeitsteilung ergeben: „Es gibt bestimmte Arten, aufeinander zu reagieren, die, weil sie der Natur der Dinge gemäßer sind, sich öfter wiederholen und zu Gewohnheiten werden. Diese Gewohnheiten verwandeln sich, je stärker sie werden, sodann in Verhaltensregeln. Die Vergangenheit legt die Zukunft fest. Anders ausgedrückt: Es gibt eine bestimmte Ausgangsmenge von Rechten und Pflichten, die der Brauch begründet und die schließlich verpflichtend werden" (A: 435). Überall da, „wo die solidarischen Organe in hinreichendem und genügend langem Kontakt miteinander stehen", werde sich „spontan" ein solches „Regelsystem" herausbilden. Unter diesen Bedingungen „vollzieht sich der gegenseitige Austausch leicht; und da er regelmäßig stattfindet, vollzieht er sich auch häufig. Er regelt sich von selbst, und mit der Zeit konsolidiert er sich vollends. Weil die geringsten Reaktionen auf beiden Seiten registriert werden können, tragen schließlich die Regeln, die auf diese Weise entstehen, deren Zeichen, d.h. sie sehen die Gleichgewichtsbedingungen voraus und fixieren sie bis in die Einzelheiten" (A: 437). Es gebe somit einen „langsamen Vorgang der Festigung, dieses Netz von Verbindungen ..., das sich nach und nach von selbst spinnt und das aus der organischen Solidarität etwas Dauerhaftes macht" (A: 435).

Weitere substantielle Ausführungen Durkheims zu der Entstehung von sozialen Normen und Pflichten finden sich in der *Arbeitsteilung* nicht. Wir können seinen wesentlichen Gedankengang deshalb entsprechend knapp ausdrücken:

---

7 Auch für diese These gibt es bei Homans ein Pendant (vgl. Homans 1978: 134ff., 373ff.).

Erklärung 3:   In sozialen Beziehungen zwischen Individuen, die auf einer wechselseitigen Abhängigkeit beruhen, entwickeln sich Gewohnheitsregeln, aus denen verpflichtende Normen entstehen.

Wenn man diese Erklärung akzeptiert, dann lassen sich Durkheims Überlegungen in der *Arbeitsteilung* insgesamt als ein durchaus vielschichtiges individualistisches Erklärungsmodell für die Entstehung einer der arbeitsteiligen Gesellschaft angemessenen Moral rekonstruieren. Dabei muss man zunächst berücksichtigen, dass sich Durkheim zufolge die Arbeitsteilung in einer Gesellschaft nur auf dem Boden einer bereits existierenden – mechanischen – Solidarität etablieren kann. Ohne sie gäbe es gerade in einer Periode des Umbruchs und des „Herumtastens" nur „ein Chaos, aus dem keine neue Ordnung entstehen könnte. ... Die Arbeitsteilung kann also nur innerhalb einer schon existierenden Gesellschaft entstehen. Damit wollen wir nicht einfach sagen, daß die Individuen materiell miteinander verbunden sind, sondern daß es zwischen ihnen moralische Bande geben muß" (A: 336). Zwar sei es wahr, dass die Arbeitsteilung, „wenn sie einmal entstanden ist, sie die sozialen Bande enger zieht und aus der Gesellschaft eine vollkommenere Individualität macht. Diese Integration setzt indessen eine andere voraus, die sie ersetzt" (A: 338). Durkheim hält es für ausgeschlossen, dass stabile Kooperation und Solidarität aus moralfreien, etwa nur auf Interessen beruhenden sozialen Beziehungen entstehen können.

Allerdings handelt es sich bei der bereits vorhandenen Solidarität um eine Art von Solidarität, die einer nicht-arbeitsteiligen Gesellschaft entstammt.[8] Die zunächst weiterhin bestehende Bindungskraft dieser Solidarität wird aber dafür sorgen, dass die Menschen, die sich in ‚neuen' arbeitsteiligen Vertragsbeziehungen bewegen, durch ein Band altruistischer Gefühle davon abgehalten werden, bei jeder sich bietenden Gelegenheit ihren egoistischen Vorteil zu Lasten ihrer Partner zu suchen. Weitgehend im Kontext der überschaubaren Gruppen der ‚alten' Gesellschaft werden sie außerdem zu Beginn in einem regelmäßigen und intensiven Kontakt zueinander stehen. So können sich ‚spontan' gewohnheitsmäßige Regeln und Normen als nichtvertragliche Bestandteile des Vertrags herausbilden. Dadurch wird die Vertragsgestaltung entlastet, die Vertragsbeziehungen gestalten sich harmonisch und ökonomisch. Die vorhandenen moralischen Gefühle erzeugen die notwendige Motivation, sich an die Regeln und Normen auch dann zu halten, wenn von einem Interessenstandpunkt ein anderes Verhalten vorteilhafter wäre. Nachdem diese gewohnheitsmäßigen Normen über eine längere Zeit in Geltung sind, entwickeln sie schließlich einen verpflichtenden Charakter. Dieser führt gemeinsam mit den neu entstandenen moralischen Gefühlen einer organischen Solidarität zu einer ausreichenden motivationalen Bindung an die Normen, so dass diese auch dann eingehalten werden und die Vertragsbeziehungen der Beteiligten regeln können, wenn die ‚alte' Moral und eine mechanische Solidarität endgültig den erodierenden Kräften der arbeitsteiligen Gesellschaft erlegen sind.

Wir erblicken hier also ein im Kern sehr harmonisches Bild des Übergangs von der ‚Gemeinschaft' zu ‚Gesellschaft'. Die Mechanismen der modernen arbeitsteiligen Gesellschaft machen dabei Moral und Solidarität nicht etwa überflüssig, aber sie werden auch nicht einfach von anderen Formen der Gesellschaft übernommen oder ‚geerbt'. Die ar-

---

8 Durkheim macht sich deshalb mit dieser Annahme auch keiner „petitio principii" (Schmid 1989: 629) schuldig.

beitsteilige Gesellschaft verfügt vielmehr selbst über eine ‚moralische Produktivkraft', indem gerade diejenigen Prozesse der zunehmenden Arbeitsteilung, die überkommene gesellschaftliche Verhältnisse und damit auch eine ihnen entsprechende Moral und Solidarität zerstören, selber eine neue Moral und Solidarität schaffen. Die Moral und Solidarität, die aus der Arbeitsteilung erwächst, ist eine genuine und eigenständige Form der Moral und Solidarität, die die alten und absterbenden Formen ersetzt und ersetzen muss. Und erklärt wird dieser ganze Vorgang aus den natürlichen Anlagen der Individuen und der Art der sozialen Beziehungen, die sie in einer arbeitsteiligen Gesellschaft eingehen.[9]

Dieses harmonische Bild wird durch Durkheims Zugeständnis, dass es auch „anormale" Formen der Arbeitsteilung geben kann, nicht grundsätzlich in Frage gestellt. Durkheims Analyse der „pathologischen Formen" der Arbeitsteilung, die, anstatt zu sozialer Solidarität, „auch zu ganz anderen und sogar entgegengesetzten Ergebnissen führen" können (A: 421), signalisiert (noch) keinen prinzipiellen Zweifel an der *im Normalfall* integrativen und moralischen Kraft der Arbeitsteilung. Die Analyse ihrer pathologischen Formen soll nur zeigen, dass *Arbeits*teilung nicht unter *allen* Bedingungen zu der Entstehung organischer

---

9 Beckert (1997) vertritt eine deutlich abweichende Interpretation von Durkheims Theorie. Durkheim habe demnach organische Solidarität „nicht vornehmlich aus den in Tausch- oder Kooperationskontakten zwischen den beteiligten Akteuren entstehenden Einsichten" herleiten wollen (642), sondern vielmehr „die Entstehung solidarischer Beziehungen aufgrund der Einbindung des Tausches in die *Institution* des Vertrages" zu erklären gesucht (634). Beckert behauptet, dass Durkheim eine „Regulation von Vertragsbeziehungen" unterstellt, die „zur Festlegung der Vertragspartner auf gerechte Verträge" führt und damit ermöglicht, dass „vertragliche Beziehungen als funktionaler Ersatz für das Kollektivbewußtsein einspringen" (640). Durch den Vertrag blieben so „die auf den ersten Blick rein spontanen Beziehungen in Wirklichkeit ... einer moralischen Regulation unterworfen" (634). Die „Entfaltung einer neuen Form der Solidarität" basiere deshalb „weniger auf den Auswirkungen arbeitsteiliger Kooperation als vielmehr auf der Einbindung der Akteure in die im Vertrag institutionalisierten solidarischen Verkehrsformen" (630). Die Annahme, dass Durkheim organische Solidarität mit „der disziplinierenden Funktion" (642) gerechter Verträge erklären will, verkehrt Durkheims tatsächliche Absicht jedoch. Für Durkheim verkörpern zwar gerechte Verträge in der Tat eine Form der organischen Solidarität, nämlich die Vertragssolidarität, die auf dem „Konsensus" der Vertragspartner beruhe (A: 450). Diese Form der Solidarität kommt aber gerade nicht aufgrund von moralischen Regulationen und institutionalisierten Verkehrsformen zustande, sondern gründet allein auf dem übereinstimmenden Willen der Beteiligten. Die Gerechtigkeit des Vertrages muss nicht durch eine „Disziplinierung" oder „Festlegung" von außen gesichert werden, sondern wird durch die freiwillige Zustimmung der Vertragspartner garantiert. Die Beteiligten werden einem Vertragsabschluss nämlich nur dann „voll" zustimmen, „wenn die ausgetauschten Dienste einen äquivalenten sozialen Wert haben" (A: 452) und damit Durkheims Kriterium für gerechte Vertragsabschlüsse erfüllen. Insofern stellt sich das „Gleichgewicht der Willensakte", das in einem gerechten Vertrag seinen Ausdruck findet, „ein und erhält sich aus sich selbst, weil es nur eine Folge und eine andere Form des Gleichgewichts der Dinge selbst ist. Es ist wirklich spontan" (A: 452). In diesem FAll kann man mit einer stabilen Vertragssolidarität rechnen, d.h. mit einer verlässlichen Einhaltung der Vertragspflichten (A: 451). Und man kann damit rechnen, dass von solchen Vertragsbeziehungen weitere förderliche Wirkungen für die soziale Solidarität ausgehen, wie die Entwicklung eines wechselseitigen Altruismus oder die Entstehung sozialer Normen. Gerechte Verträge sind insofern besonders wichtige Keimzellen sozialer Solidarität, soziale Solidarität erschöpft sich bei Durkheim aber keineswegs in Beziehungen, die in die Institution des Vertrages eingebunden und durch diese Institution geregelt sind.

Solidarität führt. Zu den dafür notwendigen Bedingungen zählt Durkheim in der *Arbeitsteilung* jedoch gerade nicht jene überindividuellen gesellschaftlichen Instanzen, die in seinem späteren Werk oder auch schon in der neuen Einleitung zur *Arbeitsteilung* in Form der „Berufsorganisationen" eine so große Rolle spielen sollten. Die „Anomie" der Gesellschaft ist in der Arbeitsteilung noch kein Zustand, der – wie im Der Selbstmord (Durkheim 1997: 273ff.) – auf das Fehlen von Kollektivkräften zurückgeführt wird. Im Gegenteil: In seinen Ausführungen zu den pathologischen Formen der Arbeitsteilung betont Durkheim, dass „die Arbeitsteilung die Solidarität nur erzeugt, wenn sie spontan ist", und ganz in einem individualistischen Geist fügt er hinzu, dass man unter Spontaneität „das Nichtvorhandensein all dessen" verstehen müsse, das „die freie Entwicklung der sozialen Kräfte behindern könnte, die jeder in sich trägt" (A: 446).[10]

V. Die anti-individualistische Wende

Durkheim selber und mit ihm viele seiner Nachfolger in der Soziologie dieses Jahrhunderts sind seinem frühen individualistischen Weg nicht weiter gefolgt. Durkheim vollzieht im Gegenteil einen tief gehenden Bruch mit seinem Ansatz in der *Arbeitsteilung*. Kaum ein Element der im Vorhergehenden rekonstruierten Überlegungen und Erklärungsansätze sollte Bestand haben. Die neue Einleitung zur *Arbeitsteilung* enthält bereits die wesentlichen Argumente, die aus Durkheims Sicht zu einer grundlegenden Revision seiner Theorie drängen – auch wenn er diese Konsequenz nicht ausdrücklich formulieren mag und herunterzuspielen versucht. Diese Argumente betreffen sowohl die gefühlsmäßige Verankerung eines solidarischen Handelns als auch die spezifischen Normen und Pflichten, denen ein solches Handeln unterworfen ist. Durkheim hält es im Nachhinein weder für möglich, die emotionalen Bindungen zwischen den Mitgliedern einer arbeitsteiligen Gesellschaft aus den sozialen Beziehungen der Individuen zu erklären, noch betrachtet er es länger als plausibel, dass der verpflichtende Charakter von Regeln und Normen aus den Gewohnheiten individuellen Handelns entsteht.

Wie Durkheim in der neuen Einleitung zur *Arbeitsteilung* bestätigt, wollte er ursprünglich nachweisen, dass Arbeitsteilung „nicht notwendigerweise Zersplitterung und die Zusammenhanglosigkeit erzeugt, sondern daß die Funktionen vielmehr versuchen, wenn sie untereinander genügend Kontakt haben, selbst einen Ausgleich zu gewinnen und sich zu regulieren" (A: 45). Wir haben gesehen, wie Durkheim diesen Ausgleich als einen spontanen Prozess der Entstehung moralischer Gefühle und Normen aus den interindividuellen Beziehungen in einer arbeitsteiligen Gesellschaft erklären wollte. Jetzt gesteht er ein: „Diese Erklärung ist unvollständig" (A: 45). Durkheim ist mittlerweile zu der Überzeugung gekommen, dass die Macht, die von der Moral über die Menschen ausgeübt wird, nicht aus ihren individuellen Beziehungen untereinander erwachsen kann. Die moralische Bindung sei etwas, „was das Individuum überschreitet" (A: 56). Sie setze daher eine von den

---
10 Insofern trifft es für den Durkheim der *Arbeitsteilung* kaum zu, dass er „in der Anomie die Krise fortgeschrittener Gesellschaften, die organische Solidarität untergräbt und gerechte Sozialbeziehungen verhindert", erblickt (Müller 1992: 36). Vielmehr versteht er hier Anomie in der Tat nur als ein „temporäres Krisenphänomen", als eine „Abweichung von einem festliegenden Entwicklungspfad" (Müller und Schmid 1992: 516f.).

Individuen als überlegen anerkannte und respektierte Instanz voraus. Das neue Schlüsselwort für Durkheim heißt „Autorität": „Die menschlichen Leidenschaften halten nur vor einer moralischen Macht inne, die sie respektieren. Wenn aber jede Autorität dieser Art fehlt, dann herrscht das Recht des Stärkeren, und der latente oder offene Kriegszustand ist notwendigerweise chronisch" (A: 43). Die notwendige Autorität kann aber nach Durkheim nur durch die Gesellschaft als Ganze, durch das Kollektiv verkörpert werden. Damit ist jeder individualistischen Erklärung einer Entstehung der Moral eine Absage erteilt. Und damit wird auch der ehedem so wortreich betonte Unterschied zwischen den Formen einer mechanischen, auf Kollektivgefühlen beruhenden Solidarität und einer organischen, auf wechselseitigen Abhängigkeiten beruhenden Solidarität weitgehend irrelevant. Das Kollektiv nimmt im Denken Durkheims fortan den unangefochten ersten Platz ein.

Das schlägt sich auch in einer in bezeichnender Weise veränderten Bewertung der Dignität der Moral einer arbeitsteiligen Gesellschaft nieder. In der *Arbeitsteilung* geht Durkheim noch davon aus, dass nur die Moral der archaischen Gesellschaft für den Einzelnen eine sakrale und religiöse Aura ausstrahlt. Der Moral einer arbeitsteiligen Gesellschaft wird dagegen ein mehr pragmatischer Charakter zugestanden: „Die Regeln, die sie bestimmen, können also nicht jene überragende Kraft und jene transzendente Autorität gewinnen, deren Verletzung eine Sühne verlangt" (A: 179). In der neuen Einleitung zur Arbeitsteilung heißt es dagegen unmissverständlich, dass *jede* moralische Norm „mit Macht" dahin neige, „eine religiöse Form anzunehmen" (A 55). Es ist hinreichend bekannt, dass dieser Gedanke in den späteren Schriften Durkheims einen immer breiteren Raum einnimmt: „Somit ist der Moralbereich wie von einer geheimnisvollen Mauer umgeben, die den Schänder abhält, so wie der religiöse Bereich den Anschlägen des Weltkindes entzogen ist. Es ist ein *heiliger* Bereich. Alle Dinge, die er umfasst, sind wie von einer besonderen Würde umgeben, die sie über unsere empirischen Individualitäten erhebt und ihnen eine Art transzendenter Wirklichkeit verleiht" (Durkheim 1995: 65).

Diese neu postulierte Abhängigkeit einer wirksamen Moral von einer überindividuellen, quasi-religiösen Autorität besteht nach Durkheim sowohl für die affektuellen und emotionalen Grundlagen moralischen Handelns als auch für den verpflichtenden Charakter moralischer Regeln und Normen. Im Hinblick auf die emotionalen Aspekte der Moral fasst er sich in der neuen Einleitung kurz: „Eine Gruppe ist nicht nur eine moralische Autorität, die das Leben ihrer Mitglieder lenkt, sie ist auch eine Lebensquelle *sui generis*. Aus ihr strömt eine Wärme, die Herzen anregt und belebt, die sie für die Sympathie öffnet und die Egoismen zergehen läßt" (A: 69). In dieser kurzen Formulierung deutet sich die entscheidende Veränderung jedoch bereits an: Die Quelle für moralische und altruistische Gefühle wird nicht länger in der Qualität der sozialen Beziehungen der Individuen untereinander lokalisiert. Es ist auch nicht mehr das Gefühl der Abhängigkeit von anderen Menschen, das sich in eine emotionale Bindung zu diesen Menschen umsetzt. Im Vordergrund steht jetzt die Beziehung des Individuums zum Kollektiv. Die Tatsache allein, Mitglied einer Gruppe zu sein, soll zu einer emotionalen Bindung führen. Eine Bindung, die sich aber erst einmal zu der Gruppe als Ganzer und nicht zu ihren einzelnen Mitgliedern entwickelt. Die solidarischen Gefühle des Einzelnen gelten zunächst dem Kollektiv. Es ist dann von der moralischen Autorität dieses Kollektivs abhängig, inwieweit sich altruistische Gefühle auch gegenüber anderen Individuen einstellen.

Der Erklärungsansatz, den Durkheim noch in der *Arbeitsteilung* verfolgt hat, wird damit auf den Kopf gestellt. Die Solidarität mit der Gruppe wächst nicht mehr aus den solidarischen Beziehungen der Individuen, sondern die Gefühle der Solidarität gegenüber anderen Individuen sind nur noch bloße Abfallprodukte einer Solidarität gegenüber der Gruppe. Der Altruismus gegenüber dem individuellen Mitmenschen ist abgeleiteter und sekundärer Natur. Die Herrschaft des Kollektivs über die moralischen Gefühle und das moralische Denken des Individuums, in der *Arbeitsteilung* noch allein Kennzeichen primitiver Gesellschaften, ist nunmehr ein Merkmal *jeder* Form von Moral. Dieser radikale Sinneswandel Durkheims wird noch deutlicher, wenn wir einen Blick in andere Schriften werfen.

„Selbstlosigkeit" und „Hingabe", also altruistische Gefühle, bleiben für Durkheim weiterhin zentral für Moral und Solidarität. Aber, wie schon angedeutet, geht es nicht mehr primär um Altruismus gegenüber anderen Individuen: „Selbstlosigkeit hat nur dann Sinn, wenn das Subjekt, dem wir uns unterordnen, einen höheren Wert besitzt als wir Individuen. In der Erfahrungswelt kenne ich aber nur *ein* Subjekt, das eine reichere, komplexere moralische Wirklichkeit besitzt als wir, und das ist die Kollektivität. ... Die Moral beginnt also dort, wo das Gruppenleben beginnt, weil erst dort Selbstlosigkeit und Hingabe einen Sinn erhalten" (Durkheim 1996: 105). Altruistische Gefühle anderen Individuen gegenüber sind dagegen rein derivativ: „Insofern der Andere am Leben der Gruppe teilhat, insofern er Mitglied der Kollektivität ist, an die wir gebunden sind, gewinnt er in unseren Augen etwas von der gleichen Würde, und wir sind geneigt, ihn zu lieben und zu wollen. ... was uns moralisch an den Nächsten bindet, ist nicht seine empirische Individualität, sondern der höhere Zweck, dessen Diener und Organ er ist" (Durkheim 1996: 106). Welch ein Unterschied in Aussage und Tonlage zu den geradezu einfühlsamen Metaphern, die Durkheim in der *Arbeitsteilung* verwendet, um plausibel zu machen, wie sich als Fundament sozialer Solidarität emotionale Bindungen zwischen den Individuen entwickeln!

Für den späteren Durkheim kann eine solche „interindividuelle Hingabe" nicht der „Typus der Moralhandlung" sein (Durkheim 1995: 110). Durkheim billigt altruistischen Gefühlen zwischen gleichberechtigten Individuen offenbar keine ausreichende motivierende Kraft mehr zu. Moralische Gefühle „müssen über jeden Vergleich mit den anderen Bestrebungen des Menschen erhaben sein; sie müssen ein Prestige und eine Energie besitzen, die sie jenseits unserer Gefühlsregungen stellen. Dieser Bedingung entsprechen die kollektiven Gefühle. Gerade weil sie in uns das Echo der großen Stimme der Kollektivität sind, sprechen sie in unserem Bewußtsein in einem ganz anderen Ton als die rein individuellen Gefühle; sie sprechen von einer höheren Warte aus zu uns" (Durkheim 1996: 112). Erst eine solche überindividuelle Verankerung ermögliche eine wirksame Überwindung egoistischer Strebungen: „Von der Kollektivität mitgerissen, gibt das Individuum das Interesse an sich selbst preis, es vergißt sich, widmet sich ganz den gemeinsamen Zwecken" (Durkheim 1996: 150).

Sein eigener Ansatz in der *Arbeitsteilung* ist, so könnte man im Sinne des späteren Durkheims sagen, einem ‚individualistischen Fehlschluss' erlegen. Dieser Fehlschluss hätte darin bestanden, aus den sozialen Beziehungen zwischen Individuen eine Moral herleiten zu wollen, die über solche individuellen Beziehungen weit hinausreichen muss: „Wie soll man dann aber von dem Individuum eine soziale Ordnung ableiten, die die Individuen überschreitet? Wie soll man aus individuellen Willensäußerungen ein Gesetz ableiten, das sie beherrscht? Wenn das Gesetz ihr Werk ist, wie kann es sie dann binden? Wie soll es nicht ewig von ihnen abhängen? ... Wenn ... die Moralwirklichkeit mit dem Individuum endet, woran könnte es sich dann anschließen, sich hingeben und opfern?" Das Problem sei deshalb, dass der Mensch lernen müsse, „daß die Gesellschaft etwas anderes ist als eine einfache Erscheinung, daß sie obwohl sie nur von Individuen gebildet wird, trotzdem eine eigene Wirklichkeit ist, ein Wesen, wert geliebt und bedient zu werden" (Durkheim 1995: 294f.).

Durkheim betrachtet seine Erklärung für die Entstehung moralischer Gefühle in der *Arbeitsteilung* als „unvollständig", weil er den Stellenwert einer überindividuellen Autorität nicht erkannt habe. Das gleiche Versäumnis wirft er sich nun auch bei seinem Versuch vor, die Entstehung verpflichtender Regeln und Normen aus den Gewohnheiten zu erklären, die Individuen im Verlauf ihrer sozialen Beziehungen herausbilden. Auf diesem Wege könne weder der Pflichtcharakter noch der Inhalt moralischer Normen erklärt werden: „Denn wenn es auch wahr ist, daß die sozialen Funktionen spontan versuchen, sich einander anzupassen, ... so wird andrerseits diese Form der Anpassung nur dann zu einer Verhaltensregel, wenn eine Gruppe sie mit ihrer Autorität sanktioniert. Eine Regel ist nämlich nicht nur eine gewohnheitsmäßige Form des Handelns, sie ist vor allem eine *verpflichtende Form des Handelns,* d.h., sie ist in bestimmtem Umfang der individuellen Willkür entzogen. Nun genießt aber nur eine festgefügte Gesellschaft die moralische und materielle Überlegenheit, die unerläßlich ist, um die Individuen dem Recht zu unterwerfen. Denn die einzige moralische Persönlichkeit, die über den einzelnen Persönlichkeiten steht, ist jene, die die Kollektivität bildet" (A: 45).

Insbesondere die Verpflichtungskraft moralischer Normen wird von Durkheim immer wieder als offenkundiger Beleg dafür angeführt, dass man solche Normen nicht auf individuelles Handeln und Entscheiden zurückführen könne: „Die Obligation aber ist der Beweis dafür, daß diese Arten des Handelns und Denkens nicht das Werk des Einzelnen sind, sondern von einer Kraft ausgehen, die über ihn hinausreicht" (Durkheim 1996: 72). Man müsse, so Durkheim, den grundlegenden Unterschied zwischen der Idee bloßer „Regelmäßigkeit", wie sie mit Gewohnheiten verbunden ist, und der Idee der Norm oder Regel erkennen. Gewohnheiten gingen auf „innere Kräfte" des Individuums zurück, sie seien abhängig von individuellen Neigungen und Vorlieben. Im Gegensatz dazu sei die moralische Norm „für das Individuum wesentlich etwas Äußerliches. Wir können sie uns nur vorstellen unter der Form eines Befehles. ... Die Regel ist nämlich nicht eine einfache Gewohnheitshandlung, sie ist eine Handlungsweise, die wir nicht frei nach unserem Belieben verändern können. Sie ist in gewissem Maß, und in dem Maß selbst, in dem sie Regel ist, unserer freien Entscheidung entzogen. Irgendetwas widersteht uns, überragt uns, drängt sich uns auf und zwingt uns. Es hängt nicht von uns ab, ob sie existiert oder nicht, oder daß sie anders wäre, als sie ist. Sie ist wie sie ist, unabhängig von dem, was wir sind. Sie beherrscht uns, ohne uns auszudrücken. Wäre sie nun ein völlig innerer Zustand, wie ein Gefühl oder eine Gewohnheit, so hätte es keinen vernünftigen Grund, nicht allen unseren Neigungen und Schwankungen unseres Innenlebens zu folgen" (Durkheim 1995: 82f.).

Da Moral „nicht einfach ein System von Gewohnheiten", sondern „ein System von Befehlen" ist (Durkheim 1995: 85), kann auch das Gewissen für Durkheim nur die Verkörperung einer Instanz sein, die außerhalb und über dem Individuum steht: „Jedesmal, wenn wir überlegen, wie wir handeln sollen, erhebt sich in uns eine Stimme und sagt:

Das ist deine Pflicht. ... Weil sie zu uns im Befehlston spricht, fühlen wir, daß sie von einem höheren Wesen, als wir es sind, kommt" (Durkheim 1995: 137). Als Quelle der Pflicht kommt für Durkheim deshalb nur eine moralische Autorität in Frage, der sich der Einzelne freiwillig unterordnet: „Unter Autorität verstehen wir den Einfluß, den jede moralische Macht, die wir als uns überlegen anerkennen, auf uns ausübt. Auf Grund dieses Einflusses handeln wir in dem Sinn, der uns vorgeschrieben ist, nicht weil uns diese bestimmte Handlung anzieht, und auch nicht, weil wir auf Grund unserer natürlichen oder angenommenen inneren Anlagen dazu neigen, sondern weil in der Autorität, die sie uns vorschreibt, irgendetwas ist, was sie uns aufzwingt. Darin besteht der freiwillige Gehorsam" (Durkheim 1995: 83).

„An der Wurzel des moralischen Lebens" liege nach alledem „der Sinn für die moralische Autorität" (Durkheim 1995: 85). Das Wesen aber, „das am besten die nötigen Bedingungen erfüllt, um eine Autorität zu begründen, (ist) das kollektive Wesen" (Durkheim 1995: 136): „Das charakteristische Kennzeichen einer jeden moralischen Autorität besteht nun aber darin, daß sie Ehrfurcht einflößt; aufgrund dieser Ehrfurcht beugt sich unser Wille ihren Geboten. Die Gesellschaft trägt also in sich alles, was erforderlich ist, um auf gewisse Verhaltensregeln eben jenen imperativen Charakter, das Hauptmerkmal der moralischen Obligation, zu übertragen" (Durkheim 1996: 109f.). Es sei deshalb „die Gesellschaft in uns", die spricht, „wenn unser Gewissen spricht" (Durkheim 1995: 138). Die Gesellschaft verkörpere aber nicht nur eine moralische Autorität unter anderen, sondern „man muß sogar annehmen, daß sie der Typus und die Quelle jeder moralischen Autorität überhaupt ist" (Durkheim 1995: 138).

Die moralische Autorität der Gesellschaft gilt dem Durkheim nach der *Arbeitsteilung* aber nicht nur als notwendige Basis für die verpflichtende Kraft moralischer Normen und Regeln. Die Gesellschaft legt als moralische Autorität ebenfalls ihren *Inhalt* fest. Auch unter diesem Aspekt nimmt also Durkheim Abschied von der Vorstellung, Moral könne „spontan" aus dem Handeln und den sozialen Beziehungen von Individuen entspringen. Moral, stellt Durkheim dagegen nunmehr fest, sei *für* die Gesellschaft gemacht, und es sei daher auch klar, dass sie *von* der Gesellschaft gemacht werde: „Es ist also unmöglich, daß das Individuum der Autor dieses Systems von Ideen und Praktiken ist. ... Nur die Gesellschaft in ihrer Gesamtheit hat von sich selbst ein genügendes Bewußtsein, um diese Disziplin einzusetzen. ... Daraus folgt der logische Schluß: Wenn die Gesellschaft das Ziel der Moral ist, so ist sie auch ihre Schöpferin. Das Individuum trägt nicht in sich die Vorschriften der Moral" (Durkheim 1995: 134).

VI. Zurück zur „Arbeitsteilung"?

Wir kennen jetzt im Wesentlichen die Argumente, die Durkheim gegen seinen ‚individualistischen Fehlschluss' in der *Arbeitsteilung* vorbringt. Lässt sich aus individualistischer Sicht eine Antwort geben? Können wir Durkheims eigenen Ansatz in der *Arbeitsteilung* gegen seine Kritik und seine Einwände in Schutz nehmen? Hat Durkheim zu früh kapituliert und die Aussagekraft und die Entwicklungschancen seiner ersten Erklärungsskizzen unterschätzt? Wir werden im Folgenden keine abschließenden Antworten auf diese Fragen geben können. Es ist aber vielleicht möglich, einige weiterführende Perspektiven anzudeuten, die in Durkheims Überlegungen in der *Arbeitsteilung* enthalten sind.

Durkheims erstes Argument gegen seinen Ansatz in der *Arbeitsteilung* lautet, dass sich die emotionale Basis der Solidarität in einer arbeitsteiligen Gesellschaft nicht aus den sozialen Beziehungen der Individuen entwickeln kann. Wir hatten ja die zentrale These, dass eine Arbeitsteilung innerhalb einer Gruppe zu einer emotionalen Bindung zwischen den Mitgliedern dieser Gruppe führt, mit zwei Erklärungen im Geiste Durkheims begründet. Demzufolge führen sowohl direkte als auch indirekte soziale Beziehungen zwischen Individuen, die auf einer wechselseitigen Abhängigkeit beruhen, zu einer emotionalen Bindung zwischen diesen Individuen.

Lassen sich diese Erklärungsskizzen ein Stück weit vertiefen, so dass sie plausibler und möglicherweise durch andere Theorien ergänzt und gestützt werden können?

Der exemplarische Anwendungsfall der ersten Erklärung war für Durkheim die persönliche Beziehung zwischen zwei Individuen, die in einer arbeitsteiligen Gesellschaft regelmäßig ihre Produkte miteinander tauschen. Nun erscheint aber der Begriff der ‚Abhängigkeit', der hier eine Schlüsselrolle für die Erklärung der emotionalen Bindung zwischen den Beteiligten spielt, als äußerst weit und ebenso vage. ‚Abhängig' von einer anderen Person zu sein, kann viele Bedeutungen haben. Außerdem weckt der Begriff eine negative Assoziation: Abhängigkeit wird in der Regel eher als Übel denn als Gut bewertet. Die Befreiung von Abhängigkeiten aller Art erscheint erstrebenswerter als der Zustand einer andauernden Abhängigkeit. Wechselseitige Abhängigkeit allein ist insofern als Fundament einer altruistischen Beziehung zwischen Individuen kaum ausreichend. Bauern und Großgrundbesitzer, Angestellte und Vorgesetzte, Schüler und Lehrer, Unternehmer und Arbeiter sind voneinander abhängig, ohne dass die wechselseitige Abhängigkeit in diesen Fällen unbedingt Sympathiegefühle füreinander wecken muss.

Die wechselseitige Abhängigkeit der Individuen, die für sie im Beispiel von Durkheim als Tauschpartner besteht, hat dagegen einen für beide Seiten eindeutig positiven Aspekt. Wenn sie auf Grund ihrer arbeitsteiligen Spezialisierung ihre Produkte miteinander tauschen, dann verbessern sie gemeinsam ihre Situation gegenüber einem Zustand, in dem sie diese Produkte ohne Arbeitsteilung selber herstellen müssten: Erstens können sie durch ihre Spezialisierung eine größere Menge von Produkten herstellen und damit im Austausch auch erhalten; zweitens werden die Produkte in der Regel von einer höheren Qualität sein. Die beiden Tauschpartner sind also gegenseitig Quellen vermehrten Wohlstands. Ob sie tatsächlich ‚abhängig' voneinander sind, ist in diesem Zusammenhang zweitrangig. Eine Abhängigkeit, die freilich bei einer dauerhaften Arbeitsteilung ebenfalls entstehen wird, ist unter diesem Gesichtspunkt nicht das Wesentliche: Sie ist dann nur das notwendige Übel, um die erwünschten Vorteile zu erzielen. Entscheidend ist, dass die Beteiligten eine soziale Beziehung unterhalten, in der sie durch einen Austausch ihrer Leistungen von Nutzen füreinander sind. Eine solche Beziehung kann man als *reziproke* Beziehung bezeichnen.

Es ist allerdings kein Zufall, dass Durkheim zur Charakterisierung der Beziehung von Tauschpartnern und auch generell der Beziehungen der Individuen in einer arbeitsteiligen Gesellschaft den eher negativ getönten Begriff der ‚Abhängigkeit' verwendet. Denn Durkheim hat die Entwicklung der Arbeitsteilung bekanntlich nicht unter dem Aspekt gesehen, dass sie für die Menschen von Nutzen sein und ihre Wohlfahrt erhöhen könnte (A:

289ff.). Bei dem Hinweis auf das Verhältnis von Freunden ist noch von einem „Ergänzungsverhältnis" und den „Diensten" die Rede, die man sich wechselseitig zukommen lässt. Dieser positive Ton geht verloren, wenn es um die Arbeitsteilung im ökonomischen Bereich geht. Diese ist für Durkheim aus der Not des Bevölkerungswachstums und der verschärften Konkurrenzsituation entstanden. Sie ist ein Ventil, um das Schlimmste zu verhindern, aber kein Instrument des Glücks und des Nutzens. Die „bedeutsamste Wirkung der Arbeitsteilung" sei daher „nicht, daß sie den Ertrag der geteilten Funktionen erhöht, sondern daß sie sie voneinander abhängig macht" (A: 107). Auf diesem Hintergrund bleibt Durkheims Erklärung für die positiven Konsequenzen, die eine Arbeitsteilung für das emotionale Verhältnis der Individuen haben soll, von vornherein ziemlich blass. Die wechselseitige Abhängigkeit zwischen den Individuen erscheint fast mehr als ein Ärgernis denn als ein Grund zu Freude.

Wenn man dagegen die Beziehung der Individuen in Durkheims Beispiel durch Reziprozität, anstatt durch bloße Abhängigkeit charakterisiert, dann erhält die Schlussfolgerung eine größere Plausibilität, dass sich in einer solchen Beziehung wechselseitig positive Emotionen einstellen. Wohltätern gegenüber ist man nur selten feindselig gestimmt. Es ist in diesem Fall nicht die Abhängigkeit, der man die Entstehung positiver Gefühle zurechnen muss, sondern den wechselseitigen Vorteilen, die mit dieser Beziehung für die Beteiligten verbunden sind. Die grundlegende Annahme besteht darin, dass ein Individuum dann geneigt sein wird, einem anderen Individuum positive Gefühle entgegenzubringen, wenn seine eigene Situation durch die freiwilligen Leistungen des anderen Individuums verbessert wird – wobei die Freiwilligkeit einer Leistung nicht ausschließt, dass sie aufgrund einer Gegenleistung erfolgt. Leistung und Gegenleistung müssen allerdings in einem als angemessen und fair empfundenen Verhältnis zueinander stehen, eine Bedingung, auf die auch schon Durkheim zu Recht hingewiesen hat. Wer sich von einem Partner übervorteilt oder hintergangen fühlt, wird auch dann, wenn seine Situation faktisch verbessert wurde, kaum positive Gefühle entwickeln können.

Sind die Bedingungen für eine in diesem Sinne vollwertige reziproke Beziehung erfüllt und entstehen aus einer solchen Beziehung emotionale Bindungen zwischen den Beteiligten, kann man von einem *reziproken Altruismus* sprechen. Die Annahme, dass reziproke Beziehungen zu einem reziproken Altruismus führen können, ist nicht eine bloße ad hoc-Annahme. Sie wird durch soziobiologische und sozialpsychologische Theorien nachdrücklich gestützt (vgl. etwa Trivers 1971, 1985: 361ff.; Homans 1972: 153ff., 1978: 123ff.; Kemper 1978; Alexander 1987: 208ff.; Frank 1992: 33ff.; Lawler 1992; Lawler und Yoon 1996). Auf metaphorische Umschreibungen à la Durkheim kann man dann guten Gewissens verzichten. Der zugrundeliegende psychologische Mechanismus ist hinreichend erforscht.

Wenn wir eine reziproke Beziehung, bei der die Beteiligten – wie etwa beim Tausch zwischen zwei Individuen – die Leistungen, die sie erhalten, einem bestimmten Individuum persönlich zurechnen können, als *direkte* reziproke Beziehung bezeichnen, dann können wir Erklärung 1 entsprechend modifizieren:

Erklärung 1*: Direkte reziproke Beziehungen zwischen Individuen führen zu einer emotionalen Bindung zwischen diesen Individuen.

Auch diese Erklärung ist ebenfalls auf eine organisierte Zusammenarbeit von Individuen, auf eine planmäßig integrierte Kooperation im Unterschied zu einem marktförmigen Austausch anwendbar, jedenfalls sofern diese im persönlichen Kontakt miteinander stattfindet. Und auch in diesem Fall erfasst der Begriff der ‚Reziprozität' besser als der Begriff der ‚Abhängigkeit' den relevanten Aspekt solcher Beziehungen. Die Reziprozität besteht hier in den wechselseitigen Beiträgen, die von den zusammenarbeitenden Personen zur Verwirklichung eines gemeinsamen Ziels geleistet werden. Im Vordergrund steht somit auch in diesem Kontext nicht die ‚negative' Abhängigkeit der kooperierenden Individuen, sondern die ‚positive' Tatsache, dass sie durch ein kollektives Handeln gemeinsam ihre Situation verbessern: Eine auf Arbeitsteilung beruhende Zusammenarbeit hat synergetische Effekte und erhöht damit die Erträge, die auf die Produzenten verteilt werden können. Wenn deshalb die Entstehung eines reziproken Altruismus als Folge marktvermittelter Austauschbeziehungen plausibel ist, dann ist sie auch für den Fall einer organisierten Kooperation und Zusammenarbeit plausibel, wenn nicht sogar plausibler. Auch hier gilt allerdings die Einschränkung, dass es sich um eine freiwillige und als fair empfundene Zusammenarbeit handeln muss.

Versuchen wir nun eine entsprechende Qualifizierung der zweiten Erklärung, derzufolge auch *indirekte* soziale Beziehungen zwischen Individuen, die auf einer wechselseitigen Abhängigkeit beruhen, zu einer emotionalen Bindung zwischen diesen Individuen führen. Diese Erklärung stützt sich auf das Faktum, dass eine Arbeitsteilung innerhalb einer Gruppe, die eine gewisse Größe überschreitet, zwar nicht alle Mitglieder dieser Gruppe in interindividuellen Austausch- und Kooperationsbeziehungen persönlich verbinden kann, dass aber gleichwohl in einer solchen Gruppe jeder davon abhängig ist, dass andere Personen ihre Funktionen erfüllen, auch diejenigen, mit denen man nicht in einem persönlichen Kontakt steht.

Wir können in Analogie zum Vorgehen bei *Erklärung 1* zu einer entsprechend qualifizierten *Erklärung 2** gelangen, indem wir auch in diesem Fall die positiven Seiten der durch Arbeitsteilung bewirkten Abhängigkeit in den Vordergrund rücken. Denn auch zwischen denjenigen Individuen, bei denen sich in einer arbeitsteiligen Gesellschaft keine direkten Austausch- oder Kooperationsbeziehungen mit einer persönlichen Zurechenbarkeit der jeweiligen Leistungen entwickeln, besteht eine reziproke Beziehung, die auf Gegenseitigkeit beruht und in der sie sich wechselseitig von Nutzen sind. In einer arbeitsteiligen Gesellschaft wird die Lage eines Individuums regelmäßig auch durch Leistungen von Personen bestimmt, mit denen es niemals in einen persönlichen Kontakt treten wird. Dies können Güter sein, in deren Besitz man erst nach einer Kette von Tauschhandlungen zwischen mehreren Beteiligten gerät, die Leistung kann aber auch ‚nur' darin bestehen, dass eine andere Person in ihrer Profession ihren individuellen Beitrag für das Funktionieren einer arbeitsteiligen Gesellschaft insgesamt erbringt.

In gewisser Weise sind diese ‚anonymen', nicht persönlich zurechenbaren Leistungen in einer arbeitsteiligen Großgesellschaft sogar höher zu bewerten als die Leistungen, von denen man in direkten Beziehungen zu anderen profitiert. Denn die Effizienz und Produktivität einer arbeitsteiligen Gesellschaft nimmt insgesamt zu, wenn die Arbeitsteilung in großem Maßstab und damit in einer größeren Tiefe stattfindet. Die ‚anonyme' Reziprozität in ausgedehnten sozialen Netzwerken ist insoweit in höherem Maße für das Wohlergehen der Mitglieder einer arbeitsteiligen Gesellschaft verantwortlich als ihre direkten reziproken Beziehungen zu anderen Menschen. Bezeichnen wir solche nicht-persönlichen Reziprozitätsbeziehungen als ‚indirekt', erhalten wir also:

Erklärung 2*: Indirekte reziproke Beziehungen zwischen Individuen führen zu einer emotionalen Bindung zwischen diesen Individuen.

Indirekte reziproke Beziehungen existieren im Übrigen nicht nur bei der Bereitstellung eines solch abstrakten Kollektivguts wie ‚Sicherstellung einer arbeitsteiligen Gesellschaft'. Indirekte reziproke Beziehungen können auch bei der arbeitsteiligen Produktion anderer Kollektivgüter eine unverzichtbare Rolle spielen: In einer Großgesellschaft sind etwa an der Landesverteidigung, der Bereitstellung einer Infrastruktur oder einer staatlichen Verwaltung regelmäßig so viele Personen beteiligt, dass sie, obwohl sie gemeinsam zu der Produktion dieser Güter beitragen, nicht alle in persönlichen Kontakt miteinander treten. Auch in solchen Fällen bleibt die notwendige Gegenseitigkeit und Reziprozität indirekt, d.h. unpersönlich und anonym. Schließlich bestehen indirekte reziproke Beziehungen auch bei der Zusammenarbeit in Organisationen oder Unternehmen, insofern diese eine Größe oder Organisationsstruktur aufweisen, die einen direkten persönlichen Kontakt zwischen allen ihren Mitgliedern nicht zulassen.

Wie plausibel *Erklärung 2** nun auch immer sein mag: Es liegt nahe, dass die emotionalen Bindungen, die auf dieser Grundlage zwischen den Individuen einer Gruppe entstehen, eine gewisse Intensität nicht überschreiten und mit Sicherheit nicht das Maß erreichen werden, das bei direkten reziproken Beziehungen zu erwarten ist. Und auch in diesem Fall wird der Legitimitätsglauben der Beteiligten eine notwendige Voraussetzung für positive Gefühlsregungen sein. Wer sich von einer herrschenden Klasse ausgebeutet oder unterdrückt sieht oder sich zu den Verlierern in einer arbeitsteiligen Gesellschaft zählt, wird seine Mitbürger zumindest nicht alle zu denjenigen rechnen, die durch ihr Handeln seine Situation verbessern helfen. Aber selbst wenn diese Voraussetzung erfüllt ist, scheinen „Hingabe" und „Opferbereitschaft", wie sie Durkheim in seinen späteren Schriften mehrfach beschwört, auf der Grundlage einer nur indirekten Reziprozität nur schwer vorstellbar. Aber die Annahme, dass die emotionale Bindung an die anderen Mitglieder einer gerecht geordneten arbeitsteiligen Gesellschaft ausreicht, um ihnen nicht einseitig Lasten aufzubürden und sich ihnen gegenüber nicht regelmäßig als Trittbrettfahrer zu betätigen, sie nicht nach Belieben und ohne Skrupel zu betrügen und zu hintergehen sowie ihnen in Notsituationen zu helfen, erscheint schon um einiges plausibler. Und eine solche ‚Solidarität aus Fairness' erscheint für den Zusammenhalt einer Gesellschaft auch durchaus als ausreichend.[11]

Freilich darf man nicht verkennen, dass die in *Erklärung 2** angenommene Kausalbeziehung theoretisch und empirisch sehr viel schwächer belegt ist als die Annahme, die *Erklärung 1** zugrundeliegt. Die Hindernisse, die ihrer Überprüfung im Wege stehen, sind auch erheblich höher. Die Plausibilität, die man *Erklärung 2** zuzugestehen bereit ist, wird also im Wesentlichen nur ‚geborgt' sein und sich der mehr oder weniger überzeugenden Analogie zu *Erklärung 1** verdanken. Aber es kann hier, wie schon gesagt, auch nicht darum gehen, zu abschließenden Antworten und Bewertungen zu gelangen. Es

---

[11] Verschiedene Formen der Solidarität und ihre Rolle für den Bestand einer Gesellschaft erörtere ich in Baurmann (1998a).

reicht aus, wenn man auf eine Perspektive verweisen kann, in der eine weitere Ausarbeitung und Überprüfung der Erklärungsansätze, die Durkheim in der *Arbeitsteilung* skizziert hat, jedenfalls nicht ganz aussichtslos erscheinen. Und diese Bedingung ist nach meinem Urteil für *Erklärung 2** erfüllt.[12]

Kommen wir zu dem zweiten Hauptargument, das Durkheim gegen seinen Erklärungsansatz in der *Arbeitsteilung* vorbringt: Demnach können die verpflichtenden Regeln und Normen einer gesellschaftlichen Moral nicht aus den Gewohnheiten von Individuen entstehen. Durkheim ist der Auffassung, dass moralische Normen sowohl in ihrem Pflichtcharakter als auch ihrem Inhalt nach nur als Setzung einer moralischen Autorität erklärt werden können. In seiner Sichtweise ist also das ‚autonome' Individuum der modernen Moralphilosophie, das sich aufgrund eigener Vernunft und aus eigener Entscheidung moralischen Pflichten unterwirft, eine Chimäre: Die Vernunft des Individuums kann „ebensowenig die Gesetzgeberin der Moralwelt sein wie die der materiellen Welt" (Durkheim 1995: 161). Wenn ein Individuum moralische Pflichten akzeptiert, dann nach Durkheim nur deshalb, weil ihm diese Pflichten von einer überlegenen moralischen Autorität oktroyiert werden.

Zumindest einem Argument, das Durkheim zur Begründung dieser Sichtweise anführt, muss man beipflichten: Es gibt keinen Automatismus, der aus Regeln und Normen der Gewohnheit verpflichtende Regeln und Normen der Moral macht. Gewohnheiten sind in der Tat keine „Befehle" und „Imperative", während die verpflichtenden Normen der Moral einen solchen imperativischen Charakter unleugbar besitzen. Durkheim hat also Recht, dass seine ursprüngliche Erklärung für die Entstehung verpflichtender moralischer Normen „unvollständig" war. Durkheim selbst vervollständigt sie, indem er den ganzen Ansatz verwirft und an Stelle der Individuen als Quelle der Moral ein holistisch verstandenes „Kollektivwesen" präsentiert. Kann man demgegenüber einen Weg zeigen, auf dem man Durkheims ursprünglichen Erklärungsansatz als *individualistische* Erklärung vervollständigen könnte?

Wenn Durkheim in der *Arbeitsteilung* von Gewohnheiten spricht, geht es nicht um die privaten Gewohnheiten des Einzelnen. Regeln, die sich ein Individuum als Maximen für das eigene Handeln angewöhnt, wie etwa jeden Tag zu einer bestimmten Zeit Tee zu trinken, sind im Wesentlichen Instrumente der ökonomischen Haushaltung mit Zeit- und Energieressourcen. Sie können jederzeit verworfen werden, wenn sich die Randbedingungen ändern, die sie sinnvoll gemacht haben. Dabei mögen sie durchaus eine gewisse Beharrungskraft an den Tag legen, dies gehört aber zu ihrer ökonomischen Funktion und hat nichts mit einer ‚intrinsischen' Befolgungspflicht zu tun.

Etwas anders stellt sich die Situation dar, wenn man an Gewohnheiten denkt, die sich in sozialen Beziehungen, also zwischen mehreren Individuen einstellen. Auch hierbei geht es im Wesentlichen um Vereinfachungen und eine Ersparung von Entscheidungs- und Abstimmungskosten. Typischerweise lösen aber solche gemeinsamen Gewohnheiten Koordinationsprobleme, die erst in der Interaktion von Individuen auftreten. Ihre Regeln legen fest, welche von einer Menge im Großen und Ganzen gleichwertiger Alternativen regelmäßig zu wählen sind. Von Gewohnheiten in diesem Sinne wird man nur dann

---

[12] Anknüpfungspunkte enthält etwa die Theorie von Alexander (1987: 155ff.), nach der eine indirekte Reziprozität zu einem „indirekten Altruismus" beiträgt.

reden, wenn sie im gemeinsamen Interesse und im Einverständnis der Beteiligten gewisse Entscheidungsoptionen ausschließen und die Handlungssituation so für alle berechenbarer machen: Als Engländer weiß ich eben, zu welcher Uhrzeit ich erwarten kann, dass in einem Hotel High Tea serviert wird. Gewohnheitsregeln als Instrumente der Koordination treten spontan, ohne Planung und ausdrückliche Verständigung in Geltung.

Genau diese Art von gewohnheitsmäßigen Koordinationsregeln hat Durkheim in der *Arbeitsteilung* offenbar im Auge, wenn er davon redet, dass sich immer dann ein Regelsystem spontan herausbilden werde, wenn Individuen in einer genügend langen und engen Beziehung miteinander stehen (A: 434f.). Unter dieser Bedingung würden „bestimmte Arten, aufeinander zu reagieren" in einem harmonischen und konfliktfreien Abstimmungsprozess schließlich zu Gewohnheiten werden. Exemplarisch denkt Durkheim dabei an dauerhafte und stabile Vertragsbeziehungen zwischen bestimmten Individuen, in denen sich nach und nach auch für unvorhergesehene Situationen während der Vertragsabwicklung Regeln und Normen entwickeln und verfestigen. Eine solche Vorstellung ist sicherlich dann nicht abwegig, wenn man unterstellt, dass zwischen den Beteiligten entweder aufgrund eines wechselseitigen Altruismus oder aufgrund einer regelmäßigen Iteration ihrer Vertragsbeziehungen eine prinzipielle Interessenharmonie besteht.

Des Weiteren kann man Durkheim auch darin zustimmen, dass gemeinsame Gewohnheiten immerhin bis zu einem *gewissen* Grad Verpflichtungscharakter annehmen werden (Durkheim 1995: 82). Ihre Funktion als Koordinationsregeln können sie eben nur dann wirksam erfüllen, wenn die Beteiligten darauf rechnen können, dass die gemeinsamen Regeln auch tatsächlich von allen eingehalten werden. Ein willkürliches Abweichen von den Regeln ist insofern nicht gewünscht bzw. wird sanktioniert. Anders als bei rein individuellen Gewohnheiten sind bei gemeinsamen Gewohnheiten Änderungen der Regeln oder Abweichungen von den Regeln keine reine Privatsache. Sie tangieren die Interessen anderer Personen und können insofern geboten bzw. verpflichtend sein. Allerdings ist es bei gemeinsamen Gewohnheiten, die für die Handlungen der Beteiligten eine koordinierende Funktion erfüllen, im Allgemeinen so, dass auch gar kein Interesse daran besteht, einseitig von ihren Regeln abzuweichen: Wer will schon auf der linken Seite fahren, wenn alle anderen rechts fahren. Die Einhaltung von koordinierenden Regeln ist in den meisten Fällen im individuellen Interesse aller Beteiligten und insofern selbstdurchsetzend. Eines zusätzlich motivierenden Pflichtgefühls, das eine egoistische Interessendurchsetzung in die Schranken weist, bedarf es deshalb nicht.

Nun hat Durkheim aber auch damit weiterhin Recht, dass diejenigen Normen, die im Zentrum gesellschaftlicher Moral und Solidarität stehen, *keine* gemeinsamen Gewohnheiten im eben beschriebenen Sinne sind. Das heißt, sie stellen keine bloßen Koordinationsregeln dar, deren Einhaltung, sind sie erst einmal etabliert, ohnehin im Eigeninteresse aller Normadressaten ist. Normen wie das Tötungsverbot, das Verbot zu stehlen, zu betrügen oder zu lügen, das Gebot zur Nothilfe oder zur fairen Beteiligung an der Bereitstellung öffentlicher Güter oder auch schließlich die Normen einer fairen Vertragsabwicklung nach ‚Treu und Glauben' sind Normen, deren allgemeine Geltung zwar im Interesse aller Mitglieder einer Gruppe oder Gesellschaft sein mag, deren Bruch im Einzelfall aber dennoch im egoistischen Interesse des Einzelnen sein kann. Normen dieser Art haben deshalb in der Tat einen echten ‚Pflichtcharakter': Sie verlangen in bestimmten Situationen von ihren Adressaten ein fühlbares Opfer in der Verfolgung individueller Interessen zugunsten der Interessen anderer Einzelpersonen oder der Gruppe.

Die Geltung und wirksame Durchsetzung solcher Normen lässt sich aus diesem Grund auch nicht mit einem Prozess langsamen Herauswachsens aus Gewohnheiten erklären. Der Pflicht, nicht zu lügen und zu betrügen, ging nicht die ‚Gewohnheit' voraus, nicht zu lügen und zu betrügen. Das Gebot, Vertragstreue auch in solchen Situationen zu beweisen, in denen ein Vertragsbruch und die Übervorteilung des Partners risikolos möglich wäre, ist nicht die Folge einer ‚lieben Gewohnheit', die Interessen von Vertragspartnern ebenfalls zu berücksichtigen. Durkheim hat es richtig gesehen: *Weder* der verpflichtende Charakter moralischer Normen *noch* ihr Inhalt lässt sich als Ergebnis einer Gewohnheitsbildung erklären.

Muss man aber deshalb die Konsequenz ziehen und – wie es Durkheim vorgemacht hat – eine individualistische Erklärung für die Entstehung moralischer Normen vollständig aufgeben und Zuflucht bei der „moralischen Autorität" der Gesellschaft als alleiniger Quelle moralischer Pflichten und Inhalte suchen? Diese Konsequenz ist keineswegs zwingend! Es lassen sich individualistische Erklärungen für einen Prozess der Normentstehung denken, der über die Entstehung von Gewohnheitsregeln hinausgeht.[13]

Betrachten wir in aller Kürze als Beispiel die Norm ‚materieller' Vertragstreue, d.h. die Norm, dass ein Vertrag nicht nur seinem Wortlaut gemäß, sondern auch seinem ‚Geist' nach erfüllt werden soll. Diese Norm wird als moralische Norm dann relevant, wenn in einer bestimmten Situation der Wortlaut eines Vertrages Möglichkeiten eines ‚unfairen' Vorteils zu Lasten des Partners erlaubt. Eine solche Norm materieller Vertragstreue ist eine Norm sozialer Solidarität, die Durkheim sicherlich für das harmonische und effiziente Abwickeln von Vertragsbeziehungen in einer arbeitsteiligen Gesellschaft als wichtig betrachtet hätte und die in offenkundiger Weise zu den „nichtvertraglichen Bestandteilen des Vertrages" gehört.

Kann man nun die Entstehung dieser verpflichtenden Norm einer ‚Moral ehrlicher Kaufleute' als Ergebnis individuellen Handelns und Entscheidens ohne die Hypostasierung einer überindividuellen „moralischen Autorität" erklären? Im Grundsatz erscheint das nicht einmal sonderlich schwer. Betrachten wir zunächst das Problem einer individualistischen Erklärung für den *Inhalt* dieser Norm. Sie ergibt sich aus dem recht trivialen Faktum, dass eine Person, die einen Vertrag mit einer anderen Person abgeschlossen hat, aufgrund ihrer Interessenlage den leicht nachvollziehbaren Wunsch haben wird, dass ihr Partner diesen Vertrag nicht nur seinem Wortlaut gemäß, sondern auch seinem Geist nach erfüllen wird: Ein solches Verhalten schützt sie nämlich davor, unfair behandelt und übervorteilt zu werden. *Jedermann* hat insofern einen guten Grund, seinem jeweiligen Vertragspartner gegenüber eine Norm materieller Vertragstreue nachdrücklich zu vertreten. Insofern wird diese Norm – und zwar durchaus als ‚Imperativ' – von *allen* vertreten und ein entsprechendes Verhalten von *allen* gefordert werden. Ja, man kann noch einen Schritt weitergehen: Da die Alternative, dass ausnahmslos alle diese Norm befolgen, in der Regel für jeden besser sein wird als die Alternative, dass niemand diese Norm befolgt, wird auch jeder für die allgemeine Geltung dieser Norm eintreten – auch wenn er dadurch selber die

---

13 Zum folgenden und zur näheren Analyse verschiedener Typen von Normen und ihren Geltungsbedingungen vgl. Baurmann (1993, 1996: 45ff., 1998b).

Norm als für sein Verhalten verbindlich akzeptieren muss. Schon vom Interessenstandpunkt jeder Person aus wird es deshalb wünschenswert sein, dass eine Norm mit diesem Inhalt wirksam wird.

Diese Konstellation trifft aber nicht nur für die Norm materieller Vertragstreue zu. Sie ist vielmehr exemplarisch und lässt sich ohne weiteres auf eine Vielzahl von weiteren moralischen Normen übertragen. Die entscheidende Voraussetzung für die Übertragbarkeit besteht darin, dass die beteiligten Individuen gute Gründe dafür haben müssen, sich von anderen ein der Norm entsprechendes Verhalten zu wünschen *und* dass sie es im Zweifelsfall vorziehen, selber normkonform zu handeln, wenn die Alternative darin besteht, dass sonst niemand die Norm befolgt.

Lässt sich mit diesem Erklärungsmodell aber auch der *verpflichtende* Charakter einer moralischen Norm plausibel machen? Wenn die beschriebenen Bedingungen erfüllt sind, werden alle beteiligten Individuen für die allgemeine Geltung der betreffenden Norm eintreten und insofern auch wechselseitig voneinander verlangen, dass sie diese Norm tatsächlich befolgen. Das schließt für jeden Einzelnen der Beteiligten die Anerkennung der Forderung ein, dass er sich auch selbst als Adressat normkonform verhalten soll. Gleichzeitig wird es Situationen geben, in denen für den Einzelnen ein Anreiz besteht, die Norm zu übertreten. Auf diesem Hintergrund lässt sich die folgende Definition für den Pflichtbegriff vorschlagen: Die Pflicht, eine Norm zu befolgen, besteht immer dann, wenn die allgemeine Geltung und Befolgung der Norm dem Willen aller Beteiligten entspricht. Gegen eine solche Pflicht handelt ein Normadressat demnach dann, wenn er eine Norm missachtet, deren allgemeine Geltung und Befolgung er selber und alle anderen wünschen und deren Befolgung er von anderen verlangt.

Dies ist ein rein ‚individualistischer' Definitionsvorschlag für den Begriff der ‚Pflicht'. Er hat gegenüber dem Vorschlag von Durkheim zunächst einmal den Vorteil, dass er auf die fragwürdige Vorstellung, dass jede moralische Norm durch eine überindividuelle moralische Autorität erlassen und durchgesetzt werden muss, verzichten kann. Er ist insofern mit unserer modernen Moralvorstellung, wonach das Individuum selber die autonome Quelle seiner Moral ist, besser in Übereinstimmung. Daraus folgt freilich noch nicht, dass er sich auch für die soziologische Theoriebildung bewähren muss und mit dem Vorschlag Durkheims erfolgreich konkurrieren kann. Diese Frage kann hier nicht vertieft werden.

Auf zwei Aspekte eines ‚individualistischen' Pflichtverständnisses sei jedoch abschließend hingewiesen: Zum einen kann auf dieser Grundlage ebenso wie bei der Konzeption Durkheims die besondere Funktion eines Pflicht*gefühls* verdeutlicht werden. Es lässt sich erklären, warum ein solches Gefühl für eine ausreichende Motivation zur Normbefolgung notwendig ist. Aus individualistischer Sicht dient es im Besonderen dazu, die Kluft zwischen dem Interesse des Individuums an der allgemeinen Geltung einer Norm und seinem Interesse an einem Normbruch im Einzelfall zu ‚überbrücken'. Zum anderen wird zumindest im Ansatz erkennbar, wie man die Motivationskraft eines solchen Pflichtgefühls erklären könnte. Bei Durkheim soll dies der Wirkung einer als überlegen empfundenen überindividuellen moralischen Autorität zu verdanken sein. Im Kontext der angedeuteten individualistischen Konzeption müsste eine solche motivierende Wirkung dagegen aus den wechselseitigen Einflüssen erklärbar sein, die die beteiligten Individuen zur Durchsetzung ihres Willens aufeinander ausüben werden. Welche theoretische Strategie erfolgversprechender ist, muss hier offen bleiben. Prima facie jedenfalls scheint mir die Annahme durchaus nicht abwegig zu sein, dass die Übereinstimmung aller betroffenen Individuen im Hinblick auf die Geltung einer Norm eine höhere moralische Autorität besitzen kann als die Gesellschaft im Sinne eines „Wesens sui generis".

Jedenfalls können wir noch eine weitere individualistische Erklärungshypothese formulieren, nämlich eine Weiterentwicklung von *Erklärung 3*. Der neuen Hypothese liegt die Annahme zugrunde, dass sich in einer arbeitsteiligen Gesellschaft nicht nur gewisse gemeinsame Gewohnheiten herausbilden werden, sondern dass es auch zu einem übereinstimmenden Willen der Mitglieder einer solchen Gesellschaft kommen wird, welche moralischen Normen für wichtige soziale Bereiche gelten sollen:

Erklärung 3*: *In sozialen Beziehungen zwischen Individuen, die auf einer arbeitsteiligen Kooperation beruhen, entwickelt sich ein übereinstimmender Wille, aus dem verpflichtende Normen entstehen.*

Ich breche an dieser Stelle die Erörterung ab. Es ging hier nicht um eine abschließende Beurteilung und Entscheidung zwischen den vorgestellten theoretischen Alternativen. Diese Alternativen und einige Perspektiven ihrer möglichen weiteren Ausgestaltung sollten nur deutlicher geworden sein. Ob es auf der Grundlage eines individualistischen Ansatzes tatsächlich möglich ist, wie Durkheim suggestiv fragt, von den Individuen eine soziale Ordnung abzuleiten, die die Individuen überschreitet, und aus ihren individuellen Willensäußerungen ein Gesetz abzuleiten, das sie beherrscht und bindet, muss jeder Sozialwissenschaftler selber entscheiden. Wenn es allerdings ein Ergebnis des individualistischen Ansatzes sein sollte, wie Durkheim ebenfalls fürchtet, dass die Moral auf ewig von den Individuen abhängt und dass man die Hingabe und Selbstaufopferung des Individuums für das Wohl des Kollektivs nicht mehr als eine zwangsläufige Folge jeder sozialen Ordnung erwarten kann, dann erkenne ich anders als Durkheim darin keinen Nachteil eines individualistischen Ansatzes, sondern einen Vorzug. Mir erscheint es jedenfalls insgesamt so, dass Durkheim seinen eigenen individualistischen Ansatz in der *Arbeitsteilung* vorschnell aufgegeben hat und die sicherlich vorhandenen Probleme und Schwierigkeiten dieses Ansatzes mit einem Ansatz vertauscht hat, dessen Probleme und Schwierigkeiten unlösbar sind.

Literatur

Alexander, Richard D., 1987: The Biology of Moral Systems. New York: de Gruyter.
Arrow, Kenneth J., 1971: Essays in the Theory of Risk-Bearing. Chicago: Markham Publications.
Baurmann, Michael, 1993: Rechte und Normen als soziale Tatsachen. Zu James S. Colemans Grundlegung der Sozialtheorie, Analyse & Kritik 15: 36–61.
Baurmann, Michael, 1996: Der Markt der Tugend – Recht und Moral in der liberalen Gesellschaft. Tübingen: J.C.B. Mohr (Paul Siebeck).
Baurmann, Michael, 1998a: Solidarität als soziale Norm und als Norm der Verfassung. S. 345–388 in: *Kurt Bayertz* (Hg.): Solidarität. Frankfurt a.M.: Suhrkamp.
Baurmann, Michael, 1998b: Normative Integration aus individualistischer Sicht. S. 245–287 in: *Hans-Joachim Giegel* (Hg.): Konflikt in modernen Gesellschaften, Frankfurt a.M.: Suhrkamp.
Beckert, Jens, 1997: Vertrag und soziale Gerechtigkeit. Emile Durkheims Theorie der Integration moderner Gesellschaften, Kölner Zeitschrift für Soziologie und Sozialpsychologie 49: 629–649.

Corning, Peter A., 1982: Durkheim and Spencer, The British Journal of Sociology 33: 359–382.
Durkheim, Emile, 1992: Über soziale Arbeitsteilung. Frankfurt a.M.: Suhrkamp.
Durkheim, Emile, 1995: Erziehung, Moral und Gesellschaft. Frankfurt a.M.: Suhrkamp.
Durkheim, Emile, 1996: Soziologie und Philosophie. Frankfurt a.M.: Suhrkamp.
Durkheim, Emile, 1997: Der Selbstmord. Frankfurt a.M.: Suhrkamp.
Frank, Robert H., 1992: Die Strategie der Emotionen. München: Oldenbourg.
Granovetter, Mark, 1985: Economic Action and Social Structure: The Problem of Embeddedness, American Journal of Sociology 90: 481–510.
Hirschman, Albert O., 1987: Leidenschaften und Interessen. Politische Begründungen des Kapitalismus vor seinem Sieg. Frankfurt a.M.: Suhrkamp.
Homans, George Caspar, 1972: Elementarformen sozialen Verhaltens. Opladen: Westdeutscher Verlag.
Homans, George Caspar, 1978: Theorie der sozialen Gruppe. Opladen: Westdeutscher Verlag.
Hume, David, 1978: Ein Traktat über die menschliche Natur. Buch II und III. Über die Affekte. Über Moral. Hamburg: Felix Meiner.
Hume, David, 1984: Eine Untersuchung über die Prinzipien der Moral. Stuttgart: Reclam.
Joas, Hans, 1992: Die Kreativität des Handelns. Frankfurt a.M.: Suhrkamp.
Kemper, Theodore D., 1978: A Social Interactional Theory of Emotions. New York: Wiley.
Kliemt, Hartmut, 1986: Antagonistische Kooperation. Elementare spieltheoretische Modelle spontaner Ordnungsentstehung. Freiburg/München: Alber.
Lawler, Edward J., 1992: Choice Process and Affective Attachments to Nested Groups: A Theoretical Analysis, American Sociological Review 57: 327–329.
Lawler, Edward J., und Jeongkoo Yoon, 1996: Commitment in Exchange Relations: Test of a Theory of Relational Cohesion, American Sociological Review 61: 89–108.
Luhmann, Niklas, 1992: Arbeitsteilung und Moral. Durkheims Theorie. S. 19–38 in: *Emile Durkheim: Über soziale Arbeitsteilung*. Frankfurt a.M.: Suhrkamp.
Lukes, Steven, 1972: Emile Durkheim. His Life and Work. A Historical and Critical Study. New York u.a.: Harper & Row.
Müller, Hans-Peter, 1992: Durkheims Vision einer „gerechten Gesellschaft", Zeitschrift für Rechtssoziologie 13: 16–43.
Müller, Hans-Peter, und Michael Schmid, 1992: Arbeitsteilung, Solidarität und Moral. Eine werkgeschichtliche und systematische Einführung in die „Arbeitsteilung" von Emile Durkheim. S. 481–532 in: *Emile Durkheim: Über soziale Arbeitsteilung*. Frankfurt a.M.: Suhrkamp.
Parsons, Talcott, 1968: The Structure of Social Action. Volume I. New York: The Free Press.
Rüschemeyer, Dietrich, 1985: Spencer und Durkheim über Arbeitsteilung und Differenzierung: Kontinuität oder Bruch? S. 163–180 in: *Niklas Luhmann* (Hg.): Soziale Differenzierung: zur Geschichte einer Idee. Opladen: Westdeutscher Verlag.
Schmid, Michael, 1989: Arbeitsteilung und Solidarität. Eine Untersuchung zu Emile Durkheims Theorie der sozialen Arbeitsteilung, Kölner Zeitschrift für Soziologie und Sozialpsychologie 41: 619–643.
Schmid, Michael, 1993: Emile Durkheims „De la division di travail social" (1893) und deren Rezeption in der deutschen Soziologie, Berliner Journal für Soziologie 3: 487–506.
Smith, Adam, 1994: Theorie der ethischen Gefühle. Hamburg: Felix Meiner.
Trivers, Robert L., 1971: The Evolution of Reciprocal Altruism, The Quarterly Review of Biology 46: 35–57.
Trivers, Robert L., 1985: Social Evolution. Menlo Park u.a.: Benjamin/Cummings.
Tyrell, Hartmann, 1985: Emile Durkheim – Das Dilemma der organischen Solidarität. S. 181–250 in: *Niklas Luhmann* (Hg.): Soziale Differenzierung: zur Geschichte einer Idee. Opladen: Westdeutscher Verlag.

SOZIALE INTEGRATION RATIONALER EGOISTEN?

Zur Erklärung sozialer Integration auf der Basis des ökonomischen Handlungsmodells

Gebhard Kirchgässner

Zusammenfassung: In dieser Arbeit werden zunächst drei Möglichkeiten aufgezeigt, wie eigeninteressierte Individuen zur sozialen Integration und damit zur Funktionsfähigkeit einer Gesellschaft beitragen. Zunächst können über den politischen Prozess Institutionen errichtet werden, die eine solche Integration fördern. Zweitens gibt es private Güter wie z.b. persönliches Prestige, die man nur im Austausch für gesellschaftlich nützliche Aktivitäten erhalten kann. Drittens kann soziale Integration auch über Kooperation rationaler Egoisten erfolgen. Allerdings sind für die Funktionsfähigkeit einer modernen (demokratischen) Gesellschaft weitere Aktivitäten erforderlich, die nicht allein aus Eigeninteresse erklärbar sind, sondern moralisches Handeln der Bürger erfordern. Dennoch können alle diese Handlungen, unabhängig davon, ob sie aus Eigennutz oder aus moralischen Beweggründen resultieren, mit Hilfe des ökonomischen Verhaltensmodells erklärt werden, und dieses Modell kann auch dazu verwendet werden, Möglichkeiten zur Verbesserung der sozialen Integration zu erkunden.

I. Einleitung

Dass sich ‚rationale Egoisten' sozial integrieren bzw. dass sie sozial integriert sein könnten, scheint vielen ein Widerspruch in sich zu sein. Schließlich wird der ‚homo oeconomicus', so wie er sich z.B. in einführenden Lehrbüchern der (traditionellen) mikroökonomischen Theorie darstellt, von Ralf Dahrendorf (1958: 219) nicht ganz zu Unrecht als „seltsame Kreatur" bezeichnet, und die Kritik an diesem Ansatz hat sich u.a. daran entzündet, dass unterstellt wird, dieser Mensch sei ein vereinzeltes Wesen, welches zu seinen Mitmenschen allenfalls auf Nützlichkeitserwägungen beruhende Tauschbeziehungen unterhält. Wie sollte ein solcher Einzelgänger sich sozial integrieren, d.h. sich in eine Gemeinschaft oder Gesellschaft einfügen? Dass hier Probleme entstehen können, hat nicht zuletzt Amartya K. Sen (1977) mit seinem Beispiel vom ‚Rationalclown' gezeigt.

Einer solchen, etwas vorschnellen Einschätzung liegen drei Missverständnisse zugrunde. Erstens geht das ökonomische Verhaltensmodell zwar von *einzelnen* Individuen, aber nicht von *vereinzelten* Individuen aus.[1] Selbstverständlich sind die Menschen, deren Handeln der Ökonom untersucht, sozial eingebettet, und sie können sich in einer Gruppe anders verhalten als wenn sie allein zu Hause sind. Dies gilt auch für Konsumenten und Unter-

---

[1] Zur Kritik an dieser Auffassung vom ökonomischen Verhaltensmodell siehe z.B. v. Hayek (1952: 15), der diesbezüglich vom „albernsten der verbreiteten Irrtümer" über dieses Modell spricht.

nehmer, d.h. für die Akteure, die in erster Linie im Zentrum ökonomischer Analysen stehen. Sobald gesehen wird, dass eine Theorie individuellen Verhaltens in aller Regel nicht und schon gar nicht notwendigerweise eine Theorie vereinzelter Individuen ist, entfallen viele Scheinargumente gegen Theorien individuellen Verhaltens (siehe Kirchgässner 1991: 23ff.). Zweitens ist das Paradigma des Tausches, welches dem ökonomischen Ansatz zugrunde liegt, weit über die Grenzen formaler (und informeller) Märkte hinaus anwendbar; schon Georg Simmel hat es als allgemeinen sozialwissenschaftlichen Ansatz begriffen, der grundsätzlich auf jedes menschliche Verhalten angewendet werden kann: „Jede Wechselwirkung aber ist als ein Tausch zu betrachten: jede Unterhaltung, jede Liebe (auch wo sie mit andersartigen Gefühlen erwidert wird), jedes Spiel, jedes Sichanblicken" (Simmel 1900: 34; siehe auch Kirchgässner 1997).

Drittens aber, und dies ist vielleicht der wichtigste Punkt, unterstellt das ökonomische Verhaltensmodell zunächst keine spezifische Motivation und damit auch keinen Egoismus; die unterstellte Nutzenfunktion ist prinzipiell offen. Das Problem ist freilich, dass damit nur vergleichsweise wenige empirisch gehaltvolle Aussagen möglich sind. Daher wird, zumindest soweit dieses Modell in den Wirtschaftswissenschaften Anwendung findet, zwar nicht Egoismus, aber *Eigeninteresse* als Motivation menschlichen Handelns unterstellt: Es wird angenommen, dass das Individuum ausschließlich gemäß seinen eigenen Präferenzen (und nicht entsprechend den Präferenzen anderer) handelt. Selbstverständlich kann es in seinen Präferenzen die Interessen anderer mitberücksichtigen; im Extremfall kann es missgünstig, neidisch oder auch altruistisch sein. In der Regel geht man jedoch vom ‚Eigennutzaxiom' aus: Das Individuum orientiert sich nur an seinen eigenen Interessen. Missgunst, Neid und Altruismus sind damit ausgeschlossen. Natürlich weiß das Individuum, dass es nicht allein lebt bzw. leben kann, sondern nur in einer Gesellschaft, d.h. zusammen mit anderen Individuen. Entsprechende ‚soziale Orientierungen', wie z.B. der Wunsch, in einer demokratisch verfassten Gesellschaft zu leben, sind dementsprechend in seinen Präferenzen enthalten. Die Interessen der anderen Individuen werden jedoch nur insofern berücksichtigt, als sie den Handlungsraum des Individuums beeinflussen. John Rawls (1971: 168) nennt in seiner „Theorie der Gerechtigkeit" solches Verhalten „gegenseitig desinteressierte Vernünftigkeit".[2]

Damit sollte deutlich geworden sein, dass eine soziale Integration von Menschen, die gemäß dem ökonomischen Verhaltensmodell handeln, nicht von vornherein ausgeschlossen werden kann; zur ausführlichen Darstellung dieses Modells siehe Kirchgässner (1991). Damit ist freilich noch nicht geklärt, wie dies geschehen kann bzw. wie mit Hilfe dieses Modells soziale Integration von Individuen erklärt werden kann. Wie kommt es, dass die Menschen sich in eine Gemeinschaft bzw. in die Gesellschaft einfügen und dabei (Bürger-)Pflichten erfüllen, die – bei Unterstellung eines einfachen Nutzen-Kosten-Kalküls – kaum einen Netto-Nutzen abwerfen dürften? Dies geschieht z.B., wenn sie Ehrenämter

---

2 Im Englischen wird dieser Unterschied sehr deutlich: Es wird nicht ‚selfishness' unterstellt, welches ebenso wie Egoismus pejorativ gemeint ist, sondern self-interest, welches keinen pejorativen Beigeschmack hat. Da im Deutschen jedoch kein entsprechendes Wort zur Verfügung steht, werden wir im Folgenden weiterhin von ‚Egoisten' sprechen, auch wenn wir generell (nur) unterstellen, dass die Menschen ihre eigenen Interessen verfolgen. Zur Rolle des Egoismus im Rahmen des ökonomischen Verhaltensmodells siehe auch Kirchgässner (1991: 45ff.; 1999).

übernehmen, oder auch schon dann, wenn sie sich an Wahlen und Abstimmungen beteiligen. Und wie kommt es, dass sie Verträge zwar nicht immer, aber häufig selbst dann erfüllen, wenn ein Vertragsbruch möglich wäre, der ihnen einen Vorteil brächte?

Betrachtet man das, worum es bei der sozialen Integration geht, aus einer theoretischen (ökonomischen) Perspektive, so geht es zum einen um freiwillige Beiträge zur Erstellung öffentlicher Güter, wobei sich diese auf kleine Gruppen, aber auch auf den Zentralstaat beziehen können. Wie Mancur Olson (1965) in seiner bahnbrechenden Arbeit gezeigt hat, kann es innerhalb kleiner Gruppen individuell rational sein, solche Beiträge zu erbringen. Dabei ist die kleine Gruppe dadurch gekennzeichnet, dass zwischen den Mitgliedern persönliche Beziehungen bestehen, so dass die Verweigerung eines Beitrags sozial sanktioniert werden kann, und sei es durch Ausschluss aus der Gruppe. Theoretisch interessanter ist jedoch die Situation in großen Gruppen, in denen solche Sanktionen nicht zur Verfügung stehen.

Neben freiwilligen Beiträgen spielt selbstverständlich auch Zwang eine wesentliche Rolle. Mit seiner Hilfe sollen zum einen Aktivitäten, welche die soziale Integration fördern, durchgesetzt werden, und zum anderen Aktivitäten, die sie gefährden, unterbunden werden. Bei letzterem spielt insbesondere das Strafrecht eine wesentliche Rolle. Dass eigeninteressiert handelnde Individuen von diesen Möglichkeiten Gebrauch machen können (und dies tatsächlich tun), dürfte kaum umstritten sein. Schließlich geht es in der konstitutionellen Ökonomik u.a. um diese Frage, d.h. darum, von welchen Regeln man annehmen kann, dass sie von rationalen Individuen (in einer zwanglosen Situation) gemeinsam beschlossen und dann auch mit staatlichen Sanktionen bewehrt würden (siehe z.B. Buchanan 1975; Brennan und Buchanan 1985; Baurmann 1996: 188ff.).

Im Folgenden soll jedoch nicht die (,negative') Frage der Abwehr sozial schädlichen Verhaltens diskutiert werden, sondern die (,positive') Frage, unter welchen Bedingungen Individuen positive Beiträge zur sozialen Integration leisten. Theoretisch interessant ist vor allem die Frage *freiwilliger* Beiträge. Sie ist auch von erheblicher praktischer Relevanz, da mit Sanktionen bzw. Sanktionsandrohungen allein soziale Integration kaum gelingen kann. Vielmehr bedarf sie der freiwilligen Kooperation der Individuen, da Folgendes gilt, wie Tom Tyler (1997: 240) zu Recht feststellt: „Authorities need the willing, voluntary compliance of most citizens with most laws, most of the time."

Zunächst sollen drei Gründe aufgezeigt werden, die eigeninteressierte Individuen dazu bewegen können, solche Beiträge zu leisten. Als erstes wird behandelt, wie soziale Integration dadurch geschehen kann, dass über den politischen Prozess Institutionen geschaffen werden, die sie fördern (Abschnitt II). Dann wird aufgezeigt, dass soziale Integration dadurch geschehen kann (und auch geschieht), dass bestimmte, von eigeninteressierten Individuen angestrebte Güter nur dadurch erreichbar sind, dass sie sich ,gesellschaftlich engagieren', d.h. freiwillige Beiträge zu (anderen) öffentlichen Gütern leisten (Abschnitt III). Aber auch durch ,Kooperation rationaler Egoisten' kann soziale Integration zustande kommen (Abschnitt IV). Alle diese Möglichkeiten sind zwar wichtig für das Funktionieren einer modernen demokratischen Gesellschaft, sie reichen dafür jedoch nicht aus. Dies liegt daran, dass bestimmte öffentliche Güter notwendig für das Funktionieren solcher Gesellschaften sind, deren Zustandekommen eine Motivation der Individuen erfordert, die über (reines) Eigeninteresse hinausgeht (Abschnitt V). Abschließend werden die Bedeutung dieser Problematik für das ökonomische Modell individuellen Verhaltens und auch Möglichkeiten, die soziale Integration (wieder) zu verstärken, kurz erörtert (Abschnitt VI).

*II. Soziale Integration durch Schaffung gesellschaftlicher Institutionen:
Das Beispiel der Umverteilung*

Wichtig für den Zusammenhalt einer Gesellschaft ist, dass (fast) alle Mitglieder ihre Position, die sie darin einnehmen, zumindest halbwegs akzeptieren können. Ideal wäre eine ‚neidfreie' Verteilung dieser Positionen im Sinne von Hal Varian (1974, 1975) bzw. William J. Baumol (1986): Eine Verteilung ist dann neidfrei, wenn angesichts der Verteilung von Möglichkeiten und Pflichten bzw. Anstrengungen kein Individuum wünscht, es wäre in einer anderen Position als derjenigen, welche es innehat.[3] Nun wird das Ideal einer neidfreien Gesellschaft in der Wirklichkeit kaum jemals erreicht werden; wir müssen wohl oder übel mit Neid leben. Dieser darf jedoch nicht so stark werden, dass er desintegrierend wirkt, indem er z.B. dazu führt, dass eine relevante Zahl von Individuen größere Chancen darin erblickt, eine kriminelle ‚Karriere' zu ergreifen, d.h. den eigenen Vorteil unter bewusster Verletzung der gesellschaftlichen Spielregeln zu suchen, als die in der Gesellschaft gegebenen legalen Möglichkeiten zu nutzen. Eine solche kriminelle Karriere ist – ceteris paribus – umso lohnender, je geringer die heutigen und die erwarteten zukünftigen Teilhabemöglichkeiten sind. Diese aber hängen wesentlich von der Position in der Einkommenspyramide und damit von der Verteilung der Einkommen (und Vermögen) in einer Gesellschaft ab.[4] Staatliche Umverteilung kann daher zur Integration einer Gesellschaft beitragen, soweit sie die Ausgangspositionen verbessert, aber die Entwicklungschancen nicht (wesentlich) beeinträchtigt.

Diese Umverteilung muss nicht nur im Interesse derjenigen sein, deren reales Einkommen dadurch erhöht wird. Sie kann vielmehr auch im Interesse der ‚Geber' sein. Eine freiwillige Umverteilung ist zumindest unter zwei Bedingungen möglich:

1. Die ‚Reichen' können aus eigenem Interesse eine gleichmäßigere Einkommensverteilung anstreben, als sie durch das ‚reine' Marktergebnis hervorgebracht wird, da auch sie von einer allzu ungleichen Einkommensverteilung negativ betroffen sein können. Zum einen dürfte, wie die konstitutionelle Ökonomik diskutiert, eine minimale Umverteilung schon deshalb notwendig sein, um einen Zustand der Anarchie zu vermeiden (siehe

---

3 Dies kann durchaus dynamisch gesehen werden; es geht dann weniger um die (statische) Beibehaltung der jetzigen Position, sondern vielmehr um die Entwicklungsmöglichkeiten und damit auch die Chancen zur Verbesserung, die mit der jetzigen Position verbunden sind. Zur Diskussion der verschiedenen Konzepte der Neidfreiheit siehe Hausman und McPherson (1996: 139ff.).
4 Dies dürfte auch einer der wesentlichen Gründe dafür sein, dass, wie in jüngeren empirischen Studien aufgezeigt wurde, das Wirtschaftswachstum in einer Gesellschaft – ceteris paribus – um so größer ist, je gleicher die Einkommensverteilung ist (siehe hierzu u.a. Alesina und Rodrik (1994) sowie Perotti (1996)). Dies impliziert nicht, dass das Wirtschaftswachstum bei vollständiger Gleichheit am größten wäre. Es spricht jedoch dafür, dass die Ungleichheit der Einkommen heute in den westlichen Industrienationen größer ist als für das Wirtschaftswachstum optimal wäre.

z.B. Mueller 1996: 50ff.).[5] Aber auch ohne dass sofort ein Umsturz befürchtet werden muss oder die Stabilität des demokratischen Systems gefährdet erscheint, können den ‚Reichen' Kosten entstehen, wenn sie z.b. wegen steigender Kriminalität zusätzliche Schutzmaßnahmen ergreifen müssen. Soweit Umverteilung den sozialen Frieden fördert, erhöht sie zudem die Produktivität getätigter Investitionen und steigert damit die Einkommenschancen der Kapitaleigner.
2. Auch das Versicherungsmotiv kann zu freiwilliger Umverteilung führen. Wie insbesondere von Hal Varian (1980) herausgearbeitet und in jüngster Zeit vor allem von Hans-Werner Sinn (1995, 1996) aufgegriffen wurde, sind die Individuen bereit, eine Versicherungsprämie in Form von Steuern zu zahlen, wenn sie erwarten dürfen, dass sie von dieser Art der ‚Versicherung' profitieren, falls ihr eigenes Arbeits- oder Vermögenseinkommen aus irgendwelchen Gründen drastisch zurückgeht oder falls ihre Kinder nicht in der Lage sind, von ihrer Arbeit zu leben.[6] Wegen des moralischen Risikos ist gerade im letzteren Fall eine private Versicherung kaum möglich. Sinn (1996: 262f.) argumentiert, dass 85 Prozent der durch die Aktivitäten des Staates gewährleisteten Versicherungsleistungen nicht durch private Versicherungen abgedeckt werden können.

Selbst rationale Egoisten können aus diesen Gründen einer Umverteilung zustimmen, auch wenn sie Nettozahler sind. Sie werden sich daher für die Durchführung entsprechender Maßnahmen aussprechen. Diese Umverteilung ist insofern ‚freiwillig', als ihr alle Betroffenen zustimmen können. Sie ist damit auch ‚Pareto-verbessernd', da durch sie niemand schlechter, aber zumindest einige Individuen besser gestellt werden; zur Pareto-optimalen Umverteilung siehe auch Brennan (1975). Dennoch ist sie wegen der Möglichkeit des Trittbrettfahrerverhaltens für ihre Durchsetzung auf staatlichen Zwang angewiesen. Rationale Egoisten können daher für staatliche Umverteilung als ein Mittel zur Integration der Gesellschaft eintreten.

Rationale Egoisten können aber auch dann die Ergebnisse staatlicher Umverteilung akzeptieren, wenn sie selbst direkt zwar negativ betroffen sind, diese Umverteilung aber Resultat eines fairen (demokratischen) politischen Prozesses ist, dessen Ergebnisse für sie insgesamt vorteilhaft sind. (Zur prozeduralen Fairness und ihrer Bedeutung für die Einhaltung von Gesetzen bzw. demokratisch zustande gekommenen Entscheidungen siehe Tyler 1990; 1997.) Tatsächlich wird ja über Umverteilungsmaßnahmen im laufenden politischen Prozess nicht einstimmig, sondern nach demokratischen Mehrheitsregeln entschieden, wobei gelegentlich eine qualifizierte, häufig jedoch nur eine einfache Mehrheit der Bürgerinnen und Bürger und/oder der Parlamentarier notwendig ist. Geht man vom Modell der Parteienkonkurrenz aus, wie es bereits von Anthony Downs (1957) untersucht wurde, und unterstellt man ein politisches System mit zwei Parteien (zwei möglichen

---

5 Gemäß Buchanan (1976) könnte damit sogar eine Umverteilung entsprechend dem Unterschiedsprinzip von Rawls (1971) begründet werden, falls die am schlechtesten gestellte Gruppe nicht anders in den Gesellschaftsvertrag eingebunden werden kann.
6 Auch die Sicherstellung von innerem und äußerem Frieden durch Polizei und Militär kann als eine Versicherungsleistung begriffen werden. Historisch geht das Versicherungsmotiv auf die ‚Assekuranztheorie der Besteuerung' zurück, deren bedeutendster Vertreter, der Franzose Emile de Girardin (1806–1881), überhaupt keine Steuern zulassen wollte, die nicht als Prämien für derartige Versicherungen verstanden werden können; siehe hierzu z.B. Homburg (1997: 44f.).

Koalitionen), so besteht bei der üblichen ‚schiefen' Einkommensverteilung für die Regierung die einfachste Möglichkeit, zusätzliche Stimmen zu erhalten, um damit die Wiederwahl zu sichern, darin, dass sie Geld von den Reichen nimmt und den Armen gibt: Da jeder Bürger nur eine Stimme hat, können die (wenigen) Stimmen, welche der Regierung bei den Reichen verloren gehen, leicht durch zusätzliche Stimmen kompensiert werden, welche die Regierung von den Armen erhält. In diesem Prozess kommt dem ‚Medianwähler' eine Schlüsselstellung zu: Da er eine Verlierer- zu einer siegreichen Koalition machen kann, bestimmt er letztlich, in welchem Masse umverteilt wird.

Man könnte vermuten, dass das endgültige Ergebnis in einem solchen System totale Gleichheit der Einkommen nach Steuern wäre. Die mit einer solchen Lösung verbundenen erheblichen Effizienzeinbußen würden aber auch die Armen schlechter stellen, so dass auch sie als rationale Egoisten kein Interesse an vollständiger Gleichheit haben können. Daher führt z.B. auch die Anwendung des Rawlsschen Unterschiedsprinzips nicht zu vollständiger Einkommensgleichheit. Geht man davon aus, dass der Medianwähler gleich dem Medianeinkommensbezieher ist und dass sich seine Interessen im politischen Prozess durchsetzen, so dürfte auf Grundlage demokratischer Mehrheitsentscheidungen zwar erheblich mehr umverteilt werden, als auf rein freiwilliger Basis geschehen würde, aber auch deutlich weniger, als wenn man dem Unterschiedsprinzip folgte.[7]

III. Soziale Integration durch freiwillige Beiträge zu öffentlichen Gütern

Soweit gesellschaftliche Integration unter Zuhilfenahme gesellschaftlicher Institutionen geschieht, über deren Einrichtung im politischen Prozess beschlossen wird, handelt es sich um (über den politischen Prozess vermittelte) Akte der Selbstbindung der beteiligten Individuen. Staatlicher Zwang soll hier sicherstellen, dass die für die Produktion der öffentlichen Güter erforderlichen Beiträge auch geleistet werden.[8] Solche Beiträge werden jedoch auch freiwillig geleistet, d.h. ohne dass staatlicher Zwang involviert ist. Wie wir spätestens seit der grundlegenden Arbeit von Mancur Olson (1965) wissen, ist einer der wesentlichen Gründe hierfür, dass die Individuen versuchen, dadurch in den Genuss privater Güter zu gelangen. Hierdurch kann die Bildung von gesellschaftlichen Gruppen (bzw. die Überführung latenter in organisierte Gruppen) erfolgen, was einen Beitrag zur sozialen Integration bedeuten kann.

Diese ‚Nebenprodukt-Theorie' der Erstellung öffentlicher Güter geht davon aus, dass die privaten Güter gezielt bereitgestellt werden, um über deren ‚Verkauf' das öffentliche Gut zu finanzieren. Das dafür am häufigsten verwendete Beispiel ist die von den Gewerkschaften ihren Mitgliedern (implizit) angebotene Versicherung gegen Verdienstausfall bei Streik. Mindestens genauso wichtig sind jedoch jene Situationen, in denen freiwillige

---

7 Dabei ist der Anreiz zur Umverteilung um so größer, je größer die Differenz zwischen Median- und Durchschnittseinkommen ist, d.h. je ungleicher die Ausgangsverteilung ist; siehe hierzu Meltzer und Richard (1981). Zu den Grenzen einer Umverteilung mittels Mehrheitsentscheidungen siehe auch Musgrave (1988).
8 Solche kollektiv vermittelten Selbstbindungen bilden auch eine Erklärungsmöglichkeit für die staatliche Bereitstellung meritorischer Güter; siehe hierzu Brennan und Lomaski (1983). Zur Kritik an diesem Konzept siehe Tietzel und Müller (1998).

Beiträge die einzige Möglichkeit darstellen, private Güter zu erlangen, ohne dass diese gezielt angeboten würden. Bei diesen ‚Gütern' handelt es sich in erster Linie um Prestige, aber auch um Selbsterfüllung. Die Beiträge bestehen im Wesentlichen aus der eingesetzten Zeit, d.h. es findet zwar Tausch statt, aber das Tauschmedium ist nicht Geld, sondern Zeit. Die Übernahme vieler ehrenamtlicher Tätigkeiten kann auf diese Weise erklärt werden. Dabei muss das Prestige, das man dabei erwirbt, nicht notwendigerweise um seiner selbst willen gesucht werden, sondern es kann auch Mittel sein, um andere Ziele zu fördern, wie z.B. die eigene politische Karriere, wenn diese ohne entsprechende Unterstützung gesellschaftlicher Gruppen nicht möglich erscheint.

Auf den ersten Blick mag solches Engagement dem Außenstehenden altruistisch erscheinen. Dies mag in Einzelfällen auch der Fall sein. Es ist jedoch nicht notwendig, zur Erklärung solchen Verhaltens unbedingt auf Altruismus zu rekurrieren. In vielen Fällen dürfte es sich nur scheinbar um Altruismus handeln. Dies hat Peter M. Blau folgendermaßen beschrieben: „Ein scheinbarer ‚Altruismus' durchzieht das gesellschaftliche Leben: die Leute sind bedacht, sich gegenseitig zu nützen, und die Wohltaten, die sie erhalten haben, zu erwidern. Aber unter dieser scheinbaren Selbstlosigkeit kann ein ‚Egoismus' entdeckt werden: die Neigung anderen zu helfen ist häufig durch die Erwartung motiviert, dass solches Verhalten gesellschaftliche Belohnungen bringen wird. Jenseits dieser eigennützigen Interessen, aus gesellschaftlichen Verbindungen Nutzen zu ziehen, gibt es jedoch ein weiteres ‚altruistisches' Element oder zumindest eines, welches die gesellschaftlichen Beziehungen vor einfachem Egoismus bzw. psychologischem Hedonismus bewahrt. Eine grundlegende Belohnung, welche die Leute bei ihren Verbindungen anstreben, ist soziale Anerkennung; und selbstsüchtiges Verhalten gegenüber anderen macht es unmöglich, diese wichtige Belohnung zu erhalten" (1964: 17; eigene Übersetzung).

Auch rationale Egoisten können auf diese Weise wohltätig bzw. gemeinnützig handeln und damit ihren Beitrag zur gesellschaftlichen Integration leisten (und auch sich selber integrieren). Solches Verhalten ist umso wahrscheinlicher, je eher es hilft, außer dem damit verbundenen sozialen Prestige andere Ziele zu erreichen, und je geringer die Opportunitätskosten der aufgewendeten Zeit sind. Daher ist es nicht überraschend, dass man in ehrenamtlichen Funktionen vorwiegend Bürgerinnen und Bürger findet, die eine politische Laufbahn anstreben oder die nicht (mehr) berufstätig sind.[9] Umgekehrt versuchen gelegentlich Bürgerinnen und Bürger, deren Zeitbudget knapp ist und die über entsprechende Mittel verfügen, sich solches Prestige durch großzügige Spenden für gemeinnützige Einrichtungen zu verschaffen. Und auch hier ist in aller Regel kein Altruismus, sondern kalkuliertes Eigeninteresse die Triebfeder.

---

9 Auch die hohe Zahl der Beamten und Angehörigen des öffentlichen Dienstes in den deutschen Parlamenten dürfte im Wesentlichen auf die geringen Opportunitätskosten der Zeit und weniger auf ein besonderes politisches Engagement dieser Gruppe zurückzuführen sein. Schließlich werden sie für die Zeit ihres politischen Einsatzes von ihrer Berufstätigkeit freigestellt, ohne dass dadurch die Sicherheit ihres Arbeitsplatzes in irgend einer Weise gefährdet würde. In aller Regel bleiben dabei sogar die Chancen für weiteren beruflichen Aufstieg intakt. All dies gilt nicht für Selbständige sowie für Arbeitnehmer in der privaten Wirtschaft, soweit diese nicht als Interessenvertreter fungieren. (Zum Anteil der Beamten und Angehörigen des öffentlichen Dienstes an den Abgeordneten des Deutschen Bundestages sowie in den Landtagen der alten Bundesländer siehe z.B. Frey und Kirchgässner (1994: S. 192f.).)

Inwieweit die Bürgerinnen und Bürger zu solchen Beiträgen bereit sind, hängt wesentlich von der politischen Struktur einer Gesellschaft ab bzw. davon, wie in ihr der politische Prozess organisiert ist.[10] Je mehr Mitwirkungsrechte die Bürgerinnen und Bürger haben, desto mehr werden sie sich in diesem Prozess engagieren und damit auch sozial integrieren. Wie weit dies möglich ist, hängt von zwei Faktoren ab: dem Ausmaß der Dezentralisierung und der Frage, welche direkten Mitwirkungsrechte existieren. Je stärker ein Staatswesen dezentral aufgebaut (föderal strukturiert) ist und je mehr direkte Mitwirkungsmöglichkeiten bestehen, desto eher werden die Bürgerinnen und Bürger die Möglichkeit haben und auch bereit sein, entsprechende Beiträge zu leisten. So werden viele öffentliche Tätigkeiten, die in Deutschland von staatlich fest angestellten Bürokraten ausgeübt werden, in der Schweiz im ‚Milizsystem‘ durchgeführt: Gewählte Bürgerinnen und Bürger üben diese Tätigkeiten im Nebenamt aus und erhalten dafür lediglich eine Aufwandsentschädigung. Für den Einfluss der politischen Struktur auf das freiwillige Engagement spricht auch das Ergebnis von Hannelore Weck-Hannemann und Werner W. Pommerehne (1989), nach welchem in den schweizerischen Kantonen mit direkter Demokratie in Finanzfragen signifikant weniger Steuern hinterzogen werden als in jenen Kantonen, in denen diese Fragen rein repräsentativ entschieden werden. Ganz allgemein kann man Wolf Linder (1994: 135) zustimmen, dass die halb-direkte Demokratie der Schweiz ein hohes Potential für politische Integration aufweist.

IV. Soziale Integration durch Kooperation rationaler Egoisten

Der soziale Zusammenhalt in einer Gesellschaft hängt jedoch nicht nur davon ab, dass Bürgerinnen und Bürger in bestimmter Weise abgesichert werden und dass bestimmte gesellschaftliche Leistungen freiwillig erbracht werden, sondern wesentlich auch davon, dass zwischen den Mitgliedern einer Gesellschaft zumindest ein minimales Vertrauen existiert. Dessen Existenz ist eine wesentliche Voraussetzung dafür, dass sich gesellschaftliche Interaktionen ohne größere Probleme vollziehen können. Ohne ein solches allgemeines Vertrauen zerfällt die Gesellschaft in Teilgruppen, zwischen denen Interaktionen nur noch sehr eingeschränkt möglich sind. Ein Mindestmaß an Vertrauen in den jeweiligen Interaktionspartner ist daher nicht nur in kleinen Gruppen wie z.B. im engen Familienkreis notwendig, sondern auch bei (fast) anonymen Beziehungen, auch bei wirtschaftlichen Beziehungen. Man muss z.B. darauf vertrauen können, dass ein Vertrag auch dann eingehalten wird, wenn es für den Vertragspartner lohnend wäre, ihn zu brechen: Man muss davon ausgehen können, dass sich der Vertragspartner nicht ‚opportunistisch‘ verhält.[11]

Gegen voraussehbare Vertragsverletzungen kann man Vorsorge treffen, indem man z.B. Konventionalstrafen für den Fall des Vertragsbruchs vereinbart. Da man jedoch nicht

---

10 Die Frage der Umverteilung ist damit nicht die einzige institutionelle Frage, welche auf den Zusammenhalt einer Gesellschaft Einfluss hat.
11 Zur Definition des Opportunismus siehe Williamson (1985: 54): „Unter Opportunismus verstehe ich die Verfolgung des Eigeninteresses unter Zuhilfenahme von List. Das schließt krassere Formen ein, wie Lügen, Stehlen und Betrügen, beschränkt sich aber keineswegs auf diese. Häufiger bedient sich der Opportunismus raffinierterer Formen der Täuschung. Sowohl aktive wie passive Formen und sowohl ex-ante- wie ex-post-Typen gehören dazu." Zum Problem des Opportunismus siehe auch Tietzel und Weber (1991).

alle Eventualitäten vorhersehen kann und da Verträge deshalb (in aller Regel) notwendigerweise unvollständig sind, kann man dadurch opportunistisches Verhalten nur teilweise verhindern. Bei wiederholten Tauschvorgängen mit dem gleichen Partner dürften darüber hinaus Reputationseffekte wirksam werden: Wenn mit einem Partner weiterhin Geschäfte abgeschlossen werden sollen, ist es auch für rationale Egoisten nicht sinnvoll, wegen geringer Vorteile einen Vertrag zu brechen. Dadurch würde der Abbruch der Geschäftsbeziehungen riskiert. Das Gleiche gilt bei einmaligen Transaktionen, falls ein Vertragsbruch bekannt wird und damit die Chancen, mit anderen Partnern in Zukunft Verträge abzuschließen, beeinträchtigt werden. Andererseits gibt es auch einmalige Transaktionen, bei denen kein Rückgriff auf die Erfahrung anderer möglich ist. Wie George A. Akerlof (1970) in seiner Arbeit über den „Markt für Zitronen" gezeigt hat, kann es in solchen Fällen geschehen, dass bestimmte Transaktionen nicht mehr stattfinden. Dann brechen solche Märkte entweder ganz zusammen, oder zumindest werden bestimmte Qualitäten nicht mehr gehandelt. Damit stellt sich die Frage, inwieweit eine rein eigeninteressierte Motivation ausreicht, um gesellschaftlich nützliche bzw. wünschenswerte Kooperationen, wie sie sich z.B. auf Märkten vollziehen, sicherzustellen, bzw. unter welchen Bedingungen solche Kooperationen nicht mehr stattfinden.

Die Möglichkeit, solche Probleme formal zu erfassen, wird durch die Spieltheorie gegeben. Dort wird dieses Problem üblicherweise als ein wiederholtes n-Personen Gefangenendilemma modelliert. Die Frage ist, ob es in einem solchen Rahmen eine (stabile) Lösung gibt, bei welcher die Partner kooperieren. In den meisten Fällen wurde diese Frage für zwei Spieler untersucht. Die klassische Lösung dieses Problems bei einer (vorher bekannten) endlichen Anzahl von Runden ist bekannt. In der letzten Periode ist es für die Spieler rational, nicht zu kooperieren. Von daher kann man das ganze Spiel rückwärts lösen: Nicht-Kooperation (bzw. Defektion) ist die dominante Strategie (siehe z.B. auch Rasmusen 1989: 88f.). Dies könnte sich nur dann ändern, wenn ein solches Spiel unendlich oft gespielt würde (bzw. wenn bei jeder Runde mit hinreichend hoher Wahrscheinlichkeit eine weitere Runde folgte).

Robert Axelrod (1984) hat in einem Experiment gezeigt, dass auch bei endlicher und bekannter Anzahl von Zügen ‚Tit for Tat' sich unter vielen Strategien als die dominante Strategie erwies: Der Spieler beginnt mit Kooperation, und er macht im Folgenden immer genau jenen Zug, welchen der Gegenspieler in der Runde davor gemacht hat: Hat dieser kooperiert, so kooperiert er jetzt auch, hat dieser defektiert, so defektiert er ebenfalls. Es ist somit rational, sich gleichsam moralisch zu verhalten. Dieses Ergebnis scheint zunächst der formalen spieltheoretischen Lösung zu widersprechen: Defektion scheint nicht die dominante Strategie zu sein. David M. Kreps et al. (1982) zeigen jedoch, dass dies nur unter bestimmten Annahmen über die anderen Mitspieler gilt. Gibt es unter den möglichen Partnern einen genügend großen Anteil von Leuten, welche kooperieren, und weiß der Spieler dies, so ist Tit for Tat dominant. Ist dieser Anteil zu gering, ist Defektion dominant.

Etwas allgemeiner formuliert baut der Spieler sich hier durch seine Kooperation eine Reputation auf, welche er durch Defektion wieder verlieren würde. Nur dann, wenn er selbst als kooperativ gilt, kann er erwarten, dass auch die anderen Spieler kooperieren. Solche Reputationsspiele setzen damit voraus, dass sich die Spieler ‚kennen lernen' bzw. dass andere über Dritte von ihrer Reputation erfahren können. In ‚one shot games' unter anonymen Spielern kann solche Reputation trivialerweise keine Rolle spielen.

Damit wäre der Verweis auf mögliche Reputationsgewinne bzw. -verluste auch dann nicht ausreichend, gesellschaftliche Kooperation sicherzustellen, wenn Tit for Tat die einzige Lösung des *iterativen* Gefangenen-Dilemma-Spiels wäre. Dies gilt jedoch nicht, da gemäß dem Folk-Theorem sich bei unendlich oft wiederholten Spielen unter vergleichsweise allgemeinen Annahmen nahezu beliebige Lösungen ergeben können (siehe Rasmusen 1989: 92). Einen noch grundsätzlicheren Einwand gegen diesen Ansatz bringt Peter Koller (1994) vor. An einem einfachen Beispiel eines asymmetrischen Spiels mit jeweils drei Strategien zeigt er, dass es Situationen gibt, in denen auch langfristiges individuell-rationales Verhalten zu einer Lösung führt, bei welcher das ‚gesellschaftliche Optimum', d.h. jener Zustand mit der höchsten durchschnittlichen Auszahlung, systematisch verfehlt wird: Der stärkere Spieler gewinnt, indem der schwächere Spieler systematisch ausgebeutet wird.

Die Argumentation von Koller (1994) zeigt auch, dass die Frage der gesellschaftlichen Kooperation nur sehr beschränkt anhand des iterierten Gefangenendilemmas diskutiert werden kann. Die Situation kann sich völlig anders darstellen, wenn den Spielern mehr als zwei Strategien zur Verfügung stehen, wenn die Positionen der Spieler asymmetrisch verteilt sind oder wenn viele Spieler (anonym) untereinander agieren. Rudolf Schüssler (1990) hat in Erweiterung des Gefangenendilemmas eine Reihe anderer sozialer Dilemmata untersucht. Wie weit sich in solchen Situationen Kooperation unter Egoisten spontan entwickeln kann, hängt nach seinen Ergebnissen wesentlich davon ab, ob die Akteure die (bilaterale) Kooperation mit einem Partner abbrechen und sich einen neuen Partner suchen können. Ist Nicht-Kooperation durch Abbruch ‚bestrafbar', wird sich Kooperation sehr viel eher entwickeln als dort, wo ein solcher Abbruch nicht möglich ist.

Wo immer es aber um Probleme der gemeinschaftlichen Produktion (und des Konsums) von (öffentlichen) Gütern geht, ist eine „dezentrale und freiwillige Lösung ... prinzipiell spieltheoretisch möglich, aber praktisch extrem unwahrscheinlich" (Schüssler 1990: 144). Auch dort, wo ein Abbruch bzw. ein Ausschluss der defektierenden Individuen möglich ist, können solche Güter nur über eine zentralistische Lösung bereitgestellt werden. Ist ein Ausschluss nicht möglich, dann gilt sogar: „Nur der Einsatz von Macht, Gewalt oder Drohung kann unter rationalen Egoisten eine Lösung herbeiführen" (ebd.: 144f.).

V. Soziale Integration durch moralisches Verhalten

Kooperation rationaler Egoisten ist damit nicht hinreichend für die Produktion bestimmter öffentlicher Güter: Es bedarf staatlicher Intervention. Nun wurde oben gezeigt, dass rationale Egoisten derartige Interventionen durchaus befürworten: Es ist auch in ihrem Interesse, dass Institutionen geschaffen werden, die Befugnis zur Gewalt haben. Durch staatliche Institutionen kann jedoch nicht all das bewirkt werden, was für die soziale Integration in einer Gesellschaft bzw. auch für das Funktionieren eines modernen, demokratisch und marktwirtschaftlich verfassten Staatswesens notwendig ist, aber nicht durch eigennützig motivierte Individuen freiwillig geleistet wird.[12] So sind z.B. entsprechende

---

12 Siehe hierzu auch Michael Baurmann (1996: 558), mit seiner ersten Folgerung aus seiner Untersuchung über den „Markt der Tugend": „Eine Gesellschaft mit einer demokratischen, rechtsstaatlichen und liberalen Ordnung kann nicht überleben, wenn sich alle Bürger ausschließlich eigennützig verhalten."

staatliche Rahmenbedingungen zwar notwendige, aber keine hinreichenden Bedingungen dafür, dass Vertrauen zwischen Vertragspartnern entstehen kann: Der Staat kann und muss Institutionen bereithalten, damit die in Verträgen eingegangenen Verpflichtungen eingehalten werden, aber er kann nicht jedes Ausnutzen von Vertragslücken verhindern. Dies geht auch dann nicht, wenn (z.B. in § 242 des deutschen BGB bzw. Art 2 des schweizerischen ZGB) gefordert wird, dass sich die Vertragspartner nach ‚Treu und Glauben' verhalten. Dies ist schon deshalb nicht möglich, weil viele Verträge nur implizit geschlossen werden und damit einer richterlichen Überprüfung nur bedingt zugänglich sind.

Daher kann sich Vertrauen (in einer Marktwirtschaft) nur dann entwickeln, wenn sich hinreichend viele Marktteilnehmer auch gegenüber anonymen anderen Marktteilnehmern insofern ‚moralisch' verhalten, als sie nicht jede Vertragslücke ausnützen, sondern indem sie Verträge auch dann einhalten, wenn aus Sicht des rationalen Egoisten opportunistisches Verhalten angezeigt wäre.[13] Dies entspricht zunächst der oben diskutierten spieltheoretischen Lösung des iterativen Gefangenendilemmas: Kooperation im Sinne von ‚Tit for Tat' ist nur dann eine dominante Strategie, wenn genügend andere Teilnehmer sich ebenfalls kooperativ verhalten. Die Bedingung für das zufrieden stellende Funktionieren ist in der Wirklichkeit jedoch noch stärker: Die Marktteilnehmer müssen davon ausgehen können, dass auch bei einmaligen Transaktionen, bei denen Reputation keine Rolle spielt, ihr Vertrauen (zumindest in aller Regel) nicht enttäuscht wird.

Insoweit die Marktteilnehmer dieses Vertrauen nicht enttäuschen, sondern Verträge auch dann einhalten, wenn ein Vertragsbruch möglich und vorteilhaft wäre, stärken sie dieses Vertrauen und damit die moralische Basis, auf der eine Marktwirtschaft überhaupt erst effizient funktionsfähig ist. Ohne ein solches gegenseitiges Vertrauen lägen die Transaktionskosten in aller Regel sehr viel höher; viele zum gegenseitigen Nutzen mögliche Transaktionen würden deshalb nicht durchgeführt. Die Funktionsfähigkeit der Marktwirtschaft aber ist – in ökonomischer Terminologie – ein öffentliches Gut, und das Einhalten eines Vertrags trotz eigener Nachteile kann daher als ein freiwilliger Beitrag zur Erstellung eines öffentlichen Guts betrachtet werden.

Wenn somit einerseits (auch) Vertrauen bzw. moralisches Verhalten für den Zusammenhalt einer Gesellschaft notwendig ist, so gibt es andererseits empirische Evidenz dafür, dass sich die Individuen in diesem Sinne moralisch verhalten. So ist in Experimenten aufgezeigt worden, dass sich Individuen auch dann bei Ein-Perioden-Spielen zumindest teilweise kooperativ verhalten, wenn Defektion die dominante Strategie ist (siehe z.B. Dawes und Thaler 1988). Diese Kooperationsbereitschaft steigt, wenn Kommunikation zwischen den Spielern möglich ist (siehe hierzu z.B. Frey und Bohnet 1995). Auch im alltäglichen Leben handeln die Individuen im Allgemeinen nicht so wie der von Armatya K. Sen (1977) charakterisierte ‚Rationalclown', der dann, wenn Reputation keine Rolle spielen kann, nur auf seinen eigenen Nutzen schaut. Vielmehr verhalten sie sich häufig auch in solchen Situationen moralisch. Dies gilt zumindest so lange, als dies nicht mit zu hohen Kosten verbunden ist.

---

13 Generell betrachtet soll ein Verhalten hier dann als moralisch (motiviert) betrachtet werden, wenn eine mit Kosten verbundene Handlung ausgeführt wird, die zwar den Nutzen anderer, prima facie aber nicht (bzw. allenfalls minimal) den eigenen Nutzen steigert; letzterer wird – wegen der dem Handelnden entstehenden Kosten – sogar beeinträchtigt; siehe hierzu Kirchgässner (1996: 227ff.).

Wir kommen damit zu einem zentralen Problem moralischen Verhaltens: Rationale Individuen verhalten sich nicht immer als Egoisten. Sie werden sich jedoch umso eher auf ihre eigenen Interessen konzentrieren, je teurer sie ein Abweichen davon zu stehen kommt. Dies bedeutet, dass sie sich (insbesondere in großen Gruppen) im Allgemeinen nur dann moralisch verhalten bzw. auf andere Rücksicht nehmen werden, wenn dies relativ ‚preisgünstig' ist. Sie werden Verträge somit in aller Regel einhalten, solange der Vorteil, den sie auch langfristig aus einem Vertragsbruch ziehen können, nicht zu groß ist. Der moralische Anspruch an sie darf nicht zu hoch sein; sie befolgen (nur) eine ‚Minimalmoral' (siehe Kirchgässner 1996).

Ist es jedoch für die soziale Integration einer Gesellschaft hinreichend, wenn die Bürgerinnen und Bürger sich – grosso modo – entsprechend einer solchen Minimalmoral verhalten, oder müssen höhere Anforderungen an sie gestellt werden? Für das Einhalten von Verträgen sollte die Minimalmoral in aller Regel ausreichen: Zwar kann nicht mit Sicherheit ausgeschlossen werden, dass Situationen entstehen, in welchen erhebliche moralische Anforderungen auftreten, weil z.B. ein Vertragsbruch auch langfristig zu erheblichen Gewinnen führen könnte und deshalb einen großen Verzicht erforderte. Aber während man durch Ausgestaltung der Verträge sowie durch eine entsprechende Rechtsprechung dafür sorgen kann, dass solche Situationen nur sehr selten auftreten, gilt dies für Situationen mit geringen moralischen Anforderungen nicht. Für diese Situationen (und damit für unser alltägliches Verhalten) genügt daher in aller Regel die Minimalmoral.

Eine der wesentlichen Pflichten, die Bürger in einer demokratischen Gesellschaft übernehmen müssen, ist die Beteiligung an Wahlen und – in der direkten Demokratie – auch an Abstimmungen. Zwar muss sich nicht jeder an jeder Wahl oder Abstimmung beteiligen, aber wenn die Beteiligung zu gering wird, wird die Legitimität des demokratischen Entscheidungsverfahrens in Frage gestellt. Insofern kann man auch die Teilnahme an einer Wahl oder Abstimmung als Beitrag zur Erstellung eines öffentlichen Gutes betrachten: des Gutes ‚Funktionsfähigkeit der (direkten) Demokratie'. Da zudem der einzelne Wähler in aller Regel weiß, dass seine Stimme keinen Einfluss auf das Gesamtergebnis hat, hat er als (gut informierter) rationaler Egoist auch keinen Anreiz, sich an einer Wahl oder Abstimmung zu beteiligen. Schon William H. Riker und Peter C. Ordeshook (1968) haben darauf hingewiesen, dass die beobachteten hohen Wahlbeteiligungen mit rein eigeninteressiertem Verhalten rationaler Individuen nicht vereinbar sind. Sie haben deshalb die Erfüllung der Bürgerpflicht (‚civic duty') als eine zentrale Motivation für die Wahlbeteiligung herausgestellt. Dies gilt auch für Wahlbeteiligungen von 30 oder 40 Prozent; auch sie sind in diesem Zusammenhang ‚hoch', da – bei entsprechend großer Wählerschaft – auch dann die Wahrscheinlichkeit, dass eine einzelne Stimme die Wahl entscheidet, verschwindend gering ist. (Zur Übersicht über die verschiedenen (wohl als gescheitert anzusehenden) Ansätze, die Wahlbeteiligung dennoch dadurch zu erklären, dass die Individuen davon ausgehen, dass sie möglicherweise die Wahl entscheiden, siehe Kirchgässner 1990.) Die Teilnahme an einer Wahl oder Abstimmung wird damit zum moralischen Akt, aber noch deutlicher als beim Einhalten von Verträgen sind die Kosten moralischen Verhaltens für die meisten in diesem Fall sehr gering: Die Minimalmoral reicht aus, damit eine hinreichend große Zahl von Bürgerinnen und Bürgern sich an einer Abstimmung beteiligt.[14] Dennoch bleibt festzuhalten, dass innerhalb unserer modernen Gesellschaft

---

14 Auch die Wahl*entscheidung* ist diesbezüglich nicht unproblematisch, da auch sie – entgegen

sowohl die marktwirtschaftliche Ordnung als auch das demokratische politische System für ihre Funktionsfähigkeit auf ein Verhalten der betroffenen Bürgerinnen und Bürger angewiesen sind, welches mit reinem Selbstinteresse rationaler Individuen zwar weitgehend, aber nicht vollständig erklärt werden kann.

VI. Abschließende Bemerkungen

Ausgangspunkt unserer Überlegungen war die Frage, inwieweit soziale Integration mit Hilfe des ökonomischen Handlungsmodells erklärt werden kann. Geht man von der allgemeinen Form dieses Modells aus, bei welchem die Nutzenfunktion der handelnden Individuen prinzipiell offen ist und es letztlich nur darauf ankommt, dass sie sich konsistent verhalten, dann bestehen keine Schwierigkeiten bei der Erklärung der sozialen Integration mit Hilfe dieses Modells. Schließlich lässt sich auch altruistisches Verhalten in dieses Modell integrieren. (Zur formalen Behandlung altruistischen Verhaltens im Rahmen des ökonomischen Handlungsmodells siehe z.B. Andreoni 1988, 1990.) Verwendet man andererseits jene Variante des Modells, die typischerweise ökonomischen Analysen zugrunde liegt und bei der Eigeninteresse als (einzige) Motivation der rationalen Handlungsträger unterstellt wird, dann können die Prozesse sozialer Integration zwar ein ganzes Stück weit erklärt werden, aber es bleibt ein Rest offen, für dessen Erklärung auf eine andere Motivation zurückgegriffen werden muss, in aller Regel auf Altruismus.

Beim Rückgriff auf altruistische Motivationen (neben dem Eigeninteresse) wird der empirische Gehalt des Modells verringert. Dies sind die methodischen Kosten, die mit der Verbreiterung der Motivationsannahme verbunden sind. Es ist aber zumindest möglich anzugeben, unter welchen Bedingungen Altruismus eher handlungsleitend werden kann und unter welchen Bedingungen kaum damit zu rechnen ist. Wie oben ausgeführt wurde, spielt die Frage der (individuellen) Kosten altruistischen bzw. moralischen Verhaltens dabei eine zentrale Rolle. (Für eine eingehendere Erörterung der Bedingungen moralischen Verhaltens siehe Kirchgässner 1999.)

Damit werden auch Ansatzpunkte deutlich, wie die soziale Integration in einer Gesellschaft vertieft werden kann. Das weit verbreitete Gefühl eines zunehmenden Individualismus und – damit einhergehend – schwindender allgemein geteilter gesellschaftlicher Wertvorstellungen und eines Auseinanderfallens der Gesellschaft, welches z.B. im (politischen) Kommunitarismus seinen Niederschlag gefunden hat,[15] lässt die Suche nach Möglichkeiten, dieser Entwicklung entgegenzuwirken, zumindest als legitim erscheinen. Geht man vom ökonomischen Ansatz aus, so sollte man versuchen, die Möglichkeiten für freiwillige Beiträge der Individuen zu erweitern und die Anreize für solche Beiträge zu verstärken, indem z.B. direkte Volksrechte eingeführt oder ausgebaut und/oder politische

---

der ursprünglichen Ansicht von Downs (1957) – nicht ohne weiteres als Ergebnis eigeninteressiert rationalen Handelns erklärt werden kann; siehe hierzu Kliemt (1986) und Kirchgässner (1992).

15 Siehe z.B. Etzioni (1988; 1995). Dabei ist der politische Kommunitarismus zu unterscheiden vom philosophischen Kommunitarismus, wie er z.B. von Sandel (1982), Walzer (1983) oder Taylor (1985) im Wesentlichen als Auseinandersetzung mit dem Liberalismus von Rawls (1971) entwickelt wurde. Zur Einführung in diese Diskussion siehe z.B. Forst (1993).

Kompetenzen (wieder) nach unten verlagert werden.¹⁶ In den vergangenen Jahrzehnten ist die politische Entwicklung in der Bundesrepublik Deutschland freilich anders verlaufen: Im Zuge mannigfacher Verwaltungsreformen war eher Zentralisierung als Dezentralisierung angesagt. Ob die angestrebten Kosteneinsparungen in der öffentlichen Verwaltung dadurch erreicht wurden und/oder die Qualität der öffentlich bereitgestellten Leistungen sich dadurch verbessert hat, sei dahingestellt; zumindest dem Anschein nach wurde beides nicht erreicht.¹⁷ Ohne Zweifel bewirkten diese Reformen jedoch eine Erhöhung der den Bürgerinnen und Bürgern auferlegten Kosten, indem sie den Abstand zu den politischen und bürokratischen Entscheidungsträgern erhöhten. Notwendig wäre daher gerade in der Bundesrepublik Deutschland eine Rückbesinnung auf das Subsidiaritätsprinzip, die zu einer stärkeren Dezentralisierung und – damit verbunden – einer (Rück-)Verlagerung politischer Kompetenzen auf die unteren Ebenen führen sollte.¹⁸

Zudem sollte man darüber nachdenken, wie neue Gelegenheiten geschaffen werden können, damit Individuen sich entsprechend engagieren können. Die Einführung (auf Bundesebene) bzw. der Ausbau direkter Volksrechte (auf den Ebenen der Länder und Gemeinden) wären Möglichkeiten, die hierfür in Deutschland offen stehen. Schließlich sollte man auch, soweit dies möglich ist, die Kosten für moralisches Verhalten senken. Ein Beispiel hierfür war die Einrichtung der Briefwahl, die für viele Wählerinnen und Wähler die Kosten der Wahl- bzw. Abstimmungsbeteiligung reduziert hat.¹⁹

Die vom politischen Kommunitarismus getragene Idee einer Wiederbelebung von Bürgerwerten mit Hilfe moralischer Appelle scheint dagegen wenig aussichtsreich zu sein: Versuche, auf die Präferenzen der Bürgerinnen und Bürger einzuwirken, haben sich im Allgemeinen als wenig wirkungsvoll (und gelegentlich sogar als kontraproduktiv) erwiesen. Oder, wie Michael Baurmann (1996: 658) zu Recht feststellt: „Moralpredigten sind nutzlos".

---

16 Siehe hierzu auch die Arbeit von Frey und Stutzer (1999), in der gezeigt wird, dass die Zufriedenheit der Individuen – ceteris paribus – mit dem Ausmaß an direkt-demokratischen Beteiligungsrechten und lokaler Autonomie steigt.
17 Gegen eine Kosteneinsparung spricht u.a., dass durch die Zusammenlegung von Gemeinden viele Aufgaben von ehrenamtlichen (nebenamtlichen) Trägern auf bei der öffentlichen Hand hauptberuflich Beschäftigte übergegangen sind. Dazu kommt, dass z.B. in Baden-Württemberg durch die Einführung der Regionen eine neue Verwaltungsebene eingeführt wurde, ohne dass eine der schon bestehenden Ebenen entfallen wäre oder auch nur der Aufwand dort (erkennbar) reduziert worden wäre.
18 Siehe hierzu auch die Überlegungen in Ostrom, Gardner und Walker (1994), die darauf hinweisen, dass viele ‚Common-Pool-Probleme' dadurch einer Lösung näher gebracht werden können, dass die institutionelle Struktur so geändert wird, dass die Kommunikation zwischen den Betroffenen erleichtert wird.
19 Für alte und gebrechliche Menschen wurden die Kosten der Wahlbeteiligung dadurch sogar erheblich gesenkt.

Literatur

Akerlof, George A., 1970: The Market for Lemons, Quality Uncertainty and the Market Mechanism, Quarterly Journal of Economics 84: 488–500.
Alesina, Alberto, und *Dani Rodrik,* 1994: Distributive Politics and Economic Growth, Quarterly Journal of Economics 109: 465–490.
Andreoni, James, 1988: Privately Produced Public Goods in a Large Economy: The Limits of Altruism, Journal of Public Economics 35: 211–221.
Andreoni, James, 1990: Impure Altruism and Donations to Public Goods: A Theory of Warm Glow Giving, Economic Journal 100: 464–477.
Axelrod, Robert, 1984: The Evolution of Cooperation. New York: Basic Books. (Dt.: Die Evolution der Kooperation. München: Oldenbourg 1988.)
Baurmann, Michael, 1996: Der Markt der Tugend: Recht und Moral in der liberalen Gesellschaft. Tübingen: Mohr (Siebeck).
Baumol, William J., 1986: Superfairness: Applications and Theory. Cambridge (Mass.): MIT Press.
Blau, Peter M., 1964: Exchange and Power in Social Life. London: Wiley.
Brennan, Geoffrey, 1975: ‚Pareto-Optimal Redistribution': A Perspective, Finanzarchiv N.F. 33: 235–272.
Brennan, Geoffrey, und *James M. Buchanan,* 1985: The Reason of Rules: Constitutional Political Economy. Cambridge (Mass.): Cambridge University Press. (Dt.: Die Begründung von Regeln: Konstitutionelle Politische Ökonomie. Tübingen: Mohr (Siebeck) 1993.)
Brennan, Geoffrey, und *Loren Lomaski,* 1983: Institutional Aspects of ‚Merit Goods' Analysis, Finanzarchiv N.F. 41: 183–206.
Buchanan, James M., 1975: The Limits of Liberty. Chicago: University of Chicago Press. (Dt.: Die Grenzen der Freiheit. Tübingen: Mohr (Siebeck) 1984.)
Buchanan, James M., 1976: A Hobbesian Interpretation of the Rawlsian Difference Principle, Kyklos 29: 5–25.
Dahrendorf, Ralf, 1958: Homo Sociologicus: Versuch zur Geschichte, Bedeutung und Kritik der Kategorie der sozialen Rolle, Kölner Zeitschrift für Soziologie und Sozialpsychologie 10: 178–208.
Dahrendorf, Ralf, 1967: Pfade aus Utopia: Arbeiten zur Theorie und Methode der Soziologie. München: Piper.
Dawes, Robyn M., und *Richard H. Thaler,* 1988: Anomalies: Cooperation, Journal of Economic Perspectives 2, Heft 3: 187–197.
Downs, Anthony, 1957: An Economic Theory of Democracy. New York: Harper and Row. (Dt.: Ökonomische Theorie der Demokratie. Tübingen: Mohr (Siebeck) 1968.)
Etzioni, Amitai, 1988: The Moral Dimension: Towards a New Economics. New York: Free Press; (Dt.: Die faire Gesellschaft: Jenseits von Sozialismus und Kapitalismus. Frankfurt a.M.: Fischer 1996.)
Etzioni, Amitai (Hg.), 1995: New Communitarian Thinking: Persons, Virtues, Institutions, and Communities. Charlotteville VA.: University Press of Virginia.
Frey, Bruno S., und *Iris Bohnet,* 1995: Institutions Affect Fairness: Experimental Investigations, Zeitschrift für die gesamte Staatswissenschaft (Journal of Institutional and Theoretical Economics) 151: 286–303.
Frey, Bruno S., und *Gebhard Kirchgässner,* 1994: Demokratische Wirtschaftspolitik: Theorie und Anwendung. München: Vahlen.
Frey, Bruno S., und *Alois Stutzer,* 1999: Happiness, Economy and Institutions, Paper presented at the European Meeting of the European Public Choice Society, Lissabon, 7. – 10. April.
Forst, Rainer, 1993: Kommunitarismus und Liberalismus: Stationen einer Debatte, S. 181–219 in: *Axel Honneth* (Hg.): Kommunitarismus: Eine Debatte über die moralischen Grundlagen moderner Gesellschaften. Frankfurt a.M./New York: Campus.
Hayek, Friedrich A. von, 1952: The Counter Revolution of Science. Glencoe: The Free Press.
Homburg, Stefan, 1997: Allgemeine Steuerlehre. München: Vahlen.

Hausman, Daniel M., und *Michael S. McPherson,* 1996: Economic Analysis and Moral Philosophy. Cambridge (England): Cambridge University Press.
Kirchgässner, Gebhard, 1990: Hebt ein ‚knapper' Wahlausgang die Wahlbeteiligung? Eine Überprüfung der ökonomischen Theorie der Wahlbeteiligung anhand der Bundestagswahl 1987, S. 445–477 in: *Max Kaase* und *Hans-Dieter Klingemann* (Hg.): Wahlen und Wähler: Analysen aus Anlass der Bundestagswahl 1987. Opladen: Westdeutscher Verlag.
Kirchgässner, Gebhard, 1991: Homo oeconomicus: Das ökonomische Modell individuellen Verhaltens und seine Anwendung in den Wirtschafts- und Sozialwissenschaften. Tübingen: Mohr (Siebeck).
Kirchgässner, Gebhard, 1992: Towards a Theory of Low-Cost Decisions, European Journal of Political Economy 8: 305–320.
Kirchgässner, Gebhard, 1996: Bemerkungen zur Minimalmoral, Zeitschrift für Wirtschafts- und Sozialwissenschaften 116: 223–251.
Kirchgässner, Gebhard, 1997: Auf der Suche nach dem Gespenst des Ökonomismus: Einige Bemerkungen über Tausch, Märkte, und die Ökonomisierung der Lebensverhältnisse, Analyse und Kritik 19: 127–152.
Kirchgässner, Gebhard, 1999: Bedingungen moralischen Handelns, erscheint in: *M. Held* und *H. Nutzinger* (Hg.): Institutionen prägen Menschen. Frankfurt a.M./New York : Campus.
Kliemt, Hartmut, 1986: The Veil of Insignificance, European Journal of Political Economy 2: 333–344.
Koller, Peter, 1994: Rationales Entscheiden und moralisches Handeln, S. 281–311, in: *Julian Nida-Rümelin* (Hg.): Praktische Rationalität: Grundlagenprobleme und ethische Anwendungen des rational-choice-Paradigmas. Berlin/New York: Walter de Gruyter.
Kreps, David M., Paul R. Milgrom, John Roberts und *Robert Wilson,* 1982: Rational Cooperation in the Finitely Repeated Prisoner's Dilemma, Journal of Economic Theory 27: 245–252.
Linder, Wolf, 1994: Swiss Democracy: Possible Solutions to Conflict in Multicultural Societies. London/Basingstoke: Macmillan.
Meltzer, Alan H., und *Scott F. Richard,* 1981: A Rational Theory of the Size of Government, Journal of Political Economy 89: 914–927.
Mueller, Dennis C., 1996: Constitutional Democracy. Oxford: Oxford University Press.
Musgrave, Richard A., 1988: Wahlverhalten als Grenze der Umverteilung?, S. 195–205, in: *Horst Zimmermann* (Hg.): Die Zukunft der Staatsfinanzierung. Stuttgart: Wissenschaftliche Verlagsgesellschaft.
Olson, Mancur, 1965: The Logic of Collective Action. Cambridge (Mass.): Harvard University Press. (Dt.: Die Logik des kollektiven Handelns: Kollektivgüter und die Theorie der Gruppen. Tübingen: Mohr (Siebeck) 1968.)
Ostrom, Elinor, Roy Gardner und *James Walker,* 1994: Rules, Games, and Common-Pool Resources. Ann Arbor: University of Michigan Press.
Perotti, Roberto, 1996: Growth, Income Distribution and Democracy: What the Data Say, Journal of Economic Growth 1: 149–187.
Rasmusen, Eric, 1989: Games and Information: An Introduction to Game Theory. Oxford: Blackwell.
Rawls, John, 1971: A Theory of Justice. Cambridge (Mass.): Harvard University Press. (Dt.: Eine Theorie der Gerechtigkeit. Frankfurt a.M.: Suhrkamp 1975.)
Riker, William H., und *Peter C. Ordeshook,* 1968: A Theory of the Calculus of Voting, American Political Science Review 62: 25–42.
Sen, Amartya, K., 1977: Rational Fools: A Critique of the Behavioural Foundations of Economic Theory, Philosophy and Public Affairs 6: 317–344. (Dt.: Rationalclowns: Eine Kritik der behavioristischen Grundlagen der Wirtschaftstheorie, S. 200–229, in: *Karl-Peter Markl* (Hg.), Analytische Politikphilosophie und ökonomische Rationalität, Bd. 2: Verfassungen, Gerechtigkeit und Utopien. Opladen: Westdeutscher Verlag 1984.)
Schüssler, Rudolf, 1990: Kooperation unter Egoisten: Vier Dilemmata. München: Oldenbourg.
Sandel, Michael J., 1982: Liberalism and the Limits of Justice, Cambridge University Press: Cambridge (Mass.).
Simmel, Georg, 1900: Philosophie des Geldes. München/Leipzig: Duncker und Humblot (zitiert nach der zweiten Auflage 1907).

Sinn, Hans-Werner, 1995: A Theory of the Welfare State, Scandinavian Journal of Economics 97: 495–526.
Sinn, Hans-Werner, 1996: Social Insurance, Incentives and Risk Taking, International Tax and Public Finance 3: 259–280.
Taylor, Charles, 1985: Philosophical Papers. Cambridge: Cambridge University Press. (Dt.: Negative Freiheit? Zur Kritik des neuzeitlichen Individualismus. Frankfurt a.M.: Suhrkamp 1988.)
Tietzel, Manfred, und Christian Müller, 1998: Noch mehr zur Meritorik, Zeitschrift für Wirtschafts- und Sozialwissenschaften 118: 87–127.
Tietzel, Manfred, und Marion Weber, 1991: Von Betrügern, Blendern und Opportunisten: Eine ökonomische Analyse, Zeitschrift für Wirtschaftspolitik 40: 109–137.
Tyler, Tom, 1990: Why People Obey the Law. New Haven: Yale.
Tyler, Tom, 1997: Procedural Fairness and Compliance with the Law, Schweizerische Zeitschrift für Volkswirtschaft und Statistik 133: 219–240.
Varian, Hal R., 1974: Equity, Envy and Efficiency, Journal of Economic Theory 9: 63–91.
Varian, Hal R., 1975: Distributive Justice, Welfare Economics and the Theory of Fairness, Philosophy and Public Affairs 4: 223–247.
Varian, Hal R., 1980: Redistributive Taxation as Social Insurance, Journal of Public Economics 14: 49–68.
Walzer, Michael, 1983: Spheres of Justice: A Defense of Pluralism and Equality. Oxford: Basil Blackwell. (Dt.: Sphären der Gerechtigkeit: Ein Plädoyer für Pluralität und Gleichheit. Frankfurt a.M.: Campus 1992.)
Weck-Hannemann, Hannelore, und Werner W. Pommerehne, 1989: Einkommensteuerhinterziehung in der Schweiz: Eine empirische Analyse, Schweizerische Zeitschrift für Volkswirtschaft und Statistik 125: 515–556.
Williamson, Oliver E., 1985: The Economic Institutions of Capitalism: Firms, Markets, Relational Contracting. New York: Free Press. (Dt.: Die ökonomischen Institutionen des Kapitalismus, Unternehmen, Märkte, Kooperationen. Tübingen: Mohr (Siebeck) 1990.)

INTEGRATION DURCH KONFLIKT?

Helmut Dubiel

Zusammenfassung: In dem Aufsatz wird die These diskutiert, dass Konflikte Gesellschaften nicht nur belasten, sondern auch integrieren können. Zunächst wird der Ursprung dieser These bei Georg Simmel dargestellt, zweitens dann ihre Adaption und Zuspitzung durch Lewis Coser und drittens ihre Systematisierung durch Ralf Dahrendorf. Im vierten Abschnitt werden die eigenen konflikttheoretischen Überlegungen vorgestellt, die sich an der zuvor skizzierten Traditionslinie orientieren. Im fünften Abschnitt soll die Kritik zur Sprache kommen, die Albert Hirschman an dieser Position geübt hat. Abschließend wird versucht, seine Gegenargumente zu entkräften.

Neue Gedanken gibt es selten in der soziologischen Theoriegeschichte. Georg Simmels in der Studie über den „Streit" entwickelte These, dass Gesellschaften und Gruppen durch Konflikte integriert werden können, verdient gewiss dieses Prädikat. In der konfliktsoziologischen Literatur wird Simmels These zwar oft zitiert, aber – von Lewis Coser abgesehen – selten systematisch diskutiert. Dies ist gewiss auch dem explorativen Charakter seiner Reflexionen geschuldet. Auch wenn deren theoretisches Profil wenig ausgeprägt ist, so wird doch deutlich, *gegen* welche theoretischen Traditionen die Überlegungen Simmels und die seiner Nachfolger jeweils gerichtet sind. Wenn Simmel in der erwähnten Schrift von 1908 gegen die Vorstellung einer konsensuellen Integration zu Felde zog, mag er zeitgenössische Repräsentanten des Späthistorismus im Blick gehabt haben. Wenn Lewis Coser und Ralf Dahrendorf ein halbes Jahrhundert später Simmels Intuition aufgreifen, bildet der Strukturfunktionalismus die Hintergrundfolie. Und heute ist es die Konsensorientierung der *kommunitaristischen* Soziologie und Politikwissenschaft, gegen die Simmels These einer konflikthaften Integration der Gesellschaft mobilisiert wird.

I. Georg Simmel: Integration durch Konkurrenz

Anders als in der Durkheim-/Parsons-Tradition, in der sich der Grad der gesellschaftlichen Integration an der Ausbreitung und Tiefe eines kulturellen Wertekonsensus bemisst, bewegt sich für Simmel eine gut integrierte Gesellschaft auf der Mitte einer Skala, die von dem Pol vollständiger Dissoziation einerseits bis hin zum Pol stationärer Harmonie andererseits reichen würde. Simmels Theorie der konflikthaften Integration ist also nicht einfach eine paradoxe Gegenthese zu Durkheim – im Sinne von „je mehr Streit, desto mehr Integration". Sie beruht vielmehr auf der Prämisse der Gleichzeitigkeit des Verschiedenen. So beweist Simmel z.B. eine ausgeprägte Sensibilität für die Präsenz „kriegerischer" Elemente selbst in den intimen Formen der Gesellung. Seine Reflexionen über die Ehe, über die Eifersucht und Rachsucht sind von großer phänomenlogischer Prägnanz. Zugleich erkennt Simmel „vereinheitlichende Momente" selbst in Phänomenen gewaltförmiger Auseinandersetzungen, sofern sich die Kontrahenten noch an Prinzipien der Ritterlichkeit, des Kriegsrechtes, der Fairness im Kampf etc. orientieren. Solche noch kontrollierten Formen von Gewaltausübung sind mithin nicht reine Formen des „Streitens", sondern ihrerseits immer noch spezifische Konfigurationen von Konsens und Dissens. Natürlich verkennt Simmel nicht, dass es Formen des Kampfes gibt, in denen es kein „vereinheitlichendes Element" mehr gibt. Das sind Kampfformen, in denen gemäss der prägnanten Kategorie des „Feindes" von Carl Schmitt die jeweiligen Streitparteien die Chance der Aufrechterhaltung der eigenen physischen Identität einzig in der völligen Vernichtung der jeweils anderen Partei sehen (Schmitt 1963: 26). Die These, dass Konflikte die Gesellschaft integrieren, kann sich mithin nur auf solche Konflikte beziehen, deren Teilnehmer sich – wiederum in Carl Schmitts Sinne – als „Gegner" gegenübertreten, die ihre Fehde nach gemeinsam konsentierten Regeln ausfechten (vgl. dazu meinen Aufsatz „Metamorphosen der Zivilgesellschaft": Dubiel 1964).

Simmels Studie über den „Streit" ist in vielen ihrer Passagen eine Phänomenologie dieses „hegenden", den Kampf einfriedenden Potentials. Die nahe liegende Vermutung, dass dieses Potential deckungsgleich sei mit der durch das Strafrecht definierten Grenzziehung des gesellschaftlich noch tolerierten Fehlverhaltens, weist Simmel mit guten Gründen zurück. Die vom Gesetz definierte Grenze, jenseits derer Akte etwa der Drohung, der Übervorteilung und der Rache nicht mehr toleriert werden, ist sehr viel weiter gezogen als der Umriss jenes den gesellschaftlichen Streit einfriedenden Potentials. Spätestens seit Durkheim wissen wir, dass das in jeder Gesellschaft erforderliche Minimum an Solidarität und Zivilität weit über den Bereich des unabdingbaren Gesetzesgehorsams hinausgeht. Mit guten Gründen nehmen zeitgenössische Sozialtheoretiker an, dass gerade in unseren funktional und kulturell extrem differenzierten Gesellschaften der äussere Gesetzesgehorsam immer weniger ausreicht, um jenes Minimum zu garantieren. Im Umweltverhalten, in den Konflikten zwischen den Geschlechtern und Generationen, sowie in Konflikten zwischen Mehrheitsgesellschaft und Minderheiten wachsen eben die politischen Problembereiche offenbar stark an, die – weil sie weder durch Preisbildung noch durch staatlichen Rechtszwang zureichend gesteuert werden können – immer stärker auf die einsichtsvolle individuelle Gemeinschaftsverpflichtung der Bürger setzen müssen.

An solchen *moralischen* Potentialen der Konflikthegung zeigt Simmel zumindest in der Studie „Der Streit" nur ein geringes Interesse. Seine ganze Neugier gilt vielmehr dem Phänomen der „Konkurrenz". Sie ist für ihn das eigentliche Paradigma einer Streitform, die moderne Gesellschaften integriert. Seit der frühbürgerlichen Reflexion der aufkommenden Marktgesellschaften im 18. Jahrhundert bis zur gegenwärtigen Kritik eines radikalen Neoliberalismus gibt es starke Schwankungen in der sozialtheoretischen Bewertung des Phänomens der Konkurrenz. Phasen der Betonung der integrativen Kräfte dieses Regelungsmechanismus wechseln sich ab mit solchen, die – meist mit kulturkritischen Akzenten – die dissoziativen Kräfte der Konkurrenz betonen.[1]

---

1 Albert Hirschman rekonstruiert die Geschichte dieses Wandels der Bewertungsmuster im 17. und 18. Jahrhundert in seinem Buch „Leidenschaften und Interessen" (1980).

Die „Konkurrenz" ist für Simmel eine Form des Streits, in der der Akteur seine ganze Energie und Leidenschaft nicht auf den Gegner wendet, sondern auf ein Gut, an dessen Mehrung die Streitparteien idealiter ein gemeinsames Interesse haben. Dieses (ideale) Interesse an der Mehrung eines gemeinsames Gutes unterscheidet die „Konkurrenz" vom bloßen Kampfspiel, dem sie in formaler Hinsicht sonst gleicht.

Das Phänomen der Konkurrenz ist für Simmel also der reinste Fall einer Streitform, die bei allem Hass, den die Konkurrenten füreinander empfinden mögen, gleichwohl integrative Effekte hat.

II. Lewis Coser: Die Manifestation des latent Gemeinsamen im Konflikt

Es ist das Verdienst von Lewis Coser (1965), die in Simmels Studie etwas hintergründig gebliebene These, derzufolge gehegte Konflikte ein sozial integratives Potential entfalten, mit großer analytischer Klarheit reformuliert zu haben. Er zerlegt diese These in zwei Einzelbeobachtungen, die er dann zu seiner eigenen Zentralthese zusammenfügt. Gehegte Konflikte haben für Coser *zunächst* insofern eine integrierende Funktion, als bei ihrem Ausbruch und in ihrem Verlauf diejenigen normativen Erwartungen und Verhaltensregeln reflexiv zugänglich werden, die *vor* dem Konflikt in einem Zustand der kommunikativen Latenz verharrten. Dass in Konflikten das ethische Minimum, sozusagen das kleinste gemeinsame Vielfache einer pluralistischen Gesellschaft aus dem Zustand der Latenz hervortritt, hat Coser mit einem Hinweis auf Durkheim deutlich zu machen versucht. Durkheims Reflexionen über die nicht-vertraglichen Elemente des Vertrages ist für Coser ein theoretisch analoges Phänomen. So zerstört der Vertragsbruch ja nicht nur ein utilitäres Arrangement egozentrischer Interessen, sondern er verletzt jenes versehrbare Gewebe einer „organischen Solidarität", die dem Vertrag eine über das egozentrische Kalkül hinausreichende *moralische* Bindungskraft verleiht. Aber mit der bloßen Manifestation des latent Gemeinsamen ist für Coser die Funktion des Konflikts noch nicht erschöpft. Er sagt *zweitens*, dass sich dieser Bestand von Normen und Regeln und die institutionellen Formen ihrer Anwendung im Prozess des Konflikts auch verändert und fortbildet.

Die stärksten Evidenzen für diese verändernde Kraft von Konflikten finden sich im Bereich des Rechts. Die Rechtsfortbildung wird sowohl auf der legislativen wie auf der judikativen Ebene von Konflikten, bzw. von erfolgreichen Konfliktlösungen vorangetrieben. In der Entwicklung des deutschen Arbeits- und Umweltrechts ließe sich leicht die Spur der antagonistischen Interessen verfolgen, die in diesen Politikfeldern in den letzten Jahrzehnten im Konflikt lagen. Das spezifisch rechtspositivistische Selbstverständnis der deutschen juristischen Tradition verdeckt freilich die rechtsfortbildende Kraft von Konflikt. Im angelsächsischen Verständnis des „common law" ist diese Einsicht unmittelbar angelegt. Diese beiden Beobachtungen Cosers, dass *erstens* in Konflikten der gemeinschaftliche Bestand von Normen und Regeln einer Gesellschaft reflexiv zugänglich wird und *zweitens* dieser Bestand sich auch verändert und in neuen Gesetzen und Institutionen verkörpert, fügt Coser in der abschließenden These zusammen, dass Konflikte eine modernisierende Funktion haben.

III. Ralf Dahrendorf: Geregelte Konflikte in der wohlfahrtsstaatlichen Demokratie

Die zahlreichen Arbeiten von Ralf Dahrendorf zur Soziologie des Konflikts sind nicht mehr nur – wie im Fall von Lewis Coser – eine bloße Fortschreibung von Simmels These.[2] Cosers Studie erweckte den Eindruck, als ginge es ihm – über die Rekonstruktion Simmels hinaus – allenfalls um eine immanente Kritik des funktionalistischen Paradigmas. Dahrendorf hingegen formuliert eine radikale Alternative. Dabei richtet sich sein kritischer Impuls keineswegs nur gegen die Stabilitäts-, Gleichgewichts- und Konsensunterstellungen der funktionalistischen Soziologie seiner Zeit. Als politisch reflektierter Grenzgänger zwischen der angelsächsischen und der deutschen Gesellschaft kritisiert er mit noch größerer Schärfe die in die Fundamente der deutschen politischen Kultur tief eingesenkte Unterstellungen eines autoritären Konsensualismus. In seinem 1965 erschienenen Buch „Gesellschaft und Demokratie in Deutschland" kritisiert er schonungslos „die deutsche Sehnsucht nach Synthese".

Gegen diesen herrschaftlichen Harmonismus sowie gegen das politische Heilsversprechen von totalitären Ordnungen, die *Ursachen* aller gesellschaftlichen Konflikte ein für alle Mal aus der Welt zu schaffen, setzt Dahrendorf ein Deutungsmuster, in dem die unaufhebbare Konflikthaftigkeit aller sozialen Beziehungen ein konstitutives Merkmal der Moderne ist. Dahrendorf wird nicht müde zu betonen, dass Konflikte nicht in dem Sinne einer kausalen Ursachenbeseitigung „gelöst" werden können. Es gibt für ihn nur die Alternative zwischen ihrer – immer temporären – friedlichen „Regelung" oder ihrer gewaltförmigen Austragung. Auch wenn er Simmels und Cosers Motiv der integrativen Kraft von Konflikten nicht explizit aufgreift, wird doch deutlich, dass das Band, das moderne Gesellschaften zusammenhält, für Dahrendorf aus einer Kette „geregelter Konflikte" besteht.

Aus der Vielfalt „geregelter Konflikte", die ein integratives Potential haben, greift Dahrendorf einen prägnanten Typus heraus, dem wir auch in unseren weiteren Überlegungen begegnen werden – den Tarifstreit (Dahrendorf 1972). Am Protokoll einer Tarifauseinandersetzung zwischen einer britischen Metallgewerkschaft und ihren Arbeitgebern dokumentiert er das auffällige Bemühen der Parteien, die verbandseigenen Partikularinteressen jeweils im Horizont eines verallgemeinerbaren Interesses an der „nationalen Wohlfahrt" zu rechtfertigen. Für Dahrendorf sind diese Rechtfertigungsstrategien keineswegs nur rhetorische Tricks, hinter denen sich die jeweiligen verbandseigenen Partikularinteressen verbergen. Die Rhetorik der „nationalen Wohlfahrt" gewann für Dahrendorf mit der Etablierung einer keynesianischen Wirtschaftspolitik eine institutionelle Entsprechung. Eine antizyklische, an der Nachfrage orientierte Konjunkturpolitik, der Ausbau sozialer Sicherungen und die Einrichtung korporativer Arrangements schufen in der Nachkriegszeit den Rahmen, in dem die Interessen des Kapitals und der Arbeit zwar nicht zur Deckung kamen, aber – wie Dahrendorf sagt – „kommensurabel" wurden. Für diese gemeinsamen Interessen führt Dahrendorf den verwirrenden Begriff der „manifesten" Interessen ein, die er von den sogenannten „latenten" Interessen unterscheidet. Letztere sind für ihn die

---

2 Ich habe mich besonders orientiert an Dahrendorfs Arbeit „Zur Theorie und Analyse von Konflikten", in „Konflikt und Freiheit" (1972) sowie dem Kapitel „Konflikt oder die Sehnsucht nach Synthese" aus „Gesellschaft und Demokratie in Deutschland" (1965).

irrationalen Relikte einer Entwicklungsstufe des Kapitalismus, in der soziale Konflikte noch nicht zu „regelbaren" Konflikten gehörten. Die „manifesten" Interessen sind Ausdruck einer Epoche, in der der revolutionäre Antagonismus von Kapital und Arbeit zu einem politisch vermittelten Verteilungskonflikt entschärft wurde.

Wenn man freilich den Weg vom militanten Klassenkampf zum politisch vermittelten Verteilungsstreit als kollektiven Lernprozess begreift, wäre es konsequenter gewesen, die Begrifflichkeit von „manifest" und „latent" umgekehrt anzuwenden. Erst in der Folge der Zuspitzung der Konflikte entlang der alltäglichen, „manifesten" Interessendivergenzen zwischen Kapital und Arbeit werden deren Vertreter – in der Regel – des „latenten" Vorrats an gemeinsamen Interessen gewahr.

IV. Integration durch Konflikt in demokratischen Gesellschaften

Meine eigene Variante der These von der konfliktiven Integration moderner Gesellschaften habe ich am Fall des angelsächsischen Kommunitarismus entwickelt (Dubiel 1994). Obgleich inzwischen disziplinär wie politisch hoch differenziert und ungeachtet der verschiedenen philosophischen Radikalität, mit der seine Positionen vertreten werden, ist der *Kommunitarismus* doch eine relativ einheitliche Denkrichtung (vgl. Honneth 1993 als bester deutschsprachiger Überblick über diese Debatte). Viele Kommunitaristen teilen – natürlich in positionsspezifischer Varianz – die zeitdiagnostische Annahme, dass den Bürgern der westlichen Demokratien das notwendige Bewusstsein jener Regeln und Prinzipien abhanden gekommen sei, das ihr Gemeinwesen normativ integrieren könnte. Gegenwärtige wie zukünftige Symptome der Anomie, der politischen Apathie, der politisch motivierten Gewalttätigkeit, der Entsolidarisierung etc. seien nur abzuwenden, wenn jene integrativen Bestände philosophisch erinnert, politisch kultiviert und institutionell festgehalten würden. Viele Kommunitaristen, am nachdrücklichsten noch der Soziologe Robert Bellah, erläutern ihre Krisendiagnose gern mit einem Bezug auf Alexis de Tocqueville. Tocqueville war in seinem in den 30er Jahren des 19. Jahrhunderts niedergeschriebenen Buch über die Demokratie in Amerika fasziniert von einer Gesellschaftsform, die zwar die Rechte des Individuums respektiert, aber die potentiell konflikträchtigen Folgen des Individualismus durch spezifische, in der Familie, in der Gemeinde, in der kommunalen Demokratie verankerte gemeinschaftliche Traditionen neutralisiert (Tocqueville 1985). Der Sammelbegriff, unter dem Tocqueville diese neutralisierenden kulturellen Traditionen zusammenfasste, hat zugleich einer einschlägigen Studie von Bellah et al. ihren Namen gegeben: „Habits of the Heart" (Bellah et al. 1985). Bellah und seine Mitarbeiter glauben, auf der Basis ihrer Untersuchungen behaupten zu können, dass ihre durch Tocqueville belehrte Befürchtung über die Erosion der Integrationspotentiale der nordamerikanischen Gesellschaft zutrifft. In ihrem Schlusskapitel verallgemeinern sie ihre pessimistischen Befunde zu einer umfassenden, düsteren Zeitdiagnose. Eine Wissenschaft, die wegen ihrer fachlichen Zersplitterung keine moralisch verbindliche Ordnung der Welt mehr repräsentieren kann, eine auf die Expression von Subjektivität hin abgedrängte Kunst, ein an der Vermittlung individueller Karrierechancen orientiertes Bildungssystem und schließlich eine in der Produktion flüchtiger Reize sich erschöpfende Populärkultur fügen sich für sie zusammen zu einer „*culture of separation*", die eine moralisch sinnhafte Orientierung unmöglich macht. Dieser „culture of separation" setzen sie appellativ das politische Programm einer „culture of coherence" entgegen.

Für Bellah wie schon für seinen Gewährsmann Tocqueville hing das Schicksal der Demokratie in zweierlei Hinsicht von den „Habits of the Heart" ab. Sie sollten zum einen den Streit gegensätzlicher Interessen einfrieden, der in einer Marktgesellschaft unvermeidlich auftritt. Sie sollten zum anderen schärfer die Materien und Themen markieren, die überhaupt zum Gegenstand politischer Disposition und Deliberation werden sollen.

Freilich verfehlt die wissenschaftliche, die politische und die ethische Programmatik einer „Kultur der Kohärenz" schon im Ansatz die Eigenart kulturell hoch differenzierter und demokratisch organisierter Gesellschaften. Gegen diese kommunitaristische Option für Konsensus habe ich die These stark gemacht, dass die Integrationsform demokratisch verfasster Gesellschaften nur mit einer von Simmel bis Dahrendorf belehrten Konzeption „gehegter Konflikte" angemessen konzipiert werden kann (Dubiel 1994). Orientiert man sich an deren Prämissen, wäre allein schon das performative Selbstverständnis der Kommunitaristen, selbst Initiatoren konsensbildender Diskurse zu sein, auf Sand gebaut. Denn die Eigenart der demokratischen Kultur moderner westlicher Gesellschaften zeigt sich gerade am Gegenteil dessen, was Tocqueville seinerzeit an Nordamerika faszinierte.

Ein zentrales Merkmal dieser westlichen Moderne besteht in der – allmählich alle Kulturbereiche erfassenden – Erosion überpolitischer, streittranszendenter Autoritätsquellen. Das erste Stadium des Autoritätsverlustes wird erreicht in der neuzeitlichen Religionskritik – jenem langwierigen und noch keineswegs beendeten Prozess, an dessen Ende Religion nur noch ein Ensemble öffentlich-politisch ohnmächtiger, subjektiver Glaubensmächte ist. Motor dieses Prozesses der Erosion der Autorität von Religion ist die moderne Wissenschaft, die das Prinzip des Zweifels, der Offenheit und Kritik und Permanenz zu der sie kennzeichnenden Methode überhaupt gemacht hat. Erst in einem dritten Schritt, nämlich in den großen Revolutionen der Moderne erfasst das Prinzip der Kritik, des Zweifels und des Streits auch den Bereich der Politik. Freilich können wir dies erst aus dem Abstand von zwei Jahrhunderten erkennen. Die Revolutionäre des 18. und 19. Jahrhunderts konnten sich von einer radikal innerweltlichen und damit notwendig konflikträchtigen und immer wieder revisionsbedürftigen Legitimation politischer Herrschaft keinen rechten Begriff machen. Erst in den letzten Jahren werden wir des eigentümlichen Phänomens inne, dass die Dynamik des Zweifels und des kritischen Dauervorbehalts auch seinen institutionalisierten Träger selbst erfasst, nämlich die Wissenschaft. Sie hat einen dramatischen Autoritätsverlust dadurch erlitten, indem das sie selbst kennzeichnende Movens der Kritik, der Fallibilität, von Seiten der politischen Öffentlichkeit auch auf sie selbst angewendet wird. Die moderne Dynamik der Ausdehnung des potentiell Strittigen, die im Bereich der Religion beginnt, um dann von der Wissenschaft methodisch verinnerlicht zu werden, ist aber keineswegs erschöpft, wenn sie auf die Politik und ihre eigenen Institutionen und Produkte übergreift. Sie hat längst auch auf einen Lebensbereich übergegriffen, der in unserer alltäglichen Wahrnehmung als der angestammte Platz von konsensueller Harmonie überhaupt galt, nämlich den der Geschlechterbeziehungen und der Eltern/Kind-Beziehungen.

Während vormoderne Gesellschaften in Bezug auf ihre Selbstauslegung und politische Legitimierung noch über im Voraus feststehende Antworten verfügten, begründen sich moderne demokratische Gesellschaften durch eine institutionell auf Dauer gestellte Infragestellung ihrer selbst.³ Moderne demokratische Systeme und die ihr korrespondierende politische Kultur müssen damit fertig werden, dass es auf ein unabschließbares Potential von Fragen immer gegensätzlichere Antworten gibt. *Unabschließbar* ist dieses Potential, weil mit der Ablösung der staatlichen Macht von einer traditionsdefinierten Sittlichkeit alle politischen Entscheidungen kontingent, d.h. potentieller Streitgegenstand sind. Und immer *gegensätzlicher* sind die Antworten auf diese Fragen, weil sich der öffentliche Dauerstreit über die politische Selbsteinwirkung der Gesellschaft aus deren ökonomischen und kulturellen Spaltungen speist. Die notwendig konflikthafte Form, in der sich die Bürger moderner Demokratien auf „die" Gesellschaft beziehen, führt immer weiter weg von der vom Kommunitarismus gehegten Hoffnung auf ein, die gesamte Gesellschaft noch umgreifendes konsensuelles Band.

Deshalb ist die verbreitete Ansicht schon im Ansatz falsch, dass der öffentlich ausgetragene Streit antagonistischer Interessen die Demokratie gefährde. *Demokratische* Gesellschaften erhalten sich eben nicht dadurch, dass konfligierende Gruppen ihre partikularen Interessen und Meinungen einem imaginären Konsensus aufopfern. Vielmehr entsteht das sie integrierende normative Kapital gerade in der Kette von Konflikten, die – wie Dahrendorf sagen würde – „nach Regeln" ausgefochten werden. Wenn die Rede von einer kollektiven Identität, also von einer Reflexion des individuellen Akteurs auf das Kollektiv, dem es sich zugehörig fühlt, überhaupt Sinn macht, dann ist es die akkumulierte Erfahrung überstandener dramatischer Konflikte, in deren Folge sich dieses Bewusstsein eines gemeinsam geteilten gesellschaftlichen Raumes herausbildet.

Zumeist ist es die Agenda des politischen Systems, die zum Auslöser öffentlich ausgetragener Interessen- und Meinungsgegensätze wird. Die jeweiligen legislativen Entscheidungszwänge markieren in der unendlichen Gemengelage konkurrierender Interessen jeweils jenen besonderen Konflikt, der dann in den Arenen der politischen Öffentlichkeit zum Thema wird.

Der in der französischen Revolution entstandene Gegensatz zwischen Republikanern und Gegenrevolutionären und später dann der von Kapital und Arbeit schuf die Rechts-Links-Matrix, auf deren Basis die Geographie des politischen Raumes seit bald zwei Jahrhunderten vermessen wurde . Es waren besonders die Kämpfe der Arbeiterbewegung, die – selbst wenn sich ihre marxistisch inspirierten Avantgarden vom Trugbild einer von Antagonismen befreiten Gesellschaft leiten ließen – dazu beigetragen haben, das demokratische System zur Bühne der Inszenierung gesellschaftlicher Konflikte werden zu lassen. Eine lange Zeit gängige Position, die in der politischen Mediatisierung des Klassenkampfs nur eine gegenrevolutionäre Befriedung erkennen konnte, wird in dieser Argumentation auf den Kopf gestellt. Gerade dadurch, dass die Parteien der Arbeiterbewegung in das politische Spektrum der bürgerlichen Gesellschaft die Dimension des radikalen Streits eingeführt haben, wurden sie zum Geburtshelfer eines modernen Verständnisses demokratischer Politik, das keine substantielle, gesellschaftstranszendent verankerte Gemeinwohlvorstellung mehr voraussetzt. Diese Emergenz eines gemeinsamen politischen Raumes im Streit ist den Akteuren, die sich in Konflikten über die politische Selbsteinwirkung der Gesellschaften formieren, allenfalls in exzeptionellen Krisensituationen bewusst.

---

3 Angeregt zu den folgenden Überlegungen hat mich der brillante Aufsatz von Marcel Gauchet „Tocqueville, Amerika und wir. Über die Entstehung demokratischer Gesellschaften" (1990).

Nun muss man sehen, dass sich jede einseitig auf Konflikt oder Konsens basierte Theorie politischer Integration mit komplementären Erklärungsproblemen belädt. Diejenigen, die auf Konsensus setzen, müssen erklären können, wie sie der unaufhaltsamen Säkularisierung und Pluralisierung normativer Geltungsgrundlagen in modernen Gesellschaften Rechnung tragen wollen. Und am Phänomen des Konflikts ansetzende Theorien politischer Integration – wie die hier vorgetragenen – müssen die Grenze bedenken, jenseits derer Konflikte nur noch desintegrativ wirken.

Jeder Akteur in politischen Konflikten ist sowohl ein „bourgeois", d.h. Träger eines partikularen Interesses, das er gegen konkurrierende Interessen durchzusetzen versucht. Zugleich ist er „citoyen", d.h. Teilnehmer an einem Prozess, in dem das überparteiliche Interesse an symbolischen Praktiken reproduziert wird, die das Umschlagen von strategischer Gegnerschaft in gewaltförmige Feindschaft verhindern sollen. Das theoretische Problem ist nun, genauer zu konzipieren, worum es sich bei diesem Prozess handelt. Von Lewis Coser ist zu lernen, dass es sich dabei eben nicht um ein bloßes Abrufen von traditional fixierten Konsensbeständen handelt, und auch nicht um ein von den politischen Eliten kontrolliertes ideologisches Motivpotential, sondern um ein fragiles symbolisches Kapital, das sich in erfolgreich gelösten, oder besser: gehegten Konflikten selbst erst gebildet hat. Diese Emergenz eines gemeinsamen politischen Raumes im Streit ist den Akteuren, die sich in Konflikten über die politische Selbsteinwirkung der Gesellschaften formieren, allenfalls in exzeptionellen Krisensituationen bewusst. Im Regelfall werden die Beteiligten an solchen Konfliktlösungen diese – für sich und vor ihren Anhängern – als strategischen Interessenkompromiss interpretieren. Sie haben zumeist kein Bewusstsein davon, dass sich in der Kette solcher okassionell erzielten Kompromisse eben jenes moralische Kapital bildet, nach dem der Kommunitarismus fahndet.

V. Albert Hirschmans Kritik: Teilbare und unteilbare Konflikte

Albert Hirschman hat dann in verschiedenen Veröffentlichungen, besonders aber in dem Aufsatz „Wie viel Gemeinsinn braucht die liberale Gesellschaft?" (1994) meine Argumentation aufgegriffen. Er betont noch einmal die Pointe, dass nicht Konflikte an sich, sondern nur „gehegte" Konflikte eine sozial integrierende Wirkung haben können. Aber Hirschman macht gegen die These einer gemeinschaftsstiftenden Kraft von Konflikten gleichwohl Bedenken geltend. Nicht moderne, säkularisierte Gesellschaften an sich, wie ich behauptet hatte, sondern lediglich liberaldemokratisch organisierte Marktgesellschaften unter Bedingungen relativer Prosperität bringen für ihn eben jenen Konflikttypus hervor, dessen Austragung potentiell sozial integrierende Wirkungen haben können. Er führt dann eine interessante begriffliche Unterscheidung ein: die von „teilbaren" und „unteilbaren" Konflikten. Analytisch präzise definiert wird lediglich das Phänomen des „teilbaren" Konflikts. Der „unteilbare" Konflikt ist nur dessen Negation. Hirschman: „Typische Konflikte einer marktwirtschaftlichen Gesellschaft drehen sich um die Verteilung des Sozialprodukts zwischen verschiedenen Klassen, Sektoren und Regionen. So verschieden diese Konflikte auch sein mögen, sie sind vorwiegend Konflikte des Mehr-oder-Weniger ..." (Hirschman 1994: 16). „Teilbare" Konflikte entzünden sich mithin an der Verteilung knapper Ressourcen. Dieser Typus von Konflikt*anlässen* korrespondiert mit entsprechenden Formen der Konflikt*schlichtung*. Vornehmlich der Ausgleich durch Geldmittel oder auch die Neuverteilung von räumlichen Ressourcen oder Zeitquanten bieten das spezifische Medium der Konflikthegung. Das prägnanteste empirische Paradigma eines „teilbaren" Streits ist der Tarifkonflikt. Hirschman knüpft damit – ohne ihn zu nennen – an den bei Dahrendorf liegen gebliebenen Argumentationsfaden an.

Hirschman verweist auf die immer auch destruktive Dynamik der kapitalistischen Entwicklung, die unablässig konfliktträchtige Ungleichheiten zwischen Klassen, Sektoren und Regionen produziert. Aber gerade dies, was in klassisch marxistischer Perspektive als strukturelle Schwäche kapitalistischer Gesellschaften erscheint, mutiert dann zu einer Stärke, wenn die an diesen Disparitäten sich entzündenden Konflikte in demokratischer Form ausgetragen werden.

Diesen Typus der prinzipiell „teilbaren" Konflikte kontrastiert Hirschmann dem Typus der „unteilbaren" Konflikte. In anderen Kontexten wird dieser Typus auch mit der Kategorie der „Anerkennungs-" oder/und „Identitätskonflikte" bezeichnet. Damit wird auf Formen gesellschaftlicher Auseinandersetzungen angespielt, deren Teilnehmer sich selbst und ihre Gegner anhand von sozialen Merkmalen identifizieren, die man entweder kraft Geburt oder durch Körpercharakteristika oder durch tief einsozialisierte Erfahrungen hat. Das einigende Kriterium solcher Merkmale ist ihre (relative) Unverfügbarkeit und ihre damit gegebene fundamentale Rolle für die persönliche und kollektive Selbstidentifikation der Streitenden. Diese Unterscheidung enthält gewiß einen großen zeitdiagnostischen Sprengstoff. Denn in fast allen Teilen der Weltgesellschaft, ob in den Nachfolgestaaten des kommunistischen Imperiums, ob in den von multiethnischen Spannungen bestimmten westlichen Gesellschaften, ob in den sozialen Kämpfen, die sich an der Geschlechterdifferenz oder Generationendifferenz entzünden, oder ob in den Wertkonflikten, die in entwickelten Gesellschaften über Fragen der Abtreibung, der Curriculumplanung etc. entstehen, ist am Ende des 20. Jahrhunderts wieder ein Typus von Konflikten auf die Vorderbühne des Weltgeschehens getreten, für die noch keine Muster der „Hegung" erfunden sind, eben – der Typus der *unteilbaren* Konflikte. Und Albert Hirschman scheint zu suggerieren, dass Konflikte, die sich in Gesellschaften entlang askriptiver, leibnaher oder zumindest tief einsozialisierter Merkmale gebildet haben, ihrer eigenen Natur nach immun sind gegenüber allen Versuchen ihrer Hegung.

VI. Kritik der Kritik

Auch wenn diese Unterscheidung von zwei Konflikttypen phänomenologisch plausibel ist, so ist doch ihr Nachteil, dass sie analytisch auseinanderreisst, was im historischen Prozess untrennbar verschränkt ist. Gerade am Fall des sozialen Konflikts, sei es in der klassischen Form des Klassenkampfs oder in der politisch domestizierten Form des Tarifkonflikts, kann man nämlich zeigen, dass sie in der Kategorie der „Teilbarkeit" nicht aufgehen. Es gibt eine überwältigende sozialgeschichtliche Evidenz, dass militante Kämpfe um „materielle Interessen" sich immer aus moralisch tiefer liegenden Gerechtigkeitsempfindungen speisen als aus dem bloßen Verlangen nach einer fairen Güterverteilung. Gerade jüngst haben wieder Arbeiten zur Philosophie der „Anerkennung" auf das utilitaristische

Vorurteil aufmerksam gemacht, in dem Arbeitskämpfe als bloße strategische Interessenkonflikte fehldeutet werden (Honneth 1992: 300).

Zugleich gilt auch das Gegenteil. Ähnlich wie man die Unterschichtung von scheinbar teilbaren Konflikten durch unteilbare Streitmotive durchweg beobachten kann, so kann man auch scheinbar reine Identitätskonflikte niemals ohne den materiellen Interessenhorizont der Streitakteure verstehen. Die Beschreibung ihrer Motive und die politische Dynamik ihres sozialen Kampfes verliert sofort jede Tiefenschärfe, wenn „teilbare" und „unteilbare", bzw. strategische und identitäre Orientierungen nicht nur analytisch, sondern auch in der empirischen Rekonstruktion zerlegt werden.

Was bedeutet nun diese Kritik an der Unterscheidung von „teilbaren" und „unteilbaren" Konflikten, bzw. das daraus folgende Argument, dass bei den absehbaren innergesellschaftlichen und internationalen Auseinandersetzungen die von Hirschman unterschiedenen Dimensionen immer symptomatisch verschränkt sind?

Meine These ist die, dass es sich bei reinen empirischen Ausprägungen dessen, was Hirschman als „unteilbare", bzw. „teilbare" Konflikte betrachtet, eigentlich gar nicht um gesellschaftliche *Konflikte* in einem strengen Sinne handelt. Bei dem empirischen Fall eines reinen sog. „teilbaren" Konflikts in Gestalt einer routinemäßig durchgespielten Tarifauseinandersetzung geht es ausschließlich um einen Interessenabgleich, dessen Verfahren und Regeln zwischen den Streitakteuren hoch konsentiert sind. Wenn in solchen Auseinandersetzungen manchmal starke öffentliche Worte fallen, ist das nur eine rituelle Reverenz an vergangene historische Zeiten, in denen der Klassenkampf noch die Dimension der Unversöhnlichkeit hatte. Bei diesem rein „teilbaren" Streit handelt es sich mithin nicht um einen genuinen *Konflikt*, sondern lediglich um ein Verhältnis *strategischer Interessenkonkurrenz*.

Und auch bei dem empirischen Komplementärfall eines reinen Streits um „unteilbare" Güter kann eigentlich im strengen Sinne nicht von einem sozialem *Konflikt* die Rede sein. Der empirische Fall eines rein „unteilbaren" Streits wird z.B. repräsentiert durch einen totalen Bürgerkrieg, in dem jede Partei die Chance der Aufrechterhaltung der eigenen physischen und kulturellen Identität einzig in der völligen Vernichtung der jeweils anderen Partei zu sehen glaubt. So wie in dem vorgenannten Fall die Rede von „Konflikt" zu dramatisierend war, ist sie hier zu beschönigend. Denn worum es sich im radikalen Fall eines „unteilbaren" Streits faktisch handelt, ist die *Logik des Vernichtungskrieges*.

Albert Hirschman hat am Schluss seines Aufsatzes die interessante Überlegung aufgeworfen, dass uns *unteilbare* oder unversöhnliche Konflikte vielleicht nur deshalb so erscheinen, weil wir noch keine Verfahren ihrer Zivilisierung erfunden haben. Wenn man diese von ihm nicht weiter verfolgte Überlegung ernst nimmt, käme es also zunächst darauf an, ein theoretisches Modell zu konstruieren, das als realistische Grundlage taugt für den Entwurf von Prinzipien, Regeln und Verfahren, die es vielleicht erlauben, unversöhnliche Feindschaft in zivile Gegnerschaft zu transformieren.

Wie könnte nun ein solches die praktische Intervention orientierendes theoretisches Modell aussehen? Hirschman hatte lediglich „teilbare" und „unteilbare" Konflikte unterschieden. Zwischen der „strategischen Interessenkonkurrenz" und der „Logik des Vernichtungskrieges" gab es für ihn nichts Drittes. Aber zwischen diesen Extremphänomenen liegt das, was ich die eigentliche *Dimension des Konflikts* nennen möchte. Von der Logik des Vernichtungskrieges ist der soziale Konflikt durch das von Simmel so hervorgehobene

Moment der Selbstbegrenzung, der rituellen Schonung, eben der „Hegung" unterschieden. Vom Phänomen der strategischen Interessenkonkurrenz unterscheidet er sich dadurch, dass die Geltung der Schlichtungsregeln eben nicht von den Streitakteuren als eine außermoralische Tatsache vorausgesetzt werden kann. Der Minimalkonsens im so verstandenen Konflikt besteht einzig in der Anerkennung der legitimen physischen Existenz des/der „Anderen" im politischen Raum. „Wir" mögen „sie" ablehnen, vielleicht gar hassen, ihre Lebensform mag uns befremden, aber wir bestreiten ihnen nicht das Recht ihrer physischen Existenz auf einem gemeinsam geteilten Territorium.

Diese Ersetzung des von Albert Hirschman favorisierten dualen Konzepts „teilbare" vs. „unteilbare" Güter durch eine Konzeption von Konflikt, das zum einen militanter als das Phänomen strategischer Interessenkonkurrenz und zum anderen zivilisierter als die Logik des Vernichtungskrieges ist, hat Konsequenzen für die brennenden Fragen nach der Chance der Zivilisierung jenes oben beschriebenen Typus von Auseinandersetzungen, die das Gesicht des beginnenden 21. Jahrhunderts bestimmen werden.

Albert Hirschman hatte sich die Frage nach der Zivilisierbarkeit „unteilbarer" Konflikte zwar selbst nicht explizit gestellt. Aber die Antwort, die sich aus seinem Konzept ergibt, liegt auf der Hand. Nach Hirschman käme es darauf an, Strategien und Verfahren zu entwickeln, die es erlauben, den Streit um „unteilbare Güter" in einen Streit um „teilbare Güter" zu transformieren. Oder ironisch gesprochen: Es käme darauf an, den reissenden Strom eines totalen Bürgerkriegs in die ruhige Kanalisation eines strategischen Spieles, z.B. eines Tarifkampfes umzuleiten. Nach meiner Vorstellung des sozialen Konflikts hingegen, in dem die „strategische" Dimension der Teilbarkeit mit der „identitären" Dimension der Unteilbarkeit unauflöslich verschränkt ist, käme es darauf an, scheinbar unversöhnliche gesellschaftliche Auseinandersetzungen durch Formen der *demokratischen* Konfliktaustragung zu zivilisieren. Das orientierende Paradigma eines erfolgreich gehegten Konflikts ist für mich nicht der Kompromiss konkurrierender strategischer Gruppen, sondern der unblutige Dauerstreit der demokratischen Öffentlichkeit.

Aber selbst wenn man die von Hirschman gemachte Beschränkung des Geltungsbereichs der These von der integrativen Kraft von Konflikten auf prosperierende Marktgesellschaften nicht akzeptiert und kategorial nicht ausschließen will, dass auch erfolgreich gehegte Anerkennungs- und Identitätskonflikte Gesellschaften zusammenhalten können, so bleibt doch abschließend festzuhalten, dass die eigentümliche Gemeinschaftlichkeit, die im gesellschaft!ichen Streit entsteht, an sehr anspruchsvolle zivilisatorische Bedingungen geknüpft ist. Die Explikation dieser zivilisatorischen Bedingungen überschreitet freilich den Rahmen dieser Studie.

Literatur

Bellah, Robert, Richard Madsen, William M. Sullivan, Ann Swidler und *Steven M. Tipton,* 1985: Habits of the Heart: Individualism and Commitment in American Life. Berkeley: University of California Press.
Coser, Lewis A., 1965: Theorie sozialer Konflikte. Neuwied: Luchterhand.
Dahrendorf, Ralf, 1965: Gesellschaft und Demokratie in Deutschland. München: Piper.
Dahrendorf, Ralf, 1965: Konflikt oder die Sehnsucht nach Synthese. In: *Ders.*: Gesellschaft und Demokratie in Deutschland. München: Piper.

Dahrendorf, Ralf, 1969: Zu einer Theorie des sozialen Konflikts. S. 108–123 in: *Wolfgang Zapf* (Hg.): Theorien des sozialen Wandels. Köln/Berlin: Kiepenheuer & Witsch.
Dahrendorf, Ralf, 1972: Konflikt und Freiheit. München: Piper.
Dahrendorf, Ralf, 1988: The Modern Social Conflict. London: Weidenfeld and Nicholson (dt. 1992: Der moderne soziale Konflikt. Essay zur Politik der Freiheit. Stuttgart: Deutsche Verlags-Anstalt).
Dubiel, Helmut, 1994: Das ethische Minimum der Demokratie. S. 112ff. in: *Ders.:* Ungewißheit und Politik. Frankfurt a.M.: Suhrkamp.
Gauchet, Marcel, 1990: Tocqueville, Amerika und wir. Über die Entstehung der demokratischen Gesellschaften. In: *Ulrich Rödel* (Hg.): Autonome Gesellschaft und libertäre Demokratie. Frankfurt a.M.: Suhrkamp.
Hirschman, Albert O., 1980: Leidenschaften und Interessen. Frankfurt a.M.: Suhrkamp.
Hirschman, Albert O., 1994: Wieviel Gemeinsinn braucht die liberale Gesellschaft?, Leviathan 22: 293ff.
Hirschman, Albert O., 1995: Social Conflicts as Pillars of Democratic Market Societies. In: *Ders.:* A Propensity to Self-Subversion. Cambridge, Mass.: Harvard University Press.
Honneth, Axel, 1992: Kampf um Anerkennung. Zur moralischen Grammatik sozialer Konflikte. Frankfurt a.M.: Suhrkamp.
Honneth, Axel (Hg.), 1993: Kommunitarismus. Eine Debatte über die moralischen Grundlagen moderner Gesellschaften. Frankfurt a.M./New York: Campus.
Schmitt, Carl, 1963 [1932]: Der Begriff des Politischen. Berlin: Duncker & Humblot.
Simmel Georg, 1992 [1908]: Der Streit. S. 284–382 in: *Ders.:* Soziologie. Untersuchungen über die Formen der Vergesellschaftung. Gesamtausgabe Bd. 11, hg. von *Otthein Rammstedt.* Frankfurt a.M.: Suhrkamp.
Tocqueville, Alexis de, 1985 [1835]: Über die Demokratie in Amerika. Stuttgart: Reclam.

II.
Die Funktion von Institutionen

SOZIALE INTEGRATION UND POLITISCHE INSTITUTIONEN
IN MODERNEN GESELLSCHAFTEN*

Dieter Fuchs

Zusammenfassung: Im Unterschied zu zeitgenössischen Diagnosen über den Zustand moderner Gesellschaften geht die Analyse davon aus, dass die These der Desintegration dieser Gesellschaften empirisch völlig ungeklärt ist. Zur Durchführung von systematischen und empirischen Studien sind allererst begrifflich-theoretische Vorarbeiten nötig, zu denen die Analyse beitragen will. Es werden drei Ziele verfolgt: Erstens eine genaue Bestimmung des Begriffs der sozialen Integration. Dazu werden sechs operationale Definitionen vorgeschlagen, die sich unter anderem im Grad ihres normativen Anspruchs unterscheiden. Zweitens eine genaue Bestimmung des Begriffs der politischen Institution und drittens die Spezifikation eines empirisch testbaren liberalen Modells der sozialen Integration. In diesem Modell spielt die Unterstützung des politischen Institutionengefüges eines Landes eine zentrale Rolle. Die Konstruktion des Modells orientiert sich an der grundlegenden Unterscheidung eines politischen Systems in drei hierarchisch angeordnete Ebenen – der Kultur-, Struktur- und Prozessebene – und konkretisiert diese Ebenen in Anlehnung an die liberale Demokratietheorie durch die Spezifikation von empirisch messbaren Konstrukten und Zusammenhängen zwischen diesen Konstrukten.

I. Das Problem der Integration moderner Gesellschaften

Integration und Institutionen sind Grundbegriffe der Soziologie und nehmen deshalb auch in zeitgenössischen Diagnosen über den Zustand der modernen Gesellschaften eine zentrale Stellung ein (Barber 1984; MacIntyre 1984; Sandel 1984, 1996; Habermas 1992; Peters 1993; Etzioni 1996; Heitmeyer 1997a, 1997b; Giddens 1998; Münch 1998). Die Probleme dieser Gesellschaften werden vor allem mit dem Integrationsbegriff analysiert, während Lösungen u.a. in einer angemessenen Gestaltung der politischen Institutionen gesehen werden.

In den genannten Gesellschaftsdiagnosen wird von verschiedenen Wissenschaftlern mit ganz unterschiedlichen disziplinären Schwerpunkten die Auffassung vertreten, dass sich die modernen Gesellschaften in einem tief greifenden Prozess der Desintegration befinden. Im deutschen Sprachraum wird von dieser Annahme unter anderem in zwei kürzlich veröffentlichten Sammelbänden ausgegangen (Heitmeyer 1997a, 1997b) und nach Ursachen und Lösungen für diese Desintegrationsprozesse gefragt. Das Thema sind dabei nicht die normalen Integrationsprobleme jeder Gesellschaft, zumal der modernen, sondern es geht vielmehr um „die Frage nach der Integrationsfähigkeit moderner Gesellschaften" überhaupt (Heitmeyer 1997b: 9). Wenn durch Integration bzw. durch Ordnung eine

---

* Für kritische Kommentare einer ersten Fassung danke ich Jürgen Friedrichs, Jürgen Gerhards, Edeltraud Roller und Gary Schaal.

Gesellschaft allererst konstituiert wird (Etzioni 1968; Parsons 1971; Alexander 1982), dann steht nicht weniger als der Bestand der modernen Gesellschaft auf dem Spiel. Unter dieser Prämisse ist die Schlussfolgerung sicherlich konsequent, dass „Desintegration zu einem Schlüsselbegriff zukünftiger gesellschaftlicher Entwicklungen avancieren wird" (Heitmeyer 1997c: 9).

Die unterstellte Desintegrationskrise lässt sich unschwer an die vielfältigen Krisentheorien anschließen, die seit den 60er Jahren für die modernen Gesellschaften formuliert worden sind. Allerdings geht es nicht mehr nur um die Krise bestimmter gesellschaftlicher Strukturen wie die des Spätkapitalismus oder der liberalen Demokratie, sondern um eine Krise von Gesellschaft überhaupt. Angesichts der empirischen Evidenz, dass sich die bisherigen Krisenvermutungen nicht materialisiert haben, kann jedoch die Frage gestellt werden, warum das denn hinsichtlich dieser sehr fundamentalen Krise dieses Mal der Fall sein sollte. Aus der Perspektive der Autoren der Desintegrationskrise können unseres Erachtens darauf zwei Antworten gegeben werden. Erstens lässt sich seit einigen Jahren eine Kumulation verschiedener Desintegrationsphänomene beobachten und zweitens kommt mit dem irreversiblen Prozess der Globalisierung ein neuer Faktor ins Spiel, der beträchtliche Auswirkungen auf die gesellschaftliche Integration hat. Durch die Globalisierung der Märkte kann sich die „Konkurrenz- und Verwertungslogik" des Kapitalismus weitgehend ungehindert entfalten und erzeugt bei den Individuen ein „utilitaristisch-kalkulierendes Verhalten", das dann wiederum zu einer „Auflösung des Sozialen" führt (Heitmeyer 1997c: 11). In einer vergleichbaren Weise argumentieren auch andere Autoren. Münch (1998: 10) spricht beispielsweise von der „zersetzenden Kraft des Kapitalismus", der durch die globalisierte Ökonomie „alle Fesseln des Wohlfahrtsstaates" abstreifen kann und damit die sozialstaatliche „Zähmung des Kapitalismus" beendet. Die Folgen sind auf „nationaler, supranationaler und globaler Ebene soziale Verwerfungen, Unsicherheiten, anomische Entwicklungen und Ausgrenzungen" (Münch 1998: 10). Wenn es nach Münch (1998: 11) nicht gelingt, die desintegrierenden Folgen der ökonomischen Globalisierung wieder politisch zu kontrollieren, dann führt das „zu einer Explosion in Gestalt ökologischer Katastrophen, sozialer Eruptionen und kultureller Entfremdung". Auch andere Autoren gehen von einer desintegrierenden Wirkung der globalisierten Ökonomie aus, sehen diese aber etwas weniger radikal und suchen nach Formen des Regierens jenseits des Nationalstaates, die eine höhere Integrationskapazität aufweisen (Albrow 1998; Habermas 1998b; Beck 1998; Scharpf 1998; Zürn 1998).

Wir wollen die Plausibilität dieser Argumentationen nicht bestreiten und auch nicht, dass alles tatsächlich so sein könnte, wie behauptet wird. In wissenschaftlichen Analysen geht es aber vor allem um einen möglichst stichhaltigen Beleg für die aufgestellten Behauptungen, und diesbezüglich melden wir einige Zweifel an. Diese beziehen sich zum einen auf die Konzeption und Verwendung des Integrationsbegriffes und zum anderen auf die empirische Grundlage der Aussagen über die gesellschaftliche Wirklichkeit.

Vor allem Heitmeyer verwendet den Integrationsbegriff in einem so umfassenden Sinne, dass man nahezu alle gesellschaftlichen Probleme und Konflikte darunter subsumieren kann. Das wird u.a. an den listenartigen Aufzählungen von gesellschaftlichen Zuständen und Entwicklungen deutlich „mit denen Integrationsqualitäten und Desintegrationserfahrungen in den Mittelpunkt gerückt werden können" (Heitmeyer 1997c: 10–12). Einen ähnlich umfassenden Bedeutungsgehalt des Integrationsbegriffs postuliert Peters (1993) in seiner Analyse über „Die Integration moderner Gesellschaften". Mit einer solchen Strategie verliert dieser Begriff aber an analytischer Schärfe. Das hat in unserem Kontext zwei Folgeprobleme. Zum einen können dann auch solche „normalen" gesellschaftlichen Probleme, die ein Charakteristikum aller modernen Gesellschaften sind, unversehens als Indikatoren eines Desintegrationsprozesses begriffen werden, der letztlich zur Auflösung sozialer Beziehungen führt. Zum anderen wird die Spezifikation von empirisch testbaren Ursache-Wirkungs-Beziehungen erschwert. Heitmeyer und auch Münch interpretieren beispielsweise die Verschärfung sozialer Ungleichheit als Desintegrationsphänomen. Ist dies aber schon Ausdruck einer gesellschaftlichen Desintegration oder lediglich eine mögliche Ursache davon? Und sofern sie Ursachencharakter hat: Unter welchen Bedingungen transformiert sich die Verschärfung sozialer Ungleichheit in Desintegrationsprozesse? Derartige Fragen ließen sich fortsetzen.

Unabhängig von der Frage, ob die jeweils genannten Phänomene als Ausdruck einer gesellschaftlichen Desintegration betrachtet werden können, muss erst einmal geklärt werden, ob sie empirisch überhaupt zutreffen. In der gegenwärtigen Diskussion über die Desintegration der modernen Gesellschaften lässt sich aber ein auffälliger Mangel an systematischen empirischen Belegen für Behauptungen über die gesellschaftliche Wirklichkeit feststellen. Dieser Mangel lässt sich auch nicht dadurch beheben, dass sich viele theoretische Analysen in ihren Realitätsannahmen wechselseitig zitieren. Als Ursache für die unterstellte Desintegration moderner Gesellschaften wird neben der erwähnten Globalisierung auch die Individualisierung angeführt. Gegen beide Thesen können aber ähnliche Einwände wie gegenüber der Integration selbst erhoben werden (zur Kritik an der Individualisierungsthese vgl. Friedrichs 1998 und an der Globalisierungsthese vgl. Gerhards und Rössel 1999). Danach werden die mit diesen beiden Begriffen gekennzeichneten Sachverhalte von vielen als faktisch gegeben betrachtet, obgleich eine empirische Bestätigung entweder überhaupt nicht vorliegt oder aber die vorhandenen Daten zumindest nicht als Bestätigung interpretiert werden können.

Integration wird in den meisten Analysen als ein deskriptiver Begriff verwendet. Es ist allerdings äußerst schwierig, ihn ohne Rekurs auf normative Prämissen zu bestimmen. Aus diesem Grunde arbeiten viele der genannten Gesellschaftsdiagnosen auch mit einer Normativität, die als solche häufig nicht ausgewiesen wird. Die scheinbare deskriptive Konstatierung einer gesellschaftlichen Desintegration basiert dann auf einer latenten normativen Grundlage.

Aus den genannten Kritikpunkten ergeben sich die Absichten unserer Analyse. Es geht nicht um empirisch fundierte Antworten zu dem Problem der Integration moderner Gesellschaften, sondern um begrifflich-theoretische Vorbereitungen für systematische empirische Analysen. Wir verfolgen drei Analyseziele. Das erste besteht in einer Klärung des Integrationsbegriffes, die sich an eingeführten Kriterien wissenschaftlichen Vorgehens orientiert. Zum einen müssen Begriffe klar definiert sein, und das bedeutet, dass sie einen analytisch trennscharfen und begrenzten Gehalt bekommen, so dass sie zu Erklärungszwecken verwendet werden können. Zum anderen müssen die mit den Begriffen verbundenen Realitätsbehauptungen empirisch überprüfbar sein und dazu sind operationale Definitionen notwendig. Darüber hinaus müssen die in Begriffen implizierten normativen Gehalte offen gelegt und begründet werden.

Das zweite Ziel besteht in einer Klärung des Begriffs der politischen Institution, die dieselben Kriterien heranzieht. Diese Begriffsklärung wird aufgrund unserer Annahme notwendig, dass moderne Gesellschaften vor allem durch politische Institutionen integriert werden. Diese Annahme wird ihrerseits im Verlaufe der Analyse erläutert.

Das dritte Ziel besteht in der Spezifikation eines empirisch testbaren Modells, das politische Institutionen und soziale Integration zusammenführt. Letzteres ist das Explanandum des Modells und ersteres ein Explanans. Bei dem spezifizierten Modell handelt es sich nicht um einen originären Theorievorschlag zur Erklärung von sozialer Integration. Es soll lediglich exemplarisch deutlich machen, wie der Zusammenhang von sozialer Integration und politischen Institutionen gedacht werden kann und wie er von vielen einflussreichen Wissenschaftlern auch gedacht wird.

Integration ist ein Grundproblem aller Gesellschaften, und somit ist der potentielle Gegenstands- und Problembereich äußerst umfassend. Wir nehmen deshalb mehrere Einschränkungen der Analyseperspektive vor. Zunächst einmal beziehen wir uns nur auf *moderne Gesellschaften* und das heißt auf differenzierte und demokratische Gesellschaften. Darüber hinaus beschränken wir uns auf die Frage der *sozialen Integration der gesellschaftlichen Gemeinschaft*. Damit werden zwei Fragestellungen ausgeschlossen. Zum einen die funktionale Integration der gesellschaftlichen Teilsysteme, die unter dem Stichwort der Systemintegration diskutiert wird und zum anderen die soziale Integration von einzelnen sozialen Gruppen innerhalb der umfassenden gesellschaftlichen Gemeinschaft.

II. Allgemeine Bestimmung von sozialer Integration

In jüngerer Zeit sind zwei Analysen vorgelegt worden, die beanspruchen, zumindest „Elemente einer Theorie der Integration moderner Gesellschaften" (Münch 1997) zu entwickeln. Auf diese können wir uns zwar teilweise stützen, aber sie ersetzen unser Vorhaben nicht. In einem Fall (Münch 1997) wird von einer sehr knapp gehaltenen allgemeinen Bestimmung von sozialer Integration direkt auf eine ausführliche Diskussion von Formen und Problemen der Integration moderner Gesellschaften übergegangen. Im anderen Fall (Peters 1993) wird der Integrationsbegriff derart weit gefasst, dass zu seiner Analyse eine „holistische" Vorgehensweise notwendig wird, was bedeutet, dass letztlich eine eigene Gesellschaftstheorie entwickelt wird. Wir gehen demgegenüber davon aus, dass dem Begriff der sozialen Integration ein eigenständiger und begrenzter analytischer Gehalt zugewiesen werden kann und dass hier ein Rekurs auf elementare Einsichten der Soziologie weiterführt.

Eine erste Annäherung an die Bedeutung von sozialer Integration kann über lexikalische Definitionen von *Integration allgemein* erfolgen. Diese beziehen sich in der Regel auf die *Differenz von Ganzem und Teilen*, und Integration stellt dabei auf die Verbindung der Teile zu einem Ganzen ab. Das Ganze stellt also eine Einheit dar, die durch die Ordnung oder Integration der Teile allererst konstituiert wird. Bereits auf dieser allgemeinsten Bedeutungsebene stellt sich die Frage, was das Ganze denn sein kann, und wann von daher gesehen ein Gelingen oder Misslingen der Integration der Teile vorliegt.[1] Dabei ist das

---

[1] Integration ist ein „Erfolgsbegriff" (Peters 1993: 92), das heißt, sie kann gelingen oder misslingen. Schaal (1997) verwendet zur Kennzeichnung dieses Sachverhaltes den Begriff der „Integrationsperformanz" und zieht ihn als Bewertungsmaßstab beim Vergleich moderner Gesellschaften heran.

Misslingen in seiner extremsten Ausprägung relativ leicht zu bestimmen: Ohne jede Verbindung der Teile würden dieses in ein ungeordnetes Chaos zerfallen, d.h. es gäbe kein Ganzes und keine Einheit. Schwieriger ist aber eine positive Bestimmung. Ist von diesem negativen Extrempunkt aus gesehen jede chaos-vermeidende Ordnung bereits als eine gelingende Integration zu betrachten oder ist eine Zunahme an Ordnung bzw. Einheit auch ein Mehr an gelingender Integration? Wir kommen auf diese Problematik später noch einmal zurück.

Das Substrat des *Sozialen* sind die Individuen als Mitglieder einer mehr oder weniger abgegrenzten oder abgrenzbaren Gemeinschaft und das Soziale selbst stellt sich über die *Interaktionen* von Mitgliedern dieser Gemeinschaft her. Interaktionen kommen nur dann zustande, wenn die Handlungen mehrerer Akteure koordiniert, d.h. aufeinander bezogen und wechselseitig anschlussfähig gemacht werden. Hinsichtlich dieses Verständnisses von Interaktion konvergieren unterschiedliche system- und handlungstheoretische Ansätze (Parsons 1971; Luhmann 1984; Brennan und Buchanan 1985; Coleman 1990; Habermas 1992). In einer quasi-operationalen Formulierung kann dieses Verständnis folgendermaßen festgehalten werden: *Je besser die Handlungen der Mitglieder einer Gemeinschaft koordiniert werden, desto größer ist die soziale Integration dieser Gemeinschaft (und vice versa).* Diese Definition ist aber noch zu allgemein, um instruktiv für Messoperationen zu sein – und wird deshalb als quasi-operational bezeichnet. Bevor wir spezifischere Definitionen vorschlagen, soll erst einmal erörtert werden, wie eine Koordination von Handlungen und damit eine Integration überhaupt erfolgen kann.

Aus systemtheoretischer Perspektive kommt koordiniertes Handeln nur dann zustande, wenn es ein begrenztes Repertoire von Handlungsmöglichkeiten für Akteure in Situationen gibt (Luhmann 1984). Diese Begrenzung wird durch *generalisierte Verhaltenserwartungen* vorgenommen, die festlegen, welche Handlungen in einer Situation typischerweise und normativ erwartet werden können. Komplexe von generalisierten Verhaltenserwartungen werden als Strukturen begriffen, „die die Handlungen eines sozialen Systems ordnen" (Luhmann 1984: 382). Soziale Strukturen sind also nichts anderes als generalisierte Verhaltenserwartungen, die Handlungen in sozialen Systemen so miteinander verknüpfen, dass diese sich gegenüber einer nicht dazugehörigen Umwelt abgrenzen. Die faktischen Handlungen konstituieren bei Luhmann die Prozesse sozialer Systeme.

In den Handlungstheorien werden ähnliche Vorstellungen entwickelt, auch wenn die theoretische Rahmung anders erfolgt und andere Begriffe verwendet werden. Statt von generalisierten Verhaltenserwartungen spricht Coleman (1990) von Handlungsnormen, und Brennan und Buchanan (1985) sprechen von Handlungsregeln. Diese Regeln bzw. Normen werden wie bei Luhmann als Einschränkung von Handlungsmöglichkeiten begriffen. Die Handlungen selbst werden auch von Brennan und Buchanan (1985) der Prozessebene zugeordnet. Sie nehmen also dieselbe grundlegende Unterscheidung von *Struktur und Prozess* wie Luhmann vor. Gegenüber Luhmann gibt es in diesen Handlungstheorien allerdings eine wertende Perspektive. In der Tradition der Politischen Ökonomie werden die Handlungsbeschränkungen durch Regeln und Normen zugleich als Freiheitseinschränkungen der Individuen interpretiert. Für unsere Argumentation ist zunächst weniger diese Wertung von Belang, als die sich daran anschließenden Fragen: Aus welchen Gründen sollten die Individuen diese Freiheitseinschränkungen akzeptieren und die Handlungsregeln tatsächlich befolgen? Bei der Beantwortung dieser Fragen wird im

Allgemeinen auf zwei Ebenen argumentiert: Erstens auf einer philosophischen Ebene, die sich auf anthropologische Annahmen stützt, und zweitens auf einer soziologischen Ebene, die regelkonformes Verhalten auf der Individualebene zu erklären versucht.

Auf einer philosophischen Ebene wird als der wichtigste Grund für die Konstitution von Handlungsregeln und ihrer faktischen Befolgung die Vermeidung des Hobbesschen Kampfes aller gegen alle angesehen oder, positiv ausgedrückt, der tief sitzende Wunsch der Menschen nach einem friedlichen Zusammenleben. Und dieses wird erst durch eine gesellschaftliche Ordnung ermöglicht, die aus allgemein akzeptierten Regeln besteht. Die Begründung dieser Regeln und der mit ihr verbundene Anspruch auf ihre allgemeine Geltung erfolgt vor allem auf einer vertragstheoretischen Grundlage (Kersting 1996). Trotz des eher spekulativen Charakters dieser Argumentationsebene lässt sich im Anschluss an sie vermutlich das einzig unkontroverse oder wenig kontroverse Kriterium einer gelingenden Integration formulieren. Dieses bezieht sich auf den empirischen Sachverhalt eines gewaltfreien Umgangs der Mitglieder einer gesellschaftlichen Gemeinschaft untereinander. Der Kampf aller gegen alle wäre dann eine Spezifikation des Chaos-Begriffes für den Gegenstandsbereich der sozialen Beziehungen. Die erste operationale Definition lautet dann folgendermaßen: *Je geringer die Anzahl von gewalttätigen Handlungen in den Interaktionen der Mitglieder einer gesellschaftlichen Gemeinschaft, desto größer ist die soziale Integration dieser Gemeinschaft (und vice versa).* Der positive Pol besteht bei dieser Definition in dem Ausmaß der Abwesenheit von Gewalt. Das ist normativ sicherlich keine sehr anspruchsvolle Definition, sie hat aber den Vorzug, dass sie mit großer Wahrscheinlichkeit den „überlappenden Konsens" (Rawls 1993) fast aller Mitglieder einer gesellschaftlichen Gemeinschaft auf sich ziehen dürfte. Wir nehmen grundsätzlich an, dass ein allgemeiner Konsens mit einer Integrationsvorstellung umso schwieriger erreichbar ist, je stärker deren normativer Gehalt ist.

Abbildung 1: Ein Modell der Befolgung von Handlungsnormen

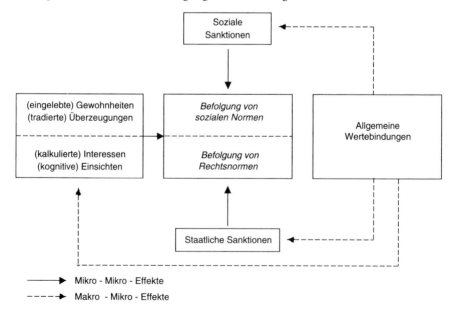

In soziologischen Forschungen wurden verschiedene Determinanten der Befolgung von Handlungsnormen identifiziert (Ajzen 1988; Giddens 1989; Coleman 1990; Habermas 1992). Die u.E. wichtigsten sind in dem in *Abbildung 1* dargestellten Modell zusammengestellt. Die abhängige Variable dieses Modells bezieht sich auf Handlungsnormen, das heißt Erwartungen an das Verhalten von Individuen in Handlungssituationen, die einen Sollenscharakter besitzen und kontrafaktisch aufrechterhalten werden. Diese Handlungsnormen können nach ihrem Explizitheitsgrad (Easton 1990) und ihrem Sanktionsgrad (Giddens 1984) unterschieden werden (Fuchs 1993: 87ff.). Beide Kriterien stellen ein Kontinuum dar, und insofern lassen sich konkrete Handlungsnormen auch auf ein Kontinuum projizieren. Zur Vereinfachung und zur Vorbereitung späterer Argumente haben wir aus diesem Kontinuum die Rechts-Normen herausgelöst und auf diese Weise eine Dichotomisierung vorgenommen. Rechts-Normen haben einen hohen oder sogar den höchsten Explizitheitsgrad. Zu diesem Explizitheitsgrad gehört die Spezifikation von staatlichen Sanktionen, die im Falle der Regelverletzung oder Erwartungsenttäuschung (Luhmann 1984) miterwartet werden können. Die Stärke der Sanktionen variiert zwar mit der Stärke der Normenverletzung. Aufgrund der hohen Wahrscheinlichkeit des Eintretens von staatlichen Sanktionen bei der Verletzung von Rechts-Normen können diese aber allgemein als stark sanktioniert betrachtet werden. Die sozialen Normen sind gegenüber den Rechts-Normen weniger explizit, die Mit-Erwartbarkeit von Sanktionen ist diffuser und die Stärke der Sanktionen ist i.d.R. schwächer. Ein weiterer Unterschied zwischen diesen beiden Kategorien von Handlungsnormen besteht in ihrer Genese. Während soziale Normen auf eingelebte Alltagsroutinen zurückgehen, werden Rechts-Normen – zumindest in modernen Gesellschaften – durch demokratische Verfahren positiv gesetzt.

Aus dieser Charakterisierung wird deutlich, dass Rechts-Normen grundsätzlich eine erheblich höhere Strukturierungs- und Integrationsfähigkeit besitzen als soziale Normen.[2] Aus diesem Grunde kann in komplexen Gesellschaften auch das Recht als die Grundstruktur dieser Gesellschaften begriffen werden (Luhmann 1995). Unter dieser Prämisse der ausgezeichneten Bedeutung der Rechts-Normen für die Integration moderner Gesellschaften kann ein zweites Kriterium für gelingende Integration spezifiziert werden. Dieses besteht in dem empirischen Sachverhalt einer Konformität mit den Rechts-Normen im Handeln der Mitglieder einer gesellschaftlichen Gemeinschaft. Die entsprechende zweite operationale Definition lautet: *Je geringer die Anzahl von illegalen Handlungen in den Interaktionen der Mitglieder einer gesellschaftlichen Gemeinschaft, desto größer ist die soziale Integration dieser Gemeinschaft (und vice versa).*[3] Diese zweite operationale Definition ist nur dann trennscharf zur ersten, wenn aus den illegalen Handlungen die Gewaltakte ausgenommen werden. Nach unserer Auffassung ist das konzeptuell dann gerechtfertigt, wenn man die plausible Unterstellung vornimmt, dass Gewaltakte auch innerhalb von illegalen Handlungen eine Schwellenüberschreitung darstellen.

Im Unterschied zum ersten Kriterium der Gewalt ist dieses zweite Kriterium der Illegalität bestreitbarer. Man kann z.B. argumentieren, dass begrenzte Regelverletzungen eine

---

2 Eine der Bedingungen der Einlösung dieses Integrationspotentials ist die Akzeptanz der Rechts-Normen durch die Beteiligten und ihre faktische Folgebereitschaft.
3 Durchaus im Sinne der beiden bisherigen operationalen Definitionen von sozialer Integration interpretieren Merton (1968), Heitmeyer (1997c), Friedrichs (1997) und Münch (1998) Kriminalitätsraten als Ausdruck misslingender sozialer Integration.

Bedingung für sozialen Wandel ist, welcher in einer Anpassung von Rechts-Normen an eine veränderte Realität besteht. Nach einer solchen Interpretation würden begrenzte Regelverletzungen längerfristig die Integrationskapazität von Rechts-Normen eher erhöhen, als dass sie Ausdruck von Desintegrationstendenzen wären. Dieser Einwand gilt aber weniger für „normale" Kriminalität als für illegalen politischen Protest in seinen „weicheren" Ausdrucksformen. Diesen Gesichtspunkt einer möglichen Erhöhung der Adaptionsfähigkeit einer Gesellschaft durch mehr oder weniger starke Verletzungen von institutionalisierten Handlungsnormen bezeichnet Merton (1968, 194) als „innovation". Ein solches Innovationspotential ist nach Merton aber nur dann gegeben, wenn die grundlegenden „cultural goals" der jeweiligen Gesellschaft von den betreffenden Akteuren akzeptiert werden.

Trotz des hervorgehobenen Stellenwertes von Rechts-Normen kann auch in modernen Gesellschaften soziale Integration nicht allein an ihnen festgemacht werden. Die Interaktionen in der Alltagswelt der Individuen werden mehr oder weniger stark auch von sozialen Normen gesteuert. Bei der Bestimmung von Integration kann im Falle der sozialen Normen das Kriterium der Legitimität als funktionales Äquivalent zu dem der Legalität im Falle von Rechts-Normen herangezogen werden. Auf diese Weise kann ein weiteres Kriterium für gelingende Integration formuliert werden. Dieses bezieht sich auf den empirischen Sachverhalt einer Konformität mit den sozialen Normen im Handeln der Mitglieder einer gesellschaftlichen Gemeinschaft. Das führt zu einer dritten operationalen Definition von sozialer Integration: *Je größer die Konformität mit den legitimen sozialen Normen in den Interaktionen der Mitglieder einer gesellschaftlichen Gemeinschaft, desto größer ist die soziale Integration dieser Gemeinschaft (und vice versa).*

Dieses Kriterium gelingender Integration ist aus verschiedenen Gründen aber äußerst problematisch. Bei Rechts-Normen können wir zunächst einmal davon ausgehen, dass diese eine *allgemeine* Geltung beanspruchen dürfen, weil sie durch demokratische Verfahren gesetzt worden sind. Einen vergleichbaren Geltungsanspruch könnten soziale Normen bestenfalls dann erheben, wenn sie als eine Spezifikation einer allgemein geteilten Kultur begriffen werden könnten und in diesem Sinne legitim sind. Wenn wir aber mit Rawls (1993) von Pluralismus als einem wesentlichen und irreversiblen Merkmal moderner Gesellschaften ausgehen, dann ist diese Unterstellung unangemessen. In der Demokratietheorie wird deshalb die Frage gestellt, ob es überhaupt soziale Normen geben kann, die den Anspruch einer allgemeinen Geltung erheben können und was der Gehalt dieser Normen sein könnte. Larmore (1990) geht beispielsweise davon aus, dass in modernen Gesellschaften nur ein Minimum sozialer Normen, das lediglich die grundlegenden moralischen Gesichtspunkte des Umgangs der Individuen miteinander definiert, einen solchen Geltungsanspruch erfolgreich einlösen kann.

Nach dem in *Abbildung 1* dargestellten Modell sind soziale und staatliche Sanktionen wichtige Faktoren für die Befolgung von Handlungsnormen. Zu Determinanten individuellen Verhaltens können sie natürlich nur dann werden, wenn sie von den Individuen als reale Möglichkeit perzipiert werden, die mit einer mehr oder weniger großen Wahrscheinlichkeit eintrifft. Neben der subjektiven Wahrscheinlichkeit von drohenden Sanktionen spielen für normenkonformes Handeln auch Merkmale der Individuen selbst eine Rolle. Habermas (1992) unterscheidet hier vor allem zwischen *Einsichten* aufgrund der vernünftigen Begründbarkeit der Handlungsnormen und *Interessen* aufgrund des subjektiven Nutzens der Befolgung von Handlungsnormen. Ein weiterer Faktor sind tradierte

Überzeugungen über den ethischen Wert der in Frage stehenden Handlungsnormen. Als eine vierte Quelle für die Befolgung von Handlungsnormen fungieren eingelebte *Gewohnheiten* jenseits allen reflektierenden oder kalkulierenden Bewusstseins.[4] Welche dieser individuellen Orientierungen in einer Gemeinschaft dominiert, wird weitgehend durch die gesellschaftlichen Sozialisationsprozesse entschieden, die auf der Individualebene zu entsprechenden Internalisierungen führen (Parsons 1971; Giddens 1989; March und Olsen 1989; Habermas 1992). Inhaltlich beruhen diese Sozialisationsprozesse auf denjenigen Werten, die in der gesellschaftlichen Gemeinschaft oder zumindest bei den Mitgliedern oder Trägern der relevanten Sozialisationsagenten während der Sozialisationsphase der Individuen vorherrschen.

Tabelle 1: Integrationsebenen und Integrationsmerkmale

Integrationsebenen	Inhalt	Integrationsmerkmale
Kultur	Werte	Kohärenz, Konsens
Struktur	Handlungsregeln/ Handlungsnormen	(Konsistenz)
Prozess	Faktische Handlungen	Koordination/Kooperation

In der *Tabelle 1* ist die grundlegende Unterscheidung von Struktur und Prozess aufgegriffen und auf den Integrationsbegriff bezogen worden. Die soziale Integration selbst bezieht sich auf die Prozessebene und bedeutet nach unserer Analyse eine Koordination von faktischen Handlungen. Diese Koordination wird durch Strukturen gesteuert, die aus Regeln, Normen oder generalisierten Verhaltenserwartungen bestehen. Insofern stellt die Strukturebene unter Steuerungsgesichtspunkten eine hierarchisch höhere Ebene dar als die Prozessebene. Als eine weitere analytische Dimension, die bislang noch nicht erörtert wurde, enthält die Tabelle die Kulturebene. In der Steuerungshierarchie stellt diese nach Parsons (1971) die höchste Ebene dar und konstituiert sich inhaltlich aus den grundlegenden Werten einer Gesellschaft. Nach Luhmann (1984) gehört die Kultur zwar nicht zu einer Theorie sozialer Systeme, aber zumindest unter Integrationsgesichtspunkten kann sie nicht ausgeklammert werden. Die Struktur eines sozialen Systems ist immer eine Spezifikation allgemeiner Werte für bestimmte Handlungskontexte, und die Integrationsleistung einer solchen Struktur hängt u.a. davon ab, inwieweit ihre Legitimation im Hinblick auf die grundlegenden Werte gelingt.

Da jede Kultur immer aus einer Vielzahl von Werten besteht, kann analog zur sozialen Integration gefragt werden, wie denn *kulturelle Integration* verstanden werden kann, so dass sie die Einheit einer bestimmten Kultur konstituiert. Bei der kulturellen Integration kann eine sachliche und eine soziale Dimension unterschieden werden. Die sachliche bezieht sich auf die Kohärenz einer bestimmten Menge von Werten, so dass dadurch ein Muster oder eine Einheit oder ein Ganzes gebildet wird. Je nach der Definition von Kultur kann man das auf ein historisch gewachsenes kollektives Gedächtnis beziehen oder

---

4 Diese individuellen Determinanten der Befolgung von Handlungsnormen sind in *Abbildung 1* nach dem Grad ihrer Reflektiertheit geordnet.

auf das aktuelle Bewusstsein der Mitglieder der gesellschaftlichen Gemeinschaft.[5] Die soziale Dimension bezieht sich auf das Ausmaß, in dem sich die Mitglieder einer gesellschaftlichen Gemeinschaft an ein bestimmtes Wertemuster binden. Mit Hilfe dieser beiden Dimensionen kann ein operationales Kriterium kultureller Integration bestimmt werden: *Je stärker in einer gesellschaftlichen Gemeinschaft ein kohärentes Wertemuster kognitiv repräsentiert ist, und je höher der Konsens mit diesem Wertemuster ist, desto größer ist die kulturelle Integration dieser Gemeinschaft (und vice versa).* Die Politische-Kultur-Forschung verwendet für die beiden Pole dieser kulturellen Integration die Begriffe der Homogenität und der Fragmentierung.

Diese abstrakte Definition von kultureller Integration mag plausibel sein, aber es stellen sich dann Probleme, wenn inhaltlich bestimmt werden soll, *welches* Wertemuster für die soziale Integration der Gemeinschaft in einer komplexen und d.h. pluralistischen Gesellschaft förderlich ist, oder ob es überhaupt ein derartiges Wertemuster gibt. Auf diese Problematik werden wir in den nachfolgenden Abschnitten noch zurückkommen.

III. Soziale Integration und gesellschaftliche Gemeinschaft

Das Problem der sozialen Integration kann auf unterschiedliche soziale Einheiten mit unterschiedlicher Komplexität bezogen werden. In unserem Falle geht es um die Integration der *gesellschaftlichen Gemeinschaft* und nicht um die Integration von Teilen oder Gruppen innerhalb dieser Gemeinschaft. Die Frage, was eine gesellschaftliche Gemeinschaft ist und vor allem, wie und wozu sie integriert werden soll, wird sehr kontrovers diskutiert. Darauf bezieht sich in erster Linie der „unvermeidliche normative Gehalt von Integrationsbegriffen", den Peters (1993: 24) festgestellt hat.

Jede Gemeinschaft konstituiert sich auf der Grundlage von zwei Mechanismen. Zum einen auf einer *Grenzziehung*, die eine Differenz von Innen und Außen errichtet (Fuchs, Gerhards und Roller 1993). Diese Grenzziehung legt fest, wer die Mitglieder der Gemeinschaft sind und damit auch, wer nicht dazugehört. Zum anderen ist eine *Verbindung* zwischen diesen Mitgliedern notwendig. Erst diese macht aus dem bloßen Aggregat von Individuen eine Einheit oder ein Ganzes, das Gemeinschaft genannt werden kann.

In kleinen und buchstäblich überschaubaren Gemeinschaften ist weder die Grenzziehung noch die Verbindung ein Problem. Beides stellt sich über die alltäglichen Interaktionen mit bekannten Anderen her. Gesellschaftliche Gemeinschaften in Flächenstaaten und mit Millionenbevölkerung können sich auf diese Weise jedoch nicht konstituieren. Sie müssen immer eine Gemeinschaft von Unbekannten, von Abwesenden oder sogar von Fremden sein. Das bedeutet u.a., dass es diese gesellschaftliche Gemeinschaft nur als eine im Bewusstsein der Mitglieder vorgestellte geben kann. Sie ist in diesem Sinne also ein fiktionales oder imaginäres Gebilde, das dennoch reale Konsequenzen hat, u.a. auch für die soziale Integration.

In modernen Gesellschaften erfolgt eine erste Grenzziehung formal durch das Staatsangehörigkeitsrecht. Gemäß der Bestimmung der gesellschaftlichen Gemeinschaft als ein

---

5 Ersteres muss u.a. aus Dokumenten rekonstruiert werden, während Letzteres durch Befragungen ermittelt werden kann.

fiktionales Gebilde kann diese formale Grenzziehung aber erst dann gemeinschaftsbildend wirken, wenn sie von den Mitgliedern subjektiv nachvollzogen werden kann. Dazu muss es kognitiv identifizierbare Kriterien geben, die eine subjektive Inklusion (und Exklusion) über die formalen Regeln hinaus zulassen. Diese Kriterien sollen zugleich die subjektiven Verbindungen zwischen den Mitgliedern, ihr subjektives Zueinander-in-Beziehung-Setzen gewährleisten. Auf diese Weise kann sich das Ganze als ein expressives Wir herausbilden, das mit subjektiv einsehbaren Rechten und Pflichten für die Einzelnen verkoppelt ist. Die entscheidende Frage ist aber, welche Kriterien hinreichend motivierend sind, eine solche artifizielle und unwahrscheinliche Gemeinschaft zu ermöglichen.

Darauf geben Vertreter der Politischen Ökonomie und der libertären Demokratietheorie eine minimalistische Antwort (Nozick 1974; Hayek 1976; Brennan und Buchanan 1985). Ihr normativer Bezugspunkt ist die uneingeschränkte Freiheit der Individuen, die für alle gleichermaßen gilt. Diese verwirklicht sich am ehesten in den Austauschprozessen des Marktes. In marktvermittelten Interaktionen verfolgen die Individuen ihre Partikularinteressen, ohne dass damit die Interessen der anderen beeinträchtigt oder zumindest nicht geschädigt werden. Die Vorstellung einer über die einzelnen Individuen und ihren Interessen hinausgehenden Gemeinschaft und einem auf die Gemeinschaft bezogenen Allgemeinwohl wird als freiheitseinschränkend und somit als repressiv empfunden. Das einzig zulässige „Allgemeinwohl" ist der größtmögliche Wohlstand möglichst vieler und das – neben dem Wettbewerb im Markt – einzig zulässige „Gerechtigkeitskriterium" ist das des Pareto-Optimums bei der Verteilung des Wohlstandes. In einer Marktgesellschaft bedarf es lediglich einer „funktionalen Integration"[6] der Handlungen der Marktteilnehmer. Das Zusammenwirken der Marktteilnehmer verlangt nicht, dass diese das Funktionieren des Marktes insgesamt durchschauen, sondern lediglich die Kognition der generalisierten Verhaltenserwartungen als Marktteilnehmer (Brennan und Buchanan 1985). Die notwendige Bedingung für funktionierende Marktprozesse ist das Vorhandensein eines entsprechenden Verfassungsrahmens. Dieser enthält einerseits die Regelstruktur einer marktwirtschaftlichen Ökonomie und andererseits die Garantie der subjektiven Freiheits- und politischen Beteiligungsrechte der Individuen. Die politischen Beteiligungsrechte werden lediglich im Rahmen der Regulierung von Konflikten relevant, die sich bei der Verwirklichung kollektiver Ziele durch den Staat zwangsläufig ergeben müssen. Die kollektiven Ziele selbst müssen nach dieser Sichtweise auf ein Minimum beschränkt werden, so dass der Staat ein minimaler Staat bleibt und die Freiheitsspielräume der Individuen möglichst unangetastet lässt. Die gesellschaftliche Gemeinschaft ist in dieser Perspektive also eine Markt- und Rechtsgemeinschaft. Die Rechtsgemeinschaft wiederum ist minimal definiert und bezieht sich auf ein Recht, das im Wesentlichen die Marktordnung und die subjektiven Rechte im Sinne von negativen Rechten setzt und gewährleistet. Eine derartige gesellschaftliche Gemeinschaft ist dann sozial integriert, wenn die Austauschprozesse auf dem Markt und die Konfliktregelung in der Politik reibungslos und d.h. regelkonform erfolgen. Die Regelkonformität ist durch die Abwesenheit von gewalttätigen und illegalen Handlungen in den Interaktionen der Individuen erfassbar. Für diese normative Sicht der gesellschaftlichen Gemeinschaft sind also die Formen sozialer Integration ausreichend, die

---

6 Dieser Begriff wird von Habermas (1992: 387) und Peters (1993: 96) verwendet; damit vergleichbar ist der Begriff der „ökonomischen Integration" von Münch (1997: 77ff.).

in den ersten beiden operationalen Definitionen im vorangehenden Abschnitt formuliert wurden (vgl. dazu auch die Zusammenstellung aller operationalen Definitionen in *Tabelle 2*). Eine weiter gehende soziale Integration ist einerseits funktional unnötig und gefährdet andererseits die Freiheit der Individuen.

An der geschilderten Position ist vielfältige Kritik geübt worden. Es wird u.a. auf die negativen Externalitäten von uneingeschränkten Marktprozessen und auf die Nicht-Monetarisierbarkeit von grundlegenden Werten verwiesen. Wir wollen uns im Folgenden auf die Erörterung eines Kritikansatzes beschränken, der für die Frage der sozialen Integration von unmittelbarer Bedeutung ist. Dieser Ansatz bezieht sich vor allem auf die Idee der Solidarität und ist normativ anspruchsvoller als die minimalistischen Vorstellungen der Libertären bzw. Neoliberalen.

Solidarität wird im Sinne von Habermas (1992) als ein gesellschaftstheoretischer Begriff verstanden und meint die wechselseitige Verantwortung und das wechselseitige Einstehen der Mitglieder einer gesellschaftlichen Gemeinschaft. Sie transzendiert die egoistischen Partikularinteressen der Individuen, und in der Tradition von Durkheim und Parsons könnte man sagen, dass sie die Substanz der Gemeinschaftlichkeit einer Gemeinschaft darstellt. Solidarität ist zunächst ein Wert und eine Haltung und wird zu einer soziologischen Kategorie durch ihre Konsequenzen auf der Handlungsebene. Dort wird sie vor allem an der Vermeidung von Diskriminierung und Marginalisierung sozialer Gruppen der gesellschaftlichen Gemeinschaft festgemacht. Münch (1998) spricht in diesem Falle von sozialer Ausgrenzung und macht damit deutlich, dass diese Gruppen als ausgegrenzte nicht mehr oder nur noch eingeschränkt zur gesellschaftlichen Gemeinschaft gehören. In dem Maße, in dem eine gegebene gesellschaftliche Gemeinschaft derartige Ausgrenzungen vornimmt, in dem Maße desintegriert sie sich.

Was aber kann Diskriminierung und Ausgrenzung bedeuten, und wie kann das operational definiert werden? Als Maßstab wird nicht nur in wissenschaftlichen Analysen wie denen von Heitmeyer und Münch, sondern auch in der öffentlichen Diskussion vor allem die Ungleichheit in der Verteilung materieller Ressourcen herangezogen. Diese beziehen sich auf Einkommen, Arbeitsplätze und in einem weiteren Sinne auch auf soziale Absicherungen. Trotz einer gewissen intuitiven Plausibilität ist dieser Maßstab sehr problematisch. Das zeigt sich u.a. bei dem Versuch, auf seiner Grundlage eine operationale Definition von sozialer Integration vorzunehmen. Diese würde lauten: *Je geringer die Ungleichheit in der Verteilung materieller Ressourcen zwischen den Mitgliedern einer gesellschaftlichen Gemeinschaft ist, desto größer ist die soziale Integration dieser Gemeinschaft (und vice versa).* Soziale Integration bezieht sich dieser Definition gemäß auf die gleiche Teilhabe an den materiellen Ressourcen, die eine Gesellschaft produziert, und der positive Fluchtpunkt ist dann zwangsläufig eine extrem egalitäre Güterverteilung. Das dürfte aber kaum auf einen überlappenden Konsens stoßen, schon gar nicht kurz nach dem Zusammenbruch der staatssozialistischen Gesellschaften, die zumindest ideologisch egalitäre Vorstellungen propagierten.

Wir sehen zwei Möglichkeiten, diese egalitaristische Implikation zu vermeiden und dennoch an dem Solidaritätskriterium festzuhalten. Zum einen könnte man mit einem Schwellenwert arbeiten, der sich an der Abwesenheit von Notlagen orientiert. Die Notlage ist als Schwellenwert aber nur dann geeignet, wenn sie eine buchstäbliche ist und nicht als eine relative Abweichung von einem durchschnittlichen Wohlstandsniveau interpretiert wird. Die entsprechende operationale Definition wäre dann die folgende: *Je geringer die*

Anzahl der Mitglieder einer gesellschaftlichen Gemeinschaft ist, die sich in einer Notlage befinden, desto größer ist die soziale Integration dieser Gemeinschaft (und vice versa). Diese Definition ist normativ erheblich weniger anspruchsvoll als die vorangehende. Ihr könnten sicherlich auch viele Libertäre (bzw. Neoliberale) zustimmen, die aber weniger eine Entsolidarisierung der Gesellschaft und einen Abbau des Sozialstaates als Ursache der Ausgrenzungen annehmen, als vielmehr unzureichend funktionierende Marktprozesse aufgrund von staatlichen Interventionen.

Zum anderen könnte man Diskriminierung lediglich auf die Verteilung derjenigen materiellen Ressourcen beschränken, die notwendig sind, damit Individuen überhaupt einen Freiheitsspielraum bei der Festlegung und Verfolgung ihrer Lebenspläne haben. Rawls (1993) nennt diese materiellen Ressourcen Grundgüter (primary goods), und auf diese beziehen sich seine beiden Gerechtigkeitsgrundsätze. Bei dieser Konzeption ist natürlich entscheidend, wie eng oder weit man Grundgüter definiert. Dieses Problem müssen wir hier ausklammern und formulieren auf der Grundlage dieses auf Grundgüter eingeschränkten Diskriminierungsbegriffs eine fünfte operationale Definition von sozialer Integration: *Je weniger Mitglieder einer gesellschaftlichen Gemeinschaft diskriminiert werden, desto größer ist die soziale Integration dieser Gemeinschaft (und vice versa).*

Die beiden auf Solidarität bezogenen operationalen Definitionen von sozialer Integration schließen zwar an wichtige Vorstellungen der gegenwärtigen Diskussion an, sie werfen aber ein konzeptuelles Problem auf. Wie viel Ungleichheit – sei es hinsichtlich von Notlagen, sei es hinsichtlich von Diskriminierungen – eine Gesellschaft tatsächlich verträgt, ohne dass sich die negativ Betroffenen als ausgegrenzt erfahren und ohne dass es zu „sozialen Eruptionen" (Münch 1998) kommt, ist nicht unabhängig von den Wertebindungen der Mitglieder der Gemeinschaft zu beantworten. Und wie die World-Value-Surveys zeigen, gibt es diesbezüglich erhebliche Unterschiede zwischen den heutigen Gesellschaften (Inglehart, Basañez und Moreno 1998). Statistisch feststellbare Ungleichheiten in der Verteilung von materiellen Ressourcen sind als Ausgrenzung oder Desintegration erst unter Bezugnahme auf normative Prinzipien zu interpretieren, seien es die der Beteiligten selbst oder die der analysierenden Wissenschaftler, die notfalls kontrafaktisch an ihnen festhalten. In bemerkenswerter Klarheit hat das Habermas (1998a: 92) festgestellt, wenn er davon spricht, dass Phänomene wie soziale Ungleichheiten und auf ihnen basierende Konflikte „ihre beunruhigende Kraft allein vor dem Hintergrund eines normativen Selbstverständnisses" entfalten.

Wir wollen diesen Abschnitt mit einem Exkurs beenden. Dieser soll zum einen illustrieren, dass auch normative Prinzipien in ein empirisches Forschungsprogramm eingeführt werden können, wenn sie als messbare Größen spezifiziert und in ein Erklärungsmodell eingefügt werden. Zum anderen soll ein Vorschlag gemacht werden, wie einige der von uns problematisierten Desintegrationsthesen empirisch überprüft werden können. Zu diesem Zweck haben wir versucht, zentrale Argumente von Heitmeyer (1997c, 1997d) und Münch (1998) zu sozialer Integration in ein Desintegrationsmodell zu transformieren, das grundsätzlich getestet werden kann (*Abbildung 2*). Die Behauptung der Desintegration als ein deskriptives Phänomen der modernen Gesellschaften kann nur auf die beiden letzten Konstrukte in der Kausalkette – Zunahme der sozialen Ausgrenzungen, soziale Eruptionen – bezogen werden. Alle anderen Konstrukte des Modells sind Prädiktoren dieser beiden abhängigen Variablen. Die „Zunahme der sozialen Ausgrenzungen" muss

Abbildung 2: Ein Desintegrationsmodell aus der Globalisierungsdebatte

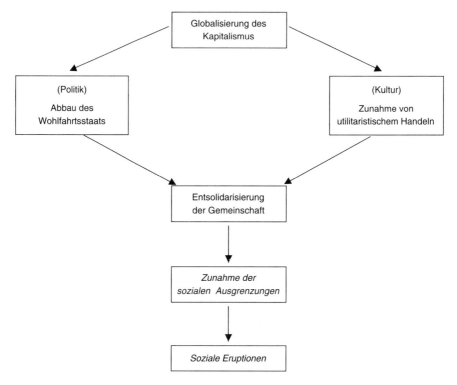

als Zunahme sozialer Ungleichheiten operationalisiert werden. Auf die Problematik, diese empirisch feststellbare Größe nicht ohne Rekurs auf normative Prinzipien als Ausgrenzung bzw. Desintegration begreifen zu können, wurde schon eingegangen. Eine Implikation dieser Problematik kann anhand eines einfachen hypothetischen Falles verdeutlicht werden. Wenn statistisch festgestellte Ungleichheiten von den Mitgliedern einer gesellschaftlichen Gemeinschaft nicht als illegitim erachtet oder nicht als ein Problem mit einer besonderen Priorität angesehen werden, dann bleibt das auch folgenlos. Diese Ungleichheit dann aber dennoch als Desintegration zu begreifen, wäre sicherlich auch bei einem nur intuitiven Integrationsbegriff wenig überzeugend. Dieser Problematik kann man gemäß dem Modell aber dann entrinnen, wenn man Desintegration lediglich auf „soziale Eruptionen" beschränkt, und damit auf die eigentliche abhängige Variable des Modells. Die Auswirkungen von objektiv feststellbaren sozialen Ungleichheiten auf Desintegration im Sinne von „sozialen Eruptionen" werden dann zu einer empirischen Frage.

Was aber unter „sozialen Eruptionen" genauer zu verstehen ist, bleibt bei Münch (1998) recht unklar. Wir versuchen uns das vom Wortsinne her zu erschließen. Soziale Eruptionen können nicht auf der Einstellungsebene von Individuen angesiedelt werden, sondern sind nur als gemeinsame Handlungen derjenigen Gruppen vorstellbar, die nach dem Kriterium der ungleichen Teilhabe an den materiellen Ressourcen der Gesellschaft marginalisiert sind. Bei den gemeinsamen Handlungen kann es sich zudem kaum um konventionelle Aktivitäten zur Artikulation der eigenen Interessen im Rahmen der normalen Prozesse der Konfliktaustragung handeln, sondern sie müssen in dem massenhaften Einsatz von illegalen Aktivitäten[7] bestehen. Die mit dem starken Begriff der Eruption evozierten Assoziationen würden sonst völlig ins Leere laufen. Der Begriff der „sozialen Eruption" lässt sich also am ehesten unter Rückgriff auf illegale Handlungen bestimmen und operationalisieren. Damit schließen wir wieder an die im vorangegangenen Abschnitt vorgenommenen operationalen Definitionen von sozialer Integration an.

Als eines der Ergebnisse der bisherigen Argumentation gehen wir davon aus, dass sich die soziale Integration einer gesellschaftlichen Gemeinschaft in einem soziologischen Bezugsrahmen auf die Handlungsebene der Mitglieder dieser Gemeinschaft beziehen muss. Das Kriterium einer gelingenden Integration besteht in der reibungslosen Koordination der Handlungen der Mitglieder durch die sozialen Strukturen, und die Reibungslosigkeit drückt sich in der Befolgung der Verhaltenserwartungen oder Handlungsnormen aus, die mit diesen sozialen Strukturen definiert werden. Unterschiedliche Auffassungen über die soziale Integration moderner Gesellschaften können als jeweils unterschiedliche Prädiktoren in entsprechenden Erklärungsmodellen spezifiziert und ihre Triftigkeit durch die empirische Überprüfung dieser Modelle untersucht werden. Zur Überprüfung der Vielzahl von deskriptiven und kausalen Hypothesen, die in dem in *Abbildung 2* dargestellten Modell enthalten sind, müssten länder- und zeitvergleichende Studien durchgeführt werden, die unserer Kenntnis nach aber noch ausstehen.

IV. Der Begriff der politischen Institution

Nachdem Institutionen in den Jahrzehnten nach dem Zweiten Weltkrieg kaum noch einen eigenständigen Status bei der Erklärung sozialer Phänomene hatten (Rothstein 1996), gewannen sie im Rahmen des so genannten Neuen Institutionalismus seit Beginn der achtziger Jahre eine erneute Prominenz (March und Olsen 1984, 1989; Shepsle 1989; Ostrom 1991; Knight 1992; Thelen, Steinmo und Longstreth 1992; Tsebelis 1995). Bei dieser „Wiederentdeckung" von Institutionen ging es vor allem um politische Institutionen. Ähnlich wie beim Begriff der sozialen Integration ist aber auch das Verständnis des Begriffs der Institution sehr unterschiedlich und häufig sehr unscharf. Lepsius (1995: 393) stellt deshalb die Frage, ob „es überhaupt einen analytisch hinreichend spezifizierten Sachverhalt" gibt, der als Institution bezeichnet werden könnte. In dieser Frage klingt eine kritische Wendung gegenüber dem Versuch an, Institutionen als eine vorgegebene Entität der Wirklichkeit zu begreifen, die es dann adäquat zu erfassen gilt. Wie alle sozialwissenschaftlichen Begriffe kann aber auch der der Institution lediglich ein mehr oder weniger brauchbares analytisches Konstrukt sein. Der mögliche Gehalt dieses Konstruktes soll im Folgenden erörtert werden.

Wir versuchen, einen Bedeutungskern von Institutionen zu identifizieren, indem wir das gemeinsame Element der meisten Definitionen heranziehen. Dieses besteht in dauerhaften Regeln für das Verhalten von Akteuren in Handlungssituationen (Parsons 1969: 126; March und Olsen 1989: 22; Levi 1990: 405; Habermas 1992: 100; Göhler 1994:

---

7 Zur Unterscheidung verschiedener Kategorien politischer Aktivitäten siehe Kaase und Marsh (1979) und Kaase (1990).

22; Crawford und Ostrom 1995: 582; Mayntz und Scharpf 1995: 40; Rothstein 1996: 145). Auf der Grundlage dieses Bedeutungskerns können Institutionen definiert werden als *auf Dauer gestellte Regel-Komplexe, die das Handeln von Individuen so steuern, dass regelmäßige Interaktionsmuster entstehen und eine soziale Ordnung konstituieren* (Fuchs 1997a: 256).

Diese Komplexe von Handlungs-Regeln, Handlungs-Normen oder generalisierten Verhaltenserwartungen – diese Begriffe werden synonym verwendet – wurden an anderer Stelle (siehe Abschnitt II) aber als konstitutive Elemente der Struktur von sozialen Systemen und ihrer Teilsysteme bezeichnet. Wir ziehen an dieser Stelle eine weitere Einschätzung von Lepsius (1995: 394) heran: „Institution ist ein unbestimmter Begriff, den man vermeiden sollte, wenn für das Gemeinte auch andere Begriffe zur Verfügung stehen". Dieser andere Begriff ist der der Struktur sozialer Systeme und ihrer Teilsysteme, und dieser wiederum ist durch verschiedene theoretische Ansätze relativ gut ausgearbeitet. Das zwingt uns zu der Frage, was denn der Institutionenbegriff anderes und zusätzliches meinen könnte als der Strukturbegriff.

Verschiedene Antworten auf diese Frage können als eine Erweiterung des intensionalen Gehaltes des Institutionenbegriffs interpretiert werden, der über bloße Regel-Strukturen hinausgeht. Die sicherlich wichtigste Erweiterung wird von Parsons (1969, 1971) und in Anschluss an ihn von Habermas (1992) vorgenommen. Beide betonen den Wertebezug von Regel-Strukturen, wenn es um die Bestimmung von Institutionen geht. Ähnlich argumentieren auch Rehberg (1994: 56f) und Lepsius (1995: 394f), wenn sie Institutionen als diejenigen sozialen Regulierungen begreifen, „die einen Wertebezug handlungsrelevant werden lassen" (Lepsius 1995: 394). Auf der Grundlage dieser Erweiterung des Bedeutungsgehaltes können Institutionen folgendermaßen definiert werden: *Institutionen sind selektive Implementationen von kulturell anerkannten Werten in Form von verbindlichen Handlungsregeln für bestimmte Handlungskontexte* (Fuchs 1997a: 257).

Diese Perspektive wird von Lepsius (1995) in einer bestimmten Weise radikalisiert. Er bezeichnet die empirisch feststellbaren Regel-Strukturen, die Verhalten normieren und steuern sollen, als Organisationen. Diese Organisationen werden von ihm dann unter dem Gesichtspunkt betrachtet, inwieweit durch sie bestimmte Leitideen und Wertebezüge institutionalisiert sind. Nach Lepsius (1995: 395) sind Organisationen nur insofern „Institutionen", als sie bestimmte Leitideen für bestimmte Handlungsbereiche selektieren, spezifizieren und mit Geltungskraft ausstatten. Organisationen institutionalisieren in der Regel mehrere Leitideen, und eine Leitidee wird in der Regel durch mehrere Organisationen institutionalisiert. Das Problem von Lepsius' Institutionenbegriff liegt darin, dass er ihn überflüssig macht, das heißt, es gibt keinen „analytisch hinreichend spezifizierten Sachverhalt" mehr, der als Institution bezeichnet werden kann. Bei Lepsius gibt es letztlich nur Organisationen und Leitideen und der Zusammenhang zwischen den beiden wird durch die Institutionalisierung hergestellt. „Institutionenanalyse" ist bei Lepsius also „Institutionalisierungsanalyse". Diese analytische Auflösung des Objektes, das man zu präzisieren beabsichtigt, scheint uns zu artifiziell zu sein. Zumindest forschungspraktisch ist u.E. die Parsonianische Vorstellung angemessener, dass jedes soziale System immer einen Wertebezug hat und somit nie nur Organisation ist. Dieser Wertebezug stellt eine Relation zwischen einem Werte-Muster – nicht von einzelnen Werten beziehungsweise Ideen – und dem sozialen System insgesamt – und nicht einzelnen Institutionen – her. Beispielsweise ist die demokratische Herrschaftsordnung eines Landes immer eine Implementation von zumindest drei Ideen und zwar der der Freiheit aller seiner Bürger, ihrer politischen Gleichheit und ihrer Selbst-Regierung. Die Spezifikation und die Relationierung dieser Ideen bilden dann das Werte-Muster, auf das sich die Implementation der Herrschaftsordnung stützt und diese legitimiert. Diese Implementation erfolgt durch ein spezifisches Arrangement von verschiedenen Institutionen.

Eine weitere Erweiterung des intensionalen Gehaltes des Institutionenbegriffs findet sich bei Göhler (1990, 1994, 1997). Über den Wertebezug hinaus macht er die symbolische Präsenz dieses Wertebezuges zu einem Definitionselement von Institutionen. Erst die symbolische Darstellung von Wertebezügen und Leitideen ermöglicht nach Göhler eine folgenreiche Werte-Orientierung der Individuen und trägt so zu der Stabilisierung von sozialen Beziehungen bei. Nach Göhler sind Regel-Komplexe also nur dann Institutionen, wenn die ihnen zugrunde liegenden Leitideen durch Symbole sichtbar gemacht werden und somit ein „Sinngebilde" (Göhler 1994: 28) darstellen. Wir teilen die damit verbundene Auffassung, dass für die Wirkungsweise von „Institutionen" im Sinne der Verbindlichkeit für das Handeln der Akteure diese Symbolisierung eine große Bedeutung hat. Wir halten es aber aus analytischen Gründen nicht für sinnvoll, die Wirkungsweise von Etwas in die Definition dieses Etwas hineinzuziehen und rechnen im Sinne von Parsons (1971) auch die Symbole der Kulturebene zu.

Bei dem Versuch, dem Institutionenbegriff durch die Erweiterung seines intensionalen Gehalts über seinen Bedeutungskern des Regel-Systems hinaus eine spezifische Bedeutung zu geben, stellt sich allerdings ein grundlegendes Problem, das in der Wissenschaftstheorie erörtert wird und das Rothstein (1996: 145) auch auf die Diskussion über die Definition von Institutionen anwendet: „it risks the same fate as that of other popular concepts in the social sciences ..: if it means everything, then it means nothing". Und er bezieht sich an dieser Stelle auch auf Etzioni (1988: 27), der feststellt, dass bei einer solchen Bedeutungserweiterung ein Begriff seine Erklärungsfähigkeit verliert.

Nach dieser Auffassung wird die Brauchbarkeit eines Konstruktes zur Deskription und Erklärung nicht gerade erhöht, wenn die Besonderheit ihres Gehaltes mit einer Verwässerung dieses Gehaltes bezahlt wird. Wir knüpfen deshalb wieder an den genannten Bedeutungskern an, der auf der Grundlage verschiedener Definitionen von Institutionen ermittelt werden konnte. Institutionen sind diesem Bedeutungskern gemäß zunächst einmal und vor allem Regel-Komplexe. In unserer Differenzierung zwischen den drei Ebenen eines sozialen Systems (siehe *Tabelle 1* und an späterer Stelle *Abbildung 3*) sind sie deshalb der Strukturebene zuzuordnen. Mit dieser Festlegung bleibt allerdings die Frage weiterhin unbeantwortet, ob Institutionen etwas Spezifischeres sind als Regel-Komplex und der Begriff somit überhaupt benötigt wird.

Wenn auf die geschilderten Bedeutungserweiterungen verzichtet wird, die auf eine ganz andere analytische Dimension und zwar die der Kulturebene zurückgreifen, dann sehen wir zur Bestimmung der Besonderheit von Institutionen gegenüber dem allgemeineren Begriff der Regel-Komplexe lediglich die Lösung von Parsons. Nach ihm sind Institutionen solche Muster generalisierter Verhaltenserwartungen, die eine strategische Bedeutung für den Bestand und das Funktionieren von sozialen Systemen haben (Parsons 1969: 126, 214). Institutionen stellen deshalb die Grundstruktur einer Gesellschaft dar, und in modernen Gesellschaften werden diese durch das Rechtssystem oder genauer durch die Verfassung definiert (Parsons 1969: 207; 1971: 18). Ähnlich argumentiert auch Luhmann (1984), wenn er die Struktur der modernen Gesellschaft durch das Recht definiert sieht, und er das Recht als sachlich, zeitlich und sozial kongruente Generalisierung begreift. Verhaltenserwartungen sind dann sachlich generalisiert, wenn sie in Handlungssituationen typischerweise und unabhängig von situativen Ereignissen gelten, zeitlich sind sie dann generalisiert, wenn sie dauerhaft gelten, und soziale Generalisierung bedeutet eine Konsens-Unterstellung der beteiligten Akteure. Im Anschluss an Parsons können wir eine Definition vornehmen, die im Folgenden für uns maßgeblich ist: *Institutionen sind Komplexe von rechtlich kodifizierten Handlungs-Regeln (generalisierten Verhaltenserwartungen), die eine strategisch bedeutsame Funktion im Rahmen primärer gesellschaftlicher Systeme erfüllen.* Die Struktur eines primären gesellschaftlichen Teilsystems wie beispielsweise dem des politischen Systems besteht in einem spezifischen Arrangement derartiger Institutionen.

Aufgrund dieser Beschränkung des Institutionenbegriffs auf „Teilsysteme" von primären gesellschaftlichen Systemen und auf Regel-Komplexe mit strategischer Bedeutung für diese Systeme, können Institutionen als „backbones" (Parsons 1969: 126) von Gesellschaften bezeichnet werden. Und das entspricht auch weitgehend dem intuitiven Begriff von Institutionen. Was als strategisch bedeutsam gelten kann, ist eine theoretische Frage. Sie wird im Falle von politischen Institutionen bei der Entwicklung von Typologien demokratischer Systeme zu beantworten versucht (Lijphart 1984; Huber et al. 1993; Shugart und Carey 1992; und früher schon Loewenstein 1975).

Die vorgenommene Definition von Institutionen bezieht sich auf alle Institutionen moderner Gesellschaften. In unserem Fragekontext geht es aber lediglich um politische Institutionen. Deren Spezifität kann unter Rekurs auf die Funktion des politischen Systems bestimmt werden, die in der Herstellung und Durchsetzung von Entscheidungen beruht, die für die gesellschaftliche Gemeinschaft bindend sind. In modernen Gesellschaften wird die Erfüllung dieser Funktion durch eine rechtlich kodifizierte Struktur gewährleistet, die aus einem Gesamtkomplex von Handlungsregeln im Sinne generalisierter Verhaltenserwartungen besteht. Innerhalb dieses Gesamtkomplexes können Teilstrukturen identifiziert werden, die eine strategische Bedeutung für das politische System haben. Sie erfüllen eine jeweils spezifische Funktion im Rahmen der allgemeinen Funktion des politischen Systems. Diese Teilstrukturen bezeichnen wir als politische Institutionen, und Beispiele dafür sind das Parlament, die Regierung sowie die Gerichte. Bei Letzteren kann im Falle Deutschlands das Bundesverfassungsgericht als eine eigene Institution herausgehoben werden.

Auf der Grundlage der erörterten Besonderheit des politischen Systems können wir die folgende Definition politischer Institutionen vorschlagen: *Politische Institutionen sind Komplexe von rechtlich kodifizierten Handlungs-Regeln (generalisierten Verhaltenserwartungen), die eine strategisch bedeutsame Funktion im Rahmen der allgemeinen Funktion des politischen Systems erfüllen. Diese allgemeine Funktion beruht in der Herstellung und Durchsetzung von Entscheidungen, die für die gesellschaftliche Gemeinschaft bindend sind.*[8]

Im Interesse der analytischen Klarheit haben wir bei der Definition von politischen Institutionen sowohl auf den Wertebezug (Kulturebene) als auch auf den Aspekt der Handlungssteuerung (Prozessebene) verzichtet. Beide Dimensionen sind mit dem auf der

---

8 Eine ähnliche Definition nimmt Göhler (1997: 29) vor. Entsprechend seinem theoretischen Ansatz enthält diese aber auch noch die symbolische Dimension.

Abbildung 3: Ebenen der Demokratie

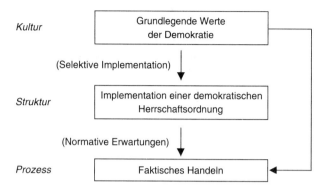

Strukturebene definierten Institutionenbegriff zwar verknüpft, stellen aber dennoch andere analytische Ebenen dar. Der Zusammenhang der drei Ebenen ist in *Abbildung 3* für demokratische Systeme modellhaft dargestellt. Die drei Ebenen sind hierarchisch angeordnet, und das Kriterium für diese Anordnung bildet zum einen die Abstraktheit der Elemente, die sie konstituieren (Werte, Regeln, Handlungen), und zum anderen die bereits erörterten Steuerungsgesichtspunkte. Die jeweils niedrigere Ebene ist als Spezifikation der jeweils höheren Ebene zu betrachten, und die höheren Ebenen steuern die niedrigeren „informationell" (Parsons 1971).[9]

V. Soziale Integration durch politische Institutionen

Nach der Klärung der Begriffe der sozialen Integration und der politischen Institutionen greifen wir die Frage der sozialen Integration *durch* politische Institutionen auf. Unserem Anspruch gemäß, einen begrifflich-theoretischen Beitrag zur Vorbereitung empirischer Studien zu liefern, entwickeln wir in Anlehnung an die aktuelle Diskussion in der (philosophischen) Demokratietheorie ein Modell der sozialen Integration, das empirisch getestet werden kann. Dabei interessieren uns die verschiedenen Varianten dieser Demokratietheorie nicht als philosophische Konzeptionen, die besser oder schlechter begründet werden können, sondern in ihren Behauptungen über die Wirklichkeit. Wir interpretieren sie also als soziologische Theorien, weil sie u.E. diesbezüglich differenziertere Vorstellungen über soziale Integration entwickeln als das bislang innerhalb der empirischen Demokratieforschung geschehen ist.

Die soziale Integration einer gesellschaftlichen Gemeinschaft bezieht sich auf die Koordination der Handlungen der Mitglieder dieser Gemeinschaft. Die Koordination erfolgt durch Regel-Strukturen, die aus generalisierten Verhaltenserwartungen der Akteure in konkreten Handlungssituationen bestehen, welche sich in bestimmten Handlungskontexten ergeben. Die Handlungskoordination – und damit auch die soziale Integration – ist in dem Maße erfolgreich, in dem die Akteure den generalisierten Verhaltenserwartungen

---

[9] Zu diesem Ebenenmodell siehe auch Fuchs (1997a, 1997b).

tatsächlich entsprechen. In dem Maße, in dem diese Koordination fehlschlägt, ergeben sich anomische Handlungskonsequenzen, die sich in abweichendem Verhalten – bezogen auf die Handlungsnormen – ausdrücken. Koordinationsprobleme und dementsprechend auch ein erhöhter Regelungsbedarf entstehen bei zwei Typen von Konflikten. Zum einen geht es um die Regelung interpersoneller Konflikte und zum anderen um die Regelung von Konflikten, die sich aus der Festlegung und Verwirklichung kollektiver Ziele ergeben (Habermas 1992: 174). Welche Art von Handlungsregeln oder Handlungsnormen können in modernen Gesellschaften eine hinreichende Folgebereitschaft erzeugen, die diese Koordinationsprobleme lösen und somit die soziale Integration gewährleisten?

Eine gesellschaftliche Gemeinschaft kann nur durch solche Handlungsregeln integriert werden, die einen allgemeinen Geltungsanspruch erheben können und deren Geltungsanspruch im Zweifelsfalle auch kontrafaktisch durchgesetzt werden kann. Aus zumindest zwei Gründen können soziale Normen in modernen Gesellschaften nicht der gesuchte Typus von Handlungsnormen sein. Erstens sind moderne Gesellschaften auch in kultureller Hinsicht pluralistische oder gar fragmentierte Gesellschaften. Das bedeutet unter anderem, dass sich die Gemeinsamkeit lebensweltlich überlieferter und eingespielter Wertebindungen auflöst (Habermas 1992: 91). Die Wertevorstellungen unterscheiden sich nach Teilkulturen, die entweder durch eine interne Differenzierung der gesellschaftlichen Gemeinschaft oder durch eine Immigration von außen entstehen. Rawls (1993) bezeichnet diesen Sachverhalt als „Faktum des Pluralismus", der für moderne Gesellschaften irreversibel ist. Dieses Faktum ist zugleich der Ausgangspunkt fast aller liberalen Demokratietheorien. Ein Bestehen auf erwartungskonformes Verhalten im Sinn der Wertevorstellungen der eigenen Teilkultur, der man sich zurechnet, dürfte auf der Grundlage dieser Prämisse also eher Integrationsprobleme schaffen als lösen.

Zweitens wird durch die Mobilität der Individuen in modernen Gesellschaften eine Anonymisierung der sozialen Beziehungen erzeugt, die die Wirksamkeit von sozialen Sanktionen als eine Bedingung der Befolgung von sozialen Normen (siehe *Abbildung 1*) erheblich beeinträchtigen dürfte. Die Antizipation sozialer Sanktionen als Determinanten des individuellen Handelns zieht sich zunehmend auf die signifikanten Anderen der primären gesellschaftlichen Umwelt der Individuen zurück (Ajzen 1988) und kann dementsprechend auch nur eine relevante Rolle bei der sozialen Integration von primären Lebensumwelten der Individuen spielen.

Die soziale Integration der gesellschaftlichen Gemeinschaft insgesamt muss also von der ihrer verschiedenen Teilkulturen und Subgruppen entkoppelt sein und auf eine andere Grundlage gestellt werden. Diese andere Grundlage stellen Rechts-Normen dar. Rechts-Normen sind gegenüber sozialen Normen in einer doppelten Weise ausgezeichnet. Zum einen können sie infolge ihrer Konstitution eine legitime Geltung gegenüber allen Mitgliedern der gesellschaftlichen Gemeinschaft beanspruchen. Dieser Geltungsanspruch beruht auf der Setzung der Rechts-Normen durch demokratische Verfahren. Zum anderen werden die Rechts-Normen durch die Sanktionsmacht des Staates auch gegenüber abweichendem Verhalten durchgesetzt. Kersting (1997: 19) spricht bei Rechts-Normen von legitim erzwingbaren Verhaltensweisen, und Habermas (1992) begreift die Sanktionsmacht des Staates als eine „Ausfallbürgschaft", falls der Geltungsanspruch der Handlungsnormen qua Legitimität nicht ausreicht. Die soziale Integration der gesellschaftlichen Gemeinschaft in einer modernen Gesellschaft erfolgt also als *politische Integration* oder, genauer gesagt, als *Integration durch Verfassung*.

Die Spezifikation der politischen Integration als Integration durch Verfassung gründet in zwei Annahmen. Erstens, dass vor allem die rechtlich implementierte Grundstruktur des demokratischen Systems integrationsrelevant ist und weniger die vielfältigen und variierenden Gesetze, die im Rahmen dieser Grundstruktur erzeugt werden. Zweitens, dass ein allgemeiner Konsens der Bürger lediglich für eine derartige Grundstruktur erwartet werden kann.[10] Eine ausdrückliche Zustimmung der Bürger zu allen einzelnen Gesetzen ist praktisch undurchführbar und würde alle zeitlichen und kognitiven Kapazitäten der Bürger überfordern. Was aber ist mit dem Begriff der Grundstruktur gemeint? Zur Bestimmung dieses Begriffs rekurrieren wir auf die Definition von politischen Institutionen als Regel-Komplexe mit einer strategischen Bedeutung für die demokratische Herrschaftsordnung. Die Grundstruktur der demokratischen Herrschaftsordnung eines Landes und somit der konkrete Typus dieser Herrschaftsordnung wird durch das spezifische Arrangement der politischen Institutionen festgelegt, so wie es durch die Verfassung definiert ist. Zur Kennzeichnung derartiger Typen wird z.B. die Unterscheidung von präsidentiellen und parlamentarischen Systemen oder die von Verhandlungsdemokratien und Konfliktdemokratien herangezogen.

Neben politischen Institutionen werden in Verfassungen auch Grundrechte implementiert. Sie nehmen eine Art Zwischenstellung zwischen den Werten der Kulturebene und den Regeln der Strukturebene ein. Um diese Zwischenstellung auch begrifflich festzuhalten, bezeichnet Alexy (1994) sie als *Prinzipien*. Grundrechte sind also einerseits rechtlich kodifizierte Werte und stellen andererseits Imperative und Restriktionen für die Implementation von Institutionen dar. Durch das System der Grundrechte, die Rawls (1993) zu den wesentlichen Verfassungsinhalten (constitutional essentials) rechnet, macht die Verfassung ihre eigenen Legitimationsgrundlagen weitgehend explizit und stattet sie zugleich mit einem allgemeinen Verbindlichkeitsanspruch aus, der im Zweifelsfall durch den Einsatz staatlicher Sanktionen durchgesetzt wird. Die durch die Verfassung festgelegte Grundstruktur eines demokratischen Systems bezeichnet also beides: Grundrechte und Institutionen.

Die notwendige Bedingung für eine erfolgreiche Integration durch Verfassung ist, dass diese von den Mitgliedern der gesellschaftlichen Gemeinschaft unterstützt wird, und die hinreichende Bedingung, dass diese Unterstützung ausreicht, um zu einem verfassungskonformen Handeln zu motivieren. Das Sanktionspotential des Staates sollte möglichst nur als ein latenter Verstärkungsmechanismus für die Folgebereitschaft fungieren, die sich aufgrund des Verfassungskonsenses herstellt. Diese Bedingungen der Integration durch Verfassung werfen zunächst einmal die Folgefragen auf, wie die Verfassung gestaltet sein muss, damit sie den Konsens der Bürger auf sich ziehen kann, und welche Motive einen solchen Konsens generieren können.

Die liberale Demokratietheorie entwickelt aus ihrer Ausgangsprämisse über das „Faktum des Pluralismus" zumindest argumentativ eine überzeugende Lösung.[11] Wenn eine moderne

---

10 Neidhardt (1999) bezeichnet diesen auf die Grundstruktur eines demokratischen Systems bezogenen Konsens deshalb auch als Grund- oder Basiskonsens.
11 Einen Überblick über die liberale Demokratietheorie und den Kommunitarismus als ihrem

Gesellschaft durch eine Pluralität kultureller Teilgemeinschaften mit jeweils unterschiedlichen ethischen Vorstellungen des guten Lebens charakterisiert ist, dann kann die soziale Integration der gesellschaftlichen Gemeinschaft insgesamt auch nicht auf einer ethischen Basis erfolgen. Daraus ergeben sich die Anforderungen der Neutralität und des Minimalismus an eine Verfassung. Die Ausgestaltung der Verfassung durch die Rechts-Normen muss neutral gegenüber den verschiedenen ethischen Vorstellungen sein, und die normativen Verhaltungserwartungen, die mit den Rechts-Normen verbunden sind, müssen sich auf ein Minimum beschränken, so dass die Freiheitsspielräume der Bürger möglichst wenig eingeschränkt sind, aber dennoch eine soziale Integration ermöglicht wird (Larmore 1990; Rawls 1993; ähnlich auch Habermas 1996). Die Einlösung dieser Anforderungen bedeutet, dass die Verfassungen vor allem „Verfahren legitimer Rechtssetzung und Machtausübung" (Habermas 1996: 263) rechtlich normieren, sich also weitgehend auf die Festlegung von Formen beschänken, nach denen die politischen Prozesse ablaufen sollen. Der Konsens über diese Verfassung ist demnach ein „formaler Verfassungskonsens" (Schmalz-Bruns 1995: 48), und Schmalz-Bruns bezweifelt, ob dieser ausreicht, um eine hinreichende Folgebereitschaft der Bürger zu gewährleisten. Diese kann nach der liberalen Demokratietheorie nur in einer Bindung an bestimmte liberale Werte gründen, die in der „Anerkennung der Anderen als Freie und Gleiche" und in der „Idee der Selbstregierung des Demos" bestehen (Fuchs 1998). Und es sind vor allem diese beiden grundlegenden Werte der politischen Kultur, die durch die Grundrechte in die Verfassung aufgenommen und kodifiziert werden. Die auf der Bindung an diese Werte gründende Zustimmung zur Verfassung soll dann mehr sein als eine bloße Zustimmung oder ein formaler Verfassungskonsens. Sie soll einen Verfasssungs-Patriotismus begründen, der ein aktives Engagement der Bürger zugunsten der Verfassung bedeutet (Sternberger 1990; Habermas 1996: 263). Ein solcher Verfassungs-Patriotismus kann eher zu einem verfassungskonformen Handeln und zur politischen Beteiligung motivieren, als das bei einem nur oberflächlichen Konsens der Fall ist.

Diese in der liberalen Demokratietheorie enthaltenen Annahmen sind grundsätzlich empirisch überprüfbar. Um das deutlich zu machen, wird in *Abbildung 4* ein entsprechendes *liberales Modell der sozialen Integration* spezifiziert. In diesem Modell werden die bereits diskutierten Vorstellungen über die drei Ebenen eines demokratischen Systems und die zwischen diesen Ebenen vorliegende Steuerungshierarchie (siehe *Abbildung 3*) wieder aufgegriffen. Das Modell in *Abbildung 4* unterscheidet sich von dem in *Abbildung 3* dadurch, dass die drei Ebenen durch messbare Konstrukte differenziert und spezifiziert werden.

Die Prozessebene dieses Mikromodells enthält zwei Kategorien von politischem Handeln. Die erste umfasst „verfassungskonformes Handeln" und „politische Beteiligung". Letztere soll zunächst einmal in einem minimalen Sinne als Beteiligung an Wahlen verstanden werden. Die zweite umfasst die normativ gehaltvolleren „Solidarität mit den Anderen" und „Tolerierung der Anderen". Wie schon erörtert wurde (siehe Abschnitt III), ist nach der Auffassung der libertären bzw. neoliberalen Demokratietheorien durch verfassungskonformes Handeln und durch Wahlbeteiligung ein völlig ausreichendes Maß an sozialer Integration gewährleistet. Eine darüber hinausgehende Integration ist nach diesen

---

kritischen Gegenpol geben Forst (1994) und Kersting (1997). Zu Sammelbänden mit wichtigen Aufsätzen beider Positionen vgl. Honneth (1993) sowie van den Brink und van Reijen (1995).

Abbildung 4: Ein liberales Modell der sozialen Integration

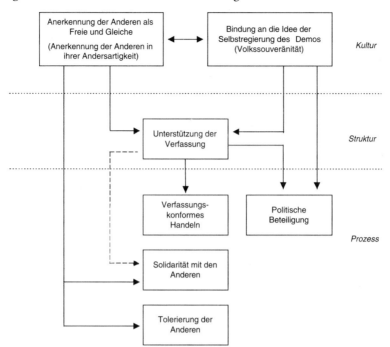

Theorien weder notwendig noch wünschenswert. Diese Auffassung erscheint vielen Vertretern einer liberalen und auch einer kommunitaristischen Demokratietheorie normativ zu anspruchslos. Sie sehen eine gesellschaftliche Gemeinschaft erst dann als integriert an, wenn es eine ausreichende „Solidarität mit den Anderen" gibt. Solidarität mit den Anderen als Handlung (nicht als Wert) bedeutet, dass durch Aktivitäten der Bürger Notleidenden geholfen und Diskriminierungen vermieden oder abgestellt werden sollen (siehe dazu die Diskussion in Abschnitt III). Diese Aktivitäten können zwei Formen annehmen: entweder als Beteiligung an nicht-staatlichen (zivilgesellschaftlichen) Organisationen und Initiativen mit einer entsprechenden Zielsetzung oder als politischer Anspruch an die politischen Eliten, der zu einem Kriterium der Wahlentscheidung der Bürger wird und so eine Handlungsrelevanz bekommt.

Die Dimension der „Tolerierung der Anderen" wurde bislang noch nicht angesprochen. Da wir versuchen, das liberale Modell der sozialen Integration möglichst angemessen zu spezifizieren, kann ein Gedanke nicht ausgeklammert werden, der von mehreren prominenten Theoretikern der liberalen Demokratietheorie (Ackerman 1980; Dworkin 1985; Larmore 1990) betont wird. Zu einer sozial integrierten Gemeinschaft gehört nach ihnen nicht nur ein zwar friedliches, aber gleichgültiges Verhältnis der Mitglieder zueinander, sondern eine Art expliziter und positiver Aufeinanderbezugnahme, die als wechselseitiger Respekt oder als wechselseitige Toleranz bezeichnet werden kann. Das aber impliziert, dass der jeweils andere nicht nur abstrakt als jemand anerkannt ist, der wie alle frei und gleich ist, sondern auch in seiner konkreten Besonderheit und Andersartigkeit („Identität") wahrgenommen und akzeptiert wird. Habermas (1996) formuliert in diesem Sinne ein normativ weiter gehendes Kriterium als das der „Anerkennung der Anderen als Freie und Gleiche", und nennt dieses „Anerkennung der Anderen in ihrer Andersartigkeit". Wenn man diese Wertorientierung, die als solche der Kulturebene zuzurechnen ist, für die soziale Integration fruchtbar machen will, dann müssen wir Ausdrucksformen dieses Wertes auf der Handlungsebene finden.

Dazu ziehen wir zunächst einmal die Unterscheidung von Toleranz als Wert und Tolerierung als Handlung heran, die Walzer (1997) vorgenommen hat. Tolerierung kann als Handlung aber nur dann beansprucht werden, wenn man auch sprachliche und gestische Äußerungen als Handlung begreift, die nicht der Realisierung eines Zieles dienen, sondern dem expressiven Ausdruck eigener Wertungen. Auf der sprachlichen und gestischen Ebene ist ein breites Spektrum von entsprechenden respektvollen bzw. missbilligenden Äußerungen vorstellbar, die durch angemessene Beobachtungsverfahren direkt und durch Befragung indirekt ermittelt werden können. Auf der Grundlage dieses Handlungstyps nehmen wir eine sechste und letzte operationale Definition von sozialer Integration vor: *Je stärker die Tolerierung der Anderen in den Interaktionen der Mitglieder einer gesellschaftlichen Gemeinschaft ist, desto größer ist die soziale Integration dieser Gemeinschaft (und vice versa).*

Tabelle 2: Operationale Definitionen von sozialer Integration

Verfassungskonformität in den Interaktionen der Mitglieder einer gesellschaftlichen Gemeinschaft
1. Je geringer die Anzahl von gewalttätigen Handlungen in den Interaktionen der Mitglieder einer gesellschaftlichen Gemeinschaft, desto größer ist die soziale Integration dieser Gemeinschaft (und vice versa).
2. Je geringer die Anzahl von illegalen Handlungen in den Interaktionen der Mitglieder einer gesellschaftlichen Gemeinschaft, desto größer ist die soziale Integration dieser Gemeinschaft (und vice versa).
3. Je größer die Konformität mit den legitimen sozialen Normen in den Interaktionen der Mitglieder einer gesellschaftlichen Gemeinschaft, desto größer ist die soziale Integration dieser Gemeinschaft (und vice versa).
Solidarität unter den Mitgliedern einer gesellschaftlichen Gemeinschaft
4. Je geringer die Anzahl der Mitglieder einer gesellschaftlichen Gemeinschaft, die sich in einer Notlage befinden, desto größer ist die soziale Integration dieser Gemeinschaft (und vice versa).
5. Je weniger Mitglieder einer gesellschaftlichen Gemeinschaft diskriminiert werden, desto größer ist die soziale Integration dieser Gemeinschaft (und vice versa).
6. Je stärker die Tolerierung der Anderen in den Interaktionen der Mitglieder einer gesellschaftlichen Gemeinschaft, desto größer ist die soziale Integration dieser Gemeinschaft (und vice versa).

Zu einer besseren Orientierung haben wir alle sechs operationalen Definitionen sozialer Integration in *Tabelle 2* zusammengestellt. Diese sind von der normativ anspruchslosesten (1. operationale Definition) bis hin zu normativ anspruchsvollsten (6. operationale Definition) angeordnet. Mit Ausnahme der dritten Definition (Konformität mit den legitimen sozialen Normen) sind alle in dem in *Abbildung 4* dargestellten Modell aufgegriffen. Das grafisch dargestellte Modell enthält theoretische Konstrukte, und die Definitionen sozialer Integration können als Operationalisierungen dieser Konstrukte auf der Prozessebene begriffen werden. Die ersten beiden Definitionen, die sich auf Gewalt bzw. Illegalität beziehen, stellen Operationalisierungen des Konstruktes „Verfassungskonformes Handeln" dar. Die Definition 4 (Notlage von Bürgern) und 5 (Diskriminierung von Bürgern) sind Operationalisierungen des Kontruktes „Solidarität mit den Anderen". Die 6. Definition bezieht sich auf die „Tolerierung der Anderen" und ist eine Operationalisierung des gleichnamigen Konstruktes.

Mit der Spezifikation dieses Modells werden zwei grundlegende Annahmen gemacht. Die eine verbindet die Kulturebene mit der Strukturebene. Diese Annahme unterstellt, dass es die Bindung an spezifische liberale Werte (Freiheit und Gleichheit der Bürger, sowie die Idee der Demokratie) ist, die zu einer Unterstützung der Demokratie des eigenen Landes führt, so wie sie durch die Verfassung festgelegt ist. Die andere Annahme verbindet die Strukturebene mit der Prozessebene. Es wird davon ausgegangen, dass die Unterstützung der Verfassung bzw. Demokratie durch die Bürger ausreicht, um diese zu einem verfassungskonformen Handeln und zu einem Minimum an politischer Beteiligung zu veranlassen.

In dem Modell gibt es einen unterbrochenen Pfeil von der „Unterstützung der Verfassung" auf die „Solidarität mit den Anderen". Kennzeichnende Merkmale von liberalen Verfassungen sind ihre Minimalität und ihre Neutralität. Deshalb können sie auch keine positiven Rechte (hier als verbindliche Rechte und nicht als allgemeine Staatsziele verstanden) enthalten. Demzufolge bestehen keine eindeutigen normativen Erwartungen im Hinblick auf die „Solidarität mit den Anderen". Das in den liberalen Grundrechten implizierte Ausmaß an Solidarität ist immer eine politische Frage und somit auch Gegenstand von politischen Auseinandersetzungen. Der unterbrochene Pfeil soll symbolisieren, dass aufgrund der theoretischen Überlegungen keine eindeutige Erwartung hinsichtlich dieses Effekts errichtet werden kann.

Nach dem Modell wird keinerlei Effekt von der „Unterstützung der Verfassung" auf die „Tolerierung der Anderen" angenommen. Eine liberale Verfassung kann an ihre Bürger lediglich die Erwartung richten, dass sich deren Interaktionen legal vollziehen. Damit ist eine Indifferenz gegenüber den Anderen oder sogar eine symbolische Missbilligung – falls diese nicht den rechtlichen Tatbestand der Beleidigung oder Belästigung erfüllt – durchaus verträglich. Eine „Tolerierung der Anderen" in dem von uns definierten Sinn kann also nur durch entsprechende Wertorientierungen veranlasst werden. Dazu reicht die „Anerkennung der Anderen als Freie und Gleiche" vermutlich nicht aus, sondern es ist die normativ stärkere „Anerkennung der Anderen in ihrer Andersartigkeit" notwendig.

Anhand dieses liberalen Modells der sozialen Integration kann auch die Bedeutung der kulturellen Integration (siehe dazu den Abschnitt II) deutlich gemacht werden. Wenn man die Vorstellung der Steuerungshierarchie akzeptiert, dann ist eine der Bedingungen von gelingender sozialer Integration, dass die in dem Modell enthaltenen liberalen Werte bei „möglichst allen" Bürgern kognitiv repräsentiert sind und ihnen von „möglichst allen" auch zugestimmt wird. Wie ausgeprägt dieses „möglichst alle" faktisch ist, macht das Ausmaß der kulturellen Integration im Hinblick auf das politische System aus. Die Steuerungsfähigkeit dieser liberalen und universalistischen Werte für die Unterstützung der Demokratie des eigenen Landes und für die soziale Integration wird in der gegenwärtigen Diskussion aus ganz unterschiedlichen Perspektiven mit ganz unterschiedlichen Argumenten bestritten.

Vertreter des Rational-Choice Paradigmas betrachten die Vorstellung, dass die Bindung an universalistische Werte einen Verfassungskonsens begründen sollen und können als unrealistisch und auch als unnötig. Sie postulieren demgegenüber, dass lediglich auf der Basis von Nutzenkalkülen ein derartiger Konsens zustande kommen kann. Dies wiederum wird von Autoren wie Rawls (1993) und Habermas (1992) bestritten, und beide führen an, dass das Rational-Choice Paradigma bislang noch nicht angeben konnte, wie nutzenmaximierende Akteure zu einem dauerhaften und folgenreichen Verfassungskonsens veranlasst werden können. Das Rational-Choice Paradigma bietet dafür aber durchaus eine plausible Argumentation an: Demnach erkennen die nutzenmaximierenden Akteure, dass die Existenz und die Wirksamkeit einer demokratischen Regel-Struktur eine notwendige Bedingung für die Realisierung ihres individuellen Nutzens ist und somit Bestandteil ihrer Nutzenkalküle selbst sind (Crozier und Friedberg 1980; Brennan und Buchanan 1985).

Geradezu entgegengesetzt argumentieren Vertreter der kommunitaristischen Demokratietheorie. Sie gehen davon aus, dass die universalistischen Werte der Liberalen höchstens dazu ausreichen, um einen Verfassungskonsens zu begründen, der zu einem verfassungskonformen Handeln und zu einer Wahlbeteiligung motivieren kann. Diese universalistischen Werte sind nach ihnen aber absolut nicht ausreichend, um zu einer weiter gehenden politischen Beteiligung im Sinne einer Selbstregierung des Demos, die mehr bedeutet als lediglich die Beteiligung an den periodischen Wahlen, und zu einer Solidarität mit den Anderen veranlassen zu können (Sandel 1994; Taylor 1989, 1992/93; Etzioni 1996). Dazu ist eine Identifikation mit der gesellschaftlichen Gemeinschaft notwendig, die sich aus der Gemeinsamkeit von geschichtlichen Erfahrungen und der Gemeinsamkeit von ethischen Vorstellungen herausbildet. Nur solche *partikularen* Erfahrungen und Wertungen sind hinreichend konkret und motivierend, um sich trotz der Opportunitätskosten und trotz des minimalen Nutzens der eigenen Beteiligung an dem Projekt der Selbstregierung des Demos zu beteiligen. Und nur durch eine derartige Identifikation mit der gesellschaftlichen Gemeinschaft kann eine Solidarität mit den Anderen ermöglicht werden, die den eigenen Nutzen hintenanstellt. Das bedeutet natürlich auch, dass eine Tolerierung der Anderen sich gerade nicht auf ihre Andersartigkeit beziehen kann, sondern darin beruht, dass die Anderen in einem ethischen Sinne so wie Ego sind und dass Ego dieselben geschichtlichen Erfahrungen mit ihnen teilt.

Das liberale Modell der sozialen Integration wird also in einer gegensätzlichen Weise kritisiert: Zum einen wird behauptet, dass eine Bindung an die universalistischen Werte zur Unterstützung der Verfassung und zur Gewährleistung sozialer Integration gar nicht notwendig sei, und zum anderen, dass diese Bindung an universalistische Werte nicht ausreiche und durch eine Bindung an die partikularen Werte einer ethischen und geschichtlichen Gemeinschaft ergänzt werden müsse. In unserem Fragekontext geht es weniger um eine Erörterung der Triftigkeit der entsprechenden Argumente, sondern um eine empirische Überprüfung der verschiedenen Behauptungen über die Realität. Es ist unschwer möglich, analog zu dem in *Abbildung 4* dargestellten liberalen Modell der sozialen Integration ein libertäres und ein kommunitaristisches Modell zu spezifizieren und alle drei Modelle als ganze oder in Ausschnitten empirisch zu überprüfen.

Die empirische Überprüfung des liberalen Modells der sozialen Integration einerseits und von Modellen andererseits, die in ihrem Design zwar ähnlich sind, aber inhaltlich andere Spezifikationen vornehmen, kann auf der Mikroebene und auf der Makroebene erfolgen. Auf der Mikroebene sind die Untersuchungseinheiten die einzelnen Bürger eines Landes. Die abhängigen Variablen, die sich auf verschiedene Formen der sozialen Integration beziehen, sind nach unserer theoretischen Annahme aber auf Handlungen bezogen. Diese können auf der Mikroebene, die vor allem mit dem Instrument der Umfrage arbeitet, lediglich als Handlungs-Dispositionen erfasst werden. Wie jedoch aus der empirischen Forschung bekannt ist, sind derartige Dispositionen auch starke Prädiktoren für faktisches Handeln und können deshalb als angemessene Substitute für Handlungsvariablen betrachtet werden. Im Unterschied dazu sind die Untersuchungseinheiten auf der Makroebene einzelne Länder. Die meisten Konstrukte des liberalen Modells der sozialen Integration – und vergleichbarer Modelle – können aber nur auf der Individualebene gemessen werden. Zu einer (Makro-)Eigenschaft eines Landes können sie aber durch die Aggregation der Individualdaten zu einem summarischen Wert werden.

Wir wollen die Analyse mit drei Forschungsdesideraten zu „sozialer Integration und politischen Institutionen" abschließen, die sich auf der Grundlage unserer Analyse ergeben. Das erste bezieht sich auf eine empirische Klärung der Verteilungen der Variablen, die in dem liberalen Modell der sozialen Integration enthalten sind.[12] Relativ gesicherte Befunde liegen bislang lediglich für einige Determinanten der sozialen Integration vor. International vergleichende Studien können zeigen, dass in allen westlichen Ländern die Demokratie als Regierungsform eine nahezu konsensuelle Unterstützung erfährt und dass in den meisten Ländern auch eine Mehrheit der Bürger das Funktionieren der Demokratie des eigenen Landes als positiv einschätzt (Fuchs, Guidorossi und Svensson 1995; Klingemann 1999). Nach den Eurobarometer-Studien war seit Beginn der neunziger Jahre in den westeuropäischen Ländern eine Abnahme der Zufriedenheit mit dem Funktionieren der Demokratie des eigenen Landes festzustellen, die zu der Globalisierungsthese zu passen schien. Dieser Trend setzte sich aber in der zweiten Hälfte der neunziger Jahre nicht fort, und in einigen Ländern stieg die Zufriedenheit mit dem Funktionieren der Demokratie des eigenen Landes wieder an. Weder auf dieser relativ konkreten Ebene der Einstellung zur Demokratie des eigenen Landes und schon gar nicht auf der fundamentalen Ebene der Einstellung zur Demokratie grundsätzlich, kann also ein langfristiger Trend einer abnehmenden Demokratiezufriedenheit festgestellt werden. Auf krisenhafte Entwicklungen, die als Desintegrationstendenzen interpretiert und auf das strukturelle Phänomen der Globalisierung zurückgeführt werden können, deuten diese Ergebnisse jedenfalls nicht hin.

Wie bereits erwähnt, handelt es sich bei diesen Einstellungen aber um Determinanten von sozialer Integration. Eine empirische Klärung der deskriptiven Behauptungen über die soziale Integration der modernen Gesellschaften setzt deren direkte Messung voraus. Zu dieser Messung können die in unserer Analyse vorgeschlagenen operationalen Definitionen herangezogen werden. Hinsichtlich dieser empirischen Klärung – vor allem in einer komparativen Perspektive – besteht aber noch ein erheblicher Forschungsbedarf.

Das zweite Forschungsdesiderat bezieht sich auf Versuche, unterschiedliche Formen der sozialen Integration zu erklären. Das setzt die Spezifikation von entsprechenden Modellen, wie dem von uns vorgeschlagenen liberalen Modell der sozialen Integration, voraus.

---

12 Falls alternative Modelle spezifiziert werden, wie z.B. ein politökonomisches oder ein kommunitaristisches Modell, dann bezieht sich dieses Desiderat auch auf die darin enthaltenen Variablen.

Die Bedingung für derartige Erklärungsversuche ist natürlich, dass für die einzelnen Variablen des Modells auch empirische Informationen vorliegen.

Das dritte Forschungsdesiderat bezieht sich auf eine Analyse der gesellschaftlichen Bedingungen, die zu einer Bindung an demokratische Werte und zu einer Akzeptanz der Demokratie des eigenen Landes und darüber vermittelt auch zur sozialen Integration beitragen. Diese Fragestellung wird bereits seit den fünfziger Jahren in einer Vielfalt von empirischen Studien aufgegriffen. Diese Studien bestätigten immer wieder, dass die Legitimität und Stabilität eines demokratischen Systems maßgeblich von der Stufe der sozioökonomischen Modernität abhängt, auf der sich das jeweilige Land befindet (Lipset 1960, 1994; Inglehart 1990; Przeworski et al. 1996; Welzel und Inglehart 1999). Das wichtigste Merkmal dieser sozioökonomischen Modernität ist das erreichte ökonomische Entwicklungsniveau. In dieser Forschungstradition werden bislang aber zwei Faktoren vernachlässigt, von denen unterstellt werden kann, dass diese die Unterstützung der Demokratie und die soziale Integration in einem Land ebenfalls beeinflussen. Dabei handelt es sich zum einen um unterschiedliche Typen demokratischer Regierungsformen und zum anderen um grundlegende kulturelle Traditionen, die allgemeiner sind als die der politischen Kultur. Zur Unterscheidung solcher kultureller Traditionen kann z.B. das einflussreiche Werk von Huntington (1996) herangezogen werden (siehe dazu auch Menzel 1998).

Literatur

Ackerman, Bruce A., 1980: Social Justice in the Liberal State. New Haven/London: Yale University Press.
Ajzen, Icek, 1988: Attitudes, Personality, and Behavior. Milton Keynes: Open University Press.
Albrow, Martin, 1998: Abschied vom Nationalstaat. Staat und Gesellschaft im globalen Zeitalter. Frankfurt a.M.: Suhrkamp.
Alexander, Jeffrey C., 1982: Theoretical Logic in Sociology. Vol. I: Positivism, Presuppositions, and Current Controversies. Berkeley, Calif.: University of California Press.
Alexy, Robert, 1994: Theorie der Grundrechte. 2. Aufl. Frankfurt a.M.: Suhrkamp.
Barber, Benjamin R., 1984: Strong Democracy. Participatory Politics for a New Age. Berkeley: University of California Press.
Beck, Ulrich, 1998: Wie wird Demokratie im Zeitalter der Globalisierung möglich? – Eine Einleitung. S. 7–66 in: *Ulrich Beck* (Hg.): Politik der Globalisierung. Frankfurt a.M.: Suhrkamp.
Brennan, Geoffrey, und James M. Buchanan, 1985: The Reason of Rules. Constitutional Political Economy. Cambridge: Cambridge University Press.
Brink, Bert van den, und Willem van Reijen, 1995: Bürgergesellschaft, Recht und Demokratie. Frankfurt a.M.: Suhrkamp.
Coleman, James S., 1990: Foundations of Social Theory. Cambridge, MA/London: Belknap Press of Harvard University Press.
Crawford, Sue E. S., und Elinor Ostrom, 1995: A Grammar of Institutions, American Political Science Review 89: 582–600.
Crozier, Michel, und Erhard Friedberg, 1980: Actors and Systems. The Politics of Collective Action. Chicago: The University of Chicago Press.
Dworkin, Ronald, 1985: A Matter of Principle. Oxford: Clarendon Press.
Easton, David, 1990: The Analysis of Political Structure. New York/London: Routledge.
Etzioni, Amitai, 1968: The Active Society. A Theory of Societal and Political Processes. New York: The Free Press.
Etzioni, Amitai, 1988: The Moral Dimension: Toward a New Economics. New York: The Free Press.

Etzioni, Amitai, 1996: The New Golden Rule. Community and Morality in a Democratic Society. New York: Basic Books.
Forst, Rainer, 1994: Kontexte der Gerechtigkeit. Frankfurt a.M.: Suhrkamp.
Friedrichs, Jürgen, 1997: Normenpluralität und abweichendes Verhalten. Eine theoretische und empirische Analyse. S. 473–505 in: *Wilhelm Heitmeyer* (Hg.): Was treibt die Gesellschaft auseinander? Bundesrepublik Deutschland: Auf dem Weg von der Konsens- zur Konfliktgesellschaft. Bd. I. Frankfurt a.M.: Suhrkamp.
Friedrichs, Jürgen, 1998: Einleitung: „Im Flugsand der Individualisierung"? S. 7–11 in: *Jürgen Friedrichs* (Hg.): Die Individualisierungs-These. Opladen: Leske + Budrich.
Fuchs, Dieter, 1993: Eine Metatheorie des demokratischen Prozesses. Discussion-Paper FS III: 93–202. Berlin: Wissenschaftszentrum für Sozialforschung.
Fuchs, Dieter, 1997a: Wohin geht der Wandel der demokratischen Institutionen in Deutschland? Die Entwicklung der Demokratievorstellungen der Deutschen seit ihrer Vereinigung. S. 253–284 in: *Gerhard Göhler* (Hg.): Institutionenwandel. Sonderheft 16 des Leviathan. Opladen: Westdeutscher Verlag.
Fuchs, Dieter, 1997b: Welche Demokratie wollen die Deutschen? Einstellungen zur Demokratie im vereinigten Deutschland. S. 81–113 in: *Oscar W. Gabriel* (Hg.): Politische Orientierungen und Verhaltensweisen im vereinigten Deutschland. Opladen: Leske + Budrich.
Fuchs, Dieter, 1998: Kriterien demokratischer Performanz in Liberalen Demokratien. S. 151–179 in: *Michael Greven* (Hg.): Demokratie – eine Kultur des Westens? 20. Wissenschaftlicher Kongreß der Deutschen Vereinigung für Politische Wissenschaft. Opladen: Leske + Budrich.
Fuchs, Dieter, 1999: The Democratic Culture of Unified Germany. S. 123–145 in: *Pippa Norris* (Hg.): Critical Citizens: Global Support for Democratic Government. Oxford: Oxford University Press.
Fuchs, Dieter, Jürgen Gerhards und *Edeltraud Roller,* 1993: Wir und die anderen. Ethnozentrismus in den zwölf Ländern der europäischen Gemeinschaft, Kölner Zeitschrift für Soziologie und Sozialpsychologie 45: 238–253.
Fuchs, Dieter, Giovanna Guidorossi und *Palle Svensson,* 1995: Support for the Democratic System. S. 323–353 in: *Hans-Dieter Klingemann* und *Dieter Fuchs* (Hg.): Citizens and the State. Oxford: Oxford University Press 1995.
Gerhards, Jürgen, und *Jörg Rössel,* 1999: Zur Transnationalisierung der Gesellschaft der Bundesrepublik. Entwicklungen, Ursachen und mögliche Folgen für die europäische Integration. Leipzig: Unveröffentlichtes Manuskript.
Giddens, Anthony, 1984: The Constitution of Society. Outline of the Theory of Structuration. Cambridge: Polity Press.
Giddens, Anthony, 1989: Sociology. Oxford: Blackwell.
Giddens, Anthony, 1998: The Third Way. The Renewal of Social Democracy. Cambridge: Polity Press.
Göhler, Gerhard, 1990: Politische Ideengeschichte – institutionentheoretisch gelesen. S. 7–19 in: *Gerhard Göhler* et al. (Hg.): Politische Institutionen im gesellschaftlichen Umbruch. Ideengeschichtliche Beiträge zur Theorie politischer Institutionen. Opladen: Westdeutscher Verlag.
Göhler, Gerhard, 1994: Politische Institutionen und ihr Kontext. Begriffliche und konzeptionelle Überlegungen zur Theorie politischer Institutionen. S. 19–46 in: *Gerhard Göhler* (Hg.): Die Eigenart der Institutionen. Zum Profil politischer Institutionentheorie. Baden-Baden: Nomos.
Göhler, Gerhard, 1997: Wie verändern sich Institutionen? Revolutionärer und schleichender Institutionenwandel. S. 21–56 in: Ders. (Hg.): Institutionenwandel. Leviathan Sonderheft 16. Opladen: Westdeutscher Verlag.
Habermas, Jürgen, 1992: Faktizität und Geltung. Beiträge zur Diskurstheorie des Rechts und des demokratischen Rechtsstaats. Frankfurt a.M.: Suhrkamp.
Habermas, Jürgen, 1996: Die Einbeziehung des Anderen. Studien zur politischen Theorie. Frankfurt a.M.: Suhrkamp.
Habermas, Jürgen, 1998a: Die postnationale Konstellation. Politische Essays. Frankfurt a.M.: Suhrkamp.

Habermas, Jürgen, 1998b: Jenseits des Nationalstaats? Bemerkungen zu Folgeproblemen der wirtschaftlichen Globalisierung. S. 67–84 in: *Ulrich Beck* (Hg.): Politik der Globalisierung. Frankfurt a.M.: Suhrkamp.
Hayek, Friedrich A., 1976: The Road to Serfdom. London: Routledge and Kegan Paul.
Heitmeyer, Wilhelm (Hg.), 1997a: Was treibt die Gesellschaft auseinander? Bundesrepublik Deutschland: Auf dem Weg von der Konsens- zur Konfliktgesellschaft. Bd. I. Frankfurt a.M.: Suhrkamp.
Heitmeyer, Wilhelm (Hg.), 1997b: Was hält die Gesellschaft zusammen? Bundesrepublik Deutschland: Auf dem Weg von der Konsens- zur Konfliktgesellschaft. Bd. II. Frankfurt a.M.: Suhrkamp.
Heitmeyer, Wilhelm, 1997c: Auf dem Weg in eine desintegrierte Gesellschaft. Einleitung. S. 9–26 in: *Ders.* (Hg.): Was treibt die Gesellschaft auseinander? Bundesrepublik Deutschland: Auf dem Weg von der Konsens- zur Konfliktgesellschaft. Bd. I. Frankfurt a.M.: Suhrkamp.
Heitmeyer, Wilhelm, 1997d: Sind individualisierte und ethnisch-kulturell vielfältige Gesellschaften noch integrierbar? Einleitung. S. 9–19 in: *Ders.* (Hg.): Was hält die Gesellschaft zusammen? Bundesrepublik Deutschland: Auf dem Weg von der Konsens- zur Konfliktgesellschaft. Bd. II. Frankfurt a.M.: Suhrkamp.
Honneth, Axel (Hg.), 1993: Kommunitarismus. Eine Debatte über die moralischen Grundlagen moderner Gesellschaften. Frankfurt a.M./New York: Campus.
Huber, Evelyne, Charles Ragin und *John D. Stephens,* 1993: Social Democracy, Christian Democracy, Constitutional Structure, and the Welfare State, American Journal of Sociology 99: 711–749.
Huntington, Samuel P., 1996: The Clash of Civilizations. New York: Simon u. Schuster.
Inglehart, Ronald, 1990: Cultural Shift in Advanced Industrial Society. Princeton, N.J./Oxford: Princeton University Press.
Inglehart, Ronald, Miguel Basañez und *Alejandro Moreno,* 1998: Human Values and Beliefs. A Crosscultural Sourcebook. Political, Religious, Sexual, and Economic Norms in 43 Societies: Findings From the 1990–1993 World Values Survey. Ann Arbor: The University of Michigan Press.
Kaase, Max, 1990: Mass Participation, S. 23–64 in: *M. Kent Jennings, Jan van Deth* et al.: Continuities in Political Action. A Longitudinal Study of Political Orientations in Three Western Democracies. Berlin/New York: Walter de Gruyter.
Kaase, Max, und *Alan Marsh,* 1979: Political Action. A Theoretical Perspective. S. 27–56 in: *Samuel H. Barnes, Max Kaase* et al.: Political Action. Mass Participation in Five Western Democracies. Beverly Hills/London: Sage.
Kersting, Wolfgang, 1996: Die politische Philosophie des Gesellschaftsvertrags. Darmstadt: Primus Verlag.
Kersting, Wolfgang, 1997: Recht, Gerechtigkeit und demokratische Tugend. Abhandlungen zur praktischen Philosophie der Gegenwart. Frankfurt a.M.: Suhrkamp.
Klingemann, Hans-Dieter, 1999: Mapping Political Support in the 1990s: A Global Analysis. S. 31–56 in: *Pippa Norris* (Hg.): Critical Citizens: Global Support for Democratic Government. Oxford: Oxford University Press.
Knight, Jack, 1992: Institutions and Social Conflict. New York: Cambridge University Press.
Larmore, Charles, 1990: Political Liberalism, Political Theory 3: 339–360.
Lepsius, M. Rainer, 1995: Institutionenanalyse und Institutionenpolitik. S. 392–403 in: *Birgitta Nedelmann* (Hg.): Politische Institutionen im Wandel. Sonderheft 35 der Kölner Zeitschrift für Soziologie und Sozialpsychologie. Opladen: Westdeutscher Verlag.
Levi, Margaret, 1990: A Logic of Institutional Change. S. 402–419 in: *Karen Schweers Cook* und *Margaret Levi* (Hg.): The Limits of Rationality. Chicago: University of Chicago Press.
Lijphart, Arend, 1984: Democracies, Patterns of Majoritarian and Consensus Government in Twentyone Countries. New Haven/London: Yale University Press.
Lipset, Seymour Martin, 1960: Political Man: The Social Bases of Politics. Garden City, N.Y.: Doubleday.
Lipset, Seymour Martin, 1994: The Social Requisites of Democracy Revisited, American Sociological Review 59: 1–22.
Loewenstein, Karl, 1975: Verfassungslehre. 3. Aufl. Tübingen: Mohr.
Luhmann, Niklas, 1984: Soziale Systeme. Grundriß einer allgemeinen Theorie. Frankfurt a.M.: Suhrkamp.

Luhmann, Niklas, 1995: Das Recht der Gesellschaft. Frankfurt a.M.: Suhrkamp.
MacIntyre, Alasdair, 1984: After Virtue. A Study in Moral Theory. Notre Dame, Indiana: University of Notre Dame Press.
March, James G., und *Johan P. Olsen,* 1984: The New Institutionalism: Organizational Factors in Political Life, American Political Science Review 78: 734–749.
March, James, und *Johan P. Olsen,* 1989: Rediscovering Institutions. The Organizational Basis of Politics. New York: The Free Press und London: Collier-Macmillan.
Mayntz, Renate, und *Fritz W. Scharpf,* 1995: Der Ansatz des akteurzentrierten Institutionalismus. S. 39–72 in: *Dies.* (Hg.): Gesellschaftliche Selbstregelung und politische Steuerung. Frankfurt a.M./New York: Campus.
Menzel, Ulrich, 1998: Globalisierung versus Fragmentierung. Frankfurt a.M.: Suhrkamp.
Merton, Robert K., 1968: Social Structure and Anomie. Kap. VI. S. 185–214 in: *Ders.*: Social Theory and Social Structure. New York/London: The Free Press.
Münch, Richard, 1997: Elemente einer Theorie der Integration moderner Gesellschaften, Eine Bestandsaufnahme. S. 66–109 in: *Wilhelm Heitmeyer* (Hg.): Was hält die Gesellschaft zusammen? Bundesrepublik Deutschland: Auf dem Weg von der Konsens- zur Konfliktgesellschaft. Bd. II. Frankfurt a.M.: Suhrkamp.
Münch, Richard, 1998: Globale Dynamik, lokale Lebenswelten. Der schwierige Weg in die Weltgesellschaft. Frankfurt a.M.: Suhrkamp.
Neidhardt, Friedhelm, 1999: Formen und Funktionen gesellschaftlichen Grundkonsenses. Berlin: Unveröffentlichtes Manuskript.
Nozick, Robert, 1974: Anarchy, State, and Utopia. New York: Basic Books.
Ostrom, Elinor, 1991: Rational Choice Theory and Institutional Analysis: Toward Complementarity, American Political Science Review 85: 237–243.
Parsons, Talcott, 1969: Politics and Social Structure. New York: The Free Press, London: Collier-Macmillan.
Parsons, Talcott, 1971: The System of Modern Societies. Englewood Cliffs, N.J: Prentice Hall.
Peters, Bernhard, 1993: Die Integration moderner Gesellschaften. Frankfurt a.M: Suhrkamp.
Przeworski, Adam et al., 1996: What Makes Democracies Endure?, Journal of Democracy 7: 39–55.
Rawls, John, 1993: Political Liberalism. New York: Columbia University Press.
Rehberg, Karl-Siegbert, 1994: Institutionen als symbolische Ordnungen. Leitfragen und Grundkategorien zur Theorie und Analyse institutioneller Mechanismen. S. 47–84 in: *Gerhard Göhler* (Hg.): Die Eigenart der Institutionen. Zum Profil politischer Institutionentheorie. Baden-Baden: Nomos.
Rothstein, Bo, 1996: Political Institutions: An Overview. S. 133–166 in: *Robert E. Goodin* und *Hans-Dieter Klingemann* (Hg.): A New Handbook of Political Science. Oxford/New York: Oxford University Press.
Sandel, Michael J., 1984: The Procedural Republic and the Unencumbered Self, Political Theory 1: 81–96.
Sandel, Michael J., 1996: Democracy's Discontent. America in Search of a Public Philosophy. Cambridge, MA/London: The Belknap Press of Harvard University Press.
Schaal, Gary Stuart, 1997: Integration durch Verfassung und Verfassungsrechtsprechung? Über den Zusammenhang von Demokratie, Verfassung und Integration. Berlin: Unveröffentlichtes Manuskript (Inaugural-Dissertation).
Scharpf, Fritz W., 1998: Demokratie in der transnationalen Politik. S. 67–84 in: *Ulrich Beck* (Hg.): Politik der Globalisierung. Frankfurt a.M.: Suhrkamp.
Schmalz-Bruns, Rainer, 1995: Reflexive Demokratie. Die demokratische Transformation moderner Politik. Baden-Baden: Nomos.
Shepsle, Kenneth A., 1989: Studying Institutions: Some Lessons from the Rational Choice Approach, Journal of Theoretical Politics 1: 131–147.
Shugart, Matthew Soberg, und *John M. Carey,* 1992: Presidents and Assemblies. Constitutional Design and Electoral Dynamics. New York: Cambridge University Press.
Sternberger, Dolf, 1990: Verfassungspatriotismus. Frankfurt a.M.: Insel Verlag.

Taylor, Charles, 1989: Cross-Purposes: The Liberal-Communitarian Debate. S. 103–130 in: *Nancy L. Rosenblum* (Hg.): Liberalism and the Moral Life. Cambridge, Mass.: Harvard University Press.
Taylor, Charles, 1992/93: Wieviel Gemeinschaft braucht die Demokratie?, Transit 5: 5–20.
Thelen, Kathleen, Sven Steinmo und *Grank Longstreth* (Hg.), 1992: Structuring Politics. Historical Institutionalism in Comparative Analysis. Cambridge: Cambridge University Press.
Tsebelis, George, 1995: Decision Making in Political Systems. Veto Players in Presidentialism, Parliamentarism, Multicameralism, and Multipartyism, British Journal of Political Science 25: 289–325.
Walzer, Michael, 1997: On Toleration. New Haven: Yale University Press.
Welzel, Christian, und *Ronald Inglehart,* 1999: Analyzing Democratic Change and Stability: A Human Development Theory of Democracy. Discussion-Paper FS III 99–202. Berlin: Wissenschaftszentrum für Sozialforschung.
Zürn, Michael, 1998: Regieren jenseits des Nationalstaates. Frankfurt a.M.: Suhrkamp.

INSTITUTIONEN UND GESELLSCHAFTLICHE INTEGRATION

Reinhard Zintl

Zusammenfassung: Institutionen sind Umgebungen menschlichen Verhaltens, die Verhaltensregelmäßigkeiten zur Folge haben: Sie sind bestimmte Erwartungen, die wir aneinander richten und von denen wir wissen, dass sie an uns gerichtet werden, und von denen wir wissen, dass die anderen Beteiligten wissen, dass wir das wissen. Wenn wir eine Institution verstanden haben, können wir die Reaktionen anderer Subjekte auf unser Verhalten antizipieren, und zwar nicht, weil wir die besonderen Motive anderer Personen kennen, sondern vielmehr, weil wir bestimmte Ausschnitte der Situationsdefinitionen anderer Personen kennen, und weil wir wissen, welche Situationsdefinitionen sie uns selbst unterstellen. Über Institutionen und über den Zusammenhang von Institutionen und Integration können wir nur theoretisieren, wenn wir ein Hintergrundmodell verwenden, in dem sowohl die Figur des homo oeconomicus als auch die Figur des homo sociologicus tragend sind. Einerseits kann die kausale Wirkung von Institutionen auf Handlungssysteme nur erfasst werden, wenn die Akteure als intentional kalkulierend (Grenzfiktion: homo oeconomicus) gedacht werden. Das betrifft die Integration von Handlungen, die ‚Systemintegration', die – da der tragende Ausschnitt des Hintergrundmodells gut durchgeformt ist – insgesamt theoretisch recht gut zugänglich ist. Andererseits können Institutionen als externe Restriktionen nicht ohne Internalisierungen gedacht werden (tragende Fiktion: homo sociologicus). Das betrifft die Integration von Haltungen, die ‚Sozialintegration', die von Institutionen einerseits vorausgesetzt wird, andererseits beeinflusst wird. Die theoretischen Probleme sind hier größer, da der tragende Ausschnitt des Hintergrundmodells weniger weitgehend durchgeformt ist.

I. Einführung

Bei einer Betrachtung dessen, was Institutionen und gesellschaftliche Integration miteinander zu tun haben, wäre es normalerweise angebracht, beide tragenden Begriffe zunächst einmal einzuführen. Im Zusammenhang des vorliegenden Bandes ist das sicherlich für den Begriff der Integration nicht mehr notwendig, sondern nur für den Begriff, der nun in die Überlegungen eingeführt wird, den der Institution.

Wie weit dieses Feld ist, kann gut mit der folgenden Bemerkung Poppers verdeutlicht werden: „[Soziale Institutionen] ... bestehen aus allen jenen sozialen Wesenheiten, die den Dingen der physischen Welt entsprechen. Eine Gemüsehandlung oder ein Universitätsinstitut oder eine Polizeimacht oder ein Gesetz sind in diesem Sinne soziale Institutionen. Auch Kirche und Staat sind soziale Institutionen, und gewisse zwingende Gebräuche, wie zum Beispiel in Japen Harakiri. Aber in unserer europäischen Gesellschaft ist Selbstmord keine Institution in dem Sinn, in dem ich das Wort verwende und in dem ich behaupte, dass die Kategorie von Wichtigkeit ist. ... Institutionen handeln nicht, sondern nur Individuen in oder für Institutionen" (Popper 1962, These 27).

An die letzte Bemerkung anschließend und einer verbreiteten Metaphorik folgend (vgl. vor allem etwa North 1990; auch Dowding und King 1995; Eggertsson 1990; Hechter, Opp und Wippler 1990) kann man sagen, dass Institutionen – jedenfalls im Rahmen einer individualistischen Theorie[1] – so etwas wie Spielregeln sind, während unsere Handlungen als Strategien oder Spielzüge im Rahmen dieser Spielregeln verstanden werden können.

Der theoretisch zentrale Aspekt ist: Institutionen sind soziale Tatbestände und führen sicherlich kein Eigenleben jenseits der Akteure, bestehen somit unweigerlich aus Handlungen, aber sie sind zunächst einmal gerade nicht Verhaltensregelmäßigkeiten einer bestimmten Art, sondern vielmehr *Umgebungen* menschlichen Verhaltens, die Verhaltensregelmäßigkeiten zur Folge haben. Die Beziehung zwischen Institution und Handlungsregelmäßigkeiten ist nicht definitorischer, sondern kausaler Natur: Institutionen sind Erwartungen eines bestimmten Typs, die wir aneinander richten und von denen wir wissen, dass sie an uns gerichtet werden, und von denen wir überdies wissen, dass die anderen Beteiligten wissen, dass wir das wissen. Wenn wir eine Institution kennen, sie verstanden haben, können wir die Reaktionen anderer Subjekte auf unser Verhalten antizipieren, und zwar nicht, weil wir die individuellen Motive anderer Personen kennen, sondern vielmehr, weil wir bestimmte Ausschnitte der Situationsdefinition anderer Personen kennen, und weil wir wissen, welche Situationsdefinition sie uns selbst unterstellen. Wir beziehen uns, mit anderen Worten, nicht auf ihre jeweilige Individualität, sondern auf ein unterstelltes gemeinsames Wissen, das sich auf Merkmale der äußeren Situation stützt.

Manchmal existieren Institutionen als förmliche Regelwerke, denen Verhaltensregelmäßigkeiten korrespondieren (etwa: Eigentum, Ehe, der Rechtsstaat, das Verhältniswahlrecht), manchmal sind sie nur aus der Beobachtung von Verhalten destillierbar (soziale Normen, Kultur). Auch im zweiten Fall gilt aber, dass sie von den handelnden Individuen als *äußerliche* Hinweise, Anreize oder Anforderungen erfahren werden, als Forderungen, deren soziale Existenz nicht davon abhängt, ob man selbst konforme Motive hat oder nicht.[2]

Eine Institution determiniert Verhalten nicht notwendig vollständig, aber wenn ihr keinerlei Verhaltenssteuerung (mehr) zugeschrieben werden kann, ist die Institution nicht (mehr) wirksam, nicht (mehr) existent. Unter die Strategien oder Spielzüge, die wir ausprobieren mögen oder die uns irrtümlich unterlaufen können, gehört ja immer auch die Nichtbeachtung der Spielregeln. Es hat aber, wenn eine Institution gesellschaftlich ‚existiert', Folgen, wenn jemand die Regeln nicht beachtet – einerseits die Enttäuschung eigener Erwartungen an das Verhalten anderer Personen, andererseits erwartbare Sanktionen durch

---

1 Gemeint ist damit an dieser Stelle kein radikales methodologisches Programm und auch keine atomistische Theoriebildungsstrategie, sondern jede nichtholistische Sorte von Theorie; vgl. nur Zintl (1997).
2 Entscheidendes Merkmal institutionenbezogener Deutung sozialer Vorgänge ist nach den gerade präsentierten Überlegungen sicherlich, dass wir als äußere Beobachter ein Wissen erwerben können, das diesem Wissen der Akteure gleichartig ist: Gegeben unsere Kenntnis einer Institution erwarten wir ein bestimmtes Verhalten als typisches Verhalten, und zwar nicht, weil wir spezifische Motive der Akteure kennen, sondern weil wir ihre subjektive Situation anhand externer Umstände hinreichend einschätzen zu können glauben. Eine institutionenbezogene Deutung sozialer Vorgänge ist also eine (vielleicht die zentrale) Spielart verstehender Sozialwissenschaft im Sinne Max Webers (1970). Vgl. hierzu auch Lepsius (1990).

andere Personen. Wir werden auf der einen Seite also nicht beliebige folgenlose Erwartungskataloge als Institutionen ansehen können – eine Satzung etwa, die nur auf dem Papier steht, ist noch keine Institution. Auf der anderen Seite werden wir aber auch nicht jegliche beobachtbaren Verhaltensregelmäßigkeiten als solche als Institutionen bezeichnen können – dann hätten wir keine Handhabe, ihnen orientierende Bedeutung zuzuweisen; Verhaltensregelmäßigkeiten mit der Rolle von Institutionen zu erklären, wäre komplett zirkulär.

Nach unserer Formulierung ist es nahe liegend, dass Institutionen eine zentrale Rolle für die gesellschaftliche Integration spielen – und zwar in beide Richtungen: Institutionen ermöglichen offensichtlich (unter anderem) gesellschaftliche Integration, und ebenso offensichtlich setzen sie sie voraus. Da die Beziehung zwischen Integration und Institutionen überaus eng erscheint, sollten wir vorsorglich gleich zu Anfang zu klären versuchen, welche anderen Möglichkeiten der gesellschaftlichen Integration denn begrifflich in Frage kommen. Auf diese Weise können wir uns auch rechtzeitig eine Vorstellung darüber verschaffen, ob es denn so etwas gibt wie einen besonderen ‚institutionalistischen' Ansatz und worin gegebenenfalls seine speziellen Merkmale bestehen.

- Wir könnten erstens unsere Vermutungen über soziale Prozesse im Allgemeinen und soziale Integration im Besonderen auf genetisch fixierte Verhaltensprogramme stützen. So weit das reicht, genügt uns die Beschreibung einer gewissermaßen physisch beschriebenen äußeren Situation, die die entsprechenden Auslöser bereitstellt; jedoch benötigen wir keine speziellen sozialen Tatbestände, um Regelmäßigkeiten und Ordnung beschreiben zu können. Wir können das den (sozio-)biologischen Zugang nennen.
- Wir könnten – als gegenüberliegendes Extrem – unsere Rekonstruktion sozialer Tatbestände darauf stützen, dass die Akteure nicht genetisch determiniert sind, sondern dass sie sehr wohl erst voneinander lernen müssen, miteinander umzugehen, dass aber die soziale Ordnung, die so zustandegebracht wird, nicht auf der – mehr oder weniger weit gehenden – gelernten Unterwerfung unter äußerliche Restriktionen/verfestigte Erwartungen beruht, sondern dass das Lernen das Innenleben der Subjekte – ihre Motive und Handlungsmodi – in der erforderlichen Weise transformiert. Ganz ohne Institutionen kommen wir hier vielleicht nicht aus – aber es sind vor allem sozialisierende Institutionen, die tragend sind. Wir können das den sozialisationsbetonenden Zugang nennen, das assoziierte Handlungsmodell ist am ehesten der ‚homo sociologicus'.
- Wir könnten schließlich unsere Erwartungen weder auf vorsoziale Programme noch auf die Internalisierung von Normen, sondern stattdessen auf die subjektiven Kalküle rationaler Nutzenmaximierer stützen, die von Konstellation zu Konstellation neue Entscheidungen treffen. Die Existenz sozialer Ordnung wird in diesem Fall nicht als Ergebnis der Anpassung an einigermaßen stabile wechselseitige Erwartungen gedeutet, sondern als das beliebig vorläufige und brüchige Gleichgewicht kontingenter Konstellationen opportunistisch agierender Akteure, deren Opportunismus Common Knowledge ist. Wir können das den atomistisch-rationalistischen Zugang nennen, das assoziierte Handlungsmodell ist am ehesten der ‚homo oeconomicus'.

Bei näherer Betrachtung stellen wir nun aber fest, dass im Rahmen der gerade skizzierten möglichen Stilisierungen zwar jeweils unterschiedliche Aspekte betont werden, dass sie aber keineswegs in einem strengen Sinne Alternativen zueinander darstellen. Zum einen gibt es mit Sicherheit eine faktische Koexistenz von instinktgebundener, sozialisationsvermittelter, institutionenkanalisierter und strategisch-kontingenter Ordnungsbildung. Selbst dann, wenn wir es mit unterschiedlichen Ansätzen der Theoriebildung zu tun hätten, könnte keiner dieser ‚Ansätze' beanspruchen, die ganze Geschichte zu erzählen. Wichtiger noch ist aber, dass wir es nicht wirklich mit konkurrierenden Ansätzen zu tun haben. Am ehesten abgrenzbar und eigenständig ist sicherlich die Deutung, die sich auf Instinktprogrammierung stützt. Nun ist dieser Zugang zwar nicht von Haus aus abwegig – aber er wird abwegig, sobald er mit Dominanz- oder sogar Ausschließlichkeitsansprüchen vorgetragen wird. Insofern ist er zwar eigenständig, aber von Anfang an zur Koexistenz mit anderen Deutungen gezwungen. Für die weiteren genannten Zugänge gilt etwas anderes: Sie sind nicht lediglich zur Koexistenz miteinander gezwungen, sondern sie sind Bestandteile eines und desselben intentionalistischen Ansatzes. Sie unterscheiden sich nicht in ihrer Logik, sondern nur in der Betonung unterschiedlicher Komponenten, die ihnen aber allen gemeinsam sind. Anders und mit Hilfe der oben zitierten Akteurfiktionen ausgedrückt: Institutionen und durch Institutionen erzeugte gesellschaftliche Integration können wir theoretisch ernsthaft nur dann ins Bild bringen, wenn wir sowohl auf den *homo oeconomicus* als auf den *homo sociologicus* zurückgreifen.

Die folgenden Überlegungen sollen diese Behauptung belegen und dementsprechend zeigen, dass die Untersuchung gesellschaftlicher Integration unweigerlich auch die Untersuchung der Rolle gesellschaftlicher Institutionen ist; dass es daher nützlich ist, Institutionen zum Thema theoretischer Bemühungen zu machen; dass es aber wenig fruchtbar ist, von einem speziellen institutionalistischen Ansatz zu sprechen. Insbesondere ist ‚Institutionalismus' kein Gegensatz zu ‚Individualismus' oder ‚Rationalismus' (vgl. Scharpf 1985; Mayntz 1997), sondern höchstens ein Gegensatz zu bestimmten unbrauchbar eng konzipierten Theorien individualistisch-rationalistischen Typs.[3]

Nach einer allgemeinen Charakterisierung der Rolle von Institutionen (Abschnitt II) soll gezeigt werden, dass einerseits die kausale Wirkung von Institutionen auf soziale Prozesse nur erfasst werden kann, wenn die Akteure als selbständig kalkulierend gedacht werden – denn nur dann ist die Institution nicht schon identisch mit dem beobachtbaren Verhalten (soviel zur Beziehung zwischen Institution und atomistischer Rationalität, Abschnitt III), dass andererseits Institutionen als externe Restriktionen nicht ohne Internalisierungen gedacht werden können (soviel zur Beziehung zwischen Verhaltenssteuerung durch Institutionen und Verhaltenssteuerung durch Sozialisation, Abschnitt IV). Vor diesem Hintergrund kann dann charakterisiert werden, welche Rolle Institutionen für welche Sorten von Integration spielen können und welche Integrationsprobleme institutionell bedingt sein können (Abschnitt V).

---

3 Eine wirkliche Alternative hierzu stellt zweifellos eine Gesellschaftstheorie dar, in der Akteure überhaupt nicht vorkommen. Wenn damit ernst gemacht wird, kann von Institutionen nicht im gleichen Sinne die Rede sein wie es hier der Fall ist: Man kann Institutionen ja dann nicht mehr als Erwartungen an Handelnde deuten. Wenn man daraufhin nicht ganz auf diesen Begriff verzichten will, müsste man eine präzise Bestimmung der Rolle von Institutionen geben; vor allem müsste man in nicht rein metaphorischer Weise angeben können, was man unter dem ‚Handeln von Institutionen' verstehen will.

II. Institutionen als Spielregeln

Institutionen kanalisieren Verhalten. Diese Kanalisierung kann eine Art von Fremdherrschaft sein. In diesem Falle beeinflusst die Institution das Verhalten bestimmter Subjekte (der ‚Adressaten' der Institution) und löst damit irgendwelche Probleme von Subjekten (der ‚Interessenten' der Institution), die mit den Adressaten grundsätzlich nicht identisch sind. Theoretisch interessanter sind diejenigen Institutionen, für die gilt, dass die Adressaten grundsätzlich auch Interessenten sein können. In diesem Falle löst die betrachtete Institution ein Problem ihrer Adressaten.

Wir wollen uns in den folgenden Überlegungen zunächst auf solche Institutionen konzentrieren, für die sehr einfach angegeben werden kann, was ein ‚Problem' ist, nämlich diejenigen Institutionen, die von den Akteuren ohne weiteres subjektiv identifizierbare Probleme lösen sollen. Der Blickwinkel ist also vorläufig ‚rationalistisch' oder auch ‚konstruktivistisch'.

Die Probleme, um die es geht, sind Schwierigkeiten der Akteure, selbstgesetzte Ziele zu erreichen, die einerseits aus den Beschränkungen ihres Wissens und ihrer Informationsverarbeitungskapazität herrühren, die zum anderen aus ihrer Fähigkeit zum Opportunismus herrühren. Opportunisten sind nicht lediglich allgemein auf ihren Vorteil bedacht, sondern sie haben auch die Fähigkeit, diesen Vorteil in flexibler Weise zu suchen, sich situativ optimal zu verhalten. Umgekehrt und als potentielles Problem ausgedrückt: Sie haben nicht die Fähigkeit, sich nach Belieben selbst zu programmieren. Akteure, die allwissend sind, leben in einer Welt ohne Koordinationsprobleme und können gegen alle Kooperationsrisiken Vorsorge treffen; Akteure, die fähig zur Selbstprogrammierung sind, können alle Kooperationsrisiken an der Quelle beseitigen (vgl. dazu vor allem Williamson 1985). Opportunisten dagegen wollen ihre eigenen Zwecke so gut durchsetzen wie möglich; sie sind grundsätzlich dazu bereit, jede Regel zu verletzen, wenn dies Vorteile verspricht. Das gilt auch für diejenigen Regeln, an deren Geltung sie eigentlich interessiert sind. Die Versuchung, Informationsasymmetrien auszubeuten, ist für sie allgegenwärtig. Für die folgenden Überlegungen benötigen wir keineswegs die Vorstellung, dass alle Subjekte Opportunisten sind (das könnte als zu skeptische Fiktion kritisiert werden); es genügt vollkommen, wenn die Existenz solcher Subjekte nicht ausgeschlossen werden kann (was wohl kaum als unrealistische Idee kritisierbar ist). In diesem Falle müssen alle Akteure grundsätzlich darauf gefasst sein, dass sie es mit Opportunisten zu tun bekommen.

In gerade noch zulässiger Vereinfachung können wir die Probleme, deren Entschärfung oder Lösung mit Hilfe von entsprechenden Institutionen denkbar ist, in zwei Gruppen einordnen:

Zum einen geht es um die Bewältigung von Orientierungs- und Koordinationsproblemen, also um die Reduzierung derjenigen Transaktionskosten, die Suchkosten im weiteren Sinne sind. Das sinnfälligste Problem dieser Art ist die Entscheidung darüber, ob zwei einander begegnende Autofahrer rechts oder links aneinander vorbeifahren sollen. Die institutionelle Bearbeitung des Problems besteht in einer allgemeinen Regel, die allen bekannt ist. Ein komplexeres Beispiel ist der Preismechanismus (als Instrument der Identifikation von Verwertungsmöglichkeiten der eigenen Ressourcen; vgl. nur Hayek 1969a); das vielleicht komplexeste Beispiel ist die Sprache, die allgemeinste Verständigungskonventionen bereitstellt. Spieltheoretisch ausgedrückt: Im Falle von Koordinationsproblemen sind Institutionen Instrumente der Gleichgewichtsidentifikation und gegebenenfalls -selektion. Sie setzen sich, wenn einmal gefunden oder vereinbart, selbst durch (Lewis 1969; Schotter 1981; Ullmann-Margalit 1977). Das konkret situative Interesse der Akteure koinzidiert mit ihrem konstitutionellen Interesse (Vanberg und Buchanan 1988) an der Existenz und allgemeinen Bekanntheit der Institution.

Zum anderen geht es um die Bewältigung von Risiken des Zusammenlebens opportunistischer Egoisten miteinander, also um (1) die Schaffung von Sicherheit vor gegenseitigem Übergriff (Friedenssicherung), (2) die Sicherung der Einhaltung von Versprechen (Vertragstreue), (3) die annehmbare Aufteilung von Kooperationsgewinnen (Fairness); (4) Gegenseitige Unterstützung in Schwierigkeiten (Nothilfe, Abwehr von Übergriffen Dritter).

Spieltheoretisch ausgedrückt: Alle diese Situationen weisen direkt oder indirekt Züge des Gefangenendilemmas auf. Für die Konstellationen (1), (2) und (4) ist das offensichtlich. Die Konstellation (3) weist zunächst einmal nur die Züge eines Gewinnaufteilungsproblems auf, jedoch kann man sicher sagen, dass es überall dort, wo stabile Kooperationsbeziehungen bestehen und nicht nur spot-Transaktionen abgewickelt werden, im Interesse der Akteure ist, nicht ständig neu herausfinden zu müssen, wer gerade wie viel Verhandlungsmacht hat, sondern sich stattdessen grundsätzlich darüber zu einigen, worauf welche Ansprüche legitimerweise gegründet werden können (Kahneman et al. 1986; Lindenberg 1988; Zintl 1994). Durch welche Regeln das geschehen mag, können wir aus der Konstellationsanalyse nicht folgern. Im Prinzip können wir zwei polare Fälle unterscheiden: Der eine Grenzfall besteht darin, dass die normativen Randbedingungen ‚egoistische Interessenverfolgung' als legitim deklarieren und lediglich bestimmte Verhaltensrestriktionen enthalten (nicht Lügen, Drohen, Erpressen usw.). Im anderen Grenzfall existieren vorgelagerte und ex ante vereinbarte Normen, die die Prinzipien der Gewinnaufteilung fixieren. Auch hier haben die Spieler ein (situatives) ‚Interesse' daran, lieber mehr als weniger zu bekommen; zugleich aber sind sie der (allgemeinen) ‚Meinung' oder müssen dies einander wenigstens unterstellen, es gehe (auch) darum, den Kuchen gerechtfertigten Ansprüchen folgend aufzuteilen. Als Grundlage von Anerkennungsnormen können zumindest die folgenden Prinzipien in Frage kommen: das Äquitätsprinzip (also die Aufteilung des Kooperationsgewinns nach Beitrag), das Gleichheitsprinzip und das Bedürfnisprinzip (Schwinger 1980). Wenn es einmal gelungen ist, sich auf eine derartige Norm zu einigen, besteht aber wieder die alte Versuchung, sich opportunistisch zu verhalten und sich mit unlauteren Mitteln Vorteile zu verschaffen, so dass wir es dann wieder mit einer dilemmaförmigen Konstellation zu tun haben.

Anders als im Falle der zuvor betrachteten reinen Orientierungs- und Koordinationsprobleme fallen hier konstitutionelle Interessen und situative Interessen der Akteure auseinander: Problemlösende Institutionen sind hier nicht Instrumente der Identifikation und Realisierung von Gleichgewichten, sondern viel eher Instrumente der Unterdrückung von (ineffizienten) Gleichgewichten zugunsten von (effizienten) Ungleichgewichten. Die erwähnten Bedrohungen, Risiken und Kooperationsprobleme sind im Urteil der Akteure, und zwar aller beteiligten Akteure, unerwünscht. Es gibt ein allen Akteuren gemeinsames Interesse an ihrer Beseitigung oder Entschärfung durch Regeln, die die Handlungsspielräume beschränken. Die entsprechende Institution, falls sie gefunden oder erfunden wurde, ist dann ungleich problembelasteter als eine nur koordinierende Institution: Ihre Existenz liegt zwar ebenso sehr im ‚wohlverstandenen' Interesse der Handelnden wie die Existenz gleichgewichtsdurchsetzender Institutionen – da die Institution aber darauf hinauslaufen muss, die Handelnden an der Verfolgung ihrer situativen Interessen zu hindern, setzt sie sich nicht selbst durch.

Das war, wie eingangs festgehalten, eine rationalistische oder auch konstruktivistische Zuspitzung. Reale Institutionen entsprechen sicherlich bisweilen diesem Bild; oft genug aber ist es gerade nicht der Fall, dass die in ihnen Handelnden ohne Schwierigkeiten angeben können, wozu eine bestimmte Institution gut ist. In vielen solcher Fälle lässt sich eine Interpretation finden, die es dem Betrachter erlaubt, eine Institution wenigstens als ‚objektive', wenn auch nicht subjektiv so erlebte Problemlösung zu deuten. Machmal fällt auch das schwer. Die Fragen, die eine Institutionentheorie beantworten muss, beziehen sich dann einerseits auf die Genese und die Entwicklung von Institutionen (Wie kommen sie zustande? Wir wirken sie sich aus? Wie verändern sie sich? Wie kontingent sind sie? Wovon hängen Pfade ihrer Veränderung ab?), andererseits auf die Grundlagen ihrer Wirksamkeit (Wie werden sie durchgesetzt? Worauf beruht ihre Geltung?). Wir betrachten zunächst die erste Gruppe von Themen.

III. Individuelle Handlungen und das Funktionieren von Institutionen

Wir können Handlungen ohne Institutionen beschreiben und erklären, aber nicht Institutionen ohne Handlungen. Es ist daher ein falscher Ansatzpunkt, Institutionalismus als Alternative zu ‚Individualismus' anzusehen. Selbstverständlich handeln rationale Individuen nicht ohne Kontexte – das wäre die inhaltsleere Form des Individualismus. Und selbstverständlich sind Institutionen, wie wir uns klar gemacht haben, theoretisch besonders interessante Kontexte. Sie stellen ihre eigene ‚logic of appropriateness' (March und Olsen 1989) bereit. Aber das bedeutet gerade nicht, dass sie das Handeln determinieren („sie handeln nicht …"), sondern vielmehr, dass handelnde Personen sich zu ihnen stellen müssen. Die handelnden Personen können den an sie gerichteten und von ihnen wahrgenommenen Erwartungen folgen oder auch nicht; sie können die an sie gerichteten Erwartungen (die mehr oder weniger eindeutig sein können) richtig oder falsch verstehen; sie können versuchen, die Spielregeln unentdeckt zu unterlaufen; sie können offen und ausdrücklich versuchen, sie zu ändern. Oftmals sorgen Institutionen nicht nur für Handlungskanalisierung bei gegebenen Präferenzen, sondern auch für Präferenzenbildung. Aber es ist nicht der Fall, dass sie vollständig plastische Individuen homogen und unterschiedslos an sich anpassen.

Nur deshalb, weil das so ist, können wir theoretische Sätze über das Funktionieren und Scheitern von Institutionen und vor allem über ihre Entstehung und ihre Veränderung formulieren. Institutionen sind oft, wenn nicht meistens, nicht das Produkt menschlichen Entwurfs, aber sie sind doch immer das Produkt menschlichen Handelns (Hayek 1969b). Auf allgemeinste und eher metaphorische Weise ausgedrückt: Ein – woher auch immer – gegebener institutioneller Kontext stellt zunächst einmal Spielregeln und Spielfeld bereit. Die Personen behandeln ihre Probleme in diesem Rahmen. Sie erzeugen so Problemlösungen und auch neue Probleme, die vielleicht in diesem Rahmen nicht zufriedenstellend bearbeitet werden können. Daher mag der Rahmen selbst den Spielern zum Problem werden, so dass sie ihn insgesamt verändern wollen; vielleicht erfinden sie aber nur neue Spielzüge, die ihrerseits von anderen kopiert werden und den Charakter des Spiels verändern, ohne dass jemand das ausdrücklich angestrebt hat.

Um uns die Logik institutionellen Wandels zu vergegenwärtigen, benötigen wir einige wenige Unterscheidungen (vgl. dazu insbesondere North 1990): Wir unterscheiden zum einen formelle (Satzungen usw.) und informelle (Kultur, soziale Normen usw.) Institutionen. Zum zweiten ist es nützlich, Institutionen als Mehrebenenphänomene zu konzeptualisieren – eine betrachtete Institution kann sehr oft ihrerseits als endogene Institution hinsichtlich eines sie einbettenden grundlegenderen Institutionengefüges gedeutet oder erklärt werden, also als eine Art verfestigter Strategie.[4] Zugleich kann sie ihrerseits der Kontext sein, den wir bei der Deutung in sie eingebetteter Institutionen heranziehen. Mit Hilfe dieser Unterscheidungen können wir in Anlehnung an North (1990) folgende Skizze individualistischer Institutionenerklärung formulieren:

Faktisch gegeben seien Institutionen, die wir als die grundlegenden Institutionen – die ‚Basisinstitutionen' – einer untersuchten Gesellschaft ansehen. Es ist plausibel, dass sie gesellschaftliche Machtverhältnisse widerspiegeln und zugleich absichern. Plausibel ist auch, dass sie sich mit etwaig exogen verursachtem Wandel dieser Verhältnisse auch ändern können (so vor allem North und Thomas 1973). Solchen Wandel können wir, weil er exogen ist, nicht im Rahmen unserer Theorie antizipieren; allenfalls können wir ihn im Rahmen unserer Theorie rekonstruieren. Wir können aber zur endogenen Dynamik der Verhältnisse etwas sagen: Rationale Individuen werden im Rahmen der Basisinstitutionen sekundäre Institutionen erfinden und testen (für die markt-endogenen Institutionen vgl. vor allem Williamson 1985; für politik-endogene Institutionen vgl. beispielsweise Shepsle 1979); diese Erfindungen werden überleben oder verschwinden – die Überlebensbedingungen bestimmt die Umwelt, die wesentlich aus den einbettenden Institutionen besteht. Pfad und Funktionieren des Systems insgesamt hängen dann von einem Zusammenspiel unterschiedlicher und unterschiedlich leicht beeinflussbarer institutioneller Eigenschaften einer Gesellschaft ab:

Erstens bestimmen nicht die formell gesatzten Institutionen allein das Spiel, sondern erst ihre Verbindung mit den informellen Regeln. Die Beziehung ist eng und nicht einfach aufzuschlüsseln: Gesellschaftliche Prozesse sind nicht nur Resultate des Zusammenstoßens unterschiedlicher Sorten von Institutionen mit je eigener und in sich fixer Anreizwirkung; vielmehr hängt das Verhalten von Individuen im Rahmen gegebener formeller Institutionen auch von ihren Meinungen darüber ab, was gesellschaftliche Probleme sind, wer wofür verantwortlich zu machen ist, was gerecht ist, was getan werden kann usw. – sämtlich mentale Tatbestände, die in erheblichem Umfang im Rahmen informeller Institutionen geprägt werden können. Da es keine eins-zu-eins-Korrespondenz zwischen formellen und informellen Institutionen gibt, kann ein und dasselbe formelle Arrangement unterschiedlich und unterschiedlich gut funktionieren, und es können unterschiedliche formelle Arran-

---

4 Wenn etwa Williamson (1985) von den ‚ökonomischen Institutionen des Kapitalismus' spricht, meint er überhaupt nur diejenigen Spielregeln (= endogenen Institutionen), die rationale Akteure im Rahmen eines bestimmten Typus von Basisinstitutionen (‚Kapitalismus') erfinden, testen, behalten oder verwerfen. Die Terminologie ist hier nicht einheitlich. Bei North (1990) findet sich der hier behandelte Sachverhalt in der Unterscheidung zwischen einbettenden ‚Institutionen' und endogenen ‚Organisationen'.

gements gleich leistungsfähig sein. Da ferner nur formelle Regeln willentlich – per ‚Entwurf' – verändert werden können, können identische Reformen im Bereich der formellen Institutionen Transformationsprozesse unterschiedlicher Art in Gang setzen.

Zweitens entwickeln sich innerhalb gegebener einbettender Institutionen (formeller und informeller Natur) eigene endogene Institutionen (bei North: ‚Organisationen'); diese repräsentieren angepasste Fähigkeiten und Routinen, die selbst Quellen von Einfluss und Einkommen sind. Die Subjekte werden das so gebildete Humankapital schützen, so gut sie können. Das schließt keineswegs ein, dass sie Wandel der einbettenden institutionellen Strukturen immer zu blockieren versuchen; aber sie werden nur solchen Wandel unterstützen, der ihr Humankapital nicht entwertet (selbstverständlich können sie sich hierbei auch täuschen). Nicht die Leistungsfähigkeit des Arrangements insgesamt zählt für sie, sondern vielmehr der Schutz der Bedingungen, die für sie die besten Chancen enthalten.

Wir haben insgesamt gute theoretische Gründe, Pfadabhängigkeiten zu erwarten. Der Prozess der Institutionenbildung und Institutionentransformation – auch der endogene Teil des Prozesses – ist nicht durchwegs effizienzgetrieben und hat auch dort, wo das der Fall ist, viele Gleichgewichte. Ein dominanter Pfad der Evolution ist daher nicht plausibel, auch wenn es überall die gleichen Probleme geben mag. Wir können Pfade und Dynamik erklären, aber das bedeutet nicht, dass wir sie auch prognostizieren können.

So viel zu unserem ersten Punkt: Eine plausible Institutionentheorie ist immer auch eine Theorie menschlichen Handelns. Institutionalistisches Theoretisieren ist daher keine Alternative zu individualistisch-intentionalistischem Theoretisieren, sondern die Spezifikation eines Kontextes, in dem ein individualistisch-intentionalistisches Instrumentarium seine Leistung entfalten kann (darunter selbstverständlich auch ein Instrumentarium, in dem die Zuspitzung ‚*homo oeconomicus*' tragend ist).

Nun zum zweiten Punkt, dem internalisierungsgesteuerten Handeln.

IV. Die interne Basis äußerer Restriktionen

Alle hier folgenden Überlegungen beziehen sich auf Institutionen, die keinen selbststabilisierenden Charakter haben bzw. auf diejenigen Aspekte von Institutionen, die keinen selbststabilisierenden Charakter haben.

Grundsätzlich sind zwei Sorten von Gründen denkbar, aus denen wir eine Regel nicht einhalten:
- Es kann sich um *Urteile* des Typs handeln, dass die Regel ungerecht, unsinnig oder sonstwie unannehmbar ist. Nur im Falle von auferlegten Institutionen wird die Regelverletzung die plausibelste Konsequenz solcher Urteile sein – weil sie die einzige verfügbare Konsequenz ist. Falls dagegen die fragliche Institution eine ist, die als grundsätzlich selbstgewählt angesehen werden kann, liegt es näher, ausdrücklich auf eine Veränderung der Regel hinzuarbeiten. Mit diesem Punkt müssen wir uns daher nicht weiter befassen.
- Es kann sich um *Opportunismus* handeln, also die Durchsetzung situativer Interessen auf Kosten konstitutioneller Interessen. Diesem Verhalten liegt nicht das Urteil zugrunde, die Institution sollte besser anders aussehen oder gar nicht existieren, sondern nur der Wunsch, sich ihr im Alleingang und in der konkreten Situation zu entziehen. Dieses

Problem stellt sich vollkommen unabhängig von allen Legitimationsproblemen. Mit ihm müssen wir uns daher näher befassen.

Rationale Individuen werden auch solche Spielregeln, an denen sie ein konstitutionelles Interesse haben, nicht schon aus diesem Interesse heraus befolgen. Mindestens können sie sich nicht darauf verlassen, dass andere das zuverlässig tun. Daher folgt für sie, dass sie jedenfalls antizipatorisch-reaktiv selbst ‚unzuverlässig' sein werden. Sie benötigen also einen externen Mechanismus der Regeldurchsetzung. In vielen Untersuchungen behelfen wir uns mit der Fiktion angemessener, wohlinformierter und kostenloser Durchsetzung durch eine als exogen gedachte Instanz, etwa einen nicht weiter aufgeschlüsselten (protektiven) ‚Staat'. Nun ist externe Durchsetzung im buchstäblichen Sinne nicht möglich – es braucht Akteure, die das übernehmen. Für diese Akteure sind unsere Charakterisierungen der beschränkten Informationsausstattung und der Neigung zu opportunistischem Verhalten so einschlägig wie für die Akteure, deren Verhalten restringiert werden soll. Wir können also die angemessene, wohlinformierte und kostenlose Durchsetzung von Spielregeln nicht einfach unterstellen, sondern müssen abklären, was sich jeweils über das Informationsniveau, die Motive, die Anreize und die plausiblen Handlungen der Akteure, von denen in einer speziellen Konstellation erwartet wird, dass sie eine Regel durchsetzen, und der Akteure, die in einer spezifischen Konstellation die Adressaten einer Regel sind, sagen lässt.

Wir unterscheiden in dieser Untersuchung zweckmäßigerweise Konstellationen nach der Zahl der berührten bzw. beteiligten Akteure (bilateral/multilateral) und nach den Informationsbedingungen (gute gegenseitige Sichtbarkeit/schlechte Sichtbarkeit). Zu den vier so konstruierbaren Fällen kann im Einzelnen Folgendes gesagt werden:

Bilaterale Beziehung, gute Sichtbarkeit: Wenn die Begegnung zweier Akteure buchstäblich nur einmal erfolgt, befinden sie sich in einem Standard-Gefangenendilemma und die Dinge liegen bekanntermaßen schwierig. Allerdings ist das lediglich der instruktive Grenzfall. Ihm steht gegenüber die große Bandbreite von Beziehungen – angefangen von der kontinuierlichen Beziehung über die Begegnungen, für die zumindest Wiederbegegnung nicht ausschließbar sind, bis hin zu einmaligen Begegnungen, die aber in eine dauerhaft bestehende soziale Umgebung eingebettet sind. In solchen Fällen liegen die Dinge vergleichsweise einfach – alle Akteure sind zugleich Adressaten und Durchsetzer der geltenden Nothilfe-, Friedlichkeits-, Zuverlässigkeits-, Reziprozitäts- und Fairnessnormen, seien es endemische Effizienznormen oder konsentierte Aufteilungsnormen. Sie können gegenwärtige Verletzungen der Regeln in künftigen Begegnungen bestrafen (vgl. nur Bendor und Mookerjee 1987; Fudenberg und Maskin 1986). Auch dann, wenn zwei konkrete Akteure ihre konkrete Begegnung als einmalig wahrnehmen, kann das funktionieren – eben solange sie einen auf Dauer gestellten gemeinsamen Handlungskontext wahrnehmen. In diesem Fall haben sie die Möglichkeit, das nur einmal gespielte Spiel in einen Teil eines einbettenden wiederholt gespielten Spiels zu verwandeln. Sie können ihrem Gegenüber Sicherheiten bieten (‚Geiseln stellen') oder in individuelle Reputation investieren oder aber Reputation durch Beitritt zu einer Gruppe mit etablierter Reputation kaufen (vgl. umfassend Williamson 1985). Die entsprechenden Institutionen werden, falls einmal erfunden, gut funktionieren und stabil bleiben. Wir kommen also hier mit unserem Modell des lediglich extern kontrollierten Akteurs noch gut zurecht.

Bilaterale Beziehung, schlechte Sichtbarkeit: Hier haben wir es mit dem zu tun, was man Principal-Agent-Probleme nennt. Je schlechter der Prinzipal feststellen kann, was der Agent tut, umso schwieriger wird es, fair play auf die gerade skizzierte Weise durchzusetzen. Man kann nun den Versuch, auch hier Regeln zu schaffen, als offensichtlich aussichtslos unterlassen und einander möglichst aus dem Wege gehen. Sehr oft geschieht das aber gerade nicht; vielmehr werden auch hier regelmäßig Spielregeln etabliert. Tragend ist in solchen Fällen aber nun nicht mehr die externe Restriktion, die man einander wechselseitig auferlegen kann, sondern stattdessen die Einschätzung des Gegenübers als einer Person, die sich selbst zügeln kann – die ‚Vertrauen' verdient (Dasgupta 1988). Die Existenz vertrauensbasierter Institutionen hat nun die folgende Implikation für unsere Akteurbeschreibungen: Sie beruht sicherlich nicht darauf, dass es keine Opportunisten gibt (dann wäre unser gesamter Ansatz gegenstandslos), sondern vielmehr darauf, dass nicht alle Akteure reine Opportunisten sind und dass die Nichtopportunisten einigermaßen zuverlässig identifiziert werden können. Die Welt, die wir so beschreiben, hat die uns vertrauten Eigenschaften: Opportunismus ist in ihr eine überlebenswichtige Eigenschaft – wegen der Anpassungsflexibilität, die sie verschafft. Prinzipienorientierung, die Fähigkeit, ein Gewissen zu haben, ist aber in dieser Welt nicht nur Ballast, sondern eine ebenfalls überlebenswichtige Ressource (Frank 1988; Güth und Kliemt 1993). Bezogen auf unsere Problembeschreibung – wie werden Institutionen als *externe* Erwartungen durchgesetzt? – können wir sagen: Unter realen Informationsbedingungen sind bereits solche Institutionen, die reziprok stabilisiert werden, ganz ohne eine Fähigkeit der Akteure zur Norm*internalisierung* nicht zu haben. Das verschärft sich, wenn wir den bilateralen Kontext verlassen:

Für multilaterale Konstellationen gilt allgemein: Wer in solchen Konstellationen regelwidrig spielt, schädigt keine bestimmte Person, der er etwas schuldig ist und die ihn durch Kooperationsentzug strafen kann. Vielmehr sind die Effekte seines Handelns externe Effekte; die hier benötigten Institutionen bearbeiten nicht Reziprozitätsprobleme, sondern vielmehr Solidaritätsprobleme. Unter Bedingungen guter gegenseitiger Sichtbarkeit, also in Gruppen, in denen alle einander persönlich kennen, dürfte das Problem noch vergleichsweise harmlos sein: Es geht zwar um allgemeine Solidarität, aber diese wird als Reziprozitätsproblem erlebt (vgl. vor allem Ostrom 1990); auch hier ist endogene Stabilisierung in der gerade skizzierten Weise – Vertrauensbildung, Reputationsmechanismen – plausibel. Je anonymer der Kontext, umso weniger können wir aber hierauf rechnen. Genauer zu betrachten ist daher der letzte Fall, multilaterale Konstellationen unter beschränkter gegenseitiger Sichtbarkeit.

Institutionen, die Solidaritätsprobleme bewältigen, setzen voraus, dass irgendjemand es auf sich nimmt, beobachtetes Fehlverhalten einer anderen Person zu bestrafen, ohne dass dieses Fehlverhalten ihn direkt und konkret schädigt und ohne dass er mit dieser Person sonst zu tun hat. Die sanktionierende Person müsste also hierbei selbst entsprechend einer Norm handeln, die die Sanktion verlangt. Diese Norm ist ihrerseits offensichtlich eine Solidaritätsnorm. Grundsätzlich sind nun zwei Mechanismen denkbar – zum einen die herrschaftslos-endogene Durchsetzung der Spielregel, zum andern ihre exogen-herrschaftliche Durchsetzung. Zunächst zur ersten Möglichkeit:

Angenommen, dass nicht alle Akteure reine Opportunisten sind, sondern dass es eine Verteilung von Typen gibt, deren Grenzfälle einerseits die reinen Opportunisten sind, denen die betrachtete Institution rein äußerlich ist, und andererseits diejenigen, die sich intrinsisch mit ihr identifizieren, die also die inkorporierte Norm internalisiert haben.

Wir gehen somit zunächst davon aus, dass jeweils wenigstens ein Teil der Akteure dazu disponiert ist, sein Verhalten an der betrachteten Norm zu orientieren. Solange das alles ist, was gesagt werden kann, können wir nicht davon sprechen, dass die Norm sozial *gilt*, dass also die Institution im eingangs charakterisierten Sinne existiert. Dies können wir ja erst tun, wenn die Verhaltenswirksamkeit nicht als Geschmacksangelegenheit definiert ist, sondern auch bei denjenigen Akteuren vorliegt, die nichts internalisiert haben. Diese beachten die Norm nur in dem Maße, wie die Nichtbeachtung ihnen Kosten verursacht. Allgemein gilt daher: Für das Ausmaß, in dem eine Norm gesellschaftlich *befolgt* wird, ist nicht der intrinsische Anteil der Orientierung entscheidend (die rein Normorientierten sind immer inframarginal), sondern die Reaktion auf externe Anreize. Durch die Einführung einer Fähigkeit zur Norminternalisierung scheinen wir also nichts gewonnen zu haben. Dieses Urteil ist aber voreilig: Wenn die Internalisierung der Primärnorm auch eine Disposition zur Orientierung an einer zugehörigen Sanktionsnorm unterstützt und alle das wissen, dann weiß jeder, dass es nicht nur irgendwelche Normbefolger gibt, die ihr eigenes Verhalten an der Norm orientieren, sondern dass diese Leute potentiell gefährlich sind und man darauf gefasst sein muss, von ihnen für Normverletzungen bestraft zu werden, wenn man ihnen begegnet. Je mehr Leute dieses Typs existieren, umso größer ist dieses Risiko, umso höher ist die Sanktionswahrscheinlichkeit (Coleman 1990; Opp 1990; Cooter 1996). Das für die Existenz sozialer Institutionen folgenreiche Ergebnis ist dann: Der Nachdruck, mit dem eine Spielregel gesellschaftlich durchgesetzt wird (die Sanktionswahrscheinlichkeit), hängt vom Ausmaß ab, in dem die Norm internalisiert wurde.

Die Möglichkeit herrschaftslos-endogener Stabilisierung von Institutionen besteht also, setzt aber Norminternalisierungen voraus. Betrachten wir nun, ob das im Falle herrschaftlich-exogener Stabilisierung entbehrlich ist.

Jede Instanz, deren Auftrag die Durchsetzung von Regeln ist, kann an diesen Auftrag ihrerseits dadurch gebunden werden, dass man über sie eine entsprechende weitere Instanz setzt. Will man nicht in einen unendlichen Regress geraten, muss man irgendwann abbrechen. Hier stellt sich das folgende Problem: Dass eine Instanz letzte Instanz ist, schließt zwar nicht aus, dass auch sie einen präzise definierten Auftrag haben kann, aber es schließt *ex definitione* aus, dass ihre Bindung an diesen Auftrag gleichermaßen extern erfolgen kann wie die der vorgelagerten Instanzen. Will man nun die Konsequenz, die Hobbes (1946 [1651]) gezogen hat – nämlich, dass eine Rechtsbindung der Staatsgewalt unmöglich ist –, nicht ziehen und beharrt stattdessen darauf, den Einsatz von Zwangsmitteln vollständig an Spielregeln zu binden, so bleiben nur zwei Möglichkeiten – entweder muss denjenigen, die die physischen Zwangsmittel kontrollieren, von irgendeinem Punkt an ‚Selbstkontrolle' zugeschrieben werden; oder es muss möglich sein, dass irgendeine Form externer Kontrolle auch über sie ausgeübt wird, ohne dass eine besondere Instanz hiermit beauftragt und hierzu ermächtigt ist.

Selbstkontrolle als Grundlage zu verwenden, verbietet sich für uns aus zwei Gründen: Zum einen kann dieser Weg als zu rasche Kapitulation vor unserem Problem angesehen werden. Unser Problem war ja, ob wir uns Spielregeldurchsetzung als strikt externe Restriktion des Handelns opportunistischer Akteure vorstellen können – und der Verweis auf Selbstkontrolle bedeutet, dass wir Norminternalisierung gleich an den Anfang unserer Antwort stellen. Zum anderen ist dieser Weg auch in sich inkonsistent: Selbstkontrolle der Kontrolleure ist unbestreitbar hilfreich, kann aber nicht als allein tragend in Frage kommen. Wenn wir die Geltung von Zwangsordnungen darauf zurückführen, dass die Inhaber der Zwangsgewalt die Primärnormen und vor allem die Sanktionsnormen internalisiert haben, wird unser Gesamtargument inkohärent – welchen Sinn soll es haben, überall konsequenzenorientierte Egoisten zu vermuten, aber an genau der Stelle, wo die allergrößten Versuchungen lauern, ein ganz anderes Akteurmodell zu verwenden? Wenn wir also so nicht zum Ziel kommen und hieraus nicht die komplett nihilistische Konsequenz ziehen wollen, dass die Ordnung des Zwangs, die erst eine Zwangs*ordnung* ermöglicht (Baurmann 1996: 72f.), rational überhaupt unerklärlich ist, so bleibt nur der andere genannte Weg: Die Vorstellung, dass Zwangsordnungen linear, von einem festen Grund her, durchgesetzt werden, muss dann aufgegeben werden zugunsten der Vorstellung einer gewissermaßen zirkulären Durchsetzung von Regeln.

Die externe Kontrolle der institutionell letzten Instanz (die Durchsetzung der letzten, fundamentalen Sanktionsnorm also) liegt nach dieser Idee bei einer Umgebung, die nicht selbst institutionalisierte Gewalt ist, sondern gerade im Gegenteil von denen gebildet wird, die Adressaten der Primärnorm sind. Nicht eine weitere Instanz mit wieder unbeschränktem und unbeschränkbarem Sanktionspotential bringt die Kontrolle zustande, sondern vielmehr ein im Alltagsbetrieb eher ruhender Souverän, der notfalls Widerstand leisten wird (die klassischen Überlegungen finden sich bei Locke 1962 [1690]; für eine moderne Wiederaufnahme vgl. Weingast 1997). Die Inhaber der Zwangsgewalt üben diese kontinuierlich und routinemäßig aus und sind sowohl permanent versucht als auch technisch imstande, die ihnen gezogenen Grenzen zu überschreiten. Die Grenzüberschreitung ist für sie attraktiv, da viel zu gewinnen ist, aber sie ist auch riskant, da sie eine schwer berechenbare Situation herbeiführt – nämlich ‚das Volk' in Aktion bringen könnte. Das ‚Volk' seinerseits hat also zwar das letzte Wort, aber da es amorph ist und über seine Macht nicht in institutionell fixierter Form verfügt, unterliegt es auch keiner unmittelbaren Versuchung zum Missbrauch seiner Macht. Grundlage der Stabilität der Institution ist hier ein bestimmtes, von den Mitgliedern des politischen Gemeinwesens insgesamt geteiltes Wissen darüber, was von den Inhabern der Staatsgewalt erwartet werden kann, wie weit die Gehorsamspflichten der Mitglieder des Gemeinwesens gehen, wann der Gehorsam endet und das Recht oder sogar die Pflicht zum Widerstand beginnt – und dass es Personen gibt, die dazu disponiert sind, diese Maßstäbe zur Richtschnur ihres Handelns zu machen. Die Inhaber von Machtpositionen und der Befehlsgewalt über die Zwangsmittel teilen dieses Wissen mit den übrigen Individuen. Es kann offen bleiben, ob sie selbst zu denjenigen Individuen gehören, die die Normen überdies internalisiert haben (einen ‚internal point of view' einnehmen; vgl. Hart 1994). Man muss es nicht ausschließen, aber es wird nicht unterstellt. Wie groß die Risiken sind, die eine Zwangsinstanz zu gewärtigen hat, die ihre Grenzen überschreitet, hängt zum einen von den Kontextbedingungen ab, die der öffentlichen Artikulation von Urteilen und der Formierung zu kollektiver Aktion hinderlich oder förderlich sind, zum anderen von den tatsächlichen Inhalten und der Verteilung der Einstellungen und Orientierungen in einem Gemeinwesen.

Endogen-herrschaftslose und exogen-herrschaftliche Durchsetzung von Spielregeln wirken zusammen bei der Erzeugung einer spezifischen sozialen Ordnung. Die endogen-herrschaftslose Durchsetzung von Regeln ist nicht nur ein Komplement bzw. ein Requisit der exogen-herrschaftlichen Durchsetzung (manchmal ist Investition in ‚Kultur' billiger als

Investition in ‚Polizei'), sondern in gewisser Weise auch ihr Fundament (ohne Investition in – speziell: politische – ‚Kultur' ist Investition in ‚Polizei' gefährlich).

Im Prinzip liegt also der exogen-herrschaftlichen Durchsetzung sozialer Institutionen die gleiche Logik zugrunde wie ihrer endogen-herrschaftslosen Durchsetzung: So etwas wie ganz und gar externe Durchsetzung sozialer Spielregeln kann es nicht geben. Institutionen als Formen externer Beschränkung sind ohne interne Standpunkte an *irgendeiner* Stelle, die erst einmal erworben worden sein müssen, nicht ernsthaft vorstellbar. Die Rede von Institutionen schließt daher nicht nur die Rede vom *homo oeconomicus* ein (wie wir in Abschnitt III sahen), sondern sie schließt auch die Rede vom *homo sociologicus* ein.

Wir können nun auf den Zusammenhang von Institutionen und gesellschaftlicher Integration zurückkommen.

V. Institutionen und Integration

1. Institutionen und die Integration von Handlungen

Unser Ausgangspunkt war die pauschale Behauptung, dass Institutionen Integration zum einen ermöglichen und zum anderen voraussetzen. Für den ersten Aspekt sind vor allem die Überlegungen des Abschnitts III relevant, für den zweiten die Überlegungen des Abschnitts IV. In sehr grober Charakterisierung lässt sich der Zusammenhang so beschreiben: Institutionen haben ganz unmittelbare Folgen für die Integration auf der Handlungsebene – mit einiger Vorsicht können wir von ‚Systemintegration' sprechen. Institutionen nutzen unmittelbar und beeinflussen mittelbar die Integration auf der Ebene von Motivationen, Haltungen, auch Überzeugungen – mit einiger Vorsicht können wir von ‚Sozialintegration' sprechen.

Wir betrachten zuerst den Zusammenhang zwischen Institutionen und Handlungsintegration. Die Ebene der Motivationen, Haltungen und Überzeugungen wollen wir zunächst ausblenden, und zwar auf der Grundlage folgender Setzungen: Ein bestimmtes Ausmaß an Sozialintegration sei unproblematisch gegeben; diese sei ‚inhaltlich' kompatibel mit den existierenden Institutionen, unterstütze ihre Wirkung: Sie sorge dafür, dass die formellen und informellen Regeln bekannt sind, verstanden und ernst genommen werden.

Existierende Institutionen integrieren Handlungssysteme – mehr oder weniger wirksam – in folgenden Hinsichten:

1. Die Individuen können Erwartungen an das Verhalten anderer Akteure ausbilden, und sie können einschätzen, was von ihnen als situationsangemessenes Verhalten erwartet wird, und zwar im Guten wie im Bösen. Man kann das Integration erster Ordnung nennen – die Akteure wissen jeweils, woran sie sind und sie wissen, dass ihre Situationsdefinitionen und die ihrer Kooperationspartner oder Konfliktgegner miteinander kompatibel sind.
2. Die einzelnen Bestandteile eines Institutionensystems ermöglichen zweitens die Lösung oder Bewältigung spezifischer Interaktionsprobleme, die die Akteure als ihre Probleme ansehen oder wenigstens ansehen können. Das kann man Integration zweiter Ordnung nennen.

3. Das Zusammenwirken der verschiedenen Einzelinstitutionen bestimmt Zustand und Dynamik der Gesellschaft insgesamt. Man kann das Integration dritter Ordnung nennen.

Problematische Integration – ‚Institutionenversagen' bezüglich Integration – kann diesen Ebenen zugeordnet werden: Auf der ersten Ebene ist entscheidend das Maß an Deutlichkeit und Eindeutigkeit der durch die Institutionen bereitgestellten Situationsdefinitionen. Auf der zweiten Ebene geht es um die Effektivität und Effizienz der Regeln – welche Anreize sie schaffen, was ihre informationellen Voraussetzungen sind, wie die Kontrollbedingungen (‚governance') beschaffen sind. Auf der dritten Ebene geht es um Kompatibilität und Kohärenz – ob ein Institutionensystem im einen Kontext erlaubt, was es in einem anderen Kontext verbietet (das ist beispielsweise der Fall, wenn entgangenes Markteinkommen unbeschränkt durch politisches Einkommen ersetzt werden kann), ob die Logik der informellen Institutionen die Logik der formellen Institutionen dementiert. Hierunter fällt etwa die Korruption als Institution: ‚Korruption als Handlung' kann am besten definiert werden als die individuelle Verletzung sowohl der formellen wie der informellen Institutionen eines Institutionensystems. ‚Korruption als Institution' dagegen ist eher zu interpretieren als eine Differenz koexistierender Institutionen: Die formellen Institutionen legen abstrakte und unpersönliche Regeln fest, nach denen bestimmte Dinge grundsätzlich nicht käuflich sind; die informellen Institutionen sagen, dass *alles* seinen Preis hat.

Grundsätzlich ist auf dieser Ebene eine Meta-Betrachtung durch die Akteure möglich, die den Prozess selbst tangiert: Sie können einen externen Standpunkt einnehmen und handeln dann nicht nur in den Institutionen, sondern auch bezogen auf diese; das kann durch die Institutionen selbst behindert oder unterstützt werden. Das Lernpotential eines Institutionensystems ist selbst eine Eigenschaft, die Folgen für die Integrationsleistung der Institutionen hat – einerseits geraten Institutionen, die als veränderbar erfahren werden, leichter unter Veränderungsdruck als andere, was die Verhältnisse instabil machen kann; andererseits sind sie anpassungsfähiger, was die Verhältnisse ‚ultrastabil' machen kann.

2. Institutionen und die Integration von Dispositionen

So viel zur Beziehung von Institutionen und der Integration von Handlungen, der ‚Systemintegration' also. Nun zur Beziehung von Institutionen und der ‚Sozialintegration', die wir gerade – in einem bestimmten minimalen Ausmaße – als unproblematisch gegeben vorausgesetzt haben. Diese Voraussetzung müssen wir nun fallen lassen. Orientierungen und Dispositionen sind nicht einfach irgendwie gegeben, sondern sind weitgehend Resultate sozialer Bedingungen – unter ihnen sozialer Institutionen. Institutionen sind insoweit nicht lediglich Umgebungen, die Individuen mit gegebenen Präferenzen, Wahrnehmungen usw. restringierend und kanalisierend gegenüberstehen, sondern sie sind zugleich Lernumgebungen, in denen Präferenzen, Wahrnehmungen usw. erworben werden.

Würden Institutionen simultan mit der Handlungskanalisierung auch die ihnen angemessenen Hintergrundsdispositionen erzeugen und tradieren, so wären wir im vorangegangenen Unterabschnitt schon allem Notwendigen begegnet: Institutionen, die im dort skizzierten Sinne kohärent sind, reproduzierten zugleich die sie einbettende Sozialintegration in harmonischer Weise, während inkohärente Institutionen eine stressbelastete Dispositionenlandschaft erzeugen würden.

Der Zusammenhang ist aber wohl komplizierter. Was eine Institution für die Subjekte ‚bedeutet', was sie in ihnen bewirkt, hängt nicht allein davon ab, wie die Institution ‚funktioniert'. Walter Bagehot (1955, 3f.) hat die Unterscheidung, um die es hier geht – in speziellem Bezug zu gut funktionierenden politischen Verfassungen – in klassischer Weise formuliert: „In such constitutions there are two parts ...: first, those which excite and preserve the reverence of the population – the *dignified* parts, if I may so call them; and next, the *efficient* parts – those by which it, in fact, works and rules. There are two great objects which every constitution must attain to be successful ...: every constitution must first *gain* authority, and then *use* authority; it must first win the loyalty and confidence of mankind, and then employ that homage in the work of government". Etwas vergröbert gesagt: Die *dignified parts* wirken auf das bloße Auge rein zeremoniell, funktionslos, stellen aber die motivationale Infrastruktur für das richtige Funktionieren der *efficient parts* bereit. Das Mischungsverhältnis der Teile kann variieren: Bei manchen Institutionen dominiert der Problemlösungsaspekt; manche Institutionen andererseits sind uns überhaupt nur begreiflich, wenn wir sie unter dem dispositionenbildenden Aspekt betrachten (vgl. stellvertretend Mauss 1954).

Wenn nun aber der dispositionenbildende Teil einer Institution nicht im problembewältigenden Teil aufgeht, können wir aus der Analyse des Beitrags einer Institution zur Systemintegration nicht unmittelbar auf ihren Beitrag zur Sozialintegration schließen. Zugleich ist leicht erkennbar, dass wir es nicht nur mit einem anderen Thema zu tun haben, sondern vielmehr mit einem Thema, das viel größere theoretische Schwierigkeiten aufweist: Die Wirkungsweise der dispositionenbildenden Teile von Institutionen ist schwer durchschaubar (und dementsprechend aktiver Gestaltung wenig zugänglich, zum Teil wohl aus Gründen, die in der Natur der Sache liegen: Es ist beispielsweise nicht möglich, eine ‚Bürgerreligion', die man sich aus rein diesseitigen Gründen wünschen mag, mit diesseitigen Argumenten zu institutionalisieren – die Kenntnis der Absicht entzieht dem Vorhaben die Grundlage); die Entstehungs- und Überlebensbedingungen solcher Institutionen bzw. Aspekte von Institutionen sind, zurückhaltend gesagt, nur in engen Grenzen intentionalistisch rekonstruierbar (vgl. aber für einen Versuch Ziegler 1990).

Mit der entsprechenden Vorsicht und in größter Vereinfachung können wir zwei polare Fälle der Beziehung unterscheiden, die zwischen dem Institutionengefüge einer Gesellschaft einerseits und dem Gefüge von Dispositionen andererseits möglich ist: Entweder reproduziert das Gesamtgebilde sich selbst in geordneter Weise, sei es statisch oder evolvierend, oder das Gesamtgebilde ist inhärent instabil.

Das Gesamtgebilde reproduziert sich in geordneter Weise, wenn die Haltungen, die die Individuen in ihren verschiedenen Umgebungen lernen können, mit den Normen zusammenpassen, die dem Funktionieren der Institutionen zugrunde liegen, wenn insbesondere die Institutionen selbst zu den entsprechenden Lernprozessen beitragen (auch durch Beseitigung oder Unterdrückung ‚unpassender' Lernprozesse). Das Ganze muss nicht philosophisch kohärent sein, um stabil sein zu können. Ein Beispiel wäre etwa das, was gerade unter dem Stichwort ‚Korruption als Institution' erwähnt wurde. Es ist ja ohne weiteres möglich, dass eine Gesellschaft in dieser Situation dauerhaft verharrt – man könnte auch sagen: sich in der Falle befindet. In diesem Fall funktionieren die formellen Institutionen nicht wie ‚eigentlich' gemeint und offiziell betont, aber alle Beteiligten wissen, wie sie wirklich funktionieren, und alle Beteiligten reproduzieren das System durch ihre Handlungen (allerdings kann die so bewirkte Integration stressbelastet sein, eben deshalb, weil die Differenz zwischen allgemein bekanntem und nicht rechtfertigungsfähigem Sein und unverzichtbarem Schein die Akteure ständig dazu einlädt, das System insgesamt in Frage zu stellen).

Ein Institutionengefüge ist andererseits inhärent instabil, wenn es paradoxe Lernprozesse bewirkt: In diesem Falle funktionieren die Institutionen so wie intendiert, aber die mit ihnen verbundenen Lernprozesse erzeugen Haltungen, die zu den Institutionen nicht ‚passen'; zugleich stammen die ‚passenden' Haltungen aus Handlungskontexten („Lebenswelten"), die im Rahmen der Institutionen nicht reproduziert werden bzw. von ihnen aufgelöst werden. Insbesondere das Institutionengefüge moderner Gesellschaften hat Diagnosen dieser Art auf sich gezogen. Sowohl der ‚Rationalismus' als auch der ‚Universalismus', den diese Institutionen durchsetzen bzw. voraussetzen, sind Gegenstände der Sorge.

Unter ‚Rationalismus' ist in diesem Zusammenhang inbesondere die strikte Konsequenzenorientierung allen Handelns zu verstehen, vor allem die flächendeckende Ersetzung jeglicher Orientierung an Prinzipien durch die Orientierung am Interesse, am *do ut des*. Klassisch ist hier die These Schumpeters (1972), nach der der Kapitalismus Konsequenzenorientierung durchsetzt und zugleich auf Prinzipienorientierung angewiesen ist, aber diejenigen Milieus, in denen sie reproduziert wird (die ‚schützenden Schichten') auflöst. Mit dem endgültigen Verbrauch der entsprechenden Haltungen bricht er dementsprechend zusammen. Die Gegenthese lautet im Wesentlichen, dass moderne Gesellschaften gerade keine amorphen Massengesellschaften sind, in denen alle Teilmilieus und Gruppierungen sich notwendig auflösen, sondern dass ganz im Gegenteil solche Milieus in ihnen blühen – wenn sie nicht bewusst und mit Zwang zerstört werden (vgl. Gellner 1994). Nach Ansicht der Skeptiker kann man das sogar konzedieren, gerät aber sofort in Schwierigkeiten hinsichtlich des zweiten Problembereichs, nämlich der funktional notwendigen universalistischen Haltung der Akteure: Die These lautet hier, dass Prinzipien- statt Konsequenzenorientierung letztlich nur im Kontext personaler Reziprozität gelernt wird, dass also die universalistische ‚schwache Solidarität' (Lindenberg 1988), die moderne Verhältnisse voraussetzen, nichts anderes ist als eine Verdünnung der partikularistischen ‚starken Solidarität' des Clans (vgl. dazu Gellner 1988; Zintl 1993). Moderne Gesellschaften befinden sich nach dieser Diagnose also zwischen Skylla und Charybdis: Entweder können die Subjekte Prinzipienorientierung erwerben, die dann aber notwendig partikularistisch fundiert ist, oder aber der Universalismus setzt sich durch, kann sich aber nicht reproduzieren. Eine sehr frühe These dieses Typs findet sich bereits bei Ibn Khaldun (1958): Nach ihm oszillieren Gesellschaften notwendig zwischen Clan und abstrakter Ordnung. Die Gegenthese besagt, dass universalistische Haltungen sehr wohl genuine Haltungen und nicht nur Verwässerungen starker Solidarität sind, und dass moderne Gesellschaften die hierzu passenden Lernerfahrungen durchaus bereitstellen bzw. bereitstellen können. Die notwendigen Haltungen werden hiernach gerade nicht im Rahmen unmittelbarer persönlicher Beziehungen oder fest gefügter Blutsgemeinschaften produziert, sondern im Rahmen offener, variabler, partieller, weil zweckorientierter Assoziationen. Eine abstrakte Ordnung modernen Typs ist genau dann möglich, wenn dieser Typus von Gemeinschaften der gesellschaftlich vorherrschende ist. Dann existiert ein „Markt der Tugend", auf dem die Nachfrage sich ihr Angebot schafft (vgl. insbesondere Baurmann 1996).[5]

VI. Schlussbemerkungen

In diesen konfligierenden Thesen und Vermutungen wird das zentrale Desiderat individualistisch-intentionalistischer Institutionentheorien gut deutlich. Solche Theorien setzen, wie wir sahen, grundsätzlich ein Handlungsmodell voraus, in dem sowohl Konsequenzenorientierung als auch Normorientierung zu den Fähigkeiten der Akteure zählt. Ein solches Modell, in das der *homo oeconomicus* und der *homo sociologicus* als Partialmodelle eingehen, existiert bisher nicht in so artikulierter Form wie zumindest das eine seiner Partialmodelle und wird auf jeden Fall viel schwerer zu handhaben sein als dieses. Dass ein komplexes Handlungsmodell grundsätzlich vorausgesetzt wird, bedeutet allerdings nicht, dass die Partialmodelle nichts taugen – nicht alle Komponenten des kompletten Modells werden immer benötigt. Immer dann, wenn Fragen der Durchsetzung von Spielregeln aus welchen Gründen auch immer ausgeklammert werden können, genügt es, sich des sparsamen und gut zu handhabenden Instruments ‚*homo oeconomicus*' zu bedienen. Für viele Themen aber genügt dieses Instrument nicht, insbesondere dann nicht, wenn es um Geltungsprobleme geht. Das komplexere Modell gegen das Partialmodell nur deshalb auszuspielen, weil es komplexer ist, ist also sicherlich unangebracht. Unangebracht ist es aber auch, als wissenschaftlich interessant nur diejenigen Themen anzusehen, die mit dem engen Modell gut – das heißt: in strenger Formalisierung – zu bearbeiten sind (das ist die Haltung des Mannes, der seine Autoschlüssel nur deshalb unter der Straßenlaterne sucht, weil es dort hell ist). In beiden Fällen wird das Instrument wichtiger genommen als das Problem, das zu untersuchen ist.

Literatur

Bagehot, Walter, 1955 [1867]: The English Constitution. London: Oxford University Press.
Baurmann, Michael, 1996: Der Markt der Tugend. Recht und Moral in der liberalen Gesellschaft. Eine soziologische Untersuchung. Tübingen: Mohr.
Bendor, Jonathan, und *Dilip Mookerjee*, 1987: Institutional Structure and the Logic of Ongoing Collective Action, American Political Science Review 81: 129–154.
Coleman, James S., 1990: Norm-Generating Structures. S. 250–273 in: *Karen S. Cook* und *Marion Levi* (Hg.): The Limits of Rationality. Chicago: University of Chicago Press.
Cooter, Robert, 1996: Decentralized Law for a Complex Economy: The Structural Approach to Adjudicating the New Law Merchant, University of Pennsylvania Law Review 144: 1–50.
Dasgupta, Partha, 1988: Trust as a Commodity. S. 49–72 in: *Diego Gambetta* (Hg.): Trust. Making and Breaking Cooperative Relations. Oxford: Basil Blackwell.
Dowding, Keith, und *Desmond King* (Hg.), 1995: Preferences, Institutions, and Rational Choice. Oxford: Clarendon Press.

---

5 Ganz unklar und dementsprechend hochgradig umstritten ist, ob ein solches Argument auch auf ganze Gesellschaften angewandt werden kann: Die Logik des ‚Doppelpasses' impliziert diese Vorstellung; die Logik kommunitaristischer Argumente spricht gegen sie.

Eggertsson, Thrainn, 1990: Economic Behavior and Institutions. Cambridge: Cambridge University Press.
Frank, Robert, 1988: The Passions Within Reason. New York: Norton.
Fudenberg, Drew, und Eric Maskin, 1986: The Folk Theorem in Repeated Games with Discounting or with Incomplete Information, Econometrica 54: 533–554.
Gellner, Ernest, 1988: Trust, Cohesion, and the Social Order. S. 142–157 in: Diego Gambetta (Hg.): Trust. Making and Breaking Cooperative Relations. Oxford: Basil Blackwell.
Gellner, Ernest, 1994: Conditions of Liberty. Civil Society and Its Rivals. London: Hamish Hamilton.
Güth, Werner, und Hartmut Kliemt, 1993: Menschliche Kooperation basierend auf Vorleistungen und Vertrauen, Jahrbuch für Neue Politische Ökonomie 12: 253–277.
Hart, Herbert L. A., 1994: The Concept of Law. 2. Aufl. Oxford: Clarendon Press.
Hayek, Friedrich A. v., 1969a: Der Wettbewerb als Entdeckungsverfahren. S. 249–265 in: Ders.: Freiburger Studien. Tübingen: Mohr.
Hayek, Friedrich A. v., 1969b: Die Ergebnisse menschlichen Handelns, aber nicht menschlichen Entwurfs. S. 97–107 in: Ders.: Freiburger Studien. Tübingen: Mohr.
Hechter, Michael, Karl-Dieter Opp und Reinhard Wippler (Hg.), 1990: Social Institutions: Their Emergence, Maintenance, and Effects. New York: Aldine de Gruyter.
Hobbes, Thomas 1946 [1651]: Leviathan or the Matter, Forme and Power of a Commonwealth Ecclesiasticall and Civil. Oxford: Basil Blackwell.
Ibn Khaldun, 1958 [1402]: The Muqaddimah: An Introduction to History. 3 Bd. London: Routledge & Kegan Paul.
Kahneman, Daniel, Jack L. Knetsch und Richard H. Thaler, 1986: Fairness as a Constraint on Profit Seeking: Entitlements and the Market. American Economic Review 76: 728–741.
Lepsius, M. Rainer, 1990: Interessen, Ideen und Institutionen. Opladen: Westdeutscher Verlag.
Lewis, David, 1969: Convention: A Philosophical Study. Cambridge, Mass.: Harvard University Press.
Lindenberg, Siegwart, 1988: Contractual Relations and Weak Solidarity: The Behavioral Basis of Restraints on Gain-Maximization, Journal of Institutional and Theoretical Economics 144: 39–58.
Locke, John, 1962 [1690]: Two Treatises of Civil Government. London: Aldine.
March, James G., und Johan P. Olsen, 1989: Rediscovering Institutions. The Organizational Basis of Politics. New York: Free Press.
Mauss, Marcel, 1954 [1925]: The Gift. Forms and Functions of Exchange in Archaic Societies. London: Cohen & West.
Mayntz, Renate, 1997: Soziale Dynamik und politische Steuerung. Theoretische und methodologische Überlegungen. Frankfurt a.M./New York: Campus.
North, Douglass C., 1990: Institutions, Institutional Change and Economic Performance. Cambridge: Cambridge University Press.
North, Douglass, und Robert P. Thomas, 1973: The Rise of the Western World. Cambridge: Cambridge University Press.
Opp, Karl-Dieter, 1990: The Attenuation of Customs. S. 119–139 in: Michael Hechter et al. (Hg.): Social Institutions. Their Emergence, Maintenance, and Effects. New York: Aldine de Gruyter.
Ostrom, Elinor, 1990: Governing the Commons: The Evolution of Institutions for Collective Action. Cambridge: Cambridge University Press.
Popper, Karl R., 1962: Die Logik der Sozialwissenschaften, Kölner Zeitschrift für Soziologie und Sozialpsychologie 14: 233–248.
Scharpf, Fritz W., 1985: Plädoyer für einen aufgeklärten Institutionalismus. S. 164–170 in: Hans-Herrmann Hartwich (Hg.): Policy-Forschung in der Bundesrepublik Deutschland. Opladen: Westdeutscher Verlag.
Schotter, Andrew, 1981: The Economic Theory of Social Institutions. Cambridge: Cambridge University Press.
Schumpeter, Joseph A., 1972 [1942]: Kapitalismus, Sozialismus und Demokratie. 3. Aufl. München: Francke.

Schwinger, Thomas, 1980: Gerechte Güter-Verteilungen: Entscheidungen zwischen drei Prinzipien. S. 107–140 in *Gerold Mikula* (Hg.): Gerechtigkeit und Soziale Interaktion. Bern/Stuttgart/Wien: Hans Huber.

Shepsle, Kenneth A., 1979: Institutional Arrangements and Equilibrium in Multidimensional Voting Models, American Journal of Political Science 23: 27–59.

Ullman-Margalit, Edna, 1977: The Emergence of Norms. Oxford: Oxford University Press.

Vanberg, Viktor, und *James M. Buchanan,* 1988: Rational Choice and Moral Order, Analyse & Kritik 10: 138–160.

Weber, Max, 1970 [1922]: Über einige Kategorien der verstehenden Soziologie. S. 427–474 in: *Ders.:* Gesammelte Aufsätze zur Wissenschaftslehre. 3. Aufl. Tübingen: Mohr.

Weingast, Barry R., 1997: The Political Foundations of Democracy and the Rule of Law, American Political Science Review 91: 245–263.

Williamson, Oliver E., 1985: The Economic Institutions of Capitalism: Firms, Markets, Relational Contracting. London: Macmillan.

Ziegler, Rolf, 1990: The Kula: Social Order, Barter, and Ceremonial Exchange. S. 141–168 in: *Michael Hechter* et al. (Hg.): Social Institutions. Their Emergence, Maintenance, and Effects. New York: Aldine de Gruyter.

Zintl, Reinhard, 1993: Clubs, Clans und Cliquen. S. 98–117 in: *Bernd-Thomas Ramb* und *Manfred Tietzel* (Hg.): Die ökonomische Logik des menschlichen Verhaltens. München: Vahlen.

Zintl, Reinhard, 1994: Kooperation kollektiver Akteure – zum Informationsgehalt angewandter Spieltheorie. S. 239–258 in: *Julian Nida-Rümelin* (Hg.): Praktische Rationalität. Grundlagenprobleme und ethische Anwendungen des rational choice-Paradigmas. Berlin/New York: De Gruyter.

Zintl, Reinhard, 1997: Methodologischer Individualismus und individualistische Theorie. S. 33–43 in: *Arthur Benz* und *Wolfgang Seibel* (Hg.): Theorieentwicklung in der Politikwissenschaft – eine Zwischenbilanz. Baden-Baden: Nomos.

INTEGRATION DURCH INSTITUTIONENVERTRAUEN?

Struktur und Entwicklung des Verhältnisses der Bevölkerung zum Parteienstaat und zum Rechtsstaat im vereinigten Deutschland

Oscar W. Gabriel

Zusammenfassung: Nach dem Beitritt der neuen Bundesländer zur Bundesrepublik wurden die westdeutschen Institutionen der Parteiendemokratie und des Rechtsstaats in den östlichen Landesteilen übernommen. Der damit in Gang gesetzte Integrationsprozess bleibt allerdings unvollendet, wenn der institutionelle Rahmen in den neuen Bundesländern keine Akzeptanz findet oder diese bei den Bürgern der alten Bundesrepublik verliert. Der vorliegende Beitrag behandelt mit dem Institutionenvertrauen einen wichtigen Teilaspekt der kulturellen Integration des wiedervereinigten Deutschland. Es lässt sich zeigen, dass dem Vertrauen zu den parteienstaatlichen und den rechtsstaatlichen Institutionen in vielerlei Hinsicht eine eigenständige Bedeutung als Dimension politischer Unterstützung zukommt. Das Vertrauen zum Parlament und zur Regierung als den zentralen Einrichtungen des Parteienstaats verändert sich im Laufe der Wahlperioden des Bundestages in Form einer U-Kurve, im Vergleich damit ist das Vertrauen zum Rechtsstaat stabiler und größer. In den alten Bundesländern weist es auf einem hohen Niveau unsystematische Schwankungen auf, in den neuen Ländern ist es seit 1991 deutlich gestiegen. Nicht allein die Struktur und die Entwicklung, sondern auch die Determinanten des Vertrauens zu den parteien- und rechtsstaatlichen Institutionen unterscheiden sich in den beiden Teilen des vereinigten Deutschland eher graduell als prinzipiell voneinander. Zwar lässt sich aus einer Reihe von Gründen keine eindeutige Aussage zu der Frage machen, ob das Institutionenvertrauen das Zusammenwachsen der beiden ehemals getrennten Teile Deutschlands fördert. Die ausgewerteten Daten liefern aber keine Hinweise darauf, dass nach der Vereinigung verstärkt Desintegrationstendenzen aufgetreten wären.

I. Institutionenvertrauen und politische Integration im vereinigten Deutschland

Als Jürgen Habermas (1973: 66ff.) in seiner Studie über die Legitimationsprobleme im Spätkapitalismus die Schwierigkeiten des Staates bei der Beschaffung und Aufrechterhaltung von Massenloyalität als Ausdruck einer kaum lösbaren Strukturkrise spätkapitalistischer Gesellschaften charakterisierte, erhielt er außerhalb des neomarxistischen Lagers nur wenig Zustimmung. Doch bereits ein Jahr nach der Publikation der „Legitimationsprobleme" fanden die von Habermas angesprochenen Probleme Eingang in die empirische Politikwissenschaft (Miller 1974a, 1974b; Citrin 1974). Seither kam die wissenschaftliche Debatte über den Niedergang des politischen Vertrauens in den westlichen Demokratien nicht mehr zum Stillstand. Im Rückblick auf die politische Entwicklung seit der Mitte der 60er Jahre konstatierte Inglehart (1997: 222ff.) eine Zunahme des Misstrauens der Regierten gegen die Regierenden und einen abnehmenden Respekt vor politischen Autoritäten. Eine Krise sah er insbesondere im Verhältnis der Öffentlichkeit zu denjenigen Einrichtungen, die im sozialen Zusammenleben ordnende und kontrollierende Funktionen erfüllen (Kirchen, Polizei, Gerichte). Nur wenige Länder und einzelne Bereiche des gesellschaftlichen und politischen Lebens waren vom Niedergang des Vertrauens nicht betroffen. Der Umstand, dass sich die aktuellen Aussagen über die Vertrauenskrise in den westlichen Demokratien auf eine breite internationale und longitudinale Datenbasis stützen, verleiht ihnen eine praktische Relevanz, die der spekulativen Krisendiskussion der frühen 70er Jahre fehlte (zusammenfassend: Klingemann und Fuchs 1995 für Europa; Ladd und Bowman 1998 für die USA; Kornberg und Clarke 1992 für Canada; Pharr 1997 für Japan).

Nach der Wiedervereinigung hat die Auseinandersetzung über die Entwicklung des Vertrauens der Bevölkerung zum politischen System sowie seinen Institutionen und Akteuren für Deutschland eine besondere Relevanz gewonnen. Viele aktuelle Probleme entsprechen denen anderer demokratischer Staaten, jedoch kommt die Bewältigung der politischen und kulturellen Folgen der langjährigen Teilung des Landes als eine weitere Aufgabe hinzu. Wie in der Entstehungsphase der Bundesrepublik geht es im Ostdeutschland der 90er Jahre darum, nach einer langen Periode totalitärer Herrschaft eine demokratische Ordnung und eine zu dieser passende politische Kultur zu schaffen. Allerdings unterscheiden sich einige im Transitionsprozess Ostdeutschlands zu bewältigende Aufgaben von den Herausforderungen der 50er Jahre. Vor dem Systemwandel waren die Bürger der DDR in einem autoritären Staat sozialisiert worden, der die Loyalität der Bevölkerung einforderte, ihr aber effektive Mitwirkungsrechte verweigerte. Dennoch markierte der Systemwandel in Ostdeutschland einen noch stärkeren Kontinuitätsbruch als er in der jungen Bundesrepublik der 50er Jahre vorlag. Während der nationalsozialistischen Herrschaft waren zahlreiche Institutionen und Rechtsvorschriften aus der Zeit vor 1933 erhalten geblieben. Große Teile der Exekutive und der Judikative waren an der Spitze verändert worden, funktionierten aber in der Alltagspraxis ähnlich wie vor dem Regimewechsel. Nach 1945 konnte die Bevölkerung an eine nur kurzfristig und partiell unterbrochene Rechts- und Verwaltungstradition anknüpfen. Die alten Institutionen der Exekutive und Judikative, die vor 1933 in hohem Ansehen gestanden hatten, konnten im neu geschaffenen demokratischen Regime als Identifikationsobjekte fungieren.

In der ehemaligen DDR folgte dem NS-Regime ein weiteres, wesentlich dauerhafteres totalitäres System. Nach dem Ende des Zweiten Weltkrieges setzte die SED eine vollständige und tief greifende Umwandlung der Rechts-, Gesellschafts- und Wirtschaftsordnung in Gang. Sie zerschlug alle bürgerlichen Traditionen und die sie repräsentierenden Institutionen und nahm den Aufbau eines neuen, sozialistischen Institutionensystems in Angriff. Vor diesem Hintergrund bedeuteten die demokratische Revolution in der ehemaligen DDR und der ihr folgende Transfer der bundesdeutschen Institutionen nach Ostdeutschland in institutioneller wie in kultureller Hinsicht einen radikalen Kontinuitätsbruch; zumal das mit der Vereinigung übernommene liberal-demokratische Institutionensystem Westdeutschlands in der politischen Tradition des östlichen Landesteiles in keiner Weise verankert war.

Vor dem beschriebenen Hintergrund untersucht dieser Beitrag die Frage, ob der Transfer der Institutionen der alten Bundesrepublik auf die neuen Länder auf der kulturellen Ebene erfolgreich verlaufen ist. Dies ist der Fall, wenn die Bevölkerung Ostdeutschlands den neuen Trägern des politischen Lebens ein wachsendes Vertrauen entgegenbringt und wenn sich die politischen Orientierungen der Ostdeutschen zunehmend dem in Westdeutschland vorherrschenden Muster angleichen. Die Untersuchung beschäftigt sich mit dem Vertrauen zu den politischen Institutionen, die im Unterschied zu den häufig wechselnden und der Bevölkerung mitunter nicht bekannten politischen Akteuren die stabilen Elemente des politischen Systems repräsentieren. Sie übernehmen in der gesellschaftlichen Arbeitsteilung die Funktionen der Interessenvermittlung, Entscheidung, Ordnung und Leistung und können diese nur erfolgreich erfüllen, wenn sie in der Bevölkerung ein Mindestmaß an Vertrauen finden. Da dies gerade in Phasen des Regimewandels keineswegs selbstverständlich ist, stellt sich die Konsolidierung eines politischen Regimes nicht zuletzt als kultureller Prozess dar.

Obgleich in den letzten Jahrzehnten mehrere Studien über das Institutionenvertrauen in Demokratien publiziert wurden, blieb der Status dieses Konzepts in der Analyse des Verhältnisses der Bevölkerung zur Politik unklar. Solange dieser Missstand nicht behoben ist, sind begründete Aussagen über die politischen Konsequenzen eines Wandels des Institutionenvertrauens kaum möglich. Deshalb unternimmt dieser Beitrag neben der Beschreibung und Erklärung des Institutionenvertrauens den Versuch, dieses Konzept in die Analyse politischer Unterstützung einzuordnen. Die empirische Untersuchung bezieht sich auf die Zeit seit der Vereinigung Deutschlands. Diese Entscheidung resultiert nicht allein aus dem Bemühen um Aktualität, sondern auch aus dem Umstand, dass die Entwicklung des Institutionenvertrauens bis zur Vereinigung bereits an anderer Stelle untersucht wurde (Gabriel 1993; 1999: 421ff.; Walz 1997) und einige in der Literatur aufgeworfene Probleme nur durch eine Analyse der 1994 und 1998 erhobenen Daten geklärt werden können.

II. Die Daten

Für die alten Bundesländer liegen seit fast zwanzig Jahren Daten über das Vertrauen zu den zentralen Einrichtungen einer pluralistischen Demokratie vor. Die ersten Erhebungen des EMNID-Instituts reichen bis ins Jahr 1979 zurück, andere Umfragen enthalten mehr oder minder kontinuierlich Fragen nach dem Institutionenvertrauen. Wegen der unterschiedlichen Erhebungsformate sind die vorliegenden Daten allerdings nur bedingt miteinander vergleichbar. Den in diesem Beitrag präsentierten Analysen der Entwicklung des Institutionenvertrauens im vereinigten Deutschland liegen ausschließlich in einem weitgehend übereinstimmenden Format erhobene Daten zu Grunde. Die erste dieser Umfragen wurde als Drei-Wellen-Panel in den Jahren 1990 bis 1992 durchgeführt, wobei Ostdeutschland in der ersten Panelwelle noch nicht enthalten war. Das Gros der Analysen basiert auf Umfragen in den Jahren 1994 und 1998. Für diese beiden Jahre liegt jeweils eine repräsentative Querschnittsstudie (1994: N = 4114, 1998: N = 3337) vor, zusätzlich ist für den Zeitraum 1994 bis 1998 eine Panelbefragung verfügbar (N = 2117). Der Zugang zu Paneldaten eröffnet die Möglichkeit, die auf der Aggregatebene durchgeführten Trenduntersuchungen mikroanalytisch zu fundieren und auf diese Weise genauere Erkenntnisse über eine dem politischen Vertrauen zugeschriebene Eigenschaft, seine Stabilität, zu gewinnen.[1]

---

[1] Die Daten für die Jahre 1990–1992 stammen aus einer von der DFG geförderten Studie von Hans Rattinger und Jürgen W. Falter und wurden dem Verfasser von den Projektleitern zur Verfügung gestellt. Die Daten aus den Jahren 1994 und 1998 wurden im Rahmen eines

III. Institutionenvertrauen als theoretisches Konzept

Nachdem die Analyse des sozialen und politischen Vertrauens lange Zeit eine untergeordnete Rolle in der Sozialwissenschaft gespielt hatte, erhielt sie durch die Sozialkapital-Debatte der letzten Jahre neuen Auftrieb. Dem neoliberalen Dogma eines unbegrenzten Individualismus und einer Reduzierung sozialer Beziehungen auf ökonomische Tauschprozesse setzen die Kommunitaristen den Appell an Sozialtugenden entgegen. Ohne deren Kultivierung sehen sie jede Gesellschaft vom Risiko des Zerfalls bedroht. Als Bestandteil der Sozialtugenden fördere bzw. ermögliche das interpersonale Vertrauen zwischenmenschliche Kooperation und soziale Integration: „Trust lubricates cooperation. The greater the level of trust within a society the greater the likelihood of cooperation. And cooperation itself breeds trust" (Putnam 1993: 171; ähnlich: Almond und Verba 1965: 227ff.).

1. Soziales und politisches Vertrauen

In fast allen gesellschaftlichen Lebensbereichen bildet das Vertrauen eine unverzichtbare Grundlage sozialer Austauschprozesse. Dies gilt für Interaktionen in Primärgruppen ebenso wie für soziale Beziehungen auf der Ebene der Gesamtgesellschaft. Interpersonales Vertrauen verkörpert die Überzeugung, dass Akteure, die mit ihren Partnern eingegangenen Verpflichtungen einhalten, eine eingegangene soziale Beziehung nicht einseitig zum eigenen Vorteil und zum Nachteil des anderen ausnutzen und dies auch in Zukunft so handhaben (Misztal 1996: 16ff., 24). Eine wiederholte Enttäuschung dieser Erwartung führt über kurz oder lang zum Abbruch der bestehenden Beziehung. Vertrauen gehört zu den Aspekten des gesellschaftlichen Zusammenlebens, die – je nach Betrachtungsperspektive – soziale und politische Integration indizieren, fördern oder ermöglichen.

Vom sozialen Vertrauen unterscheidet sich das politische Vertrauen lediglich durch seinen Bezug auf politische Objekte. Es steht für die Überzeugung, dass das Handeln der Regierenden und der politischen Institutionen den Interessen der Regierten selbst dann entspricht, wenn diese darauf verzichten, die Entscheidungsträger durch permanenten Druck zu responsivem Handeln zu zwingen. Dies schließt die Erwartung ein, dass sich die politischen Akteure im Allgemeinen fair, gerecht, unparteiisch und gemeinwohlorientiert verhalten und ihr Handeln im Normalfall an gesellschaftlich akzeptierten normativen Standards ausrichten. Einstellungen dieser Art können sich auch auf das politische Regime richten und betreffen in diesem Falle z.B. die Überzeugung von der Fairness und Responsivität der geltenden Werte, Strukturen und Regeln. Wenn die Eigenschaften, Handlungen oder generalisierten Verhaltensmuster politischer Objekte den genannten Erwartungen der Bevölkerung entsprechen, entsteht Vertrauen; Diskrepanzen führen zu Misstrauen (Craig 1993: 63ff.; Easton 1975: 447; Hetherington 1998: 791).

Als reziproke Beziehung, die zu einem beträchtlichen Teil nicht auf einem Austausch greifbarer Vorteile basiert, leistet politisches Vertrauen einen unverzichtbaren Beitrag zur Integration einer politischen Gemeinschaft und etabliert zweckfreie, stabile Bindungen zwischen deren Mitgliedern. Umgekehrt kennzeichnet politisches Misstrauen fragmentierte

---

ebenfalls von der DFG geförderten Forschungsprojektes erhoben. Projektleiter waren Hans Rattinger, Oscar W. Gabriel, Jürgen W. Falter und im Jahr 1994 Karl Schmitt.

politische Gemeinschaften (Almond 1956: 405ff.; Dahl 1971: 105ff.; Flanagan 1978: 140ff.). Ein Vertrauensverhältnis zwischen den Mitgliedern der politischen Gemeinschaft sowie diesen und der politischen Führung fördert nicht allein die Integration von Gesellschaften, sondern auch die Performanz des politischen Systems. Die Aufgabe, autoritative Entscheidungen zu produzieren und durchzusetzen, kann das politische System nur dann effektiv erfüllen, wenn die politischen Akteure und Institutionen nicht dauernd einer zutiefst misstrauischen Öffentlichkeit gegenüberstehen: „The effectiveness of political leadership, then, depends on the ability of authorities to claim loyal cooperation of the system without having to specify in advance, what such cooperation will entail. Within certain limits, effectiveness depends upon a blank-check. The importance of trust becomes apparent: the loss of trust is the loss of system power, the loss of generalized capacity for authorities to commit resources to attain collective goals" (Rosenau 1974: 1f.; Hetherington 1998: 791; Putnam 1993: 167ff.).

2. Politisches Vertrauen in der normativen Demokratietheorie

Über das in einer Demokratie wünschenswerte und erforderliche Ausmaß politischen Vertrauens gehen die Vorstellungen in der normativen Demokratietheorie weit auseinander. Konservative Staatstheoretiker verwenden den Begriff „politisches Vertrauen" zwar selten, postulieren aber implizit ein großes Vertrauen der Öffentlichkeit zum Staat, seinen Einrichtungen und Repräsentanten. Ihre Forderung stützen sie auf die den staatlichen Hoheitsträgern, insbesondere der Exekutive und der Judikative, zugeschriebene Fähigkeit, das Gemeinwohl zu erkennen und zu verwirklichen. In ihrer Funktion als Hüter des Gemeinwohls verdienen der Staat und seine Repräsentanten das Vertrauen der Mitglieder der politischen Gemeinschaft. In ihrer Rolle als Träger staatlicher Hoheitsrechte benötigen sie zugleich den durch politisches Vertrauen geschaffenen Handlungsspielraum. Im Falle eines unzulänglichen Vertrauenskredits wären die politischen Akteure entweder auf den Einsatz von Zwangsmitteln oder die Befriedigung aller an sie herangetragenen Forderungen angewiesen. Beide Lösungen sind jedoch normativ problematisch und faktisch nicht praktikabel: „It is deference to elites rather than faith in the people that permits effective and democratic government. Behind [such] analysis is the hope that if only responsible elites could be left alone, if only political issues could be kept from the people, the elites would make wise decisions" (Rogin zitiert bei Wright 1976: 17).

Auf eine andere Weise begründet der von Parry (1976: 132ff.) als „political culture approach" bezeichnete Ansatz die Rolle des politischen Vertrauens in der Demokratie. Auch aus dieser Perspektive gehört eine vertrauensvolle Öffentlichkeit zu den Charakteristika einer Demokratie. Diese Forderung basiert aber nicht auf der Prämisse der überlegenen Weisheit der Regierenden, sondern auf der Annahme gemeinsamer Interessen und Wertvorstellungen von Regierenden und Regierten. Als Mitglieder der politischen Gemeinschaft fühlen sich die mit einem öffentlichen Amt betrauten Personen den gleichen Werten verpflichtet wie ihre Mitbürger und verfolgen prinzipiell die gleichen Ziele. Ein Missbrauch des gewährten Vertrauens durch die Mitglieder der politischen Führung schadet nicht nur den anderen Angehörigen der politischen Gemeinschaft, sondern er verstößt auch gegen die Interessen des Führungspersonals selbst. Aus dieser Übereinstimmung erwächst Vertrauen: „The government may be entrusted with power because its members, drawn from society at large, can be trusted. They in turn can be trusted because most citizens in that society can be trusted. Political trust is an epiphenomenon of social trust" (Parry 1976: 133f.; vgl. auch: Misztal 1996: 26ff.). Wie in der elitistischen Staatsdoktrin schafft politisches Vertrauen die Basis für ein effektives Handeln der Regierung. Mindestens so wichtig erscheint jedoch sein Beitrag zur Integration von Individuen und Gruppen in die politische Gemeinschaft sowie zur Herstellung interpersonaler Netzwerke, die kooperatives Handeln und die gemeinschaftliche Lösung sozialer Probleme ermöglichen: „Cooperation is often required by legislature and executive, between workers and managers, among political parties, between government and private groups, among small firms, and so on. Yet explicit ‚contracting' and ‚monitoring' in such cases is often costly or impossible, and third party enforcement is impractical" (Putnam 1993: 170f; vgl. auch: Misztal 1996: 3ff., 26ff.; Putnam 1993: 86ff., 167ff.).

Einen dritten normativen Zugang zur Rolle des Vertrauens in der Demokratie eröffnet die liberal-konstitutionalistische Staatstheorie (Parry 1976: 136ff.). Sie stellt das Problem der Übertragung von Macht auf bestimmte Personen in den Vordergrund ihrer Überlegungen und begründet diesen Akt nicht durch die moralischen oder intellektuellen Qualitäten der Eliten oder aus der Annahme einer Interessen- und Wertegemeinschaft zwischen Regierenden und Regierten, sondern fordert aus praktischen Erwägungen eine Delegation der Regierungsgewalt an einzelne Mitglieder der politischen Gemeinschaft. Institutionelle Vorkehrungen wie die Herrschaft des Rechts und die Gewaltenteilung sowie die zeitliche Befristung des Herrschaftsauftrages unterwerfen die Ausübung staatlicher Herrschaft klaren Schranken. Zusätzlich sind die Mitglieder des politischen Gemeinwesens sowie die intermediären Institutionen (Parteien, Verbände, Massenmedien etc.) dazu aufgefordert, die Arbeit der Regierenden kritisch zu begleiten. In der Sicht liberal-pluralistischer Staatstheorien stellt sich das Gemeinwohl nicht als vorgegebene, durch autoritative Instanzen zu entdeckende und gegen partikuläre Kräfte durchzusetzende Größe dar. Es ergibt sich aus einer Konkurrenz von Ideen und Gruppen. Politisches Vertrauen erfüllt in diesem Kontext eine völlig andere Funktion als in konservativ-etatistischen oder kommunitaristischen Staatsdoktrinen. Eine Demokratie benötigt Vertrauen in die zur Lösung politischer Probleme eingesetzten Verfahren, und sie braucht das Vertrauen, dass sich alle am politischen Prozess beteiligten Akteure an die vereinbarten Regeln halten. Dagegen widerspricht ein blindes Vertrauen in überlegene Weisheit, Gerechtigkeit und Gemeinwohlorientierung der politischen Führung dem liberalen Konstitutionalismus. Die Regierung steht nicht über dem politischen Willensbildungsprozess, sondern geht aus ihm hervor und ist an ihm beteiligt. Sie erhält ihr Mandat dadurch, dass es einer politischen Partei oder Gruppe zu einem bestimmten Zeitpunkt gelingt, die Mehrheit der Mitglieder der politischen Gemeinschaft von ihrem sachlichen und personellen Führungsangebot zu überzeugen. Sie hat die Mehrheit – nicht die Wahrheit – auf ihrer Seite. Wie die institutionellen Regeln der liberalen Demokratie auf die Begrenzung und Kontrolle der Regierungsmacht angelegt sind, so zeichnet sich auch die politische Kultur einer liberalen Demokratie nicht durch blinde Loyalität der Regierten zu den Regierenden, sondern durch ein gehöriges Maß an Wachsamkeit und Misstrauen aus: „In this constitutionalist theory the grounds for trusting rulers are to be found in the sanctions that punish breaches of trust. There is no suggestion that men in particular are ‚trustworthy'. Indeed, the opposite is the case. The paradox is that one entrust government to those one distrusts ... Men in power may only be trusted when they are placed in such a position that their pursuit of self interest is channelled into the promotion of public interest" (Parry 1976: 137; vgl. auch: Lipset und Schneider 1983: 5f.; Misztal 1996: 9; Nye 1997: 5).

Oberflächlich betrachtet, scheint die liberale Theorie auf das *Misstrauen* der Bevölkerung als Mittel gegen den Missbrauch politischer Macht und zur Herstellung politischer Responsivität zu setzen, während die konsensualistischen Theorien im politischen Vertrauen eine Voraussetzung der Integration der politischen Gemeinschaft und der Funktionsfähigkeit des politischen Systems sehen. Almond und Verba (1965: 341ff.) zogen aus den scheinbar widersprüchlichen Annahmen über die Funktion des Vertrauens in der Demokratie eine mögliche Konsequenz und plädierten für die Suche nach einem Ausgleich zwischen den Erfordernissen effektiven Regierens und politischer Responsivität. Hieraus ergebe sich eine politische Kultur, in der eine „gesunde" Mischung von Vertrauen und Misstrauen vorherrsche (ähnlich: Citrin 1974; Sniderman 1981: 13ff.).

Die von Almond und Verba skizzierte Lösung verweist auf die Vereinbarkeit der einander scheinbar widersprechenden Positionen der Konsensualisten und der Liberalen. Die Befürchtungen der Liberalen, Vertrauen impliziere die Gefahr des Machtmissbrauchs, richtet sich auf die Politiker, aber nicht auf die politischen Institutionen. Die Vorstellung, durch bestimmte institutionelle Arrangements ließe sich der Missbrauch politischer Macht verhindern, setzt das Vertrauen zu diesen Institutionen geradezu voraus. Sie impliziert zudem die Überzeugung, dass die Politiker – aus welchen Gründen auch immer – die geltenden Spielregeln einhalten, was man wohl ebenfalls als Ausdruck politischen Vertrauens werten darf. Die Konsensualisten thematisieren die machtbegrenzende Funktion politischer Werte und Regeln zwar nicht ausdrücklich, setzen sie aber im Rahmen der Möglichkeit, das einmal gewährte Vertrauen wieder zu entziehen, implizit voraus. Wenn zwischen Liberalen und Konsensualisten ein Dissens besteht, dann betrifft er weniger das Verhältnis zu den politischen Institutionen als das Vertrauen zu den Inhabern politischer Führungsämter.

3. Institutionenvertrauen und politische Unterstützung

Bedauerlicherweise beschäftigen sich die vorliegenden theoretischen Studien über das politische Vertrauen nicht speziell mit dem Institutionenvertrauen. Deshalb ist zunächst zu fragen, ob die generellen Annahmen über die Bedeutung des Vertrauens für das Funktionieren und die Kohäsion sozialer Einheiten auch für das Institutionenvertrauen bzw. das Vertrauen zu allen politischen Institutionen gelten, und zwar ungeachtet ihrer spezifischen Aufgaben und Funktionsmechanismen.

Anders als das politische Regime und die amtierende Führung behandelt Easton (1965, 1975) die politischen Institutionen nicht als eigenständige Adressaten politischer Unterstützung, sondern als Teile der für das politische Regime typischen Autoritätsstrukturen. Neben den Autoritätsstrukturen konstituieren Werte und Normen das politische Regime. Aus dieser Perspektive besteht keine Notwendigkeit, ein von der Unterstützung des Regimes und seiner Repräsentanten unabhängiges Vertrauen zu den politischen Institutionen zu schaffen und zu erhalten. Da Almond und Powell (1988: 11ff.) jedoch jedes Regime zutreffend als eine spezielle Konfiguration von Institutionen betrachten, erscheint es analytisch zweckmäßig, zwischen dem Gesamtsystem und seinen Elementen zu unterscheiden. Für die Trennung von Institutionen und Personen lassen sich ebenfalls gute Gründe anführen. Institutionen sind durch langfristig festgelegte Aufgaben, Machtbefugnisse und Verfahrensregeln charakterisiert, die unabhängig von den jeweiligen Repräsentanten der Institutionen bestehen. Einzelne Inhaber von Autoritätspositionen hingegen werden in mehr oder weniger regelmäßigen Abständen durch andere Personen ersetzt (Hetherington 1998: 792ff.; Ragsdale 1997: 241).

Falls der empirische Nachweis gelingt, dass die politischen Institutionen für die Bevölkerung tatsächlich einen eigenständigen Ausschnitt der politischen Welt repräsentieren, stellen sich mindestens zwei weiter gehende Fragen: Bewerten die Bürger alle Institutionen nach denselben Kriterien und bringen sie allen ein gleiches Ausmaß an Vertrauen entgegen? Bei der Beantwortung dieser Fragen sind die verschiedenartigen Aufgaben politischer Institutionen ebenso zu berücksichtigen, wie ihre Involvierung in tagespolitische Konflikte, die für die typischen Formen der Personalrekrutierung und die Art ihrer Beziehungen zur Öffentlichkeit eine Rolle spielen.

Die Aufgabe der Regierung, des Parlaments und der politischen Parteien besteht darin, für die Mitglieder der Gesellschaft verbindliche Entscheidungen zu treffen. Mit ihren Entscheidungen reagieren sie auf konkurrierende und teilweise inkompatible Forderungen von Individuen und gesellschaftlichen Gruppen. Da zu nahezu jeder politischen Entscheidung mehrere Alternativen existieren, die jeweils Befürworter und Gegner finden, dürfte das Vertrauen zu parteienstaatlichen Institutionen schwächer ausgeprägt und instabiler sein als das zu Einrichtungen, die mit der Ausführung bereits getroffener Entscheidungen befasst sind (z.B. Verwaltung, Polizei) oder deren Aufgabe darin besteht, die Einhaltung allgemein akzeptierter Spielregeln sicher zu stellen bzw. Streitfälle zu schlichten (Gerichte, Polizei). Das mit der Erfüllung politischer Aufgaben verbundene Konfliktpotential beeinflusst mit großer Wahrscheinlichkeit die Chancen von Institutionen, das Vertrauen der Öffentlichkeit zu erwerben und zu erhalten.

Nicht folgenlos für den Erwerb politischen Vertrauens dürften auch die Verfahren bei der Besetzung der Positionen in den politischen Institutionen bleiben. Die Rekrutierung des Führungspersonals der parteienstaatlichen Institutionen erfolgt in einem intensiven Wettbewerb um Wählerstimmen, in dem der demokratische Mechanismus der Erteilung und des Entzugs von Vertrauen seinen institutionellen Ausdruck findet und in dem es Gewinner und Verlierer gibt. Demgegenüber werden die meisten Positionen in der Verwaltung und der Justiz auf der Basis professioneller Kriterien vergeben. Die für den Parteienwettbewerb typischen Gewinner-Verlierer-Konstellationen dürften die Chance des Vertrauenserwerbs durch die Inhaber der Führungspositionen und durch die Institutionen beeinflussen, während eine solche Konstellation bei der Rekrutierung von Positionsinhabern auf der Basis professioneller Kriterien unwahrscheinlich ist.

Schließlich dürfte die Einstellung zu politischen Institutionen von der Unmittelbarkeit eigener Erfahrungen mit deren Arbeit geprägt sein. Mit dem Parlament, der Regierung oder dem Bundesverfassungsgericht kommen die meisten Menschen nicht in direkten Kontakt. Ihr Eindruck von der Leistungsfähigkeit und Vertrauenswürdigkeit dieser Einrichtungen und der in ihnen tätigen Akteure stützt sich weniger auf eigene Erfahrungen als auf die Berichterstattung der Massenmedien (Holtz-Bacha 1990; Kepplinger 1998;

Orren 1997: 94ff.; Ragsdale 1997; Tolchin 1996: 80ff.). Eine andere Situation ergibt sich für viele regulative Institutionen, mit denen die Bevölkerung mehr oder minder regelmäßig in Kontakt tritt (Derlien und Löwenhaupt 1997: 42ff.). In diesem Falle besteht die Chance, das Urteil über die Performanz und Vertrauenswürdigkeit der Akteure und Institutionen aus eigenen Erfahrungen abzuleiten.

Vor dem Hintergrund der strukturellen und funktionalen Differenzierung moderner Staaten erweist sich die Auseinandersetzung über das in einer Demokratie erforderliche Institutionenvertrauen als Scheinproblem. Die Erwartung, dass alle Bevölkerungsgruppen allen Institutionen zu jeder Zeit das gleiche Maß an Vertrauen entgegen bringen, ist unrealistisch. Vielmehr entsprechen intertemporale, gruppen- und objektspezifische Unterschiede im Institutionenvertrauen den Funktionsprinzipien pluralistischer Demokratien. Erst wenn die Öffentlichkeit sämtlichen Einrichtungen des politischen Lebens dauerhaft misstraut und diese Einstellung auf die politische Ordnung projiziert, tritt eine kritische Situation ein. Im Hinblick auf das Selbstverständnis von Demokratien gilt dies selbst dann, wenn sich das Misstrauen nicht in gegen das System gerichtete Handlungen umsetzt.

Aus den genannten Gründen lassen sich generelle Aussagen über die Bedeutung des Institutionenvertrauens für die Integration einer politischen Gemeinschaft nur für empirisch irrelevante Grenzfälle formulieren. Eine Gesellschaft befindet sich dann im Zustand der Desintegration, wenn keine ihrer politischen Institutionen in der Öffentlichkeit Vertrauen findet oder wenn soziale Konflikte die Bevölkerung dauerhaft in vertrauensvolle und misstrauische Segmente spalten. Im vereinigten Deutschland wäre beispielsweise eine große und dauerhafte qualitative Differenz im Institutionenvertrauen der Ost- und Westdeutschen als Hinweis auf ein derartiges Integrationsproblem zu werten. Allerdings erlauben diese Feststellungen nicht den Umkehrschluss, ein breites Vertrauen zu allen politischen Institutionen stelle eine notwendige Bedingung politischer Integration dar. Bindungen an die politische Gemeinschaft können unterschiedlich begründet sein. Selbst wenn das politische Vertrauen die Integration politischer Gemeinschaften fördert, sind in einer Demokratie weitere Ziele zu realisieren, deren Erreichung nicht vom Ausmaß des politischen Vertrauens abhängt. Die für Demokratien typische Mischung von Vertrauen und Misstrauen wird in der Literatur höchst unterschiedlich bewertet, so dass sich Aussagen über deren systematische Bedeutung vermutlich am ehesten aus einer empirischen Analyse der Bedingungen und Konsequenzen des Institutionenvertrauens gewinnen lassen.

IV. Struktur und Entwicklung des Institutionenvertrauens im vereinigten Deutschland

Eine Untersuchung des Institutionenvertrauens im vereinigten Deutschland ist unter mehreren Gesichtspunkten interessant. Erstmals in der Geschichte Deutschlands fand im Jahre 1989 eine erfolgreiche demokratische Revolution statt. Sie führte zur Ablösung des nach 1945 errichteten kommunistischen Regimes und leitete zugleich das Ende der staatlichen Existenz der DDR ein. Dem Zusammenbruch des kommunistischen Herrschaftssystems folgte eine kurze Phase institutioneller Experimente, die allerdings ohne langfristige Auswirkungen auf die institutionelle Ordnung Deutschlands blieben. Nach der Volkskammerwahl im März 1990 zeichnete sich der Beitritt der DDR zur Bundesrepublik gemäß Artikel 23 des Grundgesetzes ab. Dieser Weg zur Einheit Deutschlands, der einen Institutionentransfer vom Westen in den Osten implizierte, war anfangs keineswegs unumstritten. Als Alternative wurde im Osten wie im Westen die Ausarbeitung und plebiszitäre Legitimation einer neuen Verfassung debattiert. Die schließlich realisierte Übernahme der bundesdeutschen Institutionen für Gesamtdeutschland verleiht der Entwicklung des Institutionenvertrauens seit der Vereinigung eine besondere Brisanz. Der Institutionentransfer ist nämlich nur dann erfolgreich vollzogen, wenn die Bevölkerung Ostdeutschlands die für sie neue institutionelle Ordnung akzeptiert. Dabei entspricht eine Angleichung der Einstellungen der Bürgerinnen und Bürger der neuen Bundesländer an das im Westen vorherrschende Muster der Logik des Vereinigungsprozesses.

1. Die Struktur des Institutionenvertrauens in Deutschland

Aussagen über die Entwicklung und Bestimmungsfaktoren des politischen Vertrauens sind nur sinnvoll, wenn man zuvor die Frage geklärt hat, ob die Bevölkerung zwischen mehreren Adressaten politischen Vertrauens unterscheidet (Craig 1993: 25f.). Empirische Analysen in der Tradition Eastons (1965, 1975) bestätigen überwiegend die Vorstellung, dass die Bürger zwischen dem politischen *Regime* und den mit der Erfüllung bestimmter politischer Aufgaben betrauten *Akteuren* zu unterscheiden vermögen (z.B. Kornberg und Clarke 1992: 107ff.; Feldman 1983; Fuchs 1989: 37ff.; Gabriel 1989). Sie enthalten jedoch keine Erkenntnisse über die Position des Institutionenvertrauens in den Beziehungen der Bevölkerung zum politischen System. Noch unbefriedigender stellt sich der Forschungsstand im Hinblick auf die Frage dar, ob die Bevölkerung zwischen verschiedenen Arten politischer Institutionen unterscheidet und um welche Aspekte der institutionellen Ordnung es dabei geht. Da die 1998 durchgeführte Umfrage nahezu alle in der Literatur angesprochenen Komponenten politischer Unterstützung abdeckte, eröffnet sie gute Möglichkeiten zur Bestimmung der Position des Institutionenvertrauens im Verhältnis der Bevölkerung zur Politik. Diesem Zweck dienen die nachfolgend präsentierten Ergebnisse einer Faktorenanalyse.

Implizit unterstellen die meisten Untersuchungen des politischen Vertrauens das Vorhandensein einer generalisierten Disposition der Menschen, ihrer politischen Umwelt entweder mit Vertrauen oder mit Misstrauen zu begegnen. Falls diese Annahme zuträfe, müsste sich mittels einer Hauptkomponentenanalyse eine objektunabhängige Grunddisposition zum politischen Vertrauen nachweisen lassen. Die mit den Daten des Jahres 1998 durchgeführte Analyse bestätigt diese Annahme. Sämtliche in *Tabelle 1* enthaltenen Items weisen positive Ladungen auf der Hauptkomponente auf. In der Bevölkerung Ost- und Westdeutschlands ist demnach eine generelle Disposition zum politischen Vertrauen bzw. Misstrauen vorhanden (auf tabellarische Nachweise wird verzichtet). Eine ähnliche Struktur zeigt sich in sämtlichen einschlägigen, seit 1984 durchgeführten Umfragen. Da sich unser Interesse in erster Linie auf die Differenzierung nach Vertrauensobjekten und die Klärung der Eigenständigkeit des Institutionenvertrauens im System politischer Orientierungen richtet, sind weitere, hier nicht im Detail, sondern nur im Endergebnis zu präsentierende Analysen erforderlich.

In eine erste Analyse wurden mehrere Indikatoren der diffusen und spezifischen Unterstützung des politischen Regimes, des Institutionenvertrauens und der Einstellung zu

Politikern im Allgemeinen sowie zu den Kanzlerkandidaten von CDU/CSU und SPD bei der Bundestagswahl 1998 einbezogen (Einzelheiten in *Tabelle 1*). Da sich auf dieser Datenbasis keine sinnvollen Strukturen ergaben, blieben einige Items, insbesondere die Einstellung zu einzelnen Politikern, in den weiteren Untersuchungsschritten unberücksichtigt. Die mit den verbleibenden 18 Items durchgeführten Analysen brachten ein theoretisch sinnvolles Resultat. Zunächst bestätigte sich die bereits bekannte Differenzierung zwischen der Unterstützung des politischen Regimes und der Inhaber politischer Führungspositionen. Die Indikatoren der betreffenden Orientierungen luden auf unterschiedlichen Faktoren, die zudem extrem schwach miteinander korrelierten. Noch wichtiger ist in unserem Kontext die Erkenntnis, dass die Einstellungen zu den politischen Institutionen innerhalb dieses Gefüges politischer Orientierungen zwei eigenständige Dimensionen repräsentieren. Auf einem Faktor finden sich die Einstellungen zu den Verfassungsorganen Bundestag, Bundesregierung und Bundesverfassungsgericht; ein weiterer Faktor bildet das Vertrauen zu den Implementationsinstitutionen (Gerichte, Polizei, Verwaltung) ab.

Auch wenn das ermittelte Muster politischer Orientierungen in seinen Grundzügen den eingangs formulierten Erwartungen entspricht, gilt dies nicht für alle untersuchten Einstellungen. Abweichend von Eastons Vorstellungen war keine Trennung des Vertrauens

Tabelle 1: Das Vertrauen zu den politischen Institutionen im Gesamtzusammenhang politischer Unterstützung in Deutschland, 1998

	Faktor 1 (Verfassungsorgane)	Faktor 2 (Demokratie)	Faktor 3 (Regulative Institutionen)	Faktor 4 (Politiker)	Kommunalitäten	
Vertrauen zum Bundestag	.72			.49	.60	
Vertrauen zur Bundesregierung	.69			.45	.56	
Zufriedenheit mit Regierungsleistung	.47			.25	.29	
Vertrauen zum BundesverfG.	.45	.22		.40	.42	
Zufriedenheit mit Staatsleistungen	.26		.20	.17	.19	
Vertrauen zu politischen Parteien	.23		−.20	.29	.31	.33
Legitimität von Opposition		.55		.17	.31	
Meinungsfreiheit		.46		.15	.24	
Unterstützung der Idee d. Dem.		.41		.17	.21	
alternierende Parteienregierung		.39		.10	.15	
Diktatur keine Alternative		.30		.06	.09	
Demokratiezufriedenheit	.30	.22		.22	.20	.24
Vertrauen zu Gerichten			−.68	.36	.49	
Vertrauen zur Polizei			−.66	.27	.41	
Vertrauen zur Verwaltung			−.48	.25	.31	
Abgeordnete suchen Kontakt				.63	.27	.41
Politiker sind responsiv				.62	.26	.38
Politiker sind vertrauenswürdig				.42	.26	.32
Eigenwerte	4.23	1.90	1.28	1.10		

Faktorkorrelationen: 1*2: .20; 1*3: −.56; 1*4: .50; 2*3: −.11; 2*4: .50; 3*4: −.38.

Quelle: DFG-Studie Transformation politischer Orientierungen und Verhaltensweisen im vereinigten Deutschland 1998 (N = 3337). Als Verfahren fand eine Hauptachsenanalyse mit schiefwinkliger Rotation der Ausgangslösung statt.

zu den Staatsorganen von der Zufriedenheit mit der Staats- und Regierungsperformanz möglich. Diese Abweichung der Daten von den Erwartungen könnte mit der kleinen Zahl der Performanzindikatoren zu tun haben. Bei deren Ausschluss aus der Analyse, der auch wegen der relativ niedrigen Kommunalitäten gerechtfertigt ist, laden ausschließlich Indikatoren des Vertrauens zu den Staatsorganen auf dem betreffenden Faktor. Die relativ starke Performanzkomponente des ursprünglich ermittelten ersten Faktors dürfte auch für die theoretisch unplausible Ladung der Demokratiezufriedenheit verantwortlich sein. Unerwartet schwach fällt auch die Verbindung zwischen dem Vertrauen zu den Parteien und den Policymaking-Institutionen aus. Da die Parteien den Zugang zum Parlament und zur Regierung kontrollieren und damit deren Arbeit wesentlich beeinflussen, wäre eine engere Verknüpfung dieser Aspekte des Institutionenvertrauens plausibel gewesen. In unserem Falle repräsentiert das Vertrauen zu den Parteien eine mit fast allen anderen Komponenten politischer Unterstützung relativ schwach verbundene Einstellungsdimension.

Der zweite Faktor bildet die Unterstützung der demokratischen Ordnung der Bundesrepublik und ihrer konstitutiven Prinzipien ab. Die schwachen Beziehungen des Vertrauens zum Bundesverfassungsgericht und der Demokratiezufriedenheit zu dieser Dimension sind plausibel. Das Bundesverfassungsgericht fungiert als Hüter der Verfassung und trägt durch seine Entscheidungen zur Weiterentwicklung der Demokratie bei. Die Zufriedenheit mit der Demokratie teilt mit den demokratischen Grundüberzeugungen das Referenzobjekt „politisches Regime". Das Scheitern des Versuchs, die Einstellungen zur Idee und Praxis der Demokratie voneinander zu trennen, hat vermutlich ebenfalls mit der kleinen Zahl von Items zu tun.

Auf dem dritten Faktor, dessen Konstitution weitgehend den Erwartungen entspricht, lädt das Vertrauen zu den regulativen Institutionen (Verwaltung und Rechtsstaat). Allenfalls die fehlende Ladung des Vertrauens zum Bundesverfassungsgericht weicht von den postulierten Strukturen ab. Der vierte Faktor bildet die Einstellung zu den Politikern ab und verhält sich ebenfalls erwartungskonform. Die schwachen Ladungen des Vertrauens zu den Parteien und der Bewertung der Staatsperformanz auf diesem Faktor reflektieren insofern die Realitäten des bundesdeutschen Parteienstaats, als die Bevölkerung die bestehende Verbindung zwischen Politikern, Parteien und Politikergebnissen auch in ihrem Orientierungssystem herstellt. Der Wortlaut einiger zur Messung des Politikervertrauens benutzter Items dürfte diese Tendenz fördern.

Wie die empirische Analyse zeigt, finden die konstitutionellen Strukturen und die funktionale Gliederung des politischen Systems der Bundesrepublik ihren Niederschlag in den politischen Einstellungen der Bevölkerung. Mit geringfügigen Abweichungen bestätigt dies die Ergebnisse vorliegender Untersuchungen (Deinert 1997: 84ff.; Gabriel und Vetter 1999: 200) und gilt für die alten und die neuen Bundesländer sowie für die Vor- und Nachwahlerhebungen. Die Einstellungen der Bevölkerung zu den politischen Institutionen zeichnen sich demnach durch eine außerordentlich stabile Struktur aus. Vor dem Hintergrund dieser Befunde scheint es gerechtfertigt, die folgenden Teile dieses Beitrags auf das Vertrauen der Bundesbürger zu den parteienstaatlich-parlamentarischen (Bundestag, Bundesregierung) und den rechtsstaatlichen (Polizei, Gerichte) Institutionen zu fokussieren.

2. Niveau und Entwicklung des Institutionenvertrauens seit der Wiedervereinigung Deutschlands

Wie zahlreiche Untersuchungen des politischen Wandels in westlichen Demokratien zeigen, war das Vertrauen der Bevölkerung zu den politischen Institutionen in den vergangenen drei Dekaden starken Schwankungen unterworfen. Zu der Annahme, die weltweite Entwicklung könnte an Deutschland vorübergegangen sein, besteht kein Anlass. Im Gegenteil: Die unerwartete Wiedervereinigung des Landes sollte sich schon bald als ein Ereignis mit ambivalenten Konsequenzen erweisen. Einerseits brachte sie den Menschen in Ostdeutschland mit dem Ende eines totalitären politischen Regimes einen deutlichen Gewinn an individueller Freiheit. Auf der anderen Seite konfrontierte sie die Bevölkerung mit einem völlig neuen politischen System und einer grundlegend veränderten Wirtschafts- und Gesellschaftsordnung. Innerhalb kürzester Zeit waren die persönlichen Lebensverhältnisse einem Wandel ausgesetzt, der kaum einschneidender hätte ausfallen können. Die Massenarbeitslosigkeit, der vollständige Wegfall sämtlicher sozialer Einrichtungen der volkseigenen Betriebe, der Zusammenbruch des intermediären Systems und das Obsoletwerden der bis dahin propagierten Werte machen deutlich, welch tief greifende Veränderungen die neuen Bundesländer innerhalb eines extrem kurzen Zeitraumes durchlaufen hatten. Auch in den alten Ländern, in denen sich auf den ersten Blick nur wenig geändert zu haben schien, wuchs bereits kurze Zeit nach der Vereinigung die Unsicherheit über die künftige Entwicklung, insbesondere über die Folgelasten der Vereinigung.

In Perioden eines dramatischen sozialen und politischen Wandels verändert sich mit großer Wahrscheinlichkeit das Verhältnis der Bürger zu den politischen Institutionen. In den neuen Bundesländern bestand die Notwendigkeit, Vertrauen zu den bis dahin unbekannten Institutionen eines Rechtsstaats und einer pluralistisch-liberalen Demokratie aufzubauen. Im Westen musste das in vierzig Jahren geschaffene Vertrauen unter den veränderten Bedingungen einer schweren Wirtschaftskrise erhalten werden. Vor dem Hintergrund dieser Ausgangslage geht es im folgenden Abschnitt um die Beantwortung von vier Fragen:

1. Vertraut die Mehrheit der Ost- und der Westdeutschen den Institutionen des Parteienstaats und des Rechtsstaats oder begegnet sie ihnen mit Misstrauen?
2. Wie stark ist das Vertrauen zu einzelnen Institutionen ausgeprägt?
3. Wie hat sich das Institutionenvertrauen in Ost- und Westdeutschland seit der Vereinigung entwickelt?
4. Haben sich die Einstellungen der ostdeutschen Bevölkerung zu den politischen Institutionen im Laufe der Entwicklung dem westdeutschen Muster angeglichen?

a) Vertrauen die Deutschen den politischen Institutionen – und wenn ja, welchen? Drei Umstände erschweren die Beantwortung der Frage, ob die Bevölkerung den politischen Institutionen vertraut. Der Erste ist methodischer Art: Die meisten Umfragen erfassen das Vertrauen zu den politischen Institutionen mittels fünf-, sieben- oder elfstufiger Skalen. Da ein mehr oder weniger großer Teil der Befragten sich stets für die Antwortkategorie teils-teils entscheidet und dies weder eine positive noch eine negative Einstellung indiziert, ist häufig keine eindeutige Aussage darüber möglich, ob die Mehrheit der Bürger einer bestimmten politischen Institution vertraut oder misstraut. Allerdings kann man feststellen, ob in einer Gesellschaft politisches Vertrauen oder Misstrauen überwiegt. Zweitens liegen keine lückenlosen Daten über die Bewertung sämtlicher Institutionen vor (vgl. *Tabelle 2*). Drittens ist zu berücksichtigen, dass das Vertrauen zu einzelnen politischen Institutionen sehr unterschiedlich ausfallen und im Zeitverlauf erheblichen Schwankungen unterworfen sein kann. Pauschale Aussagen über das Institutionenvertrauen sind somit unergiebig und bedürfen der Differenzierung.

Wie die Daten in *Tabelle 2* belegen, verfügen die rechtsstaatlichen Institutionen im Durchschnitt aller seit 1991 durchgeführten Erhebungen in der Öffentlichkeit über einen größeren Vertrauenskredit als die Institutionen des Parteienstaats. Bei einer Betrachtung einzelner Institutionen ergibt sich eine relativ klare Vertrauenshierarchie, in der das Bundesverfassungsgericht vor der Polizei und den Gerichten die Spitzenposition einnimmt. An der Basis der Pyramide befinden sich die politischen Parteien, in Ostdeutschland schneidet auch die Verwaltung im Urteil der Befragten negativ ab. Der Bundestag genießt ein geringeres Vertrauen als die rechtsstaatlichen Institutionen, wird aber deutlich positiver bewertet als die Bundesregierung, die Verwaltung und die politischen Parteien.

In der beschriebenen Hierarchie des Vertrauens manifestieren sich teilweise bloße Niveauunterschiede, teilweise aber auch qualitative Differenzen in der Einstellung zu den politischen Institutionen. Eine positive, im Ausmaß aber variierende Grundorientierung charakterisiert das Verhältnis der Bundesbürger zu den drei rechtsstaatlichen Institutionen (Bundesverfassungsgericht, Gerichte, Polizei) sowie zum Deutschen Bundestag. Dagegen sind die Einstellungen zur Bundesregierung sowie – im Falle der alten Bundesländer – zur Verwaltung durch eine Balance von Vertrauen und Misstrauen charakterisiert. Auf mehr Kritik als Zustimmung stoßen die politischen Parteien und – in Ostdeutschland – die Verwaltung. Trotz gradueller Unterschiede überwiegen im Verhältnis der Ost- und Westdeutschen zu den politischen Institutionen die Gemeinsamkeiten. Die auftretenden Unterschiede betreffen vornehmlich das Niveau und nicht die Qualität des Institutionenvertrauens. Die einzige Abweichung von diesem Befund betrifft die Einstellungen zur Verwaltung, die im Westen ambivalent, im Osten aber eindeutig negativ beurteilt wird.

b) Wie hat sich das Institutionenvertrauen seit der Vereinigung entwickelt? Die im vorigen Abschnitt beschriebene Struktur des Institutionenvertrauens bleibt im Zeitverlauf nicht notwendigerweise stabil. Für eine solche Erwartung spricht vor allem die Tatsache, dass die Bevölkerung Ostdeutschlands erst nach der Wiedervereinigung ihr Verhältnis zu den für sie völlig neuartigen Institutionen des Grundgesetzes bestimmen musste. Wie die in der Bundesrepublik der 50er Jahre gesammelten Erfahrungen zeigen, kann zwischen der Einführung neuer Institutionen und ihrer Akzeptanz durch die Bevölkerung ein großer zeitlicher Abstand liegen (Fuchs 1989: 90ff.). Dieser Anpassungsprozess dürfte sich umso schwieriger gestalten, je stärker der mit einem Institutionenwandel verbundene Kontinuitätsbruch ausfällt.

Vor diesem Hintergrund stellt sich die Frage, wie die mittlerweile große Ähnlichkeit der politischen Orientierungen der Ost- und Westdeutschen zustande kam. Hatte die „virtuelle Teilhabe" der DDR-Bürger am politischen Leben der Bundesrepublik einen Vertrauenskredit für das bundesdeutsche Institutionensystem geschaffen, der sich bereits zum Zeitpunkt der Vereinigung in den Umfragedaten manifestierte oder hatte sich das Vertrauen zu den neuen politischen Institutionen nach der Vereinigung schrittweise auf der Basis eigener Erfahrungen entwickelt?

Tabelle 2: Entwicklung des Institutionenvertrauens in den alten und neuen Bundesländern, 1990–1998 (Mittelwerte)

Institution		1990	1991	1992	1994V	1994N	1996	1998V	1998N	MW 91-98	SD 91-98
Bundestag	ABL	0.54	0.36	0.37	0.52	0.44	0.10	0.34	0.45	0.36	0.13
	NBL		-0.08	0.09	0.22	0.28	-0.24	0.04	0.24	0.05	0.18
	Eta²		.02**	.03**	.02**	.01**	.03**	.03*	.01**		
Bundes-	ABL	0.26	-0.05	-0.03	0.18	0.14	-0.14	-0.01	0.34	0.02	0.11
regierung	NBL		-0.07	0.07	0.16	0.16	-0.36	-0.21	0.24	-0.04	0.19
	Eta²		ns	ns	ns	ns	.01**	.01**	ns		
Politische	ABL	0.12	-0.13	-0.17	-0.22	-0.20	-0.50	-0.22	-0.14	-0.24	0.12
Parteien	NBL		-0.17	-0.20	-0.17	-0.24	-0.64	-0.27	-0.14	-0.28	0.16
	Eta²		ns	ns	ns	ns	.01**	ns	ns		
Parteienstaatliche	ABL	0.40	0.16	0.17	0.35	0.29	-0.02	0.17	0.40	0.19	0.12
Institutionen[1]	NBL		-0.08	0.08	0.19	0.22	-0.30	-0.11	0.24	0.02	0.19
BVerfG	ABL	0.83	0.85	0.89	0.90	0.90	0.76	0.90	0.89	0.87	0.05
	NBL		0.38	0.41	0.54	0.57	0.47	0.57	0.65	0.49	0.08
	Eta²		.06**	.06**	.03	.03**	.02**	.02**	.01**		
Gerichte	ABL	0.55	0.55	0.56	0.54	0.43	0.55	0.45	0.40	0.51	0.05
	NBL		0.13	0.07	0.24	0.26	0.22	0.20	0.11	0.19	0.07
	Eta²		.05**	.06**	.02**	.01**	.02**	.01*	.02**		
Polizei	ABL	0.60	0.60	0.72	0.49	0.52	0.66	0.72	0.70	0.62	0.09
	NBL		0.07	0.09	0.29	0.39	0.20	0.58	0.42	0.27	0.18
	Eta²		.07**	.10**	.01**	.00*	.05**	.00*	.02**		
Verwaltung	ABL	ne	ne	ne	0.03	0.00	0.10	-0.03	-0.06	0.03	0.05
	NBL				-0.27	-0.18	-0.01	-0.27	-0.28	-0.18	0.11
	Eta²				.02**	.01**	.04*	.01*	.01*		
Rechtsstaatl.	ABL	0.58	0.58	0.64	0.52	0.48	0.61	0.59	0.55	0.57	0.08
Institutionen[2]	NBL		0.10	0.08	0.27	0.33	0.21	0.39	0.27	0.23	0.12
Mittelwert aller	ABL	0.48	0.36	0.39	0.40	0.37	0.24	0.36	0.44	0.36	0.09
Institutionen	NBL		0.04	0.09	0.28	0.24	-0.06	0.15	0.25	0.11	0.14
gültige N	ABL	1967–1988	925–928	711–716	993–1012	952–965	1027–1035	1068–1084	1075–1111		
	NBL			591–602	319–323	911–978	973–1019	1047–1057	484–519	518–563	

* F-Wert auf dem 95%-Niveau statistisch signifikant;
** F-Wert auf dem 99,9%-Niveau statistisch signifikant;
ns F-Wert statistisch nicht signifikant;
1 Bundestag, Bundesregierung;
2 Gerichte, Polizei.

Abkürzungen: ABL = alte Bundesländer; NBL = neue Bundesländer.

Quellen: wie in *Tabelle 1*; 1994: DFG-Studie Transformation politischer Orientierungen und Verhaltensweisen im vereinigten Deutschland; die Resultate der Vor- (V) und der Nachwahlstudie (N) sind jeweils gesondert ausgewiesen. 1990, 1991: DFG-Studie Erklärungsmodelle des Wählerverhaltens. 1996: KSPW-Studie Politische Resonanz.

Bei der Formulierung von Annahmen über die Stabilität bzw. Entwicklung des Institutionenvertrauens ist zunächst der geringe Grad an funktionaler Differenzierung des Institutionensystems der DDR zu berücksichtigen. Die für westliche Demokratien charakteristische Unabhängigkeit der rechtsstaatlichen Institutionen von der Politik war der Bevölkerung aus eigenem Erleben nicht bekannt, vielmehr unterlagen die Justiz und die

Polizei einer strikten politischen Kontrolle. Zudem konnten sich die Einstellungen der Bevölkerung zu den politischen Institutionen der Bundesrepublik nicht auf eigene Erfahrungen stützen. Die über das politische Leben in Westdeutschland verfügbaren Informationen waren primär über das Westfernsehen vermittelt. Da die Verwaltung, die Polizei und die Gerichte nur ausnahmsweise im Mittelpunkt der Fernsehberichterstattung stehen, konnten sich differenzierte Einstellungen zu diesen Institutionen erst nach der Wende entwickeln. Der Berichterstattung über parteienstaatliche Institutionen kommt im Fernsehen ein höherer Stellenwert zu, so dass in diesem Bereich zumindest massenmedial vermittelte Orientierungen vorhanden gewesen sein könnten. Alles in allem wies das Verhältnis der ostdeutschen Bevölkerung zu den politischen Institutionen der Bundesrepublik, insbesondere zu den regulativen Institutionen, in den ersten Jahren nach der Vereinigung vermutlich noch die Eigenschaften von „Non-Attitudes" auf und fiel dementsprechend instabil aus.

Obgleich die Wiedervereinigung keine grundlegende Neubestimmung des Verhältnisses der westdeutschen Bevölkerung zum politischen System erforderlich machte, dürfte sie für die Einstellungen der Bevölkerung zu den politischen Institutionen nicht gänzlich folgenlos geblieben sein. Die Folgekosten der deutschen Einheit und die weltweite Wirtschaftskrise könnten der westdeutschen Öffentlichkeit den Eindruck vermittelt haben, die politischen Institutionen, insbesondere die für die Gestaltung der Tagespolitik zuständigen Instanzen (Regierung, Parlament und Parteien), seien durch die schiere Fülle der Probleme überfordert und ihnen fehle die Fähigkeit oder Bereitschaft, für eine faire und gerechte Verteilung der Folgelasten der Einheit zu sorgen. Vor diesem Hintergrund bestand in den alten Bundesländern die Notwendigkeit, das seit der Gründung der Bundesrepublik erworbene Institutionenvertrauen zu erhalten. Die politischen Einstellungen der westdeutschen Bevölkerung beruhen auf relativ langen Erfahrungen mit der Praxis eines demokratischen Verfassungsstaats. Deshalb spricht vieles für die Vermutung, dass die westdeutsche Öffentlichkeit zwischen rechts- und parteienstaatlichen Institutionen differenziert und den Einrichtungen des Rechtsstaats ein größeres und stabileres Vertrauen entgegenbringt als den für die Gestaltung der Tagespolitik zuständigen Institutionen des Parteienstaats. Übereinstimmend mit den sozialisationstheoretisch begründbaren Annahmen bringen die Befragten in Westdeutschland allen politischen Institutionen ein größeres und im Zeitverlauf stabileres Vertrauen entgegen als ihre Landsleute im Osten.

Die für Westdeutschland vorliegenden Daten entsprechen den Erwartungen: Die Einstellungen zu den rechtsstaatlichen Institutionen fallen deutlich positiver und stabiler aus als die Orientierungen auf die Institutionen der Parteiendemokratie (*Tabelle 2*). Zwar war das Vertrauen zum Bundesverfassungsgericht, zu den Gerichten und zur Polizei auf hohem Niveau unregelmäßigen und nicht interpretierbaren Schwankungen ausgesetzt, verglichen mit den Einstellungen zum Bundestag, der Bundesregierung und den politischen Parteien hielt sich deren Ausmaß jedoch in Grenzen. Dagegen zeigte sich, insbesondere zwischen den Bundestagswahlen der Jahre 1994 und 1998, eine vorübergehend starke Erosion des Vertrauens zu den Einrichtungen des Parteienstaats. Sie wies das aus der Literatur bekannte Muster eines Popularitätszyklus auf und war in abgeschwächter Form auch in der ersten Hälfte der 90er Jahre sowie vor der Vereinigung zu beobachten (Gabriel 1993).

Auf einem niedrigeren Niveau und mit stärkeren situationsabhängigen Schwankungen entwickelte sich das politische Vertrauen im Osten ähnlich wie im Westen. Zwei Besonderheiten Ostdeutschlands verdienen Erwähnung. Abgesehen von einem Rückgang zwischen 1994 und 1996 sowie im Herbst 1998 stieg das Vertrauen zu den rechtsstaatlichen Institutionen seit der Vereinigung in den neuen Ländern stark an. Dieser Trend tritt in den Einstellungen zum Bundesverfassungsgericht besonders markant hervor. In Folge des wachsenden Vertrauens der ostdeutschen Bevölkerung zum Rechtsstaat ist die zunächst große Vertrauenslücke zwischen West- und Ostdeutschland zwar noch nicht verschwunden, aber stark geschrumpft. Auf der anderen Seite bringen die Befragten im Osten der Verwaltung fast ebenso große Vorbehalte entgegen wie den politischen Parteien. Dies könnte durch die Weiterbeschäftigung ehemaliger DDR-Funktionsträger in der Exekutive, aber auch durch eine mangelnde Vertrautheit mit dem neuen Verwaltungssystem bedingt sein.

Von den erwähnten Ausnahmen abgesehen, erwies sich das Institutionenvertrauen in Deutschland als bemerkenswert stabil. Dies gilt vor allem, wenn man die enormen Probleme berücksichtigt, mit denen die deutsche Politik nach dem Kollaps des kommunistischen Systems im östlichen Landesteil konfrontiert war. Wie unangemessen es wäre, von einer durch die Vereinigung bedingten generellen Vertrauenskrise zu sprechen, zeigt ein Vergleich mit den Vereinigten Staaten. Dort waren seit 1968 erheblich stärkere Schwankungen im Vertrauen zu den politischen Institutionen zu verzeichnen als in Deutschland (Hibbing und Theiss-Morse 1997: 255; Ladd und Bowman 1998: 140ff.).

Zur Kontrolle der bisher auf Aggregatdaten basierenden Befunde über die Stabilität und den Wandel des Institutionenvertrauens stehen die Ergebnisse einer 1994 und 1998 durchgeführten Panelbefragung zur Verfügung, die das durch die Trenddaten vermittelte Bild stark relativieren. Lediglich 36 bis 41 Prozent der Befragten bewerteten die politischen Institutionen in beiden Umfragen völlig gleich. Die größere Gruppe dagegen änderte ihr Urteil über die politischen Institutionen im untersuchten Zeitraum. Bemerkenswert ist allerdings, dass lediglich eine sehr kleine Befragtengruppe (maximal drei Prozent) zwischen 1994 und 1998 ihr Verhältnis zu den politischen Institutionen radikal revidierte (vgl. *Tabelle 3*).

Tabelle 3: Veränderung des Institutionenvertrauens in den alten und neuen Bundesländern auf der Individualebene, 1994–1998 (Angaben: Prozentanteile)

		wesentlich negativer	etwas negativer	stabil	etwas positiver	wesentlich positiver	Mittelwert Veränderung	gültige Werte	Eta 1994/1998
parteienstaatliche Institutionen	ABL	2	28	39	30	1	–0.01	834	.21**
	NBL	2	29	36	33	1	0.02	1089	.28**
rechtsstaatliche Institutionen	ABL	1	28	41	30	1	0.01	852	.21**
	NBL	2	28	38	31	1	0.01	1078	.18**

** F-Wert auf dem 99,9%-Niveau statistisch signifikant. Getestet wurde die Signifikanz der Unterschiede zwischen den 1994 und 1998 erhobenen Werten.
Quelle: DFG-Studie Transformation politischer Orientierungen und Verhaltensweisen im vereinigten Deutschland 1994/1998, Panel (N = 2117).

Die Muster von Stabilität und Wandel des Institutionenvertrauens in Ost- und Westdeutschland entsprechen nicht ganz den aus der Aggregatdatenanalyse gewonnenen Erkenntnissen. Erwartungsgemäß war die Einstellung der westdeutschen Befragten auf der Aggregatebene deutlich geringeren Schwankungen unterworfen als die der ostdeutschen

Probanden. In den Paneldaten entwickelte sich die Einstellung zu den politischen Institutionen in beiden Landesteilen jedoch nahezu gleichförmig. Allerdings sind bei der Interpretation der Daten neben dem realen Einstellungswandel auch Messfehler zu berücksichtigen. Ein wesentlicher Befund zeigt sich jedoch sowohl in der Aggregat- wie in der Individualdatenanalyse: Eine generelle Abnahme des Institutionenvertrauens lässt sich im untersuchten Zeitraum nicht nachweisen.

Ungeachtet der extrem schwierigen politischen und ökonomischen Rahmenbedingungen entwickelten sich innerhalb eines Zeitraumes von nicht einmal zehn Jahren strukturell weitgehend gleichartige Einstellungen der Ost- und Westdeutschen zu den politischen Institutionen der Bundesrepublik. Wie stark sich das Institutionenvertrauen der Ostdeutschen dem im Westen bereits seit langer Zeit vorherrschenden Muster angenähert hat, zeigt ein Vergleich der Daten aus den Jahren 1991 und 1998. Im ersten Jahr nach der Vereinigung hatten die ostdeutschen Befragten mit dem Fernsehen, den Landesregierungen und dem Bundesrat diejenigen Einrichtungen mit dem größten Vertrauenskredit bedacht, in denen sie Sachverwalter ostdeutscher Interessen sehen konnten. Die in der alten Bundesrepublik traditionell besonders positiv bewerteten rechtsstaatlichen Institutionen hatten in den neuen Ländern lediglich mittlere Plätze auf der Rangskala eingenommen. Die Ostdeutschen brachten den politischen Institutionen der Bundesrepublik demnach nicht nur weniger Vertrauen entgegen als ihre Landsleute im Westen, sie unterhielten auch qualitativ deutlich vom westlichen Muster abweichende Beziehungen zu den politischen Institutionen. Seit der Mitte der 90er Jahre stimmen die Rangordnungen der Ostdeutschen und der Westdeutschen dagegen nahezu vollständig überein. An der Spitze liegen in beiden Landesteilen das Bundesverfassungsgericht, die Polizei und die Gerichte – am Ende die Parteien (Gabriel 1993: 9ff.; 1996: 258ff.). Das gewachsene Vertrauen der Ostdeutschen zu den Institutionen des Rechtsstaats gehört zu den wichtigsten Entwicklungen seit der Vereinigung und indiziert das Entstehen von Gemeinsamkeiten in einem Bereich des politischen Zusammenlebens, in dem Konsens und Vertrauen zu den unverzichtbaren Voraussetzungen erfolgreicher Problembewältigung gehören.

V. Determinanten des Vertrauens zu parteienstaatlichen und rechtsstaatlichen Institutionen

Anders als in großen Teilen der Literatur behauptet wird (so etwa Kepplinger 1998), lässt sich eine generelle Erosion des Institutionenvertrauens im vereinigten Deutschland empirisch nicht belegen. Die Einrichtungen des politischen Lebens verfügen in der Öffentlichkeit über eine unterschiedlich breite Vertrauensbasis, nur wenige von ihnen sind mit mehr Misstrauen als Vertrauen konfrontiert. Der Umstand, dass parteienstaatlich-parlamentarische Institutionen beim Bemühen um das Vertrauen der Öffentlichkeit auf größere Probleme stoßen als die Einrichtungen des Rechtsstaats, lässt sich nicht primär auf eine angeblich ungebrochene obrigkeitsstaatliche Tradition Deutschlands zurückführen, sondern reflektiert die unterschiedliche Rolle der betreffenden Institutionen in der Demokratie. Diese Interpretation erhärten auch Befunde aus traditionsreichen Demokratien, in denen die Polizei, die Gerichte und das Militär in höherem Ansehen stehen als die Parteien, das Parlament und die Regierung (für die USA z.B. Ladd und Bowman 1998: 115ff.; für Westeuropa: Listhaug und Wiberg 1995: 303ff.). Das vergleichsweise geringe Vertrauen zur Verwaltung spricht ebenfalls gegen die Annahme einer spezifischen deutschen obrigkeitsstaatlichen Tradition.

Nicht allein das differenzierte Verhältnis der Bevölkerung zu einzelnen Institutionen widerlegt die verbreiteten Pauschalurteile über einen Verfall des Institutionenvertrauens in der Bundesrepublik. Auch die Entwicklung des politischen Vertrauens seit 1990 gleicht in vielerlei Hinsicht den Verhältnissen in früheren Entwicklungsphasen der Bundesrepublik und den Gegebenheiten in anderen Demokratien. Allerdings lässt sich die Frage nach dem Gelingen des Institutionentransfers nach Ostdeutschland nicht allein durch eine Analyse des Niveaus und der Stabilität des Institutionenvertrauens beantworten. Ebenso wichtig ist die Identifikation von Faktoren, die als Antriebskräfte bzw. Hindernisse der kulturellen Integration Deutschlands wirken, wobei man stark differierende Motive des Institutionenvertrauens als Hinweis auf einen noch unabgeschlossenen Integrationsprozess interpretieren kann.

1. Ansätze zur Erklärung des Institutionenvertrauens und ihr empirischer Gehalt

Die Literatur zum Thema politische Kultur ist voll von Versuchen, das Entstehen und den Zerfall politischen Vertrauens zu erklären. Nach Easton (1965, 1975) entsteht politisches Vertrauen bereits in der Primärsozialisation. Da jedoch hinlänglich präzise, empirisch plausible Hypothesen über die für das Entstehen politischen Vertrauens relevanten Sozialisationsinhalte und -mechanismen fehlen, behilft sich die empirische Forschung zumeist mit der Strategie, Sozialisationsfaktoren über die Proxy-Variablen Alter, Geschlecht und Bildungsabschluss zu erfassen. Die genaue Bedeutung dieser Größen für das Zustandekommen politischer Unterstützung blieb weitgehend unklar. In unserem Fall verdient mit den Indikatoren fortbestehender DDR-Bindungen eine Klasse von Sozialisationsfaktoren besondere Beachtung, für die eine akzeptable Operationalisierung vorliegt (vgl. *Tabelle 4* sowie den *Anhang*) und die das Vertrauen zu den politischen Institutionen der Bundesrepublik höchst wahrscheinlich negativ beeinflussen (ausführlicher hierzu: Gabriel 1996; Gensicke 1998: 104ff.).

Neben der politischen Sozialisation betrachtete Easton (1965, 1975) die Performanz des politischen Systems, seiner Institutionen und Akteure als eine Quelle politischen Vertrauens. Überzeugungen von der Vertrauenswürdigkeit politischer Objekte können durch eine Generalisierung positiver Erfahrungen mit den von politischen Institutionen und Akteuren erbrachten Leistungen entstehen und sind demnach bis zu einem gewissen Grade performanzbedingt. In fast allen neueren Arbeiten gilt eine negative Bewertung der Leistungen politischer Institutionen und Akteure als Ursache politischen Misstrauens, während eine positive Einschätzung der Performanz des Systems und seiner Elemente das Vertrauen zur Politik fördere (vgl. u.a. Craig 1993: 41ff.; Hetherington 1998; Hibbing und Theiss-Morse 1997; Kornberg und Clarke 1992: 120ff., 222ff.; Lipset und Schneider 1983: 406ff.; Miller und Listhaug 1990: 314ff.; Nye 1997: 8ff.; Orren 1997: 89ff.; Ragsdale 1997: 239ff.; Tolchin 1996: 50ff.). Die Messung der Performanz fällt in den vorliegenden Studien unterschiedlich aus. Relativ häufig erfordert die Datenlage auch hier einen Rückgriff auf Proxy-Variablen wie die Bewertung der individuellen oder der kollektiven Wirtschaftslage. Das Problem der Attribution von Verantwortung für ungünstige Situationen oder Entwicklungen wird auf diese Weise allerdings ausgeklammert. Deshalb ist es zweckmäßiger, die spezifische Unterstützung direkt durch Fragen nach der Bewertung politischer Leistungen zu erfassen. Für das Entstehen von Vertrauen zu parteienstaatlichen und rechtsstaatlichen Institutionen dürften Performanzbewertungen eine unterschiedliche Rolle spielen. Da die Öffentlichkeit der Regierung und dem Parlament vermutlich eine größere Verantwortung für die Gestaltung der gesellschaftlichen Verhältnisse zuweist als der Polizei und den Gerichten, liegt die Annahme nahe, dass die Bewertung der Systemperformanz das Vertrauen zu parteienstaatlichen Institutionen wesentlich stärker beeinflusst als die Einstellung zu rechtsstaatlichen Institutionen.

Abgesehen von der Bewertung politischer Outputs gelten die Einstellungen zu den politischen Parteien als die wichtigsten Prädiktoren politischen Vertrauens. Bereits in den 70er Jahren führten Miller (1974a, 1974b) und Citrin (1974) eine Debatte über den Einfluss der wachsenden parteipolitischen Polarisierung auf das politische Vertrauen in den USA. Neuere Analysen griffen diese Diskussion auf und beschäftigten sich mit der Frage, ob sich Personen mit moderaten politischen Einstellungen in Zeiten wachsender parteipolitischer Polarisierung noch angemessen im politischen Prozess repräsentiert fühlten (Craig 1993: 29ff.; King 1997; Tolchin 1996: 97ff.). Noch unter anderen Gesichtspunkten spielen Bindungen an Parteien eine Rolle als Bestimmungsfaktoren politischen Vertrauens. Kaase (1979: 330) charakterisierte die Parteiidentifikation als Puffer gegen temporäre Leistungsschwächen des politischen Systems und schrieb damit den Personen mit Parteiidentifikation eine stärkere Bindung an das politische System zu als Personen ohne Parteibindungen. Dabei hatte er vermutlich die Anhänger systemtragender Parteien im Blick, denn mit der Intensität der Bindung an extremistische Parteien dürfte das politische Vertrauen sinken. Parteibindungen werden zudem als „Incumbency-Effekte" verstanden. Demnach stehen Anhänger der Regierungsparteien den politischen Institutionen besonders positiv gegenüber, da sie sich mit den Inhabern der politischen Führungspositionen und der von diesen vertretenen Politik stärker identifizieren als Anhänger der Opposition (Craig 1993: 37ff.; Gabriel 1989; Kornberg und Clarke 1992: 109ff.; Miller und Listhaug 1990). Aufgrund der unterschiedlichen Rekrutierungsmechanismen parteienstaatlicher und rechtsstaatlicher Einrichtungen dürften Incumbency-Effekte vornehmlich im Verhältnis der Bevölkerung zu den Institutionen der Parteiendemokratie auftreten.

Wie die Bewertung der Performanz politischer Institutionen kann auch die Einschätzung der Kompetenz und Vertrauenswürdigkeit einzelner politischer Akteure sowie der Politiker im Allgemeinen Institutionenvertrauen begründen. Entsprechende Hinweise finden sich in Studien über die institutionellen Implikationen der Einstellung zu Präsidenten. Die Amtszeit Richard Nixons gilt als Beispiel für einen negativen Einfluss der Bewertung einzelner politischer Führer auf das politische Vertrauen. Der Amtsführung und Persönlichkeit Ronald Reagans wurde dagegen eine positive Bedeutung für das politische Klima in den USA zugeschrieben (Citrin und Green 1986; Craig 1993: 47ff.; Hetherington 1998; Lipset und Schneider 1983: 392ff.; Orren 1997: 91ff.; Ragsdale 1997).

Da die Bevölkerung in modernen Gesellschaften nur in seltenen Ausnahmefällen in direkte Austauschbeziehungen mit politischen Institutionen und Akteuren des nationalen politischen Systems eintritt, wuchsen die Massenmedien, vor allem das Fernsehen, zunehmend in die Rolle von Vermittlern zwischen der Bevölkerung und dem politischen System hinein. Diese Entwicklung hatte positive wie negative Aspekte. Auf der einen Seite erleichtert die Ausdifferenzierung des Mediensystems den Zugriff der Bevölkerung auf politische Informationen, sie stimuliert das politische Interesse und erweitert das Wissen über politische Zusammenhänge. Auf der anderen Seite stieß der Bedeutungsgewinn der Medien auf Kritik, weil die Medienberichterstattung eine politische Realität eigener Art konstruiere und durch ihren Negativismus maßgeblich zum Rückgang des politischen Vertrauens beitrage (Holtz-Bacha 1990; Kepplinger 1998; Lipset und Schneider 1983: 403ff.; Ragsdale 1997: 236ff., Orren 1997: 94ff.; Tolchin 1996: 80ff.).

Das Ausmaß politischen Vertrauens hängt schließlich von den in einer Gesellschaft verbreiteten Wertvorstellungen ab (van den Broek und Heunks 1994: 77; Hetherington 1998; Inglehart 1997; Kornberg und Clarke 1992: 126ff.; Mansbridge 1997; Listhaug und Wiberg 1995: 315; Orren 1997: 91ff.). Diese Verbindung ergibt sich aus der Anwendung moralischer Standards bei der Bewertung politischer Objekte. Je stärker die Eigenschaften der zu bewertenden Objekte den moralischen Überzeugungen von Individuen oder Gruppen entsprechen, desto eher entsteht politisches Vertrauen. In diesem Sinne gelten die Ausbreitung postmaterialistischer Wertorientierungen und die Säkularisierung als wichtige Ursachen der Vertrauenskrise in den demokratischen Staaten sowie insbesondere des nachlassenden Respekts vor den Agenturen sozialer Kontrolle. Zudem werden institutionenkritische Einstellungen häufig mit linken, institutionengläubige Einstellungen mit rechten ideologischen Positionen in Verbindung gebracht. Auch wenn diese Annahmen im Hinblick auf die Rolle einzelner Institutionen in Gesellschaft und Politik einer Differenzierung bedürfen, erscheint die Annahme plausibel, dass eine positive Bewertung der Prinzipien von Hierarchie, Ordnung, Konformität und Stabilität das Vertrauen zu Autoritäten und Institutionen fördert, während eine Befürwortung des politischen Wandels, egalitärer Prinzipien sowie von Selbstverwirklichungszielen eine kritische Haltung zu politischen Institutionen begünstigt (eine ausführlichere Begründung dieser Überlegungen findet sich bei Gabriel 1995). Wertorientierungen dürften primär die Einstellung zu den mit der Durchsetzung von Werten und Normen befassten Institutionen, d.h. zu den rechtsstaatlichen Institutionen, beeinflussen.

Tabelle 4 gibt einen ersten Überblick über die Brauchbarkeit der dargestellten Modelle zur Erklärung des Institutionenvertrauens. Erwartungsgemäß binden nahezu alle Modelle einen wesentlich größeren Teil der Varianz des Vertrauens zu parteienstaatlichen Institutionen als des Vertrauens zu den Einrichtungen des Rechtsstaats. Obgleich dieses Ergebnis keine Überraschung darstellt, war vor dem Hintergrund des Diskussionsstandes nicht unbedingt damit zu rechnen, dass selbst Wertorientierungen und moralisch fundierte Situationsbewertungen für die Einstellungen zum Rechtsstaat weitgehend belanglos sind.

Ganz anders stellt sich die Sachlage bei der Erklärung des Vertrauens zu den parteienstaatlichen Institutionen dar. Vor allem in Ostdeutschland binden einige Modelle einen hohen Anteil der Varianz des politischen Vertrauens. Erwartungsgemäß erweisen sich die Einstellung zu den politischen Parteien, eine positive Bewertung der Performanz des Staates und der Regierung sowie positive Einstellungen zu Politikern als besonders bedeutsam für die Erklärung des Vertrauens zum Bundestag und zur Bundesregierung. Eine deutlich geringere, aber gleichwohl substantielle Rolle spielen Gefühle der Vertretenheit durch intermediäre Organisationen und Politiker sowie die Situationsbewertung aufgrund instrumenteller und moralischer Standards. Alle anderen Größen, vor allem Sozialisation, Wertorientierungen und Mediennutzung tragen fast nichts zur Erklärung des Vertrauens zu

Tabelle 4: Erklärungsmodelle des Institutionenvertrauens, 1998
(Angaben: R^2 für getrennte Schätzmodelle)

Modelle und Operationalisierung	Parteienstaatliche Institutionen			Rechtsstaatliche Institutionen		
	Gesamt	ABL	NBL	Gesamt	ABL	NBL
Einstellungen zu Parteien:	.34** (1476)	.32** (978)	.44** (457)	.11** (1481)	.11** (983)	.13** (456)
Bewertung von CDU/CSU, SPD, FDP, B90/ GRÜNE, PDS, REP und DVU und ideologische Distanz zu diesen Parteien; Policydistanz zu CDU/CSU, SPD, FDP und B90/GRÜNE; Problemlösungskompetenz der Parteien, Gefühl der Vertretenheit durch demokratische Parteien; Vertrauen zu Parteien; Stärke der Parteiidentifikation						
Performanz politischer Akteure und Institutionen:	.25** (2174)	.23** (1487)	.36** (648)	.07** (2184)	.06** (1498)	.08** (643)
Zufriedenheit mit Regierungsleistungen; Zufriedenheit mit staatlichen Leistungen; Positive Bewertung der Kompetenz politischer Parteien; Kompetenzbewertung von Helmut Kohl und Gerhard Schröder						
Vertrauen zu politischen Akteuren:	.24** (2876)	.22** (1939)	.32** (917)	.06** (2890)	.06** (1954)	.07** (910)
Responsivität von Politikern; Bewertung der Persönlichkeit von Helmut Kohl und Gerhard Schröder						
Vertretenheit durch Organisationen und Akteure:	.17** (2651)	.15** (1810)	.26** (797)	.07** (2660)	.06** (1820)	.08** (794)
Responsivität von Politikern; Vertretenheit durch demokratische Parteien sowie durch intermediäre Organisationen						
Situationsbewertung aufgrund moralischer Standards:	.11** (2848)	.09** (1890)	.14** (951)	.05** (2872)	.04** (1924)	.05** (942)
Gerechtigkeit der deutschen Gesellschaft; Kein Gefühl individueller Benachteiligung						
Situationsbewertung aufgrund instrumenteller Standards:	.10** (3132)	.09** (2087)	.11** (1052)	.03** (3154)	.03** (2113)	.03** (1035)
Allgemeine und individuelle Wirtschaftslage, aktuell, prospektiv und retrospektiv						
Wertorientierungen:	.04** (2726)	.03** (1813)	.06** (921)	.04** (2732)	.04** (1825)	.02** (908)
Kirchgangshäufigkeit; Materialismus-Postmaterialismus; Links-Rechts-Selbsteinstufung; KON-Dispositionen						
Mediennutzung:	.02** (3138)	.03* (2097)	.02** (1041)	.02** (3163)	.02* (2126)	.02* (1023)
Häufigkeit der Lektüre der BILD-Zeitung, einer Lokal-/Regionalzeitung, einer überregionalen Zeitung; Häufigkeit des Sehens von Fernsehnachrichten bei öffentlich-rechtlichen und privaten Anbietern						
Gruppenspezifische Sozialisation:	.02** (3121)	.02* (2082)	.00ns (1042)	.01* (3145)	.01* (2110)	.01* (1026)
Alter; Bildungsniveau; Geschlecht						
DDR-/BRD-Nostalgie:	.01* (2787)	.01* (1844)	.11* (929)	.01* (2808)	.01* (1866)	.03** (921)
Verbundenheit mit alter DDR/BRD; Bewertung des Lebensstandards; Solidarität; Gerechtigkeit der Einkommensverteilung; Innere und soziale Sicherheit						

* F-Werte der Regressionsmodelle auf dem 95%-Niveau statistisch signifikant;
** F-Werte der Regressionsmodelle auf dem 99,9%-Niveau statistisch signifikant.

Quelle: siehe *Tabelle 1.*

parteienstaatlichen Institutionen bei. In Ostdeutschland kommt fortbestehenden DDR-Bindungen eine erkennbare, aber keineswegs überragende Bedeutung für die Einstellungen zum Parteienstaat zu.

Diese Befunde belegen die Relevanz der Einschätzung der aktuellen politischen Bedingungen für das Vertrauen der Bevölkerung zum Parteienstaat und ihre weitgehende Bedeutungslosigkeit für das Verhältnis zum Rechtsstaat. Noch viel deutlicher tritt die unterschiedliche Basis dieser beiden Aspekte des Institutionenvertrauens in getrennten Analysen mit den Daten der Vorwahl- und der Nachwahlstudie zu Tage. Der durch die Bundestagswahl 1998 hervorgerufene Regierungswechsel war für das Vertrauen zu den rechtsstaatlichen Institutionen völlig belanglos. Dagegen ergaben sich aus der Veränderung der politischen Machtverhältnisse erhebliche Konsequenzen für das Vertrauen zu den parteienstaatlichen Institutionen. Alle Schätzmodelle, die Einstellungen zu Parteien und Politikern enthielten, wiesen in der Vorwahlzeit eine beträchtlich höhere Erklärungskraft auf als in der Zeit nach der Wahl (auf tabellarische Nachweise wird verzichtet). Dieser Unterschied dürfte damit zusammenhängen, dass die vor der Wahl amtierende Regierung im Rückblick auf eine sechzehn Jahre dauernde Amtszeit einigermaßen verlässlich bewertet werden konnte, während das Vertrauen zur neuen Regierung und der sie tragenden Parlamentsmehrheit allenfalls prospektiven Charakter hatte und folglich mit einem wesentlich größeren Unsicherheitsfaktor behaftet war.

2. Welche Größen beeinflussen das Vertrauen zu parteienstaatlichen und zu rechtsstaatlichen Institutionen?

Die bisher separat eingeführten Schätzmodelle schließen einander keineswegs aus und enthalten eine Reihe gemeinsamer Erklärungsgrößen. Deshalb liegt es nahe, sie zu einem einzigen Modell zusammenzufassen. Mit dessen Hilfe war es möglich, 37 Prozent der Varianz des Vertrauens zu den parteienstaatlichen Institutionen und 18 Prozent des Vertrauens zu den rechtsstaatlichen Institutionen zu binden. Nicht zuletzt wegen der großen Zahl insignifikanter Beziehungen ist die Entwicklung sparsamerer Erklärungsmodelle angezeigt, aus denen sämtliche theoretisch nicht klar begründbaren bzw. statistisch insignifikanten Prädiktoren ausgeklammert bleiben. Diese Vereinfachung hat keine nennenswerten Auswirkungen auf die Erklärungskraft der Modelle und ändert auch erwartungsgemäß nichts an der Tatsache, dass die Einstellungen zu den Institutionen des Parteienstaats besser erklärt werden können als das Verhältnis zu den rechtsstaatlichen Einrichtungen der Bundesrepublik (*Tabellen 5a* und *5b*; ähnlich: Deinert 1997; Gabriel und Vetter 1999; Walz 1997). Im Hinblick auf das vorrangige Anliegen dieses Beitrages, den Vergleich der Einstellungsstrukturen in den alten und neuen Bundesländern, beziehen sich die folgenden Aussagen ausschließlich auf die separat für Ost- und Westdeutschland ermittelten Ergebnisse.

Das in *Tabelle 5b* enthaltene Regressionsmodell liefert eine etwa gleich gute Schätzung des Vertrauens zu rechtsstaatlichen Institutionen in Ost- und Westdeutschland (11 bzw. 14 Prozent). Die relativ starke Beziehung zwischen dem Vertrauen zu den politischen Parteien und den Einstellungen zum Rechtsstaat reflektiert die bereits in der Faktorenanalyse hervorgetretene generalisierte Disposition zum politischen Vertrauen. Alle anderen

Effekte bleiben relativ schwach und fallen im Osten und Westen sehr unterschiedlich aus. In den neuen Ländern schwächt der Fortbestand von Bindungen an die Idee des Sozialismus das Vertrauen zum Rechtsstaat. Einen ähnlichen Effekt hat die ideologische Distanz zur CDU. Im Westen finden die Annahmen über die Bedeutung politischer Wertorientierungen einen – allerdings schwachen – Rückhalt in den Daten: Postmaterialisten, linke und kirchenferne Befragte stehen den Ordnungsmächten Polizei und Gericht distanzierter gegenüber als der Rest der Bevölkerung. Überzeugungen von der Gerechtigkeit der deutschen Gesellschaft fördern im Westen – anders als im Osten – das Vertrauen zum Rechtsstaat. Die gleiche Wirkung hat das Gefühl, nicht zu den benachteiligten Bevölkerungsgruppen zu gehören.

Deutlich andere Muster zeigen sich bei den Determinanten des Vertrauens zum Parlament und zur Regierung. Während sich der für die alten Bundesländer berechnete Determinationskoeffizient in der bekannten Größenordnung bewegt (38 Prozent), bindet das für die neuen Länder geschätzte Modell fast die Hälfte der Varianz des Vertrauens zu den Einrichtungen des Parteienstaats. Eine ähnliche Konstellation hatte sich bereits 1994 ergeben (Gabriel und Vetter 1999: 224ff.). Diese Unterschiede reflektieren nur zum Teil qualitativ verschiedenartige Einstellungsstrukturen, zum Teil sind gleichartige Einflüsse im Osten stärker ausgeprägt als im Westen.

Als weitaus wichtigster Bestimmungsfaktor der Einstellung zu Parlament und Regierung erweist sich das Vertrauen zu den politischen Parteien, dem im Osten ein noch größerer Stellenwert zukommt als im Westen. Dieser Sachverhalt entspricht der parteipolitischen Mediatisierung des parlamentarischen Regierungssystems der Bundesrepublik und stützt die Annahme, dass die parteienkritischen Einstellungen eines großen Teils der Bevölkerung das Verhältnis der Bürger zu den Kerninstitutionen des parlamentarischen Regierungssystems belasten (Rattinger 1993). Ein solches Ergebnis wäre trivial, wenn das Vertrauen zu den politischen Parteien in der Faktorenanalyse enger mit den Einstellungen zu Parlament und Regierung verbunden gewesen wäre als es tatsächlich der Fall war. In den alten Bundesländern fördert auch das Gefühl, durch eine der demokratischen Parteien vertreten zu werden, das Vertrauen zum Parlament und zur Regierung. Die Zuweisung von Problemlösungskompetenz an die politischen Parteien spielt bei einer Kontrolle anderer parteibezogener Orientierungen nur in den neuen Bundesländern eine bedeutsame Rolle als Determinante des Vertrauens zum Parteienstaat. Dagegen ist die Stärke der Identifikation mit einer demokratischen Partei weder in den alten noch in den neuen Bundesländern für das Parlaments- und Regierungsvertrauen von Belang.

Die Effekte des Vertrauens zu den politischen Parteien und des Gefühls, durch politische Parteien angemessen vertreten zu werden, bringen die integrative Funktion der Parteien in einer Demokratie zum Ausdruck. Politische Parteien haben aber nicht allein die Aufgabe der Integration ihrer Anhänger in das politische System. In Wettbewerbsdemokratien artikulieren, organisieren und kanalisieren sie zugleich politische Konflikte. Diese Funktionen liegen der Annahme von Incumbency-Effekten zugrunde, nach der Anhänger der Regierungsparteien den politischen Institutionen positiver gegenüberstehen als Anhänger der Oppositionsparteien. Im Oppositionslager sollte man zusätzlich zwischen Anhängern systemtragender und gegen das System agierender Gruppierungen unterscheiden.

Bei einer Kontrolle von Drittvariablen spielen positive Einstellungen zu antidemokratischen Parteien weder im Osten noch im Westen eine Rolle als Prädiktoren des Vertrauens

Tabelle 5: Determinanten des Vertrauens zu politischen Institutionen in Deutschland, 1998

a) Bundestag und Bundesregierung (parteienstaatliche Institutionen)

	Gesamt-deutschland		Alte Bundesländer		Neue Bundesländer	
	B	beta	B	beta	B	beta
Vertrauen zu den pol. Parteien	.34**	.28	.32**	.27	.38**	.30
Politikervertrauen	.10**	.10	.09**	.09	.16**	.14
Bewertung der Person H. Kohls	.10**	.13	.08**	.11		
Vertretenheit durch demokratische Parteien	.17**	.12	.12**	.08		
Einstellung zur CDU/CSU			.04**	.11		
Einstellung zur SPD			.04**	.09		
Einstellung zu B90/GRÜNE			.02*	.05		
Vertretenheit durch intermed. Organisationen					.18**	.13
Gerechtigkeit der Gesellschaft	.12**	.08	.11**	.07	.12*	.06
Zufriedenheit mit Staatsperformanz	.10**	.07	.10**	.07		
Zufriedenheit mit Regierungsleistung	.06**	.16	.05**	.13	.10**	.24
Problemlösungskompetenz der Parteien					.17**	.12
Indiv. Wirtschaftslage, aktuell	.10**	.08	.10**	.08		
Allg. Wirtschaftslage, aktuell					.13*	.09
Zustimmung zur Idee des Sozialismus			ne		−.10**	−.11
Konstante	.42**		.40		.33**	
R^2 korrigiert	.38		.38		.49	
N	2495		1671		639	

b) Gerichte und Polizei (rechtsstaatliche Institutionen)

	Gesamt-deutschland		Alte Bundesländer		Neue Bundesländer	
	B	beta	B	beta	B	beta
Vertrauen zu den pol. Parteien	.27**	.23	.27**	.24	.35**	.30
Ideologische Distanz zur CDU					−.08**	−.11
Vertretenheit durch intermed. Org.	.12**	.10	.13**	.10		
Gerechtigkeit der Gesellschaft	.16**	.10	.13**	.09		
Keine indiv. Benachteiligung	.10**	.05	.12*	.06		
Säkulare Orientierung	−.07**	−.12	−.08**	−.13		
Links-Rechts-Selbsteinstufung			.02*	.04		
Postmaterialismus	−.05*	−.05	−.06*	−.06		
Zustimmung zur Idee des Sozialismus			n.e.		−.10	−.11
Konstante	1.11*		1.03**		.43**	
R^2 korrigiert	.14		.14		.11	
N	2455		1671		564	

In die Gleichung wurden nur Variablen einbezogen, die sich in einem ersten Analyseschritt als statistisch signifikante Prädiktoren des Institutionenvertrauens erwiesen hatten. Leere Zellen indizieren statistisch insignifikante Effektkoeffizienten.
* T-Wert der Effektkoeffizienten auf dem 95%-Niveau statistisch signifikant; unstandardisierter Regresssionskoeffizient zweieinhalbmal größer als der Standardfehler;
** T-Wert der Effektkoeffizienten auf dem 99,9%-Niveau statistisch signifikant.

Quelle: siehe *Tabelle 1.*

zu Parlament und Regierung (*Tabelle 5a*). Diesem Ergebnis kommt vor allem mit Blick auf die PDS eine große politische Bedeutung zu, da diese Partei in Ostdeutschland einen beträchtlichen Teil der Wählerschaft an sich bindet und sich als Hüterin der positiven Errungenschaften der alten DDR geriert. Nach unseren Befunden, die sich mit denen aus dem Jahre 1994 decken, fungiert die PDS nicht als Kristallisationskern gegen die politischen Institutionen der Bundesrepublik gerichteter Ressentiments (Gabriel 1996: 273ff.).

Eindeutige Incumbency-Effekte lassen sich auf den ersten Blick im Jahre 1998 ebenfalls nicht nachweisen. Im Osten der Bundesrepublik ist die Bindung an einzelne Parteien bedeutungslos für das Vertrauen zum Bundestag und zur Bundesregierung; im Westen fördern positive Einstellungen zur CDU/CSU, zu SPD und zu Bündnis 90/Die GRÜNEN das Vertrauen zu den Institutionen des parlamentarischen Regierungssystems. Dieses Ergebnis spricht nicht gegen das Auftreten von Incumbency-Effekten, sondern bringt die im Verlaufe der Erhebung gewandelten parteipolitischen Bedingungen zum Ausdruck. Vor der Bundestagswahl regierten CDU/CSU und FDP, danach gelangte eine aus der SPD und den Bündnisgrünen gebildete Regierung ins Amt. Möglicherweise überlagerte der erfolgte Regierungswechsel die Effekte der Einstellungen zu den Parteien auf das Institutionenvertrauen. Eine getrennte Auswertung der Vorwahl- und der Nachwahldaten bestätigt diese Annahme zumindest teilweise. In der Vorwahlstudie förderte eine positive Einstellung zu den Unionsparteien das Vertrauen zum Bundestag und zur Bundesregierung (B .05, beta .14, sig. .000), in der Nachwahlstudie verhielten sich die Anhänger der SPD (B .08, beta .10, sig. .000) sowie in den alten Bundesländern der GRÜNEN (B .03, beta .07, sig. .05) ähnlich (auf tabellarische Nachweise wird verzichtet).

Zusammenfassend kann man festhalten, dass generalisierte Orientierungen auf das Parteiensystem das Verhältnis der Bundesbürger zum Bundestag und zur Bundesregierung stärker beeinflussen als die Einstellungen zu einzelnen Parteien. Diese Feststellung stützt sich nicht allein auf die bisher präsentierten Daten, sondern auf weitere, nicht in *Tabelle 5a* bzw. *5b* ausgewiesene Größen. Diese betreffen vor allem die Rolle der Parteien als Anbieter von Programmen und Ideologien. Kein Indikator der ideologischen Distanz bzw. der Policy-Distanz der Wähler zu den demokratischen Parteien war für das Institutionenvertrauen bedeutsam. Dies resultiert möglicherweise aus der Berücksichtigung des Indikators „Vertretenheitsgefühl", der ein generalisiertes Gefühl der Nähe der Wähler zu den Parteien abbilden dürfte.

Eine ähnlich prominente Rolle wie parteipolitische Bindungen spielen in der Literatur über die Determinanten politischen Vertrauens die Einstellungen zur Performanz des politischen Systems und seiner Elemente sowie die Bewertung der sozio-ökonomischen Verhältnisse. In unserem Fall verdient dieser Faktorenkomplex eine besondere Aufmerksamkeit, weil sich die ostdeutsche Bevölkerung von der Vereinigung eine nachhaltige Verbesserung der Lebensbedingungen erhofft hatte. Sie hatte aber frühzeitig zur Kenntnis nehmen müssen, dass sich die Erwartungen nicht sofort für alle Menschen in vollem Umfange erfüllen würden. Für einen großen Teil der Bürgerinnen und Bürger der neuen Bundesländer brachte der Kollaps des staatswirtschaftlichen Systems den Verlust des Arbeitsplatzes und ein tiefes Gefühl wirtschaftlicher Unsicherheit. Diese Diskrepanz zwischen Erwartungen und Resultaten könnte sich als Belastung für das Verhältnis zu den neuen politischen Institutionen erweisen. Hierfür spricht die zeitweise außerordentlich kritische Bewertung der Wirtschaftslage (ausführlich: Gabriel 1996; Gensicke 1998; Walz und Brunner 1997). Auch die Menschen im Westen perzipierten seit der Vereinigung eine einschneidende Verschlechterung der wirtschaftlichen Bedingungen, die der ursprünglichen Erwartung widersprach, die Wiedervereinigung sei ohne größere ökonomische Folgelasten zu verwirklichen.

Die meisten Studien über die Bedeutung der Staats- oder Regierungsperformanz für das politische Vertrauen messen eher die Bewertung möglicher Folgen des politischen Outputs als die Einstellungen zu diesem selbst und zu seinen Produzenten. In der Regel beziehen sich Analysen auf der Mikroebene auf die Bewertung der individuellen Wirtschaftslage oder der gesamtwirtschaftlichen Verhältnisse. Diese in den meisten Fällen durch die Datenlage erzwungene Operationalisierung bleibt unbefriedigend, weil sie impliziert, dass die Befragten die Politik für die Wirtschaftslage verantwortlich machen. Ob diese Prämisse zutrifft oder nicht, bedarf der Klärung durch empirische Untersuchungen. Für unsere Analysen stehen neben den Indikatoren der perzipierten Wirtschaftslage Informationen über die Zufriedenheit mit den staatlichen Leistungen auf ausgewählten Politikfeldern (Arbeitsmarktpolitik, Wirtschaftsförderung, Gleichstellung der Frauen), die Zufriedenheit mit den Regierungsleistungen, eine positive Bewertung der Problemlösungskompetenz der Parteien und die Einschätzung der politischen Performanz von Helmut Kohl und Gerhard Schröder zur Verfügung. Alle diese Größen indizieren eine spezifische Unterstützung politischer Objekte und eignen sich für unsere Zwecke besser als die gebräuchlichen Indikatoren.

Auch wenn einige Einstellungen zu den wirtschaftlichen und sozialen Verhältnissen das Vertrauen zum Bundestag und zur Bundesregierung beeinflussen, schwächte sich im Vergleich mit 1994 ihre Relevanz für das politische Vertrauen ab – vermutlich aufgrund der direkten Messung von Performanzbewertungen. Im Osten und im Westen fördert die Überzeugung, in der deutschen Gesellschaft gehe es gerecht zu, das Vertrauen zu den Institutionen des Parteienstaats. Der Effekt fällt in beiden Teilen des Landes ungefähr gleich stark aus. Divergenzen zeigen sich beim Einfluss der perzipierten Wirtschaftslage auf das politische Vertrauen. Im Westen bestand ein Zusammenhang zwischen der Einschätzung der individuellen Wirtschaftslage und dem politischen Vertrauen. Im Osten war die Bewertung der wirtschaftlichen Verhältnisse in den neuen Bundesländern für das Vertrauen zu den parteienstaatlichen Institutionen relevant. Gemessen an der Schwere der ökonomischen Probleme im vereinigten Deutschland spielt die Bewertung der Wirtschaftslage jedoch eine überraschend bescheidene Rolle als Determinante des Vertrauens zu Parlament und Regierung (Ergebnisse für die Jahre 1994 und 1996 finden sich bei Gabriel 1996: 267ff.; Gabriel und Vetter 1999: 224ff.).

Im Vergleich mit den Einstellungen zur Wirtschaftslage und zur Gerechtigkeit der Gesellschaft zielen die Performanzindikatoren direkt auf die Aktivitäten des politischen Systems bzw. seiner Repräsentanten. Mit Ausnahme der Einstellung zur Problemlösungskompetenz der beiden Spitzenpolitiker im Wahlkampf 1998 beeinflussten alle diese Einstellungen das Vertrauen zum Parteienstaat, wobei im Osten durchweg stärkere Effekte auftraten als im Westen. Bedeutsam war in beiden Landesteilen die Zufriedenheit mit den Regierungsleistungen. In den alten Ländern kam als weiterer Faktor die Zufriedenheit mit der Erfüllung der Staatsaufgaben auf ausgewählten Politikfeldern hinzu, in den neuen Ländern eine positive Bewertung der Problemlösungskompetenz der demokratischen Parteien. Wie in der alten Bundesrepublik der 50er Jahre spielt die Bewertung der Systemperformanz eine wichtige Rolle für den Aufbau politischer Unterstützung. Im Gegensatz zur damaligen Zeit bewertet die Bevölkerung die Systemleistungen derzeit allerdings eher negativ als positiv.

Schließlich besteht auch die erwartete positive Beziehung zwischen dem Vertrauen zu Politikern und zu politischen Institutionen. Analog zu den Parteibindungen beeinflussen weniger die Orientierungen auf einzelne politische Akteure als vielmehr die Einstellungen zu Politikern im Allgemeinen, insbesondere die Überzeugung von ihrer Bürgernähe, das Verhältnis der Bevölkerung zum Bundestag und zur Bundesregierung. Nur in den alten Bundesländern wirkt sich eine positive Bewertung der Persönlichkeit (Vertrauenswürdigkeit, sympathische Ausstrahlung) von Altbundeskanzler Kohl günstig auf das Vertrauen zu den Institutionen des Parteienstaats aus. Dieser Effekt war in der Vorwahlstudie besonders stark, zeigte sich aber auch noch nach der Abwahl Kohls als Bundeskanzler. Dagegen waren die Einstellungen zum neuen Bundeskanzler, respektive Kanzlerkandidaten, unerheblich für das Institutionenvertrauen.

Mit einer Ausnahme spielte keine der in den übrigen Erklärungsansätzen enthaltenen Variablen (Wertwandel, Videmalaise, Sozialisation) eine Rolle für das Vertrauen zum Parteienstaat. Die einzige Abweichung von diesem Muster betraf die positive Bewertung der Idee des Sozialismus, die, wie bereits vor vier Jahren, das Entstehen eines positiven Verhältnisses der Ostdeutschen zu den Institutionen des parlamentarischen Parteienstaats der Bundesrepublik erschwerte (Gabriel 1996: 267ff.; Gabriel und Vetter 1999: 224ff.).

3. Von der Struktur- zur Prozessanalyse: Welche Faktoren beeinflussen den Wandel des Institutionenvertrauens?

Gegenstand der bisherigen Untersuchung war die Frage, welche Faktoren das Vertrauen zu den Institutionen des Parteienstaats und des Rechtsstaats im Wahljahr 1998 beeinflussten. Dieses Vorgehen entspricht zwar dem der meisten empirischen Studien über das politische Vertrauen, es erlaubt aber keine Prüfung der Aussagen über den Wandel des Verhältnisses der Bevölkerung zur Politik und die diesem Prozess zugrunde liegenden Faktoren. Abweichend von der üblichen Präsentation von Querschnitts- oder bestenfalls Trenddaten unterstellen die meisten zum Thema „Vertrauenskrise in den westlichen Demokratien" publizierten Untersuchungen, das Vertrauen der Bevölkerung zum politischen System, seinen Institutionen und Akteuren sei aufgrund gesellschaftlicher Veränderungen und deren Verarbeitung durch die Individuen zurückgegangen. Diese Hypothese lässt sich auf zweierlei Weise deuten: In der weicheren Variante bedeutet sie, dass das Verhältnis einzelner Personen zum politischen System weitgehend konstant geblieben ist. Der Rückgang des politischen Vertrauens betrifft die Aggregatebene und resultiert aus einer veränderten Zusammensetzung der Bevölkerung, beispielsweise aus dem wachsenden Anteil von Personen mit einer schwachen Parteiidentifikation, schwacher religiöser Bindung oder einer Präferenz für postmaterialistische Selbstentfaltungswerte.

Diese Sicht erklärt allerdings nur einige Aspekte der unterstellten Vertrauenskrise. Eine zunehmend kritische Bewertung der Staatsperformanz, der sozio-ökonomischen Rahmenbedingungen, der Parteien und der Politiker oder eine Nutzung zunehmend negativ berichtender Massenmedien können sehr wohl einen Rückgang des Institutionenvertrauens einzelner Personen auslösen. Derartige Vermutungen werden in der Literatur immer wieder geäußert, in der Regel aber nicht angemessen getestet. Dieses Manko der Forschung ist bis zu einem gewissen Grade unvermeidbar, denn beim unterstellten Rückgang des politischen Vertrauens in den westlichen Demokratien handelt es sich um einen sehr langfristigen Vorgang. Mangels der für eine kontinuierliche Begleitung dieses Entwicklungsprozesses benötigten Paneldaten bleibt die Analyse der Determinanten des Verhältnisses der Bevölkerung zum politischen System zwangsläufig auf Querschnittsdaten beschränkt.

Auch für Deutschland liegen keine Paneldaten über einen langen Zeitabschnitt vor, doch besteht zumindest für den Zeitraum 1994 bis 1998 die Möglichkeit, die Bedingungen eines Wandels politischer Orientierungen auf der Individualebene zu untersuchen. Damit können wir zugleich prüfen, ob querschnittliche Analysen sich dazu eignen, der Entwicklung der Vertrauensbeziehungen zwischen der Bevölkerung und der Politik näher zu kommen. Der Zeitabschnitt zwischen den Bundestagswahlen 1994 und 1998 ist nicht zuletzt deshalb interessant, weil er der Abwahl einer amtierenden Bundesregierung vorausging, die ihrerseits einen massiven Vertrauenslust anzeigt.

Wie oben in den *Tabellen 2* und *3* dokumentiert wurde, unterschätzen die auf der Aggregatebene erhobenen Trenddaten das Ausmaß des Einstellungswandels ganz beträchtlich. Während die für 1994 und 1998 vorliegenden Aggregatdaten den Eindruck eines relativ stabilen Verhältnisses der Bundesbürger zu den parteienstaatlichen und den rechtsstaatlichen Institutionen erwecken, zeigen die Paneldaten, dass mehr als die Hälfte der Befragten zwischen 1994 und 1998 ihre Einstellungen zu den genannten Institutionen veränderte. Sind diese Änderungen im Institutionenvertrauen – analog zum Querschnitt – auf einen Wandel der Einstellungen zu den Parteien, den Politikern und der Performanz des politischen Systems zurückzuführen und welche Rolle spielte in den neuen Bundesländern eine wachsende „DDR-Nostalgie"?

Leider waren nicht alle in der Querschnittsanalyse eingesetzten Indikatoren, vor allem die wichtigen Performanzfaktoren, in der Panelumfrage enthalten. Da jedoch alle empirisch tragfähigen Erklärungsansätze durch einige Variablen repräsentiert waren, besteht die Möglichkeit, die bisher präsentierten querschnittlichen Befunde durch eine dynamische Komponente zu ergänzen. Im Unterschied zur *Tabelle 5* sind in *Tabelle 6* die zwischen 1994 und 1998 aufgetretenen Veränderungen der Merkmalsausprägungen der abhängigen und der unabhängigen Variablen erfasst. Somit wird untersucht, ob ein Wandel der Einstellungen zu Parteien, Politikern und sozio-ökonomischen Gegebenheiten eine Veränderung des Vertrauens der Bevölkerung zu den politischen Institutionen mit sich bringt, wie stark diese Zusammenhänge ausfallen, welche sich als besonders bedeutsam erweisen und ob die Ergebnisse der Panelanalyse die Befunde der Querschnittsstudie stützen.

Die in *Tabelle 6* enthaltenen Daten dokumentieren eine große Ähnlichkeit zwischen den Ergebnissen der Panelanalyse und denen der Querschnittsanalyse. Die unterschiedliche Erklärungskraft der in den *Tabellen 5* und *6* enthaltenen Schätzmodelle geht weniger auf divergierende Einstellungsstrukturen als auf das Fehlen einiger wichtiger Indikatoren in den Panelanalysen zurück. Veränderungen des Vertrauens zu den politischen Parteien und ein Wandel der Einstellung zur CDU/CSU als der bis zur Bundestagswahl 1998 führenden Regierungsparteien hatten deutliche Konsequenzen für die Einstellung zum Bundestag und zur Bundesregierung. Etwas schwächere, aber gleichwohl klar erkennbare Wirkungen

Tabelle 6: Determinanten des Wandels des Vertrauens zu politischen Institutionen in Deutschland, 1994–1998

a) Bundestag und Bundesregierung (parteienstaatliche Institutionen)

	Gesamt-deutschand		Alte Bundesländer		Neue Bundesländer	
	B	beta	B	beta	B	beta
Vertrauen zu den pol. Parteien	.33**	.30	.28**	.23	.29**	.25
Politikervertrauen			.15**	.15	.16**	.16
Einstellung zur CDU/CSU	.09**	.22	.10**	.25	.09**	.23
Gerechtigkeit der Gesellschaft	−.11*	−.08				
Problemlösungskompetenz der Parteien	.13*	.09	.18**	.14	.16**	.12
Allg. Wirtschaftslage, aktuell	.10*	.07				
Konstante	−.003		.01		.01	
R^2 korrigiert	.23		.27		.27	
N	1113		618		664	

b) Gerichte und Polizei (rechtsstaatliche Institutionen)

	Gesamt-deutschand		Alte Bundesländer		Neue Bundesländer	
	B	beta	B	beta	B	beta
Vertrauen zu den pol. Parteien	.24**	.22	.16**	.14	.16**	.14
Gerechtigkeit der Gesellschaft	−.22**	−.15	−.15**	−.10	−.18**	−.11
Keine indiv. Benachteiligung			.16*	.08		
Positive Bewertung der DDR			n.e.		.08*	.09
Zustimmung zur Idee des Sozialismus			n.e.		−.10	−.11
Konstante	.08		.09		.09*	
R^2 korrigiert	.09		.05		.05	
N	1798		841		931	

Erläuterungen und Quellen wie in *Tabelle 5.*

gingen auch vom Politikvertrauen und der Einstellung zur Problemlösungskompetenz der Parteien aus. Eine positive Entwicklung der genannten Orientierungen war mit einem Anstieg des Vertrauens zum Parlament und zur Regierung verbunden, eine negative Entwicklung rief wachsendes Misstrauen hervor. Alle diese Variablen hatten sich bereits in der Querschnittsanalyse als wichtig erwiesen. Bei einer Kontrolle dieser vier Variablen spielen andere Größen – weder eine sich verändernde Einschätzung der wirtschaftlichen Bedingungen noch eine wachsende DDR-Nostalgie – eine Rolle als Bestimmungsfaktoren des Vertrauens zum Parteienstaat (vgl. *Tabelle 6*).

In längsschnittlicher Perspektive ist das Vertrauen zu den Institutionen des Rechtsstaats noch schwächer mit anderen Elementen des individuellen Orientierungssystems verbunden als im Querschnitt. Ein Rückgang des Vertrauens zu den politischen Parteien beeinträchtigt das Verhältnis der Menschen zum Rechtsstaat. Im Übrigen ergeben sich keine plausiblen Zusammenhänge. Die große Übereinstimmung der Resultate der Längsschnitt- und Querschnittsanalysen der Determinanten des Institutionenvertrauens lässt die Folgerung zu, dass das übliche Vorgehen bei der Erklärung des Institutionenvertrauens insoweit sachgerecht ist, als das zu einem bestimmten Zeitpunkt erfasste *Niveau* des politischen Vertrauens von den Faktoren beeinflusst wird, die auch die *mittelfristigen Veränderungen* des Vertrauens der Bevölkerung zu den politischen Institutionen prägen. Über die Bestätigung der Ergebnisse der Querschnittsanalyse hinaus liefern die Paneldaten eine wichtige Erkenntnis: Hinter den Veränderungen des Vertrauens zu den parteienstaatlichen Institutionen im Zeitraum 1994 bis 1998 steht keine Zunahme der DDR-Bindungen. Allerdings kann man auch nicht sagen, dass sich das Verhältnis zur Parteiendemokratie der Bundesrepublik mit einer Lockerung der DDR-Bindungen positiver entwickelt hätte. Im Gegensatz dazu schwächt eine zunehmende Unterstützung der Idee des Sozialismus die Bereitschaft der ostdeutschen Befragten, sich mit den tragenden Institutionen des Rechtsstaats zu arrangieren.

VI. Zusammenfassung, Diskussion und Folgerungen

Unmittelbar nach der Wiedervereinigung Deutschlands wäre es höchst problematisch gewesen, das Vertrauen der ostdeutschen Bevölkerung zu den politischen Institutionen der Bundesrepublik auf die gleichen Faktoren zurückzuführen, die im Westen eine Rolle spielen. Zum damaligen Zeitpunkt verfügten die Ostdeutschen noch nicht über eigene Erfahrungen mit den Institutionen eines demokratischen Verfassungsstaats; Parteibindungen hatten sich ebenso wenig entwickelt wie ein funktionsfähiges intermediäres System. Einer Zuweisung von Verantwortung für die ökonomischen Verhältnisse an die Institutionen und Akteure Gesamtdeutschlands hätte die reale Basis gefehlt. In den fast zehn Jahren seit dem Import einer pluralistisch-rechtsstaatlichen Demokratie bestanden jedoch hinreichende Möglichkeiten, Erfahrungen mit den politischen Institutionen und Akteuren zu sammeln und auf dieser Grundlage ein Vertrauensverhältnis zur neuen politischen Umwelt zu entwickeln. Insofern macht es Sinn, die Struktur, die Entwicklung und die Bestimmungsfaktoren des Institutionenvertrauens in Ost- und Westdeutschland miteinander zu vergleichen und zu prüfen, ob sich am Wandel der Einstellungen zu den politischen Institutionen Fortschritte bei der kulturellen Integration Deutschlands ablesen lassen.

Die Beschäftigung mit diesen Fragen erfolgte im Kontext einer breiten internationalen Forschung über die wachsenden Probleme moderner Demokratien, die Zustimmung der Mitglieder der politischen Gemeinschaft zu gewinnen und zu erhalten. In dem Maße, in dem die Unterstützung des politischen Systems, seiner Institutionen und Akteure zurückgeht, stehen demokratische Staaten vor Integrationsproblemen und sind mit dem Risiko von Leistungsschwächen konfrontiert. Wie die internationale Forschung dokumentiert, handelt es sich hierbei nicht um ein spezifisch deutsches, sondern um ein weltweites Problem. Allerdings steht das politische System Deutschlands seit der Vereinigung vor der zusätzlichen Herausforderung, die sozialen, ökonomischen und kulturellen Folgen der langjährigen Teilung des Landes zu bewältigen und zugleich in den alten Ländern das in der Nachkriegszeit erworbene Vertrauenskapital zu erhalten. In den neuen Ländern besteht die Notwendigkeit, Vertrauen zu den neuen politischen Institutionen aufzubauen und auf diese Weise den vollzogenen Institutionentransfer kulturell abzusichern. Die Angleichung des Institutionenvertrauens der Ostdeutschen an das im Westen vorherrschende Muster indiziert das Entstehen einer politischen Gemeinschaft im vereinigten Deutschland, die von einem für das politische Zusammenleben äußerst wichtigen Komplex gemeinsamer Überzeugungen getragen wird.

Wenn man sich die Schwierigkeit der Aufgabe vor Augen führt, in einem Landesteil ohne demokratische Traditionen unter den Bedingungen einer weltweiten ökonomischen Krise, eines völligen Zusammenbruchs der politischen, gesellschaftlichen und ökonomischen Infrastruktur Vertrauen für ein demokratisches Institutionensystem zu schaffen, ist es eigentlich erstaunlich, in welch kurzer Zeit sich in den neuen Bundesländern ein tief greifender kultureller Wandel vollzog und wie wenig die Folgelasten der Wiedervereinigung das Verhältnis der Westdeutschen zum demokratischen Institutionensystem tangieren. Zwar entwickelte sich das Vertrauen der Bevölkerung zu den politischen Institutionen seit dem Zusammenbruch der DDR diskontinuierlich, doch sind Vertrauenszyklen aus der Zeit vor der Vereinigung und aus etablierten Demokratien bekannt. Auch wenn das Vertrauen zu den politischen Institutionen zwischen 1994 und 1998 den tiefsten Stand seit der Einführung entsprechender Umfragen erreichte, erwies sich dieser Vertrauensverlust als reversibel. Insbesondere ein internationaler Vergleich relativiert eine kritische Bewertung der politischen Entwicklung seit der Vereinigung, da selbst die niedrigen Vertrauenswerte der Jahre 1995 bis 1997 noch über dem in den Vereinigten Staaten der 90er Jahre gemessenen Niveau liegen.

Weder aus dem Niveau noch aus der Entwicklung des Institutionenvertrauens seit der Vereinigung ergeben sich Hinweise auf verschärfte Akzeptanzprobleme der politischen Ordnung der Bundesrepublik oder auf einen Prozess der Desintegration. Die im Verlaufe einer Wahlperiode festgestellten Veränderungen des Vertrauens zu den Institutionen des Parteienstaats entsprechen den Funktionsprinzipien einer Parteiendemokratie und können nicht ohne weiteres als Krisensymptome interpretiert werden. Gerade in dem Bereich, dem für die Integration politischer Gemeinschaften eine Schlüsselfunktion zukommt, zeichnet sich seit der Vereinigung eine außerordentlich positive Entwicklung ab: Seit der Mitte der 90er Jahre vertraut die Mehrheit der Bürgerinnen und Bürger der neuen Bundesländer den Institutionen des Rechtsstaats. Diese Einrichtungen waren im Verlauf der Zeit bei der Schaffung einer Vertrauensbasis in der Bevölkerung zunehmend erfolgreich. Von wenigen Ausnahmen abgesehen, bringt die Bevölkerungsmehrheit in beiden Landesteilen mittlerweile den gleichen Institutionen Vertrauen entgegen und begleitet die Arbeit anderer Institutionen mit einer gewissen Skepsis. Divergenzen bestehen im Ausmaß, nicht in der Qualität der Unterstützung des politischen Institutionensystems.

Größere Ost-West-Unterschiede in den Bestimmungsfaktoren des Institutionenvertrauens waren ebenfalls nicht nachweisbar. Im Osten und im Westen prägen grundsätzlich die gleichen Faktoren das Vertrauen der Bevölkerung zur Politik. Die im Vergleich mit dem Westen stärkere Leistungsabhängigkeit des politischen Vertrauens der ostdeutschen Bevölkerung reflektiert den Unterschied zwischen einer Transitionsgesellschaft und einer etablierten Demokratie. Einem anderen Resultat dieser Studie kommt im Hinblick auf die kulturelle Integration Deutschlands eine wesentlich größere Bedeutung zu. Fortbestehende Bindungen an die untergegangene DDR spielen für das Vertrauen zu der Bevölkerung zu den politischen Institutionen eine untergeordnete Rolle. Zusammen mit der Unterstützung demokratischer Grundwerte scheint sich das wachsende Vertrauen zum

Rechtsstaat seit der Vereinigung zu einem Katalysator der kulturellen Integration Deutschlands entwickelt zu haben.

Ungeachtet einer eher positiven als negativen Bilanz der bisherigen Entwicklung muss eine wichtige Frage offen bleiben: Gehört das Vertrauen zu den politischen Institutionen zu denjenigen Kräften, die eine politische Gemeinschaft zusammenhalten? Die Tatsache, dass die präsentierten Befunde eine solche Antwort nicht zulassen, hat nicht allein mit der Datenlage, sondern einer Reihe weiterer Faktoren zu tun: Erstens divergieren die normativen Vorstellungen über das in einer intakten politischen Gemeinschaft erforderliche Vertrauen zu den politischen Institutionen. Zweitens besteht zwischen dem Institutionenvertrauen und der Integration politischer Gemeinschaften kein eindeutiges Ursache-Wirkungs-Verhältnis. Drittens haben Demokratien neben der Integration der Bevölkerung in die politische Gemeinschaft weitere Funktionen zu erfüllen, die zumindest partiell und zeitweilig mit dem Imperativ der Systemintegration kollidieren können. Viertens unterhalten die Menschen unterschiedliche Vertrauensbeziehungen zu den politischen Institutionen und tragen auf diese Weise den Funktionsprinzipien dieser Institutionen Rechnung. Alle diese Überlegungen sind dafür maßgeblich, dass die für das vereinigte Deutschland vorliegenden Daten nur sehr vorsichtige Aussagen über den Zusammenhang zwischen Institutionenvertrauen und Systemintegration erlauben. Ein Ergebnis lässt sich allerdings festhalten: Die These, die kulturelle Kluft zwischen den Ost- und den Westdeutschen habe sich seit der Vereinigung vertieft, entbehrt jeder empirischen Basis.

Literatur

Almond, Gabriel A., 1956: Comparative Political Systems, Journal of Politics 18: 391–409.
Almond, Gabriel A., und *G. Bingham Powell* (Hg.), 1988: Comparative Politics Today. A World View. 4. Aufl. Glenview, Ill./Boston/London: Scott, Foresman and Company.
Almond, Gabriel A., und *Sidney Verba,* 1965: The Civic Culture. Political Attitudes and Democracy in Five Nations. Boston: Little, Brown, and Company.
Citrin, Jack, 1974: Comment: The Political Relevance of Trust in Government, American Political Science Review 68: 973–988.
Citrin, Jack, und *Donald Philip Green,* 1986: Presidential Leadership and the Resurgence of Trust in Government, British Journal of Political Science 16: 431–453.
Craig, Stephen C., 1993: Malevolent Leaders: Popular Discontent in America. Boulder, Col.: Westview Press.
Dahl, Robert A., 1971: Polyarchy. Participation and Opposition. New Haven/London: Yale University Press.
Deinert, Rudolf Günter, 1997: Institutionenvertrauen, Demokratiezufriedenheit und Extremwahl. Ein Vergleich zwischen westdeutscher Rechts- und ostdeutscher PDS-Wahl. St. Augustin: Gardez Verlag.
Derlien, Hans-Ulrich, und *Stefan Löwenhaupt,* 1997: Verwaltungskontakte und Institutionenvertrauen. S. 417–472 in: *Hellmut Wollmann* et al.: Transformation der politisch-administrativen Strukturen in Ostdeutschland. Opladen: Leske + Budrich.
Easton, David, 1965 (1979): A Systems Analysis of Political Life. New York: John Wiley and Sons.
Easton, David, 1975: A Re-Assessment of the Concept of Political Support, British Journal of Political Science 5: 435–457.
Feldman, Stanley, 1983: The Measurement and Meaning of Trust in Government, Political Methodology 9: 341–355.

Flanagan, Scott C., 1978: The Genesis of Variant Political Cultures: Contemporary Citizen Orientations in Japan, America, Britain, and Italy. S. 129–163 in: *Lucian W. Pye* (Hg.): The Citizens and Politics. Stanford, Conn.: Greylock.
Fuchs, Dieter, 1989: Die Unterstützung des politischen Systems der Bundesrepublik Deutschland. Opladen: Westdeutscher Verlag.
Gabriel, Oscar W., 1989: Regierungswechsel und politische Unterstützung. Implikationen des Parteienwettbewerbs für die Struktur politischer Unterstützung in der Demokratie, Politische Vierteljahresschrift 30: 75–93.
Gabriel, Oscar W., 1993: Institutionenvertrauen im vereinigten Deutschland, Aus Politik und Zeitgeschichte. Beilage zur Wochenzeitung ‚Das Parlament' B43: 3–12.
Gabriel, Oscar W., 1995: Political Efficacy and Trust. S. 357–389 in: *Jan W. van Deth* und *Elinor Scarbrough* (Hg.): The Impact of Values. Beliefs in Government, Bd. 4. Oxford: Oxford University Press.
Gabriel, Oscar W., 1996: Politische Orientierungen und Verhaltensweisen. S. 231–319 in: *Max Kaase,* et al.: Politisches System. Berichte zum sozialen und politischen Wandel in Ostdeutschland. Opladen: Leske + Budrich.
Gabriel, Oscar W., 1999: Politische Einstellungen und politisches Verhalten. S. 381–497 in: *Oscar W. Gabriel* und *Everhard Holtmann* (Hg.): Handbuch Politisches System der Bundesrepublik Deutschland. 2., unwesentlich veränderte Auflage. München/Wien: Oldenbourg.
Gabriel, Oscar W., und *Angelika Vetter,* 1999: Politische Involvierung und politische Unterstützung im vereinigten Deutschland. Eine Zwischenbilanz. S. 191–239 in: *Fritz Plasser* et al. (Hg.): Wahlen und politische Einstellungen in Deutschland und Österreich. Frankfurt a.M. u.a.: Peter Lang.
Gensicke, Thomas, 1998: Die neuen Bundesbürger. Eine Transformation ohne Integration. Opladen: Westdeutscher Verlag.
Habermas, Jürgen, 1973: Legitimationsprobleme im Spätkapitalismus. Frankfurt a.M.: Suhrkamp.
Hetherington, Marc J., 1998: The Political Relevance of Political Trust, American Political Science Review 92: 791–808.
Hibbing, John R., und *Elizabeth Theiss-Morse,* 1997: Public Opinion and Congressional Power. S. 252–268 in: *Barbara Norrander* und *Clyde Wilcox* (Hg.): Understanding Public Opinion. Washington, D.C.: Congressional Quarterly.
Holtz-Bacha, Christina, 1990: Ablenkung oder Abkehr von der Politik? Mediennutzung im Geflecht politischer Orientierungen. Opladen: Westdeutscher Verlag.
Inglehart, Ronald, 1997: Postmaterialist Values and the Erosion of Institutional Authority. S. 217–236 in: *Joseph S. Nye, Philip D. Zelikow* und *David C. King* (Hg.): Why People Don't Trust Government. Cambridge, Mass./London: Harvard University Press.
Kaase, Max, 1979: Legitimitätskrise in westlichen demokratischen Industriegesellschaften. S. 328–350 in: *Helmut Klages* und *Peter Kmieciak* (Hg.): Wertewandel und gesellschaftlicher Wandel. Frankfurt a.M./New York: Campus.
Kepplinger, Hans-Matthias, 1998: Die Demontage der Politik in der Informationsgesellschaft. Freiburg/München: Alber.
King, David, 1997: The Polarization of American Parties and Mistrust of Government. S. 155–178 in: *Joseph S. Nye, Philip D. Zelikow* und *David C. King* (Hg.): Why People Don't Trust Government. Cambridge, Mass./London: Harvard University Press.
Klingemann, Hans-Dieter, und *Dieter Fuchs* (Hg.), 1995: Citizens and the State. Beliefs in Government, Volume 1. Oxford: Oxford University Press.
Kornberg, Allan, und *Harold D. Clarke,* 1992: Citizens and Community. Political Support in a Representative Democracy. Cambridge: Cambrigde University Press.
Ladd, Everett Carll, und *Karlyn H. Bowman,* 1998: What's Wrong. A Survey of American Satisfaction and Complaint. Washington, D.C.: AEI Press.
Lipset, Seymour Martin, und *William Schneider,* 1983: The Confidence Gap. Baltimore: Johns Hopkins University Press.

Listhaug, Ola, und *Matti Wiberg,* 1995: Confidence in Political and Private Institutions. S. 298–322 in: *Hans-Dieter Klingemann* und *Dieter Fuchs* (Hg.): Citizens and the State. Beliefs in Government, Volume 1. Oxford: Oxford University Press.

Mansbridge, Jane, 1997: Social and Cultural Causes of Dissatisfaction with U.S. Government. S. 133–153 in: *Joseph S. Nye, Philip D. Zelikow* und *David C. King* (Hg.): Why People Don't Trust Government. Cambridge, Mass./London: Harvard University Press.

Miller, Arthur H., 1974a: Political Issues and Trust in Government, American Political Science Review 68: 951–972.

Miller, Arthur H., 1974b: Rejoinder to ‚Comment' by Jack Citrin: Political Discontent and Ritualism, American Political Science Review 68: 951–972.

Miller, Arthur H., und *Ola Listhaug,* 1990: Political Parties and Confidence in Government: A Comparison of Norway, Sweden and the United States, British Journal of Political Science 20: 357–386.

Misztal, Barbara A., 1996: Trust in Modern Societies. The Search for the Bases of Social Order. Cambridge: Polity Press.

Nye, Joseph S., 1997: Introduction: The Decline of Confidence in Government. S. 1–18 in: *Joseph S. Nye, Philip D. Zelikow* und *David C. King* (Hg.): Why People Don't Trust Government. Cambridge, Mass./London: Harvard University Press.

Orren, Gary, 1997: Fall from Grace: The Public's Loss of Faith in Government. S. 77–107 in: *Joseph S. Nye, Philip D. Zelikow* und *David C. King* (Hg.): Why People Don't Trust Government. Cambridge, Mass./London: Harvard University Press.

Parry, Geraint, 1976: Trust, Distrust, and Consensus, British Journal of Political Science 6: 129–142.

Pharr, Susan J., 1997: Public Trust and Democracy in Japan. S. 237–252 in: *Joseph S. Nye, Philip D. Zelikow* und *David C. King* (Hg.): Why People Don't Trust Government. Cambridge, Mass./London: Harvard University Press.

Putnam, Robert D., 1993: Making Democracy Work. Civic Traditions in Modern Italy. Princeton, N.J.: Princeton University Press.

Ragsdale, Lyn, 1997: Disconnected Politics: Public Opinion and Presidents. S. 229–251 in: *Barbara Norrander* und *Clyde Wilcox* (Hg.): Understanding Public Opinion. Washington, D.C.: Congressional Quarterly.

Rattinger, Hans, 1993: Abkehr von den Parteien. Dimensionen der Politikverdrossenheit, Aus Politik und Zeitgeschichte. Beilage zur Wochenzeitung ‚Das Parlament' B11: 24–35.

Rosenau, James N., 1974: Citizenship between Elections. An Inquiry into the Mobilizable American. New York: The Free Press.

Sniderman, Paul M., 1981: A Question of Loyalty. Berkeley u.a.: The University of California Press.

Tolchin, Susan J., 1996: The Angry American. How Voter Rage Is Changing the Nation. Boulder, Col.: Westview.

Van den Broek, Andries, und *Felix Heunks,* 1994: Political Culture. Patterns of Political Orientations and Behavior. S. 67–96 in: *Peter Ester, Loek Halman* und *Ruud de Moor* (Hg.): The Individualizing Society. Value Change in Europe and North America. Tilburg: Tilburg University Press.

Walz, Dieter, 1997: Einstellungen zu den politischen Institutionen. S. 146–165 in: *Oscar W. Gabriel* (Hg.): Politische Orientierungen und Verhaltensweisen im vereinigten Deutschland. Opladen: Leske + Budrich.

Walz, Dieter, und *Wolfram Brunner,* 1997: Das Sein bestimmt das Bewußtsein. Oder: Warum sich die Ostdeutschen als Bürger 2. Klasse fühlen, Aus Politik und Zeitgeschichte. Beilage zur Wochenzeitung ‚Das Parlament' B51: 13–19.

Wright, James D., 1976: The Dissent of the Governed. Alienation and Democracy in America. New York u.a.: Academic Press.

Anhang

Zur Fragestellung und den Antwortvorgaben der verwendeten Variablen vgl. die Angaben im Codebook *Falter, Jürgen N., Oscar W. Gabriel* und *Hans Rattinger:* „Politische Einstellungen, politische Partizipation und Wählerverhalten im vereinigten Deutschland". Deutsche nationale Wahlstudie zur Bundestagswahl 1998. Köln: Zentralarchiv für Empirische Sozialforschung. Die Variablen variieren in der Regel zwischen –2 und +2.

Bildung der verwendeten Indizes

Bewertung der Kompetenz von Helmut Kohl bzw. Gerhard Schröder
Jeweils additiver Index aus dem Items „Er ist tatkräftig" und „Er hat vernünftige Vorstellungen, um die Wirtschaft anzukurbeln". (* = Nach der Addition der Variablen wurde durch den Wert 2 dividiert und gerundet.)

Bewertung der Persönlichkeit von Helmut Kohl bzw. Gerhard Schröder
Jeweils additiver Index aus dem Items „Er ist menschlich sympathisch" und „Er ist politisch vertrauenswürdig".(*)

Bewertungsdifferenz Kohl-Schröder
Differenzindex aus den Items „Was halten Sie von Helmut Kohl?" und „Was halten Sie von Gerhard Schröder?". (*)

Responsivität von Politikern
Additiver Index aus folgenden Items: „Politiker kümmern sich darum, was einfache Leute denken" und „Die Bundestagsabgeordneten bemühen sich um einen engen Kontakt zur Bevölkerung". (*)

Materialismus-Postmaterialismus
„Auch in der Politik kann man nicht alles auf einmal haben. Auf dieser Liste finden sie einige Ziele, die man in der Politik verfolgen kann. Wenn Sie sich zwischen diesen Zielen entscheiden müßten, welches Ziel erschiene Ihnen persönlich am wichtigsten? Und welches Ziel erschiene Ihnen am zweitwichtigsten? Und welches Ziel käme an dritter Stelle?"
  a) „Aufrechterhaltung von Ruhe und Ordnung in diesem Land" (Mat.);
  b) „Mehr Einfluß der Bürger auf die Entscheidung der Regierung" (Postmat.);
  c) „Kampf gegen steigende Preise" (Mat.);
  d) „Schutz des Rechts auf freie Meinungsäußerung" (Postmat.).
Codierung jeweils: am wichtigsten (1), am zweitwichtigsten (2), am drittwichtigsten (3), am viertwichtigsten (4).
Index durch die Kombination der Postmaterialismus-Materialismus-Variablen. Der Index weist folgende Ausprägungen auf: Materialist (1), Mischtyp mit Dominanz bei Materialismus (2), Mischtyp mit Dominanz bei Postmaterialismus (3), Postmaterialist (4).

Identifikation mit CDU/CSU, SPD, FDP, Bündnis 90/Grüne, PDS und rechtsextremen Parteien
Pro Partei wurden die Variablen Richtung und Stärke der Parteiidentifikation kombiniert.
Die Ausprägungen der entstandenen Variablen reichen von „keine PI" (0) bis „sehr starke PI" mit der jeweiligen Partei oder Gruppe von Parteien (5).

Problemlösungskompetenz der Parteien
Additiver Index aus folgenden Items: „Welche Partei ist am besten für die Lösung des wichtigsten Problems geeignet" und „Welche Partei ist am besten für die Lösung des zweitwichtigsten Problems geeignet".
Ausprägungen: kein Problem (0), ein Problem (1), beide Probleme (2),

Vertrauen in rechtsstaatliche Institutionen
Additiver Index aus folgenden Items: „Vertrauen in die Gerichte" und „Vertrauen in die Polizei". (*)

Vertrauen in parteienstaatliche Institutionen
Additiver Index aus folgenden Items: „Vertrauen in den Bundestag" und „Vertrauen in die Bundesregierung". (*)

Gefühl der Vertretenheit durch demokratische Parteien
Additiver Index aus den Items „Interessenvertretung durch CDU/CSU, SPD, FDP sowie Bündnis 90/Die Grünen". (*)

Index Gefühl der Vertretenheit durch intermediäre Organisationen
Additiver Index aus den Items Interessenvertretung durch Gewerkschaften, Wirtschafts- und Arbeitgeberverbände, Umweltschutzgruppen sowie Kirchen. (Nach der Addition der Variablen wurde durch den Wert 4 geteilt und gerundet.)

KON-NONKON-Dispositionen (nach Klages)
Grundlage sind 2 Indizes aus den Items zur Wichtigkeit verschiedener Dinge in der Gesellschaft:
Index a) Additiver Index aus den Items „Gesellschaft, in der Bewährtes geachtet wird", „Gesellschaft, in der Leistung zählt" und „Gesellschaft, in der Recht und Gesetz geachtet wird". (Nach der Addition wurde durch den Wert 3 dividiert und gerundet.)
Index b) Additiver Index aus den Items „Gesellschaft, in der Bürger beteiligt sind", „Gesellschaft, die offen ist für neue Ideen" und „Gesellschaft, in der der Mensch wichtiger ist als Geld". (Nach der Addition wurde durch den Wert 3 dividiert und gerundet.)
Codierung der beiden Variablen von 2 bis 4. (Zur Berechnung des Index KON-NONKON-Dispositionen wurde Index (a) von Index (b) subtrahiert.)

Zufriedenheit mit den staatlichen Leistungen
Additiver Index aus folgenden Items zur Zufriedenheit mit der Aufgabenerfüllung des Staates: „Einen Arbeitsplatz für jeden bereitstellen, der arbeiten will", „Unterstützung der Industrie bei der Entwicklung von neuen Produkten und Technologien.", „Die Gleichstellung von Frauen fördern". (Nach der Addition der Variablen wurde durch den Wert 3 dividiert und gerundet.)

Ideologische Distanz zu CDU/CSU, SPD, FDP, Bündnis 90/Die Grünen, PDS, Republikaner sowie DVU
Jeweils Differenzindex aus den Items „Links-Rechts-Selbsteinstufung" und „Einstufung der jeweiligen Partei auf der Links-Rechts-Skala". (Bei CDU/CSU differenziert – für Bayern CSU, für andere Bundesländer: CDU). (*)

Policydistanz zu CDU/CSU, SPD, FDP sowie Bündnis 90/Die Grünen bzgl. Kernenergie, Ausländerzuzug und europäischer Einigung
Jeweils Differenzindex aus den Items „Eigene Meinung zum jeweiligen Thema" und „Einschätzung der Meinung der jeweiligen Partei zu dem Thema". (Nach Subtraktion wurde jeweils durch den Wert 3 dividiert und gerundet.)
Aus den gewonnenen Indices wurde wiederum pro Partei ein additiver Index gebildet. Nach der Addition wurde durch den Wert 3 dividiert und gerundet.

III.
Legitimation, Moralität und Religiosität

VERTRAUEN IN DAUERHAFTEN ZWEIERBEZIEHUNGEN: SOZIALE INTEGRATION DURCH AUFGEKLÄRTES EIGENINTERESSE*

Werner Raub

Zusammenfassung: In diesem Beitrag wird soziale Integration im Sinn sozialer Ordnung, Solidarität und Kooperation untersucht. Am Beispiel eines speziellen Typs sozialer Beziehungen, nämlich dauerhaften Zweierbeziehungen wie etwa Haushalten, aber auch langfristigen Beziehungen zwischen Firmen, wird ein typisches Kooperationsproblem in solchen Beziehungen untersucht, das Problem des Vertrauens. Es geht um die Frage, wie Vertrauen durch aufgeklärtes Eigeninteresse rationaler Akteure zustande kommen und stabilisiert werden kann, also etwa dadurch, dass Akteure die langfristigen Folgen ihrer Handlungen in Rechnung stellen. Empirisch konzentriert sich der Beitrag auf Vertrauensprobleme bei wirtschaftlichen Transaktionen; es werden Bedingungen herausgearbeitet, unter denen die soziale Einbettung solcher Transaktionen Vertrauen fördert. Diese Bedingungen betreffen die zeitliche Einbettung einer Transaktion in eine Sequenz früherer und erwarteter künftiger Transaktionen zwischen Tauschpartnern. Als konkreten Anwendungsfall werden Transaktionen zwischen Abnehmern und Lieferanten untersucht. Es wird theoretisch und empirisch gezeigt, wie zeitliche Einbettung die Investitionen des Abnehmers in das ex ante Management der Transaktion als Mechanismus der Kooperation beeinflusst, also Investitionen in die Suche und Auswahl von Produkt und Lieferant und in die vertragliche Planung der Transaktion.

I. Einleitung

Der Begriff der „sozialen Integration" wird in der Soziologie in zahlreichen Bedeutungsvarianten verwendet, und er hat viele Konnotationen. Wir wollen uns auf soziale Integration im Sinn sozialer Ordnung, Solidarität und Kooperation konzentrieren. Die Frage nach den Bedingungen, unter denen soziale Integration in diesem Sinn entsteht und stabil bleibt oder aber zusammenbricht, wird spätestens seit der Utilitarismus-Kritik der Durkheim/Parsons Tradition als Kernproblem der Soziologie und vor allem – man denke an

---

* Dieser Beitrag ist eine gründlich überarbeitete und erweiterte deutschsprachige Fassung meiner Antrittsvorlesung an der Universität Utrecht. Er wurde während eines Aufenthalts am Institut für Soziologie der Universität Leipzig geschrieben. Thomas Voss und Jürgen Friedrichs danke ich für nützliche Kommentare. Die hier skizzierten Ideen sind entstanden in Zusammenarbeit mit verschiedenen Utrechter Kollegen im Rahmen eines durch die Niederländische Organisation für Wissenschaftliche Forschung (NWO) geförderten Programms „The Management of Matches. Decentralized Mechanisms for Cooperative Relations with Applications to Organizations and Households" (NWO PGS 50–370), für das ich zusammen mit Jeroen Weesie verantwortlich bin (vgl. Raub und Weesie 1992). Mit Jeroen Weesie habe ich über lange Zeit hinweg sehr eng kooperiert, so dass der bei Danksagungen übliche Hinweis, dass die Irrtümer der vorliegenden Arbeit nur dem Autor selbst anzurechnen sind, nicht ganz angebracht wäre.

Parsons' (1968: 91) berühmte Bemerkung über die „most fundamental empirical difficulty of utilitarian thought" – als entscheidende Herausforderung für ein soziologisches Forschungsprogramm betrachtet, das die Annahme anreizgeleiteten Verhaltens als theoretischen Kern verwendet und soziale Phänome als Resultate anreizgeleiteten Verhaltens unter Berücksichtigung der sozialen Rahmenbedingungen dieses Verhaltens zu erklären versucht. In der Soziologie hat dieses Programm in seiner Ausformung als *Rational Choice-Ansatz* inzwischen an Boden gewonnen (mit Coleman 1991–94 als sichtbarstem und umfangreichem „Manifest"; vgl. Esser 1993 für eine lehrbuchartige Behandlung). Dabei ist gerade auch Parsons' Herausforderung angenommen worden. Eine Grundidee ist dabei, den von Durkheim (z.B. 1973) und Parsons scharf gesehenen und nur in etwas anderer Terminologie beschriebenen Dilemma-Aspekt sozialer Ordnung ernst zu nehmen, der darin besteht, dass wir alle von ihr profitieren, aber einen Anreiz haben, uns individuellen Beiträgen zu ihrer Entwicklung und Durchsetzung zu entziehen, da soziale Ordnung deutliche Merkmale eines Kollektivguts trägt, in dessen Genuss auch diejenigen kommen, die sich an den Produktionskosten nicht beteiligen. Man versucht dann zu zeigen, dass eigeninteressierte und anreizorientierte Akteure – „rationale Egoisten" (Raub und Voss 1986) – ungeachtet dieses Anreizproblems unter bestimmten Bedingungen dennoch dem Krieg eines jeden gegen einen jeden im Hobbesschen Naturzustand entgehen und individuell rational kooperieren können, wenn nur die unmittelbaren und kurzfristigen Anreize zum Trittbrettfahrerverhalten kompensiert werden durch längerfristige Kosten dieses Verhaltens in der Zukunft bzw. in anderen Handlungssituationen oder wenn die Akteure in der Lage sind, ihre eigenen Handlungsanreize ex ante zielgerichtet so zu modifizieren, dass Trittbrettfahrerverhalten auch individuell irrational wird: *Kooperation durch aufgeklärtes Eigeninteresse.*

Paradigmatische theoretische Modelle, die diesen Gedanken näher ausarbeiten, liefert v.a. die *Spieltheorie.* So kann man die Theorie wiederholter Spiele (vgl. z.B. Friedman 1986 für eine lehrbuchartige, technisch zuverlässige Darstellung) verwenden, um zu zeigen, dass eigeninteressierte Akteure in problematischen sozialen Situationen vom Typ des Gefangenendilemmas sehr wohl individuell rational kooperieren können, nämlich auf der Grundlage von Reziprozität in der Form *bedingter* Kooperation, falls die Akteure in geeigneter Weise wiederholt miteinander zu tun haben. In der Politischen Wissenschaft haben Taylor (1987) und Axelrod (1987) diesen Gedanken angewendet, um zu zeigen, wie aufgeklärtes Eigeninteresse im Prinzip zur Lösung des Hobbesschen Ordnungsproblems beitragen kann. Den Soziologen hat Voss (1982; 1985) dies erstmals vor Augen geführt. Dieser Ansatz zeigt, dass soziale Ordnung darauf beruhen kann, dass rationale Akteure ihre kurzfristigen gegen ihre langfristigen Interessen abwägen und sich kooperativ verhalten bei ausreichend hohen langfristigen Kosten des Opportunismus durch Sanktionen der Partner, z.B. dadurch, dass diese dann auch selbst bei zukünftigen Gelegenheiten von Kooperation absehen. Ein anderer, ebenfalls spieltheoretisch fundierter Zugang zur sozialen Integration als Resultat aufgeklärten Eigeninteresses beruht darauf, dass man sich klar macht, dass rationale Akteure ein Interesse daran haben, das dem Problem der sozialen Integration zugrundeliegende soziale Dilemma zu beseitigen. Bereits Schelling (1960) hat bemerkt, dass es in Situationen strategischer Interdependenz individuell rational werden kann, Maßnahmen der Selbstbindung zu ergreifen, darunter gegenintuitiverweise auch solche, die den *eigenen* Nutzen in bestimmten Situationen in der Zukunft *mindern.* So kann es im Fall von sozialen Dilemmas individuell rational sein, die *eigenen* zukünftig zu erwartenden Anreize für opportunistisches Trittbrettfahrerverhalten z.B. durch die Gewährung von Garantien und Sicherheiten freiwillig zu beseitigen (vgl. Raub und Keren 1993; Weesie und Raub 1996). Akteure verhalten sich in dieser Perspektive also de facto moralisch, d.h. kooperativ und nicht opportunistisch, wenn und sofern es ihrem aufgeklärten Eigeninteresse dient. Der wichtige Punkt ist, dass dies ihrem aufgeklärten Eigeninteresse jedenfalls sehr viel häufiger und systematischer dient als man aufgrund der Argumente von Durkheim und Parsons zunächst vermuten würde.

In diesem Beitrag wird am Beispiel eines ganz bestimmten Typs sozialer Beziehungen der Frage nachgegangen, wie soziale Integration durch aufgeklärtes Eigeninteresse der Akteure erreicht und stabilisiert werden kann. Dabei konzentrieren wir uns auf einen exemplarischen Fall von Kooperationsproblemen, nämlich das Problem des *Vertrauens* zwischen (tendenziell) eigeninteressierten Akteuren. Da theoretische Soziologie zu empirisch prüfbaren Hypothesen führen sollte, wird im ersten Teil des Beitrags gezeigt, dass und wie aus einer Theorie der Kooperation durch aufgeklärtes Eigeninteresse Forschungshypothesen gewonnen werden können und zu welchen Resultaten die empirische Überprüfung dieser Hypothesen führt. Im zweiten Teil des Beitrags wird dargelegt, in welchen Hinsichten unsere Analyse zum besseren Verständnis sozialer Integration als einem sozialen Problem moderner Gesellschaften und einem theoretischen Problem der Soziologie beitragen kann. Unsere Ergebnisse fassen wir im dritten Teil zusammen, in dem wir außerdem auf einige neue Fragestellungen eingehen, die aus diesen Ergebnissen resultieren.

II. Vertrauen in dauerhaften Zweierbeziehungen: theoretische Analyse und neue empirische Resultate

Der Typ sozialer Beziehungen, um den es im Folgenden geht, sind dauerhafte Beziehungen zwischen – im Prinzip – zwei Akteuren. Derartige Beziehungen deuten wir als „*Matches*" bzw. als *matchingartige Beziehungen*. Ein nahe liegendes Beispiel sind private Haushalte. Ein anderes Beispiel sind dauerhafte Beziehungen zwischen Firmen, etwa ein Joint Venture zwischen zwei Unternehmen auf dem Gebiet von Forschung und Entwicklung, also eine F&E-Allianz.

1. Das „Management" der Interdependenz in dauerhaften Zweierbeziehungen: eine theoretische Skizze

Ein Merkmal von matchingartigen Beziehungen ist die wechselseitige Abhängigkeit – Interdependenz – zwischen den Partnern: Das Wohlergehen des einen Partners, den wir Ego nennen, hängt ab vom Verhalten des anderen – Alter – und umgekehrt.

a) Interdependenz und Vertrauensprobleme. Zwei Annahmen über die Art der Interdependenz von Ego und Alter dürften realistisch sein. Erstens können wir annehmen, dass ihre Interessen nicht vollständig entgegengesetzt sind. In der Sprache der Spieltheorie ist dies die Annahme, dass sie kein Nullsummenspiel spielen. Die Partner können mithin durch Zusammenarbeit und Kooperation beide etwas gewinnen. Ego und Alter ziehen Nutzen aus einer glücklichen Ehe und aus der erfolgreichen Entwicklung einer technologischen

Innovation im Rahmen ihrer F&E-Allianz. Eine zweite Annahme ist, dass die Interessen von Ego und Alter jedoch auch nicht vollständig übereinstimmen. Auch in einer harmonischen Ehe kann sich ein Problem ergeben, das etwa Akademikern mit einer universitären Karriere gut vertraut ist. Ego bietet sich eine attraktive Karrieremöglichkeit andernorts. Diese Karrieremöglichkeit kann jedoch bei Aufrechterhaltung des gemeinsamen Haushalts nur dann ergriffen werden – vom Fall des „Spagatprofessors" wollen wir absehen –, wenn Ego und Alter zum Umzug bereit sind. Ein solcher Umzug wird aber in der Regel im Hinblick auf die Folgen für die Arbeitsmarktchancen von Alter eher ungünstig zu beurteilen sein. Innovationen, die im Rahmen ihrer F&E-Allianz zustande kommen, sind günstig für Ego und Alter, aber vielleicht hat Ego durch die Leistungen der eigenen Ingenieure viel mehr zum gemeinsamen Erfolg beigetragen als Alter. Ein strukturell ähnliches Problem ergibt sich gelegentlich zwischen den Ko-Autoren wissenschaftlicher Beiträge. Kurzum, matchingartige Beziehungen führen typischerweise zu einer gewissen Schicksalsverbundenheit der beteiligten Partner. In gewissem Umfang und in gewissen Hinsichten ist das, was günstig ist für Ego, auch für Alter günstig. Auf der anderen Seite können sich ihre Interessen in bestimmten Hinsichten und Situationen aber gerade auch unterscheiden.

Diese spezifische Form der Interdependenz in matchingartigen Beziehungen führt zu Risiken und zu Problemen für die Partner. Zunächst können sich ungünstige Umstände einstellen, die sich ihrem Einfluss entziehen. Eine Ehe kann scheitern durch incompatibilité d'humeurs. Eine F&E-Allianz kann misslingen, weil ein Konkurrent schneller eine bestimmte technische Entwicklung zustande bringt. Abgesehen von solchen ungünstigen Umständen gibt es aber auch Risiken, die mit strategischem Verhalten der beiden Partner zusammenhängen. Zu derartigen Risiken gehören insbesondere Kooperationsprobleme aufgrund von Anreizen und Möglichkeiten für opportunistisches Verhalten. Ein typischer Fall, den wir systematischer behandeln wollen, sind *Vertrauensprobleme* (vgl. Dasgupta 1988; Camerer und Weigelt 1988; Kreps 1990; Coleman 1991: Kapitel 5). Diese Probleme haben zwei Merkmale. Einerseits ist es für beide Partner vorteilhaft, wenn Vertrauen gegeben und honoriert wird. Andererseits geht Ego ein Risiko ein, wenn er Alter vertraut, denn Alter hat jedenfalls häufig Möglichkeiten und Anreize, um gegebenes Vertrauen zu missbrauchen. Den Missbrauch von Vertrauen bezeichnen wir auch als opportunistisches Verhalten. Allgemeiner geht es bei opportunistischem Verhalten um ein solches, das den eigenen Nutzen auf Kosten des Partners mehrt, dadurch dem Partner schadet und Kooperation und Vertrauen unterminiert. Demgegenüber hat kooperatives Verhalten gerade günstige Auswirkungen für den Partner und vergrößert den Kuchen, der innerhalb der Beziehung zwischen den Partnern verteilt werden kann.

Ein typisches Vertrauensproblem im Haushalt ergibt sich aus der Arbeitsteilung zwischen den Partnern, wenn diese die Form weitgehender Spezialisierung auf Haushaltsführung und Kindererziehung durch einen Partner und Erwerbstätigkeit auf dem Arbeitsmarkt durch den anderen annimmt. Eine derartige Spezialisierung kann vorteilhaft sein, weil sie z.B. die Kindererziehung erleichtert. Die Verringerung der eigenen Erwerbstätigkeit vergrößert aber zugleich die Abhängigkeit vom Partner. Der abhängige Partner wird daher an gewissen Sicherheiten für den Fall interessiert sein, dass die Beziehung scheitert und beendet wird, sei es durch incompatibilité d'humeurs, sei es, weil sich der andere nicht an Absprachen hält oder die Beziehung in opportunistischer Weise abbricht.

Vertrauensprobleme ergeben sich auch in Beziehungen zwischen Firmen. Beide Unternehmen müssen für ihre F&E-Allianz Mitarbeiter abstellen. Wählt man dafür seine talentierten Ingenieure aus oder doch die bereits ausgebrannten? Der erwartete Ertrag der F&E-Allianz ist größer, wenn beide Partner ihre guten Mitarbeiter abstellen und darauf vertrauen, dass sich der andere in gleicher Weise verhält. Beide werden aber natürlich auch mit der Versuchung konfrontiert, die eigenen talentierten Mitarbeiter lieber für individuelle Projekte des eigenen Unternehmens einzusetzen.

b) Das „Management" von matchingartigen Beziehungen. In matchingartigen Beziehungen sind die Partner voneinander abhängig und diese Interdependenz führt für sie zu Risiken, u.a. zu Risiken von der Art opportunistischen Verhaltens. Es stellt sich daher die Frage, wie Akteure – Individuen und Organisationen – mit derartigen Risiken umgehen. Wir wollen annehmen, dass Ego und Alter versuchen werden, die Risiken aktiv zu beeinflussen, denen sie in ihrer Beziehung ausgesetzt sind. In der Terminologie von Lindenberg (1981) nehmen wir also an, dass die Partner „resourceful" handeln. Was können und werden sie tun, um ihre Risiken zu begrenzen?

Damit sind wir bei der *Problemstellung* angelangt. Mit *„management of matches"* bezeichnen wir die Mechanismen, derer sich die Partner in einer matchingartigen Beziehung selbst bedienen, um die Risiken zu vermindern, die sich aus ihrer Interdependenz ergeben. Insbesondere interessieren wir uns dabei für Mechanismen, die geeignet sind, Vertrauen zu stabilisieren und opportunistisches Verhalten zu vermeiden.

c) Soziale Einbettung und „Management". Risiken und Vertrauensprobleme treten in matchingartigen Beziehungen nicht isoliert auf, sondern sie sind *eingebettet* in einen *sozialen Kontext* (Granovetter 1985) und gerade dadurch wird die Verfügbarkeit von Mechanismen beeinflusst, mit denen die Partner ihre Probleme lösen können. Die soziale Einbettung ihrer Beziehung können wir daher auch als *eine* Dimension des Sozialkapitals (vgl. z.B. Flap 1988) auffassen.

d) Zeitliche Einbettung. Eine erste Form der Einbettung ist *zeitlicher Art.* In einer matchingartigen Beziehung haben Ego und Alter definitionsgemäß nicht nur einmalig, sondern wiederholt miteinander zu tun. Sie haben eine gemeinsame Vergangenheit und eine gemeinsame Zukunft.

Ihre *gemeinsame Vergangenheit* führt einerseits dazu, dass die Partner *Informationen* übereinander erhalten. Gute Erfahrungen miteinander vermindern z.B. die Wahrscheinlichkeit von incompatibilité d'humeurs in der Zukunft und sie erhöhen die Wahrscheinlichkeit, dass Alter vertrauenswürdig ist und nicht jeder Versuchung zu opportunistischem Verhalten erliegt. Andererseits kann eine gemeinsame Vergangenheit die Beziehung durch *wechselseitige beziehungsspezifische Investitionen* stabilisieren. Dabei handelt es sich um Investitionen, die die Beziehung für beide Parteien attraktiver machen und die zugleich abgeschrieben werden müssen, wenn die Beziehung beendet wird (vgl. z.B. Williamson 1985). Eine schöne Doppelhaushälfte und ein einigermaßen kostbares Gemälde im Wohnzimmer lassen sich schwerlich ohne Verlust in zwei Hälften zerlegen und zwischen den Partnern teilen, wenn die Ehe scheitert. Ein anderes Beispiel für derartige Investitionen sind die im Laufe der Zeit aufgebauten Erfahrungen, wie man tunlichst mit den Idiosynkrasien und persönlichen Eigenarten des Partners umgeht. Auch diese Erfahrungen werden wertlos, wenn Ego und Alter beschließen, in der Zukunft getrennte Wege zu gehen. Wenn zwei Unternehmen in der Vergangenheit erfolgreich miteinander kooperiert haben, dann liegt es nahe, dass zugleich auch Mitarbeiter der beiden Unternehmen untereinander gute Arbeitskontakte aufgebaut haben, die ihren Wert für die beiden Unternehmen verlieren, wenn sie ihre Geschäftsbeziehung beenden. Die Vorteile gut eingespielter Entscheidungsverfahren, die den spezifischen Merkmalen einer Allianz Rechnung tragen, sind gleichfalls gebunden an den Fortbestand der betreffenden matchingartigen Beziehung.

Neben einer gemeinsamen Vergangenheit gibt es für die Partner die Erwartung einer *gemeinsamen Zukunft*. Diese führt dazu, dass Vertrauen durch *bedingte Kooperation* (Taylor 1987; Axelrod 1987) stabilisiert werden kann. Opportunistisches Verhalten kann abgeschreckt werden durch die Aussicht auf zukünftige Sanktionen. Diese Sanktionen können verschiedene Gestalt annehmen. Ein Beispiel ist, dass man sich selbst zukünftig nicht mehr an Vereinbarungen gebunden fühlt, wenn der Partner sich in der Gegenwart seinen Verpflichtungen entzieht. Ich kümmere mich morgen um die Einkäufe, aber unter der Voraussetzung, dass du heute die Wäsche wäschst. Ich stelle morgen mein Labor für unsere F&E-Allianz zur Verfügung, aber unter der Voraussetzung, dass du heute deine fähigen und talentierten Ingenieure dafür abstellst. Falls Ego auf diese Weise bedingt kooperiert, ist für Alter auf kurze Sicht natürlich noch stets opportunistisches Verhalten verführerisch. Was den heutigen Tag betrifft, hat Alter noch stets einen Anreiz, sich unter Hinweis auf dringende andere Verpflichtungen der Arbeit im Haushalt zu entziehen. Ebenso bleibt es im Hinblick auf seine kurzfristigen Interessen für Alter attraktiv, seine guten Ingenieure nur für eigene F&E-Projekte einzusetzen. Falls Ego *bedingt* kooperiert, muss Alter aber die *kurzfristigen Vorteile* gegen die *langfristigen Kosten* opportunistischen Verhaltens abwägen. Es ist für Alter selbst mit Kosten verbunden, wenn Ego morgen nicht die wöchentlichen Einkäufe erledigt oder sein Laboratorium nicht zur Verfügung stellt. Wenn diese langfristigen Kosten die kurzfristigen Vorteile überwiegen, dann wird Alter opportunistisches Verhalten unterlassen.[1]

e) Netzwerk-Einbettung. Eine zweite Dimension der *Einbettung* ist die in soziale *Netzwerke*. Ego und Alter unterhalten ein Netzwerk von Beziehungen mit dritten Parteien. Man betrachte etwa eine Beziehung zwischen zwei Firmen, in der Alter ein Lieferant des Abnehmers Ego ist. Der Abnehmer wird häufig auch andere Kunden des Lieferanten kennen und mit ihnen Beziehungen unterhalten. Ebenso kann der Abnehmer Zugang haben zu anderen potentiellen Lieferanten. Ego kann mit Hilfe seines Netzwerks zusätzliche Informationen über Alter sammeln. Diese Informationen kann er z.B. bei der Auswahl des Lieferanten berücksichtigen. Daneben bietet das Netzwerk wiederum Möglichkeiten für bedingte Kooperation durch Sanktionierung opportunistischen Verhaltens. Diese Sanktion kann einerseits die Form annehmen, dass sich Information über das betreffende Verhalten im Netzwerk verbreitet, wodurch sich die Reputation des Partners verschlechtert und dieser mit Reaktionen dritter Parteien rechnen muss (vgl. Raub und Weesie 1990 für eine erste spieltheoretische Modellierung, Buskens 1999 für eine ausführliche theoretische und empirische Studie und DiMaggio und Louch 1998 als interessante empirische Anwendung in der Wirtschaftssoziologie): Man lässt es andere Kunden des Lieferanten wissen, wenn dieser seinen Verpflichtungen nicht nachkommt. Im Sinn von Hirschman (1970) ist dies

---

1 Lindenberg (1996) bietet eine interessante soziologische Analyse der Folgen, die sich für ihre Beziehung ergeben, wenn die Partner ihre langfristigen Interessen systematisch unterbewerten.

der Fall von Sanktionen durch „voice". Eine andere Sanktion ist „exit". Wenn der Lieferant sich als unzuverlässig erweist, dann beendet der Abnehmer die Beziehung, greift auf andere Lieferanten zurück und Alter hat einen Kunden verloren (vgl. Schüßler 1990; Hirshleifer und Rasmusen 1989; Vanberg und Congleton 1992; Weesie 1992).

f) Bedingte Kooperation und implizite Drohungen. Um einem nahe liegenden Missverständnis vorzubeugen, ist eine ergänzende Bemerkung nützlich. Wenn wir betonen, dass opportunistisches Verhalten durch Drohungen mit zukünftigen Sanktionen abgeschreckt wird, dann sollte man sich vor Augen halten, dass derartige Drohungen in zwei Hinsichten vollständig *implizit* bleiben können. Zunächst ist es keineswegs zwingend erforderlich, dass derartige Drohungen auch explizit geäußert werden. Nehmen wir an, Alter antizipiere z.B. durch Erfahrungen mit Ego in der Vergangenheit, dass Egos Bereitschaft, morgen seinen eigenen Aufgaben im gemeinsamen Haushalt pflichtgetreu nachzugehen oder sein Laboratorium für das gemeinsame F&E-Projekt zur Verfügung zu stellen, sehr wohl davon abhängt, dass Alter heute die Wäsche wäscht bzw. talentierte Ingenieure für die F&E-Allianz abstellt. Ego ist dann gar nicht genötigt, eine Drohung auszusprechen. Nehmen wir weiterhin an, dass Alter durch die Aussicht auf zukünftige Sanktionen auch tatsächlich von opportunistischem Verhalten abgeschreckt wird. Ego kommt dann überhaupt nicht in die Situation, in der er seine Drohung wahr machen und implementieren müsste. Eine matchingartige Beziehung, die harmonisch verläuft, also ohne opportunistisches Verhalten, ohne ausdrückliche Drohungen und ohne Sanktionen, kann mithin durchaus auf bedingter Kooperation gebaut sein. Die Annahme der funktionalistischen Tradition, soziale Integration setze voraus, dass Akteure unabhängig vom Verhalten ihrer Partner kooperieren, etwa aufgrund internalisierter und unbedingter Normen und Werte der Solidarität, erweist sich als nicht notwendig (vgl. Voss 1985).

g) Institutionelle Einbettung und „Commitments". Neben der zeitlichen Einbettung und der in Netzwerke muss die *institutionelle Einbettung* von matchingartigen Beziehungen berücksichtigt werden. Damit ist gemeint, dass die Partner *vorab* (ex ante) Möglichkeiten haben, um selbst ihre späteren (ex post) Risiken wie Anreize und Möglichkeiten für opportunistisches Verhalten zu beeinflussen (vgl. Schelling 1960). Ein Beispiel dafür ist die Gewährung von Garantien, Pfändern und Sicherheiten. Durch freiwillige „Commitments" dieser Art wird Vertrauen stabilisiert (Raub und Keren 1993; Weesie und Raub 1996; Raub und Weesie 1999; Snijders 1996). Wenn Ego Alter vorab eine Garantie gewährt, dann heißt das zunächst, dass Ego einen Nutzenverlust erleidet, falls er sich später dennoch opportunistisch verhält. Ego kann sich also durch Gewährung einer Garantie u.U. glaubwürdig *binden* und gerade dadurch für Alter das Geben von Vertrauen erleichtern (und genau hier liegt der Anreiz für Ego, gegebenenfalls völlig freiwillig eine Garantie zu gewähren, denn gegebenes und honoriertes Vertrauen ist auch für den Treuhänder Ego der Situation vorzuziehen, in der Alter überhaupt kein Vertrauen gewährt). Alter könnte darüber hinaus auch unvollständig informiert sein über Egos Neigung und Anreize oder über seine Möglichkeiten für opportunistisches Verhalten. In diesem Fall kann Ego durch Gewährung einer Garantie seine Vertrauenswürdigkeit *signalisieren*. Schließlich sorgt eine Garantie Egos dafür, dass Alter zumindest in gewissem Umfang entschädigt wird, falls die Risiken der Interdependenz für ihn zu einem Schaden führen. Die Vertrauensgewährung wird dann für Alter attraktiver, weil die Folgen missbrauchten

Vertrauens für ihn weniger ungünstig sind. Partner im Haushalt können derartige Commitments eingehen, indem sie z.B. statt unverheiratet zusammen zu leben eine Ehe schließen. Sie können ihre Commitments durch Abschluss eines Ehevertrags genauer auf ihre Bedürfnisse abstimmen. Ein Lieferant kann eine Garantie gewähren, dass er ein fehlerhaftes Produkt auf eigene Kosten ersetzt.

h) Integrierte Theoriebildung. Ein zentraler Gedanke dürfte sich inzwischen aufdrängen: gleich gelagerte Risiken, wie z.B. Vertrauensprobleme, werden in sehr verschiedenen matchingartigen Beziehungen unter gleichen Umständen durch die gleichen Mechanismen begrenzt. Es wird also der Versuch unternommen, in einem *einheitlichen* theoretischen Rahmen ganz unterschiedliche Arten von Beziehungen zu untersuchen, wie Haushalte, dauerhafte zwischenbetriebliche Beziehungen oder auch Koalitionen zwischen politischen Parteien (vgl. für einen ähnlichen Gedanken z.B. Becker, Landes und Michael 1977; Ben-Porath 1980).

Zwei Ausgangspunkte für die Theoriebildung seien kurz angedeutet. Den ersten bildet die Annahme, dass die Partner in matchingartigen Beziehungen im Prinzip instrumentell und *anreizgeleitet* handeln. Diese Annahme wird sowohl im Hinblick auf Partner im Haushalt als auch im Hinblick auf Betriebe verwendet, die gemeinsam eine F&E-Allianz betreiben. In diesem Sinn kann man auch sagen, dass *rationales* Verhalten der Akteure angenommen wird.

Ein zweiter Ausgangspunkt liegt in der Betonung wechselseitiger Abhängigkeiten. Die Folgen des Verhaltens von Ego hängen auch vom Verhalten Alters ab und umgekehrt. Bekanntlich sah Weber (1976) eine derartige Interdependenz als konstitutiv für den Bereich des *sozialen* Handelns an. Er sah daher in ihr auch den Grundzug der Phänomene, mit denen sich die Soziologie befasst. Es lässt sich nun kaum leugnen, dass es insbesondere *eine* gut ausgearbeitete Theorie instrumentellen Handelns in Entscheidungssituationen mit Interdependenz der Akteure gibt, nämlich die *Spieltheorie.* Insbesondere ist dies eine Theorie, die davon ausgeht, dass die beteiligten Akteure sich ihrer wechselseitigen Abhängigkeiten auch bewusst sind – bzw. sich so verhalten, *als ob* sie ihnen bewusst wären – und das Verhalten des Partners nicht für parametrisch gegeben halten. Es liegt daher nahe, bei der Analyse matchingartiger Beziehungen von spieltheoretischen Überlegungen explizit Gebrauch zu machen, sei es in der Form formaler spieltheoretischer Modelle, sei es in der Form spieltheoretisch inspirierter, aber informeller Analysen (vgl. Dixit und Nalebuff 1991 für einen ähnlichen Stil der Theoriebildung).

2. Hypothesen und empirische Resultate

Wir wollen nun zeigen, wie sich aus diesen theoretischen Überlegungen konkrete Hypothesen gewinnen lassen. Dabei wollen wir uns auf den Fall der zwischenbetrieblichen Beziehungen konzentrieren. Wir betrachten dazu das Management von Risiken der Interdependenz und speziell das Management von Vertrauensproblemen bei Transaktionen zwischen Abnehmern und Lieferanten (vgl. dazu ausführlicher Batenburg et al. 1999). Für die empirische Überprüfung der Hypothesen verwenden wir Resultate eines Surveys bei ca. 800 niederländischen Klein- und Mittelbetrieben (Batenburg 1997).

Ein Datenbestand über das „Management" von Beziehungen zwischen Abnehmern und Lieferanten
In dieser Studie wurde der Einkauf von IT-Produkten (Hard- und Software) durch die befragten Klein- und Mittelbetriebe untersucht, sowie der Umgang mit den Kooperations- und Vertrauensproblemen, die sich beim Einkauf dieser Produkte mit dem jeweiligen Lieferanten ergeben. Pro Abnehmer wurden umfangreiche Daten über die Anschaffung von ein oder zwei IT-Produkten gesammelt, einschließlich Daten über die Beziehung des Abnehmers mit dem betreffenden Lieferanten. Insgesamt sind Daten über annähernd 1000 Transaktionen verfügbar. Empirische Studien über zwischenbetriebliche Beziehungen stützen sich, nicht zuletzt durch die Zugangsprobleme in diesem Forschungsfeld, häufig auf Daten, die in mindestens zwei Hinsichten Wünsche offen lassen. Oft handelt es sich um eine relativ kleine Zahl von Untersuchungseinheiten und außerdem enthalten die Daten oft nur wenige Messungen – gerade auch dann, wenn die Zahl der Untersuchungseinheiten vergleichsweise groß ist, weil man sich z.B. auf Sekundär- und Archivmaterial stützen kann –, die zudem in vielen Fällen nur recht grobe Indikatoren für die wesentlichen theoretischen Variablen sind. Im Gegensatz dazu enthält die Studie, um die es hier geht, eine nach den Maßstäben der empirischen Organisationsforschung relativ große Zahl von Untersuchungseinheiten mit umfangreichen und detaillierten Informationen pro Fall.

a) Investitionen in das „Management" von Transaktionen und die soziale Einbettung von zwischenbetrieblichen Beziehungen. Beim Management von Kooperations- und Vertrauensproblemen zwischen Abnehmern und Lieferanten können mehrere Dimensionen unterschieden werden. In diesem Beitrag behandeln wir Hypothesen zu einem einzigen Gesichtspunkt, der als ein bedeutsames Merkmal des Kooperationsmanagements angesehen werden kann und der darüber hinaus in der empirischen Forschung bislang wenig beachtet wurde. Wir wollen uns mit der Frage beschäftigen, in welchem *Umfang* Betriebe knappe Ressourcen einsetzen, um Risiken bei der Anschaffung von Produkten und Komponenten, im konkreten Fall Risiken bei der Anschaffung von Hard- und Software-Produkten, zu begrenzen. In der Terminologie einer bekannten ökonomischen Theorie (vgl. z.B. Williamson 1985) geht es uns also um die Höhe der *Transaktionskosten*, die der Abnehmer beim Einkauf des Produkts auf sich nimmt.[2] Bei der Erklärung des Umfangs der Investitionen in das Management der Transaktion betonen wir die Effekte der sozialen Einbettung der Beziehung. Man könnte auch sagen, dass wir typisch „soziale" und soziologisch bedeutsame Einflussfaktoren in den Mittelpunkt rücken, neben den mehr „ökonomischen" Gesichtspunkten, die in der Transaktionskostentheorie die wesentliche Rolle spielen.

Dieser Gesichtspunkt ist im Licht des theoretischen „Hintergrundproblems" der Ko-

---

[2] Studien im Rahmen der Transaktionskostentheorie (vgl. z.B. Williamson 1996; Masten 1996) untersuchen demgegenüber in der Regel die Wahl zwischen verschiedenen „governance structures" für die jeweilige Transaktion. Man untersucht also etwa make-or-buy-Entscheidungen oder bestimmte inhaltliche Merkmale von Verträgen, z.B. deren Laufzeit. Im vorliegenden Beitrag geht es demgegenüber nicht um den *Inhalt* des Managements der Transaktion, sondern um die *Menge der dafür eingesetzten Ressourcen*. In methodologischer Hinsicht hat dies den Vorteil, dass wir mit *sparsameren Erklärungen* arbeiten können. Bei den Standardanwendungen der Transaktionskostentheorie benötigt man Annahmen darüber, unter welchen Bedingungen welche governance structure kostenoptimal ist. Derartige Annahmen sind jedoch häufig keineswegs unproblematisch (vgl. z.B. Milgrom und Roberts 1996) und bei der Wahl des Explanandums „Umfang der Investitionen in das Transaktions-Management" auch überflüssig. Es sei darauf hingewiesen, dass Untersuchungen zur Wahl der governance structure selbst, also zum Inhalt des Managements der Transaktion, mit den verfügbaren Daten, die darüber sehr ausführliche Informationen – etwa über den Inhalt von Verträgen – enthalten, ebenfalls möglich sind.

operation durch aufgeklärtes Eigeninteresse in unterschiedlichen Typen dauerhafter Zweierbeziehungen nicht ganz unerheblich. Beim Anwendungsgebiet „private Haushalte" ist es interessant, im Kontrast zum „Mainstream" der Forschung die Frage zu stellen, ob Partner im Haushalt in systematischer Weise Mechanismen vom Typ finanzieller und rechtlicher Arrangements zur Begrenzung ihrer Kooperations- und Vertrauensprobleme verwenden, ähnlich wie wir das recht selbstverständlich im Fall von Beziehungen zwischen Organisationen im Allgemeinen und insbesondere im Fall von Beziehungen zwischen Betrieben erwarten würden (vgl. für eine solche mehr „ökonomisch" orientierte Analyse des Managements der Kooperation im Haushalt z.B. Ott 1992 und Treas 1993). Es wäre erhellend, wenn diejenigen Faktoren, die etwa die rechtliche Ausgestaltung einer F&E-Allianz beeinflussen, in ähnlicher Weise wirken, wenn es um die Wahl von Ego und Alter zwischen den Alternativen „uneheliche Lebensgemeinschaft", „Ehe" und „Ehe mit Ehevertrag" geht. Umgekehrt erscheint es im Hinblick auf den Fall der Beziehungen zwischen Firmen gerade interessant, soziale Einbettungseffekte besser herauszuarbeiten (man vgl. den inzwischen „klassischen" Beitrag von Macaulay 1963). Es mag als mehr oder weniger offensichtlich gelten, dass eine gemeinsame Geschichte oder ein gemeinsames Netzwerk von Freunden und Bekannten folgenreich dafür sind, wie Partner im Haushalt miteinander in Kontakt kommen und miteinander umgehen (vgl. z.B. Bott 1957). Viel weniger wissen wir aber über ähnlich gelagerte Effekte sozialer Einbettung für Beziehungen zwischen Betrieben.

b) Das Problempotential von Transaktionen. Betriebe investieren knappe Ressourcen wie z.B. die Zeit von Mitarbeitern oder von juristischen Beratern in das Management von Transaktionen, weil sich sonst im Zusammenhang mit diesen Transaktionen Probleme ergeben können. Man betrachte etwa das Beispiel eines Abnehmers, der eine komplexe computergesteuerte Maschine mit zugehöriger branchenspezifischer Software oder sogar Individualsoftware anschafft. Ein typisches Problem im Zusammenhang mit der Transaktion ist das der Lieferungsverspätung, wodurch für den Abnehmer Nachteile entstehen, etwa durch Verzögerungen bei seinen eigenen Produktionsprozessen und bei Lieferungen an seine eigenen Kunden. Für die Überschreitung des Lieferungstermins kommen verschiedene Gründe in Betracht, von denen wir zwei herausgreifen, die bei unseren Überlegungen zu den Risiken von matchingartigen Beziehungen anschließen.

Zunächst könnte es sein, dass die verspätete Lieferung mit ungünstigen Umständen zusammenhängt, die sich dem Einfluss des Lieferanten entziehen, der im Prinzip sehr wohl beabsichtigt, den vereinbarten Termin einzuhalten. Zwischenzeitlich stelle sich jedoch heraus, dass seine Software-Ingenieure – trotz besten Willens und z.B. krankheitsbedingt – nicht in der Lage sind, die entsprechende Software rechtzeitig betriebsbereit zu machen. Andererseits kann die Lieferungsverzögerung natürlich auch Resultat opportunistischen Verhaltens sein. Der Lieferant bedient z.B. zunächst einen anderen Kunden, der sich unerwartet gemeldet hat. Der Lieferant tut das, weil es für ihn vorteilhaft ist: Er kann dann nämlich auf zahlreiche und umfangreiche weitere Transaktionen mit diesem anderen Kunden rechnen.

Was kann ein Abnehmer tun, der die Möglichkeit des Auftretens derartiger Probleme absieht? Zwei Arten von Maßnahmen liegen nahe. Erstens kann der Abnehmer bei der Auswahl von Lieferant und Produkt Sorgfalt walten lassen. Er holt z.B. Offerten und Referenzen ein, um so mit größerer Wahrscheinlichkeit einen vertrauenswürdigen und kompetenten Lieferanten zu finden. Zweitens kann der Abnehmer mit dem Lieferanten Verhandlungen führen, Vereinbarungen über Garantien und Sicherheiten treffen und diese gegebenenfalls in einem Vertrag schriftlich festlegen. Dadurch begrenzt der Abnehmer die Anreize und Möglichkeiten des Lieferanten für opportunistisches Verhalten. Gleichzeitig begrenzt der Abnehmer so den Schaden, mit dem er selbst konfrontiert wird, falls dennoch ein Problem auftritt.

Investitionen in die Suche und Auswahl von Lieferant und Produkt, sowie Investitionen in Verhandlungen und in die vertragliche Planung der Transaktion wurden gemessen durch die Zeitaufwendungen der dabei beteiligten Mitarbeiter und Abteilungen des Abnehmers, die Anzahl der eingeholten Offerten und der konsultierten Informationsquellen und schließlich durch detaillierte Fragen über den Inhalt der vertraglichen Vereinbarungen, die in Zusammenarbeit mit Juristen und IT-Spezialisten entwickelt wurden. Das „*Management*" der Transaktion – unsere abhängige Variable – bezieht sich mithin auf den Umfang derartiger Investitionen. Wir betrachten die Anschaffung eines Hard- oder Software-Produkts als ein Vertrauensproblem für den Abnehmer. Durch den Kauf des Produkts geht er Risiken ein, wie etwa das Risiko der Lieferungsverzögerung. Diese Risiken wird der Abnehmer begrenzen wollen und wir versuchen, den Umfang der Investitionen zu erklären, die er zu diesem Zweck tätigt.

Für die Ableitung von Hypothesen bieten sich zwei Annahmen an. Investitionen in die Begrenzung der mit der Transaktion verbundenen Risiken sind mit Kosten verbunden. Der Abnehmer wird diese Kosten abwägen gegen den erwarteten Nutzen einer kleineren Wahrscheinlichkeit für das Auftreten von Problemen oder eines geringeren Schadens im „Ernstfall". Wenn also die Kosten der Begrenzung von Risiken steigen, werden die Investitionen ceteris paribus abnehmen. Andererseits werden bei zunehmendem Problempotential, also einer größeren Wahrscheinlichkeit für das Auftreten von Problemen oder größerem Umfang eines möglichen Schadens, die Investitionen in die Begrenzung der Risiken der Transaktion ceteris paribus ebenfalls zunehmen. Prüfbare Hypothesen können wir nun gewinnen, wenn wir die Folgen sozialer Einbettung für das Problempotential der Transaktion einerseits und die Kosten der Verminderung dieses Problempotentials andererseits spezifizieren.

c) Hypothesen: Effekte zeitlicher Einbettung. Im Folgenden betrachten wir einen spezifischen Aspekt der Einbettung, nämlich die zeitliche Einbettung. Entsprechend unserer theoretischen Skizze unterscheiden wir die Effekte der früheren Beziehung zwischen Ego und Alter von ihren Erwartungen über gemeinsame zukünftige Geschäftsbeziehungen. Im Anschluss an die treffende Bezeichnung bei Axelrod (1987) werden wir uns auf den „*Schatten der Vergangenheit*" und auf den „*Schatten der Zukunft*" beziehen. Als Indikatoren für den Schatten der Vergangenheit verwenden wir die Dauer der früheren Geschäftsbeziehung, Anzahl und Umfang früherer Transaktionen und die Zufriedenheit des Abnehmers mit den früheren Transaktionen. Die Erwartungen über Anzahl und Umfang zukünftiger Transaktionen indizieren demgegenüber den Schatten der Zukunft.[3]

---

[3] Dieser Beitrag beschränkt sich auf eine Skizze der Hypothesen über die Effekte zeitlicher Einbettung. Weitere Hypothesen, vor allem solche, die „ökonomische" Merkmale der Transaktion betreffen und an die Transaktionskostentheorie anschließen, präsentieren Batenburg et al. (1999). Aus früherer Forschung ist über die Effekte zeitlicher Einbettung erstaunlich

d) Frühere Transaktionen. Aus früheren Anschaffungen beim Lieferanten kann der Abnehmer lernen. Insbesondere kann er seine Einschätzungen über die Wahrscheinlichkeit anpassen, dass sich bei der heutigen Transaktion Probleme ergeben werden. Wenn der Abnehmer etwa in der Vergangenheit zahlreiche und umfangreiche Lieferungen vom Lieferanten bezogen hat und mit diesen Lieferungen stets zufrieden war, weil es keine Probleme gab, dann wird er die Wahrscheinlichkeit ceteris paribus gering einschätzen, dass sich bei der heutigen Transaktion Probleme ergeben werden: Ego hat z.B. gelernt, dass der Lieferant über kompetente und zuverlässige Software-Ingenieure verfügt.

Wie bereits angedeutet, können erfolgreiche frühere Transaktionen außer einem *Lerneffekt* noch einen weiteren Effekt haben. Erfolgreiche frühere Transaktionen werden bei beiden Partnern zu beziehungsspezifischen Investitionen geführt haben, etwa in der Form guter Arbeitsbeziehungen zwischen Mitarbeitern des Abnehmers und denen des Lieferanten. Diese wechselseitigen beziehungsspezifischen Investitionen wirken als *Commitments* und werden die Anreize für opportunistisches Verhalten verringern.[4]

Dies führt zu unserer *ersten Hypothese.* Wir erwarten, dass mit einem positiven Schatten der Vergangenheit, also vielen und umfangreichen Transaktionen, mit denen der Abnehmer zufrieden war, das Problempotential abnimmt. Wir erwarten also ceteris paribus geringere Investitionen in das Management der heutigen Transaktion. Die Daten bestätigen diese Hypothese. Bei der Schätzung verschiedener multivariater Regressionen ergibt sich stets ein negativer Effekt positiver Erfahrungen mit dem Lieferanten in der Vergangenheit für die Investitionen des Abnehmers in die Begrenzung von Risiken bei der heutigen Transaktion. Dieser Effekt ergibt sich im Übrigen durchgehend auch bei parallelen Studien zum Management der zwischenbetrieblichen Kooperation (vgl. Blumberg 1998; Rooks et al. 1997; Buskens 1999).

e) Frühere Transaktionen und der Schatten der Zukunft. Nun zu den Effekten der Erwartungen über zukünftige Geschäftsbeziehungen mit dem Partner auf das Management der heutigen Transaktion. Wir wollen herausstellen, dass diese Effekte davon abhängen, ob

---

wenig bekannt. Der Rechtssoziologe Macaulay (1963) hat in seiner Arbeit über die (nicht-)vertragliche Regelung zwischenbetrieblicher Beziehungen theoretische Argumente angedeutet, warum derartige Effekte zu erwarten sind. Er hat außerdem „qualitative" Evidenz skizziert, die derartige Effekte auch empirisch plausibel erscheinen lässt. In sehr begrenztem Umfang verfügen wir über quantitative empirische Evidenzen zu den Effekten des Schattens der Vergangenheit. Ein gutes Beispiel dafür ist ein Beitrag von Gulati (1995). Aus der Theorie wiederholter Spiele (s.o.) folgen bestimmte Implikationen über die Effekte des Schattens der Zukunft. Empirisch ist über derartige Effekte für zwischenbetriebliche Beziehungen außerordentlich wenig bekannt (Ausnahmen sind Heide und Miner 1992 und Parkhe 1993). Die Interaktion des Schattens der Vergangenheit mit dem der Zukunft wurde bislang offensichtlich überhaupt nicht untersucht.

4 Das Beispiel suggeriert bewusst, dass beziehungsspezifische Investitionen bei matchingartigen Beziehungen zwischen Firmen einen „sozialen" Charakter haben können. Daneben kann es sich natürlich auch um beziehungsspezifische Investitionen vom Typ der „specific assets" handeln, die in der Transaktionskostentheorie und ihren empirischen Anwendungen im Mittelpunkt stehen (vgl. Williamson 1985: 55, 95–96). Man denke etwa an Investitionen des Abnehmers in Software, die ausschließlich durch einen bestimmten Lieferanten unterstützt wird. Zusätzlich ist darauf hinzuweisen, dass *wechselseitige* beziehungsspezifische Investitionen die Anreize für opportunistisches Verhalten verringern und die Beziehung tendenziell stabilisieren, während das Problempotential zunimmt, falls derartige Investitionen *einseitig* erfolgen (vgl. Williamson 1985: 190–195).

es bereits frühere geschäftliche Beziehungen zwischen Abnehmer und Lieferant gegeben hat. Es geht also um die Interaktion des Schattens der Zukunft mit dem Schatten der Vergangenheit (vgl. Raub und Snijders 1999).

Der Kern des Arguments ist, dass der Schatten der Zukunft durch zwei gegenläufige Mechanismen auf das Management der Transaktion wirkt. Der erste dieser Mechanismen ist unter dem Stichwort „bedingte Kooperation" bereits zur Sprache gekommen. Wenn es einen Schatten der Zukunft gibt, dann wirkt in den Worten Luhmanns (1989) „das Gesetz des Wiedersehens". In dieser Situation wird Management durch tit for tat-artige Strategien attraktiv. Der Lieferant weiß, dass sein opportunistisches Verhalten bei der heutigen Transaktion in der Zukunft bestraft werden kann, etwa durch den Verlust neuer Aufträge. Dies vermindert den Anreiz für opportunistisches Verhalten und verringert dadurch das Problempotential. Ein ausgefeilter und teurer Vertrag wird dadurch für die Risikobegrenzung weniger dringlich. Zufolge dieses Mechanismus, wir wollen ihn als *Reziprozitätseffekt* andeuten, wäre daher ein negativer Zusammenhang zwischen dem Schatten der Zukunft und den Investitionen in das Management der heutigen Transaktion zu erwarten.

Ein zweiter Mechanismus, der als *Investitionseffekt* bezeichnet werden könnte, wirkt aber in umgekehrter Weise. Wenn es einen Schatten der Zukunft gibt, dann können Investitionen in das Management der heutigen Transaktion zugleich als Investitionen auch in das Management zukünftiger Transaktion betrachtet werden. So lässt sich etwa – ein empirisch keineswegs seltener Fall – der Vertrag für die heutige Transaktion zumindest teilweise bei der folgenden erneut gebrauchen. Investitionen in das Transaktionsmanagement können also über einen längeren Zeitraum hinweg abgeschrieben werden. Damit sinken die Kosten des Transaktionsmanagements und wir würden einen positiven Zusammenhang zwischen dem Schatten der Zukunft und den Investitionen in das Management der heutigen Transaktion erwarten. Ohne zusätzliche Annahmen lässt sich nicht vorhersagen, was der Netto-Effekt aus Reziprozitäts- und Investitionseffekt, die gegeneinander wirken, auf das Management der Transaktion ist. Daher verfügen wir auch über keine Hypothese bezüglich des Haupteffekts des Schattens der Zukunft.

Man vergleiche nun den Effekt des Schattens der Zukunft, falls es *keine* früheren Transaktionen zwischen den Partnern gegeben hat, mit dem gleichen Effekt, falls frühere Transaktionen stattgefunden haben und zur Zufriedenheit des Abnehmers verliefen.[5] In beiden Fällen ist bedingte Kooperation aufgrund des „Gesetz des Wiedersehens" möglich. Andererseits wurden aber im letzteren Fall, also dann, wenn es bereits eine Geschäftsbeziehung gab, Investitionen in das Management einer ganzen Serie von Transaktionen bereits in der Vergangenheit im Zusammenhang mit früheren Transaktionen getätigt. Investitionen in die Begrenzung von Risiken bei der heutigen Transaktion werden also in geringerem Umfang auch günstige Auswirkungen haben für das Management zukünftiger Lieferungen. Im Fall früherer erfolgreicher Geschäftsbeziehungen wird der Reziprozitätseffekt des Schat-

---

5 Wir vernachlässigen den Fall *schlechter* Erfahrungen des Abnehmers bei früheren Transaktionen mit dem Lieferanten, da dieser empirisch außerordentlich selten ist (er tritt nur in ca. 3 Prozent aller Transaktionen auf, nämlich bei 14 von 472 Transaktionen, in denen es bereits eine frühere geschäftliche Beziehung mit dem Lieferanten gibt): Nach schlechten Erfahrungen suchen – und finden – die Abnehmer von IT-Produkten offensichtlich einen neuen Lieferanten.

tens der Zukunft relativ zum Investitionseffekt größer sein als im Fall ohne frühere Transaktionen. Dies führt zu einer *weiteren Hypothese*, nämlich über einen Interaktionseffekt. Wir erwarten einen negativen Interaktionseffekt des Schattens der Zukunft und des Schattens der Vergangenheit auf Investitionen in das Management der heutigen Transaktion. Auch für diese Hypothese finden wir empirische Bestätigung in den Daten über die Beziehungen von Klein- und Mittelbetrieben mit ihren Lieferanten für IT-Produkte. Auch in anderen Studien über zwischenbetriebliche Kooperation wird die Hypothese häufig bestätigt (vgl. Rooks et al. 1997; Blumberg 1998).[6]

III. Vertrauen in dauerhaften Zweierbeziehungen und soziale Integration

Bislang haben wir das Management von Kooperation und Vertrauen in dauerhaften Zweierbeziehungen skizziert und angedeutet, wie in theoriegesteuerter Weise konkrete empirische Hypothesen gewonnen werden können. Im nächsten Schritt wenden wir uns wieder den theoretischen Grundlagen zu und behandeln die Frage, was eine derartige Analyse zum Verständnis sozialer Integration beitragen kann, einem sozialen Problem moderner Gesellschaften und einem theoretischen Problem der Soziologie.

1. Kooperation in dauerhaften Beziehungen: individuelle und kollektive Rationalität

Warum sind Vertrauens- und Kooperationsprobleme ein wichtiger und faszinierender Gegenstand sozialwissenschaftlicher Theoriebildung? Der Grund dafür ist weniger darin zu suchen, dass Vertrauen gelegentlich gegeben und missbraucht wird. Wenn Vertrauen missbraucht wird, dann geht es um die Verteilung eines Kuchens gegebener Größe derart, dass einer der beiden Partner, nämlich derjenige, der Vertrauen gab, einen vergleichsweise kleinen Anteil erhält, der andere hingegen, also derjenige, der erhaltenes Vertrauen missbraucht, einen vergleichsweise großen Anteil. Derartige *Verteilungsprobleme* und *Fragen sozialer Ungleichheit* sind selbstverständlich ein zentrales Thema der Soziologie. Der Kern von Vertrauensproblemen ist aber ein anderer. Es geht darum, dass Vertrauen nicht gegeben wird und Kooperation nicht zustande kommt, falls derjenige, der Vertrauen geben könnte es für zu wahrscheinlich hält, dass Vertrauen missbraucht werden würde. Die Situation, in der überhaupt kein Vertrauen gegeben wird, ist aber für *beide* Partner schlechter als diejenige, in der Vertrauen gegeben und honoriert wird. Eine harmonische Ehe mit Kindern kann für beide Partner einer kinderlosen Ehe vorzuziehen sein, in der ein oder beide Partner befürchten, dass die Ehe scheitert, und daher nicht bereit sind, die Risiken der Arbeitsteilung im Haushalt zu tragen, wie etwa die Probleme des Neueintritts in den Arbeits- oder Heiratsmarkt für denjenigen, der sich auf Haushaltsführung und Kindererziehung spezialisiert hat. Der erwartete Ertrag einer F&E-Allianz, in der beide Partner ihren Verpflichtungen dadurch nachkommen, dass sie fähige Mitarbeiter abstellen, ist für

---

6 Vgl. Raub und Snijders (1999) für theoretische Modelle – u.a. spieltheoretischer Art – aus denen die hier nur intuitiv begründeten Hypothesen über Effekte zeitlicher Einbettung auch formal hergeleitet werden können.

beide Parteien größer als derjenige, den sie erwarten können, falls sie das Risiko nicht tragen wollen, dass der andere einseitig von den eigenen Beiträgen und Leistungen profitiert.

Wir haben es hier mit dem klassischen Problem der *unbeabsichtigten Folgen absichtsgeleiteten Handelns* zu tun, und zwar unbeabsichtigten Folgen, die ungünstig für die Beteiligten sind, im Gegensatz zu den wohlfahrtsfördernden Folgen der unsichtbaren Hand auf Wettbewerbsmärkten (vgl. Wippler 1981). Fehlendes Vertrauen und fehlende Kooperation führen zu Pareto-suboptimalen bzw. ineffizienten Ergebnissen: Der Kuchen, der überhaupt verteilt werden kann, bleibt klein. Wir sprechen daher auch von einem sozialen Dilemma, in dem beide Partner sich schlechter stellen. Rapoport (1974) deutet dieses Dilemma mit dem Gegensatz von kollektiver und individueller Rationalität an. Wenn die beiden Partner in einer matchingartigen Beziehung Vertrauen geben und honorieren, kooperieren und von opportunistischem Verhalten absehen, dann handeln sie kollektiv rational in dem Sinn, dass sie sich beide besser stellen im Vergleich zu der Situation, in der Vertrauen nicht gegeben wird und Kooperation nicht zustande kommt. Individuelle Rationalität führt aber häufig dazu, dass gegebenes Vertrauen missbraucht wird oder missbraucht werden würde und daher auch überhaupt nicht gegeben wird: Vertrauen zu missbrauchen ist für den Treuhänder jedenfalls kurzfristig (noch) attraktiver als Vertrauen zu honorieren. Individuelle Rationalität und die Erwartung, dass der Partner sich individuell rational verhalten wird, können also zu kollektiv irrationalen Ergebnissen führen, weshalb Boudon (1977) in diesem Zusammenhang auch von „perversen Effekten" spricht.

2. Interdependenz und soziale Integration

In der klassischen sozialwissenschaftlichen Theorie nimmt die Diskussion dieses Problems bekanntlich breiten Raum ein. Hobbes (1991) stellt die Frage, wie in der „naturall condition of mankind" der Krieg eines jeden gegen einen jeden vermieden werden kann. Seit Parsons' (1968) Diskussion dieser Frage sprechen wir üblicherweise vom *Ordnungsproblem*. Die Akteure sind bei Hobbes interdependent in einer Welt der Knappheit. Im state of nature können sie aber miteinander keine erzwingbaren Verträge abschließen und ihre Handlungen auf diese Weise aufeinander abstimmen. Sie versuchen daher, ihre Ziele durch die Bedrohung anderer zu erreichen. Dies ist der Krieg eines jeden gegen einen jeden, in dem das Leben aber „solitary, poore, nasty, brutish, and short" ist und in dem niemand seine individuellen Ziele realisiert – ein Gefangenendilemma zwischen vielen Akteuren.

Ein Problem strukturgleicher Art untersucht Durkheim (1973) in seinem Werk über die Arbeitsteilung. Durkheim behandelt die Frage der Solidarität beim ökonomischen Tausch, also etwa bei Transaktionen zwischen Unternehmen. Ökonomen pflegen Durkheim nicht zu lesen und haben das Problem impliziter und unvollständiger Verträge daher auch neu entdecken müssen. Durkheim betonte aber bereits vor mehr als hundert Jahren in verblüffend moderner Weise die Grenzen der vertraglichen Steuerung von Transaktionen. Durkheim hebt hervor, dass sich bei der Ausführung des Vertrags unvorhergesehene oder unvorhersehbare Umstände ergeben können, die strategisches und opportunistisches Verhalten ermöglichen und attraktiv erscheinen lassen. Er macht außerdem darauf aufmerksam, dass die Steuerung von Transaktionen durch Verträge mit dem Problem behaftet ist, dass Verhandlungen und Neu-Verhandlungen über Verträge Kosten verursachen. Wechselseitig vorteilhafter Tausch erfordert daher neben unvollständigen und teils impliziten Verträgen ergänzende und komplementäre Mechanismen, wie z.B. Normen der Reziprozität und Solidarität. Ohne derartige Mechanismen kommt wechselseitig vorteilhafter Tausch nicht zustande und wird die Spannung zwischen individueller und kollektiver Rationalität nicht gelöst.[7] Die Situation ähnelt einem Gefangenendilemma zwischen zwei Akteuren bzw. einem zweiseitigen Vertrauensproblem. Es ist bemerkenswert, dass die empirisch-theoretische Analyse wirtschaftlichen Handelns bei Durkheim einen solch prominenten Platz erhält. Leider hat die Soziologie dieses Thema in der Folge für längere Zeit weitgehend den Ökonomen überlassen, die die Folgen der sozialen Einbettung ökonomischen Tauschs üblicherweise nicht zu ihren zentralen Forschungsgegenständen rechnen. Es ist zweifellos ein Verdienst der gelegentlich als „Neue Wirtschaftssoziologie" bezeichneten Forschungsrichtung (vgl. Smelser und Swedberg 1994 als repräsentativen Überblick), dieses Thema für die Soziologie „wiederentdeckt" zu haben. Die „Neue Wirtschaftssoziologie" hat dazu fruchtbare empirische Studien geliefert (vgl. z.B. Baker 1984; Abolafia 1996), entbehrt aber häufig eines theoretischen Kerns für die systematische Generierung von Hypothesen. Wir versuchen hier zu zeigen, dass die Annahme anreizgerichteten und eigeninteressierten Handelns, die auch die Ökonomie zu verwenden pflegt, einen solchen theoretischen Kern bilden kann. Die Verwendung dieses theoretischen Kerns steht keineswegs im Gegensatz zu der These, dass wirtschaftliches Handeln sozial eingebettet ist und von Merkmalen der sozialen Einbettung beeinflusst wird (vgl. in diesem Sinn übrigens auch Granovetter 1985, der üblicherweise nicht mit diesem Gedanken assoziiert wird).

Interessanterweise finden wir bei Durkheim (1960) eine durchaus ähnliche Betrachtung der Probleme sozialer Integration als Folge des Gegensatzes zwischen individueller und kollektiver Rationalität auch in seinem Werk über den Selbstmord. Durkheim interpretiert den „egoistischen Selbstmord" als einen Indikator für fehlende soziale Integration. Bemerkenswerterweise rückt er in diesem Zusammenhang die Frage in den Mittelpunkt, ob der Selbstmord zu negativen Effekten für andere Akteure führt. Der Selbstmord eines Verheirateten wird im Mittel größere negative Effekte für andere haben als der eines Unverheirateten. Bei Verheirateten mit Kindern werden noch größere negative Effekte für Dritte auftreten. Auf analoge Weise vergleicht Durkheim Selbstmordraten in Kriegs- und Friedenszeiten. In Kriegszeiten mit einer äußeren Bedrohung hat ein Selbstmord größere negative Effekte für Dritte – andere bedrohte Landsleute – als im Frieden ohne eine solche Bedrohung. In allen diesen Beispielen betont Durkheim also den Zusammenhang zwischen Selbstmord als einem Indikator für fehlende soziale Integration einerseits und andererseits sozialer Integration als einer Situation, in der voneinander wechselseitig abhängige Akteure ihre gemeinsamen Interessen realisieren. Eine in der hier entscheidenden Hinsicht theoretisch strukturähnlicher Situation bilden bestimmte Fälle des „altruistischen Selbstmords", insbesondere der „obligatorische" altruistische Selbstmord. Bei dieser Art des Selbstmords geht es in Durkheims Beispielen typisch um Situationen, in denen Selbstmord, jedenfalls in der Wahrnehmung der übrigen Mitglieder der jeweiligen Gruppe, zu der der Täter gehört, positive Effekte für die Mitglieder der Gruppe hat.

Die Strukturähnlichkeiten zwischen den sozialen Situationen, die Hobbes und Durk-

---

[7] Am Rande sei erwähnt, dass Weber (1976: 409) in seiner Rechtssoziologie ganz ähnliche Überlegungen präsentiert.

heim untersuchen, sind auffällig. Beide gehen aus von sozialen Akteuren. Dabei kann es sich zunächst um Individuen handeln. Durkheim betrachtet daneben andere „handelnde" soziale Einheiten wie Organisationen und Unternehmen. Zu den bei Hobbes betrachteten Akteuren gehören Staaten und Stämme. Soziale Integration ist nicht nur für Beziehungen zwischen Individuen ein Problem, auch „korporative Akteure" (Coleman) werden mit diesem Problem konfrontiert. Soziale Akteure sind interdependent im Hinblick auf die Erreichung ihrer jeweiligen Ziele – das eigene Verhalten hat Effekte für andere und umgekehrt. Diese Interdependenz ist charakteristisch für die Akteure im Naturzustand bei Hobbes. Durkheim sieht sie als die entscheidende Folge der Arbeitsteilung. Die Wohlfahrt sozialer Akteure, das Ausmaß, in dem sie ihre ökonomischen und anderen Ziele erreichen, hängt daher ab von Koordination ihres Verhaltens derart, dass Interdependenzen berücksichtigt werden. Einerseits erfordert Koordination die *Vorhersagbarkeit* des Verhaltens anderer – der Gesichtspunkt, den etwa Hayek (1973) und Parsons (1968) betonen (vgl. Elster 1989). Andererseits erfordert Koordination *kooperatives Verhalten* in dem Sinn, dass Handlungen mit negativen externen Effekten für andere Akteure unterlassen und solche mit positiven externen Effekten ausgeführt werden. Es liegt daher nahe, von *sozialer Integration* in dem Maße zu sprechen, in dem diese Koordination gelingt. Eine notwendige Bedingung für *optimale* Koordination ist daher Effizienz im Sinn der Pareto-Optimalität: Niemand kann besser gestellt werden, ohne andere schlechter zu stellen.[8] Wir wollen dabei die Frage offen lassen, ob das Pareto-Kriterium auch als hinreichend für Koordination betrachtet werden kann oder ob zusätzlich ein Kriterium der Verteilungsgerechtigkeit für den Kuchen benötigt wird, der dem Pareto-Kriterium genügt.

Selbstverständlich geht es hier nicht darum, nach der „wahren" Definition sozialer Integration zu suchen. Wir sind interessiert an der Ausarbeitung von Theorien, die zu empirisch prüfbaren Implikationen führen und nicht an Begriffsscholastik. Es gibt aber theoretische und praktische Argumente, die es nahe liegend erscheinen lassen, den Zusammenhang von sozialer Integration und effizienter Koordination zu betonen.

Das *theoretische Argument* ergibt sich daraus, dass effiziente Koordination durch Möglichkeiten und Anreize für opportunistisches Verhalten bedroht werden kann. Durkheim und Parsons haben korrekt gesehen, dass dadurch eine zentrale Herausforderung für das von ihnen als utilitaristisch bezeichnete Marktmodell sozialer Ordnung entsteht (vgl. dazu aus der Perspektive des Rational Choice-Ansatzes Voss 1985, 1998). Individuell-rationales Verhalten und die unsichtbare Hand führen bei Markttransaktionen keineswegs zwangsläufig zu effizienter Koordination. In der Durkheim/Parsons Tradition wird als Alternative für das utilitaristische Marktmodell die so genannte „normative Lösung" des Ordnungsproblems entwickelt. Aus dieser Sicht führen internalisierte Werte und Normen zu sozialer Integration und stabilisieren sie. Ein solcher Ansatz ist aber unbefriedigend, weil die Frage offen bleibt, wie und unter welchen Umständen Normen und Werte kooperativen Verhaltens überhaupt entstehen und eingehalten werden (vgl. bereits Wrong 1961 und natürlich auch Elias 1970).

Coleman (1964: 166–167) hat die theoretische Aufgabe, die sich in diesem Zusam-

---

8 Die hier gewählte Interpretation sozialer Integration als effiziente Koordination ist in der Soziologie nicht ganz ungebräuchlich (vgl. z.B. Collins und Makowsky 1989 für einen ähnlichen Vorschlag im Rahmen einer anderen theoretischen Konzeption).

menhang stellt, provozierend deutlich formuliert: „Perhaps the central problem in sociological theory is that posed most succinctly by Thomas Hobbes. Why is there not a war of all against all? Hobbes took as problematic what most contemporary sociologists take as given: that a society can exist at all, despite the fact that individuals are born into it wholly self-concerned, and in fact remain largely self-concerned throughout their existence. Instead, sociologists have characteristically taken as their startingpoint a social system in which norms exist, and individuals are largely governed by those norms. Such a strategy views norms as the governors of social behavior, and thus neatly bypasses the difficult problem that Hobbes posed ... I will proceed in precisely the opposite fashion ... I will make an opposite error, but one which may prove more fruitful ... I will start with an image of man as wholly free: unsocialized, entirely self-interested, not constrained by norms of a system, but only rationally calculating to further his own self interest." Damit stellt sich die Frage, wie Akteure, die in der von Coleman beschriebenen Welt soziale Beziehungen, u.a. vom Typ der matchingartigen Beziehungen, unterhalten, ihre Kooperations- und Vertrauensprobleme lösen und soziale Integration erreichen und stabilisieren können, also in diesem spezifischen Sinn auch „moralisch", nämlich nicht opportunistisch, handeln können. Das hier skizzierte Programm zeigt, unter welchen Bedingungen dies aufgrund *aufgeklärten* Eigeninteresses gelingt, dadurch, dass es im aufgeklärten Eigeninteresse liegt, wegen der langfristigen Kosten opportunistischen Verhaltens einer Norm bedingter Kooperation zu folgen, indem man tit for tat-artige Strategien anwendet, oder dadurch, dass es im aufgeklärten Eigeninteresse liegt, seine *eigenen* zukünftig zu erwartenden Anreize für opportunistisches Verhalten freiwillig durch das Eingehen von Commitments zu reduzieren.

Damit wird auch die *soziale Bedeutung dieser Problemstellung* deutlich. Es geht um die Frage, wie Trittbrettfahrerverhalten in dauerhaften Beziehungen zwischen „kalkulierenden" Bürgern und Unternehmen vermieden oder jedenfalls begrenzt werden kann. Insbesondere geht es darum, wie Trittbrettfahrerverhalten ohne weitgehende Formen der „Verrechtlichung" eingedämmt werden kann und ohne jeden der Beteiligten unter permanente Polizeiaufsicht zu stellen, also in der Sprache Webers unter sparsamer Verwendung von Erzwingungsstäben. Unter welchen Bedingungen werden potentielle Trittbrettfahrer sich selbst und wechselseitig vor ihren eigenen Versuchungen beschützen und vermeiden, Opfer ihres eigenen opportunistischen Verhaltens zu werden?[9]

Die Eindämmung von Trittbrettfahrerverhalten in dauerhaften Zweierbeziehungen ist in zweierlei Hinsicht ein soziales Problem, das wissenschaftliches Interesse verdient. Beziehungen zwischen Partnern im Haushalt oder dauerhafte Beziehungen zwischen Unternehmen sind einerseits von entscheidender Bedeutung für die direkt beteiligten Partner: Ihre *eigene Wohlfahrt* hängt wesentlich ab von ihrem Erfolg bei der Gewährleistung effizienter Koordination in ihren dauerhaften Zweierbeziehungen. Andererseits hat die Begrenzung der Risiken der Interdependenz in matchingartigen Beziehungen weit gehende *Makro-Effekte*. Gelingendes oder misslingendes Management von Vertrauensproblemen im Haushalt hat Folgen für die Arbeitsmarktbeteiligung, für generatives Verhalten und für

---

9 Einen Hintergedanken bei dieser Art der Fragestellung fasst Binmore (1994: 6) bündig zusammen: „[T]he way to a better society lies in appealing to the enlightened self-interest of all concerned."

Scheidungsraten, aber auch – dies hat z.B. Ultee (1996) herausgearbeitet – für gesellschaftliche Ungleichheit.[10] Gelingendes oder misslingendes Management von Vertrauensproblemen bei zwischenbetrieblichen Beziehungen hat Folgen für ökonomisches Wachstum – man denke nur an die Bedeutung von F&E für wirtschaftliches Wachstum und die besonders wichtige Rolle zwischenbetrieblicher Kooperation gerade im Bereich von F&E (vgl. etwa Blumberg 1998) –, aber natürlich auch für aus einer Makroperspektive und der Sicht der an der Beziehung selbst nicht beteiligten Dritten unerwünschte Phänomene wie das der Kartellbildung. Diese Überlegungen werden nur virulenter, wenn man sich vor Augen hält, dass in modernen westlichen Gesellschaften die Interdependenz zwischen Akteuren mit unterschiedlichen Interessen in vielen Hinsichten zunimmt, wodurch die „Nachfrage" nach effizienter Koordination steigt, während Phänomene wie etwa zunehmende Mobilität und kurzfristigere Beziehungen die Bedingungen für die Produktion eines entsprechenden „Angebots" von Kooperation und Vertrauen eher unterminieren dürften.[11]

IV. Resümee und neue Fragestellungen

In diesem Beitrag haben wir dargestellt, wie Vertrauensprobleme in dauerhaften Zweierbeziehungen durch aufgeklärtes Eigeninteresse bewältigt werden können, also dadurch, dass rationale Akteure die langfristigen Folgen ihrer Handlungen in Rechnung stellen und gegebenenfalls aufgrund langfristig zu erwartender Kosten von der Realisierung kurzfristiger Vorteile absehen bzw. ihre eigenen zukünftig zu erwartenden Handlungsanreize entsprechend langfristig zu erwartenden Vorteilen modifizieren. Vertrauensprobleme sind ein typischer Fall von sozialen Situationen, in denen Solidarität und Kooperation und damit – in der Perspektive von Hobbes und der Utilitarismus-Kritik der Durkheim/Parsons Tradition – soziale Integration bedroht sind, weil Akteure mit Anreizen zu opportunistischem Verhalten konfrontiert werden. Wir zeigen mithin, wie aufgeklärtes Eigeninteresse zu sozialer Integration beitragen kann. Empirisch haben wir Vertrauensprobleme in wirtschaftlichen Beziehungen in den Mittelpunkt gerückt. Wir haben gezeigt, wie aus der theoretischen Annahme, dass wirtschaftliches Handeln durch aufgeklärtes Eigeninteresse gesteuert wird, und aus Annahmen über die soziale Einbettung dieses Handelns empirisch prüfbare Hypothesen generiert werden können. Dabei haben wir uns auf eine spezifische Dimension der sozialen Einbettung konzentriert, nämlich auf die zeitliche Einbettung einer Transaktion in eine Sequenz früherer und erwarteter künftiger Transaktionen zwischen

---

10 Ultee weist etwa darauf hin, dass zunehmende Einkommensungleichheit *zwischen Haushalten* dadurch zustande kommen kann, dass zunehmende Arbeitsmarktteilnahme namentlich von Frauen mit hohen Bildungsabschlüssen einhergeht mit einem positiven Zusammenhang zwischen dem Bildungsniveau von Partnern im Haushalt.
11 Die ökonomischen und sozialen *Folgen* eines ausreichenden Angebots von Vertrauen für moderne Gesellschaften betont Fukuyama (1995). Er verwendet „Vertrauen" als ein Teil des Explanans für andere soziale Phänomene und Prozesse. Der vorliegende Beitrag richtet sich demgegenüber auf die Bedingungen, unter denen Vertrauen selbst entsteht und stabilisiert wird. Aus dieser Perspektive geht es also um Vertrauen als Teil des Explanandums (vgl. Craswell 1993).

Tauschpartnern. Als konkreten Anwendungsfall haben wir ökonomische Transaktionen zwischen Abnehmern und Lieferanten betrachtet und untersucht, wie zeitliche Einbettung die Investitionen des Abnehmers in das ex ante Management der Transaktion beeinflusst, also Investitionen in die Suche und Auswahl von Produkt und Lieferant und in die vertragliche Planung der Transaktion.

Zwischenbetriebliche Beziehungen sind nur ein Beispiel dauerhafter Zweierbeziehungen. Der Vorteil einer *allgemeinen* Theorie des rationalen „Managements" von Risiken der Interdependenz und speziell von Vertrauensproblemen liegt natürlich darin, dass sie auf andere Typen dauerhafter Beziehungen angewendet werden kann, in denen man unter vergleichbaren Umständen auch ein vergleichbares Management erwarten würde. Eine gute Theorie sollte außerdem die Möglichkeit bieten, vereinfachende Annahmen schrittweise durch komplexere und empirisch realistischere Annahmen zu ersetzen und selbst heuristische Hinweise liefern, wie das geschehen kann. Daher wenden wir uns abschließend neuen empirischen Anwendungen und neuen Fragen für die Theorieentwicklung zu, die sich aufgrund der in diesem Beitrag vorgelegten Resultate aufdrängen und für die diese Resultate auch bereits erste Bausteine für ihre Beantwortung erhalten.

1. Neue empirische Anwendungsgebiete

In diesem Beitrag haben wir uns konzentriert auf Risiken der Interdependenz und auf Vertrauensprobleme bei ökonomischem Tausch und auf die Rolle der sozialen Einbettung beim Umgang mit diesen Risiken und Problemen. Zwei Beispiele neuer empirischer Anwendungsgebiete für die hier verwendeten theoretischen Überlegungen im Bereich wirtschaftlichen Handelns seien kurz angedeutet.

Eine dauerhafte Beziehung mit erheblichen Risiken für die Partner durch ihre Interdependenz und durch Möglichkeiten und Anreize für opportunistisches Verhalten ist die Beziehung zwischen einem individuellen Arbeitnehmer und seinem Arbeitgeber. Ein typisches Vertrauensproblem zwischen Arbeitnehmer und Arbeitgeber muss bei Humankapitalinvestitionen (vgl. Becker 1964) gelöst werden. Für den Arbeitgeber sind eigene Investitionen in allgemeines – auf dem Arbeitsmarkt überall verwendbares – Humankapital des Arbeitnehmers riskant, weil die Beziehung etwa durch opportunistischen „exit" des Arbeitnehmers enden kann und durch die Investition des Arbeitgebers in das allgemeine Humankapital des Arbeitnehmers dessen Möglichkeiten und Anreize für einen opportunistischen exit tendenziell vergrößert werden, weil er auf dem Arbeitsmarkt für andere Arbeitgeber interessanter wird. Für den Arbeitnehmer sind umgekehrt eigene Investitionen in betriebsspezifisches Humankapital riskant, da er sie definitionsgemäß bei Eintritt in ein Beschäftigungsverhältnis mit einem neuen Arbeitgeber abschreiben müsste. Investitionen in Humankapital der Mitarbeiter sind eine Quelle für die Profitabilität von einzelnen Unternehmen mit entscheidenden makro-ökonomischen Folgen für wirtschaftliches Wachstum. Die Bereitschaft zu derartigen Investitionen setzt aber offensichtlich Vertrauen der beteiligten Partner in die Dauerhaftigkeit ihrer Beziehung voraus. Genau diese Dauerhaftigkeit kommt aber unter Druck durch Entwicklungen, die man mit dem Stichwort „Flexibilisierung der Arbeit" anzudeuten pflegt. Hier liegt ein Spannungsfeld, das zu systematischer empirischer Forschung einlädt, die durch die hier skizzierte Theorie gesteuert werden kann.[12]

Die bislang beschriebenen Anwendungen betreffen dauerhafte Beziehungen zwischen im Prinzip *zwei* Partnern. Diese Eingrenzung ist eher Folge praktischer Erwägungen und theoretisch nicht zwingend. Eine konsequente Erweiterung ist daher die Untersuchung von Kooperation in kleinen Gruppen von Akteuren mit einem nennenswert langen Zeithorizont und nennenswerten Risiken durch Interdependenz. Ein Beispiel sind Partnerschaften zwischen Anwälten (vgl. Lazega 1997) oder Angehörigen anderer Freier Berufe, z.B. Ärzten. Wie lösen die Mitglieder solcher „peer groups" (vgl. dazu allgemein Voss 1990) die Spannungen zwischen ihrem kollektiven Interesse an der Optimierung des gemeinsamen „outputs", der für sie häufig Merkmale eines Kollektivguts haben wird, bei zugleich teils erheblichen Problemen des „monitoring" und der Überwachung der individuellen Beiträge? Variieren etwa Kooptationsregeln für neue Mitglieder und Regeln für die Verteilung von Erträgen systematisch mit der Art und dem Umfang der Überwachungsprobleme?

2. Neue Theoriebildung

Im Hinblick auf die Weiterentwicklung der Theorie selbst ist es schon aus methodologischen Gründen elegant, wenn nicht zwingend, empirische Resultate als Ausgangspunkt zu verwenden, die theoretischen Annahmen zu widersprechen scheinen und daher eine Revision und Weiterentwicklung dieser Annahmen nahe legen. An zwei typischen Klassen von Annahmen bei der Erklärung des Managements der Kooperation als Resultat rationaler Wahlhandlungen sei verdeutlicht, wie neue Theoriebildung auf empirische Ergebnisse reagieren kann.

a) Unvollständige Information und die Effekte sozialer Einbettung für das Management dauerhafter Zweierbeziehungen. Betrachten wir zunächst Annahmen über die den Akteuren verfügbaren Informationen. Zu den elementaren spieltheoretischen Modellen, an die man bei den in diesem Beitrag skizzierten Überlegungen zu denken geneigt ist, gehört das Standardmodell eines wiederholten Gefangenendilemmas oder eines wiederholten Vertrauensspiels. In derartigen Modellen wird zunächst – und zwar aus guten methodologischen Gründen für die Verwendung zunächst vereinfachender und dann schrittweise zu ersetzender Annahmen, die mit der „Logik der abnehmenden Abstraktion" (Lindenberg 1981) beim Modellbau zusammenhängen – *vollständige Information* der Akteure angenommen.

---

12 Vgl. Abraham (1996) für erste Schritte in diese Richtung. Zu beachten ist übrigens, dass beim Anwendungsgebiet „Arbeitsbeziehungen" neue Gesichtspunkte ins Bild kommen, die bei der Kooperation im privaten Haushalt und zwischen Betrieben jedenfalls weniger stark im Vordergrund stehen. Es dürften sich z.B. typischerweise ähnliche, aber nicht identische, Kooperationsprobleme zwischen ein und demselben Arbeitgeber und mehreren, gegebenenfalls vielen, seiner Arbeitnehmer ergeben. Der Arbeitgeber muss daher *simultan* das Management der Kooperation im Hinblick auf mehrere Beziehungen optimieren. Die Arbeitnehmer werden darüber hinaus mit einem Kollektivgutproblem konfrontiert, nämlich der gemeinsamen Kontrolle des Arbeitgebers. Das „fine-tunen" des Managements einzelner Beziehungen ist daher bei Arbeitsbeziehungen weniger plausibel. Ihm sind offensichtlich auch durch das Arbeitsrecht und durch Tarifvereinbarungen Grenzen gesetzt.

Man unterstellt dann also streng genommen, dass ein Betrieb, der ein Hard- oder Software-Produkt anschafft, im Prinzip die technischen Kompetenzen des Lieferanten vollständig überblickt und auch dessen Geneigtheit zu opportunistischem Verhalten. Weiterhin würde man unterstellen müssen, dass der Abnehmer vollständig informiert ist über das Verhalten des Lieferanten bei früheren Transaktionen. Schließlich würde man gleichartige Informationen auch über alternative potentielle Lieferanten annehmen. Die tatsächliche Information der Abnehmer bei derartigen Transaktionen wird jedoch geringer, also mehr oder weniger unvollständig sein. Wenn man die Annahme vollständiger Information problematisiert, ergeben sich neue Fragen für Theoriebildung und Modellbau.

Unvollständige Information wird zunächst *Suchverhalten* der Akteure induzieren, also etwa die Suche von Betrieben nach Produkten und Lieferanten bzw. nach Partnern für gemeinsame Projekte. Blumberg (1998) hat am Beispiel von Technologiekooperationen und F&E-Allianzen zwischen Unternehmen einen ersten Versuch einer theoriegesteuerten und empirischen Analyse des Suchverhaltens solcher korporativen Akteure als Teil ihres Managements von Kooperationsproblemen unternommen und gezeigt, dass hier ein fruchtbares Forschungsfeld für die Modellbildung und für empirische Studien zu Interorganisationsbeziehungen liegt (vgl. auch Prosch 1998).

Unvollständige Information wird aber nicht nur zu Suchverhalten führen, sondern auch den *Zusammenhang* zwischen *Netzwerkeinbettung* und dem Management zwischenbetrieblicher Beziehungen durch *bedingte Kooperation* anstelle expliziter und möglichst vollständiger Verträge beeinflussen. Unter der Annahme vollständiger Information gelangt man relativ direkt zu Vorhersagen von der Art „mehr Netzwerkeinbettung bietet bessere Voraussetzungen für bedingte Kooperation und führt daher zu geringeren Investitionen in die vertragliche Planung von Transaktionen" (vgl. z.B. Weesie et al. 1998). Derartige Vorhersagen erweisen sich als empirisch problematisch (vgl. Buskens 1999: Kapitel 5).[13] Wenn man jedoch unvollständige Informationen über den Markt von Alternativen berücksichtigt, dann wird die Netzwerkeinbettung selbst vom Suchverhalten abhängig und müsste daher als *endogene* Variable modelliert werden. Außerdem wird dann die Diffusion von Informationen über opportunistisches Verhalten innerhalb des Netzwerks problematisch. Vorhersagen über den Zusammenhang zwischen Netzwerkeinbettung und Investitionen in das Transaktionsmanagement werden dementsprechend komplexer, aber (wie Buskens 1999 zeigt) auch empirisch realistischer.[14]

---

13 Der hier angedeutete Grund, nämlich unvollständige Information, warum der Zusammenhang zwischen Netzwerkeinbettung und bedingter Kooperation weniger eindeutig ist, als man zunächst vermuten würde, ist übrigens nicht der einzige. So zeigt etwa Flache (1996) in einer originellen Analyse mit den auch hier verwendeten und artverwandten theoretischen Instrumentarien sowie experimentellen Befunden, dass ein dichtes Netzwerk persönlicher Beziehungen zwischen z.B. den Mitgliedern einer Arbeitsgruppe deren Kooperation bei der Produktion des Kollektivguts „output" gerade unterminieren kann, weil der Austausch informeller sozialer Belohnungen unter angebbaren Bedingungen der wechselseitigen Kontrolle und Sanktionierung des Arbeitseinsatzes im Wege steht.

14 Man beachte, dass die oben skizzierte Analyse der Effekte zeitlicher Einbettung in ganz analoger Weise die Effekte unvollständiger Information explizit berücksichtigt. Die theoretischen Modelle, die zu den dort besprochenen Hypothesen führen (vgl. Raub und Snijders 1999), sind daher im Kern auch wiederholte Spiele mit unvollständiger Information, wobei die Spieler zusätzlich am Anfang jeder Runde (Transaktion) zu bestimmten Kosten Maßnah-

b) Die Modellierung der Nutzenfunktion der Akteure. Aus der Perspektive des Rational Choice-Ansatzes werden das Verhalten der Akteure und dessen kollektive Folgen von den Informationen der Akteure beeinflusst und von ihren Präferenzen. Annahmen über Informationen und Präferenzen bilden zusammen die „*Brückenannahmen*" (Lindenberg 1981), die benötigt werden, um zu Vorhersagen über Verhalten zu kommen. Es liegt daher nahe, im Zuge neuer Theoriebildung nicht nur die Annahmen über die Informationen der Akteure zu problematisieren, sondern auch die über ihre *Präferenzen*. Verschiedene methodologische Überlegungen legen die Verwendung einer einfachen und in gewissem Sinn radikalen Annahme über Präferenzen nahe, nämlich die *Annahme egoistischer Präferenzen*, die bereits in der treffenden Formulierung Colemans zum Ausdruck kam. Die einfache Annahme, dass Akteure ihre Interessen zu realisieren versuchen und dass diese Interessen ihre *Eigeninteressen* sind, kommt der Prüfbarkeit der Theorien (im Popperschen Sinn) zugute. Diese Annahme ist außerdem nützlich im Hinblick auf Fragen „institutionellen Designs" und bei der praktischen Anwendung soziologischen Wissens, weil sie die Aufmerksamkeit systematisch auf die wichtige Frage lenkt, welche Institutionen Vertrauen und Kooperation in dauerhaften Zweierbeziehungen und die Lösung von Vertrauens- und Kooperationsproblemen in solchen Beziehungen durch die Partner selbst fördern und unterstützen können, und zwar auch dann, wenn es sich bei den Beteiligten um kalkulierende, nämlich rationale und eigennutzorientierte Akteure handelt.[15]

Die Annahme eigennutzorientierter Präferenzen kann also mit *methodologischen* Argumenten verteidigt werden, aber man wird Coleman – und anderen – natürlich zustimmen, dass diese Annahme *empirisch* häufig nicht adäquat ist. Akteure scheinen jedenfalls nicht ausnahmslos und ständig eigennutzorientiert zu handeln, auch nicht in dem „aufgeklärten" Sinn, dass sie die langfristigen Folgen ihres heutigen Verhaltens berücksichtigen und „vorausschauend" ihre eigenen zukünftig zu erwartenden Handlungsanreize und -möglichkeiten heute aktiv beeinflussen. Weesie (1994) und Snijders (1996) haben mit Hilfe experimenteller Daten gezeigt, dass individuelles Verhalten bei Vertrauensproblemen und in anderen sozialen Dilemmasituationen empirisch besser erklärt werden kann, wenn die Annahme strikt eigennutzorientierter Präferenzen aufgegeben und durch die Annahme ersetzt wird, dass die Präferenzen eines Akteurs auch von den Konsequenzen abhängen, die sich für den Partner ergeben. Eine überzeugende Strategie für die Theoriebildung, die auch den methodologischen Argumenten für die Eigennutzannahme Rechnung trägt, wäre es dann, diese nicht mit *Annahmen* über altruistische Präferenzen, soziale Orientierungen u.ä. zu beginnen, sondern die Präferenzen selbst als *abhängige* Variable zu betrachten und ihrerseits zum Gegenstand der Erklärung zu machen (vgl. für erste Schritte in Richtung einer Theorie der rationalen Wahl von Präferenzen für soziale Dilemmasituationen Hegselmann et al. 1986; Raub und Voss 1990). Wie hängen etwa die heutigen Präferenzen Egos ab von Alters früherem Verhalten, also z.B. der Neigung Alters in der Vergangenheit, von Ego erhaltenes Vertrauen zu honorieren oder aber zu missbrauchen? Im Hinblick auf

---

men (etwa vertragliche Planung) ergreifen können, mit denen die Anreizstrukturen in dieser und in folgenden Runden beeinflusst werden.

15 Vgl. Schüßler (1988) für eine Untersuchung der Vorteile derartiger „worst case" Szenarien, die Frey (1997) skeptischer beurteilt, weil Anreize (z.B. monetärer Art), die unter den Bedingungen des worst case effiziente Koordination fördern, zugleich und unbeabsichtigt intrinsische Motivationen für kooperatives Verhalten unter Druck setzen können (der so genannte „crowding out" Effekt).

„Moral durch aufgeklärtes Eigeninteresse" ist dabei ein springender Punkt, dass bei Endogenisierung moralischer Präferenzen ursprünglich rein eigeninteressierte rationale Akteure nicht „nur" *de facto* moralisch handeln, weil das in ihrem aufgeklärten Eigeninteresse liegt, sondern auch in dem weiter gehenden Sinn, dass sie ein solches Handeln *„um seiner selbst willen"* vorziehen.

c) Eine Theorie individueller Präferenzen und Informationen. In diesem Beitrag haben wir skizziert, wie man zu neuen Erklärungen der Art und Weise kommen kann, in der Partner ihre Kooperation in dauerhaften Zweierbeziehungen gestalten, und haben dabei den Zusammenhang mit dem Problem der sozialen Integration herausgestellt. Für die Ableitung von Hypothesen wurden Theorien verwendet, die individuell-rationales Verhalten der Akteure unterstellen. Zu erklären sind dann zunächst die kollektiven Folgen der Interdependenz der Akteure für die betreffende matchingartige Beziehung selbst, etwa die Folgen für die (Merkmale der) „governance structure", mit der die Partner ihre Kooperationsprobleme begrenzen oder lösen. Kooperation hat aber nicht nur Effekte für die direkt Beteiligten, sondern auch für dritte Parteien und größere Gruppen (vgl. unsere Besprechung von Makro-Effekten im zweiten Teil dieses Beitrags). Der Brückenschlag von interdependenten individuellen Handlungen zu den kollektiven Folgen dieser Handlungen wurde in der Literatur als Lösung eines „Transformationsproblems" (Lindenberg 1977; Raub und Voss 1981; Raub 1984) bzw. als „Mikro-Makro-Übergang" (Coleman 1991–94) untersucht. Es dürfte nicht ganz zufällig sein, dass im Anschluss an die Resultate bei der Lösung des Transformationsproblems für matchingartige Beziehungen nun auch eine bessere Modellierung der Nutzenfunktion der Akteure, einschließlich der ihnen verfügbaren Informationen und der Verarbeitung dieser Informationen auf die Agenda kommt. Die Theorie rationalen Verhaltens ist eine Theorie individuellen Verhaltens bei *gegebenen* Präferenzen und Informationen. Die Theorie rationalen Verhaltens sagt aber *selbst* nichts über Art und Inhalt dieser Präferenzen und Informationen. Darüber benötigen wir zusätzliche Annahmen. Aus soziologischer Sicht liegt es nahe, bei der Ausarbeitung derartiger Annahmen die „soziale Konditionierung" von Präferenzen und Informationen im Auge zu behalten. Dadurch würde zugleich eine bessere Integration der Theorie rationalen Verhaltens mit soziologischer Theoriebildung zur Kulturübertragung, Sozialisation und Internalisierung ins Blickfeld kommen.[16] Aus der Sichtweise des hier skizzierten Ansatzes geht es dann um die Folgen sozialer Einbettung für die Formung und Dynamik der Präferenzen von Ego und seiner Informationen, ergänzend zu Einbettungseffekten für Egos Möglichkeiten, kooperatives Verhalten von Alter positiv und opportunistisches Verhalten von Alter negativ zu sanktionieren. Die Ausarbeitung derartiger Brückenannahmen und Makro-Mikro-Übergänge befindet sich aber zweifellos noch ganz in ihren Kinderschuhen.

---

16 Einen Ansatz zu einer Theorie der Dynamik von Präferenzen und der Beeinflussung von Egos Präferenzen durch eigene Erfahrungen und die Aktivitäten Dritter (man denke an die Formung der Präferenzen von Kindern durch Aktivitäten ihrer Eltern) aus der Perspektive des Rational Choice-Ansatzes bietet Becker (1996). Die Soziologie wird zu einer solchen Theorie hoffentlich nicht nur interessante Fragen und Probleme beitragen können, sondern auch empirische und analytische Einsichten. Vgl. Braun (1998) für erste systematische Schritte in diese Richtung.

Anhang

Die hier vorgelegten Überlegungen sind Teil eines umfangreicheren Forschungsprogramms zum Management von Kooperationsproblemen in dauerhaften Zweierbeziehungen (vgl. Raub und Weesie 1992). Dieses Programm enthält einerseits theoretische Projekte und experimentelle Studien und andererseits empirische Feldforschungen, wobei versucht wird, Theorie, Experimente und Feldforschung zu verflechten. Damit soll zur Verkleinerung des oft und nicht immer ganz zu Unrecht beklagten Grabens zwischen theoretischem Modellbau mittels Theorien rationalen Verhaltens und konkreter empirischer Forschung (vgl. z.B. Green und Shapiro 1994) beigetragen werden.

Bei *theoretischen Projekten* und *experimentellen Studien* geht es um zwei zusammenhängende Themen. Einerseits geht es darum, Bedingungen für Kooperation in sozialen Situationen vom Typ des Vertrauensproblems zu identifizieren. Andererseits sind, ausgehend von derartigen Bedingungen der Kooperation, die Mechanismen zu spezifizieren, die Partner in dauerhaften Zweierbeziehungen verwenden, um Kooperation zu sichern und der Zusammenarbeit Form zu geben (siehe Snijders 1996 und Buskens 1999 als Beispiele für derartige Studien).

Neben theoretische Projekte und experimentelle Studien tritt *empirische Feldforschung* zur Zusammenarbeit im Haushalt und in zwischenbetrieblichen Beziehungen. Ein wichtiger Ertrag des Programms sind daher auch eine Reihe *neuer Datensätze*. So wurden zwei umfangreiche Primärerhebungen durchgeführt, die Mechanismen der Kooperation zwischen Partnern im Haushalt betreffen (Households in the Netherlands (HIN) 1994 und 1995; vgl. Kalmijn und Giesen 1995 sowie Kalmijn et al. 1996). Diese Surveys wurden auch mit experimentellen Studien verknüpft (vgl. Bruins und Weesie 1996; Snijders und Weesie 1999). Ergebnisse, u.a. zum Management von Kooperationsproblemen im Haushalt durch finanzielle und rechtliche Arrangements, sind inzwischen erschienen (z.B. Giesen und Kalmijn 1997; Kalmijn 1997; Bernasco und Giesen 1997), auch in gebündelter Form (Kalmijn et al. 1999). Ebenso wurden einige größere Primärerhebungen zu Mechanismen der Kooperation zwischen Unternehmen ausgeführt, die teils die Beziehung Abnehmer-Lieferant betreffen – auf diese Studie wurde im vorliegenden Beitrag zurückgegriffen – und teils F&E-Allianzen bzw. Technologiekooperationen (The External Management of Automation (MAT) 1995 und Management of Partnerships (MOP) 1995, vgl. Batenburg 1997; Tazelaar und Snijders 1999).[17] Auch über diese Studien wurde inzwischen berichtet (Batenburg et al. 1999; Blumberg 1998; Buskens 1999; Rooks et al. 1997). In kleinerem Umfang wurden daneben Studien zu einem dritten Typ von matchingartigen Beziehungen durchgeführt, nämlich Koalitionsregierungen mit den daran beteiligten politischen Parteien als Partnern (Van Roozendaal 1996; Weesie und Van Roozendaal 1996).

Für den Fall der zwischenbetrieblichen Beziehungen wurde inzwischen auch mit dem Versuch begonnen, durch systematisch aufeinander bezogene und aufeinander schrittweise aufbauende Studien die Kumulation von empirischem Wissen zu fördern. Dabei bildet die Studie über die Beziehungen von Klein- und Mittelbetrieben als Abnehmern mit ihren Lieferanten den Ausgangspunkt. Die erstmals 1995 befragten niederländischen Klein- und Mittelbetriebe wurden 1998 erneut kontaktiert mit dem Ziel, Daten über eine neue Transaktion mit einem Lieferanten zu beschaffen, und zwar vorzugsweise eine Transaktion mit demselben Partner, der Lieferant für den betreffenden Abnehmer bei derjenigen Lieferung war, über die wir bereits durch die Studie von 1995 über Daten verfügen. Diese erneute Befragung der Abnehmer hat für ca. 200 Beziehungen zwischen Klein- und Mittelbetrieben mit ihren Lieferanten zu Daten über zwei oder drei Transaktionen zwischen denselben Geschäftspartnern geführt (vgl. Rooks und Batenburg 1999). Dadurch erhält man im Prinzip *longitudinale Daten*, die es ermöglichen, Fragen der *Dynamik des Auf- und Abbaus von Vertrauen* und

---

17 Die Studien über zwischenbetriebliche Beziehungen wurden z.T. in Kooperation mit einem von Frits Tazelaar geleiteten Forschungsprojekt „Zusammenarbeit zwischen Abnehmer und Lieferant" im Auftrag der Forschungsstiftung (NEVI-Research Stichting) eines niederländischen Dachverbandes (Nederlandse Vereniging voor Inkoopmanagement, NEVI) durchgeführt.

beim Gebrauch von Mechanismen zur Begrenzung der Risiken bei Transaktionen zu untersuchen. In einem weiteren Schritt wurde inzwischen begonnen, Studien mit einem identischen Design und identischen Messinstrumenten auch außerhalb der Niederlande durchzuführen. Dadurch wird es im Rahmen eines *internationalen Vergleichs* möglich, insbesondere die Effekte unterschiedlicher Formen von institutioneller Einbettung zu untersuchen. Ein erster, kleinerer Survey zum Management des Einkaufs von IT-Produkten durch Klein- und Mittelbetriebe wurde bereits 1995/96 in Deutschland durchgeführt (Prosch et al. 1996; Prosch 1998). Inzwischen wird in Deutschland eine größere Studie durchgeführt, die von ihrem Umfang her mit der niederländischen Studie von 1995 vergleichbar ist. Ein Vergleich zwischen Deutschland und den Niederlanden bietet sich dabei gerade deshalb an, weil sich die institutionelle Einbettung der fraglichen Transaktionen in den beiden Ländern in relevanten Hinsichten deutlich unterscheidet, etwa im Hinblick auf die Aktivitäten von Branchen- und Dachverbänden oder die Verfügbarkeit von Standardverträgen für die fraglichen Produkte. In der Zukunft liegt ein dritter Schritt nahe, wenn man sich vergegenwärtigt, dass eine Befragung von Abnehmern schon aus praktischen Gründen in erster Linie untersuchen wird, wie Abnehmer die Risiken zufolge opportunistischen Verhaltens des Lieferanten begrenzen. Ein *Survey bei Lieferanten* wäre demgegenüber geeignet, umgekehrt ein Bild davon zu bekommen, wie diese versuchen, opportunistischem Verhalten des Abnehmers vorzubeugen, man denke an das paradigmatische Problem der Zahlungsmoral.

Die Verfügbarkeit mehrerer Datenbestände für die größeren Anwendungsgebiete des Programms mit verschiedenen Designs, aber sehr ähnlichen und oft identischen Indikatoren für die wesentlichen theoretischen Variablen bietet einige offenkundige Vorteile im Hinblick auf die Überprüfung von Hypothesen. Zunächst können die Datensätze jeweils einzeln zur quantitativen Prüfung spezifischer Hypothesen verwendet werden. Darüber hinaus wird es möglich, bei gleichzeitiger Verwendung der verschiedenen Datensätze für dasselbe Anwendungsgebiet die Konsistenz und externe Validität von Ergebnissen abzuschätzen. Schließlich – die schwierigste, aber auf längere Sicht möglicherweise auch die interessanteste Option – kann durch einen Vergleich der Resultate für verschiedene Anwendungsgebiete auf mehr oder weniger „qualitative" Weise nach „Familienähnlichkeiten" zwischen den Resultaten gesucht werden. Exemplarische Fragen, die sich in diesem Zusammenhang stellen lassen, wären etwa: Gibt es einen konsistenten Zusammenhang zwischen Opportunismus-Problemen in verschiedenen Typen von dauerhaften Zweierbeziehungen und dem Gebrauch von Commitments? Gibt es einen konsistenten Zusammenhang zwischen der Art der sozialen Einbettung verschiedener Typen von dauerhaften Zweierbeziehungen und dem Gebrauch von Commitments? Lassen sich für verschiedene Datenbestände zu unterschiedlichen Anwendungsgebieten gleichartige Anomalien relativ zu den Vorhersagen der theoretischen Modelle erkennen?

Literatur

Abolafia, Mitchel Y., 1996: Making Markets. Opportunism and Restraint on Wall Street. Cambridge, MA: Harvard University Press.
Abraham, Martin, 1996: Betriebliche Sozialleistungen und die Regulierung individueller Arbeitsverhältnisse. Endogene Kooperation durch private Institutionen. Frankfurt a.M.: Peter Lang.
Axelrod, Robert, 1987: Die Evolution der Kooperation. München: Oldenbourg.
Baker, Wayne, 1984: The Social Structure of a National Securities Market, American Journal of Sociology 89: 775–811.
Batenburg, Ronald, 1997: The External Management of Automation. Codebook of MAT95. Utrecht: ISCORE-Paper Nr. 58.
Batenburg, Ronald, Werner Raub und *Chris Snijders,* 1999: Contacts and Contracts: Temporal Embeddedness and the Contractual Behavior of Firms. Utrecht: ISCORE-Paper Nr. 107.
Becker, Gary S., 1964: Human Capital. A Theoretical and Empirical Analysis with Special Reference to Education. 2. Aufl. Chicago: University of Chicago Press.
Becker, Gary S., 1996: Accounting for Tastes. Cambridge, MA: Harvard University Press.

Becker, Gary S., Elisabeth M. Landes und *Robert T. Michael,* 1977: An Economic Analysis of Marital Instability, Journal of Political Economy 85: 1141–1187.
Ben-Porath, Yoram, 1980: The F-Connection: Families, Friends, and Firms and the Organization of Exchange, Population and Development Review 6: 1–30.
Bernasco, Wim, und *Deirdre Giesen,* 1997: De Strategische Waarde van het Huwelijk voor de Arbeidsdeling tussen Levenspartners. Naar een Verklaring voor de Relatie tussen Samenleefvorm en Arbeidsdeelname van Vrouwen (Der strategische Wert der Ehe für die Arbeitsteilung zwischen Lebenspartnern. Zu einer Erklärung der Beziehung zwischen Haushaltsform und Arbeitsmarktteilnahme von Frauen), Mens en Maatschappij 72: 115–131.
Binmore, Ken, 1994: Game Theory and the Social Contract, Volume I, Playing Fair. Cambridge, MA: MIT Press.
Blumberg, Boris F., 1998: Das Management von Technologiekooperationen. Partnersuche und vertragliche Planung. Wiesbaden: Gabler.
Bott, Elizabeth, 1957: Family and Social Network. London: Tavistock.
Boudon, Raymond, 1977: Effets pervers et ordre social. Paris: PUF.
Braun, Norman, 1998: Rationalität und Drogenproblematik. Habilitationsschrift, Bern.
Bruins, Joost, und *Jeroen Weesie,* 1996: HIN95Exp. A Set of Experiments Conducted in Connection with HIN95. Utrecht: ISCORE-Paper Nr. 77.
Buskens, Vincent, 1999: Social Networks and Trust. Amsterdam: Thesis.
Camerer, Colin, und *Keith Weigelt,* 1988: Experimental Tests of a Sequential Equilibrium Reputation Model, Econometrica 56: 1–36.
Coleman, James S., 1964: Collective Decisions, Sociological Inquiry 34: 166–181.
Coleman, James S., 1991–94: Grundlagen der Sozialtheorie. 3 Bde. München: Oldenbourg 1991, 1992, 1994.
Collins, Randall, und *Michael Makowsky,* 1972 [1989]: The Discovery of Society. 4. Aufl. New York: Random House.
Craswell, Richard, 1993: On the Uses of „Trust": Comment on Williamson, „Calculativeness, Trust, and Economic Organization", Journal of Law and Economics 36: 487–500.
Dasgupta, Partha, 1988: Trust as a Commodity. S. 49–72 in: *Diego Gambetta* (Hg.): Trust: Making and Breaking Cooperative Relations. Oxford: Blackwell.
DiMaggio, Paul, und *Hugh Louch,* 1998: Socially Embedded Consumer Transactions: For What Kinds of Purchases Do People Most Often Use Networks?, American Sociological Review 63: 619–637.
Dixit, Avinash K., und *Barry J. Nalebuff,* 1991: Thinking Strategically. The Competitive Edge in Business, Politics, and Everyday Life. New York: Norton.
Durkheim, Emile, 1973 [1893]: De la division du travail social. 9. Aufl. Paris: PUF.
Durkheim, Emile, 1960 [1897]: Le suicide. Paris: PUF.
Elias, Norbert, 1970: Was ist Soziologie? München: Juventa.
Elster, Jon, 1989: The Cement of Society. A Study of Social Order. Cambridge: Cambridge University Press.
Esser, Hartmut, 1993: Soziologie: Allgemeine Grundlagen. Frankfurt a.M.: Campus.
Flache, Andreas, 1996: The Double Edge of Networks. An Analysis of the Effect of Informal Networks on Cooperation in Social Dilemmas. Amsterdam: Thesis.
Flap, Henk D., 1988: Conflict, Loyalty, and Violence. Frankfurt a.M.: Peter Lang.
Frey, Bruno S., 1997: Not Just for the Money. An Economic Theory of Personal Motivation. Cheltenham: Edward Elgar.
Friedman, James W., 1986: Game Theory with Applications to Economics. New York: Oxford University Press.
Fukuyama, Francis, 1995: Trust: the Social Virtues and the Creation of Prosperity. London: Hamish Hamilton.
Giesen, Deirdre, und *Matthijs Kalmijn,* 1997: Samen of Apart Bankieren? Een Onderzoek naar het Geldbeheer van Gehuwd en Ongehuwd Samenwonende Paren (Gemeinsame oder getrennte Konten? Ein Vergleich verheirateter und in nichtehelicher Lebensgemeinschaft lebender Paare), Mens en Maatschappij 72: 21–39.

Granovetter, Mark, 1985: Economic Action and Social Structure: the Problem of Embeddedness, American Journal of Sociology 91: 481–510.
Green, Donald P., und *Ian Shapiro,* 1994: Pathologies of Rational Choice. A Critique of Applications in Political Science. New Haven: Yale University Press.
Gulati, Ranjay, 1995: Does Familiarity Breed Trust? The Implications of Repeated Ties for Contractual Choice in Alliances, Academy of Management Journal 38: 85–112.
Hayek, Friedrich A., 1973: Law, Legislation and Liberty, Vol. 1. Rules and Order. Chicago: University of Chicago Press.
Hegselmann, Rainer, Werner Raub und *Thomas Voss,* 1986: Zur Entstehung der Moral aus natürlichen Neigungen. Eine spieltheoretische Spekulation, Analyse und Kritik 8: 150–177.
Heide, Jan B., und *Anne S. Miner,* 1992: The Shadow of the Future: Effects of Anticipated Interaction and Frequency of Contact on Buyer-Seller Cooperation, Academy of Management Journal 35: 265–291.
Hirschman, Albert O., 1970: Exit, Voice, and Loyalty. Responses to Decline in Firms, Organizations, and States. Cambridge, MA: Harvard University Press.
Hirshleifer, David, und *Eric Rasmusen,* 1989: Cooperation in a Repeated Prisoner's Dilemma with Ostracism, Journal of Economic Behavior and Organization 12: 87–106.
Hobbes, Thomas, 1991 [1651]: Leviathan. Cambridge: Cambridge University Press.
Kalmijn, Matthijs, 1997: Een Sociologische Studie van de Huwelijksviering tussen 1946 en 1994 (Eine soziologische Studie über Hochzeitsfeste zwischen 1946 und 1994), Mens en Maatschappij 72: 96–114.
Kalmijn, Matthijs, Wim Bernasco und *Jeroen Weesie,* 1996: Households in the Netherlands 1995. Codebook of HIN95. Utrecht: ISCORE-Paper Nr. 67.
Kalmijn, Matthijs, Wim Bernasco und *Jeroen Weesie* (Hg.), 1999: Huwelijks- en Samenwoonrelaties in Nederland. De Organisatie van Afhankelijkheid (Haushalte in den Niederlanden. Die Organisation von Interdependenz). Assen: Van Gorcum.
Kalmijn, Matthijs, und *Deirdre Giesen,* 1995: Households in the Netherlands 1994 – Telephone Survey Codebook. Codebook of HIN94. Utrecht: ISCORE-Paper Nr. 38.
Kreps, David M., 1990: Corporate Culture and Economic Theory. S. 90–143 in: *James E. Alt* und *Kenneth A. Shepsle* (Hg.): Perspectives on Positive Political Economy. Cambridge: Cambridge University Press.
Lazega, Emmanuel, 1997: Teaming Up and Out? Cooperation and Solidarity in a Collegial Organization. Mimeo, Paris.
Lindenberg, Siegwart, 1977: Individuelle Effekte, kollektive Phänomene und das Problem der Transformation. S. 46–84 in: *Klaus Eichner* und *Werner Habermehl* (Hg.): Probleme der Erklärung sozialen Verhaltens. Meisenheim am Glan: Hain.
Lindenberg, Siegwart, 1981: Erklärung als Modellbau. S. 20–35 in: *Werner Schulte* (Hg.): Soziologie in der Gesellschaft. Bremen: Zentraldruckerei der Universität.
Lindenberg, Siegwart, 1996: Short-Term Prevalence, Social Approval, and the Governance of Employment Relations. S. 129–147 in: *John Groenewegen* (Hg.): Transaction Cost Economics and Beyond. Boston: Kluwer.
Luhmann, Niklas, 1989 (1968): Vertrauen. Ein Mechanismus zur Reduktion sozialer Komplexität. 3. Aufl. Stuttgart: Enke.
Macaulay, Stewart, 1963: Non-Contractual Relations in Business, American Sociological Review 28: 55–66.
Masten, Scott E. (Hg.), 1996: Case Studies in Contracting and Organization. New York: Oxford University Press.
Milgrom, Paul, und *John Roberts,* 1996: Economic Theories of the Firm: Past, Present, and Future. S. 459–475 in: *Peter J. Buckley* und *Jonathan Michie* (Hg.): Firms, Organizations and Contracts. Oxford: Oxford University Press.
Ott, Notburga, 1992: Intrafamily Bargaining and Household Decisions. Berlin: Springer.
Parkhe, Arvind, 1993: Strategic Alliance Structuring: A Game Theoretic and Transaction Cost Examination of Interfirm Cooperation, Academy of Management Journal 36: 794–829.

Parsons, Talcott, 1968 (1937): The Structure of Social Action. A Study in Social Theory with Special Reference to a Group of Recent European Writers, Vol. I: Marshall, Pareto, Durkheim. New York: Free Press.
Prosch, Bernhard, 1998: Die Absicherung von Lieferbeziehungen. Partnersuche, vertragliche Festlegungen und soziale Einbettung beim Einkauf von EDV-Produkten. Diss. Leipzig, im Erscheinen.
Prosch, Bernhard, Werner Raub und *Thomas Voss,* 1996: Soziale Einbettung wirtschaftlicher Transaktionen: Einkauf informationstechnischer Leistungen und Produkte durch Klein- und Mittelbetriebe. Utrecht: ISCORE-Paper Nr. 95.
Rapoport, Anatol, 1974: Prisoner's Dilemma – Recollections and Observation. S. 17–34 in: *Anatol Rapoport* (Hg.): Game Theory as a Theory of Conflict Resolution. Dordrecht: Reidel.
Raub, Werner, 1984: Rationale Akteure, institutionelle Regelungen und Interdependenzen. Untersuchungen zu einer erklärenden Soziologie auf strukturell-individualistischer Grundlage. Frankfurt a.M.: Peter Lang.
Raub, Werner, und *Gideon Keren,* 1993: Hostages as a Commitment Device. A Game-Theoretic Model and an Empirical Test of Some Scenarios, Journal of Economic Behavior and Organization 21: 43–67.
Raub, Werner, und *Chris Snijders,* 1999: A Reluctant Match: Models for the Analysis of Trust in Durable Two Party Relations. Erscheint in: *Cristiano Castelfranchi* und *Yao-Hua Tan* (Hg.): Trust and Deception in Virtual Societies. Boston: Kluwer.
Raub, Werner, und *Thomas Voss,* 1981: Individuelles Handeln und gesellschaftliche Folgen. Das individualistische Programm in den Sozialwissenschaften. Darmstadt: Luchterhand.
Raub, Werner, und *Thomas Voss,* 1986: Die Sozialstruktur der Kooperation rationaler Egoisten, Zeitschrift für Soziologie 15: 309–323.
Raub, Werner, und *Thomas Voss,* 1990: Individual Interests and Moral Institutions. An Endogenous Approach to the Modification of Preferences. S. 81–117 in: *Michael Hechter, Karl-Dieter Opp* und *Reinhard Wippler* (Hg.): Social Institutions: Their Emergence, Maintenance and Effects. New York: Aldine.
Raub, Werner, und *Jeroen Weesie,* 1990: Reputation and Efficiency in Social Interactions: An Example of Network Effects, American Journal of Sociology 96: 626–654.
Raub, Werner, und *Jeroen Weesie,* 1992: The Management of Matches. Decentralized Mechanisms for Cooperative Relations with Applications to Organizations and Households. Utrecht: ISCORE-Paper Nr. 1.
Raub, Werner, und *Jeroen Weesie,* 1999: Cooperation via Hostages, Analyse und Kritik, im Erscheinen.
Rooks, Gerrit, und *Ronald Batenburg,* 1999: The External Management of Automation. Codebook of MAT98. In Vorbereitung.
Rooks, Gerrit, Robert Selten, Werner Raub und *Frits Tazelaar,* 1997: Samenwerking tussen Afnemer en Toeleverancier: Effecten van Sociale Inbedding op de Onderhandelingsinspanning bij Inkooptransacties (Kooperation zwischen Abnehmer und Lieferant: Effekte sozialer Einbettung für Verhandlungen beim Einkauf), Mens en Maatschappij 72: 352–373.
Van Roozendaal, Peter, 1996: The Policy Program of Western European Governments: The Effect of Ideological Diversity and History on „Completeness". Utrecht: ISCORE-Paper Nr. 44.
Schelling, Thomas C., 1960: The Strategy of Conflict. London: Oxford University Press.
Schüßler, Rudolf, 1988: Der Homo Oeconomicus als skeptische Fiktion, Kölner Zeitschrift für Soziologie und Sozialpsychologie 40: 447–463.
Schüßler, Rudolf, 1990: Kooperation unter Egoisten. Vier Dilemmata. München: Oldenbourg.
Smelser, Neil, und *Richard Swedberg* (Hg.), 1994: The Handbook of Economic Sociology. Princeton, NJ: Princeton University Press.
Snijders, Chris, 1996: Trust and Commitments. Amsterdam: Thesis.
Snijders, Chris, und *Jeroen Weesie,* 1999: Sociale Orientaties, Tijdspreferenties en de Stabiliteit van Relaties (Soziale Orientierungen, Zeitpräferenzen und die Stabilität von Beziehungen). S. 209–226 in: *Matthijs Kalmijn et al.* (Hg.), 1999: Huwelijks- en Samenwoonrelaties in Nederland. De Organisatie van Afhankelijkheid (Haushalte in den Niederlanden. Die Organisation von Interdependenz). Assen: Van Gorcum.

Taylor, Michael, 1987: The Possibility of Cooperation. Cambridge: Cambridge University Press 1987 (rev. ed. von Anarchy and Cooperation. London: Wiley 1976).

Tazelaar, Frits, und *Chris Snijders* (Hg.), 1999: Samenwerking tussen Inkoper en Leverancier. Het Management van Inkooptransacties (Kooperation zwischen Abnehmer und Lieferant. Das Management des Einkaufs). Utrecht: ISCORE-Paper Nr. 129.

Treas, Judith, 1993: Money in the Bank. Transaction Costs and the Economic Organization of Marriage, American Sociological Review 58: 723–734.

Ultee, Wout C., 1996: Trends in de Sociale Segmentatie van Nederland; Slotbeschouwing (Trends in der sozialen Segmentation der Niederlande: Schlußbetrachtung). S. 333–351 in: *Harry B.G. Ganzeboom* und *Wout C. Ultee* (Hg.): De Sociale Segmentatie van Nederland in 2015 (Die soziale Segmentation der Niederlande 2015). Den Haag: SDU.

Vanberg, Viktor, und *Roger Congleton,* 1992: Rationality, Morality, and Exit, American Political Science Review 86: 418–431.

Voss, Thomas, 1982: Rational Actors and Social Institutions: The Case of the Organic Emergence of Norms. S. 76–100 in: *Werner Raub* (Hg.): Theoretical Models and Empirical Analyses. Contributions to the Explanation of Individual Actions and Collective Phenomena. Utrecht: ESP.

Voss, Thomas, 1985: Rationale Akteure und soziale Institutionen. Beitrag zu einer endogenen Theorie des sozialen Tauschs. München: Oldenbourg.

Voss, Thomas, 1990: Peer Group-Assoziationen vs. einfache Hierarchien bei der Teamproduktion. Ein spieltheoretisches Modell. Mimeo, München.

Voss, Thomas, 1998: Strategische Rationalität und die Realisierung sozialer Normen. S. 117–135 in: *Hans-Peter Müller* und *Michael Schmid* (Hg.): Norm, Herrschaft und Vertrauen: Beiträge zu James S. Colemans Grundlagen der Sozialtheorie. Opladen: Westdeutscher Verlag.

Weber, Max, 1976 [1921] Wirtschaft und Gesellschaft. 5. Aufl. Tübingen: Mohr.

Weesie, Jeroen, 1992: Disciplining via Exit and Voice. Utrecht: ISCORE-Paper Nr. 88.

Weesie, Jeroen, 1994: Social Orientations in Symmetric 2x2 Games. Theoretical Predictions and Empirical Evidence. Utrecht: ISCORE-Paper Nr. 17.

Weesie, Jeroen, Vincent Buskens und *Werner Raub,* 1998: The Management of Trust Relations via Institutional and Structural Embeddedness. S. 113–138 in: *Patrick Doreian* und *Thomas Fararo* (Hg.): The Problem of Solidarity: Theories and Models. New York: Gordon and Breach.

Weesie, Jeroen, und *Werner Raub,* 1996: Private Ordering: A Comparative Institutional Analysis of Hostage Games, Journal of Mathematical Sociology 21: 201–240.

Weesie, Jeroen, und *Peter van Roozendaal,* 1996: A Multi-Theory Explanation of Government Party-Composition. Utrecht: ISCORE-Paper Nr. 65.

Williamson, Oliver E., 1985: The Economic Institutions of Capitalism. New York: Free Press.

Williamson, Oliver E., 1996: The Mechanisms of Governance. New York: Oxford University Press.

Wippler, Reinhard, 1981: Erklärungen unbeabsichtigter Handlungsfolgen: Ziel oder Meilenstein soziologischer Theoriebildung? S. 246–261 in: *Joachim Matthes* (Hg.): Lebenswelt und soziale Probleme. Frankfurt a.M.: Campus.

Wrong, Dennis H., 1961: The Oversocialized Conception of Man in Modern Sociology, American Sociological Review 26: 183–192.

DIE DELEGITIMIERUNG SOZIALER NORMEN*

Jürgen Friedrichs

Zusammenfassung: Der Aufsatz behandelt das Problem, wie es zu einem Wandel von sozialen Normen kommt. Im ersten Teil werden Thesen über die „Normenpluralität" erörtert und empirische Beispiele gegeben. Der Normenwandel wird als veränderte Akzeptanz von Normen spezifiziert. Besonders wichtig ist hierfür eine Unterscheidung zwischen Legalität und Legitimität von Normen. Im dritten Teil wird ein Phasenmodell des Prozesses der Delegitimierung von Normen entwickelt, wobei die Akzeptanz, die Verfolgung, die Sanktionshöhe und die gesetzliche Grundlage von Normen im Zeitablauf spezifiziert werden. In einem Exkurs wird der entgegengesetzte Prozess, die Legitimierung von Normen, behandelt.

Soziologen haben sich vielfach mit der Frage beschäftigt, wie soziale Normen entstehen (u.a. Coleman 1990; Eichner 1981; Opp 1970, 1983; Siegrist 1970; Ullmann-Margalit 1977; Vanberg 1984; Voss 1982). Übereinstimmung besteht darin, dass es hierbei darum geht, wie Popitz (1961: 188) es formuliert hat, „die Willkür in den Beziehungen zu begrenzen". Genauer: Normen entstehen aufgrund der Externalitäten individueller Handlungen, so dass jene, die hiervon betroffen sind, eine Kontrolle über das Handeln des Akteurs bzw. der Akteure, die (insbesondere negative) Externalitäten verursachen, ausüben wollen (Coleman 1990: 249f.). Normen stellen demnach ein Kollektivgut (Coleman 1990; Olson 1968; Weede 1992) dar.

Im Vergleich dazu sehr viel weniger Beachtung hat die Frage gefunden, unter welchen Bedingungen Normen ihre Geltung verlieren oder eine „Normenerosion" (Morlock 1996; Nunner-Winkler 1996) eintritt. Dieser Frage kommt auch im Rahmen der Diskussion der Individualisierungsthese (Beck 1986; Beck-Gernsheim 1996; Friedrichs 1998) eine zusätzliche Bedeutung zu, denn die These unterstellt ja, dass einerseits Normen ihre Akzeptanz verlieren, andererseits „neue" Normen entstehen. Eine solche sinkende Akzeptanz wird im Folgenden als „Delegitimierung" bezeichnet, die verstärkte Akzeptanz einer Norm als „Legitimierung".

Wie lässt sich eine Delegitimierung sozialer Normen beschreiben und wie lässt sie sich erklären? Gibt es gleichzeitig auch eine Legitimierung anderer Normen? Diesen Fragen geht der folgende Artikel am Beispiel legaler Normen nach. Um den Sachverhalt zu verdeutlichen, stelle ich einführend einige empirische Ergebnisse zur Akzeptanz von Normen dar, dann den theoretischen Bezugsrahmen. Im dritten Teil entwickle ich ein Phasenmodell des Prozesses der Delegitimierung sozialer Normen. In einem Exkurs gehe ich auf die ebenfalls zu beobachtende Akzeptanz „neuer" Normen – die Legitimierung – ein. Ab-

---

* Für zahlreiche hilfreiche Kommentare danke ich Dr. Christof Wolf, Forschungsinstitut für Soziologie.

schließend ziehe ich einige allgemeine theoretische Folgerungen und Vorschläge für weitere Forschungen.

I. Werte- und Normenakzeptanz

Werte sind „Vorstellungen des Wünschenswerten" (Kluckhohn 1951: 395). Sie dienen auch dazu, Normen zu begründen bzw. zu rechtfertigen. Normen stellen demnach Mittel dar, um bestimmte Werte, in der Literatur oft mit „Ziele" gleichgesetzt, zu erreichen. Um den Wert „Demokratie" zu erreichen, gilt die (informelle) Norm, zur Wahl zu gehen.

Unter „Norm" verstehe ich eine Verhaltenserwartung, die mit einer (positiven oder negativen) Sanktion verbunden ist. Normen können in unterschiedlichem Maße institutionalisiert sein, die verbindlichste Form sind Gesetze. Sie spezifizieren sowohl die Erwartung als auch den Spielraum der negativen Sanktionen für jene Fälle, in denen die Norm verletzt wird. In ihnen wird nicht nur die Erwartung, sondern auch die Art und Spanne der Höhe der negativen Sanktion spezifiziert. Es sind demnach *legale* Normen. Von den zahlreichen weiteren Dimensionen, nach denen sich Normen untersuchen lassen (vgl. Morris 1966), führe ich nur zwei ein: die Sanktionsgeltung und die Akzeptanz einer Norm. Mit *Sanktionsgeltung* ist das Ausmaß gemeint, zu dem ein Normenbruch verfolgt wird, zu dem also Abweichungen von der Norm auch zu den (angedrohten) Sanktionen führen (Popitz 1961). Unter *Akzeptanz* verstehe ich das Ausmaß, zu dem die Mitglieder einer Gesellschaft die Norm akzeptieren. Diese Akzeptanz kann als Einstellung und als Verhalten gemessen werden; inwieweit beide übereinstimmen (hoch korrelieren), dürfte von der jeweils betrachteten Norm abhängen. Im Falle der Steuerhinterziehung mag diese Korrelation geringer sein als im Falle des Mordes. Auf der Basis dieser Definitionen lässt sich nun auch genauer bestimmen, was mit „Wertewandel" oder „Normenwandel" gemeint sein kann.

Die Thesen von einem Werte- und einem Normenwandel sind oft so formuliert, als handle es sich um eine kategoriale Unterscheidung: von einem Wert V zu dem Wert W, von der Norm X zur Norm Z. Statt solche kategorialen Verschiebungen anzunehmen, erscheint es viel fruchtbarer, den Wandel als eine kontinuierliche Veränderung zu interpretieren – was die Formulierung ja auch nahe legt (vgl. hierzu ausführlich: Bürklin, Klein und Russ 1994, speziell S. 603). Beispiele sind: ein Rückgang von Pflicht- und Akzeptanzwerten zugunsten stärkerer Selbstentfaltung (Klages 1976, 1984b; Herbert 1991) oder der Wandel politischer Werte (u.a. Gensicke 1996; Inglehart 1989). Es handelt sich dann bei einem Werte- oder Normenwandel nicht um „neue" Werte und Normen, sondern um veränderte Verteilungen der Einstellungen der Bevölkerung zu einem Wert oder einer Norm. *Nicht die Werte wandeln sich, sondern das Ausmaß, in dem einzelne Werte von Mitgliedern der Gesellschaft vertreten werden.* Es ist jedoch wenig plausibel, einen Wandel *der* Werte oder Normen anzunehmen. Vielmehr handelt es sich um eine veränderte Verteilung in der Akzeptanz von Werten und Normen: mehr bzw. weniger Mitglieder einer Gesellschaft akzeptieren eine Norm, sei es in ihrer Einstellung oder ihrem Verhalten. Ähnlich argumentiert bereits Vanberg (1984: 128) im Anschluss an Geiger, der vorschlägt, die Geltung einer Norm als Variable aufzufassen. (Dabei sei hier die Frage ausgeklammert, ob es eine historisch konstante Menge von Werten gibt oder ob „neue" Werte hinzukommen, wie es z.B. die Analysen von Wiedenmann (1996) für den Tierschutz und Friedrichs (1997) für die Tierrechtler nahe legen.)

Solcherart expliziert, wird es leichter, den „Normenwandel" zu untersuchen. Genauer handelt es sich ja hierbei auch nicht um die u.a. von Klages (1981, 1984a) diagnostizierte Anomie, also eine Normenlosigkeit, sondern um eine Normenpluralität. Nach den vorhergehenden Explikationen lässt sich diese nun präziser definieren: Normenpluralität ist ein Zustand, in dem zahlreiche Normen der Gesellschaft nur von einem Teil ihrer Mitglieder voll unterstützt, von einem Teil sogar abgelehnt werden. Gemäß der oben vorgeschlagenen Definition, Norm sei eine Erwartung, an die eine Sanktion gekoppelt ist, ließe sich Normenpluralität auf die Akzeptanz a) der Erwartung und b) der Höhe der Sanktion beziehen. So mag eine Person zwar die Erwartung für gerechtfertigt halten, die vorgesehene Sanktion hingegen für zu hoch. Auf diese analytische Trennung komme ich bei der Darstellung des Modells der Delegitimierung zurück.

„Normative Integration" heißt daher nicht, es reiche aus, dass Gesetze vorhanden sind. Vielmehr müssen die Normen auch von Mitgliedern des Gemeinwesens akzeptiert werden. Die mögliche Diskrepanz von gesetzten Normen, deren Akzeptanz und dem tatsächlichen Verhalten der Mitglieder des Gemeinwesens stellt nun das eigentliche Problem dar.

Was die hochindustriellen Gesellschaften, mithin auch die BRD, kennzeichnet, ist ein Zustand unterschiedlicher Akzeptanz nicht weniger, sondern fast aller Normen. Teilweise konkurrieren diese Normen. Arbeitsteilung, Differenzierung von Berufsgruppen und spezifische Lebensstile sind Prozesse, die zu einer Vielzahl von Gruppen oder Subkulturen in einer Gesellschaft und damit auch unterschiedlicher Akzeptanz von Normen führen. Analog der Annahme von Simmel, der Einzelne sei eine „Kreuzung sozialer Kreise", nimmt Popitz (1961: 193) an, er befinde sich im „Schnittpunkt mehrerer Normenstrukturen"; der Normenkonflikt sei in der „Struktur sozialer Ordnungen" angelegt, weshalb das Individuum sich dessen bewusst werden müsse.

Die „Normenvielfalt" lässt sich unter zwei Aspekten untersuchen: dem *Ausmaß*, zu dem die Bevölkerung eine Norm (die Erwartung und die Sanktionshöhe) unterstützt und der *Zahl der Gruppen* mit (relativ) unterschiedlichen Normen. Hier geht es zunächst um das Ausmaß. Um dies empirisch zu untersuchen, bietet sich eine Batterie von 29 Fragen über abweichendes Verhalten an, die der Allbus 1990 enthält. Die Befragten waren aufgefordert, zu diesen Verhaltensweisen (fast alle strafbaren Delikte, mithin legale Normen) folgende Urteile abzugeben:

– ob sie das Verhalten billigen oder ablehnen,
– ob das Verhalten bestraft werden sollte,
– ob es verboten werden solle,
– ob sie bereit wären, ein solches Verhalten anzuzeigen,
– ob sie es schon ausgeführt (verübt) hätten,
– ob sie es in Zukunft (wieder) ausführen (verüben) würden,
– für wie hoch sie die Wahrscheinlichkeit halten, bei einem solchen Verhalten entdeckt zu werden.[1]

---

[1] Die Antworten, die die Befragten gaben, erfuhr der Interviewer nicht, da die Befragten bei diesem Teil des Fragebogens die Antworten auf Kärtchen ankreuzten, die sie dann in einem verschlossenen Umschlag dem Interviewer überreichten.

Nicht für alle Verhaltensweisen wurden Strafe, Verbot etc. ermittelt, weil sonst der Fragebogen zu lang gewesen wäre; daher wurde ein split-half-Verfahren gewählt. Dennoch gibt der umfangreiche Fragenkomplex die ungewöhnliche Möglichkeit, das Problem der Normenakzeptanz zu untersuchen. (Für eine Studie, in der diese Fragen verwendet wurden, um geschlechtsspezifische Unterschiede zu ermitteln, vgl. Kerschke-Risch 1993.) Die Antworten auf fünf solcher Normen seien ausgewählt; in der Interpretation werde ich auch knapp auf die restlichen 24 Delikte eingehen. (Die entsprechenden Angaben sind in Klammern gesetzt. Die vollständige Liste der im Fragebogen vorgegebenen Verhaltensweisen befindet sich im Anhang.) Die Eingangsfrage lautete für die Verhaltensbeurteilung:

„Ich werde Ihnen jetzt gleich einige Karten überreichen, auf denen verschiedene Verhaltensweisen beschrieben sind. Bitte sagen Sie mir jeweils mit Hilfe dieser Liste, ob Sie persönlich das beschriebene Verhalten für sehr schlimm, ziemlich schlimm, weniger schlimm oder für überhaupt nicht schlimm halten." (Die Antwortkategorien waren: sehr schlimm, ziemlich schlimm, weniger schlimm, überhaupt nicht schlimm sowie: verweigert – weiß nicht – keine Angabe.)

– *Wilde Müllkippe.* Ein Privatmann kippt Farbreste auf eine wilde Müllkippe im Wald.
– *Vergewaltigung in der Ehe.* Ein Mann zwingt seine Frau zum Geschlechtsverkehr.
– *Schwarzfahren.* Jemand fährt mit öffentlichen Verkehrsmitteln, ohne einen gültigen Fahrausweis zu besitzen.
– *Kaufhausdiebstahl.* Jemand nimmt in einem Kaufhaus Waren im Wert von 50 DM mit, ohne zu bezahlen.
– *Steuerbetrug.* Ein Arbeitnehmer macht absichtlich beim Lohnsteuerjahresausgleich falsche Angaben und erhält dadurch 1.000 DM zu viel Lohnsteuerrückerstattung."

Die Ergebnisse für die fünf ausgewählten Delikte zeigt *Tabelle 1*. Es wird deutlich erkennbar, dass einzelne Normen in unterschiedlichem Maße von den Befragten akzeptiert werden, einige Normen sogar nur in sehr geringem Maße. Aber auch innerhalb der Altersgruppen ist die Uneinigkeit etwa gleich stark (mit Ausnahme der Vergewaltigung in der Ehe), wie das Heterogenitätsmaß zeigt.

Ein Konsens, d.h. entweder sehr hohe (mehr als 66 Prozent Verurteilung bzw. Billigung) ist relativ selten. Verurteilt werden vor allem: Vergewaltigung in der Ehe und die wilde Müllkippe (aber auch: Gewalt gegen die Ehefrau, unterlassene Hilfe, Arbeitsschutzumgehung, Umweltgefährdung). Es sind postmaterialistische Werte im Sinne der Theorie von

Tabelle 1: Beurteilungen von fünf Delikten

Delikt/Beurteilung	Gesamt	18–24 Jahre	25–44 Jahre	45–59 Jahre	> 60 Jahre
„Wilde Müllkippe"[1]					
Sehr schlimm	76,4	78,8	78,5	74,3	73,7
Ziemlich schlimm	20,9	20,6	17,9	23,7	23,1
Weniger schlimm	2,3	0,6	3,1	1,4	2,9
Gar nicht schlimm	0,4	0	0,5	0,6	0,3
N (=100%)	1448	165	587	346	350
Mittelwert	1,27	1,22	1,26	1,29	1,30
Standardabweichung	0,52	0,43	0,53	0,52	0,53
Heterogenität*	0,37	0,34	0,35	0,39	0,40

Fortsetzung *Tabelle 1*

Delikt/Beurteilung	Gesamt	18–24 Jahre	25–44 Jahre	45–59 Jahre	> 60 Jahre
„Vergewaltigung in der Ehe"[2]					
Sehr schlimm	67,9	78,2	74,7	60,3	58,7
Ziemlich schlimm	26,1	20,0	21,1	31,5	32,2
Weniger schlimm	4,9	1,8	3,4	6,2	7,7
Gar nicht schlimm	1,2	0	0,9	2,1	1,5
N (=100%)	1428	165	584	340	339
Mittelwert	1,39	1,24	1,30	1,50	1,52
Standardabweichung	0,64	0,47	0,58	0,71	0,70
Heterogenität	0,47	0,35	0,40	0,53	0,55
„Schwarzfahren"[3]					
Sehr schlimm	11,6	3,9	6,8	12,9	21,0
Ziemlich schlimm	28,0	17,2	22,1	30,2	39,3
Weniger schlimm	48,2	49,7	54,7	50,7	35,5
Gar nicht schlimm	12,2	29,2	16,4	6,2	4,2
N (=100%)	3000	308	1212	696	784
Mittelwert	2,63	3,04	2,81	2,50	2,23
Standardabweichung	0,84	0,79	0,79	0,81	0,83
Heterogenität	0,67	0,64	0,62	0,63	0,67
„Kaufhausdiebstahl"[4]					
Sehr schlimm	23,0	9,1	16,2	28,6	33,9
Ziemlich schlimm	45,1	40,3	44,8	45,9	46,8
Weniger schlimm	28,1	41,9	33,4	24,0	18,3
Gar nicht schlimm	3,8	8,8	5,6	1,4	1,0
N (=100%)	3002	308	1214	695	785
Mittelwert	2,13	2,50	2,28	1,01	1,87
Standardabweichung	0,81	0,78	0,80	0,76	0,74
Heterogenität	0,66	0,65	0,66	0,65	0,63
„Steuerbetrug"[5]					
Sehr schlimm	14,2	8,5	10,5	15,4	21,2
Ziemlich schlimm	36,1	27,5	32,0	40,1	42,4
Weniger schlimm	38,6	45,4	43,4	36,4	30,4
Gar nicht schlimm	11,1	18,6	14,1	8,1	6,0
N (=100%)	2982	306	1208	689	779
Mittelwert	2,50	2,74	2,61	2,37	2,21
Standardabweichung	0,88	0,86	0,85	0,84	0,84
Heterogenität	0,69	0,68	0,68	0,68	0,68

1: p = n.s., r = .05; 2: p = .001, r = .17; 3: p = .001, r = −.35; 4: p =.001, r = −.28; 5: p = .001, r = −.23.

* Heterogenität (Diversität): $D = 1 - \nabla p(x_i)^2$, wobei k = Anzahl der Ausprägungen von X; $p(x_i)$ = Anteil der Analyseeinheiten mit der Ausprägung x_i (vgl. Agresti und Agresti 1977).

Quelle: Eigene Berechnung mit Daten des Allbus 1990.

Inglehart, die zudem durch die Diskussion um die Vergewaltigung in der Ehe und über die Umweltzerstörung in den letzten Jahren eine außerordentlich hohe Aufmerksamkeit in den Medien und der Politik hatten. Das wird dadurch belegt, dass die Vergewaltigung in der Ehe in das Sexualstrafrecht aufgenommen wurde (Beschluss des Bundestages vom 9.5.1996).

Nicht verurteilt werden hingegen das Schwarzfahren, Steuerbetrug, Kaufhausdiebstahl (aber auch: Teilnahme an einer ungenehmigten Demonstration, die Schwarzarbeit, Sterbehilfe, Sitzblockade, Wechselgeldirrtum und Schwangerschaftsabbruch). Wie man sieht, ist die Zahl derjenigen Verhaltensweisen, die von einem beträchtlichen Teil der Befragten nicht (mehr) als abweichend angesehen wird, größer als die Zahl derer in der Liste, die (weiterhin) abgelehnt werden.[2]

Die Anzeigebereitschaft ist niedrig; höher ist sie nur dann, wenn es sich um ein Verhalten handelt, von dem andere Personen – und nicht korporative Akteure – direkt betroffen sind (Unfall, Einbruch). Insgesamt liegt sie erheblich unter den Verhaltensurteilen. Das ist insofern bedeutsam, als sich die Anzeigebereitschaft als guter Indikator für die negative Beurteilung eines abweichenden Verhaltens interpretieren lässt. Hier wird nämlich nicht nur nach einem Urteil gefragt, sondern nach der Bereitschaft zu sanktionieren. Dieses verursacht dem Individuum Kosten, die es zudem nicht für sich selbst, sondern für die Allgemeinheit erbringt. Es ist – neben der Befolgung der Norm – sein Beitrag zur Erhaltung der Norm: „If holding a norm is assumption of the right to partially control a focal action and recognition of other norm holder's similar right, then a sanction is the exercise of this right" (Coleman 1990: 248). Insofern lässt sich die Anzeigebereitschaft als ein „harter" Indikator für die Stärke der Überzeugung, die Norm solle eingehalten werden, betrachten. Leider steht einer solchen Interpretation entgegen, dass Individuen mit einer Anzeige auch eine Form der Denunziation verbinden dürften, was sie daran hindert, eine Gesetzesübertretung auch anzuzeigen, selbst wenn sie sie stark verurteilen.

Wie die Ergebnisse in *Tabelle 1* belegen, lassen sich ganz beträchtliche Unterschiede zwischen den Altersgruppen feststellen, die wohl kaum nur auf das Altern zurückzuführen sind, sondern auf einen erheblichen sozialen Wandel hindeuten. Obgleich es sich hier um eine Querschnittuntersuchung handelt, lässt sich doch durch die Aufgliederung nach Altersgruppen zumindest eine zeitliche Dimension gewinnen: Es wird erkennbar, wie sich die Verteilung der eine Norm Akzeptierenden von den älteren zu den jüngeren Altersgruppen hin ändert.

Für vier Delikte wurde auch erhoben, ob man sie schon begangen habe, (wieder) begehen würde und wie hoch man die Wahrscheinlichkeit schätzt, entdeckt zu werden (vgl. hierzu auch die differenzierte Analyse des Datensatzes durch Lüdemann 1998). Auch diese Ergebnisse stützen die These von der sinkenden Akzeptanz einzelner Normen nachhaltig. Delikte wie Schwarzfahren, Steuerbetrug und Alkohol am Steuer werden nicht nur von einem beträchtlichen Teil der Befragten als legitim angesehen, sondern auch ausgeübt

---

2 Aufschlussreich ist ferner, dass die Strafen – bis auf die Umweltgefährdung und den Wohnungseinbruch – relativ niedrig sind; für Gefängnisstrafen plädieren nur relativ wenige Befragte. Ein anderes Ergebnis erbringt die Frage nach dem gesetzlichen Verbot. Die Befürworter von gesetzlichen Verboten sind durchweg zahlreicher als jene, die ein Verhalten als „sehr schlimm" beurteilen.

oder wieder ausgeübt. Auch sind die Abweichungen von Normen nicht selten, sondern je nach Delikt sind bis zu 70 Prozent der Bevölkerung als „deviant" einzustufen.

Zusammen genommen, führen die Ergebnisse zu der Frage, ob hier noch von abweichendem Verhalten gesprochen werden kann. Die Ergebnisse rechtfertigen es, von einer *Akzeptanzpluralität* zu sprechen. Auf diese Unterscheidung richtet sich der nächste Abschnitt.

II. Die Delegitimierung sozialer Normen

Ausgangspunkt der folgenden Überlegungen ist, dass die Akzeptanz einer Norm von ihrer legalen Geltung abweichen kann. Die Norm wird nur von einem kleinen Teil der Gesellschaft voll akzeptiert – damit sinkt ihre *Legitimität*. Die Legitimität ist die Begründung der Norm, also jene Aussagen, mit denen Personen oder der Gesetzgeber die Notwendigkeit einer Norm bzw. eines Gesetzes ursprünglich rechtfertigten. Der Begriff der Legitimität ist Max Weber (1956, I: 24) entlehnt. Für ihn ist die Legitimität einer Ordnung auf folgende Weisen garantiert:

„I. rein innerlich, und zwar
  1. rein affektuell: durch gefühlsmäßige Hingabe;
  2. wertrational: durch den Glauben an ihre absolute Geltung als Ausdruck letzter verpflichtender Werte (sittlicher, ästhetischer oder irgendwelcher anderer);
  3. religiös: durch den Glauben an die Abhängigkeit eines Heilsgüterbesitzes von ihrer Innehaltung;
II. auch (oder: nur) durch Erwartung spezifischer äußerer Folgen, also: durch Interessenlage; aber: durch Erwartungen von besonderer Art".

Eine Ordnung kann nach Weber (ibid.) in einer Konvention oder einem Recht bestehen. Die Geltung der Konvention beruht auf der „Chance, bei Abweichung innerhalb eines angebbaren Menschenkreises auf eine (relativ) allgemeine und praktisch fühlbare Mißbilligung zu stoßen". Die Geltung des Rechts beruht demgegenüber auf der „Chance physischen oder psychischen Zwanges durch ein auf Erzwingung der Innehaltung oder Ahndung der Verletzung gerichtetes Handeln eines eigens darauf eingestellten Stabes von Menschen".

Webers Unterscheidungen sind für das Problem der Delegitimierung außerordentlich fruchtbar. Wendet man sie auf die Art der Legitimität an, so ist kaum zu bezweifeln, dass affektuelle und religiöse Legitimationen an Bedeutung verloren haben, auch für die Gesetzgebung (vgl. u.a. Burmeister 1989: 38ff.). Mit steigender Säkularisierung neigen die Individuen stärker dazu, Religion nicht mehr als eine geschlossene Lehre zu übernehmen, sondern vielmehr als individuelle Aneignung einzelner Inhalte zu verstehen. Diese individuelle Kombination von Elementen unterschiedlicher Religionen ist als „Synkretismus" bezeichnet worden (Gabriel 1992: 148; Krüggeler 1993: 123; Luckmann 1985). Damit schwindet die einheitliche religiöse Basis für eine Legitimation von Normen bzw. „Ordnung" im Sinne Webers.[3] Ob an ihre Stelle eine Zivilreligion getreten ist, die einen

---

3 Zudem mischen sich gegenwärtig in der individuellen Aneignung religiöse und wertrationale Inhalte. Schließlich sind alle hochindustriellen Gesellschaften multi-ethnische und damit

breiteren Konsens besitzt, auf den sich auch die Gesetzgebung berufen könnte, ist umstritten (Bellah 1986; Lübbe 1986).

Bereits Durkheim erörtert in der „Arbeitsteilung" (1893) die Folgen einer solchen Entwicklung. Wenn nämlich Glaubensartikel diskutiert und ihre Daseinsberechtigung in Frage gestellt werden

„verlieren [sie] dabei einen Teil ihrer Kraft ... weil das Kollektivbewußtsein rationaler geworden ist, wird es also auch weniger imperativ, und das ist ein Grund mehr, warum es die freie Entfaltung der individuellen Abweichungen weniger behindert" (Durkheim 1992: 352).
„Indem die soziale Organisation immer mehr ihren transzendenten Charakter verliert, der sie über die menschlichen Interessen stellte, hat sie gerade zu dem Zeitpunkt nicht mehr die gleiche Widerstandskraft, zu dem sie immer mehr angegriffen wird" (ebd.: 449).

Hieran wird deutlich, dass die Legitimationen oder Begründungen von Normen nichts anderes sind als die Berufung auf Werte. Es sind demnach Werte, durch die Normen legitimiert werden (vgl. ausführlich: Friedrichs 1968). Selbst die Begründung dafür, von einer Norm abzuweichen, bedarf eines Rekurses auf Werte.[4] So mag man der traditionellen Ansicht sein, auch im Falle einer schweren ehelichen Krise sollten die Ehepartner um des Kindes willen zusammen bleiben oder der – neueren – Ansicht sein, es sei für die Kinder besser, wenn die Partner sich scheiden lassen, weil die Kinder unter den Konflikten der Partner mehr litten als unter der Trennung und dem Verbleiben bei einem Partner. Hier beziehen sich beide Positionen auf den Wert „Glück der Kinder", verfolgen aber andere Mittel (Normen zur Erreichung des Wertes/Ziels). Anders wäre es, wenn die Begründung für die neue Norm darin bestünde, das Kind dürfe die Selbstverwirklichung der Partner (oder eines Partners) nicht behindern – der Schaden, den das Kind durch die Scheidung erleiden könne, sei geringer als derjenige, den die Partner durch ein weiteres Zusammenleben hätten. Um den Wert X zu erreichen, muss die Norm y eingehalten werden.

In diesem Bezugsrahmen lässt sich eine Delegitimierung sozialer Normen durch zwei Prozesse erklären: 1. Die Begründung einer Norm wird angezweifelt und der Zweifel wird mit (mindestens) einem anderen Wert begründet als dem, der der Norm zugrunde liegt. 2. Man beruft sich auf den gleichen Wert, hält jedoch die bisherige Norm nicht mehr für geeignet, diesen Wert zu erreichen. Die Akzeptanz der bisherigen Norm sinkt, und es soll eine andere an ihre Stelle treten.

Solcherart definiert, ergibt sich ein enger Zusammenhang von Wert- und Normenwandel, genauer: Veränderungen in der Akzeptanz von Werten und Normen. Sinkt die Akzeptanz eines Wertes, dann sinkt auch die Akzeptanz derjenigen Norm(en), die durch den Wert begründet wird bzw. werden.

Wenn, um Webers Annahmen aufzunehmen, der gesellschaftliche Konsens über affektuelle, wertrationale und religiöse Legitimation einer Ordnung sinkt, so beruht sie – in

---

multi-religiöse Gesellschaften. Das wiederum zwingt die Individuen (und die Kirchen) dazu, den Anspruch der allein-selig machenden Religion aufzugeben – die multi-religiöse Gesellschaft ist auch eine, in der *jede* Religion relativiert ist.

4 Zu Recht machen daher bereits Gross, Mason und McEachern (1958: 285, 291) die Unterscheidung in wert- und zweckrationale Personen. Die wertrational handelnden Personen führen ein für legitim erachtetes Verhalten auch bei hohen negativen Sanktionen aus, zweckrational Handelnde führen Handlungen vorwiegend deshalb aus, um eine hohe negative Sanktion zu vermeiden.

Webers Terminologie – in einem steigenden Ausmaß allein auf „Erwartungen spezifischer äußerer Folgen" bzw. „Interessenlagen". Es sind, modern gesprochen, utilitaristische Kalküle im Sinne der Rational Choice-Theorie. Ihnen liegt die individuelle Entfaltung als Wert zugrunde (so Inglehart oder Klages).[5] Ferner beruht die Ordnung weniger auf Konventionen als auf Recht. Die Legitimation des Rechts wiederum beruht – weitgehend – auf parlamentarischen Entscheidungen, mithin Begründungen durch jeweils gewählte Volksvertreter. Sie sind damit überprüfbar, ihnen gehen Diskussionen voran und sie sind auch nach der Verkündigung revidierbar.

Dieser Sachverhalt nun ist von entscheidender Bedeutung in einer differenzierten Gesellschaft, in der ja auch die Interessenlagen der Individuen und Gruppen differieren. Es stehen dann potentiell alle Normen, die die jeweilige Ordnung bilden, zur Disposition, mit ihnen die sie begründenden Werte. Die Normen werden von Einzelnen oder einzelnen Gruppen – seien sie auch klein – angezweifelt. Dabei ist nicht entscheidend, ob die Diskussion an der Höhe der Sanktionen, also den Kosten für die abweichenden Individuen, oder den Erwartungen ansetzt. In beiden Fällen hat die Diskussion zur Folge, dass die Normen immer wieder legitimiert werden müssen. Die Normen einer Gesellschaft unterliegen einem stärkeren Druck und Prozessen der Delegitimierung und Legitimierung. Das Ausmaß, zu dem eine gegebene Norm akzeptiert wird, ändert sich unter diesen Bedingungen einer wechselnden Akzeptanz von Normen umso rascher, je differenzierter eine Gesellschaft ist.

Es tritt ein Zustand ein, den sowohl Durkheim als auch Merton der gesellschaftlichen Integration für abträglich halten oder gar als anomisch bezeichnen. Für Durkheim wird das Kollektivbewusstsein bereits durch Diskussionen über die Daseinsberechtigung einzelner Normen geschwächt. Seine Diagnose ist, dass die Bedürfnisse der Einzelnen sich immer weiter steigern, mit der Folge: „Je weniger man sich eingeengt fühlt, umso verhaßter wird doch die Einengung" (1973: 290). Diese (pessimistische) Sicht ungezügelter Bedürfnisse wird nochmals deutlich in folgendem Zitat, das auch eine Definition des Begriffes „Anomie" enthält:

„Wenn die öffentliche Meinung keine Orientierung mehr gibt, werden die Appetite keine Schranke mehr kennen. Zudem befinden sie sich sowieso in Folge der gesteigerten allgemeinen Aktivität in einem gereizten Zustand. Wegen des steigenden Wohlstandes steigen auch die Bedürfnisse. Sie werden angestachelt durch die reichere Beute, die ihnen vorgehalten wird, und die althergebrachten Regeln verlieren ihre Autorität, weil man ihrer überdrüssig ist. Der Zustand der gestörten Ordnung oder *Anomie* wird also noch dadurch verschärft, daß die Leidenschaften zu einem Zeitpunkt, wo sie einer stärkeren Disziplin bedürfen, weniger diszipliniert sind!" (Durkheim 1973: 289; kursiv im Original).

Ähnlich ist die Diagnose von Merton (1957: 211):

„When, however, the cultural emphasis shifts from the satisfactions deriving from competition itself to almost exclusive concern with the outcome, the resultant stress makes for the breakdown of the regulatory structure. With this attenuation of institutional controls, there occurs an approximation to the situation erroneously held by utilitarian philophers to be typical of

---

5 Das Ausmaß, zu dem Folgen erwartet werden, hängt von der polizeilichen Verfolgung und der Gerichtspraxis ab.

society, a situation in which calculations of personal advantage and fear of punishment are the only regulating agencies."

Neuerlich ist eine ähnliche Position von Blinkert (1988) vertreten worden, allerdings ohne sich auf Merton zu beziehen und ohne dessen pessimistische Wertung. Blinkerts (1988: 402) Kernthesen sind:

„Dieser Wandel läßt sich als ein Trend zur Ökonomisierung beschreiben und zwar als ein Prozeß der Individualisierung und als Rationalisierungsprozeß. Mit ‚Individualisierung' meine ich die Lösung des einzelnen aus den Bindungen von Traditionen und Institutionen. Mit ‚Rationalisierung' meine ich eine zunehmende Bedeutung von zweckrational-abwägenden und utilitaristischen Rechnungen. Dieser Prozeß ist in seiner Bedeutung für das Individuum ambivalent. Auf der einen Seite ist er mit einem Gewinn an Freiheiten und Entscheidungsmöglichkeiten verbunden. Auf der anderen Seite erzeugt er aber einen ständigen Druck und Orientierungsprobleme. ... Das Verhalten in einer normtypischen Situation – in einer Situation also, die durch soziale Normen geregelt ist – wird immer weniger von Gewohnheiten, wertrationalen und traditionalen Fixierungen bestimmt. Konformität oder Abweichung wird statt dessen in zunehmendem Maße von dem Ergebnis eines Risiko-Nutzen-Kalküls abhängig. Bei einem solchen Kalkül werden Belohnungen und Kosten, Erfolgs- und Mißerfolgswahrscheinlichkeiten alternativer Verhaltensweisen gegeneinander abgewogen, und diejenige Handlung wird am Ende bevorzugt, für die der erwartete Nutzen am größten ist".

Wenn Einstellungen und/oder das Verhalten immer weniger einer legalen Norm entsprechen, liegt eine Delegitimierung der Norm vor. Die Beziehung von Legitimation und Legalität einer Norm lässt sich vereinfacht in einer Vierfelder-Tafel klassifizieren (*Tabelle 2*):

Tabelle 2: Legitimität und Legalität sozialer Normen

Verhalten ist ...		legal	
		ja	nein
legitim	ja	A Geltung	B Delegitimierung
	nein	C Legitimierung	D Geltung

In den Fällen A und D stimmen Legalität und Legitimität überein. Im Falle A besteht für ein Verhalten eine legale Norm, diese wird auch akzeptiert, d.h. als legitim wahrgenommen. Hierzu gehören die meisten Verhaltensweisen. Im Falle D ist ein Verhalten gesetzlich nicht zulässig und wird auch nicht für legitim gehalten, so z.B. Tötungsdelikte.

Für die Analyse der Delegitimierung sind die Zellen B und C der Matrix bedeutsam. Im Falle B ist ein Verhalten nicht legal, die gesatzte Norm wird hingegen nicht akzeptiert und als mehr oder weniger nicht legitim wahrgenommen. Beispiele hierfür sind das Radfahren gegen die Richtung der Einbahnstraße, das Schwarzfahren oder Verstöße gegen den Paragraph 218. Im Falle C ist ein Verhalten legal oder gesetzlich zulässig, ihm wird jedoch nur eine mehr oder minder geringe Legitimität zugesprochen. Ein Beispiel hierfür ist das Schlagen von Kindern, die Möglichkeit, Bestechungsgelder als betriebliche Werbungskosten zu verbuchen oder das Versenken einer Bohrinsel („Brent Spar" im Jahre

1995). Es wird ein Druck auf die Legislative entstehen, durch ein entsprechendes Gesetz das Verhalten unter Strafe zu stellen. Ein Gesetzeswandel (oder Novellierung) wird demnach für die Fälle B nach A sowie C nach D auftreten.

III. Ein Phasenmodell des Prozesses der Delegitimierung

Die angeführten Beispiele für die geringe Geltung von legalen Normen stehen für eine Vielzahl ähnlicher Abweichungen. Was hiermit gezeigt werden soll, ist ein für die folgende Analyse grundlegender Sachverhalt: Nicht allein die bekannte Abweichung von Normen, sondern die Legitimierung des Normenbruchs und das Ausmaß, zu dem eine Delegitimierung eingetreten ist, müssen untersucht werden. Steuern zu hinterziehen, schwarz zu arbeiten oder unter Alkoholeinfluss Auto zu fahren sind Delikte (also Normenbrüche), die weithin akzeptiert werden, oft sogar denen, die sie anderen berichten, Ansehen verschaffen, so z.B. auch im Falle eines illegalen politischen Protestes (Opp 1993: 223). Ein solcher Vorgang wäre nicht weiter folgenreich, wenn er a) selten wäre, sich z.B. nur auf 0,1 oder 1 Prozent der Bevölkerung beschränkte, b) nicht bekannt würde. Die erste Bedingung richtet sich auf das Ausmaß, die zweite auf die Bekanntheit des Normenbruchs. Beide werden fraglos auch durch die Schwere des Delikts beeinflusst. Ebenso wichtig ist es zu ermitteln, für wie hoch die Mitglieder einer Gesellschaft die Konformität gegenüber einzelnen Normen halten. Beide Variablen sind in der Analyse des Prozesses der Delegitimierung zu berücksichtigen.

Der Prozess der Delegitimierung kann auf unterschiedliche Weise erfolgen. Abhängig davon, welche Dimension der Norm betroffen ist: a) die Akzeptanz, b) die Verfolgung, c) die Sanktionshöhe oder d) die gesetzliche Grundlage.

Meine erste Annahme ist, dass die „Erosion" nicht an beliebigen Stellen ansetzt, sondern vielmehr eine Abfolge von a) nach b) durchläuft. Die Akzeptanz kann sinken, dann wird sehr wahrscheinlich auch die Verfolgung seltener. Wird die Abweichung seltener verfolgt, so wird auch die Sanktionshöhe sinken, d.h. sich nicht an der Höchst-, sondern der Mindeststrafe orientieren. Was sich zuletzt ändert, ist das Gesetz bzw. die gesetzliche Grundlage der Norm. Gesetze sind zwar nur bedingt auf eine Akzeptanz in der Bevölkerung angewiesen, wie die rechtswissenschaftliche Diskussion, vor allem die rechtspositivistische Position, zeigt (vgl. Burmeister 1989: 41f.; Bydlinski 1988: 18ff., 53; Schapp 1994). Dennoch wird man wohl ein Gesetz, das ständig durchbrochen wird, zumindest novellieren müssen. Ein Beispiel hierfür sind die Steuerhinterziehung bzw. die Steuergesetze, wie Schneider (1987) darlegt.

Die Aufweichung einer Norm beginnt demnach mit einer verringerten Akzeptanz. Diese kann, so meine zweite Annahme, im Wesentlichen auf zwei Weisen erfolgen: schleichend oder durch öffentliche Aktionen. Erneut haben wir es mit zwei Dimensionen zu tun: Einerseits damit, ob es sich um individuelle oder kollektive Abweichung handelt, andererseits damit, ob sie öffentlich oder nicht öffentlich sind.

Die nicht-öffentlichen Aktionen sind wenig sichtbare Akte individueller oder kollektiver Normenverletzung. Sie führen so lange nicht zu einer Veränderung, bis deren Ausmaß einen Punkt erreicht hat, zu dem sie veröffentlicht werden, etwa im Sinne „15 Prozent der Bevölkerung fahren schwarz".

Aufschlussreicher ist der zweite Fall, in dem einzelne Individuen oder Kollektive sich öffentlich zu einer Normverletzung bekennen. Auf diese Fälle richtet sich das nachfolgende Phasenmodell des Prozesses der Delegitimierung einer Norm.

t_0: Abweichung. Eine kleine Gruppe A in der Gesellschaft G weicht von einer Norm ab. Sie tut dies, weil der Nutzen solcher Abweichung größer ist als die Kosten.

t_1: Veröffentlichung. Das Ausmaß der Abweichung wird bekannt. Diese „Veröffentlichung" kann durch Dritte, z.B. eine Statistik oder ein Bericht in den Massenmedien erfolgen oder aber durch Mitglieder der Gruppe selbst.

t_2: Veränderung. Die Debatte führt zu zwei Veränderungen:
1. Die Gruppe Z (für Zweifler) derer, die die Norm nicht mehr (voll) unterstützen, wird größer; sie ist größer als die Gruppe der Abweichler.
2. Die Gruppe der Abweichler A wird größer; sie beruft (legitimiert) sich auf den Rückhalt in der Gruppe derjenigen, die die Norm nicht mehr (voll) unterstützen (Z). Dieser Rückhalt ist der von den Abweichlern perzipierte oder vermutete Rückhalt.

t_3: Weitere Abweichungen. Durch weitere Abweichungen vergrößern sich die Gruppen A und Z, wobei die neuen Mitglieder der Gruppe A vor allem aus der Gruppe der Z kommen.

t_4: Sinkende Sanktionsgeltung. Das abweichende Verhalten der Gruppe A wird in geringerem Maße verfolgt und die Höhe der Sanktion wird geringer.

t_5: Legalisierung der neuen Legitimität: Die Norm wird modifiziert, sei es durch eine verringerte Sanktionshöhe, Novellierung eines Gesetzes oder durch Abschaffung der Norm.

Der Verlauf einer Delegitimierung lässt sich als eine Produktionsfunktion darstellen (*Abbildung 1*); die hier unterschiedenen Phasen werden im Folgenden genauer analysiert.

Zeitpunkt t_0: Abweichung. Die Phase t_0 ist ein normaler Zustand einer Gesellschaft, denn es ist unrealistisch zu erwarten, dass Normen von allen Mitgliedern der Gesellschaft befolgt werden. Die jährlich veröffentlichte Polizeiliche Kriminalstatistik liefert Indikatoren für

Abbildung 1: Verlauf eines Prozesses der Delegitimierung (Prozent Ablehnender)

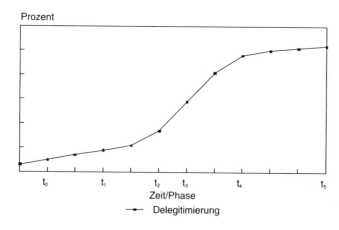

das Ausmaß, zu dem legale Normen verletzt werden. Der Zustand ist auch, wie Ullmann-Margalit (1977: 28) ausführt, tolerierbar, wenn drei Bedingungen gegeben sind: die Zahl der Abweichler (A) ist gering, die individuellen Beiträge zur Abweichung sind gering (die Abweichung fällt nicht ins Gewicht) und die Abweichungen sind homogen: das Gewicht jeder einzelnen abweichenden Person ist gleich. Die Annahmen enthalten jedoch eine wichtige Folgerung: Die Abweichung wird umso stärker ins Gewicht fallen, je größer die Zahl der Individuen ist, die durch die Verletzung einer Norm Schaden erleiden. Die gesellschaftliche Reaktion, genauer die Reaktion der Mitglieder der Gruppe G – (A+Z), wird demnach von der Höhe des Schadens abhängen. Die nachfolgenden Aussagen gelten für solche Formen abweichenden Verhaltens, die auch mit der Absicht geschehen, langfristig einen Normenwandel herbeizuführen.

Phase t_1: Veränderung. Der Prozess der Delegitimierung setzt in Phase t_1 ein. Der Prozess der Delegitimierung beginnt mit wenigen Akteuren, die das Risiko auf sich nehmen, von Normen abzuweichen. Dies geschieht mit der Absicht, eine Legitimationsdebatte einzuleiten. Sie kann sich auf a) die Höhe der Sanktion, b) die Verfolgung (Ahndung) der Normbrüche, c) auf die Norm insgesamt oder auf mehrere dieser Punkte erstrecken; gemeinhin wird letzteres der Fall sein. Die Personen (oder die Gruppe) berufen sich auf andere Werte als jene, die der Norm zugrunde liegen. Sie sind „moralische Unternehmer".

Zu diesem Zeitpunkt sind die Kosten für die Akteure hoch. Sie können sich auch nicht auf eine Gruppe von Sympathisanten stützen, vielmehr sind die Effekte ihrer Abweichung auf die Gesellschaft völlig unsicher. Da ferner die Kosten zu diesem Zeitpunkt höher sind als die Nutzen, handeln sie wertrational.

Dazu ist es erforderlich, dass die Normenbrüche bekannt oder bekannt gemacht werden. Diesen Punkt, die Information über Normenbrüche, hat Popitz in seiner scharfsinnigen Analyse der „Präventivwirkung des Nichtwissens" (1968) aufgegriffen. Seine zentrale These lautet, dass die Institutionen des Staates, also Legislative, Judikative und Exekutive, nicht daran interessiert sein können, das volle Ausmaß, zu dem eine Norm gebrochen wird, aufzudecken. Würde nämlich das wahre Ausmaß bekannt, so könnten die Bürger den Glauben an die Gültigkeit der Norm verlieren, weil sie ja davon ausgehen, die Norm werde eingehalten. Dies wiederum könnte dazu führen, dass bisher konform handelnde Mitglieder die Norm ebenfalls durchbrechen. Ferner wäre die Exekutive nicht in der Lage, alle Normenbrüche zu verfolgen. Schließlich wäre drittens die Judikative überfordert, die entsprechenden Gerichtsverhandlungen zu führen. So hat das Nichtwissen eine präventive Wirkung, daher werden nicht alle Normenbrüche aufgedeckt, nicht alle verfolgt und die Bevölkerung wird über das Ausmaß, zu dem eine Norm befolgt wird, im Unklaren gelassen.

Wie berechtigt und fruchtbar die Annahmen von Popitz sind, wird erkennbar, wenn man sie auf den Prozess der Delegitimierung anwendet, in dem ja der Mechanismus des Nichtwissens absichtlich durchbrochen wird. So haben sich vor mehreren Jahren Frauen in großer Anzahl öffentlich dazu bekannt, abgetrieben zu haben (Titelbild „Wir haben abgetrieben", „stern" vom 6.6.1971) und trugen damit vermutlich dazu bei, die Diskussion über eine Novellierung des damals gültigen Paragraphen 218 StGB zu verstärken. Das Gleiche geschah in der gleichen Zeitschrift, in einer Aktion von Homosexuellen, die sich öffentlich zu ihrer Homosexualität bekannten und damit zeigen wollten, dass es sich nicht um eine verschwindende Minderheit in der Gesellschaft handelt (Titelbild „Wir sind schwul", „stern" vom 5.10.1978). Das „coming out" trug wahrscheinlich dazu bei, den alten Paragraphen 175 StGB zu Fall zu bringen. In beiden Fällen wurde das Nichtwissen durchbrochen, die Bevölkerung über Abweichungen von der Norm informiert, wobei der Erfolg der Aktion darin bestand, dass nun das Ausmaß der Abweichung höher erscheinen musste, als zuvor von der Bevölkerung vermutet wurde. In beiden Fällen war die oben von Ullmann-Margalit zitierte Bedingung, gleiche Beiträge der Individuen, nicht gegeben. Vielmehr waren die Beiträge höher, weil es prominente Personen, eine „Öffentlichkeitselite" (Peters 1994), waren, die sich bekannten.[6]

Phase t_2: Die Debatte führt zu Veränderungen. In der Periode t_1 begeht eine Gruppe – wie in dem eben zitierten Fall – oder ein Teil einer sozialen Bewegung Delikte, die gegen eine Norm verstoßen. Sie tut dies (auch) in der Absicht, die öffentliche Aufmerksamkeit zu gewinnen. (Dabei sei hier offen gelassen, unter welchen Bedingungen es sich um eine neue oder bereits bestehende soziale Bewegung handelt.) In Periode t_2 ändert sich die Situation für die Abweichenden oder Protestierenden, wenn sie – aufgrund welcher Indikatoren auch im Einzelnen – vermuten können, Rückhalt bei einer zweiten Gruppe in der Gesellschaft zu haben, die hier als „Sympathisanten" bezeichnet sei. Durch sie erhalten die Aktivisten eine verbreiterte Legitimationsbasis. Zugleich können sie unterstellen, für die Sympathisanten stellvertretend zu handeln. Sie können ferner davon ausgehen, dass die sehr wahrscheinlich negativen Sanktionen für ihr Handeln auf eine breite Basis verbalen Protests in der Öffentlichkeit stoßen. Durch diese Anerkennung erhöht sich der Nutzen ihrer Handlung bzw. Aktionen. Die typische Haltung des Sympathisanten ist: „Ich billige das Verhalten (die Aktion) zwar nicht, aber verstehen kann ich es schon."

Wichtig ist hier das Verhältnis von Aktivisten und Sympathisanten. Die „klammheimliche Freude", die einmal in einem ganz anderen Zusammenhang in einem Flugblatt geäußert wurde, war auch bei jenen zu sehen und zu hören, die in Rostock und Hoyerswerda dem schrecklichen Geschehen zusahen. Es war keineswegs nur Voyeurismus, sondern auch das Einverständnis mit jenen, die quasi stellvertretend Feuer legten. Die Basis eines solchen Einverständnis ist vermutlich ein diffuses Gefühl der Bedrohung „als Deutscher".[7]

Die Normen, die hier verletzt und delegitimiert werden sollen, sind vor allem die der Toleranz und des politischen Asylrechts. Ob die brutalen Anschläge hierin „erfolgreich" waren, wird sich kaum entscheiden lassen, immerhin ist das Asylrecht später verschärft worden.

Die Verbindung zwischen beiden Gruppen entsteht nun dadurch, dass die Aktivisten unter der Vermutung handeln, eine hinreichend große Gruppe in der Bevölkerung (die Sympathisanten) billige ihr Verhalten – oder missbillige es zumindest nicht. Dabei ist es zunächst nicht wichtig, ob die Zahl der Sympathisanten auch so groß ist, wie die Aktivisten es vermuten. Das wird sich erst nach den Aktionen im Verlauf der öffentlichen Diskussion herausstellen. Es reicht also aus, dass die Aktivisten ihre Handlungen als durch Sympathisanten legitimiert wahrnehmen. Die Aktivisten meinen, Indizien dafür zu haben, es

---

6 Die Folgen waren eben jene, die Popitz vermutet: Die Norm wurde fraglich, ihre Legitimität angezweifelt, sie ließ sich kaum noch gegen die große Zahl der Abweichler durchsetzen. Am Ende wird die Norm, d.h. das Gesetz geändert und das ursprünglich von einem Teil der Bevölkerung ausgeübte Verhalten nicht mehr unter Strafe gestellt, sondern legalisiert.
7 Die Ursache ist vor allem ein Konflikt um knappe Ressourcen: Wohnungen und Arbeitsplätze. Wie Willems, Würtz und Eckert (1993: 132) feststellen, eint dies zunächst die ansonsten heterogene Gruppe fremdenfeindlicher Gewalttäter.

gäbe eine solche Gruppe von Sympathisanten. Sie müssen ferner unterstellen, die Sympathisanten seien zwar (noch) nicht bereit, sich an solchen Aktionen zu beteiligen, weshalb sie stellvertretend für sie handeln. Dieser Mechanismus gilt im Falle der „Tierbefreier", die 1995 ein Gebäude der größten deutschen Hühnerfarm anzündeten (vgl. ausführlich: Friedrichs 1997); es gilt ebenso für viele Aktionen von Greenpeace. Obgleich zu klären wäre, anhand welcher Indizien (Indikatoren) das Ausmaß der Sympathie und mithin der Legitimierung erschlossen wird, können wir im Falle der Rechtsradikalenausschreitungen die große Zahl der Umstehenden, die nicht eingriffen, als einen Indikator werten, im Falle von Greenpeace das Spendenaufkommen.

Bereits in dieser Phase setzt die quantitative Delegitimierung ein. Die Frage, wie groß die kritische Masse für eine solche Entwicklung sein muss, ist mit Hilfe empirischer Daten gegenwärtig nicht zu beantworten. Gleichwohl gibt es in der sozialwissenschaftlichen Literatur Theorien, in denen ein solcher Ablauf mithilfe von individuellen Schwellenwerten bzw. einer „kritischen Masse" modelliert wird (Granovetter 1978; Granovetter und Song 1983; Marwell, Oliver und Prahl 1988; Oliver und Marwell 1988; Oliver, Marwell und Texeira 1985). Diese Modelle sind hilfreich, um zumindest eine theoretisch befriedigende und praktisch plausible Antwort zu geben.

Wendet man ihre Überlegungen auf den hier behandelten Sachverhalt an, so ergibt sich folgende Analyse: Das Ziel der Bekenner ist offenbar, eine bestehende Norm zu Fall zu bringen. Dazu müssen sie zunächst die Legitimität der Norm anzweifeln. Dieses Ziel stellt ein Gut dar, das von den Bekennern produziert werden soll. Entsprechend gibt es eine Produktionsfunktion, die einen S-förmigen Verlauf hat (vgl. *Abbildung 1*). Anfangs „investieren" nur wenige, indem sie ihre Zweifel an der Norm öffentlich äußern und/oder sie durchbrechen. Aufgrund dieser vorangegangenen Investition kommen schrittweise weitere hinzu, je nach deren Nutzenschätzung und Toleranzschwelle; in einer späteren Phase teilt die Mehrheit die Norm nicht mehr und durchbricht sie auch.

Auch in diesen Modellen kommt der bereits weiter oben erwähnten Variable „wahrgenommene Konformität" eine zentrale Bedeutung zu: Das Individuum macht seine Konformität von derjenigen der anderen Mitglieder der Gesellschaft abhängig. Die gleiche Annahme machen auch Akerlof (1980) und Opp (1990) in ihren Modellen der sinkenden Befolgung von Gebräuchen („customs"). Von dem wahrgenommenen Grad der Konformität lassen sich zwei Effekte abhängig machen: zum einen die individuelle Bereitschaft, (noch oder nicht mehr) dem Brauch zu folgen, zum anderen die (mit sinkender Konformität geringere) Sanktionierung nicht-konformen Verhaltens. So lautet eine Hypothese von Akerlof (1980: 754): „The larger the number of believers, the more reputation is lost by disobedience of the code". Ähnlich argumentiert Opp, der mit wenigen, aus dem Prisoners Dilemma abgeleiteten Annahmen zeigt, dass der individuelle Nutzen konformen (oder abweichenden) Verhaltens umso größer (geringer) ist, je größer (kleiner) die Gruppe konform (nicht-konform) Handelnder in einem Kollektiv ist.

Hieraus ergibt sich die Frage, woher Individuen wissen, wie hoch der Anteil derjenigen ist, die eine Norm befolgen bzw. nicht befolgen. (Auf der Unkenntnis des objektiven Ausmaßes beruht ja gerade die Argumentation von Popitz.) Wahrscheinlich beruhen die subjektiven Schätzungen vor allem auf Berichten in Massenmedien. Diese berichten eher über Devianz als Konformität. Daher ist es wahrscheinlich, dass das objektive Ausmaß und die subjektive Wahrnehmung nicht hoch korrelieren, das Ausmaß der Abweichung eher überschätzt wird. Sind diese Hypothesen empirisch zutreffend, so käme den Massenmedien – verglichen mit der persönlichen Erfahrung von Konformität und Abweichung – eine wichtige Bedeutung für die Geschwindigkeit des Prozesses der Delegitimierung zu.

Phase t_3: Weitere Abweichungen. Der für t_2 beschriebene quantitative Prozess setzt sich fort. Dabei sind die Sympathisanten eine notwendige Voraussetzung, um von t_2 zu t_3 zu gelangen. Die Wahrnehmung eines Prozesses der Delegitimierung wird durch Massenmedien, seien es Berichte, Filme oder Gäste in Talkshows, in einem beträchtlichen Maße erleichtert; sie tritt aber nicht automatisch ein. Spätestens in Phase t_3 wird eine soziale Bewegung den Protest aufnehmen oder sich zu diesem Thema organisieren (vgl. Neidhardt 1994; ferner die Beispiele bei Rucht 1994).

Zusätzlich hat diese Phase zwei weitere Aspekte: a) die Umkehrung der Beweislast und b) die Verringerung der Kosten abweichenden Verhaltens aufgrund geringerer Sanktionsgeltung und/oder gesenkter negativer Sanktionen.

Wenn in der Tat die Gruppen A und vor allem Z quantitativ zunehmen, steigt der Druck, die legale Norm abzuschaffen oder zumindest zu novellieren. Gleichzeitig wird es schwieriger, Abweichungen zu verfolgen und die Sanktion anzuwenden. Das Legitimationsproblem kehrt sich um: Nicht der Abweichler, sondern die Konformen (G − [A+Z]) müssen sich rechtfertigen.[8] Die Kosten für einen konformen Akteur können beträchtlich sein; „am unvorteilhaftesten ist für ihn die Situation, in der er die Sanktionskosten selbst übernimmt, das kooperative Gleichgewicht aber nicht gesichert wird, weil die anderen ‚sich zurückhalten', indem sie sich auf besonders ‚kostengünstige' (z.B. mißbilligende Blicke) aber dafür auch weniger wirksame Sanktionshandlungen beschränken" (Vanberg 1984: 143).

Rechtfertigungen verursachen demnach Transaktionskosten; sie ist man nicht immer bereit zu tragen. Fällt, wie in diesem Beispiel, die Aufgabe, die Norm (durch eine verbale Sanktion) zu bestärken, einem Einzelnen zu, so spricht Coleman (1990: 278) treffend von „heroischen Sanktionen". Jeder kennt entsprechende Beispiele aus dem Alltag: Ob man einen Autofahrer darauf hinweist, seinen Wagen nicht auf dem Radweg zu parken oder einen Radfahrer darauf, nicht in der Einbahnstraße gegen die Fahrtrichtung zu fahren – immer wird man mit einer mehr oder minder ausfälligen Antwort zu rechnen haben, die im Wesentlichen die Aussage enthält, man möge sich um die „eigenen Angelegenheiten" kümmern. Solche Antworten sollen den Kritiker aus einer gemeinsamen Gruppe ausschließen, sie legen nahe, Kritiker und kritisierte Person gehörten getrennten Kollektiven an. Aber derartige Reaktionen haben noch eine weitere Folge: Die Reaktion ist unangenehm für den Kritiker und in Antizipation solcher Kosten verzichtet er darauf, eine abweichende Person (künftig noch) zu kritisieren.[9]

---

8 Einen interessanten Vorschlag, solche Strategien der „Umverteilung der Beweislasten" auf die Technokraten der Kernenergie anzuwenden, macht Beck (1988: 279f.).

9 Die Höhe der Rechtfertigungskosten kann auch ein Ereignis erklären, das Vowe und Friedrichsen (1995: 8) berichten: In Liverpool wurde im Februar 1993 ein zweijähriger Junge von zwei zehnjährigen Jungen schreiend und misshandelt vier Kilometer „durch die Stadt getrieben" (und später ermordet), „ohne daß jemand von den Hunderten, die ihren Weg kreuzten und ihnen begegneten, sie überholten oder ihnen auswichen, aufmerksam geworden oder gar eingeschritten wäre". Wahrscheinlich ist eine Folge der Rechtfertigungskosten eine noch geringere Bereitschaft, in Konfliktfällen einzugreifen.

Phase t₄: Sinkende Sanktionsgeltung. Der entscheidende Punkt im Prozess der Delegitimierung ist erreicht, wenn die negativen Sanktionen gegenüber den Handlungen von Befürwortern der Delegitimierung, also den „Normbrechern", sinken.[10] Eine Erklärung hierfür ist, dass die unterschiedliche Akzeptanz einzelner Normen auf unterschiedlichen Toleranzschwellen in der Bevölkerung beruht. Personen können gegenüber dem abweichenden Verhalten anderer Personen unterschiedlich tolerant sein, je nachdem, in welchem Maße sie von den externen Kosten des abweichenden Verhaltens betroffen sind. So ist die mit dem Konsum von Drogen oft verbundene Kriminalität so lange für viele erträglich, wie sie die Kriminalität nicht wahrnehmen oder sie zwar wahrnehmen (z.B. über Presseberichte), hierdurch jedoch nicht individuell geschädigt werden.

Wenn daher die unterschiedliche Akzeptanz auch zu einer Pluralisierung der Lebensstile, d.h. gesellschaftlicher Subkulturen, führt, ist es sehr wahrscheinlich, dass die einzelnen Gruppen auch Normenbrüche unterschiedlich beurteilen. Das gilt nun ebenfalls für Angehörige der Exekutive, Judikative und Legislative. Mithin werden die Zweifel an einer weiteren Berechtigung der angegriffenen Norm zu diesem Zeitpunkt auch bei einzelnen Vertretern dieser Gruppen bestehen, also Parlamentariern, Richtern und Polizeibeamten. Unter diesen Bedingungen
- vermindert sich die informelle soziale Kontrolle,
- sinkt die Anzeigebereitschaft,
- werden somit die individuellen Kosten für abweichendes Verhalten geringer.

Die Delikte, z.B. Graffiti von Sprayern, werden zusätzlich deshalb seltener verfolgt, weil bei der steigenden Zahl der Abweichungen der Aufwand für die Polizei, sie zu verfolgen, zu hoch oder gar unmöglich wäre – wie schon Popitz annahm. Als Nächstes werden die Strafen für die Abweichung geringer (Mindeststrafmaß; Diversion, vgl. Heinz 1992a, 1992b) ausfallen. Am Ende steht eine parlamentarische Diskussion über die Novellierung oder Abschaffung des Gesetzes bzw. der legalen Norm.

Die verminderten Kosten für die abweichenden Akteure resultieren demnach aus einer geringeren Sanktionsgeltung und verminderten Strafmaßen. Ein rational handelnder Akteur muss sich entscheiden, ob der Nutzen eines abweichenden Verhaltens die hierfür von ihm wahrgenommenen Kosten übersteigt oder nicht übersteigt (vgl. Blinkert 1988; Kunz 1993). Wenden wir uns den negativen Sanktionen zu. Hier werden den Akteuren Kosten für die Abweichung von einem erwarteten Verhalten auferlegt, zumindest aber angedroht. Diese Kosten können monetäre sein, z.B. eine Geldbuße oder nicht-monetäre, z.B. der Verlust von Ansehen, der Ausschluss aus einer Organisation, eine Gefängnisstrafe. Ungeachtet der Frage, ob sich nicht-monetäre Kosten auch in monetäre umrechnen lassen, handelt es sich um Verluste sozialen Kapitals.

Solche Kosten werden – und sollen – die Individuen daran hindern, Akte abweichenden Verhaltens zu begehen, sei es eine Abtreibung, ein Diebstahl oder ein Verkehrsdelikt. Eine Folge der unterschiedlichen Akzeptanz von Normen ist aber, dass die Kosten einer (ansonsten nutzenstiftenden) Handlung vermindert werden oder völlig wegfallen. Das kann auf mehrfache Weise geschehen. Zum einen können die Kosten (gemeint sind nicht Gefängnisstrafen) externalisiert werden, sei es auf andere Personen oder den Staat. Zum

---

10 Für Popitz (1961: 195) ist es der Sanktionsvollzug – das Ausmaß, zu dem eine Sanktion angewendet wird –, der als „Seismograph" dient, grundlegende Veränderungen im normativen Handlungssystem einer Gesellschaft anzuzeigen.

zweiten wird in dieser Phase der Delegitimierung hinreichend Unsicherheit über die Norm eingetreten sein, so dass Normenbrüche seltener angezeigt, weniger verfolgt und mit geringeren Strafen belegt werden. Die Memminger Abtreibungsprozesse haben eben deshalb eine so starke Kritik und Entsetzen hervorgerufen, weil ein Gericht eine längst als delegitimiert angesehene Norm mit aller Strenge aufrechterhalten wollte.

Die Unsicherheit gilt auch im Alltag: Von Personen im Bekannten- oder Kollegenkreis zu erfahren, dass sie abgewichen sind, dürfte auf Dauer bei den anderen die Bereitschaft vermindern, selbst die Norm einzuhalten. Obgleich zunächst noch an der Legalität der Norm festgehalten wird, so stellt man im ersten Schritt deren Legitimität in Frage. In einem längeren Zeitraum kann es dann dazu kommen, auch die Legalität der Normen anzuzweifeln, bis hin zu ihrer Abschaffung. Wenn immer weniger Personen eine Norm befolgen, wozu soll sie dann noch beibehalten werden?

Phase t_5: Legalisierung der neuen Legitimität. Am Ende der Entwicklung steht die Legalisierung des zuvor abweichenden Verhaltens: Die Delegitimierung führt zu einer neuen Legalität durch die Novellierung des entsprechenden Gesetzes. Ein gutes Beispiel für eine solche Veränderung ist der Status der „wilden Ehe". Die frühere Bundesjustizministerin Leutheusser-Schnarrenberger beabsichtigte, dieser verbreiteten Form des Zusammenlebens Verfassungsrang einzuräumen, indem der Grundgesetz-Artikel 6 um folgenden Satz ergänzt wird: „Die staatliche Ordnung achtet auch andere auf Dauer angelegte Lebensgemeinschaften", wenngleich die Familie ihren besonderen Stellenwert behalten solle. Ihre Begründung lautete: „Dabei müssen wir aber auch die erheblich geänderte gesellschaftliche Entwicklung berücksichtigen und sehen, daß neben der Ehe noch andere Formen des Zusammenlebens bestehen" (ap/Kölner Stadt-Anzeiger, 3.5.1993).

Ein anderes Beispiel ist das Verhalten von Radfahrern. Weil in den meisten Städten nur ein Bruchteil der Straßen über Radwege verfügt, fuhren die Radfahrer auf den Fußwegen. Obgleich dies vielfach zu Konflikten mit den Fußgängern führte, wurde am Ende dieses (abweichende) Verhalten in vielen Städten legalisiert: Nun findet man ein blaues Gebotsschild, auf dem ein Fußgänger und das Radsymbol nebeneinander stehen. Die nächste Legalisierung ist, Radfahrern zu gestatten, in Einbahnstraßen in der bislang verkehrswidrigen Richtung zu fahren. Eben weil das ständig geschieht, hat die Diskussion hierüber zu dem Ergebnis geführt, dies zunächst in zahlreichen Städten zu legalisieren, u.a. im Jahre 1995 in Kiel, später auch in der Straßenverkehrsordnung (STVO) das Radfahren gegen die Fahrtrichtung bei einem entsprechenden Zusatzschild in einem Teil der Einbahnstraßen seit 1997 auch legal zuzulassen.

Es ist schwierig, über die Länge der einzelnen Phasen und damit die Dauer des gesamten Prozesses Aussagen zu machen. Nach den oben formulierten theoretischen Annahmen ist es sehr wahrscheinlich, dass die Dauer von folgenden Bedingungen abhängt:
– der Verteilung der Einstellungen zur strittigen Norm in der Bevölkerung,
– den Verteilungen der Akzeptanz der beiden Werte: desjenigen, auf die sich die Norm gründete und desjenigen, auf die sich die Delegitimierung bezieht,
– dem Netto-Nutzen, den das (neue) Verhalten gegenüber dem einer Beibehaltung der Norm für die Mitglieder einer Gesellschaft hat. Dabei sinkt der Nutzen eines normenkonformen Verhaltens in dem Maße, wie sich die Delegitimierung ausbreitet.

Sind diese Bedingungen bekannt, wird sich auch prognostizieren lassen, wie rasch ein Prozess der Delegitimierung verlaufen wird. Vor diesem Problem stehen im Übrigen die

Aktivisten in Phase t_1 ebenfalls; sie müssen deshalb an einer breiten Veröffentlichung ihres Protestes interessiert sein, eben um anhand der öffentlichen Reaktionen die drei genannten Parameter schätzen zu können.

IV. Exkurs: Die Legitimierung von Normen

Wie das Beispiel der Vergewaltigung in der Ehe in *Tabelle 1* erkennen ließ, gibt es auch den umgekehrten Mechanismus: Prozesse der Legitimierung; hier die von Jüngeren höhere Akzeptanz dieser Norm (aber auch anderer im Allbus untersuchter Verhaltensweisen, wie dem Umweltschutz oder der Verurteilung der Ausländerfeindlichkeit). Bei der Legitimierung soll eine bestehende Akzeptanz-Verteilung mit dem Ziel geändert werden, dass nun ein größerer Teil der Bevölkerung die Norm akzeptiert. Der Prozess verläuft ähnlich wie jener der Delegitimierung, deshalb sei hierauf kurz eingegangen. Auch hier muss „die Öffentlichkeit" auf ein Problem hingewiesen werden, um durch einen Einstellungswandel letztlich eine Gesetzesänderung oder neue Gesetze zu erreichen, die dann eine stärkere Verfolgung und Bestrafung rechtfertigen. Auch in diesen Bewegungen oder Kampagnen handeln die Mitglieder wertrational. Wie im Falle der Delegitimierung berufen auch sie sich auf andere Werte als diejenigen, die dem kritisierten Verhalten zugrunde liegen.

Eine wichtige Form solcher Legitimierung ist der von Becker (1973) beschriebene „moralische Unternehmer". (Ähnlich verhält es sich mit „politischen Unternehmern", wie sie Frohlich und Oppenheimer 1978 oder Popkin 1988 beschreiben.) Becker stellt hier Prozesse dar, in denen ein gesellschaftlicher „Notstand" von einzelnen Individuen entdeckt und in die Öffentlichkeit getragen wird und vielfach zu einer Veränderung der Normen führt. Es sind in seinen Worten moralische Kampagnen („moral crusades"). Solche Kampagnen können entweder darauf gerichtet sein, eine bestehende Norm aufzuweichen oder aber wiederherzustellen.

Ein gutes Beispiel ist die Kampagne gegen sexuellen Missbrauch *unter* Kindern, die Okami (1992) zusammenfassend darstellt. Es ist zugleich eine generelle Beschreibung des Verlaufs, wie neue Probleme der Öffentlichkeit bekannt gemacht bzw. angedient werden. Zumeist entstehen solche moralischen Kampagnen in Zeiten ökonomischer Krise und sozialer Probleme bei der Anpassung an raschen sozialen Wandel (Nathan 1991). Nach Okami verläuft der Prozess bzw. die Kampagne in vier Phasen:

Entdeckung: „Moralische Unternehmer", meist Personen höheren sozialen Status, entdecken ein bislang wenig bekanntes soziales Problem und berichten anhand weniger (dramatischer) Fälle darüber.

Verbreitung: Sie finden Aufmerksamkeit in der Öffentlichkeit, weitere „Fälle" werden bekannt; es wird über das Problem öffentlich diskutiert, ein Meinungswandel tritt insofern ein, als das Problem für wichtig erachtet wird. Finanzielle Mittel zu dessen Erforschung werden bereit gestellt; ähnlich denkende „Unternehmer" finden sich zusammen.

Organisation und Expansion: Die „Unternehmer" gelangen zu einer festen Zusammenarbeit, wissenschaftliche Forschungsprojekte werden durchgeführt, Fachtagungen abgehalten; einige Unternehmer beschäftigen sich hauptamtlich mit dem Thema. Die Definition des Problems, hier: des sexuellen Missbrauchs unter Kindern, wird erweitert, so dass sich (definitorisch) die Zahl der Fälle und Opfer erhöht.

Sozialer Wandel: Gesetze werden geändert oder neue erlassen, die Aufgaben der Sozialarbeit erweitert, Programme zur Therapie und Prävention werden geschaffen.

Weitere Beispiele, in diesen Fällen für „konservative" Kampagnen, sind die Gerüchte über Satanskulte in den USA. So wurde behauptet, in dem Kindergarten McMartin, in einem Vorort von Los Angeles, hätten die Betreuer die Kinder sexuell missbraucht, sie an rituellen Messen beteiligt und sie auf Friedhöfen zu Leichen geschleppt. Erste Berichte darüber fanden Aufmerksamkeit in der Presse, ihnen folgten weitere Berichte über ähnliche „satanische Kulte" in anderen Teilen der USA. In den zahlreichen Gesprächen und Verhören der Kinder und Anhörungen vor Gericht wurde immer wieder nach weiteren Belegen gesucht. Auffällig war, dass die Eltern sich zumeist – im Grunde ohne Beweise zu haben – dabei auf die Seite der Psychologen, Therapeuten und Polizei stellten. Wichtiger noch ist ein weiterer Sachverhalt: Die Berichte erregten die Aufmerksamkeit quer durch das ganze Land, führten zur Suche nach ähnlichen Fällen, und am Ende dieser Phase der Konstruktion eines sozialen Problems entstand ein Netzwerk unter den betroffenen Eltern, deren Rechtsanwälten und anderen beteiligten Institutionen (Nathan 1991). Die meisten der nachfolgenden Prozesse wurden niedergeschlagen, aber eine Verschärfung der Gesetze wurde erreicht.

V. Folgerungen

Die hier entwickelte Theorie des Prozesses der Delegitimierung gilt für die absichtlich herbeigeführte Delegitimierung. Offen ist, welchen Anteil diese Prozesse gegenüber denen des „schleichenden" Verfalls von Normen haben. In diesen Fällen geht die ursprüngliche Begründung für die Norm langsam verloren. Es mag zunächst keine soziale Bewegung oder Individuen geben, die sich für eine Delegitimierung einsetzen – obgleich dies im Einzelfall zu prüfen ist. Zumindest aber in der letzten Phase t_5 bedarf es (wie im Falle des Radfahrens) einer Bewegung oder Partei, um die endgültige Delegitimation, die Änderung des Gesetzes, durchzusetzen. Es ist daher wahrscheinlich, dass eine Delegitimierung immer zu einer oder mehreren Phasen der öffentlichen Befürworter bedarf. Dies zu entscheiden, ist ein empirisches Problem.

Ebenso lässt sich nur durch empirische Untersuchungen von Beispielen einer Delegitimierung prüfen, wovon die Länge der einzelnen Phasen und wovon der Übergang in die jeweils nächste Phase abhängen. Hierzu habe ich drei Bedingungen formuliert: die tatsächliche und die subjektiv wahrgenommene Verteilung der Einstellungen zur strittigen Norm in der Bevölkerung, die Verteilung der Akzeptanz derjenigen Werte, die für die Legitimierung und für die Delegitimierung herangezogen werden, ferner den Nettonutzen normenkonformen und der abweichenden Verhaltens. Dennoch sei betont, dass das hier entwickelte Modell nicht impliziert, der Prozess der Delegitimierung durchlaufe immer alle Phasen. Wahrscheinlich gibt es sogar mehr Beispiele dafür, dass er über die Phase t_1 nicht hinaus kommt. Es bedarf weiterer Studien, um weitere Bedingungen zu spezifizieren, unter denen der Prozess in die jeweils nächste Phase eintritt.

Ferner ist in empirischen Studien zu ermitteln, warum der Prozess der Delegitimierung eintritt und aus welchen Gründen sich Individuen dafür (öffentlich) einsetzen. Der oben gegebene Hinweis, die Befürworter der Delegitimierung wollten andere Werte durchsetzen, ist eine noch unvollständige Erklärung.

Schließlich ist die Analyse von Prozessen der Delegitimierung für die Diskussion des Werte- und Normenwandels, damit auch der Frage nach der sozialen Integration einer Gesellschaft, bedeutsam. Die Verbindung besteht in der von Max Weber entlehnten Annahme, jede Legitimierung bedürfe des Rückgriffs auf Werte. Mithin sind Befürworter sowohl der De- als auch der Legitimierung von Normen gezwungen, ihr Handeln und ihre Forderungen durch Werte zu rechtfertigen. Diese Verbindung muss den Individuen zunächst nicht bewusst sein, sie wird es aber spätestens dann, wenn eine Norm öffentlich strittig wird, weil dann beide Parteien ihre Positionen begründen müssen.

Daher bedeutet „Pluralität der Werte und Normen" nicht, es habe *neue* Werte und Normen gegeben, vielmehr hat sich die Verteilung der Bevölkerung auf einzelne Werte und die Einstellung zu einzelnen Normen geändert. Diesem Wandel sind Prozesse der Delegitimierung und der Legitimierung vorangegangen; beide Prozesse lassen sich gleichzeitig beobachten. Das Problem der hochindustrialisierten wohlfahrtsstaatlichen Gesellschaften ist daher nicht das einer „Normenlosigkeit", sondern das einer unterschiedlichen Akzeptanz von Normen (vgl. Friedrichs 1996). Zwangsläufig treten dann Prozesse der Delegitimierung ein. Damit stellt sich die alte Frage Durkheims nach den Mechanismen der gesellschaftlichen Integration. Es ist jedoch nicht mehr sein Gegensatz von Integration und Anomie, der uns beschäftigt, sondern die Frage, wie unter den Bedingungen einer wechselnden und jeweils unvollständigen Akzeptanz von Normen soziale Integration möglich ist.

Auf diese komplizierte Frage seien hier nur zwei mögliche Antworten gegeben. Eine erste Antwort besteht darin, eine Art Gleichgewicht von Prozessen der Delegitimierung und der (Re-)Legitimierung anzunehmen. Es handelt sich dann nicht um die oft beschworene Krise der Gesellschaft, sondern eine Anpassung an veränderte Reproduktionsbedingungen. Eine mögliche Folge der unterschiedlichen Akzeptanz von Normen, und damit Prozessen der De- und Re-Legitimierung, ist eine größere *Stabilität* der Gesellschaft, da sie sich besser sowohl an interne Veränderungen als auch an solche in der Umwelt anpassen kann.

Eine zweite Antwort ist, ein solches Gleichgewicht bestünde nicht, vielmehr überwögen Prozesse der Delegitimierung. Dann erst wäre die pessimistische Prognose eines sinkenden gesellschaftlichen Zusammenhalts gerechtfertigt. Wenn nun das individuelle Handeln, die individuelle Zielverfolgung zunimmt, steigt auch die Überzeugung, man habe ein Recht, seine Ziele zu verfolgen bzw. auf Selbstverwirklichung. Wird dieser Anspruch eingeschränkt, sei es durch den Staat oder andere Individuen, kommt es zu aggressiven Auseinandersetzungen. Die wichtigste Bedingung dafür, dass eine unterschiedliche Akzeptanz von Normen auch zu (schweren) Konflikten führt, dürfte die Konkurrenz von Individuen oder Gruppen um eine knappe Ressource, z.B. Arbeitsplätze, sein.

Welche der beiden Antworten zutreffend ist, hängt nicht zuletzt von empirischen Untersuchungen über den Prozess der Delegitimierung von Normen ab. Hierfür sollte der Aufsatz einen theoretischen Bezugsrahmen geben.

Literatur

Agresti, Alan, und *Barbara F. Agresti,* 1977: Statistical Analysis of Qualitative Variation. S. 204–237 in: Sociological Methodology 1978. San Francisco: Jossey-Bass.
Akerlof, George A., 1980: A Theory of Social Custom, of Which Unemployment May be One Consequence, Quarterly Journal of Economics 94: 749–775.
Axelrod, Robert D., 1984: The Evolution of Cooperation. New York: Basic Books.
Beck, Ulrich, 1986: Risikogesellschaft. Auf dem Weg in eine andere Moderne. Frankfurt a.M.: Suhrkamp.
Beck, Ulrich, 1988: Gegengifte. Die organisierte Unverantwortlichkeit. Frankfurt a.M.: Suhrkamp.
Beck, Ulrich, und *Elisabeth Beck-Gernsheim,* 1996: Individualisierung in modernen Gesellschaften – Perspektiven und Kontroversen einer subjektorientierten Soziologie. S. 10–39 in: *Dies.* (Hg.): Riskante Freiheiten. Frankfurt a.M.: Suhrkamp.
Becker, Howard S., 1973: Outsiders. New York: Free Press.
Bellah, Robert N., 1986: Zivilreligion in Amerika. S. 19–41 in: *Heinz Kleger* und *Alois Müller* (Hg.): Religion des Bürgers. Zivilreligion in Amerika und Europa. München: Kaiser.
Blinkert, Baldo, 1988: Kriminalität als Modernisierungsrisiko? Das „Hermes-Syndrom" der entwickelten Industriegesellschaften, Soziale Welt 39: 397–412.
Bürklin, Wilhelm, Markus Klein und *Achim Ruß,* 1994: Dimensionen des Wertewandels. Eine empirische Längsschnittanalyse zur Dimensionalität und der Wandlungsdynamik gesellschaftlicher Wertorientierungen, Politische Vierteljahresschrift 38: 579–606.
Burmeister, Joachim, 1989: Praktische Jurisprudenz und rechtsethischer Konsens in der Gesellschaft. S. 97–122 in: *W. Fiedler* und *G. Ress* (Hg.): Verfassungsrecht und Völkerrecht, Gedächtnisschrift für Wilhelm R. Geck. Köln: Heymann.
Bydlinski, Franz, 1988: Fundamentale Rechtsgrundsätze – Zur rechtsethischen Verfassung der Sozietät. Berlin/New York: Springer.
Coleman, James S., 1990: Foundations of Social Theory. Cambridge, MA/London: Belknap Press.
Dahrendorf, Ralf, 1974: Homo Sociologicus. 14. Aufl. Köln/Opladen: Westdeutscher Verlag.
Dubiel, Helmut, 1986: Autonomie oder Anomie. Zum Streit über den nachliberalen Sozialcharakter. S. 263–281 in: *Johannes Berger* (Hg.): Die Moderne – Kontinuitäten und Zäsuren. Sonderband 4 der Zeitschrift „Soziale Welt". Göttingen: Schwartz.
Durkheim, Emile, 1988 (1893): Über soziale Arbeitsteilung. Frankfurt a.M.: Suhrkamp.
Durkheim, Emile, 1973 (1897): Der Selbstmord. Neuwied/Berlin: Luchterhand.
Eichner, Klaus, 1981: Die Entstehung sozialer Normen. Opladen: Westdeutscher Verlag.
Friedrichs, Jürgen, 1968: Werte und soziales Handeln. Tübingen: Mohr.
Friedrichs, Jürgen, 1996: Führt der Wohlfahrtsstaat zu abweichendem Verhalten? S. 450–458 in: *Lars Clausen* (Hg.): Gesellschaften im Umbruch. Verhandlungen des 27. Kongresses der Deutschen Gesellschaft für Soziologie, Halle an der Saale 1995. Frankfurt a.M./New York: Campus.
Friedrichs, Jürgen, 1997: Die gewaltsame Legitimierung sozialer Normen. Das Beispiel der Tierrechtler/Veganer. S. 327–354 in: *Trutz von Trotha* (Hg.): Soziologie der Gewalt. Sonderheft 37 der Kölner Zeitschrift für Soziologie und Sozialpsychologie. Opladen: Westdeutscher Verlag.
Friedrichs, Jürgen (Hg.), 1998: Die Individualisierungs-These. Opladen: Leske + Budrich.
Frohlich, Norman, und *Joe A. Oppenheimer,* 1978: Modern Political Economy. Englewood Cliffs, NJ: Prentice-Hall.
Gabriel, Karl, 1992: Christentum zwischen Tradition und Postmoderne. Freiburg: Herder.
Gensicke, Thomas, 1996: Sozialer Wandel durch Modernisierung, Individualisierung und Wertewandel, Aus Politik und Zeitgeschichte B/42: 3–17.
Granovetter, Mark, 1978: Threshold Models of Collective Behavior, American Journal of Sociology 83: 1421–1443.
Granovetter, Mark, und *Roland Soong,* 1983: Threshold Models of Diffusion and Collective Behavior, Journal of Mathematical Sociology 9: 165–179.
Hardin, Garrett, 1977: The Tragedy of the Commons. S. 16–30 in: *Garrett Hardin* und *John Baden* (Hg.): Managing the Commons. San Francisco: Freeman.

Heinz, Wolfgang, 1992a: Strafzumessungspraxis im Spiegel der empirischen Strafzumessungsforschung. S. 85–149 in: *Jörg-Martin Jehle* (Hg.): Individualprävention und Strafzumessung. Ein Gespräch zwischen Strafjustiz und Kriminologie. Wiesbaden.

Heinz, Wolfgang, 1992b: Diversion im Jugendstrafverfahren, Zeitschrift für die gesamte Staatswissenschaft 104: 591–638.

Herbert, Willi, 1991: Wandel und Konstanz von Wertstrukturen. Speyerer Forschungsberichte, Bd. 101. Speyer.

Inglehart, Ronald, 1989: Kultureller Umbruch. Wertewandel in der westlichen Welt. Frankfurt a.M./ New York: Campus.

Kerschke-Risch, Pamela, 1993: Gelegenheit macht Diebe – doch Frauen klauen auch. Opladen: Westdeutscher Verlag.

Klages, Helmut, 1975: Die unruhige Gesellschaft. Untersuchungen über die Grenzen und Probleme sozialer Stabilität. München: Beck.

Klages, Helmut, 1981: Überlasteter Staat – verdrossene Bürger? Zu den Dissonanzen der Wohlfahrtsgesellschaft. Frankfurt a.M./New York: Campus.

Klages, Helmut, 1984a: Wohlstandsgesellschaft und Anomie. S. 6–30 in: *Hans Haferkamp* (Hg.): Wohlfahrtsstaat und soziale Probleme. Opladen: Westdeutscher Verlag.

Klages, Helmut, 1984b: Wertorientierungen im Wandel. Rückblick, Gegenwartsanalyse, Prognosen. Frankfurt a.M./New York: Campus.

Kluckhohn, Clyde, 1951: Values and Value-Orientations in the Theory of Action: An Exploration in Definition and Classification. S. 388–433 in: *Talcott Parsons* und *Edward Shils* (Hg.): Toward a General Theory of Action. Cambridge, MA: Harvard University Press.

Krüggeler, Michael, 1993: Inseln der Seligen: Religiöse Orientierungen in der Schweiz. S. 93–132 in: *Alfred Dubach* und *Roland J. Campiche* (Hg.): Jede(r) ein Sonderfall? Religion in der Schweiz. Zürich: NZN Buchverlag.

Kunz, Harald, 1993: Kriminalität. S. 181–206 in: *Bernd-Thomas Ramb* und *Manfred Tietzel* (Hg.): Ökonomische Verhaltenstheorie. München: Vahlen.

Luckmann, Thomas, 1985: Bemerkungen zu Gesellschaftsstruktur, Bewußtseinsformen und Religion in der modernen Gesellschaft. S. 475–484 in: *Burkhart Lutz* (Hg.): Soziologie und gesellschaftliche Entwicklung. Verhandlungen des 22. Deutschen Soziologentages in Dortmund. Frankfurt a.M./New York: Campus.

Lübbe, Hermann, 1986: Staat und Zivilreligion. S. 195–220 in: *Heinz Kleger* und *Alois Müller* (Hg.): Religion des Bürgers. Zivilreligion in Amerika und Europa. München: Kaiser.

Lüdemann, Christian, 1998: Die Befolgung von Gesetzen. Eine theoriegeleitete Erklärung von Verhaltensbereitschaften und Verhalten auf der Grundlage einer Bevölkerungsumfrage, Zeitschrift für Rechtssoziologie 20: 116–135.

Marwell, Gerald, Pamela Oliver und *Ralph Prahl,* 1988: Social Networks and Collective Action: A Theory of Critical Mass. III, American Journal of Sociology 94: 502–534.

Merton, Robert K., 1957: Social Theory and Social Structure. New York: Free Press.

Merton, Robert K., 1968: „Social Structure and Anomie" und „Continuities in the Theory of Social Structure and Anomie". S. 185–248 in: *Ders.*: Social Theory and Social Structure. 1968 enlarged edition. New York: Free Press.

Morlock, Martin, 1996: Begriff und Phänomen der Normenerosion im Bereich des öffentlichen Rechts. S. 115–133 in: *Monika Frommel* und *Volkmar Gessner* (Hg.): Normenerosion. Baden-Baden: Nomos.

Morris, Richard T., 1966: A Typology of Norms. S. 110–112 in: *Bruce J. Biddle* und *Edwin J. Thomas* (Hg.): Role Theory: Concepts and Research. New York: Wiley.

Nathan, Debbie, 1991: Satanism and Child Molestation: Constructing the Ritual Abuse Scare. S. 75–94 in: *James T. Richardson, Joel Best* und *David G. Bromley* (Hg.): The Satanism Scare. New York: Aldine de Gruyter.

Neidhardt, Friedhelm, 1994: Öffentlichkeit, öffentliche Meinung, soziale Bewegungen. S. 7–41 in: *Ders.* (Hg.): Öffentlichkeit, öffentliche Meinung, soziale Bewegungen. Sonderheft 34 der Kölner Zeitschrift für Soziologie und Sozialpsychologie. Opladen: Westdeutscher Verlag.

Nunner-Winkler, Gertrud, 1996: Normenerosion. S. 15–32 in: *Monika Frommel* und *Volkmar Gessner* (Hg.): Normenerosion. Baden-Baden: Nomos.
Okami, Paul, 1992: Child Perpetrators of Sexual Abuse, Journal of Sex Research 29: 109–130.
Oliver, Pamela, und *Gerald Marwell,* 1988: The Paradox of Group Size in Collective Action, American Sociological Review 53: 1–8.
Oliver, Pamela, Gerald Marwell und *Ruy Texeira,* 1985: A Theory of Critical Mass. I, American Journal of Sociology 91: 522–556.
Olson, Mancur Jr., 1963: Rapid Growth as a Destabilizing Force, Journal of Economic History 23: 529–552 (Dt.: Rapides Wachstum als Destabilisierungsfaktor. S. 205–222 in: *Klaus von Beyme* (Hg.): Empirische Revolutionsforschung. Opladen: Westdeutscher Verlag (UTB) 1973).
Olson, Mancur, 1968: Die Logik kollektiven Handelns. Tübingen: Mohr.
Opp, Karl-Dieter, 1970: Soziales Handeln, Rollen und soziale Systeme. Stuttgart: Enke.
Opp, Karl-Dieter, 1983: Die Entstehung sozialer Normen. Ein Integrationsversuch soziologischer, sozialpsychologischer und ökonomischer Erklärungen. Tübingen: Mohr.
Opp, Karl-Dieter, 1990: The Attenuation of Customs. S. 119–140 in: *Michael Hechter, Karl-Dieter Opp* und *Reinhard Wippler* (Hg.): Social Institutions. Their Emergence, Maintenance and Effects. Berlin/New York: de Gruyter.
Opp, Karl-Dieter, 1993: Politischer Protest als rationales Handeln. S. 207–246 in: *Bernd-Thomas Ramb* und *Manfred Tietzel* (Hg.): Ökonomische Verhaltenstheorie. München: Vahlen.
Peters, Birgit, 1994: „Öffentlichkeitselite" – Bedingungen und Bedeutungen von Prominenz. S. 191–213 in: *Friedhelm Neidhardt* (Hg.): Öffentlichkeit, öffentliche Meinung, soziale Bewegungen. Sonderheft 34 der Kölner Zeitschrift für Soziologie und Sozialpsychologie. Opladen: Westdeutscher Verlag.
Popitz, Heinrich, 1961: Soziale Normen, Europäisches Archiv für Soziologie 2: 185–198.
Popitz, Heinrich, 1968: Über die Präventivwirkung des Nichtwissens. Dunkelziffer, Norm und Strafe (Recht und Staat, Heft 350). Tübingen: Mohr.
Popitz, Heinrich, 1972: Der Begriff der sozialen Rolle als Element der soziologischen Theorie. 3. Aufl. Tübingen: Mohr.
Popkin, Samuel, 1988: Political Entrepreneurs and Peasant Movements in Vietnam. S. 9–62 in: *Michael Taylor* (Hg.): Rationality and Revolution. Cambridge: Cambridge University Press.
Rucht, Dieter, 1994: Modernisierung und neue soziale Bewegungen. Frankfurt a.M./New York: Campus.
Schapp, Jan, 1994: Freiheit, Moral und Recht. Tübingen: Mohr.
Schlöder, Bernd, 1993: Soziale Werte und Werthaltungen. Opladen: Leske + Budrich.
Schneider, Uwe H., 1987: Zur Verantwortung der Rechtswissenschaft, Juristische Zeitschrift: 696–705.
Ullmann-Margalit, Edna, 1977: The Emergence of Norms. Oxford: Clarendon Press.
Vanberg, Victor, 1984: „Unsichtbare-Hand Erklärung" und soziale Normen. S. 115–146 in: *Horst Todt* (Hg.): Normengeleitetes Verhalten in den Sozialwissenschaften. Berlin: Duncker & Humblot.
Voss, Thomas, 1982: Rational Actors and Social Institutions: The Case of the Organic Emergence of Norms. S. 76–123 in: *Werner Raub* (Hg.): Theoretical Models and Empirical Analyses. Utrecht: E.-S. Publications.
Vowe, Gerhard, und *Mike Friedrichsen,* 1995: Wie gewaltig sind die Medien? Ein Plädoyer für differenzierte Antworten. S. 7–14 in: *Mike Friedrichsen* und *Gerhard Vowe* (Hg.): Gewaltdarstellungen in den Medien. Opladen: Westdeutscher Verlag.
Weber, Max, 1956: Wirtschaft und Gesellschaft. 2 Bde. Köln: Kiepenheuer und Witsch.
Weede, Erich, 1992: Mensch und Gesellschaft. Tübingen: Mohr.
Wiedenmann, Rainer E., 1996: Protestantische Sekten, höfische Gesellschaft und Tierschutz. Eine vergleichende Untersuchung zu tierethischen Aspekten des Zivilisationsprozesses, Kölner Zeitschrift für Soziologie und Sozialpsychologie 48: 35–65.
Willems, Helmut, Stefanie Würtz und *Roland Eckert,* 1993: Fremdenfeindliche Gewalt: Eine Analyse von Täterstrukturen und Eskalationsprozessen. Trier: Universität (Unveröffentlichtes Gutachten für das Bundesministerium für Frauen und die Deutsche Forschungsgemeinschaft).

MORALISCHE INTEGRATION

Gertrud Nunner-Winkler

> „... die Moral ist in einer echten Krise. Weitreichender gesellschaftlicher Strukturwandel hat sich in sehr kurzer Zeit vollzogen – mit einer Geschwindigkeit und in Ausmaßen wie nie zuvor in der Geschichte. Unser Glauben ist ins Schwanken geraten; die Traditionen sind erodiert; die Ansichten der Individuen haben sich von den kollektiven Überzeugungssystemen vollständig abgekoppelt" (Durkheim 1893, 1966).[1]

Zusammenfassung: Argumentationsziel ist der Nachweis, dass moralische Integration in modernen Gesellschaften nicht nur notwendig und möglich, sondern auch wirklich ist. Untersuchungen des Moralverständnisses von Kindern und Daten aus der Umfrageforschung belegen einen weit geteilten Konsens über die Gültigkeit basaler moralischer Regeln und Prinzipien. Dies steht in scharfem Kontrast zur öffentlichen Wahrnehmung und zu wissenschaftlichen Diagnosen eines moralischen Verfalls. Mehrere Erklärungen für diesen Widerspruch werden diskutiert: unterschiedliche Konzeptualisierungen von Moral; der soziohistorische Wandel im Moralverständnis; die Aufmerksamkeitsfokussierung auf moralische Dilemmata und die Fehldeutung der Grauzone eines legitimen moralischen Dissenses als Anzeichen eines totalen Relativismus; mögliche Diskrepanzen zwischen Urteil und Handeln. Sodann werden einige innerweltliche Mechanismen der sozialen Reproduktion von moralischem Wissen und moralischer Motivation dargestellt. Abschließend wird die mikrosoziologische Analyse mit der makrosoziologischen Fragestellung verknüpft und die These begründet, dass Moral eine notwendige Ressource für die Funktionsfähigkeit demokratischer Gesellschaften ist.

Vielen Theoretikern gilt moralische Integration in modernen Gesellschaften als nicht mehr notwendig (Abschnitt I) und auch gar nicht mehr möglich (II) oder doch zumindest als faktisch nicht mehr gegeben (III.1). Gegen diese weit verbreitete These einer Irrelevanz oder Erosion von Moral möchte ich im Folgenden behaupten: Es gibt sehr wohl einen breit geteilten Konsens über eine Minimalmoral (III.2), der angesichts stark differierender und z.T. anspruchsvoll überzogener Moralkonzeptionen (IV.1) und angesichts soziohistorischer Veränderungen (IV.2) übersehen oder doch deutlich unterschätzt wird (IV.3). Es gibt auch Mechanismen der Tradierung und Stabilisierung dieser geteilten Moralvorstellungen (V); und solch geteilte Moralvorstellungen sind für die Funktionsfähigkeit demokratisch verfasster Gesellschaften unerlässlich (VI).

---

1 Durkheim (1966: 408), Übersetzung G. N.-W.

I. Zur Notwendigkeit moralischer Integration

Evolutionstheoretische Ansätze postulieren als Ausgangspunkt der gesellschaftlichen Entwicklung ein unverbundenes Nebeneinander homogener Elemente[2] (segmentäre Gesellschaft). In einem ungeplanten evolutiven Prozess setzt sich eine zunehmende Differenzierung von Funktionen durch. Es bildet sich zunächst die Unterscheidung von Herrschenden und Beherrschten heraus; aus der Herrscherrolle werden sodann religiöse und rechtsprechende Aufgaben ausgegliedert und von einem eigens dazu abgestellten Personal erfüllt, das zunehmend auch nicht mehr selbst im Besitz der Betriebsmittel ist (Elias 1978; Weber 1956). Auch innerhalb der einzelnen Funktionsbereiche steigt die Spezialisierung. Insbesondere im ökonomischen Sektor wird die Arbeitsteilung im Interesse der Produktivitätssteigerung drastisch vorangetrieben: Bäuerliche und handwerkliche Tätigkeiten trennen sich; im handwerklich-industriellen Bereich vollziehen sich Berufsspaltung, Produktionsteilung und Arbeitszerlegung.

Diese Prozesse sozialer Differenzierung werfen das Problem der Integration auf. Integration heißt in der lateinischen Ursprungsbedeutung ‚Wiederherstellung einer Einheit' und meint „die Eingliederung in ein großes Ganzes, das Zusammenfügen der verschiedenen Elemente, Subsysteme, in eine Subzueinanderordnung" (Brockhaus). Wie ist dies zu leisten? Wie kann das Ineinandergreifen verschiedener Teilsysteme koordiniert, wie kann soziale Ordnung gesichert werden? Ist es nötig, dass die einzelnen Individuen ihr Handeln an der Vorstellung des insgesamt erstrebten Zweckes orientieren? Ist die Einrichtung spezifischer Instanzen nötig, die die Koordinationsaufgaben übernehmen?

Anknüpfend an Mandeville kamen die schottische Moralphilosophie und die klassische Nationalökonomie zu der einschneidenden und weit reichenden Erkenntnis, dass in der Wirtschaft Gleichförmigkeiten im Handeln sich herausbilden und die gesellschaftliche Wohlfahrt sich erhöht, ohne dass es geteilter Zielvorstellungen bedürfte. Wenn jeder nur sein persönliches Interesse an Gewinnmaximierung verfolgt, dann erzeugen die Marktgesetze (‚the invisible hand') einen stabilen Orientierungsrahmen für individuelles Handeln und bewirken zugleich eine Steigerung des Gesamtnutzens: ‚Private vices' werden zu ‚public virtues', das egoistische Gewinnstreben führt zu einer optimalen Ressourcenallokation und zu effizientem Wirtschaften.

Im Wirtschaftsbereich also sind Ordnung und gesellschaftliche Wohlfahrt das Ergebnis strategisch-nutzenkalkulatorischen Handelns der einzelnen Marktteilnehmer. Wird Moral damit überflüssig? Das folgt nicht. Es bedarf vielmehr eines normativen Rahmens, den der Staat zu sichern hat. Schon Adam Smith wies darauf hin, dass die kodifizierten Normen der ‚justice' (die Leben, Freiheit, Eigentum, Vertragstreue zu achten gebieten) unerlässlicher Bestandteil eines auf Dauer funktionsfähigen Gesamtgefüges sind. Insbesondere aber Durkheim hat dann die nicht-kontraktuellen Voraussetzungen des Vertrags herausgearbeitet: „A contract is not sufficient unto itself but is possible only thanks to a regulation of the contract which is originally social" (1966: 215). Die normativen Rahmenbedingungen

---

2 Die Annahmen über deren Beschaffenheit allerdings differieren. Für Spencer (1874) ist das Einzelelement eine Ansammlung unabhängiger Organismen; Durkheim beschreibt das Einzelelement als Kollektivität, das durch geteilte Glaubensvorstellungen, Rituale und soziale Praktiken zusammengeschweißt ist, wobei das Individuum mit der Gruppe verschmilzt (Durkheim 1966: 178f.).

individueller Vertragsfreiheit – die der Staat in seiner Gesetzgebungs- und Überwachungsfunktion zu sichern hat – beziehen sich auf weiterreichende implizite Vertragsverpflichtungen,[3] auf die Eingrenzung möglicher Vertragsinhalte („unsittlicher Vertrag") und die Sanktionierung von Vertragsbrüchen. Ohne solche externen Garantien könnten Verträge nicht auf Dauer gestellt werden: „For if interests relate men it is never for more than some few moments only" (Durkheim 1966: 203). Es bedarf der Gesellschaft „to moderate men's egoism" (ebd.: 401).[4] In letzter Instanz sind Gesetz und Moral die notwendige Bedingung dafür, dass die selbstregulierenden Kräfte des Marktes Ordnung und Wohlfahrt zu stiften vermögen.[5]

Moderne spieltheoretische Modellierungen bestätigen die Notwendigkeit einer Institutionalisierung normativer Rahmenbedingungen, um Kooperation trotz divergierender individueller Interessenlagen zu sichern. Zumindest bei kurzfristigen Tauschbeziehungen[6] zwischen einander unbekannten Partnern nämlich ist häufig für beide Parteien Betrug die rationale Strategie. Schon der bloße Aufbau geschäftlicher Beziehungen bedarf eines Vorschussvertrauens als Ressource, die in anonymisierten Kontexten marktintern nicht erzeugt werden kann, sondern in modernen Gesellschaften vom Staat als Garanten der Einhaltung von gesetzlichen Vorschriften und frei vereinbarten vertraglichen Regelungen bereitgestellt wird.

II. Zur Möglichkeit moralischer Integration

In früheren Gesellschaften – so Luhmann (1998) – war moralische Integration noch vorstellbar, man „konnte den Eindruck haben und pflegen, daß die Gesellschaft selbst in ihrem Zentrum oder an ihrer Spitze moralisch integriert sei" (Luhmann 1998: 404). In der modernen Gesellschaft gibt es „keinen übergeordneten Standpunkt der Superrepräsentation" mehr (Luhmann 1996: 216): So können die Programme für die moralische

---

3 Am Beispiel des Arbeitsvertrags analysiert Berger (1992) eine Fülle impliziter Erwartungen, die der Arbeitgeber an den Arbeitnehmer richtet, ohne dass diese einzeln ausbuchstabiert wären oder auch nur ausbuchstabiert werden könnten. Über die bloße Erledigung vorweg spezifizierbarer Aufgaben hinaus werden u.a. Loyalität, Engagement, Kreativität erwartet. Die Effektivität der Kampfstrategie ‚Dienst nach Vorschrift' macht solch unausgesprochene Bestandteile von Arbeitsverträgen augenfällig.

4 Münch folgt der Durkheimschen Argumentation, wenn er auf die rechtlich institutionalisierte Basisgarantie für die Funktionsfähigkeit primär interessengeleiteter Handlungssysteme verweist: „Die Vertragsparteien können sich nur in dem Maße vertrauen, in dem sie sich als Mitglieder einer Rechtsgemeinschaft mit einem gemeinsamen Vertragsrecht sehen, dessen Geltung von der gesamten Gesellschaft garantiert und von den dafür eingesetzten Rechtsinstanzen im Falle von Verletzungen durchgesetzt wird" (Münch 1997: 97).

5 Zu Unrecht wirft Durkheim – und ihm folgend Münch (1997) – Spencer vor, er habe die Notwendigkeit soziomoralischer Rahmenbedingungen nicht wahrgenommen (vgl. Durkheim 1966: 203). Vielmehr unterstellt Spencer (1874: 129), Kooperationsfähigkeit sei sozial erzeugt (131) und Achtung vor dem Gesetz sei „an indispensable aid to social cohesion and the maintenance of order" (174).

6 In länger währenden Spielserien vermag jeder Spieler die Konformität der anderen durch die tit-for-tat-Strategie zu sichern (d.h. anfängliches Vorschussvertrauen, sofortige Sanktionierung jeder Abweichung, aber keine Rachsucht) (vgl. Axelrod 1988; Dawkins 1996).

Kodierung nicht mehr zentral dekretiert werden, es „fehlt Konsens über die Kriterien, nach denen die Werte gut bzw. schlecht zuzuteilen sind" (Luhmann 1998: 248). Und Integration ist nicht mehr denkbar als „Bindung an eine Einheitsperspektive" (ebd.: 604). Einheit liegt nur noch in der „Differenz der Funktionssysteme; sie ist nichts anderes als deren wechselseitige Autonomie und Unsubstituierbarkeit", sie ist nichts anderes als ‚lose Koppelung': Die Teilsysteme können einander irritieren (d.h. ihre jeweiligen Freiheitsspielräume einschränken), ignorieren oder – als Folge ereignishafter operativer Koppelungen – Bahnen spezifischer Anschlussbereitschaften entwickeln. Diese Prozesse wechselseitiger ‚Justierung der Teilsysteme' erzeugen faktische Ablaufregelmäßigkeiten (‚tacit collective structures'), die die Teilsysteme verbinden und in der Gesellschaft halten. Aber: „Mit einem regulierenden Eingreifen der Gesamtgesellschaft, mit dem Schrei nach Verantwortung, mit der Notwendigkeit von Planung und der Hoffnung auf ein Kommunikationspotential der Zivilgesellschaft hat dies alles überhaupt nichts zu tun". Kurz: Wer ohne alteuropäische Gefühlsduselei realitätsgerecht und wahrhaftig den modernen Gegebenheiten ins Auge blickt, der sieht sich gezwungen zum „Verzicht auf die Vorstellung einer moralischen Integration der Gesellschaft" (Luhmann 1998: 1043).

Luhmanns Analyse blendet allerdings zentrale Aspekte aus: Sofern der moderne Staat demokratisch und rechtsstaatlich verfasst ist, inkorporiert er einen kollektiv geteilten Konsens über moralische Grundprinzipien (Gleichheit und Gleichachtung). Sofern er das Monopol legitimer physischer Gewaltanwendung (Weber 1956) beansprucht und durchsetzt, steht er als Letztgarant der Gesetzes- und Vertragstreue über den einzelnen Funktionssystemen – d.h. er fungiert als ‚Spitze'. Sofern die Freiheit der Meinungsäußerung garantiert ist und die Bürger (in Debatten in Akademien, Volkshochschulen und Vereinssitzungen, in Gesprächen am Arbeitsplatz und in der Familie) das öffentliche Meinungsklima prägen und (durch die Mobilisierung von sozialen Bewegungen) diesem auch politischen Einfluss verschaffen können, gibt es Öffentlichkeit, die quasi als ‚Zentrum' fungiert.

Auch Münch (1994) kritisiert Luhmann: seine Konzeptualisierung von gesellschaftlichem Zusammenhalt als bloß „zufällige gegenseitige Stützung (der autopoetischen Systeme), die genauso zufällig wieder verschwinden kann" (1994: 407) sei reduktionistisch. Aus Luhmanns definitorischer Gleichsetzung der Teilsysteme mit den codespezifischen Kommunikationen folge zwar deren autopoetische Geschlossenheit und Unvermittelbarkeit – aber nur tautologisch. Empirisch hingegen zeige sich: Handlungen sind „Schnittpunkte mehrerer analytischer Funktionssysteme" (vgl. auch Mayntz 1988). Es gibt Interpenetrationszonen von Teilsystemen. Die Verflechtung von Ökonomie und Moral etwa spiegelt sich im System der Berufsarbeit, in der Etablierung der Wohlfahrtsökonomie, der Entwicklung einer Umweltökonomie, im Ausbau des Wirtschaftsrechts. Auch gibt es vermittelnde Brückeninstitutionen. So etwa fungiert das Bundesverfassungsgericht als „Stellvertreter des kulturellen Diskurses im politischen System" (Münch 1997: 90). Und Kommissionen, Verbände und Expertenausschüsse vermitteln „die politische Machtlogik mit den Gesetzmäßigkeiten moralischer und wissenschaftlicher Diskurse, gemeinschaftsbildender Einflußgewinnung und Einflußnahme und ökonomischer Haushaltsführung" (Münch 1997: 91). Letztlich verfügen moderne Gesellschaften über unterschiedliche Modi der Integration: So gibt es ökonomische Integration, die auf Wohlstandssteigerung basiert (und Massenkonsum sowie wohlfahrtsstaatliche Absicherung ermöglicht); politische Integration, die auf einem Konsens über die Regeln der Herrschaftsausübung fußt; kulturelle

Integration, die auf der Basis einer gemeinsam geteilten Vernunft Verständigung anzielt; solidarische Integration, die in den Vertrauensverhältnissen fundiert, die durch die Netzwerke von Verbänden, Vereinen, Kirchen, Berufsorganisationen aufgebaut werden.

Wo aber bleibt die moralische Integration? Bei Münch ist sie versteckt: in den Rahmenbedingungen der ökonomischen Integration (sofern Schutz vor Täuschung durch die Macht politischer Instanzen gesichert wird); in der politischen Integration (sofern Konsens über Verfahrensregeln der Konfliktregulierung besteht); in der kulturellen Integration (sofern Vertrauen auf eine gemeinsam geteilte Vernunft herrscht) – letztlich in der Verschränkung von systemischer Integration und Sozialintegration: in der „symbiotischen Verbindung von moralischen Anforderungen und Systemimperativen" in den ausdifferenzierten Funktionssystemen (Münch 1994: 408). Denn: „Nicht die Steuerung der anderen Funktionssysteme durch moralische Diskurse[7] integriert die funktional differenzierte Gesellschaft, sondern die Verknüpfung von moralischer, ökonomischer, politischer und wissenschaftlicher Kommunikation in grenzüberschreitender Kooperation und Kommunikation auf der Basis der Umgangssprache" (Münch 1994: 408f.).

Um die bisherigen Überlegungen zusammenzufassen. Moralische Integration ist notwendig, sofern anders Kooperation unter anonymen Marktbeteiligten auf Dauer nicht zu sichern ist. Moralische Integration ist möglich, sofern demokratisch verfasste Rechtsstaaten in moralischen Voraussetzungen fundieren und gesellschaftlicher Zusammenhalt das Ergebnis vermittelnder Institutionen und nicht des bloßen Aufeinandereinwirkens autopoetisch geschlossener Teilsysteme ist. Aber ist moralische Integration auch wirklich? Diese Frage soll zunächst auf der Mikroebene behandelt werden. Sie lautet: Gibt es geteilte Moralvorstellungen? Abschließend soll kurz gezeigt werden, dass in demokratischen Systemen geteilte Moralvorstellungen auch auf der Makroebene, auch für die Funktionsfähigkeit des Gesamtsystems relevant sind.

III. Zur Wirklichkeit moralischer Integration

1. Die öffentliche Wahrnehmung der Moral

In sozialwissenschaftlichen Analysen hat die These vom Verfall der Moral eine lange Tradition. Im ersten Modernisierungsschub – im Gefolge der Industrialisierung – wurde (am prominentesten von Tönnies) das Schwinden des Gemeinsinns beklagt. Im zweiten Modernisierungsschub – im Gefolge der 68er Jahre – wurde der Verfall „des hohen Wertes von Arbeit und Leistung" (Noelle-Neumann 1978: 8), der „Tugenden des Fleißes, der Disziplin und Ordnung" (Mut zur Erziehung, These 3), der „bürgerlichen und menschlichen Solidarität" (Lübbe 1978: 255) angeprangert. Neuerdings wird die „sittliche und religiöse Erosion" (Zehetmair 1993: 368) und eine durch sozialstaatliche Absicherungen bewirkte „Zunahme ich-bezogener Lebensweisen" kritisiert (Beck und Beck-Gernsheim

---

7 Habermas etwa überfordere die moralischen Diskurse, wenn er „ihnen per se eine Integrationsfunktion durch Konsensbildung zuschreibt. Schließlich weiß (er) selbst, daß moralische Diskurse immer wieder neu aufgenommen werden können und deshalb in keinen Konsens münden, vielmehr der permanente Dissens herrscht ... Deshalb geht von moralischen Diskursen eine kritisch-verändernde, aber keine integrative Wirkung aus" (Münch 1994: 408).

1993: 180). Zu diesen offen kulturkritischen Klagen um Sittenverfall treten die – aus der Position größerer wissenschaftlicher Objektivität oder Distanz – vorgetragenen Diagnosen vom unaufhebbaren Dissens in der Moral, von der Auflösung moralischer Sicherheiten, von moralischem Individualismus und Relativismus. So etwa heißt es bei Habermas: „Die Vernunftmoral ... kann keinen Pflichtenkatalog, nicht einmal eine Reihe hierarchisch geordneter Normen auszeichnen, sondern mutet den Subjekten zu, sich ihr eigenes Urteil zu bilden." Für Moral nämlich gilt „kognitive Unbestimmtheit" (Habermas 1992: 146). Und Luhmann stellt fest: „Es fehlt Konsens über die Kriterien, nach denen die Werte gut bzw. schlecht zuzuteilen sind. Moralische Kommunikation ... (kann) in einer polykontexturalen Welt nicht mehr einstimmig sein ... Dieser prekären Lage der Moral in der heutigen Gesellschaft entspricht ... die Individualisierung der moralischen Referenz, ihr Insistieren auf innerem Überzeugtsein" (Luhmann 1998: 248). Heitmeyer spricht davon, dass es „keinen gemeinsamen universalistischen Werte- und Normkonsens gibt" (1997: 25) und behauptet eine „weitreichende Subjektivierung von Werten und Normen" (Heitmeyer 1997: 60). Münch verweist darauf, dass „moralische Diskurse ... in keinen Konsens münden, vielmehr der permanente Dissens herrscht" (Münch 1994: 408). Soeffner notiert, dass in modernen Industriegesellschaften „zunehmend an die Stelle des Konsenses über gemeinsame Normen der Konsens (tritt), daß es solche gemeinsamen Normen kaum mehr gäbe ... Das bisher geltende System von Normen (löst sich auf). Es wird ersetzt durch miteinander konkurrierende lokale, kulturelle, religiöse, ethische oder sonstwie sozial limitierte Moralen" (Soeffner 1998: 285).

Diesen sozialwissenschaftlichen Diagnosen vom Verfall, der Individualisierung oder Relativierung von Moral entsprechen die alltagsweltlichen Selbstdeutungen: Dass die Werte verloren gehen, meinen 76 Prozent der Bevölkerung (Allensbach 1997: 271); dass die Menschen immer egoistischer geworden sind, 82 Prozent; dass wir eine moralische Wende brauchen, also dass sich unsere Moral grundlegend ändern müsse, meinen 65 Prozent (ebd.: 35). Nur 30 Prozent bejahen die Aussage: „Es gibt viele klare Maßstäbe, was gut und böse ist. Diese gelten immer für jeden Menschen, egal unter welchen Umständen." 50 Prozent hingegen meinen: „Es kann nie völlig klare Maßstäbe über gut und böse geben. Was gut und böse ist, hängt immer allein von den gegebenen Umständen ab" (ebd.: 716). Nur 30 Prozent meinen, dass es in Deutschland gemeinsame Vorstellungen darüber gäbe, was recht und unrecht ist, 60 Prozent hingegen glauben, dass darüber die Meinungen weit auseinander gehen (ebd.: 747).

2. Gelebte Moralvorstellungen

Im Gegensatz zu der weit verbreiteten Wahrnehmung einer völligen Subjektivierung von Moral findet sich in modernen Industriegesellschaften ein breiter Konsens über die unverbrüchliche Gültigkeit moralischer Basisregeln. So etwa ist der demokratische Rechtsstaat, der die moralischen Grundprinzipien der Gleichheit und der Achtung vor der Würde der Person (u.a. als gleiches Wahlrecht, als Recht auf Gleichbehandlung vor dem Gesetz, auf Freiheit der Religionswahl und Meinungsäußerung, auf Schutz vor Diskriminierung wegen Glaube, Geschlecht und Rasse, auf Schutz der physischen Integrität) institutionalisiert hat, von einem breiten Konsens getragen. Das staatliche Monopol legitimer physischer

Gewaltanwendung wird voll unterstützt.[8] Auch für das zwischenmenschliche Zusammenleben gibt es – wie Umfragen belegen – klare Normen. Wahrhaftigkeit ist zentrales Erziehungsziel, das deutlich Vorrang vor der Förderung etwa von Arbeitstugenden genießt.[9] Treue, Ehrlichkeit und Verlässlichkeit halten die meisten für wichtiger für eine gute Ehe oder eine ideale Partnerschaft als eine glückliche sexuelle Beziehung, geteilte Interessen und Überzeugungen, gemeinsame Freunde oder Übereinstimmung in religiösen oder politischen Überzeugungen.[10] Betrug wird klar verurteilt, selbst wenn nicht konkrete Personen, sondern nur anonyme Instanzen betroffen sind.[11]

Noch deutlicher wird der breite alltagsweltliche Konsens über Moral durch Untersuchungen zur Entwicklung des kindlichen Moralverständnisses belegt. Kinder lesen ihr moralisches Wissen ab: an expliziten Unterweisungen und Ermahnungen, an den vorgelebten Praktiken, an den sozialen Institutionen, in die sie hineinwachsen, am vorfindlichen moralischen Sprachspiel (vgl. unten Abschnitt V). Insofern sind sie verlässlichere Zeugen der tatsächlich herrschenden Moralvorstellungen als kritisch reflektierende erwachsene Beobachter. Was wissen Kinder über moralische Regeln und wie verstehen sie sie? Diese Frage wurde auf unterschiedliche Weise exploriert. Turiel (1983) ließ Kinder moralische und konventionelle Regeln auf ihre Allgemeingültigkeit hin vergleichend beurteilen.[12] Nucci (vgl. Nucci 1981; Nucci und Lee 1993) ließ orthodox-jüdisch und fundamentali-

---

8 Nur etwa 6 Prozent der Bevölkerung können sich eine Situation vorstellen, in der Gewalt gegen Personen und Sachen legitimierbar wäre (Allensbach 1997: 664). Dieser Konsens über Gewaltfreiheit – über den Verzicht auf individuellen Gewalteinsatz – spiegelt sich auch in der vergleichsweise niedrigen Mordrate Deutschlands wider: Im Schnitt gibt es in Deutschland etwa 1,5 Mord- bzw. Totschlagfälle pro 100.000 Einwohner jährlich. In den USA liegt diese Rate bei 38 (vgl. Currie 1997), in Kolumbien gar bei 85 (vgl. Waldmann 1997). (Nur Israel und Japan liegen mit etwas unter 1 noch unter der deutschen Mordrate.) Noch deutlicher wird die ‚moralische Integration' der Bundesrepublik, vergleicht man sie mit den von Elwert (1997) unter dem Begriff ‚Gewaltmärkte' beschriebenen gesellschaftlichen Strukturen (die etwa in einigen Regionen Afrikas herrschen).

9 79 Prozent der Befragten geben an, sie würden ihre Kinder zu beeinflussen suchen, wenn es darum geht, wie sie es mit der Wahrheit halten. Nur 62 Prozent hingegen würden eingreifen, wenn es darum geht, wie sie ihre Arbeit machen (Allenbach 1997: 118).

10 80 Prozent sagen, Ehrlichkeit sei besonders wichtig für eine gute Ehe; nur 48 Prozent halten eine glückliche sexuelle Beziehung, 41 Prozent geteilte Interessen, 34 Prozent gemeinsame Freunde, 12 Prozent gleiche religiöse und nur 7 Prozent gleiche politische Überzeugungen für wichtig (Allensbach 1997: 143). Am wichtigsten für eine ideale Partnerschaft gilt, dass man sich aufeinander verlassen kann. 88 Prozent der Frauen und 83 Prozent der Männer geben dies an. Ehrlichkeit halten 80 Prozent der Frauen und 79 Prozent der Männer für besonders bedeutsam. Dies sind mehr, als sich für Zuneigung (Frauen 72 Prozent, Männer 67 Prozent), ein gutes sexuelles Verstehen (Frauen 41 Prozent, Männer 54 Prozent) oder gemeinsame Interessen (Frauen 30 Prozent, Männer 26 Prozent) als wichtige Bedingung für eine ideale Partnerschaft aussprechen (ebd.: 152).

11 Einen Versicherungsbetrug darf man unter gar keinen Umständen (64 Prozent) oder höchstens in Ausnahmefällen (21 Prozent) begehen. Schwarzfahren darf man nicht (85 Prozent) (Allensbach 1997: 770).

12 Er legte mehrere moralische bzw. konventionelle Regeln vor (z.B.: Man darf ein anderes Kind nicht schlagen bzw. Man soll einen Erwachsenen nicht mit Vornamen ansprechen.). Für jede dieser Regeln wurden die Kinder gefragt: „Stell Dir vor, es gibt eine Familie/eine Schule/ein Land, da erlaubt der Vater/Direktor/König, daß man ein anderes Kind schlagen/Erwachsenen mit Vornamen ansprechen darf. Ist es dann richtig, wenn man das tut?"

stisch-christlich erzogene Kinder und Heranwachsende moralische und religiöse Regeln vergleichend hinsichtlich ihrer universellen, unabänderlichen und autoritätsunabhängigen Gültigkeit bewerten.[13] In meinen eigenen Forschungen zur Entwicklung des Moralverständnisses wurde das Wissen um einfache moralische Regeln und deren Begründung erhoben (Nunner-Winkler 1996, 1999a).[14] Die Ergebnisse seien kurz zusammengefasst:

Zunächst ist festzustellen, dass Kinder einfache moralische Regeln schon früh kennen. Weit über 90 Prozent geben (z.T. schon mit 4–5 Jahren, spätestens aber ab 6–8 Jahren) an, dass es falsch ist, einen anderen zu verletzen, fremdes Eigentum zu beschädigen (Nucci und Lee 1993: 74); zu stehlen; aus einer konkreten Ungerechtigkeit persönlichen Vorteil zu ziehen; in einer akuten Notsituation die eigenen Ressourcen nicht mit einem anderen Kind zu teilen oder einem anderen Kind nicht zu helfen (Nunner-Winkler 1996: 135ff.). Dieser breite Konsens betrifft aber nicht nur die Tatsache, dass bestimmte Normen gelten, sondern auch das Verständnis der Geltungsmodalitäten und -gründe. Kinder verstehen moralische Regeln als:
– unabhängig von Autoritäten gültig:
  So fand Turiel, dass Kinder die Geltung nur der konventionellen, nicht aber der moralischen Regeln an Traditionen und willkürliche Setzungen banden: Wenn es in einer Schule/in einem Land üblich ist, Erwachsene mit Vornamen anzusprechen, dann darf man das. Aber auch wenn der Vater/der Direktor/der König es erlaubten, darf man ein anderes Kind nicht schlagen – „nicht einmal Gott darf das". Auch Nucci fand, dass selbst die religiös gebundenen Kinder den moralischen Regeln eine von Gottes Wort unabhängige Gültigkeit zuschrieben.

---

13 Er gab moralische bzw. religiöse Regeln vor (z.B. Man darf andere nicht verletzen, verleumden, ihr Eigentum beschädigen bzw. man soll den Feiertag heiligen; nicht mit einem Andersgläubigen eine Ehe eingehen). Bei jeder Regel fragte er, ob man sie verändern könne; ob sie für alle, d.h. auch für Menschen, die nicht der eigenen Religionsgemeinschaft angehören, verbindlich sei; und ob es vom Wort Gottes abhänge, dass ihre Übertretung falsch sei.

14 Diese Forschungen sind Teil einer am Max-Planck-Institut für Psychologische Forschung durchgeführten Längsschnittstudie LOGIK (vgl. Weinert 1998; Weinert und Schneider 1999), an der ca. 200 Kinder von 4–17 Jahren unterschiedlicher Schichtherkunft (vgl. Schneider und Nunner-Winkler 1989) teilnahmen. Zur Erfassung der moralischen Entwicklung wurden den Kindern im Alter von 4, 6 und 8 Jahren Bildgeschichten vorgelegt, in denen der (geschlechtsgleiche) Protagonist in Versuchung gerät, einfache moralische Regeln zu übertreten, um ein eigenes Bedürfnis zu befriedigen (heimlich und unentdeckt einem Spielkameraden Süßigkeiten zu entwenden; sein Coca mit einem durstigen Spielkameraden nicht zu teilen; einen zu Unrecht erhaltenen Preis mit dem benachteiligten Kind nicht zu teilen; ein Kind, das um Hilfe bittet, bei einer Aufgabenerfüllung nicht zu unterstützen). In der Versuchssituation wurden Kenntnis und Verständnis der moralischen Regeln erfragt (‚Darf man die Süßigkeiten wegnehmen oder darf man das nicht? Sollte man teilen/helfen oder braucht man das nicht? Warum? Warum nicht?'). Nach der Übertretung wurde die Emotionszuschreibung zum hypothetischen Übeltäter erhoben, die bei jüngeren Kindern als Indikator für moralische Motivation interpretierbar ist (vgl. 4.4). Um der einfacheren Lesbarkeit willen wird im Folgenden die männliche Form für die Darstellung verwendet.

– unabhängig von Sanktionen gültig:
In der LOGIK-Studie zeigte sich, dass die Kinder bei der Begründung der Gültigkeit der vorgegebenen moralischen Regeln kaum auf Sanktionen verwiesen (über alle Messzeitpunkte und Geschichten hinweg taten dies weniger als 10 Prozent).[15] Mit überwältigender Mehrheit benannten die Kinder deontologische Erwägungen, d.h. sie erklärten, dass die Regelübertretung falsch sei oder gaben negative Bewertungen der Tat oder des Täters ab (z.B. ‚Stehlen darf man nicht; das ist Diebstahl! das ist unfair! der ist geizig').
– universell und unabänderlich gültig:
Nuccis Untersuchung zeigte, dass selbst die religiös erzogenen Kinder angaben, die moralischen (nicht aber die religiösen) Regeln gälten universell, also auch für Personen außerhalb der eigenen Religionsgemeinschaft, und seien unabänderlich.
– aber: als nur prima facie gültig:
Auch in der Frage nach der Rechtfertigbarkeit von Ausnahmen von gültigen Regeln ergab sich ein eindrucksvoller Konsens.[16] Weit über 90 Prozent der LOGIK-Kinder beurteilten im Alter von 10 Jahren einen vorgelegten Normbruch als falsch, wenn er ausschließlich der hedonistischen Bedürfnisbefriedigung diente; hingegen als geboten, wenn nur so unparteilich beurteilt größerer Schaden vermeidbar war.[17] Dies zeigt, dass Kinder schon früh die zugrunde liegenden Moralprinzipien von Unparteilichkeit und Schadensvermeidung begreifen, an denen sie die Anwendung konkreter Normen in dilemmatischen Situationen orientieren.

Wie diese Ergebnisse belegen, lesen die Kinder an unserer Alltagspraxis einen fast vollständigen Konsens über die Gültigkeit einfacher moralischer Basisregeln ab. Es ist falsch zu lügen, zu stehlen, zu betrügen, andere zu verletzen, Versprechen zu brechen; in akuten Notsituationen ist es geboten anderen (im zumutbaren Umfang) zu helfen, mit ihnen zu teilen. Diese Regeln verstehen wir als intrinsisch (d.h. autoritäts- und sanktionsunabhängig),

---

15 Als Sanktionen wurden alle positiven oder negativen Konsequenzen kodiert, die dem Täter aus seiner Handlung erwachsen mögen, z.B. Mutter/Lehrerin loben/tadeln ihn; die anderen Kinder mögen ihn/mögen ihn nicht; helfen ihm/teilen mit ihm das nächste Mal auch/auch nicht. Dieses Ergebnis widerspricht Kohlbergs Behauptung, praekonventionelle Kinder sähen Normgeltung in Sanktionen fundiert. Kohlbergs Erhebungsmethode aber – die Frage nach Handlungsempfehlungen – konfundiert moralisches Wissen und moralische Motivation, die hier getrennt erfasst wurden.
16 Folgendes Szenario wurde vorgelegt: Der Protagonist ist in Versuchung, ein Versprechen zur Beteiligung an Aufräumarbeiten zu brechen: er möchte lieber ein hedonistisches Bedürfnis befriedigen (z.B. schwimmen gehen); an einem einmaligen Ereignis teilnehmen (z.B. an einer Zirkusaufführung); sich für einen Ferienkurs (z.B. Reitkurs) anmelden; ein kleines Kind, das sich verlaufen hat, nach Hause bringen. (Als konkrete Vorgaben wurden die in einem Vorinterview erfragten Lieblingsaktivitäten der Kinder eingesetzt, um so die Versuchung zu erhöhen). Die Frage lautet: „Ist es richtig, wenn er nicht zum Aufräumen geht, weil er lieber ... möchte?"
17 Z.B.: „Es ist schlimmer, wenn sich das Kind und seine Eltern ängstigen, als wenn die anderen etwas mehr aufräumen müssen. Die anderen würden es genauso sehen." Bei dem Konflikt zwischen der Verbindlichkeit von Versprechen und persönlichen Ich-Zielen (einmaliges Ereignis; Ferienkurs) waren etwa 30–40 Prozent bereit, eine Ausnahme zuzulassen; allerdings zumeist nur mit expliziten Entschuldigungs- und Wiedergutmachungsbemühungen.

universell und unabänderlich gültig. Es besteht auch Konsens darüber, dass Ausnahmen von diesen Regeln zulässig sein können, und unter welchen Bedingungen dies der Fall ist. Anders etwa als noch Kant, der den negativen Pflichten ausnahmslose Gültigkeit zuschrieb (‚nicht einmal einen Mörder darf man belügen, um den eigenen Freund zu retten'), sind wir heute bereit, Ausnahmen zu akzeptieren – nicht, wenn diese nur der Befriedigung eigennütziger Wünsche dienen, wohl aber, wenn allein so – unparteilich beurteilt – größerer Schaden vermeidbar ist. Aus dieser konsensuellen Eingrenzung eines Bereiches zulässiger Ausnahmen folgt nicht, dass in jedem konkreten Dilemma Konsens über die gebotene Entscheidung erzielbar ist. Differenzen ergeben sich schon hinsichtlich der empirischen Prognosen über die aus unterschiedlichen Optionen resultierenden Schadensfolgen. Weitreichender aber noch sind Differenzen, die sich ergeben, sofern Individuen ihre vergleichenden Schadensabwägungen an je unterschiedlichen Wertmaßstäben orientieren, über deren Hierarchisierung in pluralistischen Gesellschaften Konsens nicht mehr vorausgesetzt werden kann. Gleichwohl aber ist doch die Grauzone, die in der Moderne zwischen Kants exklusiver Dichotomie von moralisch ge- und verbotenen Handlungen eingeschoben wurde, selbst genau delimitiert. Die Tatsache also, dass innerhalb dieser Grauzone, für die gilt, ‚we agree to disagree', im Einzelfall Konsens über inhaltliche Entscheidungen nicht erreichbar ist, setzt die unstrittige Gültigkeit der Kriterien der Unterscheidung von moralisch falsch/richtig nicht außer Kraft – so wenig wie die Existenz der Dämmerung die Eindeutigkeit der Unterscheidung von Tag und Nacht aufzuheben vermag.

IV. Zur Diskrepanz zwischen diagnostiziertem Relativismus und gelebtem Konsens

Der eklatante Widerspruch zwischen der sozialwissenschaftlichen wie auch alltagsweltlichen Wahrnehmung einer Auflösung oder doch weitgehenden Relativierung von Moral auf der einen Seite und dem durch das Wissen der Kinder belegten breiten Konsens über die universelle Gültigkeit basaler moralischer Normen und Prinzipien auf der anderen Seite ist erklärungsbedürftig. Die Diskrepanz hat verschiedene Gründe: Sie resultiert aus Unterschieden in der Konzeptualisierung von Moral (Abschnitt IV.1); aus soziohistorischen Veränderungen in den inhaltlichen Moralvorstellungen (IV.2); aus der selektiven Fokussierung auf Dilemmata (IV.3); aus der Differenz von Urteil und Handeln (IV.4).

1. Zur Konzeptualisierung von Moral

Es herrscht kein Konsens darüber, was unter Moral zu verstehen sei. Eine erste Kluft eröffnet sich schon in der Zugangsweise zu Moral zwischen der (philosophischen) Teilnehmerperspektive (1. Person) und der (sozialwissenschaftlichen) Beobachterperspektive (3. Person). Die Frage aus der 1. Person-Perspektive lautet: Welche Normen sind gültig, d.h. können rechtfertigbar mit guten Gründen Verbindlichkeit beanspruchen? Die Frage aus der 3. Person-Perspektive lautet: Welche Normen gelten faktisch (in einer bestimmten Gruppe, Gesellschaft, Kultur, in einer bestimmten historischen Epoche), d.h. sind mit Sanktionen ausgestattet und werden durchschnittlich befolgt? Habermas wählt die philosophische Zugangsweise, wenn er genau jene Normen als moralische auszeichnet, die „der

Bedingung genügen, daß die Folgen und Nebenwirkungen, die sich aus ihrer Befolgung für die Befriedigung des Interesses jedes Einzelnen voraussichtlich ergeben, von allen Betroffenen zwanglos akzeptiert werden können" (Habermas 1983: 131), jene also, die „die Zustimmung aller Betroffenen (finden würden), wenn diese nur an einem praktischen Diskurs teilnehmen könnten" (ebd.: 132). Luhmann hingegen vertritt eine sozialwissenschaftliche Perspektive, wenn er erklärt: „Moral ist nicht ein Normtypus besonderer Art ... sondern eine Kodierung, die auf dem Unterschied von Achtung und Mißachtung aufbaut, und die entsprechenden Praktiken reguliert" (Luhmann 1998: 245). Moral ist danach die Formulierung der „Bedingungen für Achtung bzw. Mißachtung – sei es in der Form von Verhaltensbeschreibungen, sei es in der Form von Tugenden und Lastern, sei es in der Form von Zwängen oder Regeln" (ebd.). Natürlich gruppieren diese kontrastierenden Perspektiven die Phänomene je anders. Nach Luhmanns Identifikation von Moral mit faktisch vorfindlichen Praktiken der sozialen Sanktionierung mag man beispielsweise der Moral zurechnen, wenn einer meint, „jemanden nicht mehr achten und nicht mehr einladen zu können, wenn sich herausstellt, daß bei ihm zu Hause eine Bismarck-Büste auf dem Klavier steht" (Luhmann 1990: 19). Die Habermassche Bindung von Moral an universelle Zustimmungsfähigkeit hingegen grenzt solche Fragen individueller ästhetischer bzw. (verfassungskonformer) politischer Präferenzen aus dem Bereich von Moral aus. Diese unterschiedliche Abgrenzung des Phänomenbereichs ist ein erster Grund für Dissens. Allerdings lassen sich diese beiden Perspektiven bei der Analyse eines modernen Moralverständnisses verschränken. Einerseits nämlich versteht sich Moralphilosophie als systematisierend-verallgemeinernde Rekonstruktion des Moralverständnisses der Gesellschaftsmitglieder, auf deren alltagsweltliche Urteilsfähigkeit sie als letzte Prüfinstanz unhintergehbar verwiesen bleibt (Rawls spricht hier von einem ‚Überlegungsgleichgewicht'). Andererseits nutzen die Teilnehmer selbst – wie durch die Urteile der Kinder belegt – zur Unterscheidung moralischer von religiösen und konventionellen Regeln genau die Kriterien, die in den philosophischen Diskursen entfaltet werden, nämlich: Universalität; Sanktions- und Autoritätsunabhängigkeit der Gültigkeit moralischer Normen; Unparteilichkeit der Urteilsbildung; Bezug auf Schadensvermeidung. Auch binden die Teilnehmer ihre Bereitschaft zur Befolgung von Normen zunehmend an deren Einsichtigkeit und Begründbarkeit (vgl. unten IV.4).

Divergenzen finden sich auch in der Frage der Begründung von Moral. Übereinstimmung besteht zwar, dass in der Moderne Normen nicht länger aus Gottes Setzungen ableitbar sind (selbst die Kinder unterstellen ja Gott den Geboten der Moral); kontrovers aber bleibt, wie eine innerweltliche Begründung aussehen solle. Die Naturrechtslehre versuchte, aus dem Wesen des Menschen gültige Normen abzuleiten. Aber damit blieb nicht nur der Hiatus zwischen Sein und Sollen unüberbrückt; es blieb auch strittig, was ‚Natur' sei.[18] Gleichwohl werden moralische Postulate zuweilen aus anthropologischen Grundannahmen (über wesenhafte Bedürftigkeiten des Menschen) abgeleitet (vgl. Nussbaum 1993; Honneth im Druck).

---

18 So etwa dienten Verweise auf Merkmale und Lage des weiblichen Geschlechtsorgans (vgl. Honegger 1989), auf den Wuchs und das krause Haar der Schwarzen (vgl. Meuschel 1981) der Rechtfertigung von Diskriminierungen, und die Berufung auf die Fortpflanzungsbiologie erlaubte, Homosexualität als ‚widernatürlich', ‚abartig' und ‚krankhaft' zu brandmarken.

Angemessener allerdings scheint es, Moral im ‚gemeinsamen Wollen' zu fundieren (vgl. Tugendhat 1993). Für dieses Wollen gibt es unterschiedliche Operationalisierungsvorschläge: die monologisch-hypothetische Reflexion auf Verallgemeinerbarkeit in Kants Kategorischem Imperativ; die Ableitung aus einer Analyse des Rationalitätskonzepts und universeller Bedingungen der *condition humaine* bei Gert; der hypothetische Konsens aller in der Ursprungssituation unter dem Schleier der Unwissenheit bei Rawls; der reale Konsens aller Betroffenen im vollen Wissen um alle Kontextbedingungen (Habermas 1983; Benhabib 1987). Zwar unterstellen all diese Verfahren Gleichheit als zentrales Grundprinzip (vgl. Dworkin 1984) – in den abgeleiteten Inhalten aber verbleiben Unterschiede. So behauptet Habermas, Moral sei mit dem Verfahren rationaler Zustimmungsfähigkeit im realen Diskurs identisch (dazu kritisch Döbert 1986, 1987) – vorweg bestimmbare inhaltliche Normen gäbe es nicht mehr. Gert (1973) hingegen leitet klare Pflichten aus universellen rationalen Interessen und Merkmalen ab (ähnlich Rawls 1972): Anders als Engel sind Menschen verletzlich und auf soziale Kooperation notwendig verwiesen. Anders als Heilige sind sie bereit, Dritte aus Eigennutz zu schädigen. Menschen sind also moralbedürftig. Anders als rein instinktgeleitete Tiere können Menschen zu ihren spontanen Impulsen und Trieben willentlich Stellung nehmen. Menschen sind also moralfähig. Prima facie sind alle interessiert, dass sie selbst oder die ihnen nahe Stehenden nicht Schaden erleiden und daher bereit, sich auf universelle moralische Regeln zu einigen: Auf die negativen Pflichten, die gebieten, andere nicht direkt zu schädigen (d.h. nicht zu verletzen, zu betrügen, zu belügen, der Freiheit zu berauben) und die positive Pflicht, andere nicht indirekt zu schädigen, also übernommene Aufgaben getreulich zu erfüllen (d.h. do your duty). Diese positive Pflicht ist strukturanalog zu dem Gebot, Versprechen zu halten: Als Metaregel besitzt sie (in einer ‚well-ordered society') universelle Gültigkeit irrespektive inhaltlicher Details.

Neben dieser Konzeption einer universalistischen Minimalmoral gibt es umfassendere Vorstellungen, nach denen auch die Erfüllung moralischer Ideale oder supererogatorischer Pflichten (‚Tue Gutes! Übe Wohltätigkeit!') sowie Fragen des ‚guten Lebens' als Teil von Moral gelten. Unter anderem sei es etwa geboten, die Mitmenschen nicht nur in gleicher Weise in ihrer allgemeinen Menschenwürde zu achten, sondern sie auch in ihrer je individuellen Besonderheit anzuerkennen (Honneth im Druck) und nicht nur universelle Pflichten, sondern auch partikulare Normen der Freundschaft und Liebe zu erfüllen (Benhabib 1987).

Solch weitreichende Unterschiede in den philosophischen Debatten um die Bestimmung der Moral (vgl. Edelstein und Nunner-Winkler 1986) müssen zur Wahrnehmung moralischen Dissenses führen. Spiegeln diese Debatten aber alltagsweltlich handlungsleitende Divergenzen wider? Dies scheint nicht der Fall zu sein. Habermas' Annahme, es gäbe keine inhaltlichen Normen mehr, wird durch das Moralverständnis der Kinder widerlegt.[19] Das umfassendere Moralverständnis deckt sich nicht mit unserer Lebenspraxis: So etwa rechnen wir die Pflege von Freundschaft dem persönlichen Freiheitsspielraum

---

19 Ohnedies unterstellt auch Habermas die Gültigkeit inhaltlicher moralischer Normen – solcher nämlich, die er zur Bestimmung des Verfahrens selbst voraussetzt: Gleichheit, Aufrichtigkeit, Wahrhaftigkeit gegen sich selbst (vgl. Habermas 1998).

zu.[20] Wer Freundschaftsnormen verletzt (etwa Vertrauen vorenthält), den erachten wir nicht als ‚unmoralisch‘, sondern nur als weniger guten Freund als angenommen oder erhofft. Und Wohltätigkeit zu üben gilt uns als preiswürdig, nicht als verpflichtend. Das Konzept einer Minimalmoral also scheint am besten unsere tatsächlichen Praktiken abzubilden. Die öffentliche Wahrnehmung divergierender und folglich einander wechselseitig relativierender Moralvorstellungen erklärt sich also (u.a. auch) aus Widersprüchen in der Abgrenzung und Thematisierung von Moral in wissenschaftlichen und philosophischen Diskursen. Diese Diskurse aber haben Fragen der erfahrungswissenschaftlichen Problemerschließung, philosophische Deutungen und idealisierend-utopische Gesellschaftsentwürfe zum Gegenstand. Nicht alle vorgetragenen Positionen spiegeln die tatsächlich herrschenden Moralvorstellungen wider.

2. Soziohistorischer Wandel

Ein zweiter Grund für die Wahrnehmung moralischer Differenzen ist der Wandel in den Moralvorstellungen,[21] der sich insbesondere seit den 60er Jahren durchgesetzt hat. Sofern nun Individuen an vielen der von ihnen in der späten Adoleszenz und dem frühen Erwachsenenalter aufgebauten Orientierungen festhalten (vgl. u.a. Sears 1981; Costa und McCrae 1988) gibt es generationenabhängige Unterschiede im Moralverständnis.[22] Diese lassen sich als Korrelat einer nur allmählich sich vollziehenden Säkularisierung von Moral deuten. Der Kern der Veränderungen ist die Umstellung im Rechtfertigungsmodus: Normen werden nicht aus Gottes Wort, sondern – unparteilich – aus geteilten Interessen abgeleitet. Daraus ergibt sich die oben erläuterte (und von den Kindern auch bereits vollzogene) Ausgrenzung bloß konventioneller oder religiöser Normen aus dem Kernbereich einer Minimalmoral, die auf den inhaltlichen Grundprinzipien von Gleichheit und Schadensvermeidung basiert.[23] In der Folge verändern sich etliche der moralischen Urteile. An einigen Ergebnissen aus meinem derzeitigen Forschungsprojekt „Moralvorstellungen im Wandel" sei dies illustriert (vgl. ausführlicher Nunner-Winkler im Druck a).[24]

---

20 Und diesen gestehen wir selbst Kindern schon zu. So etwa gaben 66 Prozent der Befragten an, auf die Wahl der Freunde ihrer Kinder keinen Einfluss zu nehmen (Allensbach 1997: 126).
21 Dieses Argument entspricht der Kritik, die Klages an der ‚ideologischen Denunzierung des Wertewandels‘ und seiner Fehldeutung als ‚Werteverfall‘ übt (Klages 1998: 708).
22 Die Daten der Umfrageforschung belegen, dass sich in Deutschland seit den 68ern eine Kluft zwischen den Generationen aufgetan hat, die in den alten Ländern der BRD stärker ausgeprägt ist als in anderen westlichen Industrienationen oder in der ehemaligen DDR: Die älteren Bundesbürger erlebten ihre formativen Jahre in einem für westliche Länder einzigartigen totalitären Regime und die Bürger der ehemaligen DDR haben die Liberalisierungsschübe im Gefolge der 68er nicht mitvollzogen (vgl. Köcher 1993).
23 Wechselseitig können wir einander an Freiheitsbeschränkungen nur auferlegen, was wir selbst willens sind, in Kauf zu nehmen (vgl. Ackerman 1980) und im Normalfall sind wir alle daran interessiert, selbst nicht Schaden zu erleiden.
24 An dem Projekt nahmen 300 65–80-jährige (davon bislang ausgewertet: 180), je 100 40–50-jährige und 20–30-jährige männliche und weibliche Personen unterschiedlicher Schichtherkunft teil. Die älteste Kohorte ist Teil von GOLD, einer am Max-Planck-Institut für Psychologische Forschung in München unter der Leitung von F. E. Weinert durchgeführten

– Askriptiv basierte Rollenpflichten verlieren ihre vorgängige Verbindlichkeit. Statt dessen gilt es, moralisch vertretbare Problemlösungen unter egalitären Beteiligten auszuhandeln. Betrachten etwa viele ältere Befragte den Wunsch einer jungen Mutter, einen Beruf auszuüben, als egoistisches Selbstverwirklichungsinteresse oder verantwortungslose Pflichtvergessenheit, so suchen die jüngeren Befragten nach funktional äquivalenten Problemlösungen (‚auch der Vater, die Großeltern, Angestellte können die Kinderversorgung mitübernehmen'). Beurteilen etwa etliche der älteren Befragten die Verweigerung des Geschlechtsverkehrs durch die Ehefrau noch nach asymmetrischen Rollenzuschreibungen (‚es ist die Pflicht der Frau, dem Mann zu seinem Rechte zu verhelfen'), so sehen die jüngeren Befragten schon das Auftreten des Problems als Ausdruck des Scheiterns einer egalitär gedachten Beziehung (‚wenn sie sich nicht mehr verstehen').

– Verhaltensweisen, die niemanden schädigen, werden entmoralisiert und dem Bereich der persönlichen Entscheidungsfreiheit zugerechnet. Dies betrifft insbesondere das Sexualverhalten unter konsentierenden Erwachsenen. Für viele der älteren Befragten ist schon der Begriff ‚Moral' mit der Kontrolle von Sexualverhalten gleichbedeutend,[25] für die jüngeren hingegen hat Sexualität – solange niemand Schaden leidet – mit Moral nichts zu tun. Besonders klar zeigt sich dies am Wandel in der Einstellung zur Homosexualität. Die meisten der älteren Befragte lehnen Homosexualität strikt und vehement ab (‚das ist widernatürlich, abartig, krankhaft'), die jüngeren akzeptieren sie und begründen dies mit dem Toleranzgebot (‚das ist eine persönliche Entscheidung') oder aber wählen einen abstrakteren Bezugspunkt für die Bewertung: nicht die Geschlechtszugehörigkeit der Beteiligten, sondern die Qualität der Beziehung zählt (‚wenn sie sich lieben'). Umgekehrt wird Verhalten, das andere schädigt, moralisiert. Einen frühen NSDAP-Eintritt etwa rechtfertigen die meisten älteren Befragten: Sie verweisen u.a. auf Karriereinteressen, auf eine ‚lautere Gesinnung', dahinter aber steht die Vorstellung einer Trennung von Lebensbereichen (‚Politik hat mit Moral nichts zu tun'). Jüngere

---

Zwillingsstudie (vgl. Weinert und Geppert 1996, 1998). Die beiden anderen Kohorten wurden von einem kommerziellen Forschungsinstitut repräsentativ ausgewählt und befragt. Einleitend wurde das Verständnis von Moral offen exploriert (‚Was verstehen Sie unter Moral? Können Sie mir ein Beispiel für unmoralisches Verhalten nennen?'), sodann wurden 36 Vignetten (z.B. Homosexualität, berufstätige Mutter, Drogen, Scheidung, Ehebruch, Abtreibung, Selbstmord, NSDAP-Eintritt etc.) zur Beurteilung vorgelegt (‚Wie beurteilen Sie diese Situation? Warum? Hat diese Frage für Sie etwas mit Moral zu tun? Warum? Warum nicht?'). Schließlich wurde versucht, Modi moralischer Motivation durch die offene Frage nach der emotionalen Reaktion auf eine gravierende Übertretung (Testamentsbetrug) zu erfassen (‚Stellen Sie sich vor, Sie hätten das getan. Wie würden Sie sich fühlen?'). Sodann hatten die Probanden 36 vorgegebene Reaktionen, die unterschiedliche Beweggründe für Normkonformität formulierten (Einsicht, Angst vor religiösen, juristischen, sozialen oder inneren Sanktionen; früh geprägte Konformitätsdisposition; amoralische Haltung) nach dem Q-Sort-Verfahren auf einer sechsstufigen Skala (von ‚ich könnte ganz genauso' bis ‚überhaupt nicht so' empfinden) genau gleich zu verteilen.

25 Die von ihnen angeführten Beispiele für unmoralisches Verhalten betreffen sehr häufig sexuelles ‚Fehlverhalten' (‚zu viel Sex, zu schnell, mit dem falschen Partner, mit wechselnden Partnern' etc.). Dies führt dann dazu, dass viele der jüngeren Befragten schon den Begriff ‚Moral' als ‚überholt', ‚spießig', als ‚alten Zopf' ablehnen, auch wenn sie an der Sache selbst durchaus festhalten. So etwa reagieren etliche der jüngeren auf die Vorgabe ‚Versäumnis der Mülltrennung' dem Sinn nach wie folgt: „Das hat doch mit Moral nichts zu tun; das ist einfach unverantwortlich den künftigen Generationen gegenüber."

Befragte hingegen begründen klare Verurteilungen unter Verweis auf das unmenschliche Vorgehen dieser Partei, auf die Verletzung allgemeiner Menschenrechte; nach ihrem Verständnis hat Politik sehr wohl mit Moral zu tun.[26]

Mit der Säkularisierung erodiert das (auch von Kant noch geteilte) Vertrauen, dass Gott – in seiner Allmacht, Weisheit und Güte – die Welt so eingerichtet habe, dass den Gerechten – zumindest *in the long run* – alles zum Besten gereicht (Marquard 1981). Wichtiger als strikter Gehorsam gegen Gottes Gebote wird nunmehr die verantwortungsethische (Weber 1956) Kalkulation erwartbarer Folgen. Damit wächst die Bereitschaft, Ausnahmen zuzulassen. Dies zeigt sich u.a. an den Antworten auf die Frage nach Beispielen für unmoralisches Verhalten: Ältere Befragte zählen zumeist bloße Regelübertretungen auf (z.B. lügen, stehlen, ehebrechen); jüngere hingegen betten die Übertretungen häufig in einen konkreten Kontext ein – angesichts dessen schon der bloße Gedanke an eine Ausnahme sich verbietet (z.B. jemandem etwas wegnehmen, der selbst nichts hat; die Ehefrau betrügen und ihr sagen, wie sehr man sie liebe). (Wie die oben berichteten Ergebnisse aus der LOGIK-Studie zeigen, ist die Zulässigkeit von Ausnahmen für die Kinder schon eine bare Selbstverständlichkeit.)

– Positive Pflichten verändern sich mit dem Wandel sozialer Institutionen. So etwa hat sich die Funktion der Ehe von der Sicherung der ökonomischen Reproduktion zur Stabilisierung der sozioemotionalen Befindlichkeit verschoben. Entsprechend neigen ältere Befragte eher zu einer Verurteilung von Scheidung – sie sehen diese als Bruch eines auf Dauer geschlossenen Vertrages (,Sie haben sich's versprochen. Sie haben sich die Treue geschworen.'); für jüngere hingegen markiert die Scheidung nur die Tatsache, dass die Ehe ohnedies nicht mehr in Kraft ist (,wenn sie sich nicht mehr verstehen').

Die alltägliche Erfahrung konträrer moralischer Bewertungen fördert die Wahrnehmung von Dissens. In der Tat vertreten auch viele (insbesondere jüngere) Befragte einen moralischen Relativismus, d.h. sie sehen Moral als kultur-, epochen-, erziehungsabhängig. Dabei wird völlig übersehen, dass es trotz etlicher Differenzen basale Gemeinsamkeiten gibt.

3. Selektive Wahrnehmung und pluralistische Ignoranz

Die selektive Fokussierung auf Differenz wird im öffentlichen Diskurs nochmals verstärkt. Gemeinsamkeiten (wie etwa die unstrittige Akzeptanz von Gleichheit, Rechtsstaatlichkeit, Gewaltfreiheit, Wahrhaftigkeit) kommen als ,kulturelle Selbstverständlichkeiten' gar nicht

---

26 Ein anderes aktuelles Beispiel ist Durchsetzung des Straftatbestands ,Vergewaltigung in der Ehe'. Aus Kants Perspektive, der die Ehe als Vertrag zur wechselseitigen Nutzung der Geschlechtswerkzeuge definierte, hätte dieses Konzept als contradictio in adjectu gegolten. Im Lichte der zunehmenden Inklusion auch der Frau in das moderne Gleichheitsverständnis und der zunehmenden Deutung von Ehe als unabschließbarer Prozess einer konsensorientierten Beziehungsgestaltung, löst sich die (vormals auch von Frauen geteilte) Vorstellung eines dem Ehemann ein für alle Mal mit Vertragsabschluss unkonditioniert zugestandenen ,Rechts' auf eine – auch einseitig oktroyierte – Durchsetzung der eigenen Wünsche auf. Stattdessen gilt – auch in der Ehe – ein der Frau gegen ihren Willen aufgezwungener Geschlechtsverkehr als Verletzung ihrer körperlichen Integrität. Als schädigendes Verhalten wird er also moralisiert.

in den Blick. Das medienwirksame Interesse richtet sich auf Kontroversen. Dabei wird in der Heftigkeit der Auseinandersetzungen eine weitere ganz zentrale Gemeinsamkeit übersehen: die Tatsache nämlich, dass trotz der Differenzen in inhaltlichen Stellungnahmen ein Metakonsens besteht. Dieser betrifft zum einen die Legitimität von Dissens innerhalb eines wiederum konsensuell abgesteckten Grauzonenbereichs, zum anderen Grundprinzipien angemessener Verfahren der Kompromissbildung. Die langjährige Debatte um den Schwangerschaftsabbruch ist ein gutes Beispiel für einen nicht auflösbaren moralischen Dissens in der BRD. Es stehen das ‚Recht auf Leben' (ab der Zeugung) und das ‚Recht auf Selbstbestimmung der Frau' (für die Zeit vor der Entwicklung der Empfindungsfähigkeit des Säuglings) unversöhnt einander gegenüber. Gleichwohl gibt es unter den Bürgern weitgehend Konsens darüber, dass ein Schwangerschaftsabbruch etwa um eines geplanten Urlaubs willen unvertretbar, bei Gefährdung des Lebens der Mutter hingegen geboten sei (vgl. BMJFG 1981). Auch gibt es konsentierte – rechtsstaatlich legitimierte – Verfahren des Umgangs mit dem Dissens. So etwa hat das Bundesverfassungsgericht in seiner abschließenden Urteilsbegründung versucht, den konträren Perspektiven soweit irgend möglich in der Gesetzesformulierung Rechnung zu tragen (vgl. Döbert 1996; dazu Berghahn 1998).

Der durch die reale Erfahrung widersprüchlicher moralischer Bewertungen und die selektive Fokussierung auf unlösbare Dilemmata (bei einer Nicht-Beachtung der weit reichenden Übereinstimmungen) geweckte Relativismusverdacht reproduziert und verstärkt sich selbst, und zwar mittels des Mechanismus der ‚pluralistischen Ignoranz'. In Umfragen etwa erklären Befragte übereinstimmend, dass bestimmte moralische Gebote für sie selbst verbindlich seien und bezweifeln doch zugleich, dass dies auch für andere gälte. Bei dem Gebot ‚Du sollst nicht töten!' beispielsweise geben 88 Prozent an, es gälte für sie; nur 47 Prozent aber erwarten, es gälte auch für andere. Dem Gebot ‚Du sollst nicht stehlen!' sprechen 83 Prozent persönliche Verbindlichkeit zu, nur 24 Prozent aber glauben, andere urteilten ebenso (Allensbach 1997: 271). Angesichts dieser wechselseitigen Unterstellungen von Amoral muss es denn auch nicht so sehr verwundern, wenn die Deutschen – wie oben (III.1) belegt – mehrheitlich meinen, dass die Werte verloren gehen.

Die Klage um den Verlust von Werten allerdings muss nicht auf inhaltlichen Normdissens allein abzielen. Sie mag auch eine Erosion der Normbefolgungsbereitschaft betreffen. Damit ist ein weiterer möglicher Grund für Verfallsdiagnosen benannt.

4. Moralisches Wissen, moralische Motivation

Moralisches Wissen impliziert keineswegs moralische Konformität. Auch der Dieb weiß, dass Stehlen verboten ist; gerade darum stiehlt er heimlich und nachts. Konformitätsbereitschaft mag situations- oder problemabhängig variieren.[27] Es gibt aber auch personen-

---

27 Friedrichs (1997) merkt an, dass der Zusammenhang zwischen normativen Orientierungen und realem Verhalten bei Mord höher sei als bei Steuerhinterziehung und besonders im Umweltbereich die Kluft zwischen Einstellungen und eigenem Handeln hoch sei. In seiner Erklärung verweist er auf Handlungskosten, sofern unterstellt werden könne, „daß ‚rein' moralische Werte solange keinen Nutzen haben, sofern sie nicht mit anderen Nutzen verbunden sind" (Friedrichs 1997: 350).

bezogene Differenzen in der Intensität moralischer Motivation, d.h. in der Bereitschaft, das Rechte auch unter persönlichen Kosten zu tun.[28] In der LOGIK-Untersuchung zeigte sich, dass bis zum Alter von 10–11 Jahren 36 Prozent eine hohe und 24 Prozent eine mittelhohe moralische Motivation aufgebaut haben[29] (nach den ersten, allerdings noch vorläufigen, Auswertungen der LOGIK-Replikationsstudie sind diese Prozentsätze bis zum Alter von 17 Jahren auf 40 Prozent bzw. 34 Prozent gestiegen). Diese Motivstruktur lässt sich charakterisieren als
- *intrinsisch*, d.h. die Konformitätsbereitschaft ist nicht durch externe Kosten-Nutzen-Kalküle motiviert, sondern durch den Wunsch, das zu tun, was als geboten erkannt wurde;
- *formal*, d.h. die Bereitschaft ist inhaltsungebunden; was das Rechte ist, kann nur in einem konkret kontextuierten kognitiven moralischen Urteilsprozess entschieden werden;
- *ein second order desire* (vgl. Frankfurt 1988), d.h. es ist eine Bereitschaft, zu den eigenen spontanen Impulsen und Bedürfnissen im Lichte moralischer Erwägungen Stellung zu nehmen und nur jene auszuagieren, die mit dem moralischen Urteil kompatibel sind.[30]

Diese Motivstruktur ist als ‚freiwillige Sebstbindung durch Einsicht' zu verstehen. Sie ist freiwillig, denn es handelt sich um das willentlich bejahte (und nicht durch Sanktionsandrohungen erzwungene oder durch frühe Konditionierung bewirkte) Streben, moralisch

---

28 In die Terminologie des heute stark favorisierten ‚rational choice'-Ansatzes (auf den auch Friedrichs anspielt) übersetzt, bedeutet hohe moralische Motivation die Disposition des Handelnden aus dem Tun des Rechten ‚Nutzen' zu ziehen. Allerdings ist für die hier vertretene Position die Distinktion zwischen selbstbezogen hedonistischer Befriedigung und intrinsischer Wertbindung konstitutiv. Dieser Differenz wird im ‚rational choice'-Ansatz unzureichend Rechnung getragen. Dort gilt: Jeder sucht seinen persönlichen Nutzen zu maximieren, wobei weitgehend irrelevant bleibt, ob er diesen nun aus ökonomischem Profit, Macht- und Statusgewinn oder aber aus moralischer Prinzipientreue zieht. Für die Teilnehmer aber ist der Unterschied gewaltig. Er wird bereits von den Kindern als relevant wahrgenommen (wie oben gezeigt, beurteilten alle die eigennützige Normübertretung als verwerflich, die an unparteilicher Schadensminimierung orientierte hingegen als geboten) und ist (wie weiter unten zu zeigen ist) auch für die Funktionsfähigkeit von Sozialsystemen bedeutsam (vgl. auch Aretz 1997; Mau 1997; Fetchenhauer 1999).
29 Moralische Motivation wurde bis zum Alter von 6–7 Jahren durch Emotionszuschreibungen zu einem hypothetischen Übeltäter und deren Begründungen erhoben. Die Validität dieser Messung ließ sich auch experimentell bestätigen (vgl. Asendorpf und Nunner-Winkler 1992). Bei den älteren Kindern wurde ein Ratingverfahren eingesetzt, wobei sich hohe Übereinstimmungen in der Einstufung der moralischen Verlässlichkeit ergaben. Als die Kinder 16–17 Jahre alt waren, wurde eine LOGIK-Replikationsstudie durchgeführt. Auch in dieser Erhebung wurde die Verlässlichkeit durch ein Rating-Verfahren eingeschätzt, das sich auf die offenen Antworten der Befragten zu vorgelegten moralischen Konflikten stützte. Zusätzlich wurde auch das für das Projekt ‚Moralvorstellungen im Wandel' entwickelte Instrument zur Erfassung moralischer Motivation eingesetzt (vgl. Fußnote 24).
30 Dies mag die Unterdrückung auch altruistischer Impulse erfordern – dann nämlich, wenn diese unmoralisch sind, etwa weil sie nahe legten, im Interesse derer, die einem persönlich wichtig sind, Fernerstehende zu schädigen. Umgekehrt muss einer Handlung, nur weil sie der eigenen Neigung entspricht, noch nicht die Qualifikation ‚moralisch' aberkannt werden, wie dies etwa Schillers Lesart von Kant nahe legt. Moralische Motivation lässt sich am besten als Filter verstehen, der nur die Impulse passieren lässt, deren Umsetzung moralisch vertretbar ist (vgl. Baron 1984).

zu handeln; als formale Disposition ermöglicht dieser Modus moralischer Motivation eine flexibel an Kontextwissen und Einsicht orientierte Anwendung der akzeptierten Grundprinzipien der Moral.

Ein Vergleich über die Generationen hinweg[31] zeigt, dass zu den jüngeren Kohorten hin ich-nähere Motivstrukturen häufiger werden. Zunehmend weniger scheint Konformitätsbereitschaft durch eine frühe Überformung schon der Bedürfnisstruktur selbst (im Sinne etwa von Parsons' Konzept der need dispositions) oder aber durch die Internalisierung inhaltlich konkreter Normen in Form eines rigiden Überich gestiftet. Zunehmend mehr ist auch moralische (und nicht nur die strategisch-kostenkalkulatorische) Normbefolgung durch kognitives Urteilsvermögen und ein eigenes ‚Interesse' (an der Bewahrung einer identitätskonstitutiven Wertbindung) vermittelt (vgl. Nunner-Winkler im Druck b).

Um die bisherigen Überlegungen kurz zusammenzufassen. Wie insbesondere das kindliche Moralverständnis bezeugt, basiert unsere Alltagspraxis auf einem breiten Konsens über moralische Grundnormen. Dass gleichwohl die Wahrnehmung von Verfall und Dissens dominiert, bedarf also der Erklärung. Mehrere Überlegungen wurden angeführt. Das Konzept Moral selbst wird unterschiedlich weit gefasst – Konsens aber ist in der Moderne nur für eine Minimalmoral zu erwarten. Die (in der Verantwortungsethik) zugestandene Grauzone legitimen Dissenses und die öffentliche Fokussierung auf Kontroversen werden als Beleg für moralischen Relativismus missdeutet. Der insbesondere durch Säkularisierung bewirkte Wandel in den Moralvorstellungen wird von den älteren Generationen kaum mitvollzogen; stattdessen werden die entstehenden Differenzen durch die konfliktvermeidende Leerformel von der ‚individuellen Gewissensfreiheit' neutralisiert. Die Veränderungen in den Moralvorstellungen aber indizieren nicht eine Individualisierung von Moral, sondern einen gerichteten kollektiven Lernprozess (an dessen Errungenschaften insbesondere die jüngeren Kohorten unstrittig würden festhalten wollen). Schließlich aber differieren Individuen auch in der persönlichen Bedeutung, die sie der Befolgung moralischer Normen beimessen. Trotz geteilter moralischer Wissensbestände also gibt es Unterschiede im moralischen Handeln. Vollständige Konformität allerdings wäre ohnedies nur im Extremfall totalitärer Kontrolle oder vollständiger Persönlichkeitsüberformung denkbar (Wrong 1961 hat für diesen Fall das Konzept des ‚oversocialized man' entwickelt). Nicht Relativismus und Verfall also, sondern moralische Integration – ein hoher Konsens über Basisnormen und eine zwar weit verbreitete, aber nicht durchweg gesicherte Bereitschaft intrinsischer Normbefolgung – kennzeichnen unsere Gesellschaft. Allerdings sind mit den vorgelegten Daten allenfalls Erosionsdiagnosen, nicht aber Erosionsprognosen zu entkräften. In Analogie zur Debatte um die Zivilreligion ließe sich einwenden, vorfindliche Gemeinsamkeiten in den Moralvorstellungen seien bloßes Relikt aus einer Zeit, in der Moral durch Religion noch gestiftet und gesichert wurde. Mit voranschreitender Modernisierung aber versiege diese Quelle und als moralische vermöge die säkularisierte Gesellschaft sich nicht mehr zu reproduzieren. Dies wirft die Frage nach den Reproduktionsmechanismen moralischer Integration auf.

---

31 Dieser Vergleich integriert die in der LOGIK-Replikation und im Projekt Moralvorstellungen im Wandel erhobenen Daten zur moralischen Motivation.

V. Mechanismen der sozialen Reproduktion moralischer Integration

Das Problem der moralischen Reproduktion ist für die beiden in unabhängigen Lernprozessen erworbenen Momente von Moral, für moralisches Wissen und für moralische Motivation, getrennt zu behandeln.

1. Moralisches Wissen

Wie oben dargelegt, kennen schon Vorschul-, erst recht Grundschulkinder einfache moralische Normen, vermögen sie von konventionellen und religiösen Normen zu unterscheiden und verstehen ihre intrinsische Gültigkeit. Wie erwerben Kinder dieses frühe Wissen? Die Begründungen, die die Kinder in der LOGIK-Studie für die Gültigkeit der vorgelegten Normen anführten, geben erste Hinweise auf zugrunde liegende Lernmechanismen. Wie oben erläutert (III.2) verweisen die Kinder nur selten auf Strafen. Etliche erklären, ‚das darf man nicht; das tut man nicht'. In diesen Antworten spiegeln sich explizite Unterweisungen wider. Einige buchstabieren die unseren sozialen Institutionen zugrunde liegenden Regeln aus (z.B. Stehlen: ‚Das gehört dem und da muss man den fragen; und wenn er ja sagt, dann darf man das nehmen. Wenn er nein sagt, dann nicht.') Die meisten Kinder aber erklären, ‚Das ist Diebstahl! Der ist ein Dieb!' Diese Begründungen weisen den Erwerb des ‚moralischen Sprachspiels' als zentralen Lernmechanismus aus. Schon in der Bedeutung von Worten nämlich sind Bewertungen enthalten (vgl. Osgood, Suci und Tannenbaum 1957; Putnam 1995). So etwa gehört die Verwerflichkeit unhintergehbar zur Bedeutung des Wortes ‚Mord'. Wäre nur irgend eine Entschuldigung oder Rechtfertigung denkbar, so wählte man andere Worte – etwa Tötung aus Notwehr oder im Duell, fahrlässige Tötung, Attentat. Sofern sich in den Sprachspielen die sozialen Praktiken der Gruppe niederschlagen (Wittgenstein 1984), ist also die Weitergabe von Sprache, der Aufbau von Sprachkompetenz, ein rein innerweltlich funktionierender, früh und universell wirksamer Lernmechanismus.

Zweifellos bedarf es zur angemessenen Anwendung der schon früh verstandenen einfachen moralischen Regeln und basalen Moralprinzipien in komplexen Situationen noch der soziokognitiven Entwicklung (u.a. geht es hierbei um gesteigerte Rollenübernahmefähigkeiten; einen erweiterten Zeithorizont; ein vertieftes Motivverständnis; um den Erwerb der Fähigkeit, längere Kausalketten und Feedback-Schleifen sowie die Eigenständigkeit der Systemebene zu verstehen). Auch sind natürlich detaillierte problembezogene Informationen nötig. Allerdings steigt mit zunehmendem durchschnittlichen Bildungsniveau die Chance, dass viele Gesellschaftsmitglieder die notwendigen soziokognitiven Voraussetzungen erfüllen. Und die Vielfalt öffentlicher Diskussion und moralischer Kontroversen erhöht die Wahrscheinlichkeit, dass unterschiedliche Perspektiven und inhaltliche Wissensbestände wahrgenommen, möglicherweise auch integriert werden können.

2. Moralische Motivation

Normbefolgungsbereitschaft wird unterschiedlich konzeptualisiert und erklärt. Klassische und instrumentelle Konditionierung erzeugen einen generalisierten konformistischen Reaktionshabitus durch die unmittelbare und konsequente Bestrafung des abweichenden Verhaltens bzw. durch die systematische Belohnung einer schrittweisen Annäherung des spontan emittierten an das erwünschte Verhalten. Abweichende Impulse werden dabei im ersten Fall aus Strafangst unterdrückt, im zweiten Fall sind sie gar nicht mehr bewusstseinsfähig, sofern das Individuum im Streben nach Belohnungsmaximierung vermeint, je das zu tun, was es selbst ohnedies will. Der Aufbau des Überichs (in Reaktion auf die Kastrationsdrohung des autoritären Vaters) und die Entwicklung konformistischer Bedürfnisdispositionen (im Interesse der Erhaltung der mütterlichen Zuwendung) lassen sich als verinnerlichte Varianten des Konditionierungsmodells lesen: Abweichende Impulse werden aus Angst diesmal vor inneren Sanktionen (Gewissensbissen) unterdrückt oder werden gar nicht mehr bewusst, sofern die Erfüllung externer Erwartungen schon zum eigenen ,Bedürfnis' geworden ist.

Zu diesen Modi der Konformitätsbereitschaft tritt die oben beschriebene moralische Motivation einer ,freiwilligen Selbstbindung aus Einsicht' hinzu. Die Sozialisationsbedingungen für den Aufbau dieser Motivstruktur lassen sich aus zwei Forschungskontexten ableiten. Zum einen aus Untersuchungen von ,Hochbegabten' (d.h. von Kindern, die z.B. in Schach, Musik, Sport etc. Höchstleistungen erbringen): Diese haben gezeigt, dass die Eltern ihre Kinder an den sie selbst interessierenden Aktivitäten beteiligen und sich an deren Fortschritten erfreuen. Im Kontext einer affektiv warmen Beziehung gewinnen die Kinder so zunehmend selbst Freude an den entsprechenden Tätigkeiten – eine intrinsische Motivstruktur wird aufgebaut. Zum anderen aus Forschungen im Rahmen der Bindungstheorie: Darin wurde gezeigt, dass ,feinfühlige Mütter' sowohl die Interaktionsangebote, die der ,kompetente Säugling' (Dornes 1995) schon von früh an selbst macht, aufgreifen (statt sie zu ignorieren) als auch dessen Wunsch nach Rückzug respektieren (statt ihn durch weitere Interaktionsangebote zu überfordern). Solch feinfühliges mütterliches Verhalten scheint eine zwanglose und konfliktfreie Bereitschaft des Kindes zu befördern, sich in die Familienordnung einzufügen (vgl. Baumrind 1971).

Um diese beiden Forschungstraditionen zu integrieren: Im Kontext gelingender intrafamilialer Beziehungen mögen Kinder sich die Wertbindungen ihrer Eltern freiwillig selbst aneignen und affektiv besetzen. An einer feinfühligen Mutter lesen sie die Bedeutsamkeit der Dimension der Moral ab: indem diese nämlich die Bedürfnisse schon des Säuglings nach Zuwendung wie auch nach Abgrenzung ernst nimmt, realisiert sie in ihrem Verhalten das Kernprinzip von Moral – Achtung vor der Person. Diese Hypothese zum Zusammenhang der elterlichen Bindung an Moral und dem kindlichen Aufbau moralischer Motivation wird auch durch Ergebnisse aus dem Generationsvergleich gestützt. Darin wurde der Zusammenhang zwischen dem Modus moralischer Motivation der Befragten und ihren Berichten über typische Konfliktlösungsstrategien ihrer Eltern untersucht. Es zeigte sich, dass in dem Maße, in dem die Kinder am Verhalten ihrer Eltern den Vorrang von Durchsetzungs- und Machtinteressen vor einer egalitären Verständigungsorientierung ablesen konnten, der Modus freiwilliger moralischer Selbstbindung abnahm, offen amoralische Orientierungen hingegen zunahmen (vgl. ausführlicher Nunner-Winkler 1999b).

Auch für den Aufbau moralischer Motivation also lassen sich innerweltliche Reproduktionsmechanismen dingfest machen: Die sensible Wahrnehmung und Achtung der Bedürfnisse anderer Familienmitglieder und egalitär an Verständigung orientierte Konfliktlösungsstrategien fördern die Bereitschaft des Kindes, Moral zu einer persönlich wichtigen Dimension zu machen.

Es ist eine empirische Frage, in welchem Umfang diese Bedingungen faktisch realisiert werden: Auf der einen Seite erhöht sich mit dem Abbau des intrafamilialen Autoritarismus und der Zunahme kindlicher Mitspracherechte (vgl. Reuband 1988, 1997) wie auch der wachsenden Akzeptanz der Gleichberechtigung der Frau die Chance, dass Kinder die moralischen Grundprinzipien von Gleichheit und Gleichachtung als Organisationsprinzipien schon der ersten sozialen Institution erfahren, in die sie hineinwachsen. Auf der anderen Seite aber erwachsen neue Risiken: Die ‚Wunschkinder' (vgl. Nave-Herz 1989, 1994) mögen elterlichen Selbstverwirklichungsinteressen und Sinnstiftungsbedürfnissen ausgesetzt sein, also einer sozioemotionalen Instrumentalisierung, die schwerer durchschaubar und bearbeitbar sein mag, als dies für die vorauslaufende ökonomische Instrumentalisierung galt. Auch belegen alle Studien zur intrafamilialen Arbeitsteilung, dass reale Gleichheit in der Familie noch keineswegs realisiert ist und in den Kämpfen um die Verteilung innerfamilialer Lasten und Pflichten mögen zuweilen durchaus Macht- und Durchsetzungsinteressen den Vorrang vor Fairnesserwägungen und einer Verständigungsorientierung gewinnen.[32] Am plausibelsten dürfte die Annahme sein, dass die Varianz zwischen den Familien steigt, und zwar nicht nur (wie vielfach belegt), was ihre äußere Form, sondern auch was ihre inneren Kommunikations- und Verständigungsstrukturen anbelangt. Dies könnte eine ‚Individualisierung' auch in Fragen des moralischen Engagements zur Folge haben. So mag beides zugleich zutreffen: auf der einen Seite nimmt die Zahl von Personen mit einer im Vergleich zu früher deutlich gesteigerten moralischen Sensibilität zu; auf der anderen Seite aber mag sich auch die Zahl derer erhöhen, die ihre Skrupellosigkeit vergleichsweise offen ausleben (sofern und insoweit der Abbau eines väterlichen Autoritarismus und gegebenenfalls auch einer mütterlichen Überfürsorglichkeit die Wahrscheinlichkeit des Aufbaus eines rigiden Überichs und früher Es-Überformungen verringern).

VI. Zur Verschränkung von Mikro- und Makroperspektive

Um die bisherigen Überlegungen zusammenzuführen. Auf der Makroebene – so wurde einleitend argumentiert – vermögen funktionale Marktinterdependenzen allein Kooperation nicht dauerhaft zu stabilisieren. Moralische Integration – im Sinne der Sicherung von Vertragstreue – ist vielmehr notwendig. Moralische Integration – so der zweite Schritt der Argumentation – ist auch möglich. Es gibt den Staat, der das Monopol legitimer physischer Gewaltanwendung innehat, und im eigenen Handeln an Rechtsstaatlichkeit gebunden ist (vgl. Schwind et al. 1990: 306f., 369–972); es gibt eine Verfassung, die die Bürgerrechte garantiert; es gibt eine Öffentlichkeit, in der differierende Folgenabschät-

---

32 In dem Generationenvergleich zeigt sich in der Tat zu den jüngeren Kohorten hin eine Zunahme von kämpferisch-erpresserischen elterlichen Konfliktlösungsstrategien – ein Trend, der sich allerdings zu der allerjüngsten Generation (den Befragten der LOGIK-Replikationsstudie) hin nicht fortsetzt.

zungen und -bewertungen für unterschiedliche Politikstrategien verhandelt, und auch in Kauf- und Wahlentscheidungen der Bürger umgesetzt werden können; es gibt intermediäre Institutionen, die eine Brückenfunktion zwischen den Teilsystemen übernehmen. Auf der Mikroebene – so der dritte Schritt – ist moralische Integration auch wirklich. Entgegen gängigen Verfalls- und Erosionsdiagnosen gibt es faktisch einen fast vollständigen Konsens über die universelle Gültigkeit basaler moralischer Normen sowie eine weit verbreitete Bereitschaft, diese Normen auch ohne äußere Überwachung zu befolgen; es gibt auch Mechanismen, die die Reproduktion moralischen Wissens und moralischer Motivation zu gewährleisten vermögen. Mikro- und Makroebene – so die im Folgenden kurz zu begründende Schlussthese – sind in demokratischen Systemen miteinander verschränkt.

Um mit der kognitiven Seite zu beginnen: Der Erhalt des Systems bedarf der schöpferischen Initiierung guter Regulierungen, die die Sozialverträglichkeit auch bloß interessenorientierter Einzelhandlungen zu sichern suchen. Ein Beispiel ist etwa die einfache Regel der Beweislastumkehr bei Umweltvergehen. Neben dem einschlägigen inhaltlichen Expertenwissen ist es nicht zuletzt die besondere moralische Urteilsfähigkeit einzelner Beteiligter, die die Generierung produktiver Problemlösungsstrategien inspiriert. Die Tatsache, dass alle Bürger über ein geteiltes moralisches Basiswissen verfügen, erlaubt es ihnen, die vorgeschlagenen Lösungen an den moralischen Grundprinzipien von Unparteilichkeit und Schadensvermeidung zu bemessen. Noch bedeutsamer vielleicht ist die motivationale Seite. Vertrauen nämlich – im Sinne einer wechselseitigen Unterstellung von Gesetzestreue – ist eine notwendige Bedingung für die Funktionsfähigkeit sozialer Systeme. Erodiert dieses Vertrauen und werden den meisten Mitbürgern Betrugshandlungen unterstellt (etwa bei der Beantragung eines Kuraufenthaltes oder der Arbeitslosenunterstützung oder bei der Steuererklärung), dann sieht sich der ‚Ehrliche als der Dumme' und mag seinerseits (quasi im Sinne ausgleichender Gerechtigkeit) zu Übertretungen sich ‚legitimiert' fühlen. Um solche Negativzirkel zu unterbinden, sind rechtliche Absicherungen und Sanktionsandrohungen – als vertrauensbildende Maßnahme – zwar notwendig, aber keineswegs hinreichend. Offizielle Kontrollmaßnahmen sind nie zureichend effektiv (im Schnitt ist Schwarzfahren immer billiger als die bei Kontrollen fälligen Strafzahlungen) und informelle Sanktionen (Achtungsentzug) greifen unter den Bedingungen eines anonymisierten Großstadtlebens nicht. Soziale Institutionen lassen sich auf Dauer nur stabilisieren, wenn die große Mehrheit der Individuen zu intrinsischer, d.h. sanktionsunabhängiger Normbefolgung bereit ist, und diese Bereitschaft auch allen anderen – zumindest der überwältigenden Mehrheit – unterstellt und zu Recht unterstellen kann.

Für diese These, moralische Motivation der Bürger sei eine notwendige Ressource für die Funktionsfähigkeit des Gesamtsystems, findet sich ein überzeugender empirischer Beleg. Vor etwa 20 Jahren wurden in Italien Regionalregierungen neu eingeführt. Diese sollten dezentral Verwaltungsaufgaben und die Versorgung mit Dienstleistungen in eigene Regie nehmen. Die finanzielle und personelle Ausstattung sowie die gesetzlichen Bestimmungen, die ‚hard ware' also, das ‚System', war für alle 20 politischen Teilsysteme identisch. Wie steht es nun mit deren faktischer Funktionsfähigkeit? Putnam (1993) verglich anhand einer Vielfalt von Indikatoren längsschnittlich den Erfolg dieser 20 Regionalregierungen: die Effizienz des politischen Prozesses, der Politikproklamierung und -implementierung sowie ihre Bürgernähe.

Zwischen diesen unterschiedlichen Indikatoren ergab sich eine hohe Korrelation. Es zeigte sich: Regionen mit stabilen Regierungen verabschieden ihr Budget termingerecht, schöpfen ihr Finanzvolumen aus wie geplant, initiieren neue Gesetzesvorhaben, richten Kindertagesstätten und Familienkliniken ein, betreiben Stadtentwicklungsplanung, geben den Landwirten Kredite und beantworten Bürgeranfragen zügig. In einem zweiten Schritt wurden in sechs Regionen die subjektive Zufriedenheit der Bürger sowie Experteneinschätzungen der Regierungseffizienz erhoben. Nun zeigte sich: Effiziente Regierungen wurden von den Experten besser beurteilt und waren bei den Bürgern populärer als ineffiziente. Die Zufriedenheit der Bürger war weder mit irgendwelchen anderen sozioökonomischen Indikatoren (etwa Ausbildung, Stadt/Land, Alter) noch mit Parteipräferenz korreliert. Vielmehr galt: Anhänger der Regierungspartei in ineffizienten Regionen waren unzufriedener mit ihrer Regierung als die Anhänger der Opposition in effizienten Regionen. Insgesamt also ergab sich: Die Regionalregierungen unterscheiden sich stark in ihrem Erfolg: Einige arbeiten effizienter, sind initiativreicher und setzen ihre Planungen eher um. Diese Unterschiede blieben über mehr als 10 Jahre hinweg stabil und sie werden von Führungskräften und einfachen Bürgern erkannt und zutreffend eingeschätzt.

Interessant ist nun die Frage nach der Erklärung dieser Unterschiede. Zwar differieren effiziente und ineffiziente Regionen hinsichtlich ihres Modernisierungsgrads und Reichtums, doch der Zusammenhang trägt nur auf aggregiertem Niveau. Eine Detailanalyse innerhalb der Gruppe der reichen wie der armen Regionen zeigte erhebliche Unterschiede in der Regierungseffizienz. Putnam argumentiert, dass diese Unterschiede durch ‚Zivtugenden' zu erklären seien – durch ein hohes Interesse und eine aktive Beteiligung der Bürger an öffentlichen Angelegenheiten, durch Solidarität, Toleranz und Vertrauen. Die Ausbildung dieser Zivltugenden deutet er als Korrelat politischer Gleichheit und horizontaler Kooperationsstrukturen, ihren Mangel als Korrelat vertikaler Patron-Klienten-Abhängigkeiten. Auch diese These ließ sich empirisch stützen: Putnam fand einen starken Zusammenhang zwischen politischer Effizienz und einer Reihe von Indikatoren für ‚Ziviltugenden'.

Putnam fasst die Ergebnisse in schlichten Worten zusammen: „In einigen Regionen Italiens gibt es mehr Chöre und Fußballteams, ornitologische Gesellschaften und Rotary Clubs. Die meisten Bewohner in diesen Regionen informieren sich durch intensive Zeitungslektüre über öffentliche Angelegenheiten. Sie interessieren sich dafür, was in ihrer Gemeinde passiert, jedoch nicht in Form paternalistischer Klientenorientierung. Sie verlassen sich darauf, daß jeder fair und gesetzestreu handelt. Die Führer in diesen Regionen sind relativ ehrlich. Sie glauben an Demokratie und sind zu Kompromissen mit politischen Gegnern bereit. Bürger und politische Führer schätzen Egalität; soziale und politische Netzwerke sind horizontal, nicht hierarchisch organisiert. In der Gemeinde wird Solidarität, Bürgerengagement, Kooperation und Ehrlichkeit geschätzt. Die Regierung ist effizient – kein Wunder, daß die Leute in diesen Regionen zufrieden sind" (Putnam 1993: 115, Übers. G. N.-W.).

Ziviltugendhaftigkeit begreift Putnam als ‚soziale Tatsache' sensu Durkheim: Ein einzelner überzeugter Demokrat kann das vorherrschende Klima wechselseitigen Misstrauens und individueller Isolierung, von Familismus, Nepotismus und personalistischer Klienten-Patron-Politikorientierung in den ineffizienten Regionen nicht aufbrechen. Die geteilte Bereitschaft vertrauensvoller Zusammenarbeit, ebenso wie das Klima wechselseitigen Misstrauens und realer Korruption, sind Merkmal des Gemeinwesens. Diese müssen jedoch als Kondensat einer Vielzahl individueller Einzelhandlungen und Einzelerfahrungen gelten, die sich gemäß der Logik des Prisoner-Dilemmas im guten wie im schlechten Sinne aufschaukeln, verstärken und verfestigen.

An diesem Punkt mögen auch kulturkritische Verfallsklagen eine prekäre Rolle spielen. In dem Maße, in dem Personen glauben, es gäbe keine für alle verbindlichen Normen mehr, wird ihre eigene Bereitschaft zur Normbefolgung sinken. Schließlich ist individuelle Verzichtsleistung aufgrund moralischer Erwägungen sinnlos, solange nicht gewährleistet ist, dass auch alle anderen dazu sich bereitfinden (vgl. Olson 1965). Die Annahme eines Normverfalls ist – wie oben gezeigt – derzeit weit verbreitet. Gemäß dem Thomas-Theorem – wirklich ist, was Menschen für wirklich halten – mag sie sich auf dem Wege der self-fulfilling prophecy selbst bestätigen. Sozialwissenschaftler sind an solchen Prozessen nicht unbeteiligt: Wie Kaufmann (1997) feststellt: „Auch wir Soziologen, die wir uns gerne als distanzierte Beobachter der Beobachtungen anderer stilisieren, (werden) mit einer gewissen Zwangsläufigkeit als Diagnostiker gleichzeitig zu Akteuren des Geschehens" (Kaufmann 1997: 16). Möglicherweise werden wir als reine Verfallsdiagnostiker zu Akteueren in einem Geschehen, das sich verselbständigt, und in eine Richtung läuft, die wir nicht wünschen und ganz bestimmt dann auch nicht mehr zu steuern vermögen.

Literatur

Ackerman, Bruce A., 1980: Social Justice in the Liberal State. New Haven/London: Yale University Press.
Allensbacher Jahrbuch der Demoskopie 1993–1997, Band 10, Demoskopische Entdeckungen, 1997. Hrsg. von *Elisabeth Noelle-Neumann* und *Renate Köcher*. München: K. G. Saur.
Aretz, Hans-Jürgen, 1997: Ökonomischer Imperialismus? Homo Oeconomicus und soziologische Theorie, Zeitschrift für Soziologie 26: 79–95.
Asendorpf, Jens B., und *Gertrud Nunner-Winkler,* 1992: Children's Moral Motive Strength and Temperamental Inhibition Reduce their Immoral Tendencies in Real Moral Conflicts, Child Development 63: 1223–1235.
Axelrod, Robert, 1988: Die Evolution der Kooperation. München: Oldenbourg.
Baron, Marcia, 1984: The Alleged Moral Repugnance of Acting from Duty, The Journal of Philosophy 81: 197–220.
Baumrind, Diana, 1971: Current Patterns of Parental Authority, Developmental Psychology Monograph 4/2: 1–103.
Beck, Ulrich, und *Elisabeth Beck-Gernsheim,* 1993: Nicht Autonomie, sondern Bastelbiographie. Anmerkungen zur Individualisierungsdiskussion am Beispiel des Aufsatzes von Günter Burkart, Zeitschrift für Soziologie 22: 178–188.
Benhabib, Seyla, 1987: The Generalized and the Concrete Other: The Kohlberg-Gilligan Controversy and Feminist Theory. S. 77–95 in: *Seyla Benhabib* und *Drucilla Cornell* (Hg.): Feminism as Critique. Essays on the Politics of Gender in Late-Capitalist Societies. Cambridge, UK: Polity Press.
Berger, Johannes, 1992: Der Konsensbedarf der Wirtschaft. S. 151–196 in: *Hans-Joachim Giegel* (Hg.): Kommunikation und Konsens in modernen Gesellschaften. Frankfurt a.M.: Suhrkamp.
Berghahn, Sabine, 1998: Der Geist des Absoluten in Karlsruhe und die Chancen der Demokratie in der Abtreibungsfrage. Teil I, Leviathan 26: 253–269; Teil II, Leviathan 26: 400–422.
Bundesministerium für Jugend, Familie und Gesundheit (BMJFG), 1981: Materialien zum Bericht der Kommission zur Auswertung der Erfahrungen mit dem reformierten § 218 StGB. Stuttgart: Kohlhammer.

Costa, Paul T. Jr., und *Robert R. McCrae,* 1988: Personality in Adulthood: A Six-Year Longitudinal Study of Self-Reports and Spouse Ratings on the NEO Personality Inventory, Journal of Personality and Social Psychology 54: 853–863.
Currie, Elliott, 1997: Market, Crime and Community. Toward a Mid-Range Theory of Post-Industrial Violence. Theoretical Criminology. London/Thousand Oaks/New Delhi: Sage Publications.
Dawkins, Richard, 1996: Das egoistische Gen. München: dtv.
Döbert, Rainer, 1986: Wider die Vernachlässigung des ‚Inhalts' in den Moraltheorien von Kohlberg und Habermas. Implikationen für die Relativismus/Universalismus Kontroverse. S. 86–125 in: *Wolfgang Edelstein* und *Gertrud Nunner-Winkler* (Hg.): Zur Bestimmung der Moral. Frankfurt a.M.: Suhrkamp.
Döbert, Rainer, 1987: Horizonte der an Kohlberg orientierten Moralforschung, Zeitschrift für Pädagogik 33: 491–511.
Döbert, Rainer, 1996: § 218 vor dem Bundesverfassungsgericht. Verfahrenstheoretische Überlegungen zur sozialen Integration. S. 327–367 in: *Wolfgang van den Daele* und *Friedhelm Neidhardt* (Hg.): Kommunikation und Entscheidung. Politische Funktionen öffentlicher Meinungsbildung und diskursiver Verfahren. Berlin: WZB-Jahrbuch.
Durkheim, Emile, 1966: The Division of Labor in Society. New York: Free Press.
Dworkin, Ronald, 1984: Bürgerrechte ernstgenommen. Frankfurt a.M.: Suhrkamp.
Edelstein, Wolfgang, und *Gertrud Nunner-Winkler,* 1986: Einleitung. S. 7–21 in: *Wolfgang Edelstein* und *Gertrud Nunner-Winkler* (Hg.): Zur Bestimmung der Moral. Frankfurt a.M.: Suhrkamp.
Elias, Norbert, 1978: Über den Prozeß der Zivilisation. Band 1 und 2. Frankfurt a.M.: Suhrkamp.
Elwert, Georg, 1997: Gewaltmärkte. Beobachtungen zur Zweckrationalität der Gewalt. S. 86–101 in: *Trutz von Trotha* (Hg.): Soziologie der Gewalt. Sonderheft 37 der Kölner Zeitschrift für Soziologie und Sozialpsychologie. Opladen: Westdeutscher Verlag.
Fetchenhauer, Detlef, 1999: Möglichkeiten und Grenzen von Rational Choice-Erklärungen für betrügerisches Verhalten am Beispiel des Versicherungsbetrugs, Kölner Zeitschrift für Soziologie und Sozialpsychologie 51: 283–312.
Foucault, Michel, 1977: Überwachen und Strafen. Die Geburt des Gefängnisses (übersetzt von Walter Seitter). Frankfurt a.M.: Suhrkamp.
Frankfurt, Harry, 1988: The Importance of What We Care About. Philosophical Essays. Cambridge/New York: Cambridge University Press.
Friedrichs, Jürgen, 1997: Die gewaltsame Legitimierung sozialer Normen. Das Beispiel der Tierrechtler/Veganer. S. 327–354 in: *Trutz von Trotha* (Hg.): Soziologie der Gewalt. Sonderheft 37 der Kölner Zeitschrift für Soziologie und Sozialpsychologie. Opladen: Westdeutscher Verlag.
Gert, Bernard, 1973: The Moral Rules. A New Rational Foundation for Morality. New York: Harper & Row.
Habermas, Jürgen, 1983: Moralbewußtsein und kommunikatives Handeln. Frankfurt a.M.: Suhrkamp.
Habermas, Jürgen, 1992: Faktizität und Geltung. Beiträge zur Diskurstheorie des Rechts und des demokratischen Rechtsstaats. Frankfurt a.M.: Suhrkamp.
Habermas, Jürgen, 1998: Richtigkeit vs. Wahrheit. Zum Sinn der Sollgeltung moralischer Urteile und Normen, Deutsche Zeitschrift für Philosophie 46: 179–208.
Heitmeyer, Wilhelm, 1997: Einleitung: Sind individualisierte und ethnisch-kulturell vielfältige Gesellschaften noch integrierbar? S. 9–19 in: *Ders.* (Hg.): Was hält die Gesellschaft zusammen? Frankfurt a.M.: Suhrkamp.
Honegger, Claudia, 1989: Frauen und medizinische Deutungsmacht im 19. Jahrhundert. S. 181–206 in: *A. Labisch* und *R. Spree* (Hg.): Medizinische Deutungsmacht im sozialen Wandel. Bonn: Psychiatrie-Verlag.
Honneth, Axel (im Druck): Zwischen Aristoteles und Kant. Skizze einer Moral der Anerkennung. In: *Wolfgang Edelstein* und *Gertrud Nunner-Winkler* (Hg.): Moral im Kontext. Frankfurt a.M.: Suhrkamp.
Kaufmann, Franz-Xaver, 1997: Schwindet die integrative Funktion des Sozialstaates?, Berliner Journal für Soziologie 7: 5–19.

Klages, Helmut, 1998: Werte und Wertewandel. S. 698–709 in: *Bernhard Schäfers* und *Wolfgang Zapf* (Hg.): Handwörterbuch zur Gesellschaft Deutschlands. Opladen: Leske + Budrich.

Köcher, Renate, 1993: 40 Jahre Bundesrepublik: Der lange Weg. Demoskopie als Geschichtsquelle. S. 400–410 in: *Elisabeth Noelle-Neumann* und *Renate Köcher* (Hg.): Allensbacher Jahrbuch der Demoskopie 1984–1992, Bd. 9. Allensbach: Saur.

Lübbe, Hermann, 1978: Holzwege der Kulturrevolution. (Stellungnahme zu den Thesen „Mut zur Erziehung", in: Lehrerzeitung B.W., 1978, 9, 255–256). Schul intern, April, 8–11.

Luhmann, Niklas, 1986: Ökologische Kommunikation. Kann die moderne Gesellschaft sich auf ökologische Gefährdungen einstellen? Opladen: Westdeutscher Verlag.

Luhmann, Niklas, 1990: Paradigm lost: Über die ethische Reflexion von Moral. Frankfurt a.M.: Suhrkamp.

Luhmann, Niklas, 1998: Die Gesellschaft der Gesellschaft. Frankfurt a.M.: Suhrkamp.

Marquard, Odo, 1981: Abschied vom Prinzipiellen. Stuttgart: Reclam.

Mau, Steffen, 1997: Ideologischer Konsens und Dissens im Wohlfahrtsstaat, Soziale Welt 48: 17–38.

Mayntz, Renate, 1988: Funktionelle Teilsysteme in der Theorie sozialer Differenzierung. S. 11–44 in: *Renate Mayntz, Bernd Rosewitz, Uwe Schimank* und *Rudolf Stichweh* (Hg.): Differenzierung und Verselbständigung. Zur Entwicklung gesellschaftlicher Teilsysteme. Frankfurt a.M./New York: Campus.

Meuschel, Sigrid, 1981: Kapitalismus oder Sklaverei. Die langwierige Durchsetzung der bürgerlichen Gesellschaft in den USA. Frankfurt a.M.: Europäische Verlagsanstalt.

Münch, Richard, 1994: Zahlung und Achtung. Die Interpenetration von Ökonomie und Moral, Zeitschrift für Soziologie 23: 388–411.

Münch, Richard, 1997: Elemente einer Theorie der Integration moderner Gesellschaften. S. 6–109 in: *Wilhelm Heitmeyer* (Hg.): Was hält die Gesellschaft zusammen? Frankfurt a.M.: Suhrkamp.

Nave-Herz, Rosemarie, 1989: Zeitgeschichtlicher Bedeutungswandel von Ehe und Familie in der Bundesrepublik Deutschland. S. 211–222 in: *Rosemarie Nave-Herz* und *Manfred Markefka* (Hg.): Handbuch der Familien- und Jugendforschung. Band I: Familienforschung. Neuwied/Frankfurt a.M.: Luchterhand Verlag.

Nave-Herz, Rosemarie, 1994: Familie heute: Wandel der Familienstrukturen und Folgen für die Erziehung. Darmstadt: Wissenschaftliche Buchgesellschaft.

Noelle-Neumann, Elisabeth, 1978: Werden wir alle Proletarier? Wertewandel in unserer Gesellschaft. Zürich: Edition Interfrom.

Nucci, Larry P., 1981: Conceptions of Personal Issues: Distinct from Moral or Societal Concepts, Child Development 52: 114–121.

Nucci, Larry P., und *John Lee*, 1993: Moral und personale Autonomie. S. 69–103 in: *Wolfgang Edelstein, Gertrud Nunner-Winkler* und *Gil Noam* (Hg.): Moral und Person. Frankfurt a.M.: Suhrkamp.

Nunner-Winkler, Gertrud, 1996: Moralisches Wissen – moralische Motivation – moralisches Handeln. Entwicklungen in der Kindheit. S. 129–173 in: *Michael-Sebastian Honig, Hans Rudolf Leu* und *Ursula Nissen* (Hg.): Kinder und Kindheit. Soziokulturelle Muster, sozialisationstheoretische Perspektiven. München: Juventa.

Nunner-Winkler, Gertrud, 1999a: Development of Moral Understanding and Moral Motivation. S. 253–290 in: *Franz E. Weinert* und *Wolfgang Schneider* (Hg.): Individual Development from 3 to 12. Findings from the Munich Longitudinal Study. New York: Cambridge University Press.

Nunner-Winkler, Gertrud, 1999b: Sozialisationsbedingungen moralischer Motivation. S. 299–329 in: *Hans Rudolf Leu* und *Lothar Krappmann* (Hg.): Zwischen Autonomie und Verbundenheit. Bedingungen und Formen der Behauptung von Subjektivität. Frankfurt a.M.: Suhrkamp.

Nunner-Winkler, Gertrud (im Druck a): Wandel in den Moralvorstellungen. In: *Wolfgang Edelstein* und *Gertrud Nunner-Winkler* (Hg.): Moral im Kontext. Frankfurt a.M.: Suhrkamp.

Nunner-Winkler, Gertrud (im Druck b): Von Selbstzwängen zur Selbstbindung. In: *Neil Roughley* und *Martin Endreß* (Hg.): Anthropologie und Moral. Würzburg: Königshausen und Neumann.

Nussbaum, Martha C., 1993: Menschliches Tun und soziale Gerechtigkeit. Zur Verteidigung des aristotelischen Essentialismus. S. 323–361 in: *Micha Brumlik* und *Hauke Brunkhorst* (Hg.): Gemeinschaft und Gerechtigkeit. Frankfurt a.M.: Fischer.

Olson, Mancur Jr., 1965: The Logic of Collective Action. Cambridge, MA: Harvard University Press.
Osgood, Charles E., George J. Suci und *Percy H. Tannenbaum,* 1957: The Measurement of Meaning. Urbana, Ill.: University of Illinois Press.
Putnam, Hilary, 1995: Words and Life. Cambridge, MA/London: Harvard University Press.
Putnam, Robert D., mit *Robert Leonardi* und *Raffaella Y. Nanetti,* 1993: Making Democracy Work. Civic Traditions in Modern Italy. Princeton, NJ: Princeton University Press.
Rawls, John, 1972: A Theory of Justice. London/Oxford/New York: Oxford University Press.
Reuband, Karl-Heinz, 1988: Von äußerer Verhaltenskonformität zu selbständigem Handeln: Über die Bedeutung kultureller und struktureller Einflüsse für den Wandel in den Erziehungszielen und Sozialisationsinhalten. S. 73–97 in: *Hans Otto Luthe* und *Heiner Meulemann* (Hg.): Wertwandel – Faktum oder Fiktion? Bestandsaufnahmen und Diagnosen aus kultursoziologischer Sicht. Frankfurt a.M./New York: Campus.
Reuband, Karl-Heinz, 1997: Aushandeln statt Gehorsam. Erziehungsziele und Erziehungspraktiken in den alten und neuen Bundesländern im Wandel. S. 129–153 in: *Lothar Böhnisch* und *Karl Lenz* (Hg.): Familien. Eine interdisziplinäre Einführung. Weinheim/München: Juventa.
Schneider, Wolfgang, und *Gertrud Nunner-Winkler,* 1989: Parent Interview. S. 26–40 in: *Franz E. Weinert* und *Wolfgang Schneider* (Hg.): The Munich Longitudinal Study on the Genesis of Individual Competencies (LOGIC). Report Nr. 5: Results of Wave three. Munich: Max-Planck-Institute for Psychological Research.
Schwind, Hans-Dieter, und *J. Baumann* (Hg.), 1990: Ursachen, Prävention und Kontrolle von Gewalt. Analysen und Vorschläge der Unabhängigen Regierungskommission zur Verhinderung und Bekämpfung von Gewalt (Gewaltkommission). Band I: Endgutachten und Zwischengutachten der Arbeitsgruppen (2., unveränderte Auflage). Berlin: Duncker & Humblot.
Sears, David O., 1981: Life-Stage Effects on Attitude Change, especially among the Elderly. S. 183–204 in: *Sara B. Kiesler, James N. Morgan* und *Valerie Kincade Oppenheimer* (Hg.): Aging. Social Change. New York: Academic Press.
Soeffner, Hans-Georg, 1998: Handeln im Alltag. S. 276–287 in: *Bernhard Schäfers* und *Wolfgang Zapf* (Hg.): Handwörterbuch zur Gesellschaft Deutschlands. Bonn: Bundeszentrale für politische Bildung.
Spencer, Herbert, 1874: The Study of Sociology. New York: D. Appleton & Co.
Tugendhat, Ernst, 1993: Vorlesungen über Ethik. Frankfurt a.M.: Suhrkamp.
Turiel, Elliot, 1983: The Development of Social Knowledge. Morality and Convention. Cambridge: Cambridge University Press.
Waldmann, Peter, 1997: Veralltäglichung von Gewalt: Das Beispiel Kolumbien. S. 141–161 in: *Trutz von Trotha* (Hg.): Soziologie der Gewalt, Sonderheft 37 der Kölner Zeitschrift für Soziologie und Sozialpsychologie. Opladen: Westdeutscher Verlag.
Weber, Max, 1956: Wirtschaft und Gesellschaft. Tübingen: J.C.B. Mohr (Paul Siebeck).
Weinert, Franz E., 1998: Entwicklung im Kindesalter. Weinheim: Beltz, Psychologie Verlags Union.
Weinert, Franz E., und *Ulrich Geppert* (Hg.), 1996: Genetisch orientierte Lebensspannenstudie zur differentiellen Entwicklung (GOLD), Report Nr. 1: Planung der Studie. München: Max-Planck-Institut für Psychologische Forschung.
Weinert, Franz E., und *Ulrich Geppert* (Hg.), 1998: Genetisch orientierte Lebensspannenstudie zur differentiellen Entwicklung (GOLD), Report Nr. 2: Erste Ergebnisse der Studie. München: Max-Planck-Institut für Psychologische Forschung.
Weinert, Franz E., und *Wolfgang Schneider* (Hg.), 1999: Individual Development from 3 to 12. Findings from the Munich Longitudinal Study. New York: Cambridge University Press.
Wittgenstein, Ludwig, 1984: Philosophische Untersuchungen (Bd.1, Werkausgabe). Frankfurt a.M.: Suhrkamp.
Wrong, Dennis H., 1961: The Oversocialized Conception of Man in Modern Sociology, American Sociological Review 26: 183–193.
Zehetmair, Hans, 1993: Werteordnung und Wertewandel. Eine Herausforderung für den Ethikunterricht. S. 363–372 in: *Hans Huber* (Hg.): Sittliche Bildung. Ethik in Erziehung und Unterricht. Asendorf: MUT-Verlag.

RELIGIÖSE PLURALISIERUNG IN DER BUNDESREPUBLIK DEUTSCHLAND*

Christof Wolf

Zusammenfassung: Gegenstand dieses Beitrags ist, ob und in welcher Form sich in Deutschland Prozesse religiöser Pluralisierung nachweisen lassen. Nach einer Explikation des Begriffs der religiösen Pluralisierung und den Möglichkeiten seiner empirischen Erfassung werden empirische Analysen auf der Ebene von Kirchen/Religionsgemeinschaften und auf der Ebene von Personen präsentiert. Diese Analysen zeigen eindeutige Pluralisierungstendenzen sowohl zwischen als auch innerhalb der Kirchen, dabei ist der innerkirchliche Pluralisierungstrend jedoch nicht in allen Bereichen zu beobachten. Auf der Individualebene lässt sich eine deutliche Zunahme des interkonfessionellen Kontakts und, bei den kirchlich Gebundenen, eine Pluralisierung innerhalb der Überzeugungssysteme beobachten. Abschließend wird an drei möglichen religiösen Konfliktlinien untersucht, mit welchem Einfluss der aktuellen religiösen Situation auf die soziale Integration in Deutschland zu rechnen ist.

I. Einleitung

In diesem Beitrag wird der Frage nachgegangen, ob sich in der Bundesrepublik Deutschland Anzeichen für eine religiöse Pluralisierung finden lassen. Dabei geht es nicht einfach um Abweichungen von einer religiösen Norm (Fauth und Müller 1999), auch nicht um einzelne „Außenseiter, Häretiker, Revolutionäre" (Lipp 1999). Diese Abweichungen und Abweichler hat es in allen christlich geprägten Gesellschaften zu allen Zeiten gegeben. Mir geht es in diesem Beitrag vielmehr um die Frage, inwieweit sich ein Prozess diagnostizieren lässt, der die Gesellschaft der Bundesrepublik als ganze erfasst hat und in dessen Verlauf das Angebot an und die Nachfrage nach Religion vielfältiger geworden ist.

Religiöse Pluralisierung wird von vielen Soziologen als Folge gesellschaftlicher Rationalisierungs- und Differenzierungsprozesse und damit als Teil eines umfassenden gesellschaftlichen Modernisierungsprozesses verstanden (Berger 1980; van der Loo und van Reijen 1992; Jagodzinski 1995). Während in früheren Gesellschaften (meist nur eine einzige) Religion das Monopol zur Weltdeutung innehatte, wurde diese Monopolstellung durch Prozesse gesellschaftlicher Differenzierung immer weiter aufgeweicht. Neue gesellschaftliche Teilsysteme – insbesondere Wissenschaft, Politik und Wirtschaft – beanspruchten Gehör für ihre Weltsicht, die jeweils anderen Gesichtspunkten folgte und mit Bezug auf andere Ziele rationalisiert wurde als das Teilsystem Religion. Dieser Prozess, „durch den Teile der Gesellschaft und Ausschnitte der Kultur aus der Herrschaft religiöser Institutionen und Symbole entlassen werden" (Berger 1973: 103), wird gemeinhin als Säku-

---

* Michael Wagner und den Herausgebern sei für ihre Anregungen und Kommentare gedankt.

larisierung bezeichnet. Im Zuge dieses Prozesses, in dessen Verlauf zunehmend mehr religiöse und nicht-religiöse Angebote der Weltdeutung auftreten, verliert die (vormals einzige oder dominante) Religion ihre Bedeutung für die Gesellschaft als Ganzes. Gleichzeitig wird über religiöse Orientierungen und Gefolgschaft zunehmend durch die einzelnen Gesellschaftsmitglieder entschieden (Luckmann 1991: Kap. IV). Diese Privatisierung der Religion führt nun aber ihrerseits, so die These, auf der Seite der Individuen (der Nachfrager) zu einer Vervielfältigung der religiösen Orientierungen. Gegenstand dieses Beitrags ist die Frage, inwieweit sich dieser postulierte Prozess einer religiösen Pluralisierung für die Bundesrepublik Deutschland nachweisen lässt.

Dazu wird zunächst der Begriff der religiösen Pluralisierung näher expliziert, es wird eine Typologie verschiedener Formen religiöser Pluralisierung vorgeschlagen und es werden Maßzahlen zur empirischen Erfassung dieses Konzepts erläutert (Abschnitt II). Im daran anschließenden Hauptkapitel (III) werden empirische Analysen zu den verschiedenen Formen religiöser Pluralisierung präsentiert. Abschließend wird diskutiert, welchen Einfluss die empirisch festgestellten Phänomene religiöser Pluralisierung auf die soziale Integration der Bundesrepublik haben (IV).

II. Religiöse Pluralisierung: Zur Explikation eines Konzeptes

1. Typen religiöser Pluralisierung

Nach Hillmann (1994: 672) ist eine *pluralistische* Gesellschaft gekennzeichnet „durch eine konfliktträchtige Vielfalt unterschiedlicher, z.T. gegensätzlicher Weltanschauungen, Werte, Interessen, Lebensstile und Verhaltensweisen sowie durch eine entsprechend stark differenzierte Sozialstruktur und Herrschaftsordnung". Pluralisierung ist also ein Prozess der Vervielfältigung, ein Prozess der Zunahme des Nebeneinanders von in gewisser Hinsicht Gleichartigem; Dingen also, die etwa dieselbe Funktion ausüben oder demselben gesellschaftlichen Teilsystem zugerechnet werden können. In diesem Sinne meint *religiöse* Pluralisierung einen Prozess, in dessen Verlauf sich die Vielfalt des Religiösen vermehrt. Allerdings ist umstritten, ob auch eine einfache Differenzierung religiöser Vorstellungen und Praktiken, wie sie beispielsweise zwischen verschiedenen Orden der römisch-katholischen Kirche zu beobachten ist, als religiöse Pluralisierung zu bezeichnen. So plädiert Lenski (1965: 25) dafür, nur dann von religiöser Pluralisierung zu sprechen, wenn in einer Gesellschaft mehrere *organisierte religiöse Gruppen mit unvereinbaren Glaubensvorstellungen und Praktiken* (ko)existieren.[1]

Im Gegensatz zu Lenski weisen Berger und Luckmann (1966: 74) in ihrer Definition religiöser Pluralisierung darauf hin, dass diese neben dem sozial-strukturellen Aspekt auf der Ebene religiöser Organisationen immer auch eine subjektive Seite hat. Durch die vielfältigen Modernisierungsprozesse (soziale Differenzierung, Industrialisierung, Rationa-

---

1 Diese Definition wird insofern auch der oben zitierten Charakterisierung der pluralistischen Gesellschaft durch Hillmann gerecht, als dieser von einer *konfliktträchtigen* Vielfalt spricht. Es stellt sich jedoch die Frage, ob nicht schon die Existenz verschiedener religiöser Organisationen auf die Unvereinbarkeit ihrer Glaubensvorstellungen schließen lässt, die jederzeit in einen offenen Konflikt münden kann.

lisierung bzw. Verwissenschaftlichung, Verstädterung etc.), in deren Verlauf die Kirchen zunächst ihr Monopol für Sinnfragen, für Werte und moralische Vorstellungen überhaupt verloren haben (Luckmann 1991: 74f.) und schließlich auch noch im begrenzten Bereich des religiösen Teilsystems durch neue religiöse (und nicht notwendiger Weise im engeren Sinne religiöse) Organisationen unter Druck geraten sind, ist der gesellschaftliche Stellenwert der beiden großen Kirchen in Deutschland gesunken. Durch das Nebeneinander verschiedener religiöser Angebote verliert jedes einzelne den Charakter objektiver Wahrheit. Daher hat jeder Mensch die Freiheit und ist gleichzeitig gezwungen, sich seine oder ihre religiöse Wahrheit selbst zu suchen. Die traditionellen religiösen Glaubenssätze „cease to be objective truth and become matters of subjective choice, belief, preference" (Berger und Luckmann 1966: 81). Der zunehmende Bedeutungsverlust der traditionellen Kirchen als Sinnanbieter hat gleichzeitig zu einer Auflösung der sozialen Basis der Kirchen, der konfessionellen Milieus, geführt und Religiosität zu einer Sache des privaten Entscheidens werden lassen. Daher muss die Untersuchung religiöser Pluralisierung neben der sozialstrukturellen Ebene religiöser Organisationen auch die Mikroebene individuell verschiedener religiöser Orientierungen und Praktiken in den Blick nehmen (vgl. auch Gabriel 1991).

Neben der Unterscheidung von organisierter und individueller Religiosität sollte darüber hinaus eine weitere Differenz eingeführt werden. Zum einen kann religiöse Pluralisierung eine Zunahme der Unterschiedlichkeit *zwischen* Organisationen bzw. Personen bezeichnen. Davon zu unterscheiden ist die Zunahme religiöser Heterogenität *innerhalb* von Organisationen oder Personen. Technisch gesprochen handelt es sich beim ersten Fall um eine Zunahme der Varianz zwischen Organisationen oder Personen, im zweiten Fall um eine steigende Varianz innerhalb von Organisationen oder Personen. Mit diesen Unterscheidungen lässt sich eine Typologie religiöser Pluralisierung ableiten, die zwischen der Art der Analyseeinheiten und der Form der Unterschiede differenziert (vgl. *Abbildung 1*).[2]

Abbildung 1: Typen religiöser Pluralisierung

Analyseeinheit	Form der Unterschiede
Religionsgemeinschaft/ Kirche	Interorganisatorisch; zwischen Kirchen
	Intraorganisatorisch; innerhalb von Kirchen
Person	Interpersonell; zwischen Menschen
	Intrapersonell; innerhalb von Menschen

Von *inter*organisatorischer Pluralisierung soll dann gesprochen werden, wenn eine Zunahme unterschiedlicher religiöser Organisationen mit verschiedenen religiösen Angeboten zu beobachten ist. Offensichtlich hatte Lenski mit seiner oben angeführten Definition diese

---

[2] Neben den beiden unterschiedlichen Ebenen können weitere in die Analyse eingeführt werden. So unterscheidet Gabriel (1991: 833) zwischen a) einem Kulturmuster des Religiösen, b) einer Ebene der Institutionen und c) individuelle Religionsstile. Die hier nicht betrachtete Ebene der Kulturmuster wird v.a. im internationalen oder historischen Vergleich bedeutsam. Knoblauch (1999: 120, FN 17), der eine ganz ähnliche Differenzierung religiöser Pluralisierung anmahnt, führt noch die Unterscheidung in diachrone und synchrone Pluralisierung ein.

Form religiöser Pluralisierung im Auge. Von *intra*organisatorischer Pluralisierung soll dann gesprochen werden, wenn mindestens innerhalb einer religiösen Organisation oder Kirche eine Zunahme unterschiedlicher religiöser Überzeugungen oder Praktiken zu beobachten ist. Hier schließen sich dann Fragen nach den Folgen eines derartigen Prozesses für die Organisation an; kommt es zu einer Abspaltung, wie beispielsweise im Fall der Altkatholiken 1871, oder gelingt es der Organisation, mit den Verschiedenartigkeiten zu leben bzw. diese in eine neue Synthese zu integrieren.[3]

Auf der Mikroebene soll zwischen religiöser *inter*personeller Pluralisierung oder auch religiöser Individualisierung, also einer zunehmenden Differenzierung zwischen Personen mit Bezug auf Religiosität einerseits und *intra*personeller Pluralisierung andererseits unterschieden werden. Gerade diese zuletzt genannte Form religiöser Pluralisierung, die auch als Patchwork-Religiosität, religiöse Fleckerlteppichnäherei oder religiöse Bricolage bezeichnet wird (Luckmann 1985: 482), ist seit einigen Jahren in den Mittelpunkt des Interesses der deutschsprachigen Religionssoziologie gerückt (vgl. die Beiträge in Dubach und Campiche 1993; Gabriel 1996). Kennzeichnend für eine Zunahme der Patchwork-Religiosität wäre beispielsweise die zunehmende Verbreitung von religiösen Orientierungen, die christliche Überzeugungen mit einem (nicht-christlichen) Reinkarnationsglauben verbinden.

Jede der vier Typen religiöser Pluralisierung kann mit Bezug auf sehr verschiedene Dimensionen oder Aspekte untersucht werden. Zur Charakterisierung der Unterschiede zwischen religiösen Organisationen (interorganisatorischer Pluralisierung) können z.B. Mitgliederzahlen oder deren Veränderung analysiert werden. Es können aber auch Unterschiede der theologischen Aussagen, religiösen Botschaften oder vorgeschriebene religiöse Praktiken in den Blick genommen werden. Interessiert dagegen die intrapersonale Pluralisierung der Religiosität, kann die Konsonanz oder Kohärenz verschiedener Dimensionen einer spezifischen Form von Religiosität, die für eine Person oder Gruppen von Personen charakteristisch sind, untersucht werden.[4] Aber auch die spezifischen Mixturen aus verschiedenen Religionen, die Personen zu ganz neuen Gebilden formen, können in den Blick genommen werden.

Die hier vorgeschlagene Typisierung religiöser Pluralisierung ist unabhängig von der jeweils verwendeten Religionsdefinition. Wird der Untersuchung ein substantieller Religionsbegriff zugrunde gelegt (etwa Spiro 1966), bestehen die interessierenden religiösen Organisationen beispielsweise aus Kirchen oder neuen religiösen Bewegungen, soweit diese eine übernatürliche Macht kennen. Wird dagegen ein funktionalistischer Religionsbegriff bevorzugt, wie etwa von Lenski (1965), so muss die Menge ‚religiöser' Organisationen entsprechend erweitert werden um politische Parteien, psychoanalytische Zirkel etc. Dasselbe gilt auch für die Mikroebene ‚religiöser' Überzeugungen und Praktiken.

---

3 Vergleiche zu dieser Frage die Überlegungen von Gabriel (1992: 200ff.) zu einem pluriformen Katholizismus.
4 Zu verschiedenen Dimensionen christlicher Religiosität vergleiche Kecskes und Wolf (1993, 1995).

2. Zur empirischen Erfassung religiöser Pluralisierung

Wird der theoretische Begriff der religiösen Pluralisierung im weitesten Sinne als ein Prozess der zunehmenden Vervielfältigung des Religiösen aufgefasst, kann eine adäquate empirische Beschreibung dieses Phänomens nur auf der Grundlage von Längsschnittuntersuchungen erfolgen. Die in vielen Studien festgestellte Heterogenität der Population in Bezug auf kirchliche Mitgliedschaft oder religiöse Überzeugungen kann für sich genommen noch nicht mit religiöser Pluralisierung gleich gesetzt werden. Religiöse Pluralisierung im oben genannten Sinne liegt empirisch nur dann vor, wenn eine *Zunahme* der Variation entsprechender Indikatoren der Religiosität im Zeitverlauf nachgewiesen werden kann. An eine empirische Untersuchung religiöser Pluralisierung sind somit zwei Mindestforderungen zu stellen: Sie muss sich auf vergleichbare Daten für mindestens zwei Zeitpunkte beziehen und sie muss die Veränderung der Streuung oder Variation ins Zentrum der Analyse rücken. Letzteres, die Messung von Variationen, kann in Abhängigkeit des unterstellten Skalenniveaus und der Art der gewünschten Information auf vielfältige Weise erfolgen.[5] Veränderungen der Streuungen metrischer Indikatoren lassen sich beispielsweise durch die Verwendung der Standardabweichungen (Jagodzinski und Dobbelaere 1995) oder, wenn der Analyse ein Regressionsmodell zugrunde liegt, durch Veränderungen der unstandardisierten Regressionskoeffizienten (Müller 1997) bzw. des Modellfit (Schnell und Kohler 1995) untersuchen. Dort wo im Folgenden metrische Merkmale analysiert werden, wird das Ausmaß religiöser Pluralisierung durch die Standardabweichung bestimmt. Bei der Analyse kategorialer Variablen, wie die Konfessionszugehörigkeit, wird zur Bestimmung der religiösen Pluralisierung auf ein einfaches Maß der Heterogenität, den Index der Diversifikation, zurückgegriffen. Für ein Merkmal mit K Kategorien ist dieser Index folgendermaßen definiert:

$$D = 1 - \sum_{k=1}^{K} p_k^2$$

(mit p_k : Anteil der Analyseeinheiten in Kategorie k).

Fallen alle Analyseeinheiten in dieselbe Kategorie des interessierenden Merkmals, erreicht D sein Minimum 0. Sind die Analyseeinheiten dagegen gleichmäßig auf alle Kategorien des betrachteten Merkmals verteilt, d.h. p_k = 1/k für alle k, erreicht D sein Maximum bei (k–1)/k.[6] Ein Vorteil dieser Maßzahl ist, dass sie sich als die Wahrscheinlichkeit interpretieren lässt, mit der zwei zufällig gezogene Analyseeinheiten unterschiedlichen Kategorien eines Merkmals angehören.[7] Ähnlich wie die Varianz kann D in zwei Kompo-

---

5 Entsprechende Überblicke geben Lieberson (1969), Agresti und Agresti (1977) und Coulter (1989).
6 Bei einem Vergleich von Merkmalen mit unterschiedlich vielen Kategorien bietet sich eine Standardisierung von D an. Dies leistet der Index der qualitativen Variation, welcher definiert ist als: $IQV = \frac{k}{k-1} D$, mit $0 \leq IQV \leq 1$.
Zu Problemen derartiger Standardisierungen vergleiche aber Martin (1999).
7 Aufgrund der großen Fallzahlen, die den folgenden Analysen zugrunde liegen, wird hier auf den von Schwartz (1990: 359f., Anmerkung 3) vorgeschlagenen Korrekturfaktor verzichtet.

nenten zerlegt werden: die Heterogenität zwischen verschiedenen Subgruppen der betrachteten Population und die Heterogenität innerhalb dieser Subgruppen. Damit lässt sich z.B. untersuchen, inwieweit die Heterogenität einer Gesamtpopulation auch innerhalb ihrer verschiedenen Teile zu beobachten ist oder im Wesentlichen auf die Verschiedenartigkeit in sich homogener Subgruppen zurückgeführt werden muss. Die entsprechende Zerlegung erfolgt nach (vgl. Schwarz 1990):

$$D = D_I + D_z$$

$$D_I = \frac{1}{N} \sum_{j=1}^{J} N_j D_j$$

$$D_z = \frac{1}{N} \sum_{j=1}^{J} \left[N_j \sum_{k=1}^{K} \left(p_{jk} - p_k \right)^2 \right]$$

Mit D_z: Diversifikation zwischen den Subgruppen 1...J;
D_I: Diversifikation innerhalb der Subgruppen 1...J;
D_j: Diversifikation in Subgruppe j;
N_j: Größe der j-ten Subgruppe;
N: Größe der Population insgesamt;
p_{jk}: Anteil der Einheiten in Kategorie k in der Subgruppe j;
p_k: Anteil der Einheiten in Kategorie k insgesamt.

III. Empirische Analysen

Das zentrale Problem der empirischen Erfassung religiöser Pluralisierung ist die in mehrfacher Hinsicht unbefriedigende Datenlage. Die zur Analyse der interorganisatorischen und v.a. der intraorganisatorischen Veränderungen benötigten Daten fehlen fast vollständig. So ist die Anzahl und Größe religiöser Organisationen in der Bundesrepublik mit Ausnahme der großen Kirchen und einiger anderer Glaubensgemeinschaften weitestgehend unbekannt. Nötig wären auch Informationen zur internen Gliederung der Kirchen und religiösen Organisationen sowie der verschiedenen ‚theologischen', ‚seelsorgerlichen' und ‚politischen' Fraktionen innerhalb der Organisationen. Schließlich fehlt es sowohl mit Bezug auf religiöse Organisationen als auch mit Bezug auf Personen an Datensätzen, die längere Zeiträume abdecken. Die nachfolgenden Analysen können daher nur sehr punktuell Licht auf ausgewählte Phänomene religiöser Pluralisierung werfen.

1. Interorganisatorische Pluralisierung: Die Pluralisierung von Religionsgemeinschaften

Veränderungen der Mitgliederstärke religiöser Gemeinschaften in der (alten) Bundesrepublik Deutschland lassen sich, zumindest bei Verwendung eines relativ groben Klassifika-

Tabelle 1: Religionszugehörigkeit in Westdeutschland 1939–1987 (in Prozent) und ihre Heterogenität[a]

	1939[b]	1950[c]	1961	1970	1987
Evangelische Kirche in Deutschland	47,6	50,5	50,5	47,0	41,6
Evangelische Freikirchen	1,1	1,0	0,6	2,0	0,6
Römisch-katholische Kirche	46,4	44,3	44,1	44,6	43,0
Jüdische Religionsgemeinschaft	0,3	0,0	0,0	0,1	0,1
Andere Religionsgesellschaften	0,6	0,2	1,1	2,4	4,7
Gemeinschaftslos	4,1	3,7	3,0	3,2	8,0
Ungeklärt und ohne Angabe	0,0	0,3	0,7	0,7	2,0
Gesamt in 1.000 (100%)	40.248,0	50.798,9	56.174,8	60.650,4	61.077,0
Heterogenität[d]					
Bundesrepublik insgesamt	0,56	0,54	0,54	0,57	0,62
davon entfallen (in Prozent):					
– zwischen den Bundesländern	–	16,0	14,3	12,5	9,7
– innerhalb der Bundesländer	–	84,0	85,7	87,5	90,3

a Zugrunde gelegt wurden Volkszählungsdaten. Die Angaben zur Konfessionszugehörigkeit wurden für alle Jahre in ein vergleichbares Schema rekodiert (für genaue Angaben vgl. Anhang).
b Gebietsstand von 1950, ohne Berlin (West).
c Einschließlich Berlin (West) und das Saarland.
d Konfessionelle Heterogenität wird hier wie im folgenden anhand des Index der Diversität bestimmt; die Kategorie ungeklärt und ohne Angabe wurde nicht berücksichtigt.

tionsschemas, auf der Grundlage der Volkszählungsergebnisse relativ verlässlich treffen.[8] Auf der Basis dieser Angaben lässt sich schließen, dass die konfessionelle Heterogenität der Bevölkerung zwischen 1939 und 1961, trotz der vielfältigen politischen, demographischen, regionalen und sozialen Veränderungen nahezu unverändert geblieben ist (vgl. *Tabelle 1*). Ab 1961 ist dann ein deutlicher Anstieg der konfessionellen Heterogenität zu beobachten, der insbesondere auf die Veränderungen zwischen 1970 und 1987 zurückzuführen ist.

Für diese Entwicklung sind im Wesentlichen zwei Prozesse verantwortlich. Erstens der Mitgliederrückgang in den beiden großen Kirchen, insbesondere der Evangelischen Kirche Deutschlands (von 50,5 Prozent 1950 auf 41,6 Prozent 1987) und dem gleichzeitigen Ansteigen der Konfessionslosen (von 3,7 Prozent auf 8,0 Prozent). Zweitens führte die Zuwanderung von Nichtchristen, vor allem von Muslimen, zu einem deutlichen Ansteigen der Mitgliederzahlen anderer religiöser Gemeinschaften (von 0,2 Prozent 1950 auf 4,7 Prozent 1987). Allein der Anteil der Angehörigen einer islamischen Religionsgemeinschaft ist von unter einem halben Prozent 1961 auf 2,7 Prozent 1987 angestiegen. Da diese beiden Prozesse, Austritte aus den traditionellen Kirchen mit steigenden Anteilen von Konfessionslosen und einem steigenden Anteil an Muslimen, aber auch anderer kleinerer christlicher und nichtchristlicher Religionsgemeinschaften, auch nach 1987 angehalten haben, dürfte die konfessionelle Heterogenität in der alten Bundesrepublik in der letzten

---

8 Zu den Volkszählungen und der hier verwendeten Klassifikation siehe den Anhang und Wolf (1999b).

Dekade des 20. Jahrhunderts weiter angestiegen sein. Noch einmal verstärkt wurde diese Entwicklung durch die Wiedervereinigung der alten West-BRD mit der DDR. Durch dieses Ereignis ist die konfessionelle Heterogenität über Nacht angestiegen.

Trotz der seit 1961 in den Volkszählungsdaten zu beobachtenden Zunahme der konfessionellen Heterogenität ist die beobachtbare Veränderung insgesamt eher gering. Hinter diesem moderaten Anstieg für die Bundesrepublik insgesamt verbergen sich allerdings ganz erheblich unterschiedliche Entwicklungen in den einzelnen Bundesländern (vgl. *Abbildung 2*). Die Ausgangssituation im Jahr 1950 ist geprägt durch eine starke Variation der konfessionellen Heterogenität in den 11 Bundesländern. Die Spannweite reichte von dem konfessionell weitgehend homogenen Schleswig-Holstein bis zum sehr heterogenen Nordrhein-Westfalen.[9] Während sich die Situation 1961 kaum von derjenigen 1950 unterscheidet, zeigt sich seit 1970 eine zunehmende Angleichung der Bundesländer. In denjenigen Ländern, in denen die konfessionelle Heterogenität 1950 besonders niedrig war finden sich die größten Zuwächse, während Länder, die schon 1950 eine beträchtliche Heterogenität aufwiesen, unterdurchschnittliche Zuwachsraten verzeichnen. So steigt die konfessionelle Heterogenität in Schleswig-Holstein – gemessen am Index der Diversifikation – von 0,22 auf 0,41, in Nordrhein-Westfalen dagegen nur von 0,55 auf 0,60.

Die zwischen 1950 und 1987 gestiegene konfessionelle Heterogenität der Bundesländer kann durch eine Zerlegung des Diversifikationsindexes quantifiziert werden. Wie *Tabelle 1*

Abbildung 2: Konfessionelle Heterogenität in der BRD 1939–1987 nach Bundesländern

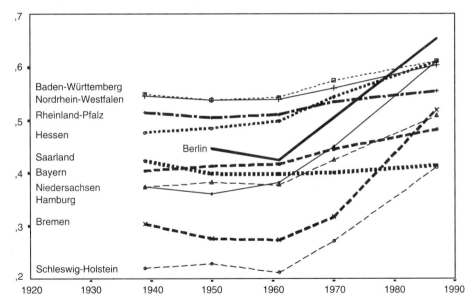

---

9 Die Größe einer (Bevölkerungs-)Gruppe und ihre Heterogenität sind in der Regel positiv korreliert, d.h. schiere Größe erzeugt Heterogenität (Wirth 1938; Wolf 1996a: 147). Auch in den vorliegenden Daten ist die Bevölkerungsgröße der Bundesländer mit ihrer konfessionellen Heterogenität positiv korreliert (je nach Jahr variiert r zwischen 0,34 und 0,57).

zeigt, hat sich zwischen 1950 und 1987 nicht nur das Ausmaß konfessioneller Heterogenität insgesamt erhöht, sondern auch der Anteil dieser Heterogenität, der bis auf die Ebene der Bundesländer durchschlägt – also die durchschnittliche Heterogenität der Bundesländer – ist gestiegen.[10]

Auf den Zusammenhang zwischen Größe und Heterogenität wurde weiter oben schon hingewiesen. Nach Wirth (1938) und Fischer (1975) führt zunehmende Größe und Dichte zu Heterogenität, weil mit steigender Größe immer mehr ‚Subkulturen' eine kritische Masse erreichen, die es ihnen erlaubt, sich zu organisieren. Im Gegensatz zu der häufig geäußerten Vorstellung der säkularisierten Stadt sollte die Vielfalt religiöser Angebote, die religiöse Vervielfältigung, mit der Ortsgröße ansteigen und in den Großstädten ihr Maximum erreichen. Eine entsprechende Analyse bestätigt diese Hypothese (vgl. *Abbildung 3*).

Abbildung 3: Konfessionelle Heterogenität (D) nach Ortsgrößenklasse, BRD 1987

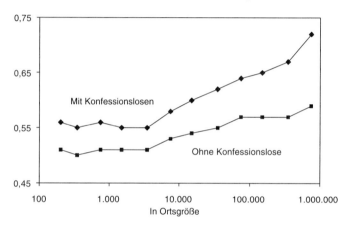

Wird wie bei den bisherigen Analysen auch die Gesamtbevölkerung und ihre Verteilung auf die acht vorliegenden Kategorien des Merkmals Religionszugehörigkeit zugrunde gelegt, zeigt sich ein Anstieg der Heterogenität von etwa 0,56 in den kleinsten Orten auf 0,72 in den Großstädten. Ein Einwand gegen diese Analyse könnte sein, dass Konfessionslose so behandelt werden, als ob sie eine eigene religiöse Gruppe bilden. Der beobachtbare Anstieg der konfessionellen Heterogenität könnte allein auf einem mit steigender Ortsgröße steigenden Anteil dieser beiden Gruppen beruhen. Um diese Möglichkeit auszuschließen, wurde die Analyse noch einmal unter Ausschluss der Konfessionslosen und derjenigen ohne Angabe zur Religionszugehörigkeit durchgeführt. Das Ergebnis ist dasselbe: Mit steigender Ortsgröße wächst die Vielfalt der religiösen Bindungen an und erreicht in den größten Orten seine höchste Ausprägung. Der ab etwa 5.000 bis 10.000 Einwohner zu beobachtende steilere Anstieg der oberen Kurve lässt sich auf die sehr starke Zunahme der Konfessionslosen zurückführen (in Orten zwischen 5.000 und 10.000 Einwohnern

---

10 Für 1987 lässt sich zeigen, dass immerhin 87,3 Prozent der konfessionellen Heterogenität sogar bis auf die damals existierenden 31 Regierungsbezirke ‚durchschlägt'.

beträgt der Anteil der Konfessionslosen 5 Prozent; in Orten mit 500.000 und mehr Einwohnern schon über 17 Prozent).[11]

Mit steigender Ortsgröße steigt also einerseits das Angebot an religiösen Organisationen, der Markt der religiösen Möglichkeiten wird größer, andererseits wird die Gruppe derjenigen größer, die sich gegen die Mitgliedschaft in einer Religionsgemeinschaft entscheiden. Dasselbe gilt für die Entwicklung in der BRD seit Ende des Zweiten Weltkriegs insgesamt. Die Gläubigen verteilen sich heute gleichmäßiger auf die verschiedenen Kirchen und Religionsgemeinschaften als früher und gleichzeitig ist der Anteil der Konfessionslosen gestiegen. Mit steigender Vielfalt religiöser Angebote hat also gleichzeitig die Abkehr von den Kirchen zugenommen (Tenbruck 1960; Wallis und Bruce 1991; im Gegensatz dazu Stark und Finke 1995).

Welchen Einfluss diese Entwicklung auf die religiöse Individualisierung, die veränderte Nachfrage nach Religion, hat, ist Gegenstand des übernächsten Abschnitts. Zunächst sei kurz auf das Problem der innerkirchlichen Pluralisierung eingegangen.

2. Intraorganisatorische Pluralisierung: Die Vielfalt innerhalb von Religionsgemeinschaften

Die beiden großen Kirchen in der Bundesrepublik sind weder mit Bezug auf religiöstheologische noch mit Bezug auf politische Fragen monolithische Einheiten. Innerhalb beider Kirchen wurden und werden Themen wie die Segnung homosexueller Paare, die Zulassung von Frauen als Priesterinnen oder Pastorinnen sowie die Zulassung von Homosexuellen zu diesen Ämtern kontrovers diskutiert. Ebenso sind außerkirchliche Themen wie die Schwangerschaftsberatung bzw. generell die Regelung des § 218 StGB oder der NATO-Einsatz im Kosovo innerhalb der Kirchen, ebenso wie in der Gesellschaft als Ganzes, umstritten. Da in diesen Fällen nicht direkt religiöse Inhalte Gegenstand der Kontroversen sind, sollte hier auch nicht von religiöser, sondern allgemein von (politischer) Pluralisierung innerhalb der Kirchen gesprochen werden.

Ein Ansatzpunkt für die empirische Analyse innerkirchlicher Diversifikation wäre eine im Zeitverlauf vergleichende Analyse von Äußerungen der Sprecher unterschiedlicher Gruppierungen innerhalb einer Kirche oder Religionsgemeinschaft. Eine derartige Analyse kann hier nicht vorgelegt werden. Bestehende Arbeiten, die sich mit innerkirchlicher Pluralität beschäftigen, legen allerdings die Vermutung nahe, dass die Diversifikation in den Kirchen zugenommen hat.[12] So zeigt Federmann (1999) exemplarisch an drei verschiedenen Gruppen auf, welche Bandbreite allein in der kirchlichen Frauenarbeit beobachtet werden kann.

---

11 Dass die zweite Kurve (ohne Konfessionslose) in *Abbildung 3* unter der ersten liegt hat neben diesem substantiellen Grund auch einen methodischen. Weil der zweiten Kurve ein Klassifikationssystem mit weniger Kategorien zugrunde liegt, ist der maximal mögliche Wert für D in diesem Fall kleiner als für die erste Kurve. Doch selbst wenn dieser Unterschied durch Verwendung von IQV (s. Fußnote 6) berücksichtigt wird, bleibt die Heterogenität der religiös gebundenen Bevölkerung immer noch etwas geringer als in der Bevölkerung insgesamt.

12 Allerdings werden aus den Kirchen auch gegenläufige Trends gemeldet; so berichtet Elisabeth Lingner (1997), die Päsidentin der Nordelbischen Synode, von dem mühsamen Zusammenmenwachsen der Nordelbischen Evangelisch-Lutherischen Landeskirche.

Der Bogen spannt sich in ihrer Untersuchung „von einem missionarisch-evangelikalen, über ein traditionell-kirchliches, ökumenisch konzipiertes Projekt bis hin zu feministisch engagierten Frauen und verdeutlicht so die Vielfalt und Unterschiedlichkeit der Engagementformen christlicher Frauenarbeit mit wachsendem Zulauf" (ebenda: 150). Ähnlich konstatiert Morgenthaler (1997) in einem Kommentar zur Schweizer ‚Sonderfall-Studie' (Dubach und Campiche 1993): „Die Pluralisierung von Wertmustern hat in den Kirchen ein verzweigtes Netz von milieu- oder situationsbedingten kulturellen, politischen und weltanschaulichen *Gruppen* entstehen lassen: basiskirchliche Gruppen, Dritte-Welt-Läden, evangelikale und charismatische Gruppen, Hauskreise, Netzwerke und Bürgerinitiativen der Friedens-, Öko- und Frauenbewegung" (Morgenthaler 1997: 284; Herv. im Original). Obwohl diese Studien nicht auf Verlaufsdaten beruhen, deuten sie doch an, dass der Pluralisierungsprozess nicht vor den Kirchentüren Halt gemacht hat, sondern auch die Binnendifferenzierung der Kirchen zugenommen hat.[13]

Da systematische Daten zur Diversifikation religiöser Gruppen auf der Ebene ihrer Teilgruppen nicht vorliegen, möchte ich im Folgenden am Beispiel der zentralen Übergangsriten, die Geburt und Heirat markieren, untersuchen, inwieweit sich auch hier eine innerkirchliche Tendenz zur Pluralisierung abzeichnet.[14] *Tabelle 2* zeigt die Tauf- und Trauungsquoten in der alten Bundesrepublik für die Jahre 1960 und 1990. Angegeben ist das Verhältnis der im jeweiligen Jahr getauften zu den in diesem Jahr geborenen Kindern bzw. der kirchlichen Trauungen zu den Eheschließungen. Im Jahr 1960 kamen auf 100 Geburten 50 katholische und 45 evangelische Taufen. 30 Jahre später hatten sich diese Zahlen auf 40 bzw. 35 Taufen je 100 Geburten reduziert. Noch stärker ist der Rückgang der kirchlichen Eheschließungen. Wurden 1960 noch 8 von 10 Ehen auch kirchlich getraut, waren es 1990 nur noch 5 von 10.

Tabelle 2: Taufquoten und Trauungsquoten 1960 und 1990 nach Konfession

	Taufquoten[a]			Trauungsquoten[b]		
	katholisch	evangelisch	Insgesamt	katholisch	evangelisch	Insgesamt
1960	50,0	44,9	94,8	42,7	40,7	83,4
1990	40,3	35,4	75,7	27,5	25,0	52,5

a Zahl der Taufen auf 100 Geburten.
b Zahl der kirchlichen Trauungen auf 100 Eheschließungen.
Quelle: IKSE (1997), eigene Berechnungen.

Insgesamt ist damit ein beträchtlicher Rückgang der Inanspruchnahme dieser christlichen Riten zu konstatieren. Eine Ursache für diesen Sachverhalt ist in der oben dokumentierten gestiegenen Zahl derjenigen, die nicht Mitglied einer der beiden großen Kirchen sind, zu

---

13 Auch Gabriel (1992: 62) kommt nach einer Analyse verschiedener Daten zu dem Schluss, dass „sich die innere Differenzierung der Kirchenmitgliedschaft in den achtziger Jahren weiter verschärft" hat (vgl. auch ebenda: 177ff.).
14 Die folgenden Analysen beruhen auf einer Datensammlung des Instituts für Kirchliche Sozialforschung des Bistums Essen (IKSE, 1997). Für die Bereitstellung dieser Daten möchte ich Herrn Hanns-Werner Eichelberger danken.

Abbildung 4: Tauf- und Trauungsquoten in der Bundesrepublik Deutschland, 1960–1990 (jeweils beide Elternteile/Partner sind katholisch bzw. evangelisch)

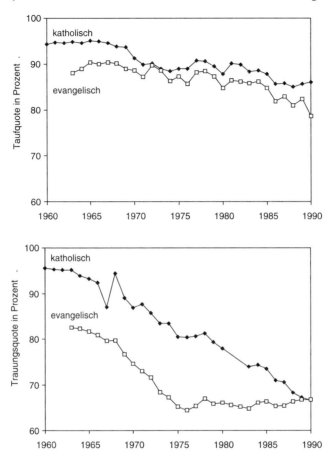

sehen. Hier soll es jedoch nicht um diesen, meist als Entkirchlichung, bezeichneten Prozess gehen, sondern um die Frage, ob sich die Bedeutung dieser Riten auch innerhalb der Kirchen verändert hat. Daher soll nun genauer analysiert werden, wie sich die Tauf- und Trauungsbereitschaft von *Kirchenmitgliedern* entwickelt hat. *Abbildung 4* weist die entsprechenden Ergebnisse der Analyse aus. Im oberen Diagramm kann die Entwicklung der Taufquote von Kindern, deren Eltern beide katholisch sind, abgelesen werden. Am Anfang der 1960er Jahre wurden mit knapp 95 Prozent nahezu alle diese Kinder getauft. Drei Jahrzehnte später ist diese Quote auf etwa 85 Prozent gesunken. Eine ähnliche Entwicklung ist auch für Kinder evangelischer Eltern auszumachen, hier sank die Taufquote von knapp 90 auf 79 Prozent. Insgesamt ist also auch für diejenigen, die Mitglied einer der beiden Kirchen sind, eine deutliche Abnahme der Taufneigung festzustellen.

Ein ähnlicher, jedoch wesentlich stärkerer Rückgang ist für den Bereich der kirchlichen Trauungen auszumachen. 1960 wurden noch 95 Prozent der Ehen zwischen katholischen Partnern und deutlich über 80 Prozent der Ehen zwischen evangelischen Partnern auch kirchlich vollzogen. 1990 galt dies nur noch für zwei Drittel der konfessionell homogamen Ehen. Allerdings war der Rückgang der Eheschließungen unter den evangelischen Paaren bis etwa 1975 abgeschlossen und ist seitdem nahezu unverändert, während für die katholischen Paare eine über den gesamten Beobachtungszeitraum kontinuierliche Abnahme zu beobachten ist und auch noch bis mindestens 1995 weiter gesunken ist.[15] Analysen mit gemischt konfessionellen Paaren bzw. Elternteilen zeigen im Übrigen ganz ähnliche Ergebnisse.

Die aufgezeigten Entwicklungen deuten auf eine Zunahme der innerkirchlichen Pluralisierung hin.[16] Die Inanspruchnahme kirchlicher Riten, die früher eine Selbstverständlichkeit war und ‚einfach dazu gehörte', ist zunehmend eine Frage der persönlichen Entscheidung geworden, auch dann, wenn die Betroffenen zur selben Kirche gehören. Innerhalb der Kirchen nimmt der Anteil der Eltern, die ihre Kinder taufen lassen und der Anteil der verheirateten Paare, die sich kirchlich trauen lassen, ab. Mit der nachlassenden Akzeptanz dieser Amtshandlungen wächst die Heterogenität innerhalb der Kirchen. Ganz ähnlich, wenn auch noch deutlicher ausgeprägt, ist die Situation mit Bezug auf den Gottesdienstbesuch.[17] Diese Entwicklung ist sicherlich als ein Zeichen der zunehmenden Zahl der distanzierten Kirchenmitglieder zu werten. Es bleibt zu fragen, welchen Einfluss diese Entwicklung im Bereich des kirchlichen Verhaltens auf religiöse oder weltanschauliche Orientierungen hat. Dieser Frage soll anhand von zwei verschiedenen Einstellungsbereichen nachgegangen werden: dem Lebenssinn und der Einstellung zum Schwangerschaftsabbruch. Für diese beiden Bereiche liegen Daten im kumulierten Allbus vor, die einen Zeitvergleich erlauben.[18]

In den Allbus-Erhebungen 1982 und 1992 wurde u.a. nach Anschauungen über die Existenz eines Gottes und nach dem Sinn des Lebens gefragt. Aus diesen Items wurden zwei einfache Indizes gebildet.[19] Der erste Index gibt die Überzeugung wieder, es gäbe einen Gott und dieser bestimme den Sinn unseres Lebens, der zweite Index misst die Stärke der Überzeugung, unser Leben werde nur von der Natur bestimmt und folglich

---

15 Die Korrelationen zwischen Taufquoten und der Zeit betragen –0,94 für katholische und –0,87 für evangelische Eltern; bei den Trauungsquoten sind die entsprechenden Korrelationen –0,99 für katholische und –0,85 für evangelische Paare.

16 Je weiter sich die Anteile von denjenigen, die ihre Kinder taufen bzw. nicht taufen lassen oder die Anteile derjenigen, die sich trauen bzw. nicht trauen lassen, annähern, d.h. sich auf die 50-Prozent-Marke zubewegen, desto größer wird die Heterogenität innerhalb der Kirchen.

17 Zwischen der Kirchgangshäufigkeit und den Passageriten besteht allerdings ein wichtiger Unterschied. Da schon seit langem deutlich weniger als die Hälfte der Kirchenmitglieder regelmäßig in die Kirche geht und dieser Prozentsatz in den letzten Dekaden immer kleiner geworden ist, ist die Heterogenität der Kirchenmitglieder mit Bezug auf den Kirchgang gesunken.

18 Für die Überlassung des kumulierten Allbus 1980–1996 danke ich dem Zentralarchiv für empirische Sozialforschung in Köln (vgl. ZA, o.J.). Für die in diesem Beitrag präsentierten Analysen liegt die Verantwortung allein beim Autor.

19 Die genaue Formulierung der Items findet sich in den Anmerkungen zu *Tabelle 3*. Der Indexbildung ist eine exploratorische Hauptkomponentenanalyse vorausgegangen, die Indizes wurden aber als einfache Summenwerte gebildet. Da 1992 sehr viel mehr Fragen zu diesen Bereichen gestellt wurden, ist für diesen Zeitpunkt auch eine wesentlich differenziertere Analyse möglich (vgl. Terwey 1996).

müsse man ihm selber einen Sinn geben. Diese Indizes messen somit einerseits eine religiöse Weltanschauung im engeren Sinne, andererseits eine naturalistische Sicht der Welt. Es soll nun untersucht werden, ob sich anhand der vorliegenden Daten eine zunehmende Pluralisierung dieser Anschauungen ausmachen lässt. Da im Falle dieser Indizes die Annahme metrischen Skalenniveaus gerechtfertigt erscheint, soll die Pluralisierung hier nicht über die Verwendung des Diversifikationsindexes, sondern zunächst mit Hilfe der Standardabweichung gemessen werden. Da die Möglichkeiten zur Analyse zeitlicher Veränderungen aufgrund nur zweier Zeitpunkte stark eingeschränkt sind, wird die Stichprobe in den folgenden Analysen auch noch nach Geburtskohorte in diejenigen, die bis 1945 und diejenigen, die nach 1945 geboren wurden, differenziert. Aufgrund der Pluralisierungsthese ist zu erwarten, dass die Heterogenität bezüglich der beiden untersuchten Weltanschauungen innerhalb der beiden Kirchen zwischen 1982 und 1990 zugenommen hat. Des weiteren wird erwartet, dass die Vorkriegsgeneration jeweils homogener ist als die Nachkriegsgeneration. Die Ergebnisse dieser Analysen sind in *Tabelle 3* wiedergegeben. Zum Vergleich sind außerdem die Ergebnisse für Ostdeutschland aus dem Jahr 1992 aufgeführt.

Betrachtet man *Tabelle 3* zunächst zeilenweise, zeigt sich bei insgesamt 10 der 12 Vergleiche für 1982 und 1992 eine, meist sehr geringfügige, Zunahme der Standardabweichungen. Allerdings ist diese Zunahme nur in zwei Fällen auch statistisch signifikant (beim Index ,Gott ist Lebenssinn' für die Katholiken der Vorkriegsgeneration, beim Index

Tabelle 3: Standardabweichungen der Indizes zum Sinn des Lebens nach Konfession, Generation und Erhebungsjahr[a]

Konfession	geboren	Gott ist Lebenssinn[b]			Natur bestimmt Leben[c]		
		1982	1992	1992-O	1982	1992	1992-O
evangelisch	bis 1945	0,97	1,03	1,16	0,85	0,88	0,85
	nach 1945	0,99	1,04	1,12	0,81	0,87	0,96
katholisch	bis 1945	0,98	1,15	1,22	0,90	0,94	1,04
	nach 1945	1,02	1,02	(1,12)[d]	0,73	0,86	(0,94)[d]
konfessionslos	bis 1945	0,85	0,97	0,77	0,63	0,61	0,65
	nach 1945	0,92	0,97	0,66	0,77	0,84	0,62

a Die Spalten 1982 und 1992 beziehen sich auf Westdeutschland, die Spalte 1992-O auf Ostdeutschland.
b Der Index wurde aus drei Items gebildet (Variablenname im kumulierten Allbus in Klammern):
 – Es gibt einen Gott, der Gott für uns sein will (V252)
 – Das Leben hat für mich nur eine Bedeutung, weil es einen Gott gibt (V256)
 – Das Leben hat einen Sinn, weil es nach dem Tode noch etwas gibt (V257)
 Der Index und die einzelnen Items variieren zwischen den Werten 1 und 5.
c Der Index wurde aus drei Items gebildet (Variablenname im kumulierten Allbus in Klammern):
 – Unser Leben wird letzten Endes bestimmt durch die Gesetze der Natur (V253)
 – Das Leben ist nur ein Teil der Entwicklung in der Natur (V254)
 – Das Leben hat nur dann einen Sinn, wenn man ihm selber einen Sinn gibt (V255)
 Der Index und die einzelnen Items variieren zwischen den Werten 1 und 5.
d Zahlen in Klammern basieren auf weniger als 30 Fällen.
Datenbasis: Kumulierter Allbus 1980–96, eigene Berechnungen.

,Leben wird durch die Natur bestimmt' für Katholiken der jüngeren Generation). Ein Vergleich der Generationen zeigt noch weniger Übereinstimmung mit der oben formulierten Erwartung. Mit Bezug auf den ersten Index findet sich zwar für 1982 in allen Konfessionen eine geringfügig höhere Streuung unter den Jüngeren, allerdings sind diese Unterschiede nicht signifikant. Zehn Jahre später lassen sich keine Unterschiede, oder aber eine – hier statistisch signifikante – Reduktion der Standardabweichungen feststellen. Noch weniger stimmen die empirischen Resultate für den zweiten Index mit den theoretischen Erwartungen überein: Protestanten und Katholiken der Nachkriegsgeneration sind mit Bezug auf diesen Index homogener als ihre älteren Glaubensbrüder und -schwestern; im Fall der Katholiken ist diese Differenz zu beiden Beobachtungszeitpunkten auch signifikant. Nur für die Konfessionslosen ist eine größere Heterogenität der Nachkriegs- im Vergleich zur Vorkriegsgeneration festzustellen.

Die präsentierten Analysen erbringen insgesamt keine überzeugenden Belege für eine zunehmende Pluralisierung der Kirchenmitglieder mit Bezug auf ihre Lebensanschauungen. Andere Analysen, in denen die interne Konsistenz (Cronbachs α) der beiden Skalen nach Konfession und Generation getrennt untersucht wurden, und eine Analyse der Korrelationen zwischen den Indizes, führen zu ganz ähnlichen Ergebnissen. Eine generelle Diversifikation der Lebensanschauungen innerhalb der Kirchen kann demnach nicht festgestellt werden.

Zum Schluss dieses Abschnitts soll kurz auf eine (auch) religiös motivierte Einstellung eingegangen werden, die gerade in letzter Zeit innerhalb der katholischen Kirche heftig debattiert wird: die Einstellung zum Schwangerschaftsabbruch. Bekanntlich ist die Frage, ob die katholische Kirche weiterhin an der Schwangerschaftskonfliktberatung nach § 218 StGB teilnehmen sollte, sowohl innerhalb der deutschen Bischofskonferenz als auch zwischen der Bischofskonferenz und Rom umstritten. In diesem Zusammenhang ist es von Interesse, wie die Gläubigen zu diesem Thema stehen. Da mir zu der Frage der Schwangerschaftsberatung selbst keine Daten vorliegen, greife ich auf Fragen zur Zulässigkeit eines legalen Schwangerschaftsabbruchs zurück. Im Allbus wird regelmäßig ein Instrument eingesetzt, welches die Einstellung zu einem Schwangerschaftsabbruch misst. Die Fragefolge wird wie folgt eingeleitet: „Bitte sagen Sie mir, ob es Ihrer Meinung nach einer Frau gesetzlich möglich sein sollte oder nicht, einen Schwangerschaftsabbruch vornehmen zu lassen, wenn ...". Auf diese Einleitung folgen sieben verschiedene Situationen. Werden jeweils diejenigen Personen betrachtet, die sich mit Bezug auf keine dieser Situationen für die Möglichkeit eines legalen Schwangerschaftsabbruchs aussprechen, ergeben sich die in *Tabelle 4A* dargestellten Ergebnisse.

In allen Gruppen ist nur eine sehr kleine Minderheit von jeweils unter 10 Prozent der Meinung, dass ein Schwangerschaftsabbruch unter allen Umständen verboten sein sollte.[20] Meist sind die Jüngeren noch seltener gegen ein generelles Verbot des Schwangerschaftsabbruchs als die Älteren, d.h. diese Einstellung ist unter den zuerst genannten weniger plural als unter den zuletzt genannten. Innerhalb der Katholiken ist der Anteil derjenigen, die sich gegen jegliche Legalisierung des Schwangerschaftsabbruchs aussprechen, höher als derjenige der Protestanten und der Konfessionslosen. Dennoch ist eine breite

---

20 Einzige Ausnahme sind hier die vor dem Ende des Zweiten Weltkriegs geborenen Katholiken in Ostdeutschland.

Tabelle 4: Einstellung zum Schwangerschaftsabbruch nach Konfession, Generation und Erhebungsjahr in Prozent

A. Ein Schwangerschaftsabbruch sollte unter keinen Umständen erlaubt sein[a]

Konfession	geboren	Westdeutschland					Ostdeutschland	
		1982	1986	1990	1992	1996	1992	1996
Evangelisch	bis 1945	4,8	4,7	3,8	1,6	2,4	4,5	2,9
	nach 1945	2,8	1,7	0,9	2,3	1,9	0,9	0,9
Katholisch	bis 1945	8,6	7,3	5,6	7,8	7,7	12,9	(13,8)[b]
	nach 1945	3,6	3,3	4,0	3,1	2,7	(5,6)	(3,4)
Konfessionslos	bis 1945	2,5	3,3	2,3	0,0	3,0	2,0	1,7
	nach 1945	2,7	0,8	0,0	1,5	3,3	0,2	0,7
B. Ein Schwangerschaftsabbruch sollte unter allen Umständen erlaubt sein								
Evangelisch	bis 1945	16,6	13,0	18,9	22,8	17,2	29,7	17,1
	nach 1945	25,4	14,7	31,3	26,6	23,6	38,9	29,4
Katholisch	bis 1945	7,9	7,5	10,9	13,4	9,9	19,4	(13,8)
	nach 1945	19,3	11,0	24,4	22,8	14,8	(33,3)	(31,0)
Konfessionslos	bis 1945	37,5	32,0	36,5	46,2	28,7	47,0	36,3
	nach 1945	47,7	41,5	53,9	41,8	40,3	50,3	44,2

a Die sieben vorgegebenen Situationen lauten (Variablen Namen im kumulierten Allbus in Klammern):
   – Wenn das Baby mit hoher Wahrscheinlichkeit eine ernsthafte Schädigung haben wird? (V202)
   – Wenn die Frau verheiratet ist und keine Kinder mehr haben möchte? (V203)
   – Wenn die Gesundheit der Frau durch die Schwangerschaft ernsthaft gefährdet ist? (V204)
   – Wenn die Familie nur über ein geringes Einkommen verfügt und sich keine Kinder mehr leisten kann? (V205)
   – Wenn die Schwangerschaft Folge einer Vergewaltigung ist? (V206)
   – Wenn die Frau unverheiratet ist und den Vater des Kindes nicht heiraten möchte? (V207)
   – Wenn die Frau es so will, unabhängig davon, welchen Grund sie dafür hat? (V208)
b Zahlen in Klammern basieren auf weniger als 30 Fällen.
Datenbasis: Kumulierter Allbus 1980–1996, eigene Berechnungen.

Mehrheit von Katholiken unter bestimmten Umständen für die Möglichkeit eines legalen Schwangerschaftsabbruchs. Im Gegensatz zu der Kontroverse zwischen den Amtsträgern der katholischen Kirche kann innerhalb der Bevölkerung, und das gilt auch für die katholische Bevölkerung, Einmütigkeit in dieser Frage festgestellt werden. Schließlich sollte hervorgehoben werden, dass keine Zunahme der Meinungsvielfalt beobachtet werden kann.

Eine genauere Analyse der einzelnen Situationen zeigt jedoch auch, dass sich jeweils nur eine Minderheit der Katholiken und Protestanten für eine generelle Legalisierung des Schwangerschaftsabbruchs aussprechen. Im betrachteten Zeitraum variiert dieser Anteil unter den westdeutschen Protestanten der Vorkriegsgeneration zwischen 13 und 23 Prozent, unter denen der Nachkriegsgeneration zwischen 15 und 31 Prozent, unter den Katholiken der Vorkriegsgeneration zwischen 8 und 13 Prozent und unter den Katholiken der Nachkriegsgeneration zwischen 11 und 24 Prozent. Innerhalb beider Kirchen sind somit jeweils nur eine Minderheit der Älteren und Jüngeren für eine generelle Freigabe des Schwangerschaftsabbruchs, allerdings ist diese Minderheit deutlich größer als jene, die sich für ein generelles Verbot des Schwangerschaftsabbruchs ausspricht. Am heterogensten ist die Gruppe der Konfessionslosen, in der etwa zwischen einem Drittel und der Hälfte für eine generelle Legalisierung eintritt.

Dieses Beispiel zeigt zweierlei: Zum einen müssen innerkirchliche Auseinandersetzungen der offiziellen Kirche sich nicht in Auseinandersetzungen zwischen Gläubigen fortsetzen. Zum anderen wird auch deutlich, dass die Zunahme religiöser Vielfalt zwischen und innerhalb der Kirchen, wie sie oben nachgewiesen wurden, nicht zwangsläufig eine Pluralisierung der Einstellungen nach sich ziehen, die für Fragen der sozialen Integration folgenreich sein kann.

3. Interpersonelle Pluralisierung: Religiöse Individualisierung

Die oben aufgezeigte Zunahme der konfessionellen Heterogenität in der Bundesrepublik und den einzelnen Bundesländern beruht darauf, dass die Bevölkerung der Bundesrepublik sich heute gleichmäßiger auf verschiedene Religionsgemeinschaften verteilt als das in der unmittelbaren Nachkriegszeit der Fall war. Diese Tatsache gestiegener konfessioneller Heterogenität ist demnach gleichbedeutend mit einer Zunahme der Unterschiede zwischen Personen in Bezug auf ihren Mitgliedsstatus. Für das individuelle Erleben wird jedoch nicht das Ausmaß der in einer Gesellschaft insgesamt beobachtbaren Heterogenität entscheidend sein, sondern v.a. diejenige Heterogenität, die in der sozialen Umwelt bzw. im sozialen Netzwerk einer Person vorhanden ist. Empirische Daten zu dieser Frage sind allerdings, zumal solche im Zeitverlauf, rar. Dennoch lassen sich einige Angaben zum Ausmaß der konfessionellen Heterogenität bzw. Homogenität sozialer Beziehungen machen. Für eine besondere Form sozialer Beziehungen, Ehen, kann auf die Studie von Hendrickx, Schreuder und Ultee (1994) verwiesen werden, die die Entwicklung der konfessionellen Homogamie in Deutschland zwischen 1901 und 1986 und den Niederlanden zwischen 1914 und 1986 untersuchen; hier sollen jedoch nur die für die deutsche Nachkriegszeit berichteten Ergebnisse interessieren. Betrachten wir zunächst die Veränderung des Anteils konfessionell gemischter Ehen an allen Eheschließungen eines Jahres (vgl. *Abildung 5*). Dieser Anteil ist von etwa 25 Prozent im Jahre 1951 auf knapp 38 Prozent im Jahr 1986 gestiegen. Mit fast 10 Prozentpunkten entfällt der größte Anstieg der konfessionellen Mischehen auf den Zeitraum zwischen 1961 und 1976. Wie oben gezeigt wurde, beginnt im selben Zeitraum die konfessionelle Heterogenität in der Bundesrepublik und den einzelnen Bundesländern zu steigen. Das nach seiner konfessionellen Zugehörigkeit vielfältiger gewordene Angebot des Heiratsmarktes schlägt sich somit auf die realisierten Ehen nieder.[21]

Die realisierten Ehen sind allerdings nicht nur vom Angebot, sondern auch von der Nachfrage, also von den Präferenzen oder Neigungen für Partner der eigenen oder einer anderen Konfession, abhängig. Der Einfluss der individuellen Neigungen für Ehepartner einer bestimmten Konfession werden von den Autoren durch Techniken der loglinearen

---

21 Diese Behauptung setzt natürlich voraus, dass sich die konfessionelle Heterogenität der Heiratswilligen ebenso entwickelt hat wie in der Bevölkerung insgesamt.

Abbildung 5: Der Anteil konfessionell gemischter Ehen in der BRD, 1951–1986 (in Prozent)

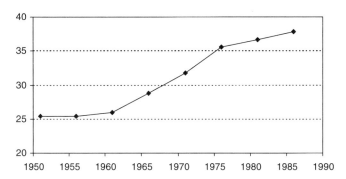

Quelle: Berechnet nach Hendrickx und Schreuder und Ultee (1994: 629, Tabelle 1); eigene Darstellung.

Modelle empirisch herausgearbeitet. Im gesamten Nachkriegszeitraum, die Datenreihe beginnt 1951, zeigen Protestanten die geringste Tendenz zur Heirat einer Person derselben Konfession (vgl. Hendrickx et al. 1994: 634, Abbildung 1).[22] Angehörige der jüdischen Religionsgemeinschaft zeichnen sich hingegen durch den höchsten Grad konfessioneller Homogamie aus, alle übrigen nehmen eine Zwischenstellung ein. In Bezug auf die hier im Mittelpunkt stehenden *Veränderungen* der konfessionellen Homogamie kann für Protestanten und Katholiken eine deutliche Abnahme der Tendenz zur Heirat eines Partners derselben Konfession festgestellt werden. Insgesamt ergibt sich damit auch für den Bereich primärer Beziehungen eine gestiegene konfessionelle Heterogenität, die für immer mehr Menschen zu einem Bestandteil ihrer alltäglichen Lebenswelt geworden ist.

Diese Schlussfolgerung lässt sich auch durch weitere Daten, die wir im Rahmen einer Studie mit dem Titel ‚Religion und soziale Netzwerke' erhoben haben (Kecskes und Wolf 1996), untermauern und genauer spezifizieren.[23] In dieser Studie haben wir bereits gezeigt, dass das Ausmaß der konfessionellen Heterogenität sozialer Nahwelten mit steigendem Alter sinkt (ebenda: 136f.). D.h. jüngere Menschen, bei denen sich die Folgen einer Pluralisierung schneller zeigen sollten, haben konfessionell weniger geschlossene Netzwerke als ältere Personen. Eine Reanalyse dieser Daten zeigt eine starke Variation der konfessionellen Gleichheit bzw. Verschiedenheit, wenn nach der Art der Beziehung differenziert wird (vgl. *Tabelle 5*).

Bei Katholiken und Protestanten sind Beziehungen zu Verwandten konfessionell deutlich homogener als Beziehungen zwischen (Ehe-)Partnern und diese sind wiederum deutlich homogener als Beziehungen zu anderen Personen. Darüber hinaus sind die Beziehungen

---

22 Ich beziehe mich hier auf die von den Autoren sogenannte ‚relative Homogamie', bei der die Verfügbarkeit von potentiellen Partnern einer bestimmten Konfession kontrolliert wird. Die relative Homogamie spiegelt also die individuellen Präferenzen für Partner der eigenen Konfession wider.

23 Obwohl es sich bei dieser Untersuchung nur um eine lokale Studie in einem Stadtteil Kölns handelt, ist sie für die Frage nach der Heterogenität sozialer Verkehrskreise von Bedeutung, da sie eine Differenzierung nach verschiedenen Netzwerkbereichen zulässt.

Tabelle 5: Konfessionelle Heterogenität sozialer Beziehungen nach Konfession, Generation und Art der Beziehung (Index der Diversität)

Konfession	geboren	Verwandte	(Ehe-)Partner	Andere
evangelisch	bis 1945	0,41	0,59	0,63
	nach 1945	0,44	0,63	0,70
katholisch	bis 1945	0,25	0,40	0,56
	nach 1945	0,24	0,48	0,65
konfessionslos	bis 1945	0,66	0,69	0,71
	nach 1945	0,69	0,68	0,72

Datenbasis: Religion und soziale Netzwerke (Kecskes und Wolf 1996), eigene Berechnungen.

der nach 1945 Geborenen noch jeweils etwas heterogener als die Beziehungen der früher geborenen Personen (einzige Ausnahme sind hier Verwandtschaftsbeziehungen von Katholiken). Die deutlich homogeneren Verwandtschafts- und Partnerbeziehungen der Katholiken sind wahrscheinlich auf die lokale Gelegenheitsstruktur und damit letztlich auf Restbestände des katholischen Milieus in Köln zurückzuführen. Dies ändert jedoch nichts am generellen Bild der konfessionell geschlossenen Verwandtschaft, die sich nur langsam auflöst, der etwas offeneren Wahl des Ehepartners, wobei die Jüngeren seltener einen Partner derselben Konfession haben, und schließlich konfessionell recht gemischte soziale Beziehungen zu Freunden, Kollegen, Nachbarn und anderen nicht-verwandten Personen. Bei den Konfessionslosen schließlich ergibt sich ein anderes Bild. Durch ihre Minderheitsposition und, so kann vermutet werden, weil die Konfessionszugehörigkeit für sie kein Selektionskriterium für Interaktionspartner darstellt, sind ihre Verkehrskreise ganz allgemein in einem hohen Maße konfessionell gemischt.

Insgesamt belegen diese Ergebnisse, dass die religiöse Heterogenität nicht nur im Aggregat, sondern auch auf der Ebene zwischenmenschlicher Beziehungen größer geworden ist. Religiöse Pluralisierung in Form religiöser Individualisierung, im oben genannten Sinne, ist heute eine ganz alltägliche Erfahrung.

4. Intrapersonelle Pluralisierung: Patchwork-Religiosität

Hat außerkirchliche Religiosität und insbesondere Patchwork-Religiosität, d.h. die Verbindung religiöser Überzeugungen und Verhaltensweisen aus unterschiedlichen religiösen Traditionen, zugenommen? Diese Frage ist – zumindest für den deutschen, wenn nicht gar den europäischen Raum – anhand verlässlicher quantitativer Angaben nicht zu beantworten. Sicher ist, dass mit dem Rückgang der Kirchlichkeit auch eine Abnahme christlicher Religiosität zu beobachten ist. Immer weniger Menschen glauben heute an die zentralen Aussagen des Christentums, beispielsweise das Jüngste Gericht etc. Dennoch ist der Anteil der Westdeutschen, die weder an Gott noch sonst eine höhere geistige Macht glauben, relativ gering geblieben. Je nach Frage betrug dieser Anteil 1991 zwischen 10 und 20 Prozent der Befragten (ZA 1993). Die gestiegene räumliche Mobilität, die viele Westeuropäer zumindest in ihrem Urlaub in Kontakt mit anderen Kulturkreisen und damit auch anderen Religionsgemeinschaften bringt, und die wachsenden Ströme internationaler Migration, in deren Folge immer mehr Menschen mit nichtchristlichen Bekenntnissen nach Westeuropa kommen, eröffnen vielfältige Möglichkeiten zur Aufnahme und individuellen Amalgamierung unterschiedlicher religiöser Traditionen. Darüber hinaus eröffnen die neuen, teils interaktiven Dienste des Internet auch Menschen in sozial homogenen Nahwelten Kontakte mit Menschen in jedem Teil der Erde. Im WWW präsentiert sich beispielsweise eine breite Palette religiöser Gruppen, die ‚Online' vom heimischen Bildschirm aus besucht werden können (Wolf 1999a). Teilweise erlauben diese Gruppen sogar eine aktive Teilnahme an religiösen Diskussionen, seelsorgerischen Gesprächen und Ähnliches mehr. Die Opportunitäten zur Ausbildung einer Patchwork-Religiosität haben sich also mit Sicherheit vergrößert. Fraglich scheint allerdings, inwieweit diese neuen Möglichkeiten tatsächlich genutzt werden. Die vorliegenden empirischen Erkenntnisse deuten eher auf einen generellen Bedeutungsverlust von Religion hin, der über den engeren Bereich der Kirche hinaus reicht (Köcher 1988; Pollack 1996a, 1996b; andere Akzente setzt Barz 1997).

Bedauerlicherweise fehlen uns zur Beurteilung dieser Frage wiederum lange Zeitreihen, die zur Klärung der Frage nach einer Zunahme der Patchwork-Religiosität nötig wären. Ansatzweise lassen sich jedoch Hinweise auf dieses Phänomen auch hier durch die Analyse von Querschnittsdaten gewinnen, wenn wieder unterstellt wird, dass dieser Prozess unter jüngeren Personen weiter fortgeschritten ist als unter Älteren. Als geeignete Datenquelle erweist sich das ISSP 1991, welches das Schwerpunktthema Religion behandelte und in Deutschland als Teil des Allbus 1991 erhoben wurde. Neben Indikatoren zu christlicher Religiosität und Kirchlichkeit wurden auch eine Reihe von Fragen zu paranormalen Phänomenen gestellt, z.B. zum Einfluss der Sterne auf das menschliche Leben oder zur Wirksamkeit von Glücksbringern. Leider ist diese Umfrage bis heute nicht repliziert worden, so dass keine Aussagen für Entwicklungen im Zeitverlauf möglich sind. Dennoch sind diese Daten für die Frage nach der empirischen Verbreitung einer Patchwork-Religiosität bedeutsam. Für die folgenden Analysen wurden zwei Gruppen von Items ausgewählt, in der sich jeweils eine bestimmte Art religiöser Überzeugungen ausdrückt. Für den Bereich christlicher Überzeugungen stehen fünf Aussagen, in denen nach dem Glauben an die Existenz des Himmels, der Hölle, des Teufels, eines Lebens nach dem Tod und nach dem Glauben an Wunder gefragt wurde. In beiden Teilen Deutschlands glauben die Katholiken stärker als die Protestanten und diese wiederum stärker als die Konfessionslosen an die Existenz dieser Dinge. Für den Bereich paranormaler Phänomene – häufig auch als Aberglauben bezeichnet – stehen Aussagen zu Glücksbringern, Wahrsagern, Wunderheilern und zum Einfluss der Sterne auf die menschliche Existenz zur Verfügung. In beiden Teilen Deutschlands glauben wiederum Konfessionslose seltener daran, dass diese Dinge einen Einfluss auf das menschliche Leben haben, zwischen Katholiken und Protestanten sind die Unterschiede dagegen nur sehr gering.[24]

Sollte die These der zunehmenden Pluralisierung religiöser Vorstellungen innerhalb von Personen richtig sein, so sollte diese in einer Querschnittsuntersuchungen wie der vorliegenden zumindest bei einem Teil der Befragten zu beobachten sein. Mit Bezug auf

---

24 Wie Hauptkomponentenanalysen zeigen, bilden die Aussagen dieser beiden Bereiche zwei verschiedene Dimensionen der Wirklichkeitsdeutung ab (ähnliche Analysen legte bereits Terwey (1992: 66ff.) vor).

Tabelle 6: Indikatoren für Patchwork-Religiosität nach Konfession und Generation

Konfession	geboren	Glaube[a]		‚Aberglaube'[b]		Patchwork[c]	
		West	Ost	West	Ost	West	Ost
evangelisch	bis 1945	0,56	0,58	0,54	0,62	36,0	33,2
	nach 1945	0,65	0,67	0,51	0,57	38,6	27,8
katholisch	bis 1945	0,55	0,55	0,49	0,57	38,0	41,0
	nach 1945	0,64	0,61	0,54	0,60	50,8	33,3
konfessionslos	bis 1945	0,56	0,40	0,47	0,55	17,0	8,2
	nach 1945	0,65	0,43	0,53	0,55	18,6	7,8

a Durchschnittliche Standardabweichungen der Antworten einer Person auf folgende Items (Variablennamen im ALLBUS 1991 in Klammern):
– Glauben Sie, dass es ein Leben nach dem Tod gibt (V468)
– Glauben Sie, dass es den Teufel gibt (V469)
– Glauben Sie, dass es den Himmel gibt (V470)
– Glauben Sie, dass es die Hölle gibt (V471)
– Glauben Sie, dass es Wunder gibt (V472)
Diese Items wurden auf einer vierstufigen Antwortskala beantwortet, ‚weiß nicht'-Angaben wurden mit dem Wert 2,5 berücksichtigt.
b Durchschnittliche Standardabweichung der Antworten einer Person auf folgende Items (Variablennamen im Allbus 1991 in Klammern):
– Glücksbringer bringen manchmal tatsächlich Glück (V504)
– Es gibt Wahrsager, die die Zukunft wirklich vorhersehen können (V505)
– Manche Wunderheiler verfügen wirklich über übernatürliche Kräfte (V506)
– Das Sternzeichen bzw. das Geburtshoroskop eines Menschen hat einen Einfluss auf den Verlauf seines Lebens (V507)
Diese Items wurden auf einer vierstufigen Antwortskala beantwortet, ‚weiß nicht'-Angaben wurden mit dem Wert 2,5 berücksichtigt.
c Anteile mit überdurchschnittlichen Werten auf dem Index des christlichen Glaubens *und* dem Index der paranormalen Phänomene (Aberglauben).

Datenbasis: Allbus 1991, eigene Berechnungen.

die verwendeten Indikatoren wird also erwartet, dass mindestens ein Teil der Befragten sowohl christliche als auch nicht-christliche Glaubensüberzeugungen besitzt. Darüber hinaus sollte wiederum erwartet werden, dass diese Tendenz bei den Jüngeren stärker in Erscheinung tritt als bei den Älteren. Für eine schwächere Form der These würde es jedoch schon ausreichen, wenn die Heterogenität der Urteile innerhalb *eines* Glaubensbereiches zunimmt, bzw. auf den Querschnitt bezogen, unter den Jüngeren größer ist als unter den Älteren. Für die fünf Aussagen zu christlichen Überzeugungen ist genau das zu beobachten: Die Urteile von Protestanten, Katholiken und Konfessionslosen der Vorkriegsgeneration in West- und Ostdeutschland sind deutlich homogener als diejenigen der später Geborenen.[25] Für die Aussagen zum ‚Aberglauben' sind die Ergebnisse nicht

---

25 In einer Studie zum Zusammenhang sozialer Netzwerke und Religiosität (Kecskes und Wolf 1996) wurden eine Reihe von Skalen zu verschiedenen Dimensionen christlicher Religiosität verwendet. Eine Reanalyse einer dieser Skalen – der Skala des Glaubens –, die aus insgesamt 15 Items besteht, zeigt ebenfalls deutlich, dass die Antworten der Katholiken mit zunehmendem Alter homogener sind. Für Protestanten und Konfessionslose besteht dagegen kein Zusammenhang zwischen individueller Konsonanz der Einstellungen und dem Alter.

so eindeutig. Während sich auch hier für Katholiken und (mit Einschränkungen) für Konfessionslose in beiden Teilen Deutschlands eine Zunahme der Heterogenität unter den Jüngeren beobachten lässt, gilt für Protestanten das Gegenteil.

Von besonderem Interesse ist hier jedoch die Frage, inwieweit sich die Überzeugungen dieser beiden Bereiche gegenseitig ausschließen bzw. nicht ausschließen und ob sich hier ein Wandel zwischen den Generationen abzeichnet. Die Antwort auf diese Frage geben die letzten beiden Spalten von *Tabelle 6*. Ein erheblicher Anteil der konfessionell Gebundenen stimmt sowohl den Glaubensüberzeugungen mit christlicher Herkunft als auch den Aussagen zu paranormalen Phänomenen überdurchschnittlich häufig zu. Darüber hinaus ist dieser Anteil in Westdeutschland unter den Jüngeren, v.a. den jüngeren Katholiken, höher als unter den Älteren. Unter den westdeutschen Kirchenmitgliedern ist somit eine deutlich ausgeprägte Tendenz zur religiösen ‚Fleckerlteppich-Näherei' zu verzeichnen, die unter den Jüngeren stärker ausgeprägt ist als unter den Älteren und unter Katholiken weiter verbreitet ist als unter Protestanten.[26] In Ostdeutschland ergibt sich ein etwas anderes Bild. Zwar ist auch hier der Anteil der Katholiken, die beiden Überzeugungssystemen anhängen, größer als unter den Protestanten, allerdings zeichnen sich hier die Jüngeren durch konsonantere religiöse Überzeugungen aus.[27] Interessanterweise ist bei den Konfessionslosen in beiden Teilen Deutschlands – zumindest mit Bezug auf die hier verwendeten Indikatoren – nur eine sehr geringe Tendenz zur Ausbildung einer Patchwork-Religiosität auszumachen. Eine genauere Analyse zeigt, dass dieser Personenkreis überwiegend keinem der beiden Überzeugungssysteme nahe steht. Sie scheinen für religiöse Angebote generell weniger offen als kirchlich gebundene Personen. Das Basteln individualisierter Religion setzt also eine gewisse Religionsnähe, und das heißt in Deutschland insbesondere: Kirchennähe, voraus. Diejenigen, die mit traditioneller christlicher Religiosität gebrochen haben, scheinen auch ansonsten weniger Bedarf an religiösen Angeboten, an religiöser Sinngebung zu haben. Damit könnte aber auch das Phänomen der Patchwork-Religiosität Merkmal eines Übergangs sein, bei dem die noch kirchlich Gebundenen zunächst religiöse Alternativen ausprobieren, die sie – bei fortschreitendem Entkirchlichungsprozess – wieder aufgeben und ganz auf religiöse Orientierungen verzichten. Selbstverständlich ist diese weit reichende Schlussfolgerung durch die präsentierten Daten keineswegs gedeckt. Dazu bedürfte es zum einen eines längeren Beobachtungszeitraumes, zum anderen müssten auch andere religiöse Angebote berücksichtigt werden. Allerdings ist die skizzierte Entwicklung nicht unwahrscheinlich, fügt sie sich doch gut in das allgemeine Bild der abnehmenden Bindungskraft traditioneller religiöser Angebote, der weiterhin hohen Austrittszahlen, der nachlassenden Bedeutung des kirchlichen Lebens für den Alltag der meisten Menschen und dem Ausbleiben einer entsprechend großen Nachfrage nach außerkirchlichen Alternativen, die das entstandene ‚religiöse Vakuum' füllen würde.

---

26 Dieses Ergebnis ist nicht abhängig von der hier gewählten Operationalisierung. Analysen, bei denen die Aussagen zu den beiden Überzeugungssystemen auf andere Art miteinander verknüpft wurden, führen zu denselben inhaltlichen Schlussfolgerungen.
27 Es sollte jedoch bedacht werden, dass die beiden Gruppen der ostdeutschen Katholiken in der vorliegenden Stichprobe insgesamt nur sehr klein sind.

5. Zusammenfassung: Die religiöse Pluralisierung in der Bundesrepublik Deutschland

Die präsentierten Analysen zum Prozess religiöser Pluralisierung bzw. seiner verschiedenen Formen ergeben selbst ein vielfältiges Bild. Insgesamt belegen sie aber eine Zunahme der religiösen Pluralisierung in der Bundesrepublik Deutschland.

Deutliche Anzeichen für eine Pluralisierung finden sich etwa für die konfessionelle Zugehörigkeit. Spätestens seit 1961 ist bundesweit und in den meisten Bundesländern ein Ansteigen der konfessionellen Heterogenität zu beobachten. Auch innerhalb der Kirchen lassen sich Tendenzen nachweisen, die auf eine Pluralisierung hindeuten. So wird in der Literatur von einer zunehmend bunten Mischung unterschiedlichster Gruppen berichtet. Außerdem zeigen meine eigenen Analysen eine deutliche Diversifikation der Kirchenmitglieder mit Bezug auf die Inanspruchnahme von Passageriten. Dieser innerkirchliche Trend zur Pluralisierung ist jedoch nicht in allen Bereichen zu beobachten. Weder mit Bezug auf die analysierten Lebensanschauungen, noch mit Bezug auf die Einstellung zum Schwangerschaftsabbruch kann eine allgemeine Zunahme der Heterogenität festgestellt werden.

Wird die Perspektive gewechselt, indem nicht mehr die Organisationen, sondern die Individuen zum Fokus der Analyse werden, lässt sich eine deutliche Zunahme des interkonfessionellen Kontakts im sozialen Nahbereich beobachten. Die gestiegene konfessionelle Vervielfältigung auf der Aggregatebene hat demnach auch einen entsprechenden Niederschlag in der sozialen Nahwelt der Menschen. Darüber hinaus deuten die vorgelegten Analysen darauf hin, dass sich die religiöse Pluralisierung auch innerhalb der Überzeugungssysteme der Einzelnen fortsetzt: Etwa ein Drittel der konfessionell gebundenen Erwachsenen in der Bundesrepublik Deutschland glaubt überdurchschnittlich häufig sowohl an die Richtigkeit traditionell christlicher Aussagen *als auch* an Aussagen zur Richtigkeit paranormaler Phänomene. Darüber hinaus ist dieser Anteil unter den Jüngeren noch etwas größer als unter den Älteren. Allerdings scheint dieses Phänomen der Patchwork-Religiosität weitgehend auf Kirchenmitglieder beschränkt zu sein. Diejenigen, die sich von der Kirche abgewandt haben, scheinen auch wenig Bedarf an alternativer Religiosität zu haben.

IV. Religiöse Pluralisierung und soziale Integration

Vor dem Hintergrund der gestiegenen religiösen Pluralisierung stellt sich abschließend die Frage, welche Auswirkungen dieser Prozess auf die Chancen und Probleme der sozialen Integration in der Bundesrepublik Deutschland hat.

Gesellschaftliche Integration erfordert u.a. einen Satz gemeinsamer Werte, bei deren Schaffung Religion helfen kann. Dort wo mehrere Religionsgemeinschaften existieren oder es andere, mit der Religion konkurrierende Produzenten von Werten gibt, können aber Wertmengen entstehen, die sich konflikthaft gegenüberstehen. Wie Yinger (1964) bereits vor über 40 Jahren bemerkte, kann Religion also sowohl stabilisierend als auch destabilisierend auf die Integration einer Gesellschaft wirken. Die für moderne, funktional differenzierte Gesellschaften typische Situation eines offenen religiösen Marktes führt dazu, dass diese Gesellschaften zunehmend weniger durch Religion integriert werden (Luhmann 1977: 242ff.). An ihre Stelle ist das getreten, was heute meist als Zivilreligion (Bellah 1986; Lübbe 1986) bezeichnet wird: Eine ‚politische Religion', deren religiöse Orientierungen „in unsere politische Kultur integriert sind" und „als universalkonsensfähig" unterstellt werden (Lübbe 1986: 202). Wie gerade die Erfahrungen aus der Vergangenheit, aber auch aus anderen Ländern lehren, heißt das jedoch nicht, dass aus dem religiösen Teilsystem keine destabilisierenden Impulse kommen können. Im Folgenden soll am Beispiel von drei potentiellen Konfliktlinien kurz dargestellt werden, inwieweit in der Bundesrepublik Deutschland mit möglichen religiösen Konflikten zu rechnen ist.

Eine traditionell in der Wahlforschung, aber auch in der Elitenforschung untersuchte Konfliktlinie betrifft den Gegensatz zwischen Katholiken und Protestanten. Katholiken wählen eher die CDU bzw. CSU (zusammenfassend Wolf 1996b: 715ff.), sie haben mehr Vertrauen in die gesellschaftliche Ordnung (Schmidtchen 1979: 197f.), und sie sind seltener in herausragenden gesellschaftlichen Positionen zu finden als Protestanten (Hoffmann-Lange und Bürklin 1998: 174f.). Genauere Analysen zeigen jedoch, dass die großen Differenzen nicht zwischen Katholiken und Protestanten, sondern vielmehr zwischen Mitgliedern und Nicht-Mitgliedern der Kirchen bzw. zwischen denjenigen, die ihrer Kirche eng verbunden sind und den Kirchenfernen bzw. Konfessionslosen bestehen (Lukatis und Lukatis 1989; Wolf 1996b; und die oben präsentierten Analysen zur Einstellung gegenüber einer Legalisierung des Schwangerschaftsabbruchs). Der konfessionelle Gegensatz zwischen Protestanten und Katholiken hat sich abgeschliffen und in einen Gegensatz zwischen kirchlich gebundenen und nicht gebundenen Personen verwandelt. Diese religiöse – im Gegensatz zur konfessionellen – Konfliktlinie ist durch die Wiedervereinigung in zweifacher Hinsicht verstärkt worden. Zum einen haben sich die Anteile dieser Gruppen stark verschoben, so dass die vormals kleine Gruppe der Konfessionslosen nun sehr viel größer geworden ist. Zum anderen besteht durch den großen Anteil der Konfessionslosen in den neuen Bundesländern eine starke Beziehung zwischen Konfessionszugehörigkeit und der Zugehörigkeit zu West- bzw. Ostdeutschland. Das Zusammenfallen dieser beiden Konfliktlinien, ihre ‚Konsolidierung' (Blau 1994), hat ihr Konfliktpotential erhöht.[28] Da es sich bei der Gruppe der Konfessionslosen nicht um eine homogene Gruppe handelt und ihr zudem – im Gegensatz zur Gruppe der kirchlich Gebundenen – eine politisch einflussreiche Organisation fehlt, ist eine Aktualisierung dieser Konfliktlinie z. Zt. jedoch mehr als unwahrscheinlich.

Ein zweiter Sachverhalt, der im Verdacht steht, die gesellschaftliche Integration zu unterminieren und in den Medien häufig für Schlagzeilen sorgt, ist der Bereich der Neuen Religiösen Bewegungen (Haack 1991; Obst 1991). Dieser Themenkreis wurde hier aufgrund der schlechten Datenlage bisher ausgeklammert, soll aber wegen seiner öffentlichen Bedeutung doch kurz betrachtet werden. Die, „von diesen Organisationen ausgehenden Gefahren für den Einzelnen, den Staat und die Gesellschaft [zu] erfassen" (Deutscher Bundestag 1998: 20), war Aufgabe der Enquete-Kommission „Sogenannte Sekten und Psychogruppen" des Deutschen Bundestages. Die Zahl der Mitglieder und Sympathisanten dieser Gruppen ist sehr klein und bewegt sich unter einem Prozent der erwachsenen Bevölkerung der Bundesrepublik (siehe die Angaben in Deutscher Bundestag 1998: 320f.). Allerdings kann auch von einer sehr kleinen Gruppe eine Gefahr für die politische und soziale Integration einer Gesellschaft ausgehen. Die Enquete-Kommission kommt in ihrem

---

28 Mit einem ähnlichen Argument behauptet Moberg (1965: 72), die Stabilität der USA beruhe u.a. darauf, dass „no economic or sectional political issue could be closely identified with a religious devision".

Abschlussbericht jedoch zu der Einschätzung: „Zum gegenwärtigen Zeitpunkt stellen gesamtgesellschaftlich gesehen die neuen religiösen und ideologischen Gemeinschaften und Psychogruppen keine Gefahr dar für Staat und Gesellschaft oder für gesellschaftlich relevante Bereiche" (Deutscher Bundestag 1998: 294).[29] Es ist also nicht zu erwarten, dass die gesellschaftliche Integration der Bundesrepublik in absehbarer Zeit von dieser Seite bedroht wird.

Eine letzte mögliche Konfliktlinie, die ebenfalls teilweise mit einer bedeutenden Spannungslinie der aktuellen deutschen Gesellschaft zusammenfällt – nämlich der Trennung in In- und Ausländer –, ist die zwischen Christen als Vertreter der Mehrheitsgesellschaft auf der einen und Muslimen als einer (großen) Minderheit auf der anderen Seite. In dem Maße, wie diese Unterscheidung mit weiteren Differenzierungen – z.B. sozialräumlicher Segregation, Ausgrenzung aus dem Arbeitsmarkt, Exklusion vom politischen System – zusammenfällt, bietet sich hier die Möglichkeit, auf religiöse Differenzen zurückzugreifen und diese politisch aufzuladen (Heitmeyer, Müller und Schröder 1997: 190).[30] Dieser Gefahr kann m.E. nur durch eine Politik begegnet werden, die darauf zielt, dieses Zusammenfallen von religiösen und anderen Differenzen zu minimieren. Ein Schritt in diese Richtung ist das neue Staatsbürgerschaftsrecht, welches langfristig zu einer zunehmenden Überschneidung der Differenzen Muslim/Nicht-Muslim und Ausländer/Inländer führen dürfte. Ähnliche Anstrengungen, die auf die vermehrte Inklusion von Muslimen bzw. Ausländern in die Bereiche Bildung und Arbeit zielen, würden diese Konfliktlinie weiter entschärfen. Gelingt dies nicht, wird der Ausbau der ausländischen, und dies heißt hier v.a. der türkischen Infrastruktur weiter voranschreiten. Türkische Vereine und Moscheen bieten vielfältige Angebote der religiösen Unterweisung und der Seelsorge, aber auch der Unterstützung bei schulischer und beruflicher Aus- und Weiterbildung, der sozialrechtlichen Beratung und anderes mehr (Jaschke 1998: 133). Ähnlich wie die Ausbildung des katholischen Milieus im wilhelminischen Deutschland ist der Aufbau dieser Parallelgesellschaft als Reaktion einer Minderheit zu deuten, die von der Partizipation in vielen Bereichen der Mehrheitsgesellschaft ausgeschlossen ist. Die potentiellen Gefahren für die Integration der Bundesrepublik Deutschland werden umso größer, je weiter diese Abschließung voranschreitet. Jaschke (1998: 139) weist jedoch zu Recht darauf hin, dass diese möglichen Konflikte letztlich soziale und nicht religiöse Wurzeln haben.

Neben geteilten Werten spielt die Frage der sozialen Interaktion, des Fehlens oder des Vorhandenseins direkter persönlicher Kontakte zwischen verschiedenen Bevölkerungsgruppen eine zentrale Rolle für die gesellschaftliche Integration. Auch in dieser Hinsicht ist kaum mit Integrationsproblemen aufgrund religiöser Überzeugungen zu rechnen. Kontakte zwischen Menschen unterschiedlicher Konfessionen – und unterschiedlicher religiöser Auffassung und Praxis – gehören mittlerweile zum Alltag der allermeisten Menschen. Religiöse Pluralisierung in Form religiöser Individualisierung im oben genannten Sinne ist somit eine ganz alltägliche Erfahrung. Damit kommt es immer stärker zu einer ‚Kreuzung sozialer

---

29 Dabei darf nicht übersehen werden, dass diese Gruppen sehr wohl im sozialen Nahbereich Konflikte auslösen können (Deutscher Bundestag 1998: 291).
30 Es darf allerdings nicht vergessen werden, dass es ‚den Islam', auch in Deutschland, nicht gibt. Vielmehr bestehen ähnlich wie unter deutschen Christen unter den in Deutschland lebenden Muslimen vielerlei Differenzierungen nach Ethnien, Generationen, Nähe zur deutschen Gesellschaft usw. (s. Jaschke 1998: 121ff.).

Kreise' (Simmel 1908) – nicht alle Beamten sind protestantisch, nicht alle Rheinländer sind katholisch etc. In der Bundesrepublik Deutschland dürfte es daher schwer sein, konfessionelle oder religiöse Unterschiede, ob real oder von interessierter Seite konstruiert, zum Ausgangspunkt gesellschaftlicher Auseinandersetzungen zu machen. Die weit verbreiteten sozialen Beziehungen zwischen den Angehörigen der beiden großen Kirchen, aber auch zwischen Personen ohne Bekenntnis oder mit anderen religiösen Orientierungen, wirkt sich stabilisierend auf die soziale Integration in unserem Land aus.

Die Privatisierung der Religion, durch die religiöse Kontroversen weitgehend aus der Öffentlichkeit verbannt wurden, und die gestiegene religiöse Pluralisierung, die zur Abschwächung eindeutiger, konfessioneller Profile geführt hat, macht politische Auseinandersetzungen auf der Basis religiöser Themen unwahrscheinlich. Aus dem religiösen Teilsystem drohen der Bundesrepublik Deutschland damit gegenwärtig kaum destabilisierende Impulse. Allerdings werden mit weiter fortschreitender Säkularisierung auch die positiven, integrierenden Impulse immer schwächer werden. Ob es den beiden großen christlichen Kirchen in Zukunft gelingen wird, ihre Kräfte zu bündeln und damit ihren Einfluss zu vergrößern, bleibt abzuwarten.

Literatur

Agresti, Alan, und *Barbara F. Agresti,* 1977: Statistical Analysis of Qualitative Variation, Sociological Methodology 1978: 204–237.
Barz, Heiner, 1997: Dramatisierung oder Suspendierung der Sinnfrage? Anomietendenzen im Bereich Religion/Kirche. S. 414–70 in: *Wilhelm Heitmeyer* (Hg.): Was treibt die Gesellschaft auseinander? Bundesrepublik Deutschland: Auf dem Weg von der Konsens- zur Konfliktgesellschaft. Frankfurt a.M.: Suhrkamp.
Bellah, Robert N., 1986 [1967]: Zivilreligion in Amerika. S. 19–41 in: *Heinz Kleger* und *Alois Müller* (Hg.): Religion des Bürgers. Zivilreligion in Amerika und Europa. München: Kaiser.
Berger, Peter L., 1973 [1967]: Zur Dialektik von Religion und Gesellschaft. Frankfurt a.M.: Fischer.
Berger, Peter L., 1980: Der Zwang zur Häresie. Religion in der pluralistischen Gesellschaft. Frankfurt a.M: Fischer.
Berger, Peter L., und *Thomas Luckmann,* 1966: Secularization and Pluralism, Internationales Jahrbuch für Religionssoziologie 2: 73–86.
Blau, Peter M., 1994: Structural Contexts of Opportunities. Chicago/London: University of Chicago Press.
Coulter, Philip B., 1989: Measuring Inequality. A Methodological Handbook. Boulder: Westview Press.
Deutscher Bundestag, 1998: Endbericht der Enquete-Kommission „Sogenannte Sekten und Psychogruppen". Neue religiöse und ideologische Gemeinschaften und Psychogruppen in der Bundesrepublik Deutschland. Bonn: Deutscher Bundestag.
Dubach, Alfred, und *Roland J. Campiche* (Hg.), 1993: Jede(r) ein Sonderfall? Religion in der Schweiz. Zürich/Basel: NZN Buchverlag-Friedrich Reinhardt Verlag.
Fauth, Dieter, und *Daniela Müller* (Hg.), 1999: Religiöse Devianz in christlich geprägten Gesellschaften. Vom hohen Mittelalter bis zur Frühaufklärung. Würzburg: Religion & Kultur Verlag.
Federmann, Sabine, 1999: Was Kirche ist entscheide ich – Frauen in christlichen Gruppen. Erscheint in: *Ingrid Lukatis, Regina Sommer* und *Christof Wolf* (Hg.): Religion und Geschlechterverhältnis. Opladen: Leske + Budrich.
Fischer, Claude S., 1975: Toward a Subcultural Theory of Urbanism, American Journal of Sociology 80: 1319–1341.

Gabriel, Karl, 1991: Modernisierung und Transformation der Religion in der Gesellschaft der Bundesrepublik. S. 831–833 in: *Wolfgang Glatzer* (Hg.): 25. Deutscher Soziologentag 1990. Die Modernisierung moderner Gesellschaften. Sektionen, Arbeits- und Ad hoc-Gruppen, Ausschuß für Lehre. Opladen: Westdeutscher Verlag.

Gabriel, Karl, 1992: Christentum zwischen Tradition und Postmoderne. Freiburg i.Br.: Herder.

Gabriel, Karl (Hg.), 1996: Religiöse Individualisierung oder Säkularisierung. Biographie und Gruppe als Bezugspunkte moderner Religiosität. Gütersloh: Kaiser.

Haack, Friedrich-Wilhelm, 1991: Europas neue Religion. Sekten – Gurus – Satanskult. Freiburg i. Br.: Herder.

Heitmeyer, Wilhelm, Joachim Müller und *Helmut Schröder,* 1997: Verlockender Fundamentalismus. Türkische Jugendliche in Deutschland. Frankfurt a.M: Suhrkamp.

Hendrickx, John, Osmund Schreuder und *Wout Ultee,* 1994: Die konfessionelle Mischehe in Deutschland (1901–1986) und den Niederlanden (1914–1986), Kölner Zeitschrift für Soziologie und Sozialpsychologie 46: 619–645.

Hillmann, Karl-Heinz, 1994: Wörterbuch der Soziologie. Stuttgart: Kröner.

Hoffmann-Lange, Ursula, und *Wilhelm Bürklin,* 1998: Stichwort: Eliten, Führungsgruppen. S. 167–178 in: *Bernhard Schäfers* und *Wolfgang Zapf* (Hg.): Handwörterbuch zur Gesellschaft Deutschlands. Opladen: Leske + Budrich.

IKSE – Institut für kirchliche Sozialforschung des Bistums Essen, 1997: Geburten und Taufen, Eheschließungen und Trauungen in Deutschland ab 1960. Essen: IKSE.

Jagodzinski, Wolfgang, 1995: Säkularisierung und religiöser Glaube. Rückgang traditioneller Religiosität und religiöser Pluralismus in Westeuropa. S. 261–285 in: *Karl-Heinz Reuband, Franz U. Pappi* und *Heinrich Best* (Hg.): Die Deutsche Gesellschaft in vergleichender Perspektive. Festschrift für Erwin K. Scheuch zum 65. Geburtstag. Opladen: Westdeutscher Verlag.

Jagodzinski, Wolfgang, und *Karel Dobbelaere,* 1995: Religious and Ethical Pluralism. S. 218–249 in: *Jan W. Van Deth* und *Elinor Scarbrough* (Hg.): The Impact of Values. Oxford: Oxford University Press.

Jaschke, Hans-Gerd, 1998: Fundamentalismus in Deutschland. Gottesstreiter und politische Extremisten bedrohen die Gesellschaft. Hamburg: Hoffmann und Campe.

Kecskes, Robert, und *Christof Wolf,* 1993: Christliche Religiosität: Konzepte, Indikatoren, Meßinstrumente, Kölner Zeitschrift für Soziologie und Sozialpsychologie 45: 270–287.

Kecskes, Robert, und *Christof Wolf,* 1995: Christliche Religiosität: Dimensionen, Meßinstrumente, Ergebnisse, Kölner Zeitschrift für Soziologie und Sozialpsychologie 47: 494–515.

Kecskes, Robert, und *Christof Wolf,* 1996: Konfession, Religion und soziale Netzwerke. Zur Bedeutung christlicher Religiosität in personalen Beziehungen. Opladen: Leske + Budrich.

Knoblauch, Hubert, 1999: Religionssoziologie. Berlin: de Gruyter.

Köcher, Renate, 1988: Wandel des religiösen Bewußtseins in der Bundesrepublik Deutschland. S. 145–158 in: *Franz-Xaver Kaufmann* und *Bernhard Schäfers* (Hg.): Religion, Kirchen und Gesellschaft in Deutschland (Gegenwartskunde, Sonderheft 5). Opladen: Leske + Budrich.

Lenski, Gerhard, 1965: Religious Pluralism in Theoretical Perspective, Internationales Jahrbuch für Religionssoziologie 1: 25–42.

Lieberson, Stanley, 1969: Measuring Population Diversity, American Journal of Sociology 34: 850–862.

Lingner, Elisabeth, 1997: Wer Vielfalt will, muß das Zusammenwachsen stärken. S. 103–108 in: *Sebastian Borck* et al. (Hg.): Hamburg als Chance der Kirche. Arbeitsbuch zur Zukunft der Kirche in der Großstadt. Hamburg: E.B.-Verlag.

Lipp, Wolfgang, 1999: Außenseiter, Häretiker, Revolutionäre – Gesichtspunkte zur systematischen Analyse. S. 13–28 in: *Dieter Fauth* und *Daniela Müller* (Hg.): Religiöse Devianz in christlich geprägten Gesellschaften. Vom hohen Mittelalter bis zur Frühaufklärung. Würzburg: Religion & Kultur Verlag.

Loo, Hans van der, und *Willem van Reijen,* 1992: Modernisierung. Projekt und Paradox. München: dtv.

Luckmann, Thomas, 1985: Bemerkungen zu Gesellschaftsstruktur, Bewußtseinsformen und Religion in der modernen Gesellschaft. S. 475–484 in: *Burkhart Lutz* (Hg.): Soziologie und gesellschaftliche Entwicklung. Verhandlungen des 22. Deutschen Soziologentages in Dortmund 1984. Frankfurt a.M: Campus.

Luckmann, Thomas, 1991 [1967]: Die unsichtbare Religion. Frankfurt a.M.: Suhrkamp.

Luhmann, Niklas, 1977: Funktion der Religion. Frankfurt a.M.: Suhrkamp.

Lukatis, Ingrid, und *Wolfgang Lukatis,* 1989: Protestanten, Katholiken und Nicht-Kirchenmitglieder. Ein Vergleich ihrer Wert- und Orientierungsmuster. S 17–71 in: *Karl-Fritz Daiber* (Hg.): Religion und Konfession. Hannover: Lutherisches Verlagshaus.

Lübbe, Hermann, 1986: Staat und Zivilreligion. Ein Aspekt politischer Legitimität. S. 195–220 in: *Heinz Kleger* und *Alois Müller* (Hg.): Religion des Bürgers. Zivilreligion in Amerika und Europa. München: Kaiser.

Martin, John L., 1999: Entropic Measures of Belief System Constraint, Social Science Research 28: 111–134.

Moberg, David O., 1965: Religious Pluralism in the United States of America, Internationales Jahrbuch für Religionssoziologie 1: 69–112.

Morgenthaler, Christoph, 1997: Kollektiv-kirchliche Identität, innerkirchliche Pluralität und religiöse Identifikation. S. 271–287 in: *Alfred Dubach* und *Wolfgang Lienemann* (Hg.): Aussicht auf Zukunft. Auf der Suche nach der sozialen Gestalt der Kirchen von morgen. Zürich/Basel: NZN Buchverlag-Friedrich Reinhardt Verlag.

Müller, Walter, 1997: Sozialstruktur und Wahlverhalten. Eine Widerrede gegen die Individualisierungsthese, Kölner Zeitschrift für Soziologie und Sozialpsychologie 49: 747–760.

Obst, Helmut, 1991: Neureligionen, Jugendreligionen, New Age. Berlin: Verlags-Anstalt Union.

Pollack, Detlef, 1996a: Zur religiös-kirchlichen Lage in Deutschland nach der Wiedervereinigung, Zeitschrift für Theologie und Kirche 93: 586–615.

Pollack, Detlef, 1996b: Individualisierung statt Säkularisierung? Zur Diskussion eines neueren Paradigmas in der Religionssoziologie. S. 57–85 in: *Karl Gabriel* (Hg.): Religiöse Individualisierung oder Säkularisierung. Biographie und Gruppe als Bezugspunkte moderner Religiosität. Gütersloh: Kaiser.

Schmidtchen, Gerhard, 1979 [1973]: Protestanten und Katholiken. Soziologische Analyse konfessioneller Kultur. 2. Auflage, Bern/München: Francke.

Schnell, Rainer, und *Ulrich Kohler,* 1995: Empirische Untersuchungen einer Individualisierungshypothese am Beispiel der Parteipräferenz von 1953–1992, Kölner Zeitschrift für Soziologie und Sozialpsychologie 47: 634–658.

Schwartz, Joseph E., 1990: Penetrating Differentiation: Linking Macro and Micro Phenomena. S. 353–373 in: *Craig Calhoun, Marshall W. Meyer* und *W. Scott* (Hg.): Structures of Power and Constraint. Papers in Honor of Peter M. Blau. New York: Cambridge University Press.

Simmel, Georg, 1908: Die Kreuzung sozialer Kreise. S. 403–453 in: *Ders.:* Soziologie. Untersuchungen über die Formen der Vergesellschaftung. Leipzig: Duncker und Humblot.

Spiro, Melford E., 1966: Religion: Problems of Definition and Explanation. S. 85–126 in: *Michael Banton* (Hg.): Anthropological Approaches to the Study of Religion. New York/Washington: Praeger.

Stark, Rodney, Roger Finke und *Laurence Iannaccone,* 1995: Pluralism and Piety: England and Wales, 1851, Journal for the Scientific Study of Religion 34: 431–444.

Statistisches Bundesamt (Hg.), 1966: Fachserie A: Bevölkerung und Kultur. Volks- und Berufszählung vom 6. Juni 1961. Heft 5: Bevölkerung nach der Religionszugehörigkeit. Stuttgart: Kohlhammer.

Statistisches Bundesamt (Hg.), 1973: Bevölkerung und Kultur, Fachserie A, Volkszählung vom 27. Mai 1970, Heft 3: Zusammengefaßte Daten über Bevölkerung und Erwerbstätigkeit für Bund und Länder. Stuttgart: Kohlhammer.

Statistisches Bundesamt (Hg.), 1990: Bevölkerung und Erwerbstätigkeit, Fachserie 1, Volkszählung vom 25. Mai 1987, Heft 6: Religionszugehörigkeit der Bevölkerung. Stuttgart: Metzler und Poeschel.

Tenbruck, Friedrich H., 1960: Die Kirchengemeinde in der entkirchlichten Gesellschaft. Ergebnisse und Deutung der „Reutlingen-Studie". S. 122–132 in: *Dietrich Goldschmidt, Franz Greiner* und *Helmut Schelsky* (Hg.): Soziologie der Kirchengemeinde. Stuttgart: Enke.

Terwey, Michael, 1992: Zur aktuellen Situation von Glauben und Kirche im vereinigten Deutschland: Eine Analyse der Basisumfrage 1991, ZA-Information 30: 59–79.

Terwey, Michael, 1996: Religiöse Weltauffassungen, materielle Zufriedheit und Lernziel ‚Gehorsam', ZA-Informationen 38: 94–117.

Wallis, Roy, und *Steve Bruce,* 1991: Secularization: Trends, Data, and Theory, Research in the Social Scientific Study of Religion 3: 1–31.

Wirth, Louis, 1938: Urbanism as a Way of Life, American Journal of Sociology 44: 1–24.

Wolf, Christof, 1996a: Gleich und gleich gesellt sich. Individuelle und strukturelle Einflüsse auf die Entstehung von Freundschaften. Hamburg: Kovać.

Wolf, Christof, 1996b: Konfessionelle versus religiöse Konfliktlinie in der deutschen Wählerschaft, Politische Vierteljahresschrift 37: 713–734.

Wolf, Christof, 1999a: Religiöse Organisationen im weltweiten Datennetz, Diakonia, Internationale Zeitschrift für die Praxis der Kirche 30: 210–216.

Wolf, Christof, 1999b: Religionszugehörigkeit in Westdeutschland 1939–1987. Eine Zusammenstellung nach Bundesländern auf der Basis von Volkszählungsdaten. Köln: Forschungsinstitut für Soziologie.

Yinger, J. Milton, 1964 [1957]: Die Religion als Integrationsfaktor. S. 93–106 in: *Friedrich Fürstenberg* (Hg.): Religionssoziologie. Neuwied: Luchterhand.

ZA – Zentralarchiv für empirische Sozialforschung, 1993: Machine Readable Codebook ZA Study 2150: ISSP 1991, Religion. Köln: ZA.

ZA – Zentralarchiv für empirische Sozialforschung, o.J.: Allgemeine Bevölkerungsumfrage der Sozialwissenschaften: ALLBUS 1980–96 – Codebuch ZA-Nr. 1795. Köln: ZA.

Anhang

Im Folgenden finden sich zunächst die amtlichen Angaben für die Verteilung der Konfessionszugehörigkeit in Westdeutschland für die Jahre 1939-1987 (*Tabelle A1*). In den Datenanalysen wurde für alle Jahre ein einheitliches Klassifikationsschema der Konfessionszugehörigkeit verwendet (vgl. *Tabelle A2*).

Tabelle A1: Verteilung der Bevölkerung auf Religionsgemeinschaften 1939–1987 in 1.000[a]

		1939[b]	1950[c]	1961	1970	1987[d]
1.	Angehörige evangelischer Kirchen	19.567,9	26.172,2	28.725,6	*29.696,5*	*25.800,8*
1.1	Evangelische Kirche in Deutschland	**19.137,5**	25.653,9	28.375,7	28.480,2[e]	25,412,6
1.2	Evangelische Freikirchen	**430,4**	518,3[f]	349,9	1.216,3	388,2
2.	Römisch-katholische Kirche	18.671,6[g]	22.519,2[g]	24.786,1[g]	27.060,8	26.232,0
3.	Andere	2.008,5[h]	2.107,5	2.663,1	*3.893,1*	*9.044,2*
3.1	Andere religiös Gebundene	*353,2*	*101,4*	*620,0*	*1.509,9*	*2.886,6*
3.1.1	Ostkirchen			50,7	71,8	
3.1.2	Altkatholisch und verwandte Gruppen		24,4	20,8		
3.1.3	Christlich orientierte Sondergem.		[i]	[i]	475,9	
3.1.4	Andere christliche Gemeinschaften				659,6	
3.1.5	Jüdische Religionsgemeinschaft	103,7	22,4	22,7	31,7	*32,3*
3.1.6	Islam					*1.651,0*
3.1.7	Andere Volks- und Weltreligionen			4,0	28,9	818,6[j]
3.1.8	Andere Religionsgesellschaften	*249,5*				*1.203,3*
3.2	Gemeinschaftslos und ohne Angabe	*1.655,3*	*2.006,1*	*2.043,1*	2.383,2	*6.157,7*
3.2.1	Gemeinschaftslos	1.641,5	1.861,1[k]	1.573,7	**1.936,1**	4.912,3
3.2.2	Freirel. und Weltanschauungsgem.		[l]	101,0		
3.2.3	Ungeklärt und ohne Angabe	13,8	145,0	368,4	**447,1**	*1.245,4*[m]
Summe		40.248,0	50.798,9	56.174,8	60.650,4	61.077,0

a Normal gesetzte Angaben entstammen den angegebenen Quellen, kursiv gesetzte Zahlen sind durch einfache Addition bzw. Subtraktion berechnet, fett gesetzte Angaben beruhen auf Schätzungen. Die vollständigen Daten für alle Bundesländer und Angaben zur Vorgehensweise stelle ich auf Anfrage gerne zur Verfügung (s. Wolf 1999b).
b Bundesgebiet ohne Berlin.
c Für das Saarland, VZ vom 14.11.1951.
d Die Originalangaben für 1987 wurden hier auf 1.000 gerundet.
e Einschließlich sonstiger evangelischer Kirchen.
f Einschließlich christlich orientierter Sondergemeinschaften.
g 1939–1961 inkl. unierte Riten.
h Einschließlich Angehörige sonstiger Religionsgemeinschaften, die nach der Systematik 1961 nicht vergleichbar sind; diese finden sich hier unter 3.1.8.
i In der Gruppe Angehörige Evangelischer Kirchen enthalten.
j Sonstige (nicht christliche) Religionsgemeinschaften.
k Einschließlich Angehörige von Freireligiösen und Weltanschauungsgemeinschaften.
l In der Gruppe Gemeinschaftslose enthalten.
m Personen ohne Angabe wurden in dieser Tabelle nicht gesondert ausgewiesen. Ihre Zahl wurde durch Subtraktion der Personen mit Angabe von der Gesamtbevölkerung ermittelt.

Quellen: Die Angaben für 1939–1961 sind entnommen aus Statistisches Bundesamt 1966: 60/61.
Die Angaben für 1970 stammen aus Statistisches Bundesamt 1973: 15.
Die Angaben für 1987 stammen aus Statistisches Bundesamt 1990: 22.

Tabelle A2: Zur Konstruktion eines einheitlichen Klassifikationsschemas

	Einheitliche Kategorien	Kategorien aus Tabelle A1
A	Evangelische Kirche in Deutschland	1.1
B	Evangelische Freikirchen	1.2
C	Römisch-katholische Kirche	2
D	Jüdische Religionsgemeinschaft	3.1.5
E	Andere Religionsgesellschaften	3.1.1, 3.1.2, 3.1.4, 3.1.6, 3.1.7, 3.1.8
F	Gemeinschaftslos	3.2.1, 3.2.2
G	Ungeklärt und ohne Angabe	3.2.3

IV.
Recht, Gesetz und Integration

DAS DILEMMA DES FREIHEITLICH VERFASSTEN STAATES

Die Abhängigkeit der Integrationskraft des Rechts von einem vorrechtlich-ethischen Grundkonsens*

Joachim Burmeister

Zusammenfassung: Gegenstand dieses Beitrags sind die Bedingungen des Zusammenhalts von Menschen in einer staatlichen Friedensordnung. Symptome des Schwundes der realen Integrationskraft des Rechts sind die sog. Alltagskriminalität und eine ausgreifende Selbstentlastungsmentalität. Ein Dilemma tut sich auf zwischen Verwiesenheit der realen Geltungskraft des Rechts auf einen ethischen Grundkonsens und der Unfähigkeit von Staat und Recht zur Bildung und Erhaltung eines Wertekonsenses. Zugleich ist ein ethischer Gesinnungsschwund infolge des Autoritätsverlustes der Kirchen zu beobachten und eine Diskreditierung von Bürgertugenden durch die Emanzipationsbewegung. Auch Teile der empirischen Sozialwissenschaften leisten einen Beitrag zur Verflachung der Rechtsmoral. Es ergibt sich ein verfassungstheoretischer Dissens über die Verantwortung des Staates zur Pflege des sozial-ethischen Grundkonsenses. Einige Aspekte über Möglichkeiten und Grenzen der Pflege des ethischen Grundkonsenses durch die Rechtswissenschaft und -praxis werden aufgewiesen. Es gibt eine ganz praktische Bedeutung des Amts- und Berufsethos der Juristen als uneigennütziger Dienst am Recht. Es wird für die Notwendigkeit der Wiederbelebung naturrechtlichen Gedankenguts plädiert, dabei ergibt sich die Problematik des Rekurses auf eine im Grundrechtskatalog angelegte „objektive Wertordnung". Notwendig erscheint eine interpretatorische Schärfung sittlicher Handlungsschranken bei der Teilhabe am Prozess der öffentlichen Meinungs- und Bewusstseinsbildung. Die Mobilisierung ethischer Potenzen als vordringliche Gegenwartsaufgabe von Rechtstheorie und -praxis erscheint als wichtig.

I. Einleitung: Die Bedingungen des Zusammenhalts von Menschen in einer staatlichen Friedensordnung

Die Frage, was *uns* – die Mitglieder des Staatsvolkes – zusammenhält, gehört zum Katalog der staatsphilosophischen Ewigkeitsfragen von nie verebbender Aktualität, die Analyse der Voraussetzungen und Bedingungen des Zusammenschlusses von Menschen zu einem „Staatsvolk" und deren Einbindung in einen stabilen staatlichen Organisationverband zu den Daueraufgaben der Allgemeinen Staatslehre und Staatsphilosophie. So weit Reflexionen über die Architektur einer „guten" Ordnung des Gemeinwesens zurückreichen, gründet

---

* Überarbeitete Fassung des Beitrages „Praktische Jurisprudenz und rechtsethischer Konsens in der Gesellschaft", in: Gedächtnisschrift für W.K. Geck, (1989: 97ff.).
Anmerkung der Herausgeber: Für uns alle unerwartet verstarb Joachim Burmeister am 24. September 1999, noch vor der Durchsicht der Korrekturfahnen und Einarbeitung einiger kleinerer Korrekturen. Wir veröffentlichen den Beitrag in der von ihm hinterlassenen Fassung.

sich jede Aussage über tragende Elemente oder das Gesamtbild der Staatsorganisation – so unterschiedlich auch die konzeptionellen Vorstellungen über Wesen und Zweck des Staates sein mögen – letztlich auf bestimmte Annahmen, welche Voraussetzungen vorhanden sein oder gegebenenfalls geschaffen werden müssen, damit der Zusammenschluss einer Vielzahl von Individuen zur effektiven Verwirklichung gemeinsamer Bedürfnisse nicht an der Eigenart und den Eigeninteressen eines jeden Einzelnen zerbricht, kurzum: auf Vorstellungen darüber, was Menschen zu einem geordneten und friedlichen Zusammenleben *befähigt*. Nicht zufällig sind die großen konzeptionellen Entwürfe einer „guten" Ordnung des Staatswesens vielfach Produkte der Schreckenserfahrung von Anarchie und Bürgerkrieg, deren konkrete Aussagen über zwecktaugliche Organisationsstrukturen der Staatsgewalt sich als rationale Folgerungen darstellen, wirksame Vorkehrungen gegen den Zustand einer innergesellschaftlichen Gewaltbereitschaft und die Ursachen der Aufkündigung des zwischenmenschlichen Gewaltverzichts zu schaffen (so idealtypisch der im Jahre 1651 erschienene „Leviathan" von Thomas Hobbes; aus der Fülle der Literatur vgl. Kriele 1994: 88ff., 96ff.) Wie auch immer Idee und Zweck des Staates umschrieben sein mögen, als Errichtung einer Friedens- und Gerechtigkeitsordnung gründet sich jedes Modell organisierter Staatlichkeit auf eine in historischen Erfahrungen wurzelnde Einschätzung der Friedensfähigkeit bzw. Friedfertigkeit der Mitglieder des Staatsvolkes.

Von der Realitätsnähe der Einschätzung, in welchem Maße unter den „Volksgenossen" die sittlichen Qualitäten innerer Friedensfähigkeit vorausgesetzt werden können, hängt maßgeblich ab, ob einem staatlichen Organisationsverband die gesamtgesellschaftliche Integration in „sein" Regelungs- und Ordnungsgefüge gelingt. Nicht von der Perfektion ausgeklügelter Organisationsstrukturen hängt die Integrationskraft eines Staatsverbandes ab, sondern davon, ob bei realitätsgerechter Einschätzung das für den Bestand eines Gemeinwesens als Friedensordnung notwendige Mindestmaß sittlicher Potenzen der Mitglieder des Staatsvolks vorausgesetzt werden kann. Das sogenannte „Wir-Bewusstsein" (zu diesem Begriff Herzog 1971: 40ff.; Fleiner-Gerster 1995: 128ff.), das ein Staatsvolk zusammenhält und auf das sich Stabilität und Bestand der staatlichen Ordnung gründet, ist nicht konstituierbar;[1] es verhält sich vielmehr umgekehrt so, dass jede normative Sollensregelung ihrerseits auf ein Mindestmaß an *gesellschaftlicher* – nicht in jedem Einzelfall auch *individueller* – Friedensfähigkeit angewiesen ist, um ihre Wirkkraft auch entfalten zu können (grundsätzlich dazu insbes. Schapp 1994: 177ff.).

Diese Erkenntnis begründet für einen freiheitlich verfassten, um die Verwirklichung und Erhaltung gesamtgesellschaftlicher Integration bemühten Staat die unausweichliche Notwendigkeit, sich über die die innere Friedensfähigkeit und Intergrationswilligkeit „seiner" Bürger determinierenden und beeinflussenden Faktoren Klarheit zu verschaffen, um eben diese Faktoren bei der eigenen staatlichen Tätigkeit so weit als möglich zu kultivieren und zu fördern oder – als Minimalziel – zumindest nicht zu konterkarieren.

Die Antwort auf die logische Folgefrage, *was* denn die entscheidende Determinante innerer „Friedensfähigkeit" ist, lässt sich nur gewinnen durch eine Kontrastierung der beteiligten Akteure: Auf der einen Seite der Staat als die in ihrer legislativen Tätigkeit zur Festschreibung abstrakt-*genereller* Normen berufene Instanz; auf der anderen Seite der

---

[1] Zu den Elementen des Wir-Bewusstseins bereits G. Jellinek (1914: 116ff.), Helfritz (1949: 95ff.), zuletzt Zippelius (1999: 72ff.) mit zahlreichen weiteren Nachweisen.

Bürger als das mit *individuellen*, aus unterschiedlichsten Quellen gespeisten Moralvorstellungen behaftete Einzelwesen. Dieses Spannungsverhältnis zwischen dem als Gesetzgeber zwangsläufig *abstrakt* agierenden Staat und dem zu Akzeptanz und „Friedlichkeit" nur über seine *individuellen* Moralvorstellungen zu bewegenden Einzelnen wird im freiheitlichen Rechtsstaat durch den *ethischen* Grundkonsens der Gesellschaft „aufgelöst",[2] dessen Existenz und Pflege als Bedingung gesamtgesellschaftlicher Integration mithin essentielle Bedeutung zukommt. Der gesellschaftliche ethische Grundkonsens als gewissermaßen „kleinster *gemeinsamer* moralischer Nenner" aller in der Gesellschaft zusammengefassten Individuen ist Basis und Maßstab jeglicher staatlicher Erwartungshaltung dahingehend, dass die normativ gesetzten Regeln von der Mehrheit der Bürger nicht nur „untertänigst" ob der Furcht vor Sanktion befolgt, sondern als „richtig" anerkannt und akzeptiert werden. Sofern ein staatliches Ordnungsgefüge von den Mitgliedern des Staatsvolkes nicht als eine ihren Bedürfnissen dienende und ihre individuelle Selbstverwirklichung gewährleistende Gestaltung der Lebensbedingungen empfunden wird, die sie notfalls auch gegen externe Intervention oder Versuche eines inneren (gewalttätigen) Umbruchs zu verteidigen bereit sind, ist der Bestand der staatlichen Friedensordnung gefährdet und die Konsequenz zwangsläufig: Entweder *zerbricht* das Gemeinwesen oder es *verwandelt* sich in einen totalitären Zwangsapparat, der sich aller Mittel individueller Unterdrückung zur Sicherung von Ruhe und Ordnung bedient.[3]

Für die Zwangsläufigkeit dieser Konsequenz und damit die effektive Bedeutung, die diesem „Bedingungszusammenhang" zwischen Bestand einer staatlichen Friedensordnung und Vorhandensein eines ethischen Grundkonsenses zukommt, bieten gerade Entwicklungen der jüngsten Vergangenheit und Gegenwart höchst eindringliches und dramatisches Anschauungsmaterial: Zu welchen Verwerfungen es führt, wenn staatliche Strukturen und

---

2 Zur Bedeutung des sozialethischen Grundkonsenses als „Funktionsvoraussetzung des demokratischen Rechtsstaates" vgl. aus der Fülle der Literatur insbes. Hesse (1959: 8ff.), Rother (1979: 23), Wassermann (1985: 19), F.X. Kaufmann (1985: 185ff.), Schapp (1993: 974ff.), Würtenberger (1991: 90ff.).

3 Zur Interdependenz zwischen Zersetzung des sozial-ethischen Rechtsbewusstseins und Vermehrung obrigkeitsstaatlichen Zwangs vgl. inbes. Böckenförde (1978: 12ff.), Schambeck (1986: 64ff., 83ff.), Coing (1993: 247f.), Laun (1957: 327), Kaufmann (1964: 32f.); prägnant ferner Forsthoff (1951: 90f.): „Der gestiegenen Intensität der Verwaltungsfunktionen entspricht die erhöhte Verantwortung des Staatsbürgers, die eine höhere ethische Verläßlichkeit voraussetzt. Das prekäre Kapitel der Steuermoral ist dafür zur Zeit der deutlichste Beleg, der zugleich dartut, daß diese ethische Verläßlichkeit auf beiden Seiten von Nöten ist. Für die übrigen Verwaltungszweige gilt das gleiche. Allerwärts haben die Anforderungen an das Individualverhalten beträchtlich erhöht werden müssen. Will man nicht den Weg des Nationalsozialismus gehen und mit drakonischen Mitteln diese Anforderungen durchsetzen, so muß man an die Redlichkeit des Staatsbürgers appellieren und ist auf seine Tugenden angewiesen. Hier liegt angesichts der vorhandenen moralischen und ethischen Verwüstungen das eigentliche Problem des Rechtsstaates, und damit mündet die Überlegung in eine aktuelle Problematik der modernen Staatslehre aus. Diese Problematik gilt weniger der Zweckmäßigkeit oder Unzweckmäßigkeit von Verfassungsnormen oder der Richtigkeit oder Verderbtheit von Theorien, sondern der Tatsache, daß ein Staat, dessen Funktionen unvermeidlich einen hohen Grad der Intensität erreichen müssen, auf die Dauer der Intensivierung des Zwanges nur durch die Intensivierung der Tugend, und zwar seiner eigenen wie der seiner Staatsgenossen, entgehen kann. Nur der von Tugenden getragene moderne Staat kann ein freiheitlicher Staat sein."

gesellschaftlicher Grundkonsens sich auf Grund gesellschaftlicher Veränderungen und/oder staatlicher Desorganisationstendenzen zunehmend voneinander fortbewegen, zeigen aktuell die bürgerkriegsartigen Zustände sowohl in Teilen des ehemaligen Jugoslawiens als auch in Teilen der ehemaligen UdSSR. Aber auch die im Zusammenhang mit der deutschen Wiedervereinigung aufgetretenen Reibungen und Spannungen zwischen „Ossis" und „Wessis" haben unschwer erkennen lassen, dass ein über Jahrzehnte sozialistisch gleichgeschalteter „Grundkonsens" und ein durch Pluralismus, ja teilweise auch Individualismus geprägter freiheitlicher Grundkonsens sich nicht einfach kraft staatlicher Anordnung einander annähern, sondern dass es hierzu eines langen und vorsichtigen *innergesellschaftlichen* Entwicklungsprozesses bedarf. Desgleichen rankt sich die Diskussion (und letztlich die Tragfähigkeit der gesetzgeberischen Regelung) über die Erwerbsvoraussetzungen einer doppelten Staatsangehörigkeit um die Grundfrage zutreffender Einschätzung, wie es um die Friedens- und Integrationsfähigkeit des Kreises der Begünstigten bestellt ist, die sich auf einen rechtlich nicht konstituierbaren ethischen Wertekonsens gründet: Die Feststellung, dass ein Volk sich zwar seine Regierung gibt, nicht hingegen eine Regierung sich qua gesetzgeberischer Verfügung „ihr" Staatsvolk zu schaffen vermag, ist so banal wie wahr.

Ist hiernach der ethische Grundkonsens einerseits Fundament gesamtgesellschaftlicher Integration, aber andererseits auf Grund seiner *inner*gesellschaftlichen Entstehung vom „außenstehenden" Staat selbst nicht gegenständlich-inhaltlich vorgebbar, so stellt sich die Frage, aus welchen Quellen denn dieser ethische Grundkonsens gespeist und über welche Wege oder Mittel geistiger „Erziehung" er staatlicherseits wenn schon nicht bestimmbar, so doch wenigstens „kultivierbar" ist. Mit dieser Fragestellung ist der Duktus der Abhandlung vorgezeichnet: Zur Verdeutlichung der aktuellen Relevanz des Themas werden zunächst einige augenfällige Symptome des Schwundes der realen Integrationskraft des Rechts aufgezeigt (Abschnitt II). Danach sollen die maßgeblichen Ursachen für das Versagen außerstaatlicher moralischer Ordnungsinstanzen zur Bildung und Pflege des ethischen Grundkonsenses analysiert werden (III, 1), um sodann der Frage nachzugehen, ob aus dem Versagen bzw. – vorsichtiger formuliert – aus den Schwächen der außerstaatlichen Moralinstanzen eine spezifisch *staatliche* Verantwortung zur Pflege eines ethischen Grundkonsenses erwächst (III, 2). Abschließend soll präzisiert werden, inwieweit die *Rechtswissenschaft* einen Beitrag zur Lösung des Dilemmas beitragen kann, dass der freiheitliche Staat sich auf Voraussetzungen gründet, die er selbst durch sein Recht nicht zu schaffen vermag (Abschnitt IV).

II. Symptome des Schwundes der realen Integrationskraft des Rechts

Der freiheitliche Rechtsstaat bewirkt soziale Integration durch das von ihm gesetzte Recht, dessen Verbindlichkeit als Handlungsmaßstab seiner Bürger durch die vollziehende und rechtsprechende Gewalt überwacht und gewährleistet wird. Nicht nur dramatisierende Krisenbeschwörer, sondern nüchterne und ideologiefreie Analytiker verschiedener wissenschaftlicher Disziplinen konstatieren indessen übereinstimmend einen auffälligen Schwund, ja Verlust der realen Integrations- und Bindungskraft des Rechts.[4] Die Bereitschaft, dem

---

4 So F. Bydlinski (1983: 6ff.), Wassermann (1985: 66ff.; 1988: 15ff.), Wippfelder (1990: 126ff.), Schambeck (1986: 57ff.).

Recht als allgemeinverbindlicher Grundordnung des individuellen Handelns die Gefolgschaft zu versagen und sich ohne Skrupel oder – um die strafrechtliche Terminologie zu gebrauchen – ohne Unrechtsbewusstsein über normative Verhaltensregeln hinwegzusetzen, hat Ausmaße angenommen, die sich nicht mehr mit einem auf bestimmte Sachbereiche beschränkten Auseinanderklaffen von Rechtsinhalten und gesellschaftlichen Mehrheitsanschauungen erklären lassen, sondern auf einen *generellen Autoritätsverlust* des Rechts hindeuten.

Die zahlreichen Indizien und Symptome dieses Befundes sind so eingehend beschrieben, dass man darauf verzichten kann, sie hier im Einzelnen nachzuzeichnen. Nur so viel sei dazu an dieser Stelle gesagt:

1. Die sogenannte Alltagskriminalität

Augenfälligstes und in der allgemeinen Publizistik verständlicherweise besonders beachtetes Symptom dieses Befundes ist zweifellos die Statistik der sog. Alltagskriminalität, insbesondere die Zunahme von Vermögens- und Körperverletzungsdelikten. Die Entwicklung lässt sich gewiss nicht nur auf den Verlust der Furcht vor Strafe oder auch nur vor sozialer Missbilligung zurückführen, sie ist vielmehr Ausdruck des Phänomens, dass elementare, *hinter* den strafrechtlichen Verbotsnormen stehende Regeln der zwischenmenschlichen *Anstandsmoral* im Bewusstsein vieler Mitglieder der Gesellschaft die Qualität von verbindlichen Verhaltensmaximen eingebüßt haben. Wenn sich, wie es offenbar der Fall ist, das Bewusstsein ausbreitet, dass das Stehlen oder Zerstören einer im fremden Eigentum stehenden Sache jedenfalls dann bzw. deshalb nicht „verwerflich" ist, weil z.B. die Tat nicht einen Armen trifft, so liegt das eigentlich Bedenkliche einer solchen Entwicklung nicht in der darin zum Ausdruck kommenden allgemeinen Entwertung des Privateigentums als Rechtsinstitut, sondern in der Aufkündigung der verbindlichen Ordnungsregeln innergesellschaftlicher Güterverteilung und Güterzuordnung. Bei ihnen handelt es sich um elementare, dem konkreten positiven Recht vorgelagerte moralische und sittliche Mindeststandards zwischenmenschlichen Verhaltens, die in jeder Gesellschaft gelten, die sich nicht im Urzustand des für Jeden gegen Jeden geltenden Faustrechts befinden.

Dass in einer Überflussgesellschaft manch einer, der aus überquellenden Kaufhausregalen einen Gegenstand im Werte von 10 DM entwendet, sein Rechtsgewissen mit dem Gedanken beruhigt, dass die Tat ja niemanden treffe bzw. von niemanden als Rechtseingriff empfunden werde, ist psychologisch unschwer erklärbar; desgleichen ist nachvollziehbar, dass im Umfeld einer gruppenspezifischen Verrohung der Umgangsformen das Rechtsbewusstsein eines Hooligans, der den Anhänger einer gegnerischen Fußballmannschaft mit einem Faustschlag zu Boden streckt, auf den Vorstellungshorizont herabsinkt, dass anstößige Gewalt gegenüber anderen erst beim Gebrauch von Schlag- oder Stichwaffen einsetze. Dieses verflachte oder abgestumpfte Rechtsbewusstsein zur Maxime der *rechtlichen* Ordnung einer Gemeinschaft zu machen und folglich auf die strafrechtliche Sanktion des Diebstahls geringwertiger Sachen oder der einfachen Körperverletzung zu verzichten, wie dies Stimmen aus den Reihen der empirischen Sozialwissenschaften fordern, wäre indessen nicht nur ein Freibrief zu Gewalttätigkeit, sondern käme einer Perversion der Umgangsmoral gleich.

2. Ausgreifende Selbstentlastungsmentalität

Der Schwund der Rechtsgesinnung schlägt sich jedoch keineswegs nur in einem Autoritätsverlust des Strafrechts nieder. Weniger auffallend, aber nicht weniger bedeutsam sind Symptome mangelnder Bereitschaft, sittlich fundierten Rechtsgeboten zu entsprechen, wenn deren Missachtung eigenen – regelmäßig materiellen – Vorteilen dient und das reale Risiko nachteiliger rechtlicher Folgen – etwa in Form strafrechtlicher Sanktionen – aus faktischen Gründen als gering veranschlagt wird. Kennzeichnend dafür ist die verbreitete Neigung, sittlich gebotene Leistungspflichten gegenüber bestimmten Dritten, welche die Rechtsordnung mit Anspruchsqualität ausgestattet hat, auf die Gemeinschaft abzuwälzen oder die verbreitete Herausbildung einer *Anspruchsgesinnung,* die dem Einzelnen die Überzeugung vermittelt, dass die Gemeinschaft die Lasten und Kosten eigennütziger Rechtsverwirklichung zu tragen habe. Es handelt sich insoweit gewissermaßen um Erscheinungen einer Rechtsgesinnungsverflachung, die auf einer nüchternen Vorteils-Nachteils-Kalkulation beruhen,[5] bei der verbleibende Skrupel gegen die Praktizierung des reinen Eigennutz- und Vorteilsdenkens regelmäßig mit der Beruhigungspille therapiert werden, dass bei Nichterfüllung sittlich gebotener Leistungspflichten der Berechtigte nicht seinem Schicksal überlassen bleibt, sondern sich die Gemeinschaft seiner Existenzsorgen annimmt. Ähnlich gelagert ist der Grundsachverhalt von Tendenzen, für die Lasten individueller eigennütziger Grundrechtsverwirklichung die Gemeinschaft haftbar zu machen.

Dass sich diese Erscheinungen im großen Geltungsbereich des Privatrechts nicht ganz so gravierend niederschlagen wie im staatlich-bürgerlichen Beziehungsfeld, erklärt sich aus dem Umstand, dass das Privatrecht für solcherart Deformationen der Rechtsgesinnung verhältnismäßig geringen Raum lässt: Es ist weitestgehend von stringenter Wechselbezüglichkeit zwischen Pflichten und Rechten, zwischen Verbindlichkeiten und Ansprüchen beherrscht, was die natürliche und durchaus gesunde Konsequenz hat, dass derjenige, der geschuldeten Leistungspflichten nicht nachkommt, auch keine Gegenleistungen erhält. Die *reale* Wirklichkeit etwa des Vertragsrechts gründet sich auf den einfachen, umso effizienteren Mechanismus *der Eigennützigkeit vertragsgerechten Verhaltens:* Letztlich kommt der Einzelne seinen Verpflichtungen nur um seines eigenen Vorteils willen nach. Wo jedoch im privatrechtlichen Beziehungsfeld diese Korrespondenz zwischen Leistungs- und Gegenleistungspflicht nicht besteht und die Bereitschaft zur Befolgung von Rechtsgeboten nicht durch den Wirkungsmechanismus der Eigennützigkeit normgerechten Verhaltens gesichert wird, wie dies idealtypisch für die familienrechtlichen Regelungen über Unterhalts- und sonstige Fürsorgepflichten zutrifft, dort schlägt sich die Verflachung sittlicher Rechtsgesinnung in einem überaus deutlichen, nachgerade Besorgnis erregenden Schwund an Leistungsbereitschaft nieder. Das elementarste Gebot zwischenmenschlicher Verhaltens-

---

5 Vgl. dazu vor allem Kaufmann, Kerber und Zulehner (1986), Kimminich (1988: 3ff.). Ein eindrucksvolles Beispiel dafür bildet die Entwicklung und Zurverfügungstellung eines betriebswirtschaftlichen Kalkulationsmodells für Unternehmen, anhand dessen sich ermitteln lässt, ob es „wirtschaftlicher" ist, die rechtlich vorgeschriebene Reinigung von Betriebsabwasser vorzunehmen oder das Abwasser ungeklärt abzuleiten und dafür die Zahlung von Bußgeld in bestimmter, nach Menge und Schaden berechneter Höhe sowie den – mit einem bestimmten Betrag einkalkulierten – Ansehensverlust bei Bekanntwerden des Verstoßes in Kauf zu nehmen.

moral, dass diejenigen, die für das In-die-Welt-Setzen eines Kindes verantwortlich sind, diesem gegenüber Unterhaltspflichten und Fürsorgelasten treffen, besitzt – wie zahlreiche Symptome beweisen – bei einer Vielzahl von Mitgliedern der heutigen Gesellschaft nicht mehr die Autorität und Qualität eines gesinnungsfundierten Gebots, das zu missachten oder materiellen Eigeninteressen unterzuordnen Sitte, Anstand und Fairness verbieten.

Ohne Zweifel spielt bei diesem rechtsethischen Gesinnungsschwund der Umstand eine Rolle, dass der Sozialstaat eine Art *Subsidiärhaftung* der *Gemeinschaft* für die Erfüllung der Unterhalts- und Fürsorgepflichten geschaffen und dadurch zur Entstehung einer *Selbstentlastungsmentalität* beigetragen hat. Diese gipfelt schließlich in der Überzeugung, dass die Sorge für Nachwuchs ohnehin ein Dienst an der Gemeinschaft sei, weshalb für die Kosten und Lasten dieses Dienstes konsequenterweise auch die Gemeinschaft einzutreten habe. Es gibt handfeste Anzeichen dafür, dass diese auf den Sozialstaat rekurrierende Selbstentlastungsmentalität sich bei nicht wenigen bereits zur Überzeugung verfestigt hat, dass es einem höchsten Gebot des *sittlichen* Staates entspreche, eine unterhaltsrechtliche Primärhaftung der Gemeinschaft zu schaffen. Pointiert lässt sich dieser Prozess der Umbildung des Rechtsbewusstseins so kennzeichnen: Der Sozialstaat vermittelt ein bequemes Kopfkissen bei der Einschläferung des sittlichen Verantwortungs- und Pflichtenbewusstseins, auf das sich das Unterhaltsrecht gründet.

3. Verständnis von eigennütziger Rechtsverwirklichung als Dienst an der Gemeinschaft

Erheblich weiter ausgreifend als im privatrechtlich geordneten zwischenmenschlichen Beziehungsbereich sind indessen im öffentlichen Recht die Symptome für die Entstehung von *Anspruchsgesinnung,* die sich aus der Quelle des „Rechtsgehaltes" des Sozialstaatsbekenntnisses speisen.

Lange Zeit war im Staat-Bürger-Verhältnis die aus einer verwässerten Rechtsgesinnung resultierende Bereitschaft zur Missachtung von Rechtsgeboten im Wesentlichen beschränkt auf die viel diskutierte Problematik der sogenannten Steuermoral. Diese Problematik hat sich weiter verschärft und folgerichtig zum Ausbau und zur Intensivierung des staatlichen Überwachungsinstrumentariums geführt. Es ist vermutlich nicht übertrieben, wenn die steuermoralische Gesinnung eines wesentlichen Bevölkerungsanteils dahin gekennzeichnet wird, dass derjenige, der steuerlichen Leistungspflichten nachkommt, obschon er sie mit hoher Wahrscheinlichkeit unentdeckt hätte hinterziehen können, ein Dummkopf ist, der dadurch seine mangelnde Qualifizierung für die Wahrnehmung von Führungsaufgaben in der Wirtschaft unter Beweis stellt.

Diesem Symptom sind vielfältige Erscheinungen der Neigung zur Sozialisierung von Kosten und Lasten individueller Rechtsverwirklichung an die Seite getreten. Die erstaunliche Deformationskraft, die sozialstaatliches Denken auf das Bewusstsein über Rechts- und Lastenzusammenhänge ausübt, lässt sich an einem Beispielfall eigener Erfahrung besonders eindringlich veranschaulichen: Einer Vielzahl von Studenten ist heutzutage nicht mit Engelszungen klarzumachen, dass die Wahrnehmung der grundrechtlich gewährleisteten Möglichkeit, ein Studium zu absolvieren, nicht Dienst an der Gemeinschaft, sondern Privileg ist. Besonders bei arbeitslosen Lehramtskandidaten – gar noch, wenn sie für ihr Studium staatliche Ausbildungsförderung in Anspruch genommen haben – stößt die Vermittlung dieser Einsicht auf hartnäckigen Widerstand. Jede diesbezügliche Diskussion gelangt unausweichlich an den Punkt, an dem eine betonte Begeisterung für das Bildungssystem in der ehemaligen DDR artikuliert wird, das sich durch den „Vorzug" auszeichnete, dass alles benötigte Ausbildungsmaterial kostenlos vom Staat zur Verfügung gestellt wurde und der Staat den Hochschulabsolventen überdies die Sicherheit späterer beruflicher Betätigungsmöglichkeit gab – Vorzüge, deren Preis freilich die völlige Ausschaltung der individuellen beruflichen Selbstbestimmungsfreiheit war. Bei diesen Hochschulabsolventen, aber beileibe nicht nur bei diesen, hat sich die Vorstellung zur Rechtsüberzeugung verfestigt, dass die Bereitschaft, sich einem Studium zu unterziehen, Verzicht und Opfer im Dienste der Allgemeinheit ist, daher die Kosten und Lasten des Studiums gefälligst auch die Gemeinschaft zu tragen habe. So gesehen ist es dann nur konsequent oder Beweiszeichen von Ehrlichkeit, wenn mit größtem Nachdruck der Überzeugung Ausdruck verliehen wird, dass es nicht nur unsozial, sondern in höchstem Maße unsittlich ist, wenn der Staat vom Hochschulabsolventen die Rückzahlung der gewährten Ausbildungsförderung verlange. Dass es im Grunde eine moralische, im *Fundamentalprinzip verteilender und ausgleichender Gerechtigkeit* wurzelnde Verpflichtung ist, die vom Staat zur Verwirklichung der beruflichen Selbstbestimmung in Anspruch genommenen Mittel der Gemeinschaft jedenfalls dann zurückzuerstatten, wenn man die Früchte aus der staatlichen Zuwendung zieht, diese Einsicht ist sozialstaatlicher Anspruchsgesinnung gewichen. Es ist wahrhaft kurios, aber nicht nur zum Lachen, dass nach amtlicher Feststellung die geringste Bereitschaft zur Darlehensrückzahlung nicht bei denen anzutreffen ist, die es nicht zu einem erfolgreichen Studienabschluss gebracht haben, sondern bei etablierten, wohlverdienenden Medizinern und Anwälten.

III. Das Dilemma: Verwiesenheit der realen Geltungskraft des Rechts auf den ethischen Grundkonsens

Mit diesen Hinweisen mag es bewenden, um die Zweifel zu verdeutlichen, ob im freiheitlichen Staat der Gegenwart noch jenes Maß an ethischer Übereinstimmung und sich darauf gründender Rechtsgesinnung in der Gesellschaft vorhanden ist, das zur Erhaltung der Autorität des Rechts unerlässlich ist. Dass Grund zu diesbezüglicher Sorge besteht, ist freilich nicht dem staatlichen Gesetzgeber als defizitäre Wahrnehmung des Auftrags ethischer Gesinnungspflege anzulasten. Nicht der Staat und sein Recht sind die Schöpfer und Hüter ethischer Wertvorstellungen, und gewiss ist es auch nicht die Aufgabe der Rechtswissenschaft und Rechtspraxis, die Auslegung und Fortbildung des geltenden Rechts sowie die Streitentscheidung in den Dienst der Vermittlung von Verhaltens- und Umgangsmoral zu stellen.

1. Unfähigkeit von Staat und Recht zur Bildung und Erhaltung eines Wertekonsenses

Der *ethische Minimalkonsens,* auf den sich die Gesellschaft des pluralistischen Gemeinwesens verständigen muss, um die Rechtsgenossen zum Rechtsgehorsam zu bewegen, speist sich aus anderen Quellen als der staatlichen Rechtsordnung. Die Pflege der ethischen Gesinnungsbasis ist nicht zuvörderst Aufgabe von Rechtsetzung und Rechtsanwendung, sondern gesellschaftlichen Kräften und Gruppen überantwortet, die sich um die Verbreitung und Anerkennung ihrer Vorstellungen und Ideale im freien Wettbewerb bemühen müssen; sie nehmen so am Prozess der öffentlichen Meinungs- und Bewusstseinsbildung teil, aus dem letztlich auch die sittlichen und moralischen Überzeugungen erwachsen und aus dem in einem ständig fließenden Prozess der Konsensbildung schließlich der materiale Grundkonsens hervorgeht. Bildung und Pflege des ethischen Grundkonsenses der Gesellschaft ist Aufgabe „moralischer Ordnungsmächte" (Isensee 1977: 545), die ihre Legitimation gerade nicht in staatlicher Herrschaftsausübung haben oder aus dieser ableiten. Sie agieren in dem gegen staatliche Einwirkung abgeschirmten Raum grundrechtsgeschützter Freiheit, innerhalb dessen nur dem Individuum selbst die Befugnis zukommt, das für ihn Verbindliche zu definieren, und in dem sich die Mitglieder der Sozietät im innergesellschaftlichen Diskurs darauf verständigen, was unter ihnen als sittlich-moralische Verhaltensmaxime allgemeine Beachtung verlangt. Weder liegt die Definitionskompetenz des ethischen Minimums der pluralistischen Gesellschaft beim Staat, noch vermag das staatliche Recht, einschließlich der Verfassung, die Bildung und den Bestand des ethischen Grundkonsenses zu gewährleisten, noch ist die Zustimmung der Gesellschaft zu bestimmten ethischen Standards durch gesetzlichen Zwang substituierbar. Der Geltungsanspruch des staatlichen Rechts ist vielmehr auf die Existenz des ethischen Grundkonsenses angewiesen, ohne diesen schaffen oder erhalten zu können. Dies ist das eigentliche Dilemma.[6]

Es liegt also auf der Hand, dass der vielfach erhobene Vorwurf, die staatliche Normgebung habe versagt, weil es ihr nicht gelungen sei, wirksame Barrieren gegen den – beispielhaft beschriebenen – Verlust der realen Bindungs- und Integrationskraft des Rechts zu errichten, von falschen Voraussetzungen ausgeht, was der Staat und sein Recht überhaupt zu leisten vermag. Dieser Vorwurf geht ins Leere.

a) Ethischer Gesinnungsschwund infolge des Autoritätsverlustes der Kirchen. Der Autoritätsverlust des Rechts infolge des Schwundes sozialethischer Rechtsgesinnung unter den Rechtsgenossen ist in erster Linie Konsequenz des Autoritätsverlustes der traditionellen moralischen Ordnungsinstanzen der Gesellschaft, insbesondere der Kirchen.[7] Die – weithin selbstbetriebene – Demontage der Autorität der Kirchen als moralische Ordnungsinstanzen hat ein Vakuum hinterlassen, das der Staat und das vom Staat gesetzte Recht nicht ausfüllen können, und es ist in aller Welt keine Institution ersichtlich, die die für die Herrschaft des Rechts unerlässliche Rolle einer *wertebildenden, moralischen Ordnungsinstanz an Stelle der Kirchen* übernehmen könnte; insbesondere kann und darf im Interesse der Abwendung

---

6 Besonders präzise kommt dies in der These zum Ausdruck, dass „der moderne freiheitliche Staat von Voraussetzungen lebt, die er selbst nicht garantieren kann, ohne seine Freiheitlichkeit in Frage zu stellen", Böckenförde (1976: 60; 1978: 36); ferner eindringlich J. Isensee (1977a: 35): „Der demokratische Rechtsstaat erweist sich als ziemlich hilflos darin, die sittliche Kultur der pluralistischen Gesellschaft, die Grundlage seiner eigenen Existenz, zu pflegen. Seine Mittel sind grob. Sein Einsatz, auch der bestgemeinte, erfolgt in der ständigen Gefahr, daß die ethische Substanz, die es zu fördern gilt, Schaden leidet. Die Ethik hat vom demokratischen Rechtsstaat wenig zu erhoffen. Der demokratische Rechtsstaat hat mit dem Ethos seiner Bürger alles zu verlieren".

7 Zu Rückwirkungen des Autoritätsverlustes der Kirchen auf das gesellschaftliche Wertbewusstsein vgl. Mayer-Maly (1983: 49ff.), Kriele (1993: 73ff.).

unermesslichen Schadens für das Gemeinwesen diese Rolle nicht den politischen Parteien zufallen.[8] Der materiale Rechtsstaat, d.h. der auf Verwirklichung einer von Wertgehalten durchdrungenen Rechtsherrschaft angelegte Staat, ist auf die Autorität nichtstaatlicher moralischer Ordnungsinstanzen angewiesen. Aus diesem Grunde muss mit Nachdruck gesagt werden, dass es aus rechtsstaatlicher Sicht unerträglich ist, wenn politisierende Theologen die Verweigerung von Rechtsgehorsam als Frucht einer reifen demokratischen Kultur, als Überwindung „autoritativen Legalismus" preisen und den Individuen suggerieren wollen, sich durch „zivilen Ungehorsam", „begrenzte Regelverletzung", „gewaltfreien Widerstand" oder dergleichen als eigentlicher Motor der Demokratie zu betätigen.

b) Diskreditierung von Bürgertugenden durch die Emanzipationsbewegung. In diesen Kontext gehört ferner die von vielen Kräften, die sich der Überwindung des „autoritären Legalismus" verschrieben haben, betriebene Diskreditierung all dessen, was sich an bürgerlichen Verhaltensregeln mit dem klassischen Begriff der „Tugend"[9] verbindet. Gemeint ist mit dem Begriff der Tugend im Kern die Fähigkeit und die Bereitschaft zur Überwindung der ausschließlichen Selbstbezogenheit. Der überlieferte Katalog der Tugenden zielt letztlich auf die Kraft des Menschen, aus der Bezogenheit auf sich selbst auszubrechen, weil die Entfaltung humaner Qualitäten sich in Bindungen vollzieht. Was einer werden kann und was einer zu leisten vermag, kann er nur werden und vermag er nur zu leisten, wenn er sich in Bindungen begibt und sie im Konfliktfall auch gegen sich, gegen die eigene Bequemlichkeit, Schwäche, Eitelkeit und gegen die eigenen Interessen gelten lässt. So verstanden steht der Begriff der Tugend ganz in der Nähe des modernen Begriffs der Solidarität (so Graf Kielmansegg 1980: 23), der in seinem eigentlichen, richtigen Wortsinne die Fähigkeit und die Bereitschaft bedeutet, die eigene Existenz nicht absolut, sondern eingebunden zu sehen in ein Feld von Bedingungen und Vorgegebenheiten. Umgekehrt lässt sich sagen, dass das Gegenstück von Tugend und Solidarität die Neigung ist, die Identität der eigenen Person aus der Negation zu gewinnen, d.h. aus der Verwerfung alles Vorgefundenen, aus der Ablehnung jeglicher Fremdbestimmung, aus der Einstufung des Eigennutzes über dem Gemeinwohl. Von diesem Gehalt des Tugendbegriffs ist im Bewusstsein eines erheblichen Anteils der Bevölkerung im Gefolge der Emanzipationsbewegung, die zur entschiedensten Verwerfung nahezu des gesamten Bestandes an tradierten Normen und Regeln für das individuelle Verhalten geführt hat, wenig geblieben.[10] Der emanzi-

---

8 Treffend dazu Tsatsos (1987: 38ff.), von Weizsäcker (1983), Böckenförde (1982: 326f.), Schäffer (1986: 78), Leisner (1979: 21ff.; 1982: 150ff.).
9 Aus der Fülle der Literatur zu Bedeutung und Gehalt der diskreditierten staatsbürgerlichen Tugenden, vgl. insbes. Schambeck (1977: 37ff.; 1986: 78ff.), Pieper (1963: 151ff.; 1995), Graf Kielmannsegg (1980: 15ff.), Forsthoff (1951: 80ff.).
10 Treffend zum „Wandel durch emanzipatorische Pädagogik" Würtenberger (1986: 2285): „Zu den Erziehungszielen der emanzipatorischen Pädagogik zählen u.a. Kritikfähigkeit mit der Bereitschaft zum Widerstand, Recht auf individuelles Glück und Selbstverwirklichung. Das Leistungsprinzip als Erziehungsziel wird abgelehnt. Prozesse der Sozialisation sind nicht am übernommenen politischen System ausgerichtet, sondern sollen zur Überwindung der derzeitigen Produktionsverhältnisse beitragen helfen. Vom Geist dieser kritisch-emanzipatorischen Pädagogik ist auch heute manches Schulbuch geprägt. Es werden vielfach weder Grundlagen noch Grundprinzipien der Rechts- und Verfassungsordnung vermittelt. Unterrichtsziele sind die Ablehnung der bürgerlichen Gesellschaft und ihrer Werte, vehemente Justizkritik und Einüben negativ-kritischen Hinterfragens." Kritisch zum „emanzipatorischen

patorische Appell, sich der „Permanenz des infantilen natürlichen Gehorsams auf Lebenszeit" zu entziehen, hat in den Lebenskreisen der Gesellschaft zum Abbau von Grundtugenden des menschlichen und bürgerlichen Zusammenlebens beigetragen. Die unter dem Schlagwort der „Selbstverwirklichung" angepriesenen Befreiungsstrategien weisen sich nicht selten durch ein ungewöhnliches Maß an Egoismus und moralischer Blindheit aus.[11]

Letztlich ist dafür die Missdeutung von Freiheit als Bindungslosigkeit ursächlich. Freiheit bedeutet nicht Abwesenheit von Bindung, im Gegenteil: Bindung bedeutet das Postulat, in der Freiheit nicht nur sich selbst zu sehen, seine Handlungsbefugnisse nicht nur zum eigenen Nutzen und Vorteil zu gebrauchen. Bindungen sind die vom Einzelnen für sich selbst als verbindlich anerkannten Handlungsmaximen und -schranken, vor allem moralische, sittliche und ethische Gebote, die in Überzeugung, Bekenntnis oder Gewissen eines konkreten Individuums wurzeln, deren Beachtung von diesem nicht als Zwang, sondern als Wert- und Sinngebung des eigenen Handelns empfunden wird. Bindungslose Freiheit ist kein Wert an sich, denn sie umschließt auch das Handeln des Habgierigen, Neidischen und Geizigen, des Niederträchtigen, Gewalttätigen und Grausamen, des Mitleidlosen und Missgünstigen. Nur die Anerkennung von Bindungen verleiht Freiheit den Rang eines Wertes, der Schutz durch die staatliche Rechtsordnung verdient. Freiheit ohne Bindungen bedeutet – aufs Ganze gesehen – die Herrschaft reiner Willkür.

Aus diesem Verhältnis von Freiheit und Bindung erklärt sich die diagnostizierte, an reichem historischen Beispielmaterial nachweisbare Tatsache, dass staatliches Recht zu einem reinen Zwangs- und Gewaltinstrumentarium entarten muss, wenn ein *ethischer Grundkonsens* in der Gesellschaft, d.h. die allgemeine Bereitschaft, in den zwischenmenschlichen Berührungen moralische und sittliche Mindeststandards als verbindliche Prinzipien zu beachten, verloren geht (vgl. die Nachweise oben in Fn. 3). Wenn beispielsweise jedes Mitglied der Gesellschaft sein Handeln an den elementaren Verhaltensmaximen ausrichtet, dem anderen dasjenige zuzubilligen und zukommen zu lassen, was er für sich selbst beansprucht, sowie eigene Rechte nicht auf Kosten der Rechte anderer durchzusetzen, so braucht der für die Wahrnehmung von Ordnung und Frieden unter den Mitgliedern der Gesellschaft unerlässliche Rechtsgüterschutz nicht durch strafrechtliche Sanktionen erzwungen zu werden. Aus diesem Grunde gehört es zu den ärgerlichen Zeiterscheinungen, wenn

---

Leitbild" der staatlichen Erziehungsgewalt ferner Tomuschat (1975: 32ff.), Frowein (1974: 579ff.), Püttner (1974: 656ff.).

11 Zum Zusammenhang zwischen Emanzipationsstrategie und gesamtgesellschaftlicher „Demoralisierung" vgl. insbes. Schambeck (1980: 476ff.; 1984: 321ff.), Isensee (1977: 16f.), Süss (1986: 376ff.), Klages (1986: 434ff.), Otto (1981: 21, 25f.), Herz (1979: 282ff.). Vgl. ferner Messner (1982: 71f.): „Die heute weithin herrschende Auffassung der Freiheit ist die emanzipatorische, die sich ausschließlich als Freiheit ‚von' versteht. Die ausschließliche Konsequenz der Idee unbedingter Emanzipation ist die Steigerung von Unrecht und Gewalt von Menschen über Menschen. Berechtigte Emanzipation kann das Recht einer gesellschaftlich unterdrückten Schicht sein, sie ist dann zugehörig zum geschichtlichen Bestand der menschlichen Existenz. Die Freiheit wird zur Gefahr für den Menschen selbst, wenn sie zur bloßen Emanzipationsidee verflacht wird, wonach der Mensch sich gegen Bindungen wendet. Sie kehrt sich dann gegen den Menschen. So wird sie zur Blockierung des Weges des Menschen zu seiner Selbstverwirklichung. Die Freiheitsidee hat den Blick des Menschen offen zu halten für das, was die Selbstverwirklichung des Menschen an Bewegungsraum erfordert, das ist der Bewegungsraum zu freiem Entschluss bei der Wahl von Handlungen und Haltungen."

Politiker und andere Gesellschaftsreformer, die sich lautstark zu einer freiheitlichen Weltanschauung bekennen, die Freiheit vor allem durch den Gehorsam gegenüber gestrigen Geboten von Sitte und Moral gefährdet sehen, und deshalb besteht Anlass, besonders aggressiv formulierte Forderungen, die mit dem Begriff der *Emanzipation* in Verbindung gebracht werden, sehr eindringlich daraufhin zu überprüfen, inwieweit sie wirklich auf Überwindung von Statusungleichheiten und Benachteiligungen abzielen, inwieweit sie dagegen Ausdruck rücksichtslosen Egoismus sind. Der Satz, dass sich Freiheit auf Bindungen gründet, umgekehrt Bindungslosigkeit Freiheit zerstört und Zwang hervorruft, ist nicht konservativ, sondern wahr.

c) Beitrag der empirischen Sozialwissenschaften zur Verflachung der Rechtsmoral. Verantwortung für den Schwund moralischer Verhaltensgesinnung in der Gesellschaft trifft aber nicht nur die Kirchen, deutliche Vorbehalte müssen insoweit vor allem auch gegen den von den empirischen Sozialwissenschaften geleisteten Beitrag formuliert werden.[12] Vollen Respekt verdienen die empirischen Sozialwissenschaften, weil in der Tat nicht bezweifelt werden kann, dass sie vielfach die jeweils benötigten *faktischen* Prämissen juristischer Argumentation und Entscheidung besser und vor allem präziser erfassen können, als es der Globalerfahrung bestimmter Sachverständiger oder gar allgemeiner Alltagserfahrung möglich ist. Wo aber die empirischen Sozialwissenschaften ihr legitimes Betätigungsfeld, die Erfassung und Erforschung der real bestehenden Zustände und ihrer Zusammenhänge verlassen und sich anschicken, aus den ermittelten sozialen Tatsachen und Gegebenheiten die Antwort auf die normative Fragestellung nach den gesollten Handlungen und Zuständen abzuleiten, ist nicht nur besondere Vorsicht und kritische Distanz geboten,[13] sondern es geht von dieserart Rückschlüssen vom Sein auf das Sollen ein eminent gefährlicher Effekt gesamtgesellschaftlicher Gesinnungsverflachung aus, wie sich eindrucksvoll an den „Erfolgen" praktischer Sozialarbeit nachweisen lässt: Aus dem realen Ausmaß der Rechtsgehorsamsverweigerung wird unversehens gefolgert, dass die normativen Verhaltensgebote im Bewusstsein derer, die sie auf Grund der Gegebenheiten und Einflüsse des sozialen Umfelds missachten, überhaupt nicht mehr vorhanden seien, folglich von ihnen normgerechtes Verhalten auch nicht verlangt werden könne. Man spricht von „abweichendem" Verhalten von Personen, die ganz und gar als Produkt der gewalttätigen, egoistisch-materialistischen Gesellschaft angesehen werden und denen mittels des Rückschlusses,

---

[12] Nachdrücklich in diesem Sinne auch Bydlinski (1982: 84ff.; 1985: 1ff., 7; 1988: 19ff.). Zur „Auflösung der normativen Prämissen der Rechtsgewinnung" trägt dabei wesentlich die Ersetzung bzw. Verdrängung rechtsdogmatischer Begriffe durch sozialwissenschaftlich imprägniertes Vokabular bei, das sich juristisch-methodischer Präzisierung hinsichtlich seines „normativen Gehaltes" entzieht, kritisch dazu Burmeister (1993: 196f.).
[13] Vgl. zu dieser rechtsrealistischen oder rechtssoziologischen Sicht insb. Geiger (1970: 61ff., 242ff.), Opalek (1986: 57f.); vgl. dazu auch Raiser (1973: 79f.), Naucke (1970: 79ff.), Walter (1985: 2/540). – Zum Rückschluss vom Sein aufs Sollen und den Rückwirkungen sozialer Akzeptanz „abweichenden" Verhaltens auf das Rechtsbewusstsein insb. (Noll 1971: 524ff.), Stone (1976: 92ff.), Zippelius (1989: 10 I), Smelser (1972: 118ff., 242ff.), F.X. Kaufmann (1985: 185ff.). – Die Literatur zu den Interdependenzen von Recht und Sozialleben sowie den Einflüssen des „Zeitgeistes" (den Schwankungen und Wandlungen des Rechtsbewusstseins) auf Auslegung und Inhaltsbestimmung des positiven Rechts ist schier unüberschaubar; ausführlich Würtenberger (1991: 90ff., 105ff., 127ff., 147ff.).

dass die Maximen des geschuldeten Sollens durch die Zustände in der sozialen Realität bestimmt würden, bescheinigt wird, dass ihr normwidriges Verhalten durchaus in Einklang stehe mit den *in dieser Gesellschaft real geltenden zwischenmenschlichen Verhaltensregeln*. Vor dem Einfluss der empirischen Sozialwissenschaften auf die zentrale Daueraufgabe der Jurisprudenz, nämlich die Beantwortung der normativen Fragestellung, was für bestimmte zwischenmenschliche Situationen rechtens ist und wie sich die jeweils Beteiligten zueinander verhalten sollen, ist daher nachdrücklich zu warnen, und es ist nachgerade absurd, wenn gar von rechtstheoretischer Seite verlangt wird, die rechtswissenschaftlichen Ergebnisse, die doch von den normativen Prämissen der juristischen Argumentationen abhängen müssen, schlechthin unter die Kontrolle der empirischen Sozialwissenschaften zu stellen (so Weimar 1984: 69ff.). Dies könnte sich nur katastrophal auf die Rechtsmoral der Gesellschaft und damit auf die reale Geltung des rechtlichen Verhaltenskodex auswirken.

Das Dilemma, in dem sich der freiheitlich verfasste Rechtsstaat befindet, liegt also auf der Hand: Die Herrschaft des Rechts, d.h. die Geltung der durch die Rechtsordnung verfassten Sollensordnung, ist im pluralistischen Gemeinwesen auf den Rückhalt in einem sozialethischen Grundkonsens angewiesen, den das Recht selbst weder ersetzen noch erzwingen kann. Die Vorstellung, dass das staatliche Rechtsgefüge, einschließlich des Grundgesetzes, aus eigener Kraft seine Existenz und seine Essenz wahren könne, ist – wie Josef Isensee (1977b: 548) formuliert – „eine Art normativistisches perpetuum mobile". Die Hoffnung, dass Gesetze und nicht Menschen herrschen, ist auch im voll entfalteten demokratischen Verfassungsstaat unerfüllbar. Es bleibt die Realität, dass Gesetze nur durch Menschen herrschen können; ihre reale Geltung hängt von der Loyalität wie vom Verständnis ihrer Adressaten ab. Mit einer Anleihe von Kant lässt sich sagen: Das Gesetz – einschließlich der Verfassung – gilt nicht als „Norm an sich", sondern als Norm, wie sie von ihren jeweiligen Adressaten aufgefasst und von diesen respektiert wird.

Das Dilemma scheint ausweglos: Der Rechtsstaat scheint in die Rolle eines „machtlosen Akteurs" gedrängt zu sein, der tatenlos einem sich in der Gesellschaft vollziehenden ethischen Gesinnungsverfall zusehen muss und nichts gegen den damit unausweichlich einhergehenden Verfall der Herrschaft des Rechts tun kann.

2. Der verfassungstheoretische Dissens über die Verantwortung des Staates zur Pflege des sozial-ethischen Grundkonsenses

Es versteht sich nahezu von selbst, dass der Staat aus dieser scheinbar ausweglosen Sackgasse nur herauszukommen vermag, wenn er selbst es als „seine" Aufgabe betrachtet, die Rechtserzeugung und -anwendung in den Dienst der Vermittlung ethischer Gehalte im Bewusstsein der Mitglieder der Gesellschaft zu stellen, d.h. kurz und bündig: durch das Recht, *ethische Gesinnungspflege der Gesellschaft* zu betreiben. Ob sie sich dieser Aufgabe annehmen darf, ist aber gerade die zentrale Frage, an der sich die Geister scheiden. Höchst eindrucksvoll spiegelt sich dies in den Stellungnahmen zweier Juristen mit glanzvollen Namen zu der auf den zentralen Punkt gebrachten Feststellung von Helmut Schelsky (1980: 72) wider, dass es die Gesetzgebung und die Rechtswissenschaft versäumt hätten, sich um die Entwicklung einer einheitlichen, ethisch fundierten Rechtsgesinnung der Gesellschaft bemüht zu haben. Dazu führt Franz Bydlinski in seinem Werk über „Fundamentale Rechtsgrundsätze" (1988: 5ff.) aus:

„Leider hat Schelsky recht, wenn er das, was man kurz als Entwicklung einer einheitlichen Rechtsgesinnung durch Verdeutlichung des umfassenden und komplexen Wertgehalts der Rechtsordnung umschreiben könnte, als die unbekannteste und am meisten vernachlässigte Aufgabe der Rechswissenschaft bezeichnet hat. Erste Voraussetzung dafür, um sie in Angriff zu nehmen, ja um sie überhaupt zu sehen, ist die deutliche umfassende Herausarbeitung der leitenden ethischen Grundsätze des Zusammenlebens in der Sozietät und damit des Rechts. Ohne Wiedergewinnung dieses ethischen Bezugs des Rechts droht, jedenfalls auf längere Sicht, jede intellektuelle Bemühung um Rechtsfragen sinnlos zu werden und am allgemeinen Desinteresse abzuprallen oder gar, völlig pervertiert, als Anreiz zum Widerstand gegen die Ergebnisse dieser Bemühungen zu wirken. Nicht umsonst wird immer häufiger in unserem öffentlichen Leben der Verlust der moralischen Maßstäbe beklagt und für zahlreiche schlimme Entwicklungen verantwortlich gemacht. In der Tat: nachdem man gegen die Metaphysik zu Felde gezogen ist und sodann auch wissenschaftlich zwischen Recht und Moral streng zu scheiden versuchte, brauchte man nur noch durch den Hinweis auf die zahlreichen unterschiedlichen Moralauffassungen einen reinen Wertsubjektivismus oder -relativismus als wissenschaftlich allein mögliche Position zu proklamieren, um den Menschen, die dem folgten, theoretisch zugleich jede Möglichkeit rationaler moralischer Orientierung zu nehmen und ihnen alsbald auch praktisch weitgehend die normativen Einschränkungen ihres Handlungsbeliebens abzugewöhnen."

Exakt auf diese Feststellung Schelskys lässt sich demgegenüber Ernst-Wolfgang Böckenförde in seiner Schrift „Der Staat als sittlicher Staat" (1978: 12ff.) folgendermaßen ein:

„Wie soll eine Realisierung geistig-sittlicher Gehalte durch das Recht und die Rechtswissenschaft möglich sein, ohne daß es zu einer staatlich verordneten Sittlichkeit und Ideologie, zu einem letztlich totalitären Zugriff auf den Einzelnen kommt. Ein Weg, der diese Gefahr nicht vermeidet, sondern gerade in sie hineinführt, ist der, das überfunktional Verbindende, die geistige Grundlage des Staates in einer gemeinsamen Gesinnung zu suchen. Wenn ein bekannter Soziologe jüngst beklagt hat, daß unserem Staat der Rückhalt in einer gemeinsamen Gesinnung der Bürger fehle, so muß dem entschieden widersprochen werden. Es ist zu bedauern, daß diese Hinwendung eines Soziologen zur Staatstheorie nicht weiter führt, als bis zu Rousseaus religion civile. Eine gemeinsame Gesinnung als Fundament des Staates bedeutet, in die Praxis übersetzt, nichts anderes, als die staatlich verwaltete und gepflegte politische Ideologie, eine säkularisierte Form antiker Polis-Religion, durch die die Politik auf die Gesinnung des Einzelnen zugreift. Der Staat erhält seine Grundlage und sein Ferment, das ihn Zusammenhaltende, nicht als Gemeinschaft im Recht, in der Anerkennung und Freigabe der Individualität, der Verknüpfung des Verschiedenen zur Einheit und dem Grundgefühl der Ordnung, das alle haben, sondern in der Einheit der politischen Gesinnung. Demgegenüber hat der Staat als sittlicher Staat wegen seiner Anerkennung der Freiheit und sittlichen Selbstbestimmung des Einzelnen gerade das Moment der *Äußerlichkeit* an sich. Nicht ohne inneren Grund sind es gerade totalitäre Regime, die die politische Gesinnungseinheit als ihr eigenes Fundament propagieren, sie in der Erziehung indoktrinieren und schließlich auch zur Rechtspflicht und Bedingung des politischen Bürgerstatus erheben ... Gegenüber dem untauglichen Versuch, die Realisierung geistiger und sittlicher Gehalte durch den Staat in der Forderung nach einer einheitlichen Gesinnung zu suchen, ist daran zu erinnern, daß es zum geistig-sittlichen Gehalt des neuzeitlichen Staates gehört, daß er darauf verzichtet hat, einheitliche Gesinnung, einheitlichen Glauben, einheitliche Weltanschauung als seine Grundlage verbindlich zu machen und eben dadurch die Subjektivität und Besonderheit der Einzelnen in ihr Recht gesetzt hat."

Den Antagonismus dieser beiden unvereinbaren Positionen hat Josef Isensee (1977b: 546) mit großer Schärfe in der Kontrastierung von „staatlicher These" und „gesellschaftlicher Antithese" wie folgt umrissen:

- „Die *‚staatliche' These* – ihrer Nuancen und Vorbehalte entkleidet, zum Idealtypischen vereinfacht – lautet: der Staat trägt originäre Verantwortung für den Schutz der Grundwerte, die ihm im Sittengesetz wie in der Verfassung vorgegeben sind. Die vorstaatlichen, unverzichtbaren Grundwerte sind kein taugliches Objekt von Mehrheitsabstimmungen; und zwar weder im förmlichen parlamentarischen Verfahren noch im freien Prozess der öffentlichen Meinungsbildung. Der Gesetzgeber kann seinen Auftrag nicht auf die ‚Gesellschaft' in der Beliebigkeit ihrer Stimmungen abwälzen. Er ist nicht der bloße Notar der jeweils herrschenden Auffassungen, die sich im gesellschaftlichen Wettbewerb der Ideologen und Interessen durchgesetzt haben ...
- Die *‚gesellschaftliche Antithese'* – ebenfalls in idealtypischer Verkürzung – lautet: der weltanschaulich neutrale Staat hat kein eigenes Ethos. Seine Aufgabe liegt darin, den Individuen und sozialen Gruppierungen die Grundrechte zu gewährleisten. Dagegen kommt den gesellschaftlichen Kräften – den Trägern der Grundrechte – die ausschließliche Zuständigkeit zu, Grundwerte anzuerkennen und mit Leben zu erfüllen ... In die Gesetzgebung einer Demokratie können allein die tatsächlich vorhandenen ethischen Überzeugungen der Majorität einziehen. Demokratische Gesetze müssen vom realen Konsens der Gesellschaft getragen werden. Zerbricht dieser, so entfällt auch deren Legitimität. Kein Staat vermag mehr ihre Verbindlichkeit zu garantieren. Der demokratische Verfassungsstaat hat weder das Recht noch die Kraft dazu, Grundwerte zu formen oder künstlich am Leben zu erhalten, wenn ihre Wurzeln im Boden der Gesellschaft abgestorben sind ..."

Und Isensee (1977b: 550) folgert:

„Keine dieser Positionen läßt sich widerlegen oder gegen die andere ausspielen. Die Aporie wird auch nicht mit der Feststellung aufgehoben, daß zwischen Verfassungsnorm und gesellschaftlichem Konsens eine Wechselbeziehung besteht. Diese Einsicht ist ebenso wahr wie banal. Sie läßt die Entscheidung der Kompetenzfrage offen. Der Theoretiker mag sich an der dialektischen Struktur allen sozialen Seins laben und zwischen These und Antithese verharren wie weiland in der scholastischen Fabel Buridans Esel, der – in der Mitte zwischen zwei gleich attraktiven Heuhaufen stehend – sich weder für den einen noch für den anderen zu entscheiden vermochte und verhungerte."

Exakt in dieser Lage befindet sich die Rechtsetzung im freiheitlichen Rechtsstaat und es scheint in der Tat so, als sei die Rechtswissenschaft in ihrer zentralen Aufgabe – der Sinnermittlung und Fortbildung des geltenden Rechts – an die Fesseln rechtlich verfasster „Wertneutralität" des Staates gekettet.

IV. Einige Aspekte über Möglichkeiten und Grenzen der Pflege des ethischen Grundkonsens durch die Rechtswissenschaft und -praxis

Es liegt vor diesem Hintergrund auf der Hand, dass die Rechtswissenschaft bei der Wahrnehmung dieser Aufgabe sich nicht als berufene *moralbildende Instanz*, der die Vermittlung und Schärfung des ethischen Grundkonsenses obliegt, begreifen *darf*, will sie nicht Gefahr laufen, zum „Steigbügelhalter" politisch-ideologischer Indienstnahme des Rechts zu werden. Für sie gilt viel eher das „Prinzip der Nichtidentifikation" mit bestimmten Wertvorstellungen, wie es das Bundesverfassungsgericht zum normativen Leitbild für die Bestimmung des Verhältnisses von Staat und Kirche [„weltanschaulich-religiöse Neutralität"; BVerfGE 19, 206 (216); 24, 236 (246); 33, 23 (28)] und die Abgrenzung der ihnen seitens der Verfassung zugewiesenen Aktionsbereiche erhoben hat. Rechtlich vorgegebene „Wertneutralität" bedeutet freilich nicht ein Verbot, den ethisch-sittlichen Gehalt, der Fundamentalnormen des geltenden Rechts innewohnt und vielfach deren normative Substanz ausmacht, bei der *Auslegung und Anwendung* zur Geltung und – mit hinreichender sprachlicher Deutlichkeit – zum Ausdruck zu bringen. Wenn es im Kern darum geht, dass die reale Geltung des staatlichen Rechts, d.h. seine Fähigkeit, das Verhalten der Rechtsgenossen zu dirigieren, gewährleistet werden soll, so heißt dies nichts anderes, als den Rechtsgenossen die Überzeugung zu vermitteln, dass das, was normgerechtes Verhalten von ihnen verlangt, *angemessen, richtig und gerecht* ist. Die Bereitschaft zu normgerechtem Verhalten gründet sich letztlich auf die *Überzeugung* der Rechtssubjekte, durch das staatliche Recht angemessen und gerecht behandelt zu werden. Diese Überzeugung zu schaffen und zu erhalten, vermögen nur die zur Anwendung des staatlichen Rechts berufenen Juristen, insbesondere die Organe der Rechtspflege. Ihnen obliegt die Aufgabe, die Kongruenz zwischen subjektiven Angemessenheits-, Richtigkeits- und Gerechtigkeitsvorstellungen der Rechtsgenossen mit dem, was das staatliche Recht von jedem verlangt und durch die Anwendung des staatlichen Rechts jedem auferlegt wird, herzustellen. Die Wahrung der Autorität und Integrationskraft des Rechts liegt in den Händen derer, die alltäglich das staatliche Recht anzuwenden und durch rationale Begründung plausibel zu machen haben, dass die aus dem positiven Recht hergeleiteten und „verbindlich" gemachten Verhaltensanforderungen Rückhalt im sozialethischen Basiskonsens der Gemeinschaft haben und als allgemeines Rechtsbewusstsein zum gemeinsamen Bestand an Richtigkeitsüberzeugungen gehören. Es geht im Kern darum, durch rational nachvollziehbare Begründung, die aus dem fortwährenden Dialog mit der Rechtswissenschaft hervorgeht, den *Einklang von Moral, Recht und Gerechtigkeit* einsichtsfähig zu machen.[14]

Die Bewältigung dieser Aufgabe weist *zwei Problemdimensionen* auf.

1. Zur praktischen Bedeutung des Amts- und Berufsethos der Juristen als uneigennütziger Dienst am Recht

Das erste Problem ist das der Glaubwürdigkeit des *Ethos der Juristen* hinsichtlich ihrer unbedingten und ausschließlichen Verpflichtung zur Rechtsverwirklichung. Nichts ist der Autorität des Rechts und dem Vertrauen der Rechtsgenossen in das Recht abträglicher als der sich in der Öffentlichkeit erhärtende Eindruck, dass sich die Juristen in den Dienst der Verfolgung rechtsfremder Ziele und Zwecke stellten. Wenn Anzeichen dafür sprechen, dass Juristen das „Geschäft" der Rechtsverfolgung und -anwendung primär unter indivi-

---

14 Vgl. insb. Herzog (1984: 128), Kindermann (1986: 53ff., 65), Zippelius (1985: 12ff.; 1962: 142ff.), Kubes (1987: 121ff.), Wein (1965: 74ff.), Würtenberger (1986: 2286; 1991: 192ff.), F.X. Kaufmann (1985: 185ff.), Benda (1983: 305ff.), Wassermann (1985: 19), Bydlinski (1983: 6f.).

duell-instrumentalen Leitvorstellungen, insbesondere als schlichtes Mittel, ihr Einkommen zu vergrößern oder ihre Arbeitsbelastung zu verringern, betreiben, so ist für den Auftrag der Pflege der Rechtsgesinnung alles verloren und alles Bemühen um rationale Widerlegung von – ohnehin verbreiteten – „Vorurteilen" gegenüber den Juristen aussichtslos. Die Rechtsgesinnung der Gesellschaft ist maßgeblich im „Ethos des Juristenstandes" bewahrt (so Forsthoff 1951: 80ff.).

Dies setzt ein spezifisches *Berufs- und Amtsethos* der Organe der Rechtspflege voraus, das sich der Gemeinschaft als *moralische Verantwortung* für die Verwirklichung des Rechts vermittelt. Der Auftrag zur Pflege des Rechts ist nicht eine Vollmacht, die den Juristen *um ihrer selbst willen*, um ihres eigenen Interesses oder Vorteils willen, anvertraut ist, sondern – im wahren Wortsinne – eine *dienende Funktion*. Dies gilt gerade auch für die anwaltliche Tätigkeit. Wenn der gesetzlichen Festschreibung der Stellung des Anwalts als *„unabhängiges Organ der Rechtspflege"* (so § 1 Bundesrechtsanwaltsordnung) überhaupt eine verpflichtende Bedeutung beizumessen ist, so besteht dies in der Zurücksetzung des materiellen Eigeninteresses gegenüber der Pflicht, die Tätigkeit in den Dienst der Rechtsverwirklichung zu stellen.[15] Von der Praktizierung eines so gearteten beruflichen *Selbstverständnisses* als uneigennütziger Dienst am Recht hängt der Grad der Annahme des Rechts durch die Rechtsgemeinschaft, die Konvergenz von Norm und Rechtsüberzeugung, in erheblichem Maße ab.

Diese uneigennützige Komponente des beruflichen Selbstverständnisses des Anwalts schließt vor allem auch die Fähigkeit und Bereitschaft ein, dem Rechtsuchenden die Perspektive der Gegenseite sowie die Zusammenhänge zwischen Eigenlasten und Gemeinwohlbelangen zu verdeutlichen. Die „unnütze" Vertretung von Interessen vor Gericht, wo nach juristischem Sachverstand keine Erfolgsaussichten bestehen, ist nicht nur anstößig, weil es sich in Wahrheit um pure Verfolgung von materiellen Eigeninteressen des Juristen auf Kosten eines Dritten handelt, sie ist vor allem schädlich für das elementare Erfordernis, dem Einzelnen die Überzeugung zu vermitteln, durch das staatliche Recht eine angemessene und gerechte Behandlung zu erfahren.[16] Jedes mit juristischem Beistand durchgeführte Verfahren, das bei objektiv-distanzierter Betrachtung auf die Durchsetzung eines vom Gesetz nicht getragenen, uneinsichtigen Anspruchsegoismus abzielt, hat die Enttäuschung „sachverständig" geschürter Erwartungen zur Folge und wirkt sich kontraproduktiv auf

---

15 Treffend dazu die Feststellung von Bydlinski (1988: Vorwort und Einleitung S. XIII): „Wer noch nie in seinem Leben über Moral oder die normative Ordnung reflektiert hat, aber den anderen Menschen durchwegs wohlwollend-rücksichtsvoll gegenübertritt, trägt gewiß zur bestmöglichen Realisierung der normativen Fundamentalprinzipien mehr bei als jemand, der gedanklich-theoretisch Grundmaxime und Konsequenzen akzeptiert und vielleicht sogar weiterdenkt und verfeinert, dem aber in sein reales Handeln seine kurzfristigen Interessen, Wünsche und Leidenschaften ständig und mehr als unvermeidlich ‚hineinpfuschen'. Sein und Sollen sind hier nur noch künstlich zu trennen. Die normative Grundmaxime ist zugleich entsprechend ihrer (auch unbewußten) Befolgung reale Bedingung dafür, daß die tatsächlichen Zustände den Anforderungen einer qualitätsvollen Normenordnung einigermaßen nahe kommen. Immerhin besteht die Hoffnung, daß sich theoretische Grundmaxime und reale (individual-ethisch bestimmte oder unreflektiert-wohlwollende) Haltung in ihren Wirkungen wechselseitig stützen können."

16 Nicht ganz von der Hand zu weisen ist daher die Erwägung, nach englischem Vorbild die Möglichkeit vorzusehen, dem Anwalt durch Gerichtsbeschluss die Kosten für die evident erfolglose Vertretung von Klagebegehren ganz oder teilweise aufzubürden.

den unerlässlichen Rückhalt des staatlichen Rechts im Rechtsbewusstsein der Allgemeinheit aus. Es muss bezweifelt werden, ob das Bundesverfassungsgericht[17] *diesen* Aspekt, um den es letztlich bei den standesrechtlichen Konkretisierungen eines spezifischen Berufsethos der Anwaltschaft geht, in seiner Entscheidung über die Unvereinbarkeit verschiedener standesrechtlicher Regeln mit der grundrechtlichen Berufsfreiheit hinreichend bedacht hat.

Dass im Übrigen die Fähigkeit der Juristen, den sittlichen Gehalt von Fundamentalprinzipien des staatlichen Rechts Akzeptanz und damit reale Geltung als Verhaltensdirektiven der Individuen zu vermitteln, maßgeblich vom „inneren Zustand" des öffentlichen Dienstes abhängt, ist evident. Was am Zustand des öffentlichen Dienstes nachdenklich stimmt, ist vor allem der Einstellungswandel der Mitglieder ganzer Bereiche des öffentlichen Dienstes (insonderheit der „Lehrerschaft") zu den spezifischen pflichtenbegründenden Attributen des öffentlichen Amtes – ein Wandel, der sich darin niederschlägt, dass die dem Amt wesensmäßig innewohnende Zurückstellung des „Ichs" des Amtsverwalters zusehens ersetzt wird durch ein individualistisch-freiheitliches und damit egoistisches Tätigkeitsverständnis, das sich letztlich in nichts unterscheidet von „normaler" berufsfreiheitlicher *Selbstverwirklichung*.[18] Zu dieser Entwicklung ist von rechtswissenschaftlicher Seite mit der Diskussion um die „Verrechtlichung des sog. besonderen Gewaltverhältnisses" ein nicht unmaßgeblicher Beitrag geleistet worden: Die – unbestreitbar gebotene – Überwindung des obrigkeitsstaatlichen Beamtenbildes als gehorsamsbeflissenes, nicht selbst nachdenkendes, entpersönlichtes Instrument des staatlichen Vollzugsapparates bedeutet keineswegs in letzter Konsequenz eine totale Eliminierung der vom Pflichtmoment geprägten Merkmale eines Dienstes im Interesse des Gemeinwohls und deren Ersetzung durch die Wesenseigentümlichkeiten grundrechtlicher Berufsfreiheit, die – wie jede Individualfreiheit – dem Einzelnen allein um *seiner selbst willen*, d.h. zur Verwirklichung seiner Vorstellungen, Ziele und Interessen zukommt. Darum ist „streikenden Lehrern" ins Gedächtnis zu rufen, dass der Auftrag der Wahrnehmung des staatlichen Erziehungsauftrages nicht Gegenstand individueller Selbstverwirklichung in geistiger oder materieller Hinsicht sein kann. Vor allem aber hat sich das institutionelle „Repräsentativorgan" der Beamtenschaft selbst, der Deutsche Beamtenbund, die Tatsache zu vergegenwärtigen, dass das Vertrauen der Allgemeinheit, es gäbe so etwas wie ein Ethos der Beamtenschaft, unentwegt strapaziert wird, wenn man sich in der Öffentlichkeit vornehmlich mit der Forderung nach Gehaltserhöhung zu Wort meldet; dies muss auf Dauer zur Verfestigung einer opinio communis führen, als müsse Neutralität, Loyalität und Uneigennützigkeit des Amtsauftrages ständig mit ein paar Prozentchen aus der Staatskasse „erkauft" werden. Gleiches gilt im Prinzip für das berufsethische Selbstverständnis der Hochschullehrer, deren Auftrag, auf der Grundlage eines gegen staatliche Intervention und Indoktrination abgeschirmten Freiheitsgrundrechts Lehr- und Forschungsauftrag wahrzunehmen, nicht individueller Selbstverwirklichung dient und subjektive Handlungsbeliebigkeit beinhaltet, sondern pflichtgebundene Amtsausübung im

---

17 BVerfG, Beschluss vom 14.7.1987, E 76, 196ff. (207f.). – Das Kernproblem liegt in der Prämisse, dass die anwaltliche Tätigkeit ausschließlich berufsfreiheitlich konzipiert sei, daher Tätigkeitsbeschränkungen allein am Maßstab von Art. 12 I GG zu messen seien; so BVerfGE 22, 114 (120); 36, 212 (216ff.); 63, 266 (281ff.); 66, 337 (352ff.).
18 Dazu Isensee (1988: 141ff.; 1995: 32, Rdnr. 16–19), Wagener (1979: 1304).

Dienste des Gemeinwohls darstellt. Nur weil dies so ist, ist der Beamtenstatus des Hochschullehrers überhaupt erklärbar und rechtfertigungsfähig.[19]

2. Das zentrale Problem der methodischen Rechtsfindung und Entscheidungsbegründung

Die andere Problemseite betrifft die Argumentationstheorie, die Theorie der Entscheidungsbegründung, die unmittelbar in das weite, äußerst diffuse Feld der juristischen Methodologie hineinführt. Die Theorie der methodischen Rechtsgewinnung, die juristische Methodenlehre, hat bekanntlich die Dimensionen einer eigenen wissenschaftlichen Disziplin innerhalb der Jurisprudenz angenommen. Viele befassen sich überhaupt nur noch mit Methodenfragen, was der Sache keineswegs zuträglich ist, denn die ausgebreiteten theoretischen Reflexionen und Konstruktionen lassen vielfach jeden Bezug zu den praktischen Erfordernissen der Rechtsanwendung und Entscheidungsbegründung vermissen. Darauf kann und braucht hier nicht weiter eingegangen zu werden. Überschauend betrachtet lässt sich jedoch feststellen, dass die in jüngerer Zeit vermehrt artikulierten Einwände gegen die in der *Tradition des Rechtspositivismus* stehenden Auslegungstheorien (dargestellt in allen Nuancen bei Ott 1976) sich übereinstimmend auf den Grundeinwand stützen, dass diese Theorien die Sicht für die ethische Dimension im Recht und für die Entfaltung ethischer Gehalte in der Rechtsanwendung versperren.

a) Notwendigkeit der Wiederbelebung naturrechtlichen Gedankenguts. Diesem Grundeinwand ist zuzustimmen: Juristische Argumentation, die sich auf ein *Normverständnis* gründet, welches nur staatlich gesetztes „positives" Recht als ihr Bezugsmaterial anerkennt, leugnet naturgemäß die rechtliche Relevanz von Verhaltensregeln, die sich auf ethische und moralische Prinzipien gründen. Der Rückgriff auf Kategorien der Moral, der Fairness und dergleichen muss notwendig als unwissenschaftlich, unrational, unjuristisch disqualifiziert werden. Die in diesen Argumentationstheorien fortlebende Grundthese *der strikten Trennung von Staat und Ethik sowie von Recht und Moral*[20] ist der tiefere Grund, weshalb so viele Einzelfallentscheidungen und ihre Begründungen den Betroffenen einfach unverständlich bleiben: Sie bleiben ihnen unverständlich, weil sich die abstrakten juristisch-dogmatischen Ableitungen – vielfach schon sprachlich – der Nachvollziehbarkeit entziehen und den Betroffenen verborgen bleibt, dass der in Bezug genommenen entscheidungser-

---

19 Näher dazu Burmeister (1997: 866ff.); in diesem Sinne auch Hailbronner (1979: 73ff.).
20 Diese „positivistische" Methodenlehre gründet sich auf die unrealistische und längst widerlegte Annahme, in Norminterpretationen dürften nicht die Wert-, Gerechtigkeits- oder Richtigkeitsvorstellung der Gesellschaft oder des Interpreten einfließen, sondern hätten sich strikt an den in der Vorschrift zum Ausdruck kommenden „objektivierten Willen und den Wertungen des Gesetzgebers" auszurichten; vgl. etwa Larenz (1979: 152ff.), Bettermann (1955: 365f.), Geiger (1971: 117ff., 142f.). – Heute ist weithin anerkannt, dass Norminterpretation ein „wertender Vorgang" ist, in dem auch Einflüsse des kollektiven Rechtsbewusstseins sowie individuelle Wertungen, Weltanschauungen, Gerechtigkeits- und Richtigkeitsvorstellungen des Interpreten Gestalt annehmen; grundlegend dazu Esser (1970), Engisch (1997), Kriele (1979: 86ff.), Mayer-Maly (1986: 557ff.), Bydlinski (1982: 553ff.), Würtenberger (1991: 158ff. mit umfangreichen weiteren Nachweisen).

heblichen staatlichen Norm ganz einfache, jedermann einsichtige Verhaltensregeln und daran anknüpfende Rechtsfolgen innewohnen. Aus diesem Grunde wird – überschauend und notwendig vereinfacht gesagt – die juristische Argumentationstheorie nicht ohne eine Wiederbelebung *naturrechtlichen Gedankengutes* auskommen (so auch Kindermann 1986: 67; Würtenberger 1991: 231). Die konsequente Eliminierung des Naturrechts aus der Jurisprudenz und die positivistisch geprägte Interpretationstheorie erweisen sich gerade unter dem Gesichtspunkt der von der praktischen Jurisprudenz zu leistenden Pflege der Rechtsgesinnung als revisionsbedürftig. Völlig zu Recht ist darauf hingewiesen worden (Bydlinski 1988: 3), dass es der positivistischen Argumentationstheorie de facto auch zu keinem Zeitpunkt und in keiner ihrer methodologischen Ausformungen gelungen ist, völlig auf naturrechtliche Denkkategorien zu verzichten – so nachdrücklich dies auch behauptet worden sein mag. Für diese Tatsache ist hinreichender Beweis vor allem die interpretatorische Ausfüllung zivilrechtlicher Generalklauseln in Form einer Vielzahl rechtsfigürlicher Institute, bei denen es sich überwiegend um elementare Verhaltensregeln handelt, die gewissermaßen *per se* in einem auf Gleichwertigkeit aller und gegenseitiger Rücksichtnahme beruhenden sozialen Gefüge gelten. So gesehen stellt die Forderung nach einer Wiederbelebung naturrechtlichen Gedankenguts in ihren Konsequenzen für die juristische Argumentationstheorie keinen revolutionären Umbruch dar.

b) Die Problematik des Rekurses auf eine im Grundrechtskatalog angelegte „objektive Wertordnung". Erhebliche Zweifel müssen demgegenüber angemeldet werden, ob sich die – als notwendig erachtete – Mobilisierung ethischer Potenzen methodisch durch Bezugnahme auf eine in den Grundrechten des Grundgesetzes enthaltene „objektive Wertordnung" bzw. ein darin angelegtes „Wertesystem" bewerkstelligen lässt. Diese in der jüngeren Theorie der Verfassungsinterpretation ausgreifende, in der Rechtsprechung des Bundesverfassungsgerichts[21] angelegte Tendenz führt – konsequent zu Ende gedacht – geradewegs in eine „Tyrannei der Werte" (so C. Schmitt), vor der zwischenzeitlich nicht wenige hellsichtig warnen.[22] Werte existieren notwendig in einer hierarchischen Stufung, die gerade mit dem Wesen der Freiheit, auf die sich das grundrechtliche Wertesystem gründet, nicht zu vereinbaren ist. Es ist schlechterdings ausgeschlossen, dem Grundrechtskatalog des Grundgesetzes eine Rangabstufung von Werten entnehmen zu wollen. Im Übrigen ist es eine historische Erfahrung, die noch immer zu beherzigen ist, dass über Werte unkontrollierbare, geschlossene Ideologie-Systeme bzw. politische Postulate in die Materie Verfassung einströmen und deren Freiheitssubstanz zerstören können.

Die Ableitung von Werten aus den Grundrechten vermag die Notwendigkeit einer Wiederbelebung naturrechtlicher Denkansätze schon deshalb nicht zu ersetzen, weil Grundrechte *die Moral des Staates,* aber gerade nicht die Moral, auf die sich die zwischenmenschliche Beziehungswelt gründet, konstituieren. Juristische Argumentation entbehrt der Plau-

---

21 Grundlegend BVerfGE 21, 362 (372); 25, 167 (173); 35, 79 (114); 49, 89 (142); 52, 131 (165f.); 52, 223 (247); 61, 1 (10f.); 61, 18 (25); 62, 230 (244); vgl. im Übrigen den Überblick bei Goerlich (1973: 50ff.); eingehend dazu ferner unter Berücksichtigung der schier unübersehbaren Literatur Stern (1988: 69 I 3, 898ff.).
22 Besonders kritisch Forsthoff (1964: 158ff.; 1971: 68f.), Böckenförde (1974: 1533f.), Denninger (1975: 545ff.), Willke (1975: 24ff.), Grabitz (1976: 208ff., 216ff.), Zeidler (1980: 1ff.), Alexy (1985: 133ff.).

sibilität und Überzeugungskraft, wenn Grundrechte, die vom Einzelnen als „Hort der Freiheit", als Gewährleistung zur Verwirklichung selbstdefinierter Zwecksetzungen empfunden werden, ausgerechnet herhalten müssen als Quelle von Geboten, den eigenen Rechts- und Interessenkreis eingegrenzt bzw. beschnitten zu sehen durch Belange des Mitmenschen. Das Privatrecht ist zwar nicht „wertfrei", wohl aber geprägt durch Autonomie, und diese beinhaltet die rechtliche Anerkennung, *ohne Unwerturteil* „eigennützig" sein zu dürfen. Darin unterscheidet sich das Privatrecht vom Staat-Bürger-Verhältnis, das von der Gleichheit vor dem Gesetz und dem rechtsstaatlichen Gesetzesvorbehalt für staatliche Eingriffe in Freiheit und Eigentum beherrscht wird, fundamental. Es ist daher durchaus nicht unbedenklich, dass die verbreitete pauschale Bezugnahme auf im System der Grundrechte angelegte Werte allmählich die anfängliche Zurückhaltung gegenüber Theorien der unmittelbaren oder mittelbaren Drittwirkung der Grundrechte ausgehebelt hat. Diese Feststellung ist nicht misszudeuten als ein grundsätzlicher Einwand gegen die interpretatorische Entfaltung von Werten unter Rückgriff auf die Grundrechte. Die Vorbehalte richten sich vielmehr gegen die mangelnde Differenzierung solcherart Rückgriffe, für die gerade die deutliche Überfrachtung des Privatrechts mit pauschalen Grundrechtsbezügen symptomatisch ist. Es ist – am Beispiel verdeutlicht – zur Mode geworden, dem Vermieter einer Wohnung „unwertiges" Handeln zu bescheinigen, wenn er – entgegen Art. 3 Abs. 2 oder 3 GG – den Abschluss des Mietvertrages mit der Begründung verweigert, dass er keinen Mann, sondern eine Frau, keinen Ausländer, sondern einen Deutschen (die Differenzierungen ließen sich beliebig fortsetzen) als Mieter haben will. So engstirnig und vorurteilsgeprägt derartige Selektionskriterien auch sein mögen, tatsächlich machen gerade diese „Freiheiten" den Wert einer gesellschaftlichen Ordnung aus, die auf Zwangsregelung und Zuteilung der zwischenmenschlichen Befugnisse verzichtet.

c) Notwendigkeit interpretatorischer Schärfung sittlicher Handlungsschranken bei der Teilhabe am Prozess der öffentlichen Meinungs- und Bewusstseinsbildung. Nichts mit bedenklicher Überstrapazierung einer in den Grundrechten angelegten Wertordnung hat demgegenüber die Verdeutlichung der – für das gesamtgesellschaftliche Wertbewusstsein elementaren – Einsicht zu tun, dass die durch Meinungs-, Presse- und Rundfunkfreiheitsgarantie gegen staatlich-politische Indienstnahme abgeschirmte Freiheit, sich ohne geistige Vormundschaft öffentlich zu artikulieren und damit am Prozess des öffentlichen Meinungsbildung teilzunehmen, nicht eine rechtlich verfügte Befugnis beinhaltet, im Interesse optimaler Realisierung wirtschaftlichen Erwerbs- und Gewinnstrebens sich durch Wort, Schrift oder Bild der Handlungsautonomie des Dritten zu bemächtigen und diesen gewissermaßen „aus den Ketten seiner sittlichen Bindungen zu befreien".

Unter allen Ursachen des Schwundes ethisch-sittlicher Minimalstandards des „Allgemeinbewusstseins" dürfte die Öffnung von Rundfunk und Fernsehen für Private und damit kommerzielles Gewinnstreben der bei weitem schwerwiegendste und folgenschwerste Fehler gewesen sein: Die Programmdarbietung des Privatrundfunks hat unter dem Blickwinkel von Einschaltquote, Umsatz und Gewinn in Hinsicht auf Gewaltverherrlichung und Darstellung zügelloser Perversion von Sexualität – aufs Ganze gesehen – ein Niveau erreicht, das sich nur noch als systematische, durch Sprachverwilderung unterfütterte Verhöhnung elementarster Bestandteile von Moral, Sitte und Anstand bezeichnen lässt. Es ist der Punkt erreicht, an dem sich jeder verantwortungsbewusste, um die Erziehung von

Kindern Bemühte resignierend gehalten sieht, den Staat an die Erfüllung ihm obliegender *Schutzpflichten gegenüber Kindern und Jugendlichen* zu erinnern. So nachdrücklich auch die Bemühungen des Bundesverfassungsgerichts zu begrüßen sind, durch die Interpretation der Rundfunkfreiheitsgarantie als „dienendes" Freiheitsrecht materielle und organisatorische Vorkehrungen gegen eine totale Kommerzialisierung privater Rundfunkdarbietung zu errichten, muss konstatiert werden, dass die Verfassungsrechtslehre für die massenmediale Verhöhnung jedes Restes sittlicher Substanz mitverantwortlich ist: Sie hat es versäumt, die in der Rundfunkfreiheitsgarantie normativ – *als Inhalt* der Rechtsverbürgung – verankerte sittliche Verantwortung des Veranstalters zur Geltung zu bringen,[23] dass moralische Fundamentalwerte im Bewusstsein der Allgemeinheit nicht abgebaut werden, weil dies die reale Integrationskraft des Rechts, die gesamtgesellschaftliche Normakzeptanz, untergräbt. Die sittliche Deformationskraft, die von einem unter Wettbewerbsdruck um Zuschauergunst und höchstmögliche Einschaltquote agierenden Massenmedium für das gesamtgesellschaftliche Wertbewusstsein ausgeht, lässt sich in ihren Ausmaßen und Wirkungen wohl überhaupt nicht realitätsgerecht bemessen und beschreiben.

d) Die Mobilisierung ethischer Potenzen als vordringliche Gegenwartsaufgabe von Rechtstheorie und -praxis. Bereits die Diskussion um die strafrechtliche Freigabe der Abtreibung im Vorfeld der Entscheidung des Bundesverfassungsgerichts hat eindrucksvoll die Anfälligkeit der verhaltensdirigierenden Wirkkraft des staatlichen Gesetzes gegenüber Zersetzungserscheinungen der ethisch-sittlichen Gesinnung unter den Mitgliedern der Gesellschaft deutlich gemacht. Wenn Aussagen, wie der zutiefst unmoralische Satz: „Mein Bauch gehört mir!" von Teilen der Gesellschaft verinnerlicht und die Befugnis zur Abtreibung gar als Ausfluss individueller Selbstverwirklichung begriffen wird, so vermag auch ein strafrechtliches Verbot nichts mehr zum Schutze des ungeborenen Lebens beizutragen. Heute, da uns der medizinisch-technische „Fortschritt" geradezu schauderhafte Perspektiven eröffnet, lässt sich mit Gewissheit die Feststellung treffen, dass keine staatliche Verbotsnorm in der Lage sein wird, *aus sich heraus,* d.h. kraft ihrer Autorität als Entscheidung des demokratischen Gesetzgebers, die Entwicklung zu steuern oder auch nur steuernden Einfluss auf diese zu nehmen. Wenn es noch eine Chance gibt, beispielsweise die Entwicklung auf dem Gebiet der Gentechnologie in den Griff zu bekommen und zu erreichen, das bestimmte „Dinge" unberührt bleiben, so gründet sich diese Chance ausschließlich auf eine sittlich-ethische Rückbesinnung derer, die diese Entwicklung vorantreiben.[24] Nur ein ethischer Grundkonsens der Ärzteschaft vermag dem medizinischen Wissens- und Forschungsdrang, dem der Mensch zum „Opfer" zu fallen droht, Grenzen zu setzen, die wirklich beachtet werden; fehlt dieser, so entzieht sich dieser Bereich der Steuerungskraft staatlicher Rechtsregelungen, und die Entwicklung wird – ungeachtet rechtlich festgeschriebener Bindungen und Begrenzungen – unausweichlich dahin führen, dass alles gemacht wird, was machbar ist. Ohne eine Mobilisierung ethischer Potenzen ist alles Bemühen von Staat

---

23 Ergänzend dazu Burmeister (1997: 62ff.); ferner Turner (1987: 75), der dafür plädiert, „auch die Presse in die Pflicht zu nehmen, ihrer erzieherischen Verantwortung für die Wert- und Gerechtigkeitsvorstellungen der Allgemeinheit stärker als bisher eingedenk zu sein".
24 Zur Ethikdiskussion speziell der Humangenetik vgl. die umfangr. Literaturübersicht bei Kloepfer (1998: 16 Rdnr. 5, 1083 in Fn. 17).

und Recht, dass auf diesem Gebiet nicht das Tor zur Hölle aufgestoßen wird, zur Erfolglosigkeit verurteilt.[25]

Vor diesem Entwicklungshintergrund, der in Besorgnis erregender Eindringlichkeit den Zusammenhang zwischen realer Wirksamkeit und Integrationskraft des Rechts sowie ethischem Grundkonsens der Gesellschaft verdeutlicht hat, wird erkennbar, dass – wie Herbert Schambeck (1986: 187) feststellt – „das Wertdenken von Normsetzer und Normadressaten geradezu schicksalhaft ist für den Bestand und die Autorität der Rechtsordnung". Der Ordnungsanspruch des staatlichen Rechts und die ethische Gesinnung der Rechtsgenossen stehen in einem unauflöslichen wechselseitigen Zusammenhang. Nur beim Vorhandensein einer ethischen Gesinnungsbasis sind die Voraussetzungen für den staatlichen Gesetzgeber gegeben, ein sittliches Gebot zu einem solchen des staatlichen Rechts zu machen und diesem durch Positivierung die Durchsetzbarkeit eines staatlichen Rechtsgebots zu verschaffen.[26] Wer daher der Trennung von Staat und Ethik, von Recht und Moral das Wort redet, der darf sich nicht wundern über verhaltensmoralische Mangelerscheinungen im gesellschaftlichen Leben.

Wenn die Juristen einen Beitrag zur Mobilisierung ethischer Potenzen im gesellschaftlichen Bewusstsein und damit zur Erhaltung bzw. Wiedergewinnung der realen Wirkkraft ethischer Gehalte des Rechts leisten wollen, so ist es an der Zeit, die Ethik *in den Betrachtungshorizont der eigenen Disziplin* einzubeziehen. Diese notwendige Horizonterweiterung ist zuvörderst eine Aufgabe der Juristenausbildung: Nachdem über hundert Jahre lang die Studenten der Rechtswissenschaft darüber unterrichtet und „belehrt" wurden,

---

[25] Zur Parallelproblematik einer ökologischen Ethik als Grundlage für Umweltpolitik und Umweltrecht und der „Ausweitung" des verfassungsbestimmten Basiskonsenses durch akzentuiertes Umweltbewusstsein vgl. insbes. Kloepfer (1978).

[26] Treffend dazu Kimminich (1988: 12f.): „Eine Rechtsordnung funktioniert nur dann, wenn die dem Recht zugrundeliegenden ethischen Werte in die Verhaltensstruktur einer möglichst großen Zahl von Menschen im Geltungsbereich dieser Rechtsordnung, nicht nur der großen Mehrheit, aufgenommen worden sind ... Man sieht ohne weiteres, daß im freiheitlichen demokratischen Rechtsstaat, bei dem – im Gegensatz zum totalitären Staat – nicht die generelle (mittelbare), totale Zwangsandrohung im Hintergrund steht, die möglichst weitgehende Aufnahme der ethischen Grundwerte, die von der Rechtsordnung zum Ausdruck gebracht, geschützt und garantiert werden, von zentraler Bedeutung ist. Zugleich bedeutet das aber auch, daß jeder Wertwandel, jedes ‚neue Denken' – auch dasjenige, das durch technische oder wissenschaftliche Entwicklungen in Gang gesetzt wird – den freiheitlichen, demokratischen Rechtsstaat zunächst in eine Krise führt, weil zunächst noch nicht feststeht, ob die erforderliche Internalisierung der neuen ethischen Werte rechtzeitig genug oder vollständig genug gelingt ... Es geht um die nüchterne Feststellung, daß die Emanzipation der Technik von der ethischen Inhaltsbestimmung eine Fehlentwicklung gewesen ist, die korrigiert werden muß, damit das Schlagwort ‚Technik im Dienste des Umweltschutzes?' keine Leerformel wird ... Für den Umweltschutz ist eine solche Rückbesinnung und Realisierung von ausschlaggebender Bedeutung; denn es kann nicht länger geduldet werden, daß die jeweils in einem winzigen Entscheidungssektor Handelnden sich auf die Multikausalität der Gesamtschäden, die Unmöglichkeit des Nachweises konkreter Verursachungsketten, das Jonglieren mit Grenzwerten, die Inanspruchnahme von Ausnahmebestimmungen und Toleranzgrenzen berufen, um ihrer Einzelentscheidung den Schein der Legalität zu geben, während gleichzeitig das Ganze, um dessen Erhaltung es geht, unablässig der Vernichtung entgegengetrieben wird. Dem Recht muß es gelingen, dieser Salamitaktik Einhalt zu gebieten. Dazu bedarf es nicht neuer Gesetze, sondern einer konsequenten Erfüllung der ethischen Postulate der geltenden Rechtsordnung."

was das Recht von der Ethik *trennt*, erscheint die Entwicklung und Vermittlung einer spezifischen *Rechtsethik,* eines Bestandes ethischer Verhaltensgebote, *die Recht sind,* als vordringliche Aufgabe.

Literatur

Alexy, Robert, 1985: Theorie der Grundrechte. Baden-Baden: Nomos.
Benda, Ernst, 1983: Zur gesellschaftlichen Akzeptanz verwaltungs- und verfassungsgerichtlicher Entscheidungen, Die Öffentliche Verwaltung 1983: 305ff.
Bettermann, Karl August, 1955: Verwaltungsakt und Richterspruch. S. 361ff. in: Gedächtnisschrift für W. Jellinek. München: Günter Olzog-Verlag.
Böckenförde, Ernst Wolfgang, 1974: Grundrechtstheorie und Grundrechtsinterpretation, Neue Juristische Wochenschrift 1974: 1529ff.
Böckenförde, Ernst Wolfgang, 1976: Staat, Gesellschaft, Freiheit. Studien zur Rechtsphilosophie, Staatstheorie und Verfassungsgeschichte. Frankfurt a.M.: Suhrkamp.
Böckenförde, Ernst Wolfgang, 1978: Der Staat als sittlicher Staat. Berlin: Duncker & Humblot.
Böckenförde, Ernst Wolfgang, 1982: Mittelbare repräsentative Demokratie als eigentliche Form der Demokratie. Bemerkungen zu Begriffs- und Bewertungsproblemen der Demokratie als Staats- und Regierungsform. S. 301ff. in: Festschrift für K. Eichenburger. Basel, Frankfurt: Helburg und Luchterhahn.
Burmeister, Joachim, 1979: Diskussionsbeitrag zum Beratungsgegenstand „Öffentlicher Dienst", in: Veröffentlichungen der Vereinigung Deutscher Staatsrechtslehrer, Band 37, S. 1304. Berlin: Walter de Gruyter.
Burmeister, Joachim, 1993: Verträge und Absprachen zwischen der Verwaltung und Privaten, in: Veröffentlichungen der Vereinigung Deutscher Staatsrechtslehrer, Band 52, S. 190ff. Berlin: Walter de Gruyter.
Burmeister, Joachim, 1997: Marktpreis und Menschenwürde – Betrachtungen über die freiheitsgefährdende Tendenz des menschlichen Fortschritts. S. 85ff. in: Festschrift für Martin Kriele. München: C.H. Beck.
Burmeister, Joachim, 1997: „Dienende" Freiheitsgewährleistungen – Struktur und Gehalt eines besonderen Grundrechtstypus. S. 835ff. in: Festschrift für Klaus Stern. München: C.H. Beck.
Bydlinski, Franz, 1983: Rechtsgesinnung als Aufgabe. In: Festschrift für Karl Larenz zum 80. Geburtstag. München: C.H. Beck.
Bydlinski, Franz, 1985: Die normativen Prämissen der Rechtsgewinnung. S. 1ff. in: Rechtstheorie, Band 16. Berlin: Duncker & Humblot.
Bydlinski, Franz, 1988: Fundamentale Rechtsgrundsätze – Zur rechtsethischen Verfassung der Sozietät. Wien: Springer.
Bydlinski, Franz, 1991: Juristische Methodenlehre und Rechtsbegriff. Heidelberg: Springer.
Coing, Helmut, 1993: Grundzüge der Rechtsphilosophie, 5. Auflage. Berlin u.a.: Walter de Gruyter.
Engisch, Karl, 1997: Einführung in das juristische Denken, 9. Auflage. Stuttgart: Kohlhammer.
Esser, Josef, 1970: Vorverständnis und Methodenwahl in der Rechtsfindung. Frankfurt a.M.: Äthenäum.
Fleiner-Gerster, Thomas, 1995: Allgemeine Staatslehre, 2. Auflage. Berlin/Heidelberg: Springer.
Forsthoff, Ernst, 1951: Der moderne Staat und die Tugend. S. 80 ff. in: Tymbos für W. Ahlmann. Berlin: Walter de Gruyter.
Forsthoff, Ernst, 1964: Die Umbildung des Verfassungsgesetzes (1959). In: Rechtsstaat im Wandel – Verfassungsrechtliche Abhandlungen 1950-1964. Stuttgart: Kohlhammer.
Forsthoff, Ernst, 1971: Der Staat der Industriegesellschaft. München: C.H. Beck.
Frowein, Jochen A., 1974: Erziehung zum Widerstand? S. 579 in: Festschrift für W. Geiger. Tübingen: Mohr – Siebeck.
Geiger, Willi, 1971: Vorschläge zur Reform des Bundesverfassungsgerichts. In: *Hans Spanner* et al. (Hg.), Festgabe für Th. Maunz. München: C.H. Beck.

Geiger, Theodor, 1970: Vorstudien zu einer Soziologie des Rechts, 2. Auflage. Neuwied: Luchterhand.
Goerlich, Helmut, 1973: Wertordnung und Grundgesetz, Kritik einer Argumentationsfigur des Bundesverfassungsgerichts. Baden-Baden: Nomos.
Grabitz, Eberhard, 1976: Freiheit und Verfassungsrecht: kritische Untersuchung zur Dogmatik und Theorie der Freiheitsrechte. Tübingen: Mohr.
Hailbronner, Kay, 1979: Die Freiheit von Forschung und Lehre als Funktionsgrundrecht. Hamburg: Heitmann.
Helfritz, Heinz, 1949: Allgemeines Staatsrecht: mit einem Abriß der Staatstheorien, 5. Auflage. Detmold: Nauck.
Herz, Thomas, 1979: Der Wandel der Wertvorstellungen in westlichen Industriegesellschaften, Kölner Zeitschrift für Soziologie und Sozialpsychologie 31: 282–302.
Herzog, Roman, 1971: Allgemeine Staatslehre. Frankfurt a.M.: Äthenäum.
Herzog, Roman, 1984: Von der Akzeptanz des Rechts. S. 127ff. in: *Bernd Rüthers* (Hg.): Freiheit und Verantwortung im Verfassungsstaat. München: C.H. Beck.
Hesse, Konrad, 1959: Die normative Kraft der Verfassung: Freiburger Antrittsvorlesung. Tübingen: Mohr.
Isensee, Josef, 1977(a): Demokratischer Rechtsstaat und staatsfreie Ethik. In: *Joseph Krautscheidt* und *Heiner Marré* (Hg.): Essener Gespräche zum Thema Staat und Kirche, Band 11. Münster: Aschendorff.
Isensee, Josef, 1977(b): Verfassungsgarantie ethischer Grundsätze und gesellschaftlicher Konsens, Neue juristische Wochenschrift 1977, S. 545ff.
Isensee, Josef, 1988: Beamtentum – Sonderstatus in der Gleichheitsgesellschaft. Bundesrepublikanische Spannungsfelder und Legitimationsprobleme, Zeitschrift für Beamtenrecht, S. 141ff.
Isensee, Josef, 1995: Öffentlicher Dienst. In: *Ernst Benda, Werner Maihofer* und *Hans-Jochen Vogel* (Hg.): Handbuch des Verfassungsrechts, Studienausgabe, Teil 2, 2. Auflage. Berlin: Walter de Gruyter.
Jellinek, Georg, 1914: Allgemeine Staatslehre, 3. Auflage. Berlin: Häring.
Jonas, Heinz, 1987: Technik, Medizin, Ethik. Zur Praxis des Prinzips der Verantwortung. Frankfurt a.M.: Suhrkamp.
Kaufmann, Franz Xaver, Walter Kerber und *Paul Zulehner*, 1986: Ethos und Religion bei Führungskräften. München: Kindt.
Kelsen, Hans, 1967: Reine Rechtslehre, 2. Auflage. Wien: Franz Deuticke.
Kelsen, Hans, 1979: Allgemeine Theorie der Normen. Wien: MANZ'sche Verlags- und Universitätsbuchhandlung.
Kielmansegg, Peter Graf, 1980: Demokratie und Tugend. S. 15ff. in: Nachdenken über Demokratie. Stuttgart: Klett-Cotta.
Kimminich, Otto, 1988: Zur „Ethik-Konjunktur" im Umwelt und Technikrecht. S. 3ff. in: Jahrbuch des Umwelt- und Technikrechts 1988. Düsseldorf: Werner-Verlag.
Kindermann, Harald, 1986: Geschehenssprache und Akzeptanz der Norm. S. 53ff. in: *Theo Öhlinger* (Hg.): Recht und Sprache. Wien: MANZ'sche Verlags- und Universitätsbuchhandlung.
Klages, Helmut, 1981: Wertwandel und Wertverlust in der Gegenwartsgesellschaft. S. 358ff. in: Festschrift für Noelle-Neumann. Opladen: Westdeutscher Verlag.
Klages, Helmut, 1986: Wertwandel in der Bundesrepublik: Ideologie oder Realität. S. 434ff. in: Konsens und Konflikt, 35 Jahre Grundgesetz. Berlin: Walter de Gruyter.
Kloepfer, Michael, 1978: Zum Grundrecht auf Umweltschutz. Berlin: Walter de Gruyter.
Kloepfer, Michael, 1998: Umweltrecht, 2. Auflage. München: C.H. Beck.
Kriele, Martin, 1979: Recht und praktische Vernunft. Göttingen: Vandenhoeck & Ruprecht.
Kriele, Martin, 1993: Rechtsverständnis und Bürgergesinnung vor dem Hintergrund der Konfessionen. S. 73ff. in: *Friedhelm Hilterhaus* und *Victor Comenzius* (Hg.): Kirche als Heilsgemeinschaft – Staat als Rechtsgemeinschaft. Veröffentlichungen der Hanns-Martin-Schleyer-Stiftung, Band 38. Köln: J.P. Bachem-Verlag.
Kriele, Martin, 1994: Einführung in die Staatslehre, 5. Auflage. Opladen: Westdeutscher Verlag.
Kubes, Vladimir, 1987: Das Rechtsbewußtsein des Volkes. S. 121ff. in: Festgabe für Troller. Berlin: Duncker & Humblot.

Laranz, Karl, 1979: Richtiges Recht, Grundzüge einer Rechtsethik. München: C.H. Beck.
Laun, Rudolf, 1957: Vom Geltungsgrund des positiven Rechts. S. 321ff. in: Festschrift für Jean Spiropoulos. Bonn: Schimmelbusch & Co.
Leisner, Walter, 1979: Demokratie – Selbstzerstörung einer Staatsform. Berlin: Duncker & Humblot.
Leisner, Walter, 1982: Die demokratische Anarchie: Verlust der Ordnung als Staatsprinzip? Berlin: Duncker & Humblot.
Mayer-Maly, Theo, 1983: Recht und Moral, Christliche Verantwortung in der Welt der Gegenwart, S. 49ff.
Mayer-Maly, Theo, 1986: Über die der Rechtswissenschaft und der richterlichen Rechtsfortbildung gezogenen Grenzen, Juristenzeitung, S. 557ff.
Messner, Johannes, 1982: Ethik in Bewegung. S. 71ff. in: Festschrift für J. Broermann. Berlin: Duncker & Humblot.
Naucke, Wolfgang, 1972: Über die juristische Relevanz der Sozialwissenschaften. Frankfurt a.M.: Metzner.
Naucke, Wolfgang, 1980: Wissenschaftsbegriff – Rechtssoziologie – Rechtspraxis. S. 78ff. in: *Wolfgang Naucke* und *Paul Trappe* (Hg.), Rechtssoziologie und Rechtspraxis. Neuwied/Berlin: Luchterhand.
Noll, Peter, 1971: Gründe für die soziale Unwirksamkeit von Gesetzen, in: Jahrbuch für Rechtssoziologie und Rechtstheorie, Band 2, S. 524ff. Wiesbaden: Westdeutscher Verlag.
Obermayer, Klaus, 1986: Über das Rechtsgefühl, Juristenzeitung 1986, S. 1ff.
Opalek, Kazimierz, 1984: Rechtsnormen und sozialer Wandel, S. 55ff. in: Festschrift für O. Weinberger. Berlin: Duncker & Humblot.
Ott, Walter, 1976: Der Rechtsposivismus. Berlin: Duncker & Humblot.
Otto, Harro, 1981: Der Niedergang der Rechtsidee im utilitaristischen Zeitgeist. Kassel: F. Knittel Verlag.
Pieper, Josef, 1963: Tradition als Herausforderung. Aufsätze und Reden. München: Koesel Verlag.
Pieper, Josef, 1995: Über das christliche Menschenbild. Freiburg: Johannes Verlag.
Püttner, Günter, 1974: Toleranz und Lehrpläne für Schulen, Die Öffentliche Verwaltung: 656ff.
Raiser, Thomas, 1973: Einführung in die Rechtssoziologie, 2. Auflage. Berlin: J. Schweitzer.
Rother, Werner, 1979: Recht und Bewußtsein: Zur Psychologie des Zivilrechts. Ebelsbach: Gremer.
Schäffer, Heinz, 1986: Parteienstaatlichkeit – Krisensymptom des demokratischen Verfassungsstaates? S. 46ff. in: Veröffentlichungen der Vereinigung Deutscher Staatsrechtslehrer, Band 44. Berlin: Walter de Gruyter.
Schambeck, Herbert, 1977: Verantwortung der modernen Demokratie. S. 37ff. in: *Alois Mock* und *Herbert Schambeck* (Hg.): Verantwortung in Staat und Gesellschaft. Wien: MANZ'sche Verlags- und Universitätsbuchhandlung.
Schambeck, Herbert, 1981: Die Grundrechte im demokratischen Verfassungsstaat. S. 476ff. in: Festschrift für Johannes Messner. Berlin: Duncker & Humblot.
Schambeck, Herbert, 1984: Die Grundwerte des öffentlichen Lebens. S. 321ff. in: Gedächtnisschrift für Ilmar Tammelo. Berlin: Duncker & Humblot.
Schambeck, Herbert, 1986: Ethik und Staat. Berlin: Duncker & Humblot.
Schapp, Jan, 1993: Zum Verhältnis von Recht und Staat, Juristenzeitung: 974ff.
Schapp, Jan, 1994: Freiheit Moral und Recht. Tübingen: Mohr.
Schelsky, Helmut, 1980: Die Soziologen und das Recht. Opladen: Westdeutscher Verlag.
Stern, Klaus, 1988: Das Staatsrecht der Bundesrepublik Deutschland, Band III / 1, Allgemeine Grundrechtslehren. München: C.H. Beck.
Stone, Julius, 1976: Lehrbuch der Rechtssoziologie. Freiburg i.Br.: Rombach.
Süss, Werner, 1986: Zum Verhältnis von Emanzipation und Gewalt in den außerparlamentarischen Oppositionen der Bundesrepublik. S. 365ff. in: Konsens und Konflikt, 35 Jahre Grundgesetz. Berlin: Walter de Gruyter.
Tomuschat, Christian, 1975: Der staatlich geplante Bürger. S. 21ff. in: Festschrift für Menzel. Berlin: Duncker & Humblot.
Tsatsos, Dimitris Th., 1987: Von der Würde des Staates zur Glaubwürdigkeit der Politik. Berlin: Duncker & Humblot.

Turner, George, 1987: Rechtsstaat und Interessenpolitik – vom gebrochenen Verhältnis zum Recht, Zeitschrift für Rechtspolitik: 73ff.
Wagener, Frido, 1979: Der öffentliche Dienst im Staat der Gegenwart. S. 229ff. in: Veröffentlichung der Vereinigung Deutscher Staatsrechtslehrer, Band 37. Berlin: Walter de Gruyter.
Walter, Reinhold, 1985: Sein und Sollen, in: Ergänzbares Lexikon des Rechts, 2/540. Neuwied: Luchterhand.
Wassermann, Rudolf, 1985: Ist der Rechtsstaat noch zu retten? Zur Krise des Rechtsbewußtseins in unserer Zeit. Hannover: Niedersächsische Landeszentrale für politische Bildung, Folge 7.
Wassermann, Rudolf, 1988: Rechtsstaat ohne Rechtsbewußtsein? Hannover: Landeszentrale für politische Bildung, Folge 8.
Wege, Joachim, 1977: Positives Recht und sozialer Wandel im demokratischen und sozialen Rechtsstaat. Berlin: Duncker & Humblot.
Weimar, Robert, 1984: Rechtserkenntnis und erkenntniskritische Rechtswissenschaft. S. 69ff. in: Festschrift für O. Weinberger. Berlin: Duncker & Humblot.
Wein, Hartmut, 1965: Philosophie der Erfahrungswissenschaft. Frankfurt a.M.: Suhrkamp.
Weizsäcker, Richard von, 1983: Wird unsere Parteiendemokratie überleben? In: Die deutsche Geschichte geht weiter, 11. Auflage. Berlin: Siedler.
Willke, Helmut, 1975: Stand und Kritik der neueren Grundrechtstheorie. Berlin: Duncker & Humblot.
Wippfelder, H.J., 1990: Rechtsbewußtsein und Rechtsgehorsam: Deutsche Richter Zeitung: 126ff.
Würtenberger, Thomas, 1986: Schwankungen und Wandlungen im Rechtsbewußtsein der Bevölkerung, Neue Juristische Wochenschrift: 2281.
Würtenberger, Thomas, 1988: Gesetz, Rechtsbewußtsein und Schutz des ungeborenen Lebens, in: Schriftenreihe der Juristenvereinigung Lebensrecht, Nr. 5, S. 31ff., Köln.
Würtenberger, Thomas, 1991: Zeitgeist und Recht, 2. Auflage. Tübingen: Mohr.
Zeidler, Wolfgang, 1980: Grundrechte und Grundentscheidungen in der Verfassung im Widerstreit, Verhandlungen des 53. Deutschen Juristentages, Band II, S. I 5ff. München: C.H. Beck.
Zippelius, Reinhold, 1962: Wertungsprobleme im System der Grundrechte. Berlin: Duncker & Humblot.
Zippelius, Reinhold, 1986: Rechtsgefühl und Rechtsgewissen, in: *Ernst-Joachim Lampe* (Hg.) Das sogenannte Rechtsgefühl, Jahrbuch für Rechtssoziologie und Rechtstheorie, Band 10. Wiesbaden: Westdeutscher Verlag.
Zippelius, Reinhold, 1989: Rechtsphilosophie, 2. Auflage. München: C.H. Beck.
Zippelius, Reinhold, 1999: Allgemeine Staatslehre (Politikwissenschaft), 13. Auflage. München: C.H. Beck.

DIE AKZEPTANZ VON GESETZEN

Thomas Würtenberger

Zusammenfassung: Die Frage nach der Akzeptanz von Gesetz und Recht erübrigt sich auf den ersten Blick im demokratischen Staat, da die Legitimationsmechanismen wie Wahlen und parlamentarische Mehrheitsentscheidungen die normative Verbindlichkeit der Rechtsordnung begründen. Dennoch bedürfen Gesetze breiter Akzeptanz in der Bevölkerung. Denn nur jenes Recht, das akzeptiert wird, braucht nicht durch Zwangsmechanismen durchgesetzt zu werden. Die Entwicklung der politisch-rechtlichen Kultur und die Rechtsüberzeugungen in der Bevölkerung, die allerdings in einem steten Wandel begriffen sind, bilden den Rahmen für die Akzeptanz von Gesetzen. Die individual- und sozialpsychologischen Gründe für die Akzeptanz von Gesetzen, also die psychologischen Grundlagen der Rechtsordnung, sind äußerst vielschichtig. Akzeptanz auf Grund autonomer Entscheidung, durch konsensbildende Verfahren, auf Grund von Egalität u.a.m. sind wesentliche Aspekte. Bei abnehmendem staatlichem Ressourcenrahmen ist die Akzeptanz von Rechtsreformen, die an Sparprogrammen ausgerichtet sind, besonders wichtig. In einem pluralistischen Staat gehört es zu den staatlichen Aufgaben, auch für die Akzeptanz der Rechtsordnung zu werben.

Die Frage nach der Akzeptanz staatlichen Handelns hat in den Rechtswissenschaften in den vergangenen Jahren ein breiteres Interesse gefunden. Entsprechend der staatlichen Funktionenordnung unterscheidet man zwischen der Akzeptanz von Gesetzen, von Verwaltungsentscheidungen und von Gerichtsurteilen. Dies beruht auf der Erkenntnis, dass für Analysen der demokratischen Legitimation des Staates globale Ansätze an der Oberfläche bleiben und daher die demokratische Legitimation in und durch die staatlichen Institutionen im Vordergrund stehen müsse. Am weitesten fortgeschritten ist die Diskussion der Akzeptanz von Verwaltungsentscheidungen. Hier ist inzwischen weithin anerkannt, dass die Akzeptanz von Verwaltungsentscheidungen Ziel des Verwaltungsverfahrens sein kann und dass das Verwaltungsverfahren als Konfliktschlichtungsverfahren die Suche nach einer für alle Beteiligten, auch soweit sie öffentliche Interessen vertreten, akzeptanzfähigen Entscheidung zum Auftrag hat (Würtenberger 1996a: 24ff., 61ff.; Hoffmann-Riem 1994: 1387; Schmidt 1994: 82). Das Postulat einer Akzeptanz von Gerichtsentscheidungen begegnet größeren Schwierigkeiten. Da Gerichtsentscheidungen am Maßstab des Rechts zu orientieren sind, kann lediglich durch die Gestaltung des gerichtlichen Verfahrens, etwa durch Anhörungspflichten und durch Begründungszwang, auf eine Akzeptanz von Gerichtsentscheidungen hingewirkt werden. Soweit freilich Gerichtsentscheidungen zugleich auch die richterrechtliche Fortbildung des Rechts betreffen, kann diese richterrechtliche Rechtsfortbildungs- und Rechtsgestaltungsfunktion auch unter dem Gesichtspunkt der Akzeptanz diskutiert werden (Limbach 1997: 9ff.; Benda 1983; Würtenberger 1998b: Rn. 9; Stelkens 1995: 1110). Die Frage nach der Akzeptanz von Gesetz und Recht schließlich erübrigt sich auf den ersten Blick im demokratischen Staat, da die demokratischen Legitimationsmechanismen wie Wahlen und parlamentarische Mehrheitsentscheidungen die Akzeptanzfrage ausschließen.

Gleichwohl bedürfen zwar nicht unter verfassungsrechtlichem Blickwinkel, aber doch aus grundsätzlichen demokratietheoretischen Erwägungen heraus auch demokratisch beschlossene Gesetze einer gewissen Akzeptanz in der Bevölkerung. In einem ersten Abschnitt werden die Unterschiede zwischen der Akzeptanz von Gesetzen und deren demokratischer Legitimität in einer repräsentativen Demokratie herausgearbeitet. Auf dieser Grundlage lässt sich in einem zweiten Abschnitt die demokratietheoretische Bedeutung einer Akzeptanz von Gesetz und Recht erfassen. Ein abschließender dritter Abschnitt geht den Gründen und der kulturellen Ambiance nach, die akzeptanzfördernd, akzeptanzbegrenzend und akzeptanzabträglich sind.

I. Akzeptanz und demokratische Legitimität als unterschiedliche Kategorien

1. Zum Begriff Akzeptanz

Nach der Akzeptanz von Gesetz und Recht zu fragen, heißt die Rechtsordnung „von unten" aus der Sicht des Bürgers zu betrachten. Akzeptanz gehört in den Bereich individueller Auseinandersetzung mit dem Recht. Sie beruht auf einem individual-psychologischen Vorgang des Abwägens, Wertens und Bewertens. Psychologisch betrachtet ist die Akzeptanzfrage eng mit individuellen Zielvorstellungen, mit der Bereitschaft zur Kommunikation und mit der Fähigkeit zu Einsicht und Toleranz verbunden (Herzog 1984; Czybulka 1993; Würtenberger 1996a: 61f.; Limbach 1997: 5f.; Pichler und Giese 1993: 46; Lucke 1995: 50ff.). Was (noch) akzeptiert werden kann, sagt dem Einzelnen sein individuelles Rechtsbewusstsein (Würtenberger 1991: 94ff.).

Der Bürger kann eine Rechtsnorm als verfassungsrechtlich, sachlich, ökonomisch, ökologisch richtig, vertretbar, unzutreffend, aber (noch) anerkennungswürdig akzeptieren, die Rechtsnorm kann ihm aber auch als falsch und nicht hinnehmbar erscheinen. Akzeptanz umfasst demnach die Spannbreite des Bewertens von Gesetz und Recht von richtig bis noch anerkennungswürdig. Damit umgreift Akzeptanz sowohl die Bereiche des Konsenses oder gar der Identifizierung mit Rechtsnormen, aber auch Bereiche des Dissenses. Eine Rechtsnorm findet Akzeptanz, wenn sie zwar für nicht „richtig", aber doch als eine (noch) anerkennungswürdige, als eine (noch) vertretbare Regelung angesehen wird, man selbst aber im Prinzip für eine andere Rechtsnorm votiert hätte.

Diese weite Fassung des Akzeptanzbegriffs ist wichtig, weil Konsens und vollständige Akzeptanz für alle Rechtsnormen weder nötig noch möglich sind. Zu den Wesensmerkmalen einer pluralistischen Demokratie gehört es, den Bürgern und einzelnen Bevölkerungsgruppen ein Recht zum Dissens zuzubilligen. Akzeptanz von Gesetz und Recht in einer pluralistischen Demokratie bedeutet damit: Auch derjenige, der aus vermeintlich besserer Einsicht eine rechtliche Norm ablehnt, ist gleichwohl bereit, diese als (noch) vertretbare Problemlösung anzuerkennen und freiwillig zu befolgen. Soweit Recht und Gesetz Akzeptanz finden, tragen sie zur sozialen Integration bei. Durch Akzeptanz von

Recht und Gesetz erfolgt eine Integration in das Rechts- und Sozialsystem, die die Systemstabilität wesentlich fördert.

Die Frage nach der Akzeptanz von Gesetz und Recht ist von der Frage nach deren verfassungsrechtlicher „Richtigkeit" oder Gerechtigkeit zunächst zu trennen. Sie ist keine dogmatische Frage in einem engeren Sinn, sondern eine Frage des Konsenses und der Legitimation der Rechtsetzung durch „anerkannte" Konfliktschlichtung.

2. Die demokratische Legitimität von Gesetz und Recht

Die Frage nach der demokratischen Legitimität von Gesetz und Recht befasst sich demgegenüber mit dem Gehorsamsanspruch des im demokratischen Verfahren zustande gekommenen Gesetzes. Im demokratischen Rechtsstaat wird das Gesetz durch „Sachqualität" und „Demokratieerfüllung" legitimiert (Eichenberger 1982: 7, 12f.). Wegen seiner verfassungsrechtlichen Legitimation schuldet der Bürger dem Gesetz um des Gesetzes willen Rechtsgehorsam. Sind die rechtsstaatlichen Grenzen der Gesetzgebung beachtet und ist das verfassungsrechtliche Gesetzgebungsverfahren eingehalten, darf vom Gesetzesadressaten nicht nach den Gründen gefragt werden, aus denen heraus Gesetze erlassen werden (Krawietz 1996: 118).

3. Akzeptanz als Voraussetzung der Rechtsgeltung

Eine derartige, lediglich normativ orientierte Betrachtung des Verhältnisses von demokratisch legitimiertem Gesetz und Rechtsgehorsam des Bürgers verfehlt die Gestaltungsprobleme der Praxis und verkennt die Wechselbeziehungen zwischen Rechtsordnung und gesellschaftlicher Wirklichkeit (Zippelius 1994: § 4 III; 1999: § 3 II 2, § 9 I 2; Würtenberger 1987: 79ff.).

Bereits in der Idee des demokratischen Rechtsstaates ist angelegt, dass das Recht weitgehend Konsens findet und freiwillig befolgt wird. Demokratischer Konsens und effektive Rechtsgeltung bedingen sich weitgehend (Zippelius 1994: § 21 I 3 m.N.). Nur jenes Recht, das auf Konsens und Akzeptanz in der Bevölkerung stößt, wird, zumindest im Prinzip, zur Richtschnur eigenen Verhaltens gemacht. Gesetze und andere Rechtsnormen, die weitgehend auf Ablehnung stoßen, werden nur befolgt, wenn sie durch staatliche Überwachung und Zwangsmaßnahmen durchgesetzt werden. Diese Abhängigkeit der Geltung des demokratisch legitimierten Rechts von Konsens und Akzeptanz der Rechtsordnung verdeutlicht, dass auch im demokratischen Staat vielfach Gesetze gegen einen breiten Widerstand in der Bevölkerung durchgesetzt werden müssen. Dies kann die besorgte Frage hervorrufen, ob die erforderlichen Überwachungs- und Durchsetzungsmethoden eines demokratischen Staates angemessen sind oder nicht bereits Züge eines autoritären Zwangsstaates annehmen (Würtenberger, Heckmann und Riggert 1999: Rn. 27).

Das Recht regelt also die Beziehungen zwischen dem Staat und dem Bürger nur dann in wirksamer Weise, wenn seine Leitprinzipien und deren Ausformung grundsätzlich Akzeptanz finden. Bedarf es wegen einer Akzeptanz- und Legitimationskrise in zunehmendem Maße staatlichen Zwangs zur Durchsetzung des Rechts, verliert das Recht zumindest in einem soziologischen Sinn an Geltung. Der demokratische Rechtsstaat ist nicht ein Staat in Distanz zur Gesellschaft, sondern ein Staat, der im „connubium" und in Symbiose mit der Gesellschaft seine Legitimation und politische Kraft findet.

Die Erkenntnis, dass zwar nicht die normative, wohl aber die soziologisch faktische Geltung des Rechts akzeptanzabhängig ist, unterstreicht die Notwendigkeit einer legislativen Akzeptanzforschung (Hill 1982: 43; Bülow 1984:15; Novak 1984:134f.; ohne Verständnis für Akzeptanzfragen aber Schneider 1991). Akzeptanzforschung erweist sich insofern als ein wichtiger Baustein der Gesetzgebungslehre, die bislang noch nicht in systematischer Weise geleistet worden ist. Als ein Richtwert gilt hierbei, dass von alternativen normativen Gestaltungsvarianten diejenige vorzuziehen ist, die eine höhere Akzeptanz- und damit Durchsetzungschance verbürgt. Sollen Gesetze erlassen werden, die auf keine Akzeptanzbereitschaft stoßen, ist deren Akzeptanz durch flankierende Maßnahmen, wie etwa durch Öffentlichkeitsarbeit, zu verbessern.

II. Akzeptanz durch „responsiveness"

1. Der theoretische Ansatz

In der Demokratietheorie der letzten beiden Jahrzehnte ist die Forderung entwickelt worden, das Recht und die Rechtsfortbildung müssten dem Prinzip der responsiveness genügen. Responsiveness (Fisher 1988: 12 und passim; Böckenförde 1987: § 30 Rn. 19ff.; ders. 1982: 319; Würtenberger 1991: 174ff.) bedeutet, dass zwischen der Rechtsordnung auf der einen Seite und den Wünschen und Hoffnungen der Bevölkerung, die sie in das Recht setzt, auf der anderen Seite eine rückkoppelnde Wechselbezüglichkeit besteht. Akzeptanz von Gesetz und Recht bedeutet insofern, dass es an die Wert- und Gerechtigkeitsvorstellungen in der Bevölkerung anknüpft und die sozialen, ökonomischen oder kulturellen Konflikte in einer Weise löst, die nicht von allen, aber doch von der Mehrheit auf längere Sicht anerkannt werden kann (Zippelius 1994: § 32 m.N.).

Macht man die Wert- und Gerechtigkeitsvorstellungen in der Bevölkerung zum Bezugspunkt demokratietheoretisch geforderter „responsiveness" und der Akzeptanz von Gesetz und Recht, so stellt sich die kritische Frage, ob es in einer pluralistischen Gesellschaft überhaupt noch gemeinsame Wert- und Gerechtigkeitsvorstellungen gebe. Dies in aller Ausführlichkeit zu diskutieren, ist hier nicht der Ort. Es mag lediglich der Hinweis genügen, dass die Rechtsordnung des westlichen Verfassungsstaates in rechtsvergleichender Perspektive auf tradierten Wert- und Gerechtigkeitsvorstellungen beruht, die anderen Rechtsordnungen, etwa der asiatischen Staaten (Leipold 1997), weitgehend fremd ist. Dies gilt etwa für die Konzeption individueller Autonomie und damit auch des Grundrechtsschutzes, die tief in der Tradition westlicher Rechtsordnungen wurzelt, anderen Rechtsordnungen aber nicht zu Grunde liegen.

Die dem deutschen Recht eigentümlichen, seit langem tradierten Wert- und Gerechtigkeitsvorstellungen erkennt man besonders deutlich im Vergleich mit den Wert- und Gerechtigkeitsvorstellungen, die den Rechtsordnungen anderer Staaten der Europäischen Union zu Grunde liegen. Im kollektiven Rechtsbewusstsein Deutschlands lassen sich Forderungen an das Recht und an staatliche Leistungen herausarbeiten, die sich ganz wesentlich etwa vom kollektiven Rechtsbewusstsein (Sinus-Institut 1983: 32ff.; Fuchs, Roller und Weßels 1983: 6ff.) in Frankreich (Jurt, Krumeich und Würtenberger 1999) oder in England unterscheiden. Dies ist für das System der sozialen Sicherung wiederholt belegt worden. Eine umfassende soziale Sicherung durch den Staat entspricht in Deutschland seit dem 18. Jahrhundert dem kollektiven Rechtsbewusstsein. Gestützt und gefördert wurde dies zunächst durch die sozialstaatlichen Leistungen des aufgeklärten Absolutismus und sodann durch die Bismarcksche Sozialgesetzgebung fortentwickelt (Doberschütz 1966: 12ff.; Watrin 1987). Neuerdings hat mit der Rechtsstaatlichkeit eine zweite wichtige Traditionslinie im kollektiven Rechtsbewusstsein Deutschlands stärkere Beachtung gefunden. Seit dem ausgehenden 18. Jahrhundert gehört die Durchsetzung des Rechtsstaates durch Rechts- und Justizreform, durch eine unabhängige Verwaltungsgerichtsbarkeit, durch eine Emanzipation der Justiz aus staatlicher Bevormundung und durch eine nach und nach feinziselierte Dogmatik des Rechtsstaates zu der großen Entwicklungslinie der deutschen Rechtsordnung, während die Durchsetzung des demokratischen Staates in Deutschland Schwierigkeiten hatte (Würtenberger 1999: 147ff.).

Gesetz und Recht stehen stärker als bisweilen wahrgenommen unter den bestimmenden Einflüssen der Entwicklung politischer Kultur und tradierten geistigen Klimas. Eine Rechtsreform, die mit den Traditionen in den vorgenannten Feldern zu brechen beabsichtigt, stößt, wie die Diskussion der letzten Jahre immer wieder gezeigt hat, auf dezidierte Ablehnung (Würtenberger 1998 a). Gerade die Erwartungshaltung, dass der Staat für die soziale Sicherung des Einzelnen einzustehen habe, erschwert eine Reform des Systems sozialer Sicherheit ganz erheblich, wenn man die Vorsorge privater Autonomie, wie es sich in einem freiheitlichen Staatswesen an sich gehört, überantworten möchte. Vergleichbares gilt im Bereich der Rechtsstaatlichkeit. Hier haben ökonomische Analysen der rechtsstaatlichen Institutionen sicherlich ihren Stellenwert. Eine Reform etwa des Rechtsschutzsystems dahin, dass der Rechtsschutz des Bürgers eingeschränkt wird, würde in der Bevölkerung allerdings keine Akzeptanzbereitschaft finden und wäre zudem auch mit dem gegenwärtigen Stand der Dogmatik unvereinbar. Auch hier zeigt der rechtsvergleichende und rechtstraditionsvergleichende Blick nach Frankreich oder England, dass dort ein Rechtssystem mit geringerer Kontrolle von Eingriffen des Staates in die Rechte des Bürgers durchaus auf Akzeptanz stößt. Der deutsche Rechtswege- und Richterstaat verweist offenbar auf einen Sonderweg in der politisch-rechtlichen Entwicklung, der gerade in Deutschland auf breite Akzeptanz in der Bevölkerung gestoßen ist (Würtenberger 1999: 147ff.).

2. Akzeptanz durch Orientierung an den geistigen Strömungen der Zeit

Verlässt man diese sehr grundsätzliche Ebene, so stellt sich als weitere Frage, ob und inwieweit sich Gesetz und Recht an den geistigen Strömungen der Zeit orientieren und orientieren dürfen.

Zu den Leitmotiven der Rechtspolitik gehört, Veränderungen im sozialen und ökonomischen Bereich wie auch im Rechtsbewusstsein der Bevölkerung frühzeitig auf die Spur zu kommen. Nur wenn etwa Strukturkrisen auf dem Arbeitsmarkt, Veränderungen im Lebensstil und in den Lebensgewohnheiten oder ein Wandel im Rechtsbewusstsein frühzeitig erkannt werden, kann Problemsituationen durch einen sach- und zeitadäquaten normativen Rahmen entgegengesteuert und können Fehlentwicklungen abgefangen werden. Was vor allem den Wandel in den Wert-, Gerechtigkeits- und Richtigkeitsvorstellungen betrifft: Hier wird sich die Rechtspolitik oftmals hinter den Veränderungen im gesellschaftlichen Bewusstsein herbewegen und versuchen, stabilisierend zu wirken und den geistigen Wandlungsprozessen ein strukturelles Gerüst zu geben. Gelingt dies nicht, gilt Feuerbachs Warnung: „Durch nichts ist von jeher größeres Unheil über Menschen und Staaten gebracht worden, als durch Nichterkennen und Verkennen des Geistes der Zeit" (Feuerbach 1833: 4f.). Positiv gewendet lässt sich sagen, dass Gesetze nur Akzeptanz finden, wenn sie „Kinder ihrer Zeit und der Geistesverfassung ihrer Epoche sind" (Kohler 1904).

Mit gutem Grund fordert daher die Gesetzgebungslehre bei Erlass oder Änderung von Gesetzen: Es müsse geprüft werden, ob die Normierung auf der Linie der Rechtsüberzeugung der Bevölkerung liege. So wird im Beschluss der Bundesregierung vom 11.12.1984 über „Prüfungen für Rechtsvorschriften des Bundes" u.a. die Frage gestellt: „Wird die neue Regelung auf das Verständnis und die Annahmebereitschaft der Bürger treffen?" (Hill 1986: 67). Und konsequenterweise werden jene Rechtsnormen in aller Regel geändert, die nicht dem Rechtsbewusstsein der Bevölkerung entsprechen. Mit zahlreichen Beispielen lässt sich belegen, wie man durch Aufhebung von Rechtsnormen oder Rechtsfortbildung darauf reagiert hat, dass sich im kollektiven Rechtsbewusstsein der Bevölkerung ein Wandel vollzogen hat. So war die mangelnde Akzeptanz des reinen Zerrüttungsprinzips im Scheidungsrecht Grund für die Neufassung des § 1579 Abs. 2 Nr. 7 BGB, hat die Verschiebung der Toleranzgrenze im Bereich der Sexualmoral zur Aufhebung zahlreicher Straftatbestände des StGB und zu einer Uminterpretation des Begriffs der öffentlichen Ordnung in der polizeirechtlichen Generalklausel (Würtenberger 1991: 178ff. m.N.) geführt, hat der Wunsch nach partnerschaftlicher Aufteilung von Beruf, Haushaltsführung und Kindererziehung zu zahlreichen rechtlichen Neuregelungen geführt, war das sich seit Anfang der siebziger Jahre verstärkt äußernde kollektive Umweltbewusstsein Anlass für eine erhebliche Regelungsdichte im Umweltrecht oder entsprach die Novellierung des § 218 StGB der Tatsache, dass die alte Indikationslösung keine Folgebereitschaft im gesellschaftlichen Bereich fand.

Einer derartigen zeitgeistorientierten Rechtsetzung und Rechtsfortbildung kommt, vorausgesetzt, die sich wandelnden Vorstellungen sind richtig erkannt, unmittelbare demokratische Legitimität zu. Gehen die sich in der Zeit wandelnden Wert-, Gerechtigkeits- und Richtigkeitsvorstellungen in die Rechtsordnung ein, wurzelt das Recht in einem allgemeinen Konsens über das, was an Werten für bewahrenswert und vorzugswürdig gehalten wird, was als sozial adäquat und gerecht angesehen ist. Die den geistigen Strömungen der Zeit entsprechende Rechtsordnung trägt den in der Zeit sich wandelnden Wertungs- und Verhaltensdispositionen der Bevölkerung Rechnung. Sie entspricht dem Rechtsbewusstsein der Bevölkerung und damit unmittelbar dem Willen der Bürger. Eine solche Kongruenz von Rechtsordnung und kollektivem Rechtsbewusstsein lässt das Recht nicht als heteronome Sollensordnung erscheinen, sondern als autonome Ordnung, als Gegenstand der Selbstgesetzgebung.

Die Einwände, die gegen eine solche demokratische Rückbindung von Gesetz und Recht an sich wandelnde Wert- und Gerechtigkeitsvorstellungen erhoben werden, sind bekannt: Der Fortbildung der Rechtsordnung soll eine klügere Einsicht zu Grunde liegen als jene, zu der die Majorität der höchst durchschnittlichen Staatsbürger fähig ist. Hinzu kommt der durchaus berechtigte Populismus-Einwand: Die Fortbildung von Gesetz und Recht dürfe sich nicht an den Fieberkurven der Demoskopie orientieren und negativen Tendenzen im Rechtsbewusstsein nachgeben. Diese Einwände verlieren an Gewicht, wenn man die Rechtsfortbildung an der Idee des richtigen und gerechten Rechts orientiert und damit auch unpopuläre, zunächst nicht auf Akzeptanz stoßende Gesetze erlässt. Im demokratischen und pluralistischen Staat hat die Rechtssetzung und Rechtsfortbildung durchaus auch eine rechtsbewusstseinsbildende Funktion (Gagnér 1960: 27; Huber 1921: 250ff.; Jescheck und Weigend 1996: 3f.), so dass eine sich sofort einstellende Akzeptanz von Recht und Gesetz nicht alleiniger Maßstab der Rechtsfortbildung ist. Hierauf ist unter IV zurückzukommen. Leitlinie bleibt gleichwohl, dass auch eine „unbequeme" oder umstrittene Rechtssetzung auf längere Sicht Akzeptanz der Bevölkerung findet.

III. Individual- und sozialpsychologische Gründe für die Akzeptanz von Gesetzen

Für die Akzeptanz von Gesetzen gibt es eine Reihe von individual- und sozialpsychologischen Gründen, die teilweise an das Autonomieprinzip, teilweise an die Tradition oder an Prinzipien des Rechts, teilweise an das Verfahren der Gesetzgebung anknüpfen.

1. Akzeptanz auf Grund autonomer Entscheidung

Gesetze finden dann Akzeptanz, wenn sie auf Grund autonomer Entscheidung als Akt der Selbstgesetzgebung verstanden werden können. Akzeptanz von Gesetzen kann hier auf autonome Willensakte zurückgeführt werden, wenn die Gesetze durch eigenverantwortliche Selbstgesetzgebung zum Richtmaß eigenen Handelns gemacht werden können. Dem muss von der Gesetzgebung insofern Rechnung getragen werden, als die Gesetzesadressaten in der Lage sein müssen, die Gründe für die Gesetzgebung zu erkennen und gleichzeitig für das eigene Verhalten zu Grunde zu legen (Nelson 1964: 59ff., 199ff.). Den Regelungsprinzipien der Gesetze muss alltagsweltliche Plausibilität und soziale Evidenz zukommen. Dem muss die „Sprache der Gesetze" und die Regelungstechnik der Gesetzgebung genügen. Bei aller Regelung im Detail müssen die Grundprinzipien, die durch Gesetze realisiert werden sollen, erkennbar bleiben. Diese müssen durch Öffentlichkeitsarbeit im kollektiven Bewusstsein präsent gemacht oder den beteiligten Kreisen vermittelt werden.

Ein Höchstmaß an Akzeptanz von Rechtsnormen ist erreicht, wenn die Rechtsnormen auf Grund einer Parallelwertung in der Laiensphäre intuitiv als rechtlich richtige Normen angesehen werden. Dies betrifft insbesondere weite Bereiche des bürgerlichen Rechts. Hier verhält man sich, ohne die Normen des bürgerlichen Rechts genauer zu kennen, bei den Rechtsgeschäften des täglichen Lebens in aller Regel normgemäß. So gesehen ist das bürgerliche Recht, etwa der Bereich des Kaufvertrages oder die Ansprüche auf Störungsbeseitigung, eine Regelung dessen, was in der Rechtsgemeinschaft ohnehin als rechtlich richtig angesehen wird.

Die Akzeptanz rechtlicher Regelungen kommt zudem auch darin zum Ausdruck, dass man etwa im Erbrecht oder im Familienrecht durch Testament oder durch Ehevertrag die vom Gesetzgeber standardisierten Rechtsinstitute nicht verändert, also nicht die autonome Rechtsgestaltung an die Stelle der allgemeinen, aber abdingbaren gesetzlichen Regelungen setzt. Ein empirisch erfassbares Kriterium für die Akzeptanz von Rechtsnormen ist hier, dass kein Bedürfnis gesehen wird, durch Vertragsgestaltung oder durch einseitigen Willensakt gesetzliche Regelungen zu modifizieren oder abzubedingen.

Akzeptanz des Rechts basiert so gesehen auf individuellen Wertungsdispositionen. Die Rechtsordnung hält allgemeine Regelungen bereit, die man auf Grund moralischer, ethischer oder auch im Rechtsgefühl verwurzelter Wertungen für richtig erachtet. Was die Bezugspunkte derartiger Wertungspositionen sind und wie das Individuum zu Wertungsdispositionen findet, die im Einklang mit Wertungsdispositionen anderer Individuen (sog. kollektive Wertungsdisposition) stehen, ist noch weitgehend ungeklärt. Zu den Kernbereichen solcher Wertungsdispositionen gehören wohl insbesondere die Idee der Gleichheit, des Schutzes des Vertrauens in einen gegebenen Rechtszustand, die Achtung von Würde und Ansehen des anderen, die Anerkennung von Autonomie oder die Garantie sozialer Sicherheit. Die konkrete Ausprägung derartiger Wertungsdispositionen ist großenteils kulturell vermittelt, hat möglicherweise aber auch beim Streben nach Gleichheit oder Sicherheit einen anthropologischen Kern.

Kann man über Bezugspunkte und Entstehen derartiger Wertungsdispositionen bislang nur spekulieren, so ist aber doch sicher, dass diese vorhanden sind. Weitgehend übereinstimmende Wertungsdispositionen lassen sich dadurch feststellen, dass man dem Laien Rechtsfragen vorlegt und die Gründe, die für oder gegen eine bestimmte rechtliche Lösung sprechen, entwickelt. In der Parallelwertung in der Laiensphäre stellen sich dann vielfach Ergebnisse heraus, die auf einer sehr einheitlichen Linie liegen. Berühmte Beispiele sind hier etwa die Einbeziehung bestimmter Gruppen in die Sozialversicherung, die dem Gleichheitssatz zu genügen hat, oder das Verbot einer rückwirkenden Steuergesetzgebung. Wenn hier der Gesetzgeber den Gleichheitssatz oder das Rückwirkungsverbot nicht achtet, so verstößt dies gegen das Rechtsgefühl und führt zu einer ablehnenden öffentlichen Meinung.

2. Akzeptanz auf Grund von Tradition

Tradition und historische Kontinuität im Recht führen vielfach zur Akzeptanz von Rechtsnormen und von Rechtsinstituten. Diese Akzeptanz des Rechts beruht auf der legitimierenden Kraft der Zeit. Eine lange bestehende rechtliche Regelung wird als die einzig mögliche angesehen. Als hergebrachte Regelung hat sie die Vermutung der Richtigkeit für sich, alternative Regelungen sind rechtfertigungsbedürftig. Die Akzeptanz lange bestehender rechtlicher Regelungen zeigt sich insbesondere auch in Zeiten eines gesellschaftlichen Umbruchs. Hier vermag sich das neue Recht, das die Grundlagen der neuen Gesellschaftsordnung regelt, vielfach nur langsam durchzusetzen und eine breitere Akzeptanz in der Gesellschaft zu finden.

Die Akzeptanz kraft Tradition des Rechts basiert, ökonomisch betrachtet, auf dem „Investitionswert" der Rechtsordnung. Wer in eine gegebene Rechtslage dadurch investiert hat, dass er sie zur Basis seiner ökonomischen Dispositionen oder seiner sozialen Sicherung gemacht hat, möchte an dieser Rechtslage auch für die Zukunft festhalten. Denn Änderungen der Rechtsordnung würden die ökonomischen Investitionen entwerten, möglicherweise gar zunichte machen. Hat man im Vertrauen auf den Fortbestand von Regelungen der Güterverteilung etwa wirtschaftliche Dispositionen getroffen oder im Vertrauen auf den Fortbestand beamtenrechtlicher Regelungen eine Karriere im öffentlichen Dienst gewählt, kann in Gruppen und Schichten geradezu eine Identifikation mit dem überkommenen Normenbestand eintreten. Regeländerungen stehen heftige Affirmativreaktionen der Betroffenen entgegen. Solche Akzeptanz auf Grund vorheriger Investition von Vertrauen und Interesse in die Rechtsordnung kann sich durch fast alle Schichten der Bevölkerung ziehen: Das Besitzbürgertum im Hinblick auf eine Eigentum schützende und freie Produktion ermöglichende Wirtschaftsordnung, Arbeiter und Angestellte im Hinblick auf die Arbeitsbedingungen und die soziale Sicherung etc.

Akzeptanz kraft Tradition des Rechts verweist letztlich auf die konservative Struktur des Rechts. Recht schafft Orientierungssicherheit und hiermit zusammenhängend vielfach auch Dispositionssicherheit. In den an der Rechtsordnung orientierten Erwartungen und Hoffnungen enttäuscht zu werden, führt zur mangelnden Akzeptanz des neuen Rechts.

3. Akzeptanz durch konsensbildende Verfahren

Neue rechtliche Regelungen finden Akzeptanz, wenn sie in einem konsensbildenden Verfahren (Zippelius 1981: 84ff., 88ff.; Randelzhofer und Süß 1986; Hattenhauer und Kaltefleiter 1986) zustande gekommen sind. Das parlamentarische Gesetzgebungsverfahren kann insoweit Bezugspunkt von konsensbildenden Verfahren sein. Aber auch Rechtsverordnungen oder Satzungen werden vielfach auf Grund konsensbildender Verfahren erlassen. Dies gilt etwa für die Anhörungsverfahren vor Erlass eines Bebauungsplans als Satzung oder für die Mitwirkung „beteiligter Kreise" bei Erlass von Rechtsverordnungen. Akzeptanz von Normen kann auf Grund eines öffentlichen Diskurses über rechtliche Regelungen entstehen, soweit bereits in einem frühen Stadium des „Normfindungsprozesses" das Für und Wider bestimmter rechtlicher Regelungen reflektiert wird. Von einem offenen Meinungsbildungsprozess und von einem Diskurs, in dem sich „die Vernunft, die Freiheit und Würde will" entfaltet, erhofft man einen an der Idee des richtigen Rechts orientierten gesellschaftlichen Konsens (Naucke 1986, in: Hattenhauer und Kaltefleiter: 47, 52). Hier ist die Politik gut beraten, nicht Recht gegen die öffentliche Meinung oder gegen eine dezidierte Ablehnung der von Rechtsnormen Betroffenen zu setzen.

Bei der Orientierung von Gesetzen an konsensbildenden Verfahren oder gar an einem Aushandeln zwischen dem Staat als Träger der öffentlichen Belange und den beteiligten Kreisen geht es um die alte staatstheoretische Frage: Welche rechtliche Regelung ist richtiger: die offen diskutierte bzw. fair ausgehandelte oder die distanziert erlassene rechtliche Regelung? Nach dem pluralistischen Modell der Demokratie oder nach moderneren Ansätzen eines kooperativen Staates obliegt es nicht allein dem Staat, das Gemeinwohl durch rechtliche Regelungen durchzusetzen. Dies ist vielmehr auch Aufgabe pluralistischer und partizipativer Verfahren, bei denen gesellschaftliche Kräfte in den Prozess der Rechtserzeugung integriert werden. Hierfür stehen neben den allseits bekannten Anhörungen im Gesetzgebungsverfahren die konzertierten Aktionen oder die jüngste Rechtsprechung des Baden-Württembergischen Staatsgerichtshofs, nach der die Interessen der Kommunen bei der gesetzlichen Festlegung des kommunalen Finanzausgleichs verfahrensmäßig zu sichern sind (BWStGH Urteil vom 10. Mai 1999, VBlBW 1999: 294). Nach der zutreffenden These von Pichler liegt in einer erweiterten Rechtserzeugungsbeteiligung ein Modellansatz für eine Rechtsakzeptanzverbesserung (Pichler 1998: 45). Normen, die nicht unter Beteiligung der Betroffenen oder nach einem gesellschaftlichen Diskurs erlassen werden, bleiben mangels Akzeptanz geltungsschwach.

Partizipative Verfahren der Normsetzung garantieren nicht nur ein Mindestmaß von Akzeptanz, sondern auch von rechtlicher Richtigkeit. Hierfür streiten die neueren diskursethischen Begründungen des Demokratieprinzips und neuere Strömungen der Wahrheitstheorie (Müller 1989; Alexy 1996: 17ff., 134ff., 233ff.; Watzlawick 1999; Dürr 1994; Geis 1995). Hiernach liegt der (relative) Richtigkeitsgehalt von rechtlichen Regeln – wie der Wahrheitsgehalt von Aussagen – letztlich in einem diskursiven Verfahren begründet, in dem Konsens über den Inhalt der rechtlichen Regelung erzielt wird (Zippelius 1999: § 16 I 3, § 23 II, 23 II 2; ders. 1994: § 20 III, IV, § 21 I, jeweils m.N.). Eine derartige diskursethische Begründung richtigen Rechts liegt auf der Linie der von der Rechtstheorie aufgegriffenen Diskurstheorie von Habermas, der sich, soweit normative Maßstäbe fehlen, für eine verfahrensmäßige Begründung, die sich an Akzeptanz orientiert, einsetzt (Habermas 1987; Hoffmann 1992: 180ff.). Eine solche diskursive Methode orientiert sich an der Akzeptabilität, muss aber nicht immer zur Akzeptanz der rechtlichen Regelung führen. Zu erwarten ist aber, dass sich beim Ringen um die richtige rechtliche Regelung ein Prozess der Klärung und Wandlung der Interessen vollzieht, der der Akzeptanz förderlich ist.

Dabei sei freilich nicht übersehen, dass die Akzeptanz von Gesetzen allein auf Grund des parlamentarischen Gesetzgebungsverfahrens seit jeher und auch heute brüchig ist.

Vor allem die allgemeine Demokratie- und Parlamentarismuskritik (Guggenberger und Offe 1984; Ebbinghausen 1976; Guggenberger 1984; Scheuner 1973) hat es zu einem Gemeinplatz werden lassen, dass das Gesetz „seinen Charakter als selbsttragende, von sich aus zwecksetzende und in diesem Sinn Recht schaffende Regelung" verloren hat (Böckenförde 1981: 401). Das moderne Gesetz sichert nicht mehr als Markstein in der Zeit unverbrüchlich eine an der Idee des Richtigen orientierte Ordnung und Freiheit, wie es der alten Vorstellung von der Autorität des Gesetzes entsprechen würde. Das moderne Gesetz erscheint vielfach bloß als Instrument rascher und auswechselbarer politischer Aktivität. Gesetzesflut und dauernde Gesetzeskorrektur haben das Vertrauen in die Rationalität und unverbrüchliche Richtigkeit des Gesetzes auf Grund parlamentarischen Verfahrens beim Bürger vielfach zerstört. Was schwerer wiegt: Das Vertrauen in die Legitimation politischer Entscheidungen durch das Mehrheitsprinzip ist brüchig geworden (Guggenberger und Offe 1984; Rhinow 1984: 111ff., 184, 260ff.; Gusy 1985). Dies zeigt sich bei der Diskussion, ob sog. irreversible politische Entscheidungen einer demokratischen Mehrheitsentscheidung überhaupt zugänglich sind (Frankenberg 1984: 273ff.). Zudem ist die Meinung weit verbreitet, dass dem Gesetzgeber Irrtümer unterlaufen und sich auch in parlamentsbeschlossenen Gesetzen nicht legitimierbare Eingriffe in Freiheit oder Eigentum finden können.

Der Schwund bürgerlichen Vertrauens in die richtigkeitsverbürgende Funktion des verfassungsrechtlich geregelten Gesetzgebungsverfahrens ist weiterhin eine Konsequenz der politischen Wirklichkeit: Die wesentlichen politischen Entscheidungen fallen oft nicht im eigentlichen Gesetzgebungsverfahren. Durch Koalitionsbeschlüsse, durch Einflüsse mächtiger gesellschaftlicher Gruppen, durch Verfahren föderativer Einigung etc. werden politische Entscheidungen bereits im Vorfeld des Gesetzgebungsverfahrens getroffen (Kloepfer 1982: 63ff., 89f.; Würtenberger 1979: 165ff.; Schneider 1991: 59ff.). Hinzu kommt, dass das Gesetzgebungsverfahren dem Bürger vielfach lediglich als Ort des Abtausches von Interessen und Parteistandpunkten erscheint; hierzu lädt ein politisches System ein, das institutionell zwischen Oppositions- und Mehrheitsfraktionen im Parlament trennt, was eine sachgerechte parlamentarische Diskussion weitgehend blockiert. Besonders schädlich aber sind die Zweifel an der Integrität des Gesetzgebungsverfahrens. Der offenbar gewordene Verfall der politischen Moral bei Lobby-Abgeordneten bestärkt ein allgemeines Misstrauen gegen Einflussnahme der Lobby auf Gesetze.

All dies führt zur Skepsis gegenüber der Richtigkeit von Gesetzen auf Grund einer Einhaltung der verfassungsrechtlichen Verfahrensregelung. Insgesamt gesehen wird das Gesetz vom Bürger nicht bereits als „richtig" anerkannt oder für anerkennungswürdig gehalten, weil es in dem verfassungsstaatlichen Gesetzgebungsverfahren zustande gekommen ist. Konsequenz dieser Entwicklung ist, dass sich der Bürger weniger vom Gesetzgebungsverfahren, sondern eher von der verfassungsgerichtlichen Überprüfung von Gesetzen rationale politische Entscheidungen und Grundrechtsschutz verspricht; hierauf ist zurückzukommen (III.7.).

4. Akzeptanz auf Grund von Rationalität

Akzeptanz des Rechts auf Grund von Rationalität bedeutet, dass gesetzliche Regelungen bei einer Nachprüfung vermittels der Vernunft zutreffend, zumindest aber vertretbar erscheinen. Die „ratio" als Legitimationsquelle des Gesetzes ist seit jeher anerkannt (Cicero: Leg. 1, 18; Grawert 1975: 873f. m.N.). Kraft seiner Begabung zu vernünftigen Urteilen kann der Einzelne entscheiden, ob gesetzliche Regelungen vernünftig sind. Dementsprechend hat die Rechtsdogmatik seit langem Kriterien entwickelt, die die Rationalität von Gesetzen intersubjektiv überprüfbar machen. Willkürverbot und Verhältnismäßigkeitsprinzip gehören zu den Grundsätzen, die zu vernünftigen gesetzlichen Regelungen führen sollen.

Die Akzeptanz eines Gesetzes auf Grund der Rationalität seiner Regelungen setzt eine zweckrationale Überprüfung voraus: Man fragt, ob die vom Gesetzgeber verfolgten politischen Ziele durch die im Gesetz getroffenen Regelungen in zweckmäßiger Weise erreicht werden können. Anders stellt sich die Situation dar, wenn die einem Gesetz zu Grunde gelegten politischen Zielsetzungen am Kriterium der Rationalität gemessen werden sollen. Die Entscheidung für politische Ziele und politische Kompromisse, die ein Gesetz tragen, lassen sich kaum am Maßstab der Rationalität überprüfen. Hier ist der Bereich des politischen Wertens und politischen Vorverständnisses betreten. Es kann zwar vernunftgeleitet argumentiert werden. Es lassen sich aber unterschiedliche politische Positionen nicht „vernünftelnd" widerlegen.

Gegenläufig zu einem Prinzip der Akzeptanz auf Grund von Rationalität wäre Akzeptanz auf Grund von Emotionalität. Sicher kann eine emotionale Zuwendung zu Grundprinzipien gesetzlicher Regelung im Einzelfall zur Akzeptanz von Recht und Rechtsfortbildung beitragen. Eine Emotionalisierung der verfassungs- und rechtspolitischen Auseinanderset-

zung ist allerdings einer vernunftorientierten Rechtsfortbildung abträglich: Es geht die
erforderliche Toleranz gegenüber dem Andersdenkenden verloren. Und nicht zuletzt steht
auch einer Emotionalisierung der verfassungs- und rechtspolitischen Auseinandersetzungen
das Pluralismuskonzept des modernen demokratischen Staates entgegen: In sachorientierter
Auseinandersetzung zwischen konkurrierenden gesellschaftlichen Gruppierungen soll um
konsensfähige rechtspolitische Lösungen gerungen werden.

5. Akzeptanz auf Grund von Egalität

Das Verlangen nach Gleichbehandlung ist anthropologisch tief verwurzelt und gehört zu
den Grundstrukturen menschlichen Daseins. Ist die Gleichheit vor dem Gesetz, also die
Rechtsanwendungsgleichheit garantiert, so mag der Inhalt des Gesetzes gelegentlich bereits
um seiner allgemeinen Geltung willen akzeptabel sein. Dies vor allem dann, wenn Rechtsanwendungsgleichheit gleiche Freiheitsräume für autonome, individuelle Entfaltung schafft.
Anders gewendet: Ein Gesetz kann bereits darum akzeptiert werden, weil es gleiche soziale
Bindung grundrechtlicher Freiheiten normiert.

Die Garantie von Gleichbehandlung wird seit jeher als Kriterium einer gerechten
politischen Ordnung empfunden (Nef 1941; Henkel 1977: 400ff.; Zippelius 1994: § 16).
Die alte liberale Gleichheit vor dem Gesetz wird im Sozialstaat ergänzt durch eine Gleichheit
durch das Gesetz. Im sozial gestaltenden, umverteilenden und leistenden Planungsstaat
der Gegenwart wird das Leistungs- und Planungsgesetz akzeptiert, wenn es die Verwirklichung von Egalität in der Gesellschaft anstrebt. Das sozialstaatliche Gesetz wird durch
Einebnung nicht begründbarer gesellschaftlicher Unterschiede, durch Gewährleistung gleicher Bildungschancen, durch gleichläufige soziale Sicherheit u.a.m. legitimiert. Allerdings
sind hier auch bald die Grenzen einer Akzeptanz auf Grund von Egalität erreicht. Einer
Rechtsordnung, die zu allzu starker Nivellierung neigt, würde die soziale Anerkennung
versagt bleiben. Jenseits sozialer Egalität ist es auch Aufgabe der Rechtsordnung, eben die
Individualität der Persönlichkeit, die Autonomie individueller Gestaltung sowie individuelle
Leistungsfähigkeit und Leistungsbereitschaft zu schützen und zu fördern (Zippelius 1999:
§ 34 II, 2 m.N.; Schoeck 1979: 9 und passim).

6. Akzeptanz durch Flexibilität des Rechts

In einer pluralistischen Gesellschaft kann sich die Rechtsordnung nur beschränkt an einer
Wert- und Gemeinwohlverwirklichung orientieren, die auf allgemeinen Konsens stößt.
Soweit dem Recht eine gemeinsame Wertebasis fehlt, findet es dann Akzeptanz, wenn es
sich für eine pluralistische Gestaltung öffnet. Insoweit ist Rechtspluralismus (Lampe 1995)
Voraussetzung für Akzeptanz des Rechts. Für alternative Lebens- und Verhaltensweisen
müssen rechtliche Regelungen bereitgehalten oder – auch durch Richterrecht – geschaffen
werden. Dies ist etwa für den Bereich der nichtehelichen Lebensgemeinschaft geschehen
(Palandt-Diederichsen 1999: vor § 1297, Rn. 9 ff m.N.). In einer multikulturellen Gesellschaft stellt sich die Frage, ob das Recht auch insofern flexibilisiert werden soll, dass

die Rechtsordnung im Bereich des Familien- oder Erbrechts nicht an den Aufenthaltsort, sondern an die persönliche Herkunft des Betroffenen anknüpft (Robbers 1995: 119f.).

Eine solche Pluralisierung des Rechts mag akzeptanzfördernd sein, ein Mindestmaß einheitlichen Rechts bleibt dennoch unverzichtbar. Was öffentliche Sicherheit und Ordnung oder was die Freiheitlichkeit einer Rechtsordnung erfordern, muss durch einheitliches Recht und dessen Vollzug ohne Ansehen von Gruppenpräferenzen durchgesetzt werden (Rehbinder 1995: 316ff.). Diese integrative Funktion des Rechts einerseits und die Ermöglichung kultureller Vielfalt andererseits sind derzeit Anlass zu grundsätzlichen politischen Diskussionen.

7. Akzeptanz auf Grund einer Konkretisierung der Verfassung

In der Bundesrepublik Deutschland finden, trotz mancher zeitbedingter Schwankungen, das Grundgesetz und die das Verfassungsrecht konkretisierend fortentwickelnde Rechtsprechung des Bundesverfassungsgerichts eine bemerkenswert hohe Akzeptanz im kollektiven Bewusstsein (Rausch 1983: 110ff., 130ff.). Hierfür gibt es vielfältige Gründe: Der Verfassung entnimmt man nicht nur das ethische Minimum einer pluralistischen Gesellschaft, sondern sie ist auch im Sinne eines Verfassungspositivismus zur geistigen Heimat geworden (Isensee 1986: 11ff., 14ff.). Hierzu hat auch die Rechtsprechung des Bundesverfassungsgerichts beigetragen. Durch sachliche und in Distanz zu den Machtzentren erfolgende verfassungsrechtliche Überprüfung von Gesetzen hat es beim Bürger ein hohes Vertrauen in die Verfassung als Hort richtigen Rechts erzeugt.

Dies steht im Übrigen im Kontext längerfristiger historischer Entwicklungslinien. Anders als in anderen westlichen Verfassungsstaaten, die stärker auf die „demokratische Richtigkeit" des Rechts bauen, war und ist in Deutschland die Vorstellung präsent, dass das „richtige Recht" aus der Idee des Rechts hergeleitet werden könne. So haben sich in Deutschland, nicht aber etwa in Frankreich, Rechtsprinzipien wie die Proportionalität oder praktische Konkordanz zwischen gegenläufigen Rechtsprinzipien entwickelt, durch die demokratisches Belieben des Gesetzgebers verfassungsrechtlich eingeschränkt werden kann.

Akzeptanzstiftend wirkt die Rechtsprechung des BVerfG vor allem deshalb, weil das von ihr interpretierte Verfassungsrecht als retardierendes Moment dazu zwingt, auch die Interessen derjenigen angemessen zu berücksichtigen, die sich im politischen Prozess nicht durchzusetzen vermochten. Eine Schlüsselstellung kommt hierbei den Grundrechten zu. Die vom BVerfG ausgeformten Institute der Verhältnismäßigkeit, des rechtsstaatlichen Vertrauensschutzes sowie der Gleichheitssatz beschränken politische Gestaltungsspielräume zu Gunsten eines gesellschaftlichen Ausgleichs, in dem auch gesellschaftliche Minderheiten ihren Platz finden können.

Das BVerfG wandelt hierbei freilich auf einem sehr schmalen Grat. Die Gestaltungsspielräume der politischen Mehrheit und Vetopositionen gesellschaftlicher Minderheiten müssen in ein angemessenes Verhältnis gebracht werden. Wo dies nicht gelingt, kann sich Verfassungsrecht auch als Akzeptanzhindernis erweisen. Dies zeigt gerade die jüngere Rechtsprechung des BVerfG. Verwiesen sei hier etwa auf das problematische Kruzifix-Urteil (Würtenberger 1996a; Heckmann 1996) oder auf den umstrittenen Halbteilungsgrundsatz in der Vermögenssteuerentscheidung (kritisch hierzu Wieland 1998: 173ff.), in denen sich das Gericht auf Positionen festgelegt hat, die weder in der Gesellschaft noch in der Rechtswissenschaft konsensfähig sind.

Demgegenüber bleibt zu erinnern, dass eine geglückte Verfassungsrechtsfortbildung in aller Regel eine bedeutsame historische Dimension hat. Im Grundgesetz findet sich eine Vielzahl von Regelungen, die in der Vergangenheit von starken gesellschaftlichen Kräften als Bedingungen legitimer staatlicher Herrschaft gefordert und mit wechselndem Erfolg realisiert wurden. Angeknüpft wird sowohl an die Ideen des politischen Liberalismus als auch der sozialstaatlichen Demokratie. Volkssouveränität, Grundrechte, Demokratie-, Rechtsstaats- und Gewaltenteilungsprinzip finden ihre historische Wurzel u.a. in den Legitimitätstheorien der Staatsphilosophie der Aufklärung und des politischen Liberalismus. Die Verfassungsprogrammatik der sozialen Bindung und der Sozialstaatlichkeit lässt sich u.a. auf die sozial-eudämonistischen Legitimitätstheorien, auf die Forderungen der sozialen Bewegung im 19. Jahrhundert oder auf eine sozialstaatliche Staatsaufgabenlehre zurückführen (Würtenberger 1973: 92ff., 101ff., 148ff., 155ff., 192ff.). Die Offenheit des Grundgesetzes für eine supranationale und internationale Integration lässt sich u.a. in dem Kontext der alten Idee von der politischen Einheit Europas sehen. Die Rechtsetzung kann sich damit vielfach an jenen Werten und Leitideen ausrichten, die zur überkommenen und bewährten politischen Kultur einer Gemeinschaft gehören. Das bedeutet: Gesetze können die zeitadäquate Konkretisierung jener politischen Werte und Leitideen sein, die sich in wechselvoller Geschichte durchzusetzen vermochten und über die Aufnahme in die Verfassung Bestandteil historischer Kontinuität geworden sind. Die verfassungsstaatliche Legitimität von Gesetzen ist mit anderen Worten auch eine historische Legitimität, die in der politischen Kultur einer Rechtsgemeinschaft wurzelt.

Diese These hat für die Akzeptanz von Recht und Rechtsfortbildung eine wichtige Konsequenz: Recht und Rechtsfortbildung werden vom Bürger als „richtig" und ethisch verpflichtend anerkannt, wenn sie von jenem Basiskonsens getragen sind, der der Verfassung als Normierung der politischen Kultur einer Gemeinschaft zukommt (Benda 1982: 877ff., 879ff.; Vorländer 1981). Das „Verfassungsbewusstsein", dessen historische Dimension es noch intensiver zu pflegen gilt, kann zur Akzeptanz der Grundprinzipien der Rechtsordnung und ihrer problem- und zeitadäquaten Ausgestaltung durch den Gesetzgeber wesentlich beitragen.

8. Akzeptanz des Rechts bei abnehmendem staatlichem Ressourcenrahmen

Vor großen Herausforderungen steht eine am Leitbild gesellschaftlicher Akzeptanz ausgerichtete Gesetzgebung in einer Zeit, die durch einen abnehmenden staatlichen Ressourcenrahmen geprägt ist. Eine Politik, die sich Akzeptanz des Rechts durch soziale Wohltaten oder Steuerrechtsgeschenke erkauft, muss sich angesichts der dramatischen Haushaltslage der öffentlichen Hand verbieten. Vielmehr dürfte umgekehrt eine Zurücknahme bestehender Sozialstandards geboten sein, um auch mittel- und langfristig den gesellschaftlichen Wohlstand unter den Bedingungen einer globalisierten Wirtschaftsordnung zu erhalten.

Das einen derartigen Umbau des Sozialstaates gestaltende Recht wird es zunächst schwer haben, Akzeptanz zu finden. Akzeptanz lässt sich eben weitaus leichter für die

Ausweitung staatlicher Leistungen und Vergünstigungen, kaum aber für deren Beschneidung und Rücknahme erzielen. Als akzeptanzsichernde Strategien bieten sich hier vor allem zwei Wege an: Zum einen ist eine offensive Öffentlichkeitsarbeit der politischen Führung geboten. Wo Einsicht für ökonomische Notwendigkeiten geweckt wird, können auch Maßnahmen Akzeptanz finden, die im Interesse der gesamtwirtschaftlichen Prosperität mit Opfern für den Einzelnen verbunden sind. Wo staatliche Leistungen zurückgenommen werden, erfährt zum anderen der tief in der Rechtsidee verwurzelte Gleichheitsgedanke eine besondere Akzentuierung. Zu Opfern ist der Einzelne um so eher bereit, wie Lasten gerecht verteilt werden. In jüngster Zeit sind hier vor allem im steuerrechtlichen Bereich deutliche Defizite offenbar geworden (Klein 1996), die zusammen mit einer Reform des Sozialstaates behoben werden müssen, soll eine derartige Neuordnung die Akzeptanz finden, derer sie für ihre faktische Durchsetzung bedarf.

IV. Akzeptanzsicherung als Staatsaufgabe

Die Suche nach Gründen, die für die Akzeptanz von Gesetzen sprechen oder diese auch in Frage stellen können, könnte noch weiter fortgesetzt werden. Verweisen ließe sich etwa auf den gelungenen Kompromiss, auf die – heute wohl nur in geringem Umfang gegebene – Autorität der Rechtsetzungsinstanz oder auf die Wahrung des Vertrauens in Gesetze durch die Kontinuität des Rechts. Ohne ein derart umfassendes Akzeptanzmodell herauszuarbeiten, ist aber bereits deutlich geworden: die Akzeptanz von Gesetzen ist ein individual- und sozialpsychologisches Phänomen, bei dem unterschiedliche Akzeptanzquellen ineinander fließen. Es gibt weder einige wenige und schon gar nicht einen einzelnen, besonders herausragenden Akzeptanzgrund, sondern eine Vielzahl von Gründen, die sich kumulieren, soll ein Gesetz breite Akzeptanz finden.

Bei den bisherigen Ausführungen stand die Frage im Vordergrund, auf Grund welcher sozialpsychologischen Mechanismen Akzeptanz für Gesetze erwartet werden kann. Jenseits dieser eher psychologisierenden Perspektive stellt sich die normative Frage, ob und an welchen Maßstäben sich der pluralistische Staat für die Akzeptanz seiner Gesetze orientiert. Der pluralistische Staat ist insofern kein wertneutraler Staat, als er sich stützend und werbend für die im Grundgesetz geregelten obersten Rechtsprinzipien einzusetzen hat. Insofern ist ein gezieltes Akzeptanz-Management nicht nur legitim, es kann sogar verfassungsrechtlich geboten sein und die ohnehin bestehende rechtsbewusstseinsbildende Kraft des Rechts stärken. Dies ist besonders in jenen Bereichen wichtig, die den verfassungsrechtlichen Schutz von Leben und Würde betreffen. Gerade in diesen Bereichen muss an rechtlichen Normen festgehalten werden, selbst wenn sich ein grundsätzlicher Konsenswandel anzubahnen scheint. Wie schwer der rechtlich gebotene Lebensschutz bei Erosionen im gesellschaftlichen Konsens fallen kann, haben die beiden Abtreibungs-Entscheidungen des Bundesverfassungsgerichts gezeigt. Mit Recht hat das Bundesverfassungsgericht in seiner zweiten Abtreibungs-Entscheidung festgestellt, dass es zu den staatlichen Aufgaben gehöre, durch Öffentlichkeitsarbeit oder im Bildungs- und Ausbildungssystem dafür zu sorgen, dass die ethischen Grundlagen von Staat und Recht Akzeptanz finden können (BVerfGE 88, 203, 261; Würtenberger 1998 c). Der pluralistische Staat hat durchaus auch die Aufgabe, in Distanz zu negativ bewerteten Strömungen in der Gesellschaft eine impulsgebende und wertsetzende Funktion auszuüben. Unter diesem Aspekt ist die Sicherung oder gar die Implementierung der Akzeptanz von Gesetzen eine wichtige staatliche Aufgabe.

Literatur

Alexy, Robert, 1996: Theorie der juristischen Argumentation. 3. Aufl. Frankfurt a.M.: Suhrkamp.
Benda, Ernst, 1982: Konsens, Meinungsforschung und Verfassung, Die öffentliche Verwaltung: 877–883.
Benda, Ernst, 1983: Zur gesellschaftlichen Akzeptanz verwaltungs- und verfassungsrechtlicher Entscheidungen, Die öffentliche Verwaltung: 305–310.
Böckenförde, Ernst-Wolfgang, 1981: Gesetz und gesetzgebende Gewalt. 2. Aufl. Berlin: Duncker & Humblot.
Böckenförde, Ernst-Wolfgang, 1987: Demokratische Willensbildung und Repräsentation § 30. S. 29–48 in: *Josef Isensee* und *Paul Kirchhof* (Hg.): Handbuch des Staatsrechts der Bundesrepublik Deutschland. Band II. Heidelberg: C.F. Müller.
Bülow, Erich, 1984: Typische Mängel von Rechtsnormen. S. 11–26 in: Bundesakademie für öffentliche Verwaltung (Hg.): Praxis der Gesetzgebung. Bonn: Verlag Recht, Verwaltung, Wirtschaft.
Czybulka, Detlef, 1993: Akzeptanz als staatsrechtliche Kategorie, Die Verwaltung: 27–38.
Doberschütz, Klaus, 1966: Die soziale Sicherung des amerikanischen Bürgers. Berlin: Duncker & Humblot.
Dürr, David, 1994: Diskursives Recht. Zürich: Schulthess.
Ebbinghausen, Rolf (Hg.), 1976: Bürgerlicher Staat und politische Legitimation. Frankfurt a.M.: Suhrkamp.
Eichenberger, Kurt, 1982: Gesetzgebung im Rechtsstaat, Veröffentlichungen der Vereinigung der Deutschen Staatsrechtslehrer 40: 2–39.
Feuerbach, Paul Johann Anselm von, 1833: Über die Unterdrückung und Wiederbefreiung Europas. In: Ders.: Kleine Schriften vermischten Inhalts. Nürnberg: Otto.
Fisher, Louis, 1988: Constitutional Dialogues. Princeton, N.J.: Princeton University Press.
Frankenberg, Günter, 1984: Ziviler Ungehorsam und rechtsstaatliche Demokratie, Juristenzeitung: 266–275.
Fuchs, Dieter, Edeltraud Roller und *Bernhard Weßels,* 1997: Die Akzeptanz der Demokratie des vereinigten Deutschlands, Aus Politik und Zeitgeschichte B 51/97: 3–12.
Gagnér, Sten, 1960: Studien zur Ideengeschichte der Gesetzgebung. Stockholm: Almquist & Wiksell.
Geis, Max-Emanuel, 1995: Das revidierte Konzept der „Gerechtigkeit als Fairneß" bei John Rawls – materielle oder prozedurale Gerechtigkeitstheorie?, Juristenzeitung: 324–331.
Grawert, Rolf, 1975: Artikel Gesetz, in: *Otto Brunner, Werner Conze* und *Reinhart Koselleck* (Hg.): Geschichtliche Grundbegriffe. Band II. Stuttgart: Klett-Cotta.
Guggenberger, Bernd, und *Claus Offe* (Hg.), 1984: An den Grenzen der Mehrheitsdemokratie. Opladen: Westdeutscher Verlag.
Guggenberger, Bernd, 1984: Krise der repräsentativen Demokratie? S. 23–56, in: *Bernd Guggenberger* und *Udo Kempf* (Hg.): Bürgerinitiativen und repräsentatives System. 2. Aufl. Opladen: Westdeutscher Verlag.
Gusy, Christoph, 1985: Konsensprinzip oder Demokratie, Zeitschrift für Politik: 133–152.
Habermas, Jürgen, 1987: Wie ist Legitimität durch Legalität möglich?, KritJ: 1–16.
Hattenhauer, Hans, und *Werner Kaltefleiter* (Hg.), 1986: Mehrheitsprinzip, Konsens und Verfassung. Heidelberg: C.F. Müller.
Heckmann, Dirk, 1996: Eingriff durch Symbole, Juristenzeitung: 880–889.
Henkel, Heinrich, 1977: Einführung in die Rechtsphilosophie. 2. Aufl. München: C.H. Beck.
Herzog, Roman, 1984: Von der Akzeptanz des Rechts S. 127–138, in: *Bernd Rüthers* und *Klaus Stern* (Hg.): Freiheit und Verantwortung im Verfassungsstaat. München: C.H. Beck.
Hill, Hermann, 1986: Einführung in die Gesetzgebungslehre, Jura: 57–67.
Hill, Hermann, 1982: Einführung in die Gesetzgebungslehre. Heidelberg: C.F. Müller.

Hoffmann, Roland, 1992: Verfahrensgerechtigkeit. Paderborn/München/Wien/Zürich: Schöningh.
Hoffmann-Riem, Wolfgang, 1994: Reform des Allgemeinen Verwaltungsrechts: Vorüberlegungen, Deutsches Verwaltungsblatt: 1381–1390.
Huber, Eugen, 1921: Recht und Rechtsverwirklichung. Basel: Helbing & Lichtenhahn.
Isensee, Josef, 1986: Die Verfassung als Vaterland, in: *Armin Mohler* (Hg.): Wirklichkeit als Tabu. Schriften der von Siemens-Stiftung, Bd. 11. München: Oldenbourg.
Jescheck, Hans-Heinrich, und *Thomas Weigend,* 1996: Lehrbuch des Strafrechts AT. Berlin: Duncker & Humblot.
Jurt, Josef, Gerd Krumeich und *Thomas Würtenberger* (Hg.), 1999: Wandel von Recht und Rechtsbewußtsein in Frankreich und Deutschland. Berlin: Berlin-Verlag Spitz.
Klein, Alexander, 1997: Steuermoral und Steuerrecht. Frankfurt a.M.: Lang.
Kloepfer, Michael, 1982: Gesetzgebung im Rechtsstaat, Veröffentlichungen der Vereinigung der Deutschen Staatsrechtslehrer 40: 63–96.
Kohler, Josef, 1904: Technik der Gesetzgebung, Archiv für civilistische Praxis 96: 345–375.
Krawietz, Werner, 1996: Anerkennung als Geltungsgrund des Rechts. S. 104–146 in: Festschrift für Hermann Klenner. Freiburg/Berlin: Haufe.
Lampe, Ernst-Joachim (Hg.), 1995: Rechtsgleichheit und Rechtspluralismus. Baden-Baden: Nomos.
Leipold, Dieter (Hg.), 1997: Selbstbestimmung in der modernen Gesellschaft aus deutscher und japanischer Sicht. Heidelberg: C.F. Müller.
Limbach, Jutta, 1997: Die Akzeptanz verfassungsgerichtlicher Entscheidungen. Münster: Regensberg.
Lucke, Doris, 1995: Akzeptanz: Legitimität in der „Abstimmungsgesellschaft". Opladen: Leske + Budrich.
Müller, Jörg Paul, 1989: Versuch einer diskursethischen Begründung der Demokratie. S. 617–638 in: Festschrift für Dietrich Schindler. Basel: Helbing & Lichtenhahn.
Nef, Hans, 1941: Gleichheit und Gerechtigkeit. Zürich: Polygraphischer Verlag.
Nelson, Leónard, 1964: System der philosophischen Rechtslehre und Politik, Gesammelte Schriften, 6. Bd. Hamburg: Meiner.
Novak, Ekkehard: 1984: Praxis der Gesetzgebung. S. 127–140. Bonn: Verlag Recht, Verwaltung, Wirtschaft.
Palandt, Otto, 1999: Bürgerliches Gesetzbuch. 58. Aufl. München: C.H. Beck.
Pichler, Johannes W., 1998: Rechtsakzeptanz und Handlungsorientierung. S. 23–44 in: *Ders.* (Hg.): Rechtsakzeptanz und Handlungsorientierung. Wien: Böhlau.
Pichler, Johannes W., und *Karim J. Giese,* 1993: Rechtsakzeptanz. Wien: Böhlau.
Randelzhofer, Albrecht, und *Werner Süß* (Hg.), 1986: Konsens und Konflikt. Berlin: De Gruyter.
Rausch, Heinz, 1983: Politisches Bewußtsein und politische Einstellungen im Wandel. S. 119–153 in: *Werner Weidenfeld* (Hg.): Die Identität der Deutschen. Bonn: Bundeszentrale für Politische Bildung.
Rehbinder, Manfred, 1995: Juristische Instrumente eines Staatsinterventionismus in pluralistischen Rechtsordnungen. S. 306–320 in: *Ernst-Joachim Lampe* (Hg.): Rechtsgleichheit und Rechtspluralismus. Baden-Baden: Nomos.
Rhinow, René A., 1984: Grundprobleme der schweizerischen Demokratie, Zeitschrift für Schweizerisches Recht, NF Bd. 103, II: 111–273.
Robbers, Gerhard, 1995: Rechtspluralismus und staatliche Einheit in verfassungsrechtlicher Sicht. S. 113–120 in: *Ernst-Joachim Lampe* (Hg.): Rechtsgleichheit und Rechtspluralismus. Baden-Baden: Nomos.
Schmidt, Reiner, 1994: Flexibilität und Innovationsoffenheit im Bereich der Verwaltungsmaßstäbe. S. 67–110 in: *Wolfgang Hoffmann-Riem* und *Eberhard Schmidt-Aßmann* (Hg.): Innovation und Flexibilität des Verwaltungshandelns. Baden-Baden: Nomos.
Scheuner, Ulrich, 1973: Das Mehrheitsprinzip in der Demokratie. Opladen: Westdeutscher Verlag.
Schneider, Hans, 1991: Gesetzgebung. 2. Aufl. Heidelberg: C.F. Müller.
Schoeck, Helmut, 1979: Das Recht auf Ungleichheit. München: Herbig.
Sinus-Institut, 1983: Die verunsicherte Generation. Opladen: Leske + Budrich.
Stelkens, Paul, 1995: Verwaltungsgerichtsbarkeit in der Krise, Deutsches Verwaltungsblatt: 1105–1114.

Vorländer, Hans, 1981: Verfassung und Konsens. Berlin: Duncker & Humblot.
Watrin, Christian, 1987: „Wirtschaftliche Gerechtigkeit für alle". S. 465–478 in: *Manfred Borchert, Ulrich Fehl* und *Peter Oberender* (Hg.): Markt und Wettbewerb. Festschrift für Ernst Heuß. Bern/Stuttgart: Verlag Paul Haupt.
Watzlawick, Paul (Hg.), 1999: Die Erfundene Wirklichkeit. München: Piper.
Wieland, Joachim, 1998: Der Vermögenssteuerbeschluß – Wende in der Eigentumsrechtsprechung? S. 173–188 in: *Bernd Guggenberger* und *Thomas Würtenberger* (Hg.): Hüter der Verfassung oder Lenker der Politik. Baden-Baden: Nomos.
Würtenberger, Thomas, 1973: Die Legitimität staatlicher Herrschaft. Berlin: Duncker & Humblot.
Würtenberger, Thomas, 1979: Staatsrechtliche Probleme politischer Planung. Berlin: Duncker & Humblot.
Würtenberger, Thomas, 1987: Akzeptanz von Recht und Rechtsfortbildung. S. 79–103 in: *Peter Eisenmann* und *Bernd Rill* (Hg.): Jurist und Staatsbewußtsein. Heidelberg: von Decker & Müller.
Würtenberger, Thomas, 1991: Zeitgeist und Recht. 2. Aufl. Tübingen: J.C.B. Mohr.
Würtenberger, Thomas, 1996a: Die Akzeptanz von Verwaltungsentscheidungen. Baden-Baden: Nomos.
Würtenberger, Thomas, 1996b: „Unter dem Kreuz" lernen. S. 397–411 in: Festschrift für Franz Knöpfle. München: C. H. Beck.
Würtenberger, Thomas, 1998a: Gemeinschaftsrecht als Akzeptanz-Neuland. S. 307–312 in: *Johannes W. Pichler* (Hg.): Rechtsakzeptanz und Handlungsorientierung. Wien: Böhlau.
Würtenberger, Thomas, 1998b: Verwaltungsprozeßrecht. München: C.H. Beck.
Würtenberger, Thomas, 1998c: Zu den Voraussetzungen des freiheitlichen, säkularen Staates. S. 277–295 in: *Winfried Brugger* und *Stefan Huster* (Hg.): Der Streit um das Kreuz in der Schule. Baden-Baden: Nomos.
Würtenberger, Thomas, 1999: Optimierungsgebote oder rechtliche Rahmensetzungen für das Verwaltungshandeln?, Veröffentlichungen der Vereinigung der Deutschen Staatsrechtslehrer 58: 139–176.
Würtenberger, Thomas, Dirk Heckmann und *Rainer Riggert,* 1999: Polizeirecht in Baden-Württemberg. 4. Aufl. Heidelberg: C.F. Müller.
Zippelius, Reinhold, 1981: Legitimation im demokratischen Verfassungsstaat. S. 84–99 in: *Norbert Achterberg* und *Werner Krawietz* (Hg.): Legitimation des modernen Staates. Wiesbaden: Steiner.
Zippelius, Reinhold, 1994: Rechtsphilosophie. 3. Aufl. München: C.H. Beck.
Zippelius, Reinhold, 1999: Allgemeine Staatslehre. 13. Aufl. München: C.H. Beck.

RECHT UND SOZIALE INTEGRATION

Hubert Rottleuthner

Zusammenfassung: Zur Klärung des Integrations-Begriffs wird zunächst unterschieden zwischen der Integration von etwas in etwas (auch: Inklusion) und der Integration als eines Zustandes von etwas, eines Zustandes, der mehr oder weniger realisiert sein kann – ohne dass hier klare Kriterien etwa einer „gelungenen" Integration formuliert würden. Integration im zweiten Sinne wird auch durch rechtliche Regeln der Exklusion oder Inklusion erstrebt (Staatsbürgerschaftsrecht, Strafrecht etc.). In seiner regulativen Funktion ist Recht bei der sozialen Integration auf andere Regeln und Systeme angewiesen. Dabei kommt aber neben seiner regulativen Bedeutung seiner konstitutiven Funktion eine fundamentale Rolle zu. Schließlich führen Überlegungen zum Rechtsfrieden zu einer Betonung der prozeduralen Vorkehrungen im Recht.

I. Begriffliche Desintegration

Man kann im Zusammenhang mit Fragen der sozialen Integration wieder einmal die Soziologie zu begründen versuchen (Peters 1993), man kann sich aber auch ganz bescheiden um eine Klärung des Begriffs der sozialen Integration bemühen. Das begriffliche Chaos ist nämlich beträchtlich. Irgendwie geht es um sozialen Zusammenhalt oder Zusammenhang, Vergemeinschaftung, um Kohäsion und Kohärenz, manchmal auch um soziale Ordnung, um Handlungskoordinierung, Interdependenzen, sogar die moralische Integrität taucht als eine „Form der sozialen Integration" auf. Mal wird Integration als Ergebnis, als resultierender Zustand konzipiert, mal als Prozess, mitunter auch als „Optimierungsproblem" und gleich noch als dessen Lösung (Willke 1978: 238).

Auch ein Blick auf die „Gegenbegriffe" macht die Sache nicht gerade klarer. Wie wird der Zustand beschrieben, der – mit dem Ziel Integration – überwunden oder vermieden werden soll? Das Angebot ist ungemein reichhaltig: Desintegration ist ja noch nahe liegend, auch auf „negative Integration" könnte man verfallen.[1] Doch dem Füllhorn entquillt eine kaum zu bändigende Menge: Desorganisation, Unordnung, Anomie, Konflikt, Erosion, Differenzierung, Sezession (Abspaltung, Ausgliederung), Exklusion, Zerfall, soziale Fragmentierung, Entsolidarisierung, Auflösung von Bindungen, Partikularismen, Regionalismen, alle möglichen Formen von Ungerechtigkeit, Erniedrigung, Deprivation. Auch auf der individualpsychologischen Ebene lassen sich anscheinend Gegenbegriffe lokalisieren: Sinnverlust, Wurzellosigkeit, Orientierungslosigkeit, Indifferenz, Identitätsstörung, Entfremdung und alle möglichen negativen Konsequenzen von Individualisierung: Isolierung, Narzissmus, Hedonismus, Konsumismus.

---

1 Vgl. Groh (1973) zur Kennzeichnung der Position der Arbeiterklasse im Kaiserreich. Den Ausdruck verwendet auch Luhmann (1997: 630), wie üblich in ganz anderem Sinn.

Die normativen Konnotationen von „Integration" werden enthüllt, wenn Konzepte wie die der Zwangsintegration oder der Überintegration bemüht werden. Reichhaltige Beispiele bieten – für deutsche Leser – der Nationalsozialismus und auch die DDR.[2] Anscheinend gibt es auch so etwas wie eine „gelungene Integration" – nur werden dafür leider keine Parameter genannt.[3] Irgendwie scheinen da Konsens und Akzeptanz einschlägig zu sein. Selbst wenn Neutralität oder Neutralisierbarkeit des Terminus behauptet werden,[4] geht es doch um eine Art „goldener Mitte" bei der „Abstimmung differenzierter, aber interdependenter Teile" (Willke 1978: 234), die „Abstimmung zweier (oder mehrerer) Abstimmungsprozesse".[5]

II. Erfahrungen

In solchen Momenten, in denen die Sprache anfängt zu feiern, ist es sinnvoll, sich die Erfahrungen und Probleme zu vergegenwärtigen, auf die hin der Begriff der Integration in mögliche Lösungskontexte eingestellt wurde und wird. Übliche frühe Vorläufer findet man sicherlich in der kontraktuellen Naturrechtstheorie mit ihren Bemühungen, Ausgänge aus dem konfessionellen Bürgerkrieg, den Übergang in einen bürgerlichen Zustand zu finden und zu rechtfertigen. Gesellschafts- und/oder Herrschaftsvertrag sollen einen „Rechtsfrieden" herstellen, der auf der Einheit von *pax et iustitia*, auf einem konsentierten staatlichen Gewaltmonopol basiert. An dieses Problem der „sozialen Ordnung" und die Vorschläge zu seiner Lösung konnten die Gesellschaftstheoretiker des 19. Jahrhunderts anschließen angesichts neuer Erfahrungen: der zunehmenden industriellen Arbeitsteilung, der Etablierung einer Marktgesellschaft privatautonomer Subjekte, der repressiv und ideologisch stillgestellten Klassenantagonismen oder des von den Moralstatistikern protokollierten Zerfalls (Kriminalität, Selbstmorde, Scheidungen, uneheliche Geburten, Alkoholismus und andere Drogenabhängigkeiten, Einlieferung in psychiatrische Anstalten etc.).

---

2 Diese mit der Betonung von Einheit und Einheitlichkeit auf allen Gebieten: Einheit der Werktätigen, von Theorie und Praxis, Einheit der Staatsmacht, der Parteitag der Einheit, Einheitlichkeit der Rechtsprechung etc.

3 Wenigstens die CDU/CSU weiß, was eine „gelungene Integration" ist: „Die Einbürgerung kann erst am Ende einer gelungenen Integration stehen. Eine klare Entscheidung für Deutschland und die deutsche Staatsangehörigkeit ist dazu unverzichtbar. Deshalb sind wir gegen die generelle Zulassung der doppelten Staatsangehörigkeit." (Aus der Unterschriftenkampagne, die am 16.1.1999 gestartet wurde.)

4 Vgl. Willke (1978: 232); Integration bezeichne „einen gänzlich undogmatischen variablen Zustand sozialer Systeme" (ebd.: 250, Fn. 14).

5 Vgl. Willke (1978: 235). Innen- und Außenrelationen eines Systems dürften nicht „einseitig maximiert, sondern beide zusammen optimiert" werden; nur dann könne von einem integrierten System geredet werden (ebd.: 238) „Integration als Zustand eines Systems setzt voraus, daß zwei entgegengesetzte Extreme vermieden werden ... Integration bezeichnet einen Mischungsgrad zwischen Independenzen und Interdependenzen" (ebd.: 247). Eine Bewertung sei „nur dann sinnvoll, wenn eine bestimmte Qualität und ein bestimmter Grad von Integration an bestimmten Systemzielen oder Systemfunktionen gemessen wird" (ebd.: 250, Fn. 14). Auf solche „Messungen" muss man gespannt bleiben. Solange bleibt der Systemzustand wohl „undogmatisch variabel". Das ist höchste Begriffsakrobatik im dicksten Nebel.

Heute sind es – nach der „Integration des vierten Standes" – andere große Spaltungen entlang anderer sozialer Kategorien, deren Identifizierung quasi automatisch mit Integrationsbemühungen verbunden sind. So etwa Nationalität auf zwei Ebenen: im Sinne der Integration von Ausländern innerhalb eines Staates und im Sinne einer internationalen Weltfriedensordnung; Geschlecht, in den USA auch *race*; Alter mit dem rentenrechtlichen „Generationenvertrag" als neuem Sozialvertrag.

Es mangelt freilich nicht an anderen, aktuellen Erfahrungen, die aber anscheinend von Soziologen kaum „integrationstheoretisch" aufgegriffen werden,[6] Erfahrungen, die durchaus als neue Formen eines „Naturzustandes" konzipiert werden könnten. Man denke an den konfessionell-nationalistischen Bürgerkrieg auf dem Balkan; was geschieht in weiten Teilen Afrikas, was in Afghanistan, wie wäre die Situation in Russland und den Nachfolgestaaten der Sowjetunion zu charakterisieren?

III. Ein Vorschlag

Um den Sprachgebrauch im Integrationsgewimmel wenigstens ein bisschen zu ordnen, unterscheide ich zwei Verwendungskomplexe des Konzepts der sozialen Integration:

1. Einmal geht es bei „Integration" um den Prozess der Einbeziehung von etwas in eine umfassendere andere Einheit, in ein „Integrat"[7] und/oder um das dabei erzielte Ergebnis, das in der Zuweisung, Verteilung von Positionen, Ressourcen, Gratifikationen, Entschädigungen innerhalb des Integrats bestehen kann. Es geht nicht nur um die Integration des Einzelnen in die Gesellschaft,[8] sondern um alle möglichen Arten von Integration

---

6 Von solchen substantiellen Erfahrungen und Problemen sollten die unterschieden werden, die theorieimmanent erzeugt werden. Dies gilt etwa für die handlungstheoretisch inspirierte Klassifikation von „Grundproblemen" bei Peters (1993: 93ff., 134):
 – instrumentell: Orientierung in der objektiven Welt, Koordination äußerer Handlungen,
 – moralisch: Ausgleich konfligierender Ansprüche, Berücksichtigung der Integrität des Betroffenen,
 – evaluativ-expressiv: Interpretation von Bedürfnissen, Bildung von Wertmaßstäben und Identitäten.
Entsprechend gibt es dann „Formen der sozialen Integration" (ebd.: 96ff.) für die Gesellschaft als ganze und die Lebensläufe ihrer Mitglieder (S. 141):
 – funktionale Koordination,
 – moralische Integrität,
 – expressive Gemeinschaft, Vergemeinschaftung.
7 Diesen Ausdruck entlehne ich Geiger (1947: 43).
8 Luhmann (1997: 619) setzt hierfür die Paarung Inklusion/Exklusion an. Laut Luhmann habe Lockwood dafür den Begriff der „Sozialintegration" reserviert. Bei Habermas (1981: 179) liest sich die Unterscheidung von Sozial- und Systemintegration dann wieder ganz anders. Bei der Arbeit von Lockwood (1964) handelt es sich ersichtlich um einen „Klassiker": oft bemüht und selten gelesen. Zur Erinnerung: „Whereas the problem of social integration focuses attention upon the orderly or conflictful relationships between the *actors,* the problem of system integration focuses on the orderly or conflictful relationships between the *parts,* of a social system" (Lockwood 1964: 245); Hervorhebungen und auch das Komma nach *parts* im Original). Und unter *parts* versteht er *structural* elements (ebd.: 249). Klassenantagonismen sind für ihn ein Aspekt von *social integration*; ein *System*-Konflikt liege z.B. vor

eines etwas in ein anderes. Es kann hier eine Art von Kaskaden der Integration mit zunehmendem Aggregationsniveau geben. Dabei muss das Integrierte nicht kleiner sein als das Integrat (wie bei der Integration eines Individuums in eine Gruppe), z.B. wenn von der „Integration der Arbeiterklasse in die bürgerliche Demokratie" die Rede ist. Allerdings wird die Auffassung vertreten, dass die Integration immer schwieriger werde, je größer das Integrat sei. D.h. die Integration in eine Gruppe werfe weniger Probleme auf als die Integration aller möglichen Elemente in Staat und Gesellschaft. Das Integrat kann sich auch nach der Integration von Elementen strukturell (oder sonst wie „erheblich") gewandelt haben; es geht nicht um eine bloße Anpassung, Einfügung in das Integrat.[9]

Die Beispiele für diese Art von Integration sind – auch nach dem jeweiligen Aggregationsniveau – vielfältig. Von der Integration des Vierten Standes hatten wir schon gesprochen. In der BRD ging es lange Jahre um die Integration der Vertriebenen und Flüchtlinge oder um die Integration der alten Nazis in die neue demokratische Ordnung. Von der Integration der Frauen in das Erwerbsleben war und ist die Rede. Seit den 50er Jahren sprach man von der Integration der Gastarbeiter, heute mehr von der Integration der Aussiedler und vor allem der Ausländer. Von den zu Integrierenden werden „Integrationsleistungen" und „Integrationsbereitschaft" erwartet. – Nicht zu vergessen die europäische Integration – im Sinne der Integration einzelner Staaten in eine „Union".

2. Im zweiten Verwendungskontext geht es um die Charakterisierung von sozialen Systemen unterschiedlichen Aggregationsniveaus (Gruppen, Organisationen, soziale Subsysteme, die Gesamtgesellschaft) hinsichtlich ihres Zusammenhalts, ihrer Kohäsion. Theoriegeschichtlicher wie theoriekonstruktiver Ausgangspunkt ist der Tatbestand der funktionalen Differenzierung. Integration wird auf den Konnex von Differenzierung und Interdependenz bezogen (vgl. dazu Willke 1978). Integration ist – nicht nur nach Luhmann – immer schon vorgelagert den Unterscheidungen von Abhängigkeit/Unabhängigkeit oder Kooperation/Konflikt. Schon bei Spencer wird der Zusammenhang gesehen zwischen Differenzierung, funktionaler Spezifizierung auf der einen Seite und Integration auf der anderen. Soziale Integration ist das notwendige Pendant zu Arbeitsteilung, ideologischer Pluralisierung, Dezentralisierung und vertragsförmiger Individualisierung.[10]

---

bei einem Widerspruch von Eigentumsverhältnissen und Produktivkräften. In dem Aufsatz von Lockwood geht es nicht um eine Explikation der Unterscheidung im Titel, sondern um eine Auseinandersetzung mit der Kritik von Dahrendorf und Rex an funktionalistischen Integrationstheorien – eine Kritik, die Lockwood umlenkt auf einen „normativen Funktionalismus", weg von einem „allgemeinen Funktionalismus", der sich durchaus mit den Aspekten von Herrschaft, Konflikt und sozialem Wandel befasse.

9 „Integration ist weder einseitige Assimilation noch unverbundenes Nebeneinander auf Dauer." So der Beschluss des Bundesvorstandes der CDU vom 9.1.1999 zur Ausländerpolitik (im Zusammenhang mit der Diskussion um die doppelte Staatsbürgerschaft); vgl. Tagesspiegel vom 10.1.1999, S. 2. Der Satz lässt sich übrigens im politischen wie im Wissenschaftssystem verwenden – freilich mit ganz unterschiedlichen Vernetzungen.

10 Das Problem der Integration betrifft bei Luhmann die System-System-Beziehungen, das Verhältnis der sozialen Teilsysteme zueinander (Luhmann 1997: 601ff.). (Für den Fall der Integration von etwas in etwas anderes benutzt er – wie gesagt – die Unterscheidung von Exklusion/Inklusion. Vielleicht ist ihm diese Variante – trotz des Beispiels der europäischen Integration – zu alteuropäisch, weil sie doch in das Muster von Teil und Ganzem passt.) Nach Luhmann liege Integration in der „historisch beweglichen Justierung der Teilsysteme im Verhältnis zueinander" (ebd.: 604). Integration bedeute „Einschränkung der Freiheits-

Auch in der zweiten Variante kann Integration einmal verstanden werden als Prozess, eher aber wohl als (vielleicht) ordinal messbares Ergebnis, als Zustand des mehr oder weniger starken Zusammenhalts. In beiden Varianten – *Integration in etwas* und *Integration eines etwas, von etwas* – bestehen ungelöste Operationalisierungsprobleme: Wann ist etwas „erfolgreich" in etwas integriert? Welches Maß von Integration weist ein soziales System auf? Woran sollte sich das überhaupt bemessen lassen?

Was so streng in 1. und 2. geschieden wurde, weist natürlich auch Zusammenhänge auf: Die Integration von Elementen in ein Integrat kann Voraussetzung sein für einen hohen Grad der Integration des Integrats selbst. Die Aufnahme „zu vieler" Elemente könnte aber auch den Grad der Integration des Gesamtsystems gefährden, etwa im Fall der Aufnahme neuer „problematischer" Mitglieder in die Europäische Union. Aber auch die Exklusion von Elementen kann der Steigerung der Integration dienen. Dafür steht etwa die klassische Unterscheidung von in-group/out-group. Wohl nicht erst seit Durkheim ist bekannt, dass das Strafrecht (auch) der Stärkung des Zusammenhalts der „Normalen" gegenüber den Normabweichlern dient.[11] Die „soziale Solidarität" wird durch Ausgrenzung gestärkt.

„Obwohl sie (die Strafe) aus einer rein mechanischen Reaktion, aus leidenschaftlichen und zum größten Teil unbedachten Regungen herrührt, spielt sie dennoch eine nützliche Rolle. Nur besteht diese Rolle nicht darin, was man ihr gewöhnlich unterstellt. Sie dient nicht oder nur sehr zweitrangig dazu, den Schuldigen zu korrigieren oder mögliche Nachahmer einzuschüchtern. In beiderlei Hinsicht ist ihre Wirksamkeit zu Recht zweifelhaft und auf alle Fälle mäßig. Ihre wirkliche Funktion ist es, den sozialen Zusammenhalt aufrechtzuerhalten, indem sie dem gemeinsamen Bewußtsein seine volle Lebensfähigkeit erhält. ... Man kann also ohne Paradoxie behaupten, daß die Strafe in erster Linie dafür bestimmt ist, auf die ehrenwerten Leute zu wirken. Denn da sie dazu dient, die Wunden zu heilen, die den Kollektivgefühlen beigebracht worden sind, kann sie diese Rolle nur dort erfüllen, wo diese Gefühle existieren, und in dem Maß, in dem sie lebendig sind" (Durkheim 1988: 158f.).

Durch strafende Exklusion (Strafandrohung und Vollzug), die damit manifestierte Unterscheidung von Abweichlern und Normalen wird die Konformität der Normalen gestärkt, also derer, die zwar ohnedies die Normen befolgen, deren Rechtstreue aber gefährdet wäre, wenn Normverletzungen „der anderen" unsanktioniert blieben.[12]

---

grade von Teilsystemen für Selektionen" (ebd.: 603, 631). Ein hohes Maß von Differenzierung impliziere eine Vielzahl von Verknüpfungen („Kopplungen") der ohne Zentralinstanz in sich, eben „autopoietisch" funktionierenden Teilsysteme, die sich wechselseitig „irritieren". Desintegration meint dann die Entkopplung der Funktionssysteme (ebd.: 631f.). Allerdings meint Luhmann, dass die moderne Gesellschaft „überintegriert und dadurch gefährdet" sei (ebd.: 618), ohne dass wir auch hier etwas Näheres über mögliche Parameter erfahren.

11 Neben der *integrativen* Funktion des *Strafrechts* erkennt Durkheim dem *Verbrechen* eine *innovative* Funktion zu: es kann geschehen, „daß das Verbrechen in der sittlichen Entwicklung sogar eine nützliche Rolle spielt. Es hält nicht bloß den notwendigen Änderungen den Weg offen, in manchen Fällen bereitet es auch diese Änderungen direkt vor ... Wie oft ist das Verbrechen wirklich bloß eine Antizipation der zukünftigen Moral, der erste Schritt in dem, was sein wird" (Durkheim 1961: 160). – Das Strafrecht könnte also – mit seinen Verboten und Sanktionen – als Indikator für das gesellschaftliche Oszillieren zwischen Innovation und Integration angesehen werden.

12 Das heute unter dem Titel „Positive Generalprävention" bekannte Phänomen; vgl. dazu

IV. Formen der Integration

Unterschieden werden „Formen" oder „Typen" der Integration, innerhalb derer Recht stets auftaucht. Auch hier möchte ich eine Meta-Unterscheidung vorschlagen: auf der einen Seite finden sich Klassifikationen von „Mechanismen" der Integration. Gemeint sind damit anscheinend verschiedene Arten von *Regeln,* Normen oder Werten, gemäß denen oder in deren Befolgung Elemente in eine Gesellschaft integriert werden oder sich eine Gesellschaft integriert.[13] Auf der anderen Seite werden bestimmte soziale *Teil- oder Subsysteme* aufgeführt, die wohl für besonders relevant bei der Herstellung eines hohen Integrationsgrades der Gesamtgesellschaft gehalten werden.

Was die Klassen von *Regeln* (Werten und Normen) angeht, über deren Realisierung oder Befolgung soziale Integration hergestellt werden soll, so wird unterschieden und auch gewichtet nach:
- religiösen Regeln;
- moralischen Regeln („Moral");
- utilitaristischen Kalkülen – wozu auch darauf aufbauende vertragliche Beziehungen gezählt werden. Hieran kann man die „klassischen" Diskussion anschließen über die „nichtkontraktuellen Grundlagen des Vertrags" (Durkheim) und auch die über das „utilitaristische Dilemma": die Verfolgung individueller Interessen verhindere die Verwirklichung dieser Interessen.
- rechtlichen Normen.[14] Dabei werden die Normen der Verfassung also besonders „integrativ" betont. Nicht ganz klar ist, ob mit „Verfassung" eher der Komplex von Normen gemeint ist, durch den materielle Grundrechte verbürgt werden, oder Normen zur Organisation von Prozessen der Willensbildung und zur Sicherung verbindlicher Letztentscheidungen. – Darüber sollte man aber nicht die integrative Bedeutung allgemeiner Rechtspflichten vergessen: allgemeine (männliche) Militärdienstpflicht, Schulpflicht, Sozialversicherungspflicht.
- mitunter tauchen auch „kulturelle" Regeln auf, mit denen anscheinend sehr viel gemeint sein kann: von sprachlichen Regeln bis zu diffusen Überzeugungen. Die Vorstellung scheint häufig die zu sein, dass Integration einer „gemeinsamen Wertebasis" bedürfe.

Unter den *bei der Integration führenden Teilsystemen* werden genannt (und auch wieder unterschiedlich gewichtet):
- Kirche, Gemeinde und sonstige Glaubens- und Sinnstiftungs-Gemeinschaften;
- Familie, Schule und andere Sozialisationsagenturen;

Baurmann 1994 (auch in dem einschlägigen Band von Schünemann, von Hirsch und Jareborg (Hg.) 1998).

13 Für besonders eingängig werden anscheinend triadische Klassifikationen gehalten; vgl. z.B. bei Etzioni 1997 mit drei Mitteln der sozialen Kohäsion: Zwangsmittel (staatliche Sanktionen), utilitäre, normative Mittel (diese als Stimme der Moral oder als moralische Stimme der Gemeinschaft). – Mit einer vierfachen Unterscheidung zu arbeiten, verspricht viel weniger Erfolg (trotz Parsons' Vierfelder-Manie). So ist es wohl der Klassifikation von Landecker (1951) ergangen: kulturelle, normative, kommunikative, funktionale Integration.

14 Wiederum klassisch: „In a highly differentiated society, the primary focus of the integrative function is formed in its system of legal norms and the agencies associated with its management, notably the courts and the legal profession" (Parsons 1961: 40f.).

– Markt (Waren- und Arbeitsmarkt mit Zugang zu Konsummöglichkeiten und arbeits- wie sozialrechtlichen Absicherungen);
– Staat (vor allem die Gerichte und die juristischen Professionen, der Rechtsstab);
– Nation (meist als „Kulturnation" verstanden);
– Medien, die eine informierte Teilhabe an der Welt sichern sollen, aber auch Sozialisationsfunktionen übernehmen;
– besonders delikat scheint es mit dem System „Kultur" – wohl ein Gemisch aus Tradition, Religion, Sprache etc. – bestellt zu sein. Auf der einen Seite wird „Multikulturalität" als Weg zu einer nicht durch Zwangshomogenisierung oder Purifizierung integrierten Gesellschaft gepriesen. Dagegen wird „kulturelle Übereinstimmung" als Voraussetzung staatlicher Integration angesehen; „multi-ethnische" Nationalstaaten ließen sich nur unter ganz seltenen Bedingungen realisieren. Eine indigene „Leitkultur" oder wenigstens eine „Mehrheitskultur" wird ins Feld geführt, die die Eingeborenen (irgendein „Volk", seien es die Serben oder die Deutschen) vor „Überfremdung" schützen soll und den „Fremden" wohl zur Übernahme anempfohlen wird. Nur was, wenn sie sie nicht übernehmen?

Regeln und Teilsysteme sind nicht ein-eindeutig zuzuordnen. So können etwa in der Familie religiöse und moralische Regeln vermittelt werden. Die Kommunitaristen sind findig im Ausspähen aller möglichen „moralischen" Gruppierungen (vgl. Honneth 1994). „Kulturelle" Regeln – was immer das sein mag – könnten von allen möglichen Agenturen verwaltet werden. Auf dem Markt wie im Staat gelten Rechtsnormen – und manchmal auch in der Familie[15]. Teilsysteme können sich hinsichtlich der integrativen Funktion ergänzen oder ersetzen. Die Auflösung des familialen Zusammenhalts kann z.B. durch staatliche Transfer-Leistungen zu kompensieren versucht werden. Die Teilsysteme mit ihren Regeln werden denn auch häufig in eine evolutionäre Abfolge gebracht (z.B. Religion – Moral – Recht). Das ist insofern missverständlich, als Recht auch synchron betrachtet stets auf andere Integrationsmechanismen angewiesen bleibt.

V. Die Rolle des Rechts

Gleichsam präludierend ist das Thema Recht nun schon mehrfach angeklungen: Mit Durkheim hatten wir dem Strafrecht die Funktion „Integration durch Exklusion" zugesprochen. Und Recht tauchte unter den Formen, Mechanismen, Regeln der Integration auf. Eine integrative Bedeutung kann dem Recht nur im Verbund mit den anderen Regeln und Systemen zugeschrieben werden. In diesem Zusammenhang sei nachdrücklich darauf hingewiesen, dass die Unterscheidung moralischer und rechtlicher Regeln entlang den Dimensionen Freiwilligkeit, Akzeptanz versus Zwang zwar verbreitet aber irreführend ist.[16]

---

15 Üblicherweise hat das Recht hier wenig verloren. Seine Thematisierung ist eher Indiz für Auflösung, bietet Gelegenheit zu Denunziation und sonstigen privaten Instrumentalisierungen (vgl. auch Luhmann 1980).
16 Selbst bei einem in rechtlichen Dingen in der Regel erstaunlich gut informierten Autor wie Peters (1993: 142) findet man diese Zuordnung. Ähnlich verbreitet-irreführend ist auch die Zuordnung von Markt – Geld gegenüber Recht – Zwang im Zusammenhang von Steuerungsdiskussionen – als ob es keine rechtsförmigen Zahlungen (Steuern, Abgaben, Subventionen, Transferzahlungen etc.) und als ob es keine Zwänge des Marktes gäbe.

Auf die konfliktverschärfende Rolle von Moral hat Luhmann immer wieder hingewiesen. Vielfältige Funktionen von Recht werden ohne Zwang erfüllt – wie wir sehen werden.

1. Integration – Inklusion – Exklusion

Mit Hilfe vieler Rechtsnormen werden soziale Status zugewiesen, an die wiederum eine Fülle von Rechtsfolgen angeschlossen ist. Solche status-konstitutiven Normen sind inklusiv und exklusiv zugleich. Auf den bekannten Fall der Exklusion durch Strafrecht hatte ich bereits hingewiesen (wie auch auf die integrative Funktion für die Normalen, Inkludierten). Eine Menge von Rechtsnormen regelt andere für das soziale Handeln fundamentale Status. In letzter Zeit ist insbes. das Ausländer- und Staatsbürgerschaftsrecht in die Diskussion geraten mit seinen Exklusions-/Inklusionsregeln für die Staatsbürgerschaft, für die unterschiedlichen Status der Aufenthaltsberechtigung, Aufenthaltserlaubnis, Aufenthaltsbewilligung, Aufenthaltsbefugnis, Aufenthaltsgestattung, Duldung und Arbeitserlaubnis. Von viel größerer Bedeutung sind natürlich Regelungen zur allgemeinen Rechtsfähigkeit, Volljährigkeit, Regelungen des Wahlrechts, früher auch der Ehefähigkeit. Manche der Bestimmungen knüpfen an zugeschriebene Eigenschaften an (Geburt, Alter), andere an selbst erworbene oder „verschuldete" Merkmale (Delinquenz, Prüfungen für den Zugang zu Berufen, Armut für den Zugang zu Sozialleistungen etc.).[17]

Sicherlich werden uns Fragen der Integration von Ausländern je nach schwankender Medienkonjunktur noch lange beschäftigen. Neben Fragen der Staatsbürgerschaft sollten aber nicht die viel zentraleren einer „social citizenship" vernachlässigt werden. Die Integration der meisten Menschen in die jeweilige Gesellschaft hängt vorrangig nach wie vor von ihrem arbeits- und sozialrechtlichen Status ab. Erwerbsarbeit sichert für die meisten direkt oder indirekt die soziale Integration (im Sinne der Integration in etwas). Die Arbeitsmarkt-Integration ist die wichtigste Form der sozialen Integration. Das arbeitsabhängige Einkommen ist die Quelle, die direkt oder indirekt (über das Haushaltseinkommen oder arbeitsabhängige Transferzahlungen) die Reproduktion garantiert. Die wichtigsten sozialen Risiken werden durch arbeitsabhängige Sicherungssysteme aufgefangen und gemildert. Das staatliche Steueraufkommen ist zum allergrößten Teil arbeits- und konsumabhängig. Schließlich ist soziale Anerkennung noch stets an den Arbeits-Status geknüpft. Es mag sein – wie Richard Sennett (1998) skeptisch vermutet –, dass der Kapitalismus nicht mehr in der Lage sei, über Arbeit die Gesellschaft zu integrieren. Was er aber zunächst nur konstatiert, ist, dass in einem von seinem Umfang her völlig unbestimmt gelassenen Bereich von Jobs das herkömmliche, familial vermittelte Arbeitsethos konfligiert mit geänderten Formen der Arbeitsorganisation, an die fragmentierte, selbst-vergessene Job-Hopper und sonstige Flippies besser angepasst wären.[18] Wer angesichts dieser Phä-

---

17 Das Empörende am Reichsbürgergesetz der Nazis, einem der sog. Nürnberger Gesetze vom 15.9.1935 (RGBl. I 1146), war ja nicht nur die Diskriminierung zwischen „Staatsangehörigen" und „Reichsbürgern", d.h. „Staatsangehörigen deutschen oder artverwandten Blutes", sondern dass letztlich ein Merkmal gewählt wurde – die Religionszugehörigkeit der Eltern und Großeltern –, für das die Diskriminierten gar nichts konnten und das sie auch nicht ändern konnten.

18 Sennett schlägt sich bei diesem Zurechnungsspiel zwischen Arbeitsorganisation und Cha-

nomene und auf dem Hintergrund von Änderungen des Arbeits- und Sozialrechts (Flexibilisierung, Deregulierung etc.) auf „Individualisierung" setzt, möge bedenken, dass dies nicht die Strukturen sind, innerhalb (oder außerhalb) derer nun das Individuum erblüht. Die Betonung von Individualität, Eigenverantwortung, Risikofreude bedeutet doch in diesem Kontext nur, dass die sozialen Risiken auf die Individuen verlagert werden. Das „Individuum" wird zum Träger der Folgelasten des Abbaus sozialstaatlicher Sicherungen, zu einer Restkategorie angesichts der Auflösung der wohlfahrtsstaatlichen Solidargemeinschaft. Über die Verkopplung von Selbstverantwortung und Selbstverschulden lässt sich dann eine repressive Exklusion akzeptabel verankern.

Nikolaus Dimmel hat in seiner Salzburger Habilitationsschrift „Drohen – Betteln – Verhandeln" (1998) die Stufenfolgen von Integration – Inklusion – Exklusion verwendet und so erläutert: *Integration* bezieht sich auf die arbeitszentrierte sozialstaatliche Absicherung und Teilhabe über arbeitsabhängiges Einkommen und die daran geknüpften sozialrechtlichen Sicherungssysteme (Arbeitslosenversicherung, Kranken-, Unfall-, Pflegeversicherung, Altersversorgung). Diese Art sozialer Sicherung erfolgt in der BRD zu 70 Prozent über Erwerbstätigkeit, zu 30 Prozent über Steuern. Jenseits der Erwerbsarbeit existieren wohlfahrtsstaatliche Sicherungen, das bekannte soziale Netz der Sozialhilfe,[19] Behindertenhilfe, Jugendwohlfahrt etc. Es sorgt zumindest durch wie auch immer bürokratisch und monetär verformte Mechanismen für die *Inklusion* der Betroffenen. Jenseits dieses Bereichs beginnt das Feld der sozialen *Exklusion* für Personen, die nicht einmal Sozialhilfe in Anspruch nehmen.[20]

Die Fragen wären dann, um unsere beiden Varianten von „Integration" wieder durchzuspielen: 1. wie sich diese Ausgeschlossenen – Obdachlose, Überschuldete, Psychiatrisierte, mangelhaft Qualifizierte, Drogenabhängige, Prostituierte, Opfer familialer Gewalt etc. – „integrieren" ließen und 2. welches Maß an Exklusion eine Gesellschaft ertragen, sich erlauben kann.

Man sieht an diesen Fragen auch, wie schwierig es sein dürfte – selbst bei einem derart eingegrenzten Integrationsbegriff – irgendetwas über den „Grad der Integration" einer Gesellschaft und einzelner Elemente in ihr auszusagen. Könnte man z.B. die Relation der „Normalarbeitsverhältnisse" gegenüber „prekären Arbeitsverhältnissen" als Indikator wählen? Was besagt die Zahl der über Erwerbsarbeit abgesicherten Personen gegenüber der mit nicht-sozialversicherungspflichtigen Jobs? Wofür ist die Zahl der Sozialhilfeempfänger relevant? Wie groß sind die exkludierten Problemgruppen? Wie dauerhaft ist der

---

rakterstruktur eindeutig auf die Seite des klassischen Arbeitsethos. Dem Rechtssoziologen sei – um das Zurechnungsspiel deutlich zu machen – der Exkurs zu einem Klassiker der eigenen Disziplin erlaubt, auf Kaupen (1969). Er schlug sich gerade andersherum auf die Seite der „modernen Industriegesellschaft" und kritisierte von deren Anforderungen aus den traditionellen Konservatismus der juristischen Eliten. Das machte damals Furore gegen die verknöcherten Justizjuristen mit ihrer sozialen Herkunft (katholische Beamtenkinder vom Lande).

19 Luhmann (1997: 633) sortiert Sozialhilfe ein als Mittel zur Behandlung von „Exklusionsfolgen sozialer Differenzierung", ist sich aber doch nicht ganz sicher, ob hier vielleicht ein eigenes „Funktionssystem im Entstehen" (634) begriffen sei.

20 Hier begann nach der früheren Familienministerin Nolte erst der Bereich der „Armut". Da jeder irgendwie Sozialhilfe in Anspruch nehmen könne, wäre „Armut" in diesem Sinne immer selbst verschuldet. Solche Zurechnungen machen Exklusionen für die Inkludierten erträglich.

Verbleib in den Kategorien von Integration – Inklusion – Exklusion? Diese einigermaßen objektivierbaren Daten müssten ergänzt werden durch Meinungen/Einstellungen hinsichtlich der Akzeptanz oder Legitimität eines solchen Gebildes. Vergegenwärtigt man sich noch andere, aktuelle Dimensionen der Integrations-Problematik – z.B. Ausländer (Asyl, Staatsangehörigkeit etc.), Kriminalität (Gewalt-, Jugend-, Ausländer-, organisierte Kriminalität) und was sich sonst noch alles medial mobilisieren lässt –, so wird man wohl endgültig an der wissenschaftlichen Brauchbarkeit dieses Begriffs zweifeln. Vielleicht bleibt dann nur die theoretische Resignation: „Soziale Integration muß immer wieder neu durch aktive politische Gestaltung produziert werden."[21]

2. Recht und gesamtgesellschaftliche Integration

Elemente werden in eine Gesellschaft nicht nur durch rechtliche Inklusionsregeln integriert, und die Elemente einer Gesellschaft werden in ihrem Zusammenhalt nicht nur durch den rechtlichen Mechanismus von Exklusion und Inklusion gestärkt. Auf gesamtgesellschaftlicher Ebene werden dem Recht, d.h. vor allem den Aktivitäten des Gesetzgebers und des Rechtsstabes, eine Reihe von Funktionen zugeschrieben, die man vielleicht besser als Aufgaben bezeichnen sollte, damit von vornherein klargestellt wird, dass es hier um normative Erwartungen geht, die mehr oder weniger, besser oder schlechter erfüllt werden können. Rechtsnormen dienen danach der Steuerung gesellschaftlicher Prozesse, der kontrafaktischen Stabilisierung von Erwartungen, der Lösung, zumindest der verfahrensförmigen Bearbeitung von Konflikten; sie würden verwendet zur (eben legalen) Legitimation staatlichen Handelns. In diesem Katalog taucht auch häufig die Integrationsfunktion des Rechts auf.[22]

Auf dieser Ebene des gesamtgesellschaftlichen Zusammenhangs kommt es zunächst – was die Funktionen des Rechts angeht – darauf an, als was Recht überhaupt konzipiert wird. Die Angebote sind auch hier reichhaltig, ohne dass man wüsste, wie in diesem luftigen Gefilde eigentlich konzeptionelle Präferenzen zu begründen wären. Von Recht lässt sich als von einer Menge von Rechts*normen* oder als einer Menge rechtsnormenbezogener Handlungen oder Kommunikationen sprechen; Recht wird als *System* konzipiert oder als *Struktur* oder als *Kommunikationsmedium*. Das lässt sich dann natürlich auch noch kombinieren zu einer medialen Struktur, einem systemischen Medium – und was einem sonst noch so einfallen mag.[23]

Wenn man Recht als gesamtgesellschaftliche Struktur konzipiert, das alle anderen Systeme durchdringt, ist das Problem „gesellschaftliche Integration durch Recht" bereits auf der begrifflichen Ebene fast gelöst. So schrieb der frühe Luhmann, der der „Rechtssoziologie" von 1972: „Wir können Recht nunmehr definieren als Struktur eines sozialen Systems, die auf kongruenter Generalisierung normativer Verhaltenserwartungen beruht. ... Das Recht muß demnach als eine Struktur gesehen werden, die Grenzen und Selek-

---

21 Auch dieser Satz könnte an einem Sonntag im politischen System geäußert worden sein, stammt aber aus dem Wissenschaftssystem (Münch 1996: 154).
22 S.o. das Zitat in Fn. 14 (aus Parsons 1961: 40f.).
23 Vgl. Gephart (1993: 250): Recht als „medienbezogene Grundstruktur"; vgl. dazu Rottleuthner (1992: 136ff.).

tionsweisen des Gesellschaftssystems definiert. Es ist keineswegs die einzige Gesellschaftsstruktur; neben dem Recht sind kognitive Strukturen, Medien der Kommunikation wie z.B. Wahrheit oder Liebe und vor allem die Institutionalisierung des Schemas der Systemdifferenzierung der Gesellschaft zu beachten. Aber das Recht ist als Struktur unentbehrlich, weil ohne kongruente Generalisierung normativer Verhaltenserwartungen Menschen sich nicht aneinander orientieren, ihre Erwartungen nicht erwarten könnten. Und diese Struktur muß auf der Ebene der Gesellschaft selbst institutionalisiert sein, weil nur hier ins Voraussetzungslose gebaut werden kann und jene Einrichtungen geschaffen werden können, die für andere Sozialsysteme die Umwelt domestizieren" (Luhmann 1972: 105, 134).

In Schwierigkeiten gerät man dann, wenn man sich eine Theorie konstruiert, in der Recht nur als ein Subsystem neben vielen anderen Subsystemen auftaucht. Wenn es sich dann noch beim Rechtssystem um ein autopoietisches, operativ geschlossenes, gleichsam in sich schmorendes handelt, muss man enormen begrifflichen Aufwand investieren, um diesen Isolationismus wieder zu relativieren. Dann werden „Relationierungen", „Irritationen", „strukturelle Kopplungen" zwischen den Systemen zugelassen. Mit einer gesamtgesellschaftlichen Integration durch Recht ist es dann aber wohl vorbei – wohlgemerkt: aus theoriekonstruktiven Gründen (vgl. auch Rottleuthner 1994).

Dabei klang es doch einmal ganz einfach in Parsons' Systemtheorie: Die Integration der Gesellschaft erfolge primär über gemeinsame Werte und Normen, insbes. Rechtsnormen, die verinnerlicht werden, wodurch die Konformität des Handelns gesichert werde. Dieses „normative Paradigma" ist seinerzeit bekanntlich auf breite Kritik gestoßen (was aber anscheinend heute nicht daran hindert, eine gemeinsame Wertebasis oder „Leitkultur" als Voraussetzung für eine gelungene Integration zu bemühen). Hingewiesen wurde auf ungelöste Konflikte, die nicht nur aus Normkonflikten resultieren; angeführt wurden legal verkleidete Machtasymmetrien, das Faktum des Normenwandels oder der normativen Innovationen, die Rolle informeller Handlungsbereiche, die unvermeidbare Vagheit und Interpretationsbedürftigkeit von Normen, Normenerosion, schwindende Normenakzeptanz etc. Bevor man darob aber in einen allgemeinen Normenskeptizismus verfällt, sollte man sich Theorien zuwenden, die die Bedingungen normkonformen Verhaltens zu erklären versuchen.[24] Wovon hängt Normkonformität ab und welche Zusammenhänge bestehen zwischen Normkonformität (oder Abweichung) und der Erreichung erwünschter Ziele? (Denn die Befolgung als solche ist ja nur in seltenen Fällen Ziel z.B. legislativer Aktivitäten.)

Das will ich hier nicht vertiefen, weil ich auf einen weiteren Aspekt der gesamtgesellschaftlichen Integration durch Recht hinweisen möchte, der häufig vernachlässigt wird. Meist wird nur – gemäß dem „normativen Paradigma" – die *rechtliche Integration durch Normkonformität*, d.h. durch die Befolgung von Normen im Sinne von Verboten oder Geboten, gesehen. Nicht beachtet wird aber die *konstitutive Rolle von Rechtsnormen* für ein soziales System. Diese konstitutive Funktion von Recht ist seiner integrativen sozusagen „vorgelagert". Rechtsnormen sind nicht nur konstitutiv für einzelne Rechtspositionen (Status), indem sie die Eingangsbedingungen und die Rechtsfolgen für die Positionsinhaber festlegen (deutscher Staatsbürger, Erwachsener, Wahlberechtigter, Angestellter, Verheirateter

---

24 Vgl. dazu z.B. Diekmann (1980), Baurmann (1996: 283–344); zum Verhältnis von Nutzenmaximierung, Wertorientierung und Normbindung.

etc.). Sie sind konstitutiv für die staatliche Organisation wie auch für eine Marktgesellschaft. Verfassungen enthalten heute üblicherweise nicht nur grundrechtliche Freiheiten und entsprechende Ingerenzverbote, sondern auch Regeln zur Herstellung verbindlicher Letztentscheidungen, für die repräsentative Kanalisation des Bürgerwillens und für die interne Organisation des Staatsapparates selbst.

Dazu eine kleine Reminiszenz: Angesichts der für viele als chaotisch empfundenen Zersplitterung in der Weimarer Republik und in Auseinandersetzung mit dem Formalismus und Positivismus der damaligen Staatsrechtslehre entwickelte Rudolf Smend (1928) seine „Integrationslehre".[25] Smend verstand seine Lehre als juristische, nicht als soziologische Theorie. Ihm ging es um die von der Verfassung geforderte Integration des Menschen in den Staat. Integration verstand er als „Lebensprozeß", in den der Einzelne sich permanent einordnen, an dem er sich beteiligen müsse. Integration vollziehe sich in der Verfassung als „Lebensform".[26] Gegen Smend, für den Recht kein staatlicher Integrationsfaktor war, wandte Hermann Heller (1934: 194) ein: „Es gibt überhaupt keinen unentbehrlicheren Integrationsfaktor des Staates als das Recht. ... Ohne das Recht mit seinen normativen und technischen Eigenschaften besitzt der Staat im ständigen Wechsel der unübersehbar zahllosen Integrationsprozesse weder Dauer noch Struktur, also überhaupt keine Art von Existenz."

Für die Organisation staatlicher Aktivitäten sind Rechtsnormen konstitutiv. Sie legen Aufbau, Kompetenzen und Handlungsspielräume des Staatsapparates fest. Damit Legalität zum Funktionsmodus staatlichen Handelns werden kann, waren/sind historisch und auch aktuell gesehen eine Fülle von Voraussetzungen zu realisieren. In der neuzeitlichen Naturrechtslehre sind sie unter der Problemstellung thematisiert worden, wie der Ausgang aus dem Naturzustand zu bewerkstelligen sei. Das Bild des Naturzustandes wandelt sich freilich. Waren es im 17. Jahrhundert vor allem die konfessionellen Bürgerkriege, treten im 18. Jahrhundert – angestoßen durch die wissenschaftlich begleiteten Entdeckungsfahrten – die Zustände in sog. primitiven Gesellschaften („Naturgesellschaften") in den Vordergrund mit den guten, edlen oder bösen Wilden „im Naturzustand". Heutzutage ist, etwa in der Vertragstheorie von Rawls, der Naturzustand zur „original position" zusammengeschrumpft. Von den alten Naturrechtslehren könnte man aber heute noch lernen, dass es um ganz konkrete Erfahrungen „sozialer Unordnung" ging, auf die die Theoretiker reagierten. Eine solche Sensitivität könnte man auch den heutigen Ordnungs- und Integrationslehrern empfehlen. In der Welt wimmelt es von „unordentlichen", desintegrierten Gesellschaften, für deren Beschreibung man auf Kategorien der älteren Naturrechtstradition zurückgreifen könnte. An solchen Beispielen ließe sich auch diskutieren, welche Rolle dem Recht bei der *Konstitution* einer Gesellschaft beim Ausgang aus dem Naturzustand zukommt.

Das Beispiel der GUS, das ich hier wähle,[27] zeigt, dass es – statt von Problemen der

---

25 Smend (1928). Diese ehemals viel zitierte Arbeit scheint heute weitgehend vergessen zu sein, taucht jedenfalls nicht bei Peters (1993) auf.

26 Das begriffliche Geschwiemel hat Kelsen (1971) in seiner gewohnt scharfsinnigen Art auseinander genommen. Er vergaß auch nicht, die Stelle zu zitieren (bei Smend 1928: 29), an der er konstatierte, dass die Ostjuden „ihrem Wesen nach zu integrierender Funktion ungeeignet" seien.

27 Ich bleibe also auf der Ebene eines durch Einzelstaatlichkeit begrenzten sozialen Systems

„Transformation" eines sozialistischen in eine kapitalistische Gesellschaft zu reden – angemessener zu sein scheint, die Situation in Kategorien eines Naturzustandes und des Überganges in einen *status civilis* zu konzipieren. Am „Fall GUS" wird auch deutlich, dass die Einführung einer Verfassung und der Gewerbefreiheit kaum etwas beiträgt zur Herausbildung einer rechtsstaatlichen Marktgesellschaft. Die bloße rechtliche Freisetzung einer Wirtschaft über Privateigentum, Vertragsfreiheit, offene Märkte und Haftungsregelungen, die Einführung eines Zivil- und Handelsgesetzbuches, von Gesellschaftsrecht zeigen zwar, dass „Markt" eine durch und durch rechtliche Veranstaltung ist. Es fehlen aber weitere Voraussetzungen für die Entstehung einer funktionierenden Geldwirtschaft: die Einführung von Privatbanken, Börsen, Konkursrecht, Wettbewerbsaufsicht im Börsen-, Versicherungs-, Bankenbereich, Regelungsbehörden für Banken, Telekommunikation, Energie- und Wasserwirtschaft, die Auflösung der z.B. durch Aktieneigentum gefestigten Bindung der Arbeitnehmer an ihr Unternehmen zur Mobilisierung des Arbeitsmarktes etc.

Angesichts der Regression in eine Naturalwirtschaft in manchen Bereichen der GUS kann auch an den Hinweis von Max Weber erinnert werden, dass eine funktionierende Geldwirtschaft Voraussetzung ist für eine effektive Besteuerung; diese wiederum für die Etablierung einer staatlichen Bürokratie. Die durch das ineffektive System der Steuererhebung verminderte Zahlungsfähigkeit des Staates führt zu mafiosen Strukturen im Staatsapparat, zu Regierungskriminalität, Korruption und fehlendem Vertrauen in den Staat. Die typischen staatlichen Vorleistungen für die Herausbildung einer Infrastruktur (Post, Telekommunikation, Straßenbau, Luftverkehr, Bildung, Gesundheit etc.) können nicht erbracht werden. Eine funktionierende Finanzverwaltung – und nicht die Willkür einer Steuerpolizei – ist Voraussetzung dafür, dass der Staat selbst seine Verträge einhalten kann, vor allem mit seinen Bediensteten. Für die Arbeitsfähigkeit des Rechtsstabes bedarf es eben einer ausreichenden finanziellen Ausstattung. Die Konformität des Rechtsstabes als zentrale Bedingung von Rechtsstaatlichkeit erweist sich als eine höchst voraussetzungsvolle Errungenschaft. Wie bringt man ganze Gesellschaften auf den Weg zu einem *status civilis*? Doch wohl nicht dadurch, dass alle hinter dem „Schleier der Unwissenheit" ihre Überlegungen ins Gleichgewicht bringen. Auch hier gibt es anscheinend wenig rechtsbezogene soziologische Untersuchungen. Das Anschauungsmaterial ist jedenfalls reichhaltig, bildet aber eher wohl einen Gegenstand der Institutional Economics und wäre eine gute Unterfütterung für die bloße Simulation der Entstehung von Konventionen, Werten, Normen, Institutionen.[28]

---

und zolle dem Thema „Globalisierung" hier keinen Tribut. Die Frage einer rechtlichen Integration der Weltgesellschaft betrifft eher die begrenzte Steuerungskapazität nationalstaatlichen Rechts und die Herausbildung nicht-etatistischer Normierungen zwischen den Akteuren auf dem Weltmarkt (lex mercatoria u.ä.), über deren Rechtsqualität man trefflich streiten kann.
28 Vgl. die Beiträge zur „Sozionik" im *Journal of Artificial Societies and Social Simulation*.

3. Integration und Rechtsfrieden

Zum Abschluss möchte ich noch kurz auf einen juristischen Topos eingehen, der auch in der tagespolitischen Rhetorik Verwendung findet: den Rechtsfrieden (vgl. dazu Rottleuthner 1998). Mit unserem Thema der sozialen Integration hängt er insofern zusammen, als die Gegenbegriffe zu Rechtsfrieden und Integration oft dieselben sind. Mit dem Topos „Rechtsfrieden" wird dann signalisiert, dass sich der jeweilige negative Gegenzustand mit Hilfe des Rechts überwinden, beseitigen, eben *Frieden durch Recht* erreichen ließe. Ebenso wie im Fall von „Integration" ist auch bei „Rechtsfrieden" höchst unklar, welcher Zustand vorliegen muss, damit man diesen Begriff anwenden kann. Wie beim normativen Paradigma der Integrationstheorie findet man auch im Kontext von Rechtsfrieden die Vorstellung, dass Rechtsfrieden herrsche, wenn die Gesetze, die die Legislative erlassen hat, von den Gerichten korrekt angewendet und Gesetze wie Gerichtsentscheidungen von den Bürgern befolgt würden. Dann herrsche Frieden zwischen den Bürgern. „Nur der Rechtsfriede sichert den sozialen Frieden" (Scholz 1983: 710).

Einem zentralen Merkmal elaborierter Rechtsordnungen wird eine konfliktentschärfende, eben auch integrative Funktion zugeschrieben: der Stufenordnung von Rechtsnormen mit der Differenzierung von Normebenen, angefangen mit der Verfassung über Gesetze bis hin zu konkreten Entscheidungen. Rechtstheoretisch wird diese Stufenordnung meist als Abfolge von Konkretisierungen und als Kompetenzen-Stafflung und -Delegation interpretiert. Man kann sie aber auch unter dem Aspekt der Integration, der rechtlichen Friedensstiftung betrachten. Die Verfassung bietet in dieser Sichtweise einen Rahmen für einen diffusen Konsens, sie enthält Prinzipien, auf die man sich einigen kann, auch wenn man über die gesetzlichen „Konkretisierungen" streitet. Über Gerichtsentscheidungen kann man sich in den Haaren liegen, aber die gesetzlichen Entscheidungsprämissen, die Verfahrensnormen und die gerichtlichen Institutionen werden nicht in Frage gestellt. Dieser Mechanismus wird dadurch bedroht, dass in die Verfassung selbst schon Regelungen aufgenommen werden, die eigentlich einfachen Gesetzen vorbehalten sein sollten (man schaue sich die Art. 13 und 16 des Grundgesetzes an).

Das idyllische Bild wird weiter getrübt durch eine Analyse der sonstigen Verwendungsweisen von Rechtsfrieden: Vorschläge für Gesetzesänderungen werden als „Gefährdung des Rechtsfriedens" abgewehrt. Wenn der Gesetzgeber das Recht nicht in Frieden lasse, könne kein Rechtsfrieden entstehen. Wer auf Deregulierung setzt, sieht in neuen Bestimmungen einen Angriff auf den Rechtsfrieden.

Zur Wahrung des Rechtsfriedens kommt den Gerichten eine prominente Rolle zu. Rasche Erledigungen durch die Gerichte dienen als Zeichen für die Förderung des Rechtsfriedens. Die Reduzierung von Stellen für Richter und Staatsanwälte beschädigten den Rechtsfrieden etc. Die Störung des Rechtsfriedens durch Verbrechen würde durch die gerichtlichen Strafen wieder beseitigt. Durch Gerichte werden Streitigkeiten rechtskräftig, letztverbindlich entschieden. Ein Beitrag zum Rechtsfrieden wird allerdings auch in der Gewährung von Rechtsmitteln gesehen; sie steigerten die Akzeptanz der Justiz. Aber irgendwie muss auch einmal Schluss sein. Dafür stehen dann eine Reihe von Mechanismen zur Verfügung, mit deren Hilfe gerichtliche Auseinandersetzungen endgültig beendet werden können. Freilich kann die Mobilisierung von Gerichten auch gänzlich ausgeschlossen werden zur Wahrung des Rechtsfriedens, z.B. durch Verjährungsfristen bei der Strafverfolgung und bei der Verfolgung zivilrechtlicher Ansprüche. All diese gerichtlichen Mechanismen sind Ausformungen einer Grundannahme einer jeden Rechtsordnung: dass Konflikte auch ohne Rekurs auf die knappe Ressource Konsens beendet werden können.

Die Klagen darüber, dass bestimmte Gerichtsentscheidungen gerade nicht den Rechtsfrieden fördern, sind Legion. Nicht nur dass eine Änderung der Rechtsprechung den Rechtsfrieden gefährde oder die Tatsache, dass relevante Fragen in höchstrichterlichen Entscheidungen offen gelassen werden. Es ist vor allem die Kritik an konkreten Entscheidungen, die sich unseres Topos bedient. Beispiele aus den letzten Jahren (Entscheidungen des Bundesverfassungsgerichts betreffend): „Soldaten sind Mörder"-Urteil, Kruzifix-Beschluss, Urteil zu den Sitzblockaden, zu Abtreibung, Kernkraft, zum Asylrecht etc. Genehme Urteile werden natürlich gerne als Beitrag zum Rechtsfrieden gelobt.

In der Tagespresse finden sich immer wieder Meldungen über Tötungen im Verlauf oder nach Gerichtsverfahren, insbesondere anscheinend bei Scheidungs-/Unterhaltsprozessen, Nachbarschaftsstreitigkeiten oder Mordprozessen. Solche exzessiven Ausschläge zeigen, dass Gerichtsverfahren eben nicht nur der Protestabsorption dienen (dazu natürlich Luhmann 1969). Konflikte können gerade durch die Mobilisierung von Gerichten verschärft werden.[29] Aus der rechtssoziologischen Diskussion über Alternativen zur Justiz (Blankenburg, Klausa und Rottleuthner 1980) ist bekannt, dass die Anrufung von Gerichten konfliktverschärfend ist, wenn die soziale Beziehung, aus der der Konflikt erwuchs, durch Dauerhaftigkeit und/oder Intimität gekennzeichnet war. Durch Recht, d.h. vor allem durch die Einbeziehung von externen Dritten in einen Konflikt und durch die Beschreibung des Konflikts innerhalb eines externen, verfremdenden Rahmens – eben in juristischen Kategorien –, verlieren die Betroffenen die Verfügung über ihre Probleme. Es ist zwar ein schiefes Bild, dass Rechtsanwälte ein Interesse daran hätten, eine Sache möglichst vor Gericht zu bringen (und damit Öl ins Feuer zu gießen); aber allein durch die Subsumtion oft langwieriger Auseinandersetzungen unter „Ansprüche", Schuld-Zurechnungen, Klagemöglichkeiten und Verfahrensalternativen erhält die Interaktion eine neue Qualität. Geschäftsleute wissen deshalb – ohne dass sie des Rates eines Rechtssoziologen bedürften –, dass sie, wenn sie Interesse an einer dauerhaften Geschäftsbeziehung haben, die Juristen geflissentlich außen vor lassen sollten (Macaulay 1963; Luhmann 1980). Eheleute, die daran gehen, die Scheidungsziffer zu erhöhen, Nachbarn, die sich zu Spezialisten im Wohnungseigentumsrecht entwickeln, Mitglieder einer vom Gesetz erzwungenen Erbengemeinschaft bemerken üblicherweise sehr deutlich den Schritt, der von der Mobilisierung der Freunde, Bekannten und sonstiger Unterstützer aus dem Nahbereich zur Einschaltung fremder Dritter – eines Rechtsanwalts, einer Rechtsberatungsstelle etc. – führt. Die Betroffenen erkennen häufig ihre Konflikte nicht wieder.

Eine besondere Fundgrube in Sachen „Rechtsfrieden" tat sich nach der Wiedervereinigung auf. (A propos: war das „Zusammenwachsen" von Ost und West in der BRD eine Integration des Ostens in den Westen? Welches Maß von Integration weist die BRD

---

29 Das hat etwa Außenminister Fischer ganz richtig erkannt, als er einen Antrag auf Auslieferung des Kurdenführers Öcalan ablehnte: „Das Interesse des Rechtsfriedens ist ein sehr hohes Gut" – und deshalb sollte die deutsche Justiz von einem Verfahren gegen Öcalan verschont bleiben (Frankfurter Rundschau vom 25.11.1998). Auch die Immunität Pinochets diene „nicht der Gerechtigkeit, sondern dem Rechtsfrieden" (Süddeutsche Zeitung vom 30.10.1998).

nunmehr bestehend aus den sog. alten und neuen Bundesländern auf?) Von allen betroffenen Seiten wurde schon kurz nach 1990 der Topos des Rechtsfriedens bemüht in den Auseinandersetzungen um die Rechtsfolgen der deutschen Einheit (z.B. „Rückgabe oder Entschädigung", „Siegerjustiz"). Jeder beruft sich auf den Rechtsfrieden, jeder sieht den anderen als Störer des Rechtsfriedens an. So ähnlich ist es wohl auch mit der Integration. Die theoretische Fruchtbarkeit des Konzepts ist zerschlissen in politischen Auseinandersetzungen, zu denen Soziologen anscheinend wenig theoretisch und methodisch Disziplinierendes beitragen können.

VI. Folgerungen

Auch mein Befund bleibt ambivalent, schwebend: Recht spielt zwar in seiner *regulativen* Form (mit Geboten und Verboten) eine wichtige, in seiner *konstitutiven* Funktion gar eine fundamentale Rolle bei der Integration ganzer Gesellschaften. Dabei kommen sowohl Inklusions- wie Exklusionsregeln zur Anwendung. Recht integriert eben auch in hohem Maß durch Ausschluss. Zudem ist Recht, in welcher Form oder Funktion auch immer, stets auf andere Mechanismen – die verschiedenen Formen oder Systeme der Integration – angewiesen, wie auch diese Mechanismen meist nur „in the shadow of the law" sich entfalten. Im Konfliktfall ist Recht zwar nur begrenzt konsensfördernd und sediert eher durch isolierte Frustration. Allerdings weist es interne Mechanismen auf, die als konsensuelle Rückzugslinien fungieren können (der Stufenbau der Rechtsordnung, die Unterscheidung von Institutionen und Einzelentscheidungen). Angesichts der Schärfe der Konflikte, die in ein Rechtssystem – in die Gesetzgebung, die Verwaltung oder vor die Gerichte – getragen werden können, sollten die rechtsinternen, *prozeduralen* Vorkehrungen zur Pufferung der Konflikte mehr Aufmerksamkeit, vielleicht sogar ein wenig Bewunderung, auf sich ziehen. Als Alternativen zu allen möglichen Formen von Selbsthilfe, in denen Asymmetrien naturzustandshaft ausagiert werden können, wurden für staatlich monopolisierte Entscheidungsverfahren, besonders für die der Gerichte, höchst subtile Prozessordnungen entwickelt. Bei den Idealisierungen des Verfahrensrechts (Unabhängigkeit gegenüber anderen staatlichen Stellen, Neutralität gegenüber den Prozessbeteiligten, rechtliches Gehör, Chancengleichheit, fair trial etc.) handelt es sich um starke kontrafaktische Unterstellungen, eben Normierungen für Konfliktlösungen, aber unter realistischen Bedingungen, auf die Theoretiker eines konsensstiftenden herrschaftsfreien Diskurses gar nicht mehr Bezug nehmen können. Gerichtsverfahren sind wahrlich keine herrschaftsfreien Gefilde. Aber in ihren Regeln – wie immer verzerrt die Praxis aussehen mag – ist eine Rationalität sedimentiert, die etwas über den institutionalisierbaren Grad von Integration, Frieden durch Recht aussagt. Die Anhänger eines metaethischen Prozeduralismus haben sich anscheinend nie mit Verfahrensrecht befasst. Im Bedarfsfall überspielen moralische Vorgriffe auch alle prozeduralen Restriktionen des Rechts (und seien es auch nur die des schwachen Völkerrechts; vgl. Habermas 1999). Statt die rechtlich-prozeduralen Elemente des Völkerrechts zu stärken – und das wäre die primäre Dimension seiner „Verrechtlichung" –, erfolgt seine moralische Aushebelung. Innerstaatlich wie zwischenstaatlich ist die freiheitliche Pluralität des Meinens, die ihre desintegrierende Sprengkraft durch die Mobilisierung höchster

Werte gewinnt, nur zu erreichen durch die Neutralisierung zur Unverbindlichkeit des „bloßen Meinens" und/oder durch rechtlich-prozedurale Disziplinierung.

Literatur

Baurmann, Michael, 1994: Vorüberlegungen zu einer empirischen Theorie der positiven Generalprävention, Goltdammer's Archiv für Strafrecht: 368–384.
Baurmann, Michael, 1997: Der Markt der Tugend. Recht und Moral in der liberalen Gesellschaft. Eine soziologische Untersuchung. Tübingen: Mohr.
Blankenburg, Erhard, Ekkehard Klausa und Hubert Rottleuthner (Hg.), 1980: Alternative Rechtsformen und Alternativen zum Recht (Jahrbuch für Rechtssoziologie und Rechtstheorie Bd. VI). Opladen: Westdeutscher Verlag.
Diekmann, Andreas, 1980: Die Befolgung von Gesetzen. Berlin: Duncker & Humblot.
Dimmel, Nikolaus, 1998: Drohen – Betteln – Verhandeln, Habilitationsschrift Salzburg (unveröffentlicht).
Durkheim, Emile, 1988 [1893]: Über soziale Arbeitsteilung. 2. Aufl. Frankfurt a.M.: Suhrkamp.
Durkheim, Emile, 1961 [1895]: Regeln der soziologischen Methode. Neuwied/Berlin: Luchterhand.
Esping-Andersen, Gøsta, 1987: Citizenship and Socialism: De-Commodification and Solidarity in the Welfare State. S. 78–101 in: Martin Rein, Gøsta Esping-Andersen und Lee Rainwater (Hg.): Stagnation and Renewal in Social Policy. The Rise and Fall of Policy Regimes. Armonk/New York: M.E.Sharpe.
Etzioni, Amitai, 1997: Die Verantwortungsgesellschaft. Individualismus und Moral in der heutigen Demokratie. Frankfurt a.M./New York: Campus.
Geiger, Theodor, 1964 [1947]: Vorstudien zu einer Soziologie des Rechts. Neuwied/Berlin: Luchterhand.
Gephart, Werner, 1993: Gesellschaftstheorie und Recht. Das Recht im soziologischen Diskurs der Moderne. Frankfurt a.M.: Suhrkamp.
Groh, Dieter, 1973: Negative Integration und revolutionärer Attentismus: Die deutsche Sozialdemokratie am Vorabend des Ersten Weltkrieges. Frankfurt a.M.: Ullstein.
Habermas, Jürgen, 1981: Theorie kommunikativen Handelns. Frankfurt a.M.: Suhrkamp.
Habermas, Jürgen, 1992: Faktizität und Geltung. Frankfurt a.M.: Suhrkamp.
Habermas, Jürgen, 1999: Bestialität und Humanität. Ein Krieg an der Grenze zwischen Recht und Moral, in: Die Zeit Nr. 18/99 vom 29.4.1999.
Heller, Hermann, 1963 [1934]: Staatslehre. Neudruck. Leiden: Sijthoff.
Honneth, Axel (Hg.), 1994: Kommunitarismus. Eine Debatte über die moralischen Grundlagen moderner Gesellschaften. 2. Aufl. Frankfurt a.M./New York: Campus.
Kaupen, Wolfgang, 1969: Die Hüter von Recht und Ordnung. Neuwied/Berlin: Luchterhand.
Kelsen, Hans, 1971 (1930): Der Staat als Integration. Aalen: Scientia.
Landecker, Werner S., 1951: Types of Integration and their Measurement, American Journal of Sociology 56: 332–340.
Lockwood, David, 1964: Social Integration and System Integration. S. 244–257, in: George K. Zollschan und Walter Hirsch (Hg.): Explorations in Social Change. London: Routledge & Kegan Paul (Dt. Übers. S. 124–137 in: Wolfgang Zapf (Hg.), 1970: Theorien des sozialen Wandels. Köln/Berlin: Kiepenheuer & Witsch).
Luhmann, Niklas, 1969: Legitimation durch Verfahren. Neuwied/Berlin: Luchterhand.
Luhmann, Niklas, 1972: Rechtssoziologie. Reinbek: Rowohlt.
Luhmann, Niklas, 1980: Kommunikation über Recht in Interaktionssystemen. S. 99–116 in: Erhard Blankenburg, Ekkehard Klausa und Hubert Rottleuthner (Hg.): Alternative Rechtsformen und Alternativen zum Recht (Jahrbuch für Rechtssoziologie und Rechtstheorie Bd. VI). Opladen: Westdeutscher Verlag.
Luhmann, Niklas, 1997: Die Gesellschaft der Gesellschaft. Frankfurt a.M.: Suhrkamp.

Macaulay, Stewart, 1963: Non-Contractual Relations in Business: A Preliminary Study, American Sociological Review 28: 55–67.

Münch, Richard, 1996: Zwischen Normenerosion und Normenwandel: Rechtsentwicklung als dynamischer Prozeß. S. 147–162 in: *Monika Frommel* und *Volkmar Gessner* (Hg.): Normenerosion. Baden-Baden: Nomos.

Parsons, Talcott, 1961: An Outline of the Social System. S. 30–79 in: *Talcott Parsons* et al. (Hg.): Theories of Society. Bd. 1. New York: Free Press.

Peters, Bernhard, 1993: Die Integration moderner Gesellschaften. Frankfurt a.M.: Suhrkamp.

Rottleuthner, Hubert, 1992: Grenzen rechtlicher Steuerung – und Grenzen von Theorien darüber. S. 123–139 in: *Peter Koller, Csaba Varga* und *Ota Weinberger* (Hg.): Theoretische Grundlagen der Rechtspolitik (ARSP Beiheft Nr. 54). Stuttgart: Steiner.

Rottleuthner, Hubert, 1994: Rechtssoziologie. S. 216–239 in: *Harald Kerber* und *Arnold Schmieder* (Hg.): Spezielle Soziologien. Reinbek: Rowohlt.

Rottleuthner, Hubert, 1998: Zum Rechtsfrieden. S. 683–692 in: *Jürgen Brand* und *Dieter Strempel* (Hg.): Soziologie des Rechts. Festschrift für Erhard Blankenburg zum 60. Geburtstag. Baden-Baden: Nomos.

Scholz, Rupert, 1983: Rechtsfrieden im Rechtsstaat, Neue Juristische Wochenschrift 36: 705–712.

Schünemann, Bernd, Andrew von Hirsch und *Jareborg* (Hg.), 1998: Positive Generalprävention. Heidelberg: C.F.Müller.

Sennett, Richard, 1998: Der flexible Mensch. Berlin: Berlin Verlag. (Orig. The Corrosion of Character. New York: Norton)

Smend, Rudolf, 1928: Verfassung und Verfassungsrecht. S. 119–276 in: Staatsrechtliche Abhandlungen. Berlin: Duncker & Humblot (Neuauflage 1955).

Willke, Helmut, 1978: Zum Problem der Integration komplexer Sozialsysteme: Ein theoretisches Konzept, Kölner Zeitschrift für Soziologie und Sozialpsychologie 30: 228–252.

Die Autorinnen und Autoren

Baurmann, Michael, 1952, Prof. Dr. phil., Lehrstuhl für Soziologie I des Sozialwissenschaftlichen Instituts der Universität Düsseldorf. Forschungsgebiete: Existenzbedingungen liberaler und rechtsstaatlicher Gesellschaften, Moral in der Marktgesellschaft, Sozialwissenschaften und Ethik. Veröffentlichungen u.a.: Zweckrationalität und Strafrecht, Tübingen 1987; Der Markt der Tugend. Recht und Moral in der liberalen Gesellschaft, Tübingen 1996; Die plötzliche Rückkehr der Wirklichkeit. Die Soziologie und das Problem der sozialen Unordnung, in: Geschichte und Gegenwart 13, 1994; Universalisierung und Partikularisierung der Moral. Ein individualistisches Erklärungsmodell, in: R. Hegselmann und H. Kliemt (Hg.), Moral und Interesse, München 1997; Liberal Society and Planned Morality?, in: Associations 1, 1997; Normative Integration aus individualistischer Sicht, in: H.J. Giegel (Hg.), Konflikt in modernen Gesellschaften, Frankfurt a.M. 1998.

Burmeister, Joachim, † 1.10.1939–25.09.1999, Prof. Dr. jur., Lehrstuhl für Allgemeine Staatslehre, Staats- und Verwaltungsrecht a.d. Universität zu Köln. Forschungsgebiete: Verhältnis Staat-Gesellschaft, Grundrechte, Verfassungsgerichtsbarkeit, Allgemeines und Besonderes Verwaltungsrecht, Juristische Methodenlehre. Veröffentlichungen u.a.: Verfassungsorientierung der Gesetzesauslegung, Berlin 1966; Vom staatsbegrenzenden Grundrechtsverständnis zum Grundrechtsschutz für Staatsfunktionen, Frankfurt 1971; Verfassungstheoretische Neukonzeption der kommunalen Selbstverwaltungsgarantie, München 1977; Der Begriff der „vollziehenden Gewalt" unter dem Grundgesetz, Schriftenreihe Annales Universitatis Saraviensis, Bd. 104, Köln 1982; Stellung und Funktion des Bundesverfassungsgerichts im System der Gewaltengliederung, ebenda, Bd. 115, S. 33ff., Köln 1985; Der Rundfunk unter der Herrschaft der technischen Entwicklung, in: Schriftenreihe des Instituts für Europäisches Medienrecht, Bd. 2, S. 38ff., Berlin 1992; „Dienende" Freiheitsgewährleistungen, in: Festschrift für Stern, S. 835ff., München 1997.

Dubiel, Helmut: 1946, Prof. Dr., Professor für Soziologie an der Justus-Liebig-Universität in Gießen; von 1989 bis 1997 Direktor am Institut für Sozialforschung in Frankfurt a.M. Forschungsgebiete: kritische Gesellschaftstheorie, politische Philosophie und politische Soziologie, historisch vergleichende Konfliktforschung. Neuere Bücher: Die Demokratische Frage, Frankfurt a.M. 1990 (mit U. Rödel und G. Frankenberg); Ungewißheit und Politik, Frankfurt a.M. 1994; Niemand ist frei von der Geschichte. Die nationalsozialistische Herrschaft im deutschen Bundestag, München 1999.

Friedrichs, Jürgen, 1938, Prof. Dr., Lehrstuhl für Soziologie an der Universität zu Köln und Direktor des Forschungsinstituts für Soziologie. Forschungsgebiete: Stadtforschung, Methoden der empirischen Sozialforschung, Sozialökologie. Veröffentlichungen u.a.: Methoden der empirischen Sozialforschung, Reinbek 1994 (14. Aufl.); Stadtanalyse, Opladen 1994 (4. Aufl.); Stadtentwicklungen in West- und Osteuropa, Berlin 1985 (Hg.); Die Städte in den 80er Jahren, Opladen 1985 (Hg.); Soziologische Stadtforschung, Opladen 1988 (Hg.); Stadtsoziologie, Opladen 1995; Gentrification, Opladen 1996 (Hg. mit R. Kecskes); Die gewaltsame Legitimierung sozialer Normen, in: T. v. Trotha (Hg.): Soziologie der Gewalt, Sonderheft 37 der KZfSS, Opladen 1997; Do Poor Residents Make their Residents Poorer?, in: H.-J. Andreß (Hg.): Empirical Poverty Research in a Comparative Perspective, Aldershot 1998.

Fuchs, Dieter, 1946, Dr. phil., wissenschaftlicher Mitarbeiter am Wissenschaftszentrum Berlin für Sozialforschung (WZB) und Privatdozent für Politische Wissenschaft an der Freien Universität

Berlin. Forschungsgebiete: Politische Soziologie, vergleichende Demokratieforschung. Veröffentlichungen u.a.: Kriterien demokratischer Performanz in Liberalen Demokratien, in: M. Th. Greven (Hg.): Demokratie – eine Kultur des Westens?, Opladen 1998; The Democratic Culture of Unified Germany, in: Pippa Norris (Hg.): Critical Citizens: Global Support for Democratic Government, Oxford 1999.

Gabriel, Oscar W., 1947, Dipl. Pol., Dr. rer. pol., o. Prof. für Politikwissenschaft am Institut für Sozialwissenschaften der Universität Stuttgart und Direktor des Instituts. Forschungsgebiete: Politische Soziologie, insbesondere politische Einstellungen und politisches Verhalten sowie Parteienforschung; empirische Demokratietheorie; Kommunalpolitik. Veröffentlichungen u.a.: Politisches System, Opladen 1996 (mit M. Kaase et al.); Politische Orientierungen und Verhaltensweisen im vereinigten Deutschland, Opladen 1997; Politische Kultur und Wahlverhalten in einer Großstadt, Opladen 1997 (mit F. Brettschneider und A. Vetter); Parteiendemokratie in Deutschland, Opladen 1997 (mit O. Niedermayer und R. Stöss); Handbuch des politischen Systems der Bundesrepublik Deutschland, 2. Aufl., München/Wien 1999 (mit E. Holtmann); Wahlen und politische Einstellungen in Deutschland und Österreich, Frankfurt a.M. 1999 (Hg. mit F. Plasser et al.).

Jagodzinski, Wolfgang, 1943, Prof. Dr. phil., Professor für Soziologie und Direktor des Zentralarchivs für empirische Sozialforschung an der Universität zu Köln. Forschungsgebiete: Politische Soziologie, Religionssoziologie. Veröffentlichungen u.a.: Religious Cognitions and Beliefs, in: J. van Deth und E. Scarbrough (Hg.), The Impact of Values, Oxford 1995 (mit K. Dobbelaere); The Metamorphosis of Life Cycle Change in Longitudinal Studies on Postmaterialism, in: Ch. Hayasi und E.K. Scheuch (Hg.), Quantitative Social Research in Germany and Japan, Opladen 1996; Wahlen und politische Einstellungen im vereinigten Deutschland, Frankfurt a.M. 1996 (2. Aufl., Hg. mit H. Rattinger und O.W. Gabriel); Wahlverhalten und Religion im Lichte der Individualisierungsthese. Anmerkungen zu dem Beitrag von Schnell und Kohler, in: KZfSS 49, 1997 (mit M. Quandt).

Kirchgässner, Gebhard, 1948, Ordinarius für Volkswirtschaftslehre und Ökonometrie an der Universität St. Gallen sowie Direktor des Schweizerischen Instituts für Aussenwirtschaft und Angewandte Wirtschaftsforschung an der Universität St. Gallen. Forschungsgebiete: neue politische Ökonomie, Energie- und Umweltökonomik, angewandte Ökonometrie, methodologische Grundlagen der Wirtschafts- und Sozialwissenschaften. Veröffentlichungen u.a.: Einige neuere statistische Verfahren zur Erfassung kausaler Beziehungen zwischen Zeitreihen, in: Darstellung und Kritik 1981; Optimale Wirtschaftspolitik und die Erzeugung politisch-ökonomischer Konjunkturzyklen, Königstein 1984; Homo Oeconomicus, Tübingen 1991; Demokratische Wirtschaftspolitik: Theorie und Anwendung, München 1994 (mit Bruno S. Frey); Die direkte Demokratie: Modern, erfolgreich, entwicklungs- und exportfähig, Basel u.a. 1999 (mit Lars P. Feld und Marcel Savioz).

Nunner-Winkler, Gertrud, 1941, Dr. Priv.-Doz., Max-Planck-Institut für Psychologische Forschung, München. Forschungsgebiete: Identität, Entwicklung moralischer Motivation, Moralvorstellungen im Wandel. Veröffentlichungen: Zur Bestimmung der Moral, Fankfurt 1986 (Hg. mit W. Edelstein); Weibliche Moral. Kontroverse um eine geschlechtsspezifische Ethik, Frankfurt a.M. 1991 (Hg.); Zur moralischen Sozialisation, in: KZfSS 44, 1992; Moral im Kontext, Frankfurt a.M. 2000 (Hg. mit W. Edelstein).

Raub, Werner, 1953, Dr. disc. soc., Prof. für theoretische Soziologie am Department of Sociology/ICS der Universität Utrecht. Forschungsgebiete: Anwendungen des Rational Choice-Ansatzes in den Sozialwissenschaften, mathematische Soziologie, experimentelle Soziologie, empirische Organisationsforschung. Veröffentlichungen: Individuelles Handeln und gesellschaftliche Folgen, Darmstadt 1981 (mit Thomas Voss); Rationale Akteure, institutionelle Regelungen und Interdependenzen, Frankfurt a.M. 1984; Aufsätze u.a. in American Journal of Sociology, Analyse und Kritik,

Journal of Economic Behavior and Organization, Journal of Mathematical Sociology, Rationality and Society, Zeitschrift für Soziologie.

Rottleuthner, Hubert, 1944, Dr. phil., Professor für Rechtssoziologie, Institut für Rechtssoziologie und Rechtstatsachenforschung, Fachbereich Rechtswissenschaft der Freien Universität Berlin. Forschungsgebiete: philosophische und soziologische Grundlagen des Rechts, Justizforschung, Effektivitätsforschung, Recht im Nationalsozialismus, Recht und Justiz in der DDR, Normkonformität des Rechtsstabes. Veröffentlichungen u.a.: Rechtstheorie und Rechtssoziologie, Freiburg/Br. 1981; Einführung in die Rechtssoziologie, Darmstadt 1987; Steuerung der Justiz in der DDR, Köln 1994.

Schimank, Uwe, 1955, Prof. für Soziologie an der FernUniversität Hagen. Zuvor wiss. Mitarb. am Max-Planck-Institut für Gesellschaftsforschung, Köln. Forschungsgebiete: Soziologische Gesellschaftstheorie, Akteurtheorien, Wissenschafts- und Sportsoziologie. Veröffentlichungen: Theorien gesellschaftlicher Differenzierung, Opladen 1996; Handeln und Strukturen, München 1999; Gesellschaftliche Differenzierung, Bielefeld 1999 (mit Ute Volkmann).

Schmidt, Volker H., 1959, Dr. rer. pol., wissenschaftlicher Mitarbeiter an der Fakultät für Sozialwissenschaften, Universität Mannheim. Forschungsgebiete: Moral- und Gerechtigkeitssoziologie, Medizinsoziologie, Arbeitssoziologie. Veröffentlichungen: Neue Technologien – verschenkte Gelegenheiten?, Opladen 1991 (mit U. Berger und H. Wiesenthal); Politik der Organverteilung, Baden-Baden 1996; Lokale Gerechtigkeit in Deutschland, Opladen 1997 (mit B. Hartmann); Justice in Social Scientific and Philosophical Perspective, Sonderheft der Zeitschrift Ethical Theory and Moral Practice, Dordrecht 2000 (Hg.).

Wolf, Christof, 1963, Dr. rer. pol., Wissenschaftlicher Assistent am Forschungsinstitut für Soziologie der Universität zu Köln. Forschungsgebiete: Religionssoziologie, Gesundheitssoziologie, soziale Ungleichheit. Veröffentlichungen u.a.: Christliche Religiosität: Dimensionen, Meßinstrumente, Ergebnisse, in: KZfSS 1995 (mit R. Kecskes); Konfession, Religion und soziale Netzwerke, 1996 (mit R. Kecskes); Gleich und gleich gesellt sich, Hamburg 1996; Religion und Geschlechterverhältnis (Hg.), Opladen 1999 (mit I. Lukatis und R. Sommer); Religiöse Organisationen im weltweiten Datennetz, in: Diakonia 1999.

Würtenberger, Thomas, 1943, Prof. Dr., Professor für Staats- und Verwaltungsrecht in Freiburg/Br. Forschungsgebiete: Verfassungsrecht, Recht der inneren Sicherheit, Verfahrensrecht, die historischen und philosophischen Grundlagen von Staat und Recht. Veröffentlichungen: Zeitgeist und Recht, 2. Aufl. Tübingen 1991; Die Akzeptanz von Verwaltungsentscheidungen, Baden-Baden 1996; Verwaltungsprozeßrecht, München 1998; Polizeirecht in Baden-Württemberg, 4. Aufl. Heidelberg 1999 (mit D. Heckmann und R. Riggert); Hüter der Verfassung oder Lenker der Politik? Das Bundesverfassungsgericht im Widerstreit, Baden-Baden 1998 (Hg. mit B. Guggenberger); Zur Ideen- und Rezeptionsgeschichte des Preußischen Allgemeinen Landrechts, Stuttgart/Bad Cannstatt 1999 (Hg. mit W. Gose).

Zintl, Reinhard, 1945, Professor für Politikwissenschaft an der Universität Bamberg. Forschungsgebiete: Politische Theorie und Ideengeschichte, insbesondere konstitutionelle politische Ökonomie, ökonomische Verfassungstheorie, Ordnungspolitik, Institutionentheorie. Veröffentlichungen u.a.: Individualistische Theorien und die Ordnung der Gesellschaft. Untersuchungen zur politischen Theorie von J.M. Buchanan und F.A.v. Hayek, Berlin 1983; Horizontale Politikverflechtung. Zur Theorie von Verhandlungssystemen, Frankfurt a.M. 1992 (mit A. Benz und F.W. Scharpf); Clubs, Clans und Cliquen, in B.-T. Ramb und M. Tietzel (Hg.), Ökonomische Verhaltenstheorie, München 1993; Kooperation kollektiver Akteure: Zum Informationsgehalt angewandter Spieltheorie, in J. Nida-Rümelin (Hg.), Praktische Rationalität, Berlin 1994.

English Summaries

Jürgen Friedrichs and *Wolfgang Jagodzinski:* **Theories of Social Integration**, pp. 9–43.

Even though the literature on social integration is rapidly growing, a convincing explication of the concept of integration is still lacking. We distinguish between relational and absolute concepts and present several definitions in each category. Absolute concepts usually assume a positive relationship between integration on the one hand, and the existence, stability, or functioning of the system on the other hand. This relationship is regarded as either empirical or analytical. Accordingly, scientists have to specify the conditions for the stability or the functioning of the system in either case. If the relationship between system integration and stability is regarded as empirical, they have to demonstrate theoretically as well as empirically that integration contributes to the stability of the system. Both tasks have not been solved so far. Macro theoreticians like Durkheim try to specify sufficient conditions for system integration, thereby usually neglecting the relevant micro processes. Rational Choice Theories (RC theories) in turn define a particular class of behavior as cooperative or integrative but are less concerned with the stabilizing or de-stabilizing consequences of this behavior at the system level. Both theory traditions have largely ignored the role of organizations. The debate on the social consensus also rests on the assumption that a basic consensus is a prerequisite of every society. In modern, pluralistic societies it seems doubtful whether a basic consensus can be reached. Two aspects of this problem are discussed. First, we argue that the sacralization of norms which is typical for monotheistic high religions is probably no suitable means for consensus formation in modern societies. Second, the positive impact of modern, rational law is underestimated by social scientists. We present this and several other open questions at the end of the article.

Uwe Schimank: **Functional Differentiation and System Integration in Modern Societies**, pp. 47–65.

Systems-theoretical functionalist perspectives on societal differentiation concentrate on the system integration of modern society. This means the integration of societal sub-systems into the overall reproduction of society. Two perspectives on societal differentiation, with two corresponding conceptualizations of integration, can be distinguished: the decomposition paradigm represented mainly by Parsons, and the emergence paradigm represented mainly by Luhmann. Both perspectives highlight partly different mechanisms of system integration, but come to the same conclusion that the system integration of contemporary society functions quite well. However, Luhmann points out that dangers for societal desintegration are much more present in two other dimensions, namely the social integration and the ecological integration of modern society.

Volker H. Schmidt: **Integration through Morality?**, pp. 66–84.

The aim of the article is twofold: first, to demonstrate that even the seemingly demoralized subsystems of modern society cannot be fully dispensed from morality; second, to show how this is often made invisible by rationalizing decisions which are in fact the outcome of moral reasoning in technical terms. Paradoxically, social integration, which many sociologists say ultimately depends on some degree of moral guidance, may sometimes be better served by masking morality's operative force and promoting the impression that morally sensitive issues are smoothly and adequately resolved by applying the logic of amoral systems rationalities, because the acknowledgement of such issues' moral nature would likely generate distrust and all kinds of (socially disruptive) uncertainties. Sociological enlightenment, which lays this bare, may through the very destruction of such myths become a source of disintegration. That seems to be the paradox of its own mode of operation.

Michael Baurmann: **Durkheims Individualistic Theory of the Division of Labor,** pp. 85–114.

In Durkheim's early work "On the Social Division of Labour" one can recognize an individualistic theoretical approach in explaining morality and social solidarity. This approach differs fundamentally from the theories Durkheim was to develop in his later work. In the Social Division of Labour Durkheim tries to explain the emergence of moral norms and the motivation for solidarity on the basis of the individual social relations which are associated with the division of labour. In this, Durkheim not only reveals himself as a disguised individualist. He hereby also shows himself as a representative of the optimistic view which sees modern society as capable of producing by itself the amount of morality and solidarity necessary for the proper functioning of social order. Durkheim's later anti-individualistic attitude thus also has the consequence that he now can be seen in the ranks of those who connect modern society with moral crisis rather than with moral rise. The article reconstructs Durkheim's individualistic approach in the Social Division of Labour and deals with the question whether this approach was maybe more solid and promising than Durkheim himself was later inclined to believe.

Gebhard Kirchgässner: **Social Integration of Rational, Self-interested Individuals? Explaining Social Integration Using the Economic Model of Behavior,** pp. 115–131.

It is shown in three different ways how rational, self-interested individuals may contribute to social integration and, therefore, for the good functioning of a society. First, the political process may be used to build up social institutions which further such an integration. Second, there exist private goods like personal prestige which can only be received in exchange for social activities. Third, social integration can be reached by co-operation of individuals. However, there are other activities necessary for the good functioning of a society which cannot be explained by purely self-interested behavior but demand a moral motivation. Nevertheless, all these activities, be they self-interested or morally motivated, can be analysed using the economic model of behavior, and this model can also be used for the search for possibilities to improve social integration.

Helmut Dubiel: **Integration through Conflict?,** pp. 132–143.

In this article it is reflected upon the thesis, that conflicts may have integrative effects in modern societies. In the first part the origin of this thesis in Simmels oeuvre is reconstructed, in the second its adaption by Lewis Coser, in the third its systematization by Ralf Dahrendorf. In the fourth part the author's reflections are presented which are oriented towards the classical theories discussed before. In the fifth part Albert Hirschman's critique of this position is presented. In the final part the attempt is made to counter Hirschman's arguments.

Dieter Fuchs: **Social Integration and Political Institutions in Modern Societies,** pp. 147–178.

In contrast to contemporary diagnoses of the state of modern societies, this analysis assumes that the thesis of the disintegration of these societies is not empirically established at all. Systematic empirical studies require preliminary conceptual work to which this analysis contributes. The analysis has three goals: first, it proposes a precise definition of the concept of social integration in terms of six operational definitions with different normative standards. Secondly, it suggests an accurate definition of the concept of political institutions and, thirdly, it specifies an empirically testable liberal model of social integration. In this model, support of the institutional structure of a country plays a central role. The model differentiates three levels – cultural, structural, and procedural –

operationalizing them in a concrete form following liberal democratic theory. Empirically testable interrelations between the constructs are specified.

Reinhard Zintl: **Institutions and the Integration of Societies,** pp. 179–198.

Institutions are features of the environment of actors which induce behavioral regularities. They can be seen as expectations that are common knowledge: If we understand an institution we can anticipate the reactions of other people to our behavior in the context of this institution. This is the case, not because we know their specific motives, but because we know the relevant aspects of their definition of the situation (including their ideas about our definition of the situation). It is argued here that theories about institutions and about the relationships between institutions and societal integration are necessarily founded on a background model of human behavior which incorporates the figure of *homo oeconomicus* as well as the figure of *homo sociologicus*. On the one hand, the consequences of institutions on systems of action can be grasped only if there are goal oriented and calculating actors (where the limiting fiction is the *homo oeconomicus*). This concerns the integration of actions (or, the integration of the 'system') which is theoretically comparatively well tractable since the relevant part of the background model is comparatively well elaborated. On the other hand, institutions as external restraints nevertheless in most cases presuppose the internalization of some norms somewhere (where the relevant fiction is the *homo sociologicus*). This concerns the integration of dispositions and habits in a society, which is at the same time the basis of the institutions and (at least partly) their product. The theoretical difficulties are relatively great in this context, since the relevant part of the background model is not very well elaborated.

Oscar W. Gabriel: **Integration through Trust in Institutions? Structure and Development of the Relation towards the Party State and the Constitutional State in Unified Germany,** pp. 199–235.

When the political authorities of the former GDR decided to accept the institutional structures of the "old" Federal Republic of Germany, only a first stage in the process of establishing a well integrated political community was executed. Institutional integration needs to be followed by a process of acculturation in which the existing institutional framework will be supported by the new members of the political community without suffering a decline of support by the parts of the public having already belonged to the political community before the onset of the process of institutional as well as cultural integration. By analyzing the structure, development and determinants of trust in political institution this article refers to an important aspect of the process of cultural integration in unified Germany. As demonstrated by empirical analyses, trust policy-making institutions (parliament, government) and regulation institutions (police, courts) play an important role as subdimensions of political support in unified Germany. However, the level, development and background of trust in these institutions do not only vary between East and West Germany, moreover, attitudes towards partisan and regulative institutions are clearly different in either part of unified Germany. While the former shows a curvilinear trend, the latter shows trendless fluctuation on a high level in the West, but has markedly increased over the years in the East. Finally, the determinants of trust in institutions differ rather gradually in East and West Germany thereby manifesting different structural properties. One conclusion is clearly validated by the available data: A process of increasing political desintegration cannot be observed in Germany since the fall of the Berlin Wall.

Werner Raub: **Trust in Durable Relations Between Two Parties: Social Integration via Enlightened Self-Interest,** pp. 239–268.

This chapter focuses on social integration in the sense of social order, solidarity, and cooperation. We highlight a specific type of social relations, namely, durable relations between two parties such as households but likewise long-term relations between firms and address a paradigmatic problem with cooperation in such relations, namely the problem of trust. Trust in durable two-party relations can be based on enlightened self-interest of the partners. For example, actors place and honor trust because they anticipate the long-term consequences of behavior. Empirically, we focus on trust problems in economic transactions. Conditions for trust based on the social embeddedness of these transactions are derived. These conditions refer to the temporal embeddedness of a transaction in a sequence of previous and expected future transactions between the business partners. An example are transactions between buyers and suppliers. We show theoretically and empirically how temporal embeddedness affects investments of the buyer in ex ante management of the transaction, that is, investments in search and selection of the product and the supplier as well as investments in contractual planning.

Jürgen Friedrichs: **The Process of Delegitimization of Social Norms**, pp. 269–292.

The article addresses the problem how social norms change. It is argued, that both processes of delegitimization and legitimization of norms occur, both are defined as changes in the acceptance of a norm. In the first part some empirical evidence for the assumption of "norm plurality" is provided. The second section pertains to a theoretical formulation of change of social norms; this change is explained by the proposition, that a dissociation between holding a norm for legitimate and whether a norm is legal or not occurs. In the third section a model of the process of delegitimization is developed. A brief additional section refers to the opposite process, the legitimization of a norm.

Gertrud Nunner-Winkler: **Moral Integration**, pp. 293–319.

The paper argues that moral integration is not only necessary and possible in modern societies but also real. Research on children's moral knowledge and data from public opinion research show that there exists a widely shared consensus on the validity of basic moral rules and principles. This contrasts sharply with everyday perceptions and scientific diagnoses of moral decay. Several explanations for this divergency are discussed: differences in the theoretical conceptualization of morality; sociohistorical changes in moral understanding; a tendency of selectively focussing on moral dilemmata and systematically misreading legitimate disagreements as signs of total relativism; the judgment-action gap. Some innerwordly mechanisms for the social reproduction of moral knowledge and moral motivation are then presented. In the last section the microlevel analyses of individual moral understanding are tied back to the macrosociological issue of societal integration: It is claimed that shared moral understandings are a necessary prerequisite for the adequate functioning of democratic societies.

Christof Wolf: **Religious Pluralization in the Federal Republic of Germany**, pp. 320–349.

This article investigates if there is evidence for processes of religious pluralization in Germany. After a discussion of the concept of religious pluralization and its measurement, empirical analyses are presented, both on the level of religious organizations and the level of individuals. These analyses show clearly that the heterogeneity between and within churches has grown, although this is not the case for all indicators of within-church pluralism. On the individual level their is unequivocal evidence for a growing diversity of interdenominational contacts and, at least with respect to church members, a growing heterogeneity of belief systems. Regarding three potential religious conflicts the article ends with a discussion of the possible effects of the religious situation on the social integration of Germany.

Joachim Burmeister: **The Dilemma of an Open Society under a Constitution of Law. How Integration through Law Depends on a Pre-Legal Consensus,** pp. 353–379.

This article examines the factors that integrate society in a constitutional system. The law has been losing its power to hold society together. Symptoms of this loss are the increasing number of petty crimes and a general unwillingness to stand up for the needs of others. The legal system's need for an ethical consensus cannot be reconciled with the inability of the political and legal system to produce and maintain a set of common values. Additionally, due to the declining authority of the church and the increasing success of the emancipatory movement common values and traditional virtues have been discredited. Empirical studies in social science have contributed to the deterioration of morals in law. This situation has led to a controversy in constitutional theory about the responsibility of the state to establish an ethical consensus in society. This article shows the possibilities and limits for sustaining such a consensus with the help of legal scholarship and practice. Professional responsibility in the legal field includes the unselfish duty to help enhance the authority of the law. Therefore, this article highlights the necessity for a renaissance of the ideas behind natural law theories. This, however, may pose a problem considering the "objective values" in the catalogue of constitutional rights in the German "Grundgesetz" (basic law). In conclusion, a more precise interpretation of the ethical limitations on individual actions is necessary to successfully participate in the public discussion. To place more emphasis on ethics and common values behind the law is one of the most important challenges legal scholars and practitioners are facing today.

Thomas Würtenberger: **The Acceptance of Law,** pp. 380–397.

At a first glance, it seems redundant to inquire about the acceptance of laws in a democracy, because mechanisms like elections and majority-decisions of the parliament make the laws of the country legitimate. However, laws need a wide acceptance from the population. Only those laws that experience acceptance do not need to be executed by force. The development of the political and legal culture in addition to the ever-changing beliefs within the population of what the law should be constitute the acceptance of laws. The reasons why individuals as well as society as a whole accept laws, one could also speak of the psychological foundation of the legal system, are extremely complex. Acceptance due to autonomous decisions, procedures that help conflicting parties reach an agreement, or equality and fairness undoubtedly plays an important role. Especially laws that cut the budget to help the government save its resources need acceptance. In a pluralistic democracy one of the main responsibilities of the government is to win support for the acceptance of the legal system.

Hubert Rottleuthner: **Law and Social Integration,** pp. 398–415.

In order to clarify the concept of integration, a distinction is introduced between integration of something into something ("inclusion") and integration as a more or less attained state of a system (though there are no clear criteria of something like a "successful" integration given). Integration, in this sense, is e.g. sought by means of legal rules of exclusion or inclusion (law of citizenship, criminal law etc.). As far as the regulative function of law is concerned, the integrative force of legal norms depends on other rules and systems. Still more fundamental to social integration is the constitutive function of law. Finally, the topic of peace through law offers an opportunity to put more emphasis on the procedural arrangements in law.